Recht der Nachhaltigen Entwicklung

herausgegeben von

Wolfgang Kahl

24

Kathleen S. Feurich

Plastik als Rechtsproblem

Mohr Siebeck

Kathleen S. Feurich, Studium der Rechtswissenschaften an der Humboldt-Universität zu Berlin und University of East Anglia (Norwich, England); Mitarbeit beim Wissenschaftlichen Dienst der Bundestagsverwaltung; Wissenschaftliche Mitarbeiterin am Lehrstuhl für Öffentliches Recht, Völker- und Europarecht an der Humboldt-Universität zu Berlin; Rechtsreferendariat beim Kammergericht Berlin mit Stationen beim Bundesumweltministerium, einer internationalen Wirtschaftskanzlei und dem Auswärtigen Amt (Generalkonsulat Sydney); 2019 Promotion (Ruprecht-Karls-Universität Heidelberg), seit 2019 Rechtsanwältin in einer internationalen Wirtschaftskanzlei in Berlin.

Zugl. Dissertation der Juristischen Fakultät der Ruprecht-Karls-Universität Heidelberg, 2019.

ISBN 978-3-16-159180-8 / eISBN 978-3-16-159181-5
DOI 10.1628/978-3-16-159181-5

ISSN 1862-0426 / eISSN 2569-4227 (Recht der Nachhaltigen Entwicklung)

Die Deutsche Nationalbibliothek verzeichnet diese Publikation in der Deutschen Nationalbibliographie; detaillierte bibliographische Daten sind über *http://dnb.dnb.de* abrufbar.

Das Buch wurde von Gulde Druck in Tübingen gesetzt, auf alterungsbeständiges Werkdruckpapier gedruckt und gebunden.

Printed in Germany.

Meinen Eltern

Vorwort

Die vorliegende Arbeit wurde zu Beginn des Sommersemesters 2019 bei der Ruprecht-Karls-Universität Heidelberg als Dissertation eingereicht, die Disputation fand im Oktober 2019 statt. Für die Drucklegung wurde die Arbeit aktualisiert und auf den Stand von Anfang November 2019 gebracht.

Mein besonderer Dank gilt meinem Doktorvater Herrn Prof. Dr. Dr. h.c. Wolfgang Kahl, M.A. für die hervorragende Betreuung dieser Arbeit, für die inhaltlichen Anregungen und nicht zuletzt für die gemeinsame Themenfindung, das für die Nachhaltigkeit im Recht drängende und grundsätzliche Thema „Plastikabfall“ zum Gegenstand meiner Dissertation zu machen. Großer Dank gilt auch Herrn Prof. Dr. Hanno Kube, LL.M. (Cornell) für die äußerst zügige Erstellung des Zweitgutachtens und seine hilfreichen Anmerkungen sowie Herrn Prof. Dr. Ekkehart Reimer für die anregende Diskussion im Rahmen der Disputation. Außerdem möchte ich mich herzlich bei allen Gesprächspartnerinnen und -partnern bedanken, die mit den vertieften Einblicken aus der Praxis und den zahlreichen Hinweisen, die sie mir gegeben haben, meine Dissertation bereichert haben.

Meinen Eltern Lutz und Irene Feurich danke ich ganz besonders für die Ermöglichung meiner Ausbildung sowie die stete Unterstützung während meines Studiums und der Promotion. Darüber hinaus möchte ich mich bei meinem Bruder sowie meinen Freundinnen und Freunden ganz herzlich bedanken, die mich während der Arbeit an der Dissertation stets unterstützt haben. Weiterer Dank gilt allen Teilnehmerinnen und Teilnehmern des Doktorandenseminars von Herrn Prof. Kahl im Oktober 2018 für ihre inspirierenden Diskussionsbeiträge und Ideen. Allen Personen, die mich in dem Vorhaben der Promotion bestärkt haben, insbesondere Herrn Prof. Dr. Georg Nolte und Frau Jutta Freifrau von Falkenhausen, MPA (Harvard), sei an dieser Stelle ebenfalls sehr gedankt.

Bei Sabine Prasse, Astrid Sophie Fleisch, Dr. Chris Gutmann, Dr. Michael Gläsner sowie meinen Eltern bedanke ich mich sehr für das Korrekturlesen dieser Arbeit. Ganz besonderer Dank für seine immerwährende Unterstützung gilt Mark Lück.

Berlin, im März 2020 *Kathleen S. Feurich*

Inhaltsübersicht

Inhaltsverzeichnis

Abkürzungsverzeichnis

a. A.	andere Ansicht
a. E.	am Ende
a. F.	alte(r) Fassung
AbfallR	Zeitschrift für das Recht der Abfallwirtschaft
AbfG	Abfallgesetz
AbfRRL	Abfallrahmenrichtlinie
AbfWG M-V	Abfallwirtschaftsgesetz für Mecklenburg-Vorpommern
ABl.	Amtsblatt
AbfG 1986	Gesetz über die Vermeidung und Entsorgung von Abfällen vom 27.8.1986 (Abfallgesetz)
Abs.	Absatz
AEUV	Vertrag über die Arbeitsweise der Europäischen Union
Abghs.-Drs.	Drucksache des Abgeordnetenhauses (von Berlin)
Abschn.	Abschnitt
allg.	allgemein
AO	Abgabenordnung
AöR	Archiv des öffentlichen Rechts
Art.	Artikel
Aufl.	Auflage
ÄndRL	Änderungsrichtlinie
ausf.	ausführlich
AvR	Archiv des Völkerrechts (Zeitschrift)
Barcelona-Übereinkommen	Übereinkommen zum Schutz des Mittelmeers vor Verschmutzung
BayVBl.	Bayerische Verwaltungsblätter – Zeitschrift für öffentliches Recht und öffentliche Verwaltung (Zeitschrift)
BB	Betriebs-Berater (Zeitschrift)
BbgAbfBodG	Brandenburgisches Abfall- und Bodenschutzgesetz
Bd.	Band
Beschl.	Beschluss
BDI	Bundesverband der Deutschen Industrie e.V.
BGBl.	Bundesgesetzblatt
BHO	Bundeshaushaltsordnung
BFHE	Entscheidungen des Bundesfinanzhofes (amtliche Sammlung)
BImSchG	Bundes-Immissionsschutzgesetz
Bln	Berlin
BMU	Bundesministerium für Umwelt, Naturschutz und nukleare Sicherheit

BMZ	Bundesministerium für wirtschaftliche Zusammenarbeit und Entwicklung
BT-Drs.	Drucksache des Deutschen Bundestags
BT-Plpr-Nr.	Plenarprotokoll des Deutschen Bundestags
BUND	Bund für Umwelt und Naturschutz Deutschland
BVerfG	Bundesverfassungsgericht
BVerfGE	Entscheidungen des Bundesverfassungsgerichts (amtliche Sammlung)
BVerfGK	Kammerentscheidungen des Bundesverfassungsgerichts
BVerwG	Bundesverwaltungsgericht
BVerwGE	Entscheidungen des Bundesverwaltungsgerichts (amtliche Sammlung)
BW	Baden-Württemberg
bzgl.	bezüglich
bzw.	beziehungsweise
COM	Europäische Kommission
COP	Conference of the Parties – Vertragsstaatenkonferenz zur UN-Klimarahmenkonvention
ders./dies.	derselbe/dieselbe(n)
diesbzgl.	diesbezüglich
DÖV	Die öffentliche Verwaltung
DStJG	Deutsche Steuerjuristische Gesellschaft
DStZ	Deutsche Steuer-Zeitung
dt.	Deutsch(e/er)
DUH	Deutsche Umwelthilfe
Dumping-Protokoll	Protokoll zur Verhütung der Verschmutzung des Mittelmeers durch das Einbringen durch Schiffe und Luftfahrzeuge zum Barcelona-Übereinkommen
DVBl.	Deutsches Verwaltungsblatt
ebd.	ebenda
Ed.	Edition
EG-Vertrag	Vertrag zur Gründung der Europäischen Gemeinschaft (in der Fassung des Vertrags von Nizza)
einschl.	einschließlich
EMRK	Europäische Menschenrechtskonvention
endg.	endgültig
Environ Resource Econ	Environmental and Resource Economics
Erg.-Lief.	Ergänzungslieferung
engl.	englisch(e)
ENVI	Ausschuss für Umweltfragen, öffentliche Gesundheit, Lebensmittelsicherheit (Ausschuss des Europäischen Parlaments)
Environ Resource Econ	Environmental and Resource Economics (Zeitschrift)
Environ. Sci. Technol.	Environmental Science Technology (Zeitschrift)
EPRS	European Parliamentary Research Service
EPS	Expandiertes Polysterol
EuGH	Europäischer Gerichtshof
EuR	Zeitschrift Europarecht
EurUP	Zeitschrift für Europäisches Umwelt- und Planungsrecht

EUV	Vertrag über die Europäische Union (in der Fassung des Vertrags von Lissabon)
EnWZ	Zeitschrift für das gesamte Recht der Energiewirtschaft
EuZW	Europäische Zeitschrift für Wirtschaftsrecht
EWS	Europäisches Wirtschafts- und Steuerrecht (Zeitschrift)
EWSA	Europäische(r) Wirtschafts- und Sozialausschuss
f.	folgende
ff.	fortfolgende
Fn.	Fußnote
frz.	französisch(e)
FS	Festschrift
GA	Generalversammlung der Vereinten Nationen
GCIY	Global Compact International Yearbook
GESAMP	Joint Group of Experts on the Scientific Aspects of Marine Environmental Protection
GewArch	Gewerbearchiv
GewO	Gewerbeordnung
GfU	Gesellschaft für Umweltrecht
GG	Grundgesetz
GMV	Gesellschaft für Verpackungsmarktforschung
GPA	Global Programme of Action for the Protection of the Marine Environment from Land-based Activities
GRCh	Charta der Grundrechte der Europäischen Union
GVBl.	Gesetz- und Verordnungsblatt
HELCOM	Übereinkommen über den Schutz der Meeresumwelt des Ostseegebiets
HmbAbfG	Hamburgisches Abfallwirtschaftsgesetz
HAZ	Hannoversche Allgemeine Zeitung
HBS	Heinrich-Böll-Stiftung
Hdb	Handbuch
HDE	Handelsverband Deutschland e.V.
HDE-Vereinbarung	Vereinbarung zur Verringerung des Verbrauchs von Kunststofftragetaschen zwischen dem Bundesministerium für Umwelt, Naturschutz, Bau und Reaktorsicherheit (BMU) und dem Handelsverband Deutschland e.V. (HDE) aus dem Jahr 2016
HessKAG	Hessisches Gesetz über kommunale Abgaben
HGrG	Haushaltsgrundsätzegesetz
hib	Heute im Bundestag (Newsletter)
h. M.	herrschende Meinung
Hrsg.	Herausgeber
Hs.	Halbsatz
HStR	Handbuch des Staatsrechts (herausgegeben von Isensee/Kirchhof)
i. d. F.	in der Fassung
i. E.	im Ergebnis
IFSt	Institut Finanzen und Steuern
IMO	International Maritime Organization
insbes.	insbesondere
Int. Env. Law	International Environmental Law

IntVG	Integrationsverantwortungsgesetz
i. R. d.	im Rahmen des/der
i. S. v.	im Sinne von
i. V. m.	in Verbindung mit
JEL	Journal of Environmental Law (Zeitschrift)
JURA	Juristische Ausbildung (Zeitschrift)
jurisPR-UmwR	Juris PraxisReport Umweltrecht
JuS	Juristische Schulung (Zeitschrift)
JZ	JuristenZeitung (Zeitschrift)
KAG	Kommunalabgabengesetz
Kap.	Kapitel
KOM	Europäische Kommission
krit.	kritisch
KrWG	Kreislaufwirtschaftsgesetz
KrW-/AbfG	Kreislaufwirtschafts- und Abfallgesetz
KrW-/AbfG 1994	Gesetz zur Förderung der Kreislaufwirtschaft und Sicherung der umweltverträglichen Beseitigung von Abfällen vom 27.9.1994 (Kreislaufwirtschafts- und Abfallgesetz)
Krw/AbfGAG BR	Bremisches Ausführungsgesetz zum Kreislaufwirtschafts- und Abfallgesetz
KStZ	Kommunale Steuer-Zeitschrift
LAbfG	Landesabfallgesetz
LAbfWG	Landesabfallwirtschaftsgesetz
LKrWG	Landeskreislaufwirtschaftsgesetz
LBS	Land-based sources
LBS-Protokoll	Protokoll über den Schutz des Mittelmeers gegen Verschmutzung vom Lande aus (zum Barcelona-Übereinkommen)
lit.	litera
LJ	Law Journal
LSA	Land Sachsen-Anhalt
MARPOL	Internationales Übereinkommen zur Verhütung der Meeresverschmutzung durch Schiffe
MAZ	Märkische Allgemeine
MdB	Mitglied des Bundestages
McGill LJ	McGill Law Journal
Mio.	Million(en)
Mrd.	Milliarde(n)
MSRL	EU-Meeresstrategie-Rahmenrichtlinie
m. w. N.	mit weiteren Nachweisen
m. z. N.	mit zahlreichen Nachweisen
NAbfG	Niedersächsisches Abfallgesetz
NABU	Naturschutzbund Deutschland e. V.
Nachw.	Nachweise
n. F.	neue Fassung
NGO	Non-governmental Organisation/Nichtregierungsorganisation
NGOs	Non-governmental Organisations/Nichtregierungsorganisationen
NJW	Neue Juristische Wochenzeitung
NKRG	Gesetz zur Einsetzung eines Nationalen Normenkontrollrates

NOAA	National Oceanic and Atmospheric Administration (USA)
NordÖR	Zeitschrift für Öffentliches Recht in Norddeutschland
No.	number (Nummer)
Nr.	Nummer(n)
NuR	Natur und Recht
NVwZ	Neue Zeitschrift für Verwaltungsrecht
OSPAR	Übereinkommen über den Schutz der Meeresumwelt des Nordostatlantiks
OVG	Oberverwaltungsgericht
PlastiktütenverbotsG-E	Gesetzentwurf der Bundesregierung, Entwurf eines Ersten Gesetzes zur Änderung des Verpackungsgesetzes, BR-Drs. 578/19
PNAS	Proceedings of the National Academy of Sciences (Zeitschrift)
RECIEL	Review of European, Comparative and International Environmental Law
RL	Richtlinie
RLP	Rheinland-Pfalz
Rn.	Randnummer(n)
Rspr.	Rechtsprechung
Rs.	Rechtssache
S.	Bei Paragraphen/Artikeln: Satz, ansonsten Seite
SächsABG	Sächsisches Abfallwirtschafts- und Bodenschutzgesetz
SAWG	Saarländisches Abfallwirtschaftsgesetz
SDG	Sustainable Development Goals (UN-Nachhaltigkeitsziele)
SenUVK	Senatsverwaltung für Umwelt, Verkehr und Klimaschutz
SH	Schleswig-Holstein
sog.	sogenannte
span.	spanisch(e)
SRÜ	UN-Seerechtsübereinkommen
SRU	Sachverständigenrat für Umweltfragen
str.	strittig
St. Rspr.	Ständige Rechtsprechung
StuW	Steuer und Wirtschaft
SZ	Süddeutsche Zeitung
ThürVBl.	Thüringer Verwaltungsblätter (Zeitschrift)
Tz.	Textziffer
u. a.	und andere/unter anderem
UAbs.	Unterabsatz
UBA	Umweltbundesamt
UGB-RefE	Umweltgesetzbuch Referentenentwurf
UmweltR/UmwR	Umweltrecht
UN	Vereinte Nationen
UNEA	United Nations Environment Assembly/UN-Umweltversammlung
UNEP	United Nations Environment Programme/UN-Umweltprogramm
UNEP FI	UNEP Finanzinitiative
URP	Umweltrecht in der Praxis (Zeitschrift)
Urt.	Urteil
Verbots-RL	Richtlinie (EU) 2019/904 des Europäischen Parlaments und des Rates vom 5.6.2019 über die Verringerung der Auswirkungen bestimmter Kunststoffprodukte auf die Umwelt

VerfGH	Verfassungsgerichtshof
VerpackG	Verpackungsgesetz
VerpackV	Verpackungsverordnung – Verordnung über die Vermeidung und Verwertung von Verpackungsabfällen
VerpRL	Verpackungsrichtlinie
v.	von/vom
v. a.	vor allem
Verf.	Verfasser(in)
VG	Verwaltungsgericht
VGH	Verwaltungsgerichtshof
vgl.	vergleiche
VerwArch	Verwaltungsarchiv (Zeitschrift)
VO	Verordnung
Vol.	Volume
VvB	Verfassung von Berlin
VwVfG	Verwaltungsverfahrensgesetz
WBGU	Wissenschaftlicher Beirat der Bundesregierung Globale Umweltveränderungen
WHG	Wasserhaushaltsgesetz
WiVerw	Wirtschaft und Verwaltung (Zeitschrift)
WRRL	EU-Wasserrahmenrichtlinie
WWF	World Wide Fund for Nature
ZaöRV	Zeitschrift für ausländisches öffentliches Recht und Völkerrecht
z. B.	zum Beispiel
ZG	Zeitschrift für Gesetzgebung
zit.	zitiert
ZKF	Zeitschrift für Kommunalfinanzen
ZLR	Zeitschrift für das gesamte Lebensmittelrecht
ZUR	Zeitschrift für Umweltrecht
zust.	zustimmend

Im Übrigen wird ergänzend auf *Hildebert Kirchner*, Abkürzungsverzeichnis der Rechtssprache, 9. Aufl. 2018 verwiesen.

Einleitung

A. Problemstellung

Plastik[1] ist aus unserem heutigen Lebensalltag nicht mehr wegzudenken.[2] Seit dem Beginn der industriellen Plastikherstellung im Jahr 1907[3] hat diese weltweit rasant zugenommen und wächst weiterhin: So wurden im Jahr 1964 15 Mio. Tonnen Plastik produziert,[4] im Jahr 2015 waren es bereits 322 Mio. Tonnen,[5] im Jahr 2016 335 Mio. Tonnen und im Jahr 2017 348 Mio. Tonnen, wovon 64,4 Mio. Tonnen (2017) in Europa hergestellt wurden.[6] Damit hat sich die Plastikproduktion allein im Vergleich zum Jahr 1964 mehr als verzwanzigfacht und wird sich Schätzungen zufolge bis 2036 erneut verdoppeln und bis 2050 vervierfachen.[7]

Plastik bietet als Material viele Vorteile, weil es leicht, günstig und langlebig ist sowie vielfältig verwendet werden kann.[8] Plastik ist in unzähligen Alltagsgegenständen enthalten, beispielsweise in Flaschen in Form von Polyethylenterephthalate (PET), in Mikrowellengeschirr als Polypropylen (PP), in Fensterrahmen, Bodenbelägen und Rohren als Polyvinylchlorid (PVC), in Form von Polyurethan (PUR) als Gebäudedämmung und -isoliermaterial, als Hart-Poly-

---

1 Auch wenn der Begriff „Kunststoff" der präzisere und wissenschaftlich korrekte Begriff ist, so ist es mittlerweile sowohl in der gesellschaftlichen und populärwissenschaftlichen Debatte als auch in der wissenschaftlichen Diskussion (vgl. hierzu etwa *Epiney/Hehemann*, EurUP 2015, 256 (256 ff.); *Frenz*, GewArch 2013, 329 (329 ff.)) üblich, den eigentlich umgangssprachlichen Begriff „Plastik" als sprachliche Pointierung anstelle von Kunststoff zu verwenden. Daher wird auch hier der Begriff „Plastik" verwendet.

2 Ähnlich etwa *Simon/Schulte,* Plastic Governance, S. 1.

3 *Bourguignon*, Plastics, EPRS, 5/2017, S. 2.

4 *Ellen MacArthur Foundation,* The New Plastics Economy: Rethinking the Future of Plastics and Catalysing Action, 12/2017, S. 12.

5 Europäische Kommission, COM(2018) 28 final, S. 3.

6 Für 2016 und 2017 siehe Plastics Europe, Plastics, 2018, S. 18, wobei sich die Daten für Europa auf die EU-Mitgliedstaaten, Norwegen und die Schweiz beziehen.

7 *Bourguignon*, Plastics, EPRS, 5/2017, S. 2; *Ellen MacArthur Foundation,* The New Plastics Economy: Rethinking the Future of Plastics and Catalysing Action, 12/2017, S. 12; Europäische Kommission, COM(2018) 28 final, S. 3.

8 Statt vieler nur *Simon/Schulte,* Plastic Pollution, S. 13.

ethylen (HDPE) in Spielzeugen oder Verpackungen, als Polystyrol (PS) in Joghurtbechern, darüber hinaus in elektronischen Geräten, Brillengläsern oder medizinischen Implantaten.[9] Trotz der Vorzüge verursachen die Herstellung und der durch den Verbrauch entstehende Plastikabfall gravierende Umweltprobleme. Exemplarisch hierfür steht das Plastikmüllaufkommen in den Weltmeeren, unter anderem in den fünf großen sogenannten „Müllstrudeln" oder „Müllteppichen" („*garbage patches*"), mit den verheerenden Folgen für die Tierwelt.[10] Plastikmüll in den Meeren aber auch in der übrigen Natur gefährdet die Tierwelt lebensbedrohlich, beispielsweise durch den Verzehr von Plastikteilen, die Gefahr sich in Plastikmüll zu verstricken und dadurch zu ersticken.[11] Über Mikroplastikrückstände in Tiermägen oder Trinkwasser kann Plastik auch in die Nahrung des Menschen gelangen,[12] wenngleich mögliche Folgen für die menschliche Gesundheit noch nicht hinreichend erforscht sind.[13] Neben den erheblichen Umweltschäden hat Plastikmüll im Meer und in der Natur auch negative Auswirkungen auf die Wirtschaft (Tourismus, Fischerei, Schifffahrt).[14] Zudem werden durch die Herstellung von Plastik und die Verbrennung von Plastikabfällen weltweit rund 400 Mio. Tonnen Kohlenstoffdioxid (CO_2) ausgestoßen, was wiederum den globalen Klimawandel mitverursacht.[15] Einer neueren Studie der Weltbank zufolge entstanden 2016 weltweit rund 242 Mio. Tonnen Plastikmüll, was circa 12 Prozent des gesamten Siedlungsabfalls entspricht.[16] Rund ein Fünftel

---

[9] Vgl. die Übersichten bei *Bourguignon*, Plastics, EPRS, 5/2017, S. 2 f.; *Caterbow/Speranskaya*, in: HBS/BUND, Plastikatlas, 2019, S. 10 (10 f.); Plastics Europe, Plastics, 2018, S. 26.

[10] Diese Müllteppiche entstehen aufgrund der Meeresströmungen, siehe etwa *Sebille,* Physics Today 68 (2), 2015, 60 (60 f.), zum wohl bekanntesten der Müllteppiche, dem sog. Großen Pazifischen Müllstrudel *Lebreton u. a.,* Scientific Reports 8 (2018), 1 (1 ff.), die feststellen, dass dieser mit einer Fläche von 1,6 Mio. km^2 und 80.000 Tonnen Plastik deutlich größer sei als bisher angenommen.

[11] Siehe aus der umfangreichen Literatur aus biologischer Perspektive etwa *Kühn u. a.*, in: Bergmann u. a., Marine Anthropogenic Litter, 75 (76–105); ausf. auch *Stöfen-O'Brien,* Marine Litter, 2015, S. 44 ff.; WWF, Solving Plastic Pollution, 3/2019, S. 15.

[12] Europäische Kommission, SWD(2018) 254 final, Part 1/3, S. 7; *Wacht*, Mariner Umweltschutz, 2018, S. 159.

[13] Europäische Kommission, COM(2018) 340 final, S. 1; *Bertling u. a.,* Kunststoffe, Konsortialstudie Fraunhofer Institut (Hrsg.), 6/2018, S. 29, 31; zu möglichen Auswirkungen auf die menschliche Gesundheit und hierbei bestehenden Wissenslücken *Galloway*, in: Bergmann u. a., Marine Anthropogenic Litter, 343 (346–361).

[14] Europäische Kommission, COM(2018) 28 final, S. 5; COM(2018) 340 final, S. 1.

[15] Die Daten beziehen sich auf Berechnungen aus 2012, *Ellen MacArthur Foundation,* The New Plastics Economy: Rethinking the Future of Plastics and Catalysing Action, 12/2017, S. 22 f.; im Anschluss etwa *Beenen/Liebrich*, SZ v. 23.1.2018, S. 22; Europäische Kommission, COM(2018) 28 final, S. 4; siehe dazu auch *Feit/Muffett*, in: HBS/BUND, Plastikatlas, 2019, S. 26 (26 f.).

[16] *Kaza u. a.,* What a Waste 2.0, World Bank, 2018, S. 29 f., 117.

hiervon (45 Mio. Tonnen) wurden durch die Region Europa und Zentralasien generiert.[17]

Plastik stellt rund 80 Prozent des gesamten Abfalls in den Meeren dar.[18] Schätzungen zufolge befinden sich derzeit etwa 150 Mio. Tonnen Plastikmüll in den Ozeanen, wobei jedes Jahr weitere 4,8 Mio. bis 12,7 Mio. Tonnen durch land- und meerseitige Eintragsquellen hinzukommen.[19] Meerseitige[20] Einträge („*ocean-based sources*") entstehen beispielsweise durch Fischereifanggeräte und Schifffahrtsabfälle; zu landseitigen Einträgen („*land-based sources*") werden zum Beispiel am Strand zurückgelassene Gegenstände oder über Flüsse transportierte Plastikprodukte gezählt.[21] Die Hauptquelle des Meeresmülls sind landseitige Einträge, wovon sich wiederum rund 88 bis 95 Prozent weltweit aus zehn Flüssen speisen.[22] In Europa gelangen jährlich schätzungsweise 150.000 bis 500.000 Tonnen Plastikabfall ins Meer.[23] Auch wenn dies weltweit ein vergleichsweise geringer Anteil ist, so ist er dennoch erheblich und gelangt zudem in besonders empfindliche Meeresgebiete wie das Mittelmeer und Teile des Nordpolarmeeres.[24] Schwierigkeiten bereitet die Bestimmung, wie groß der Anteil einzelner Plastikprodukte, wie beispielsweise Plastiktüten oder -einweggeschirr, am gesamten Plastikmüll in den Meeren ist. Die Angaben variieren zum Teil stark nach untersuchter Region und angewandter Methode.[25] Eine international anerkannte Messmethode sind Strandmüllzählungen.[26] Zu den zehn weltweit am häufigsten gefundenen Plastikeinwegprodukten zählen unter anderem Zigarettenstummel,

---

[17] *Kaza u. a.,* What a Waste 2.0, World Bank, 2018, S. 29 f., 117.

[18] *Ellen MacArthur Foundation,* The New Plastics Economy: Rethinking the Future of Plastics and Catalysing Action, 12/2017, S. 12; COM(2018) 28 final, S. 4; *Jambeck u. a.,* Science 347 (6223), 768 (768 ff.).

[19] *Ellen MacArthur Foundation,* The New Plastics Economy: Rethinking the Future of Plastics and Catalysing Action, 12/2017, S. 12; COM(2018) 28 final, S. 4; *Jambeck u. a.,* Science 347 (6223), 768 (768 ff.).

[20] Teilweise wird in der deutschen Literatur auch von „seeseitig" gesprochen, siehe etwa *Stöfen-O'Brien,* ZUR 2017, 594 (595, 598 ff.). Beide Begriffe sind synonym zu verstehen.

[21] *Kiss/Shelton,* International Environmental Law, S. 539; *Matz-Lück,* in: Proelß, Internationales UmwR, 2017, XII Rn. 97 f.; ausf. *Stöfen-O'Brien,* Marine Litter, 2015, S. 28 ff.; *Wacht,* Mariner Umweltschutz, 2018, S. 158.

[22] Vor allem der Jangtse, gefolgt vom Indus, Gelbem Fluss, Nil, Niger, Haihe, Meghna, Perlfluss, Amur, Mekong. Hintergrund sind vor allem schlechte Abfallmanagementsysteme, siehe *Schmidt/Krauth/Wagner,* Environ. Sci. Technol. 2017, 12246 (12246 ff.); *dies.*, Environ. Sci. Technol. 2018, 927 (927).

[23] Europäische Kommission, COM(2018) 28 final, S. 5.

[24] Vgl. Europäische Kommission, COM(2018) 28 final, S. 5.

[25] Vgl. UNEP, Marine Litter: A Global Challenge, 4/2009, S. 96 f.; UNEP/MAP, Scoping Analysis of potential new Regional Programme of Measures, UNEP(DEPI)/MED WG.426/ Inf.4, 10/2016, S. 10.

[26] Siehe European Commission, Impact Assessment, Part 1/3, SWD(2018) 254 final, S. 8;

Plastikflaschen, -tüten, -becher und -boxen (Take-away-Verpackungen).[27] Dies deckt sich mit den bei Zählungen an europäischen Stränden festgestellten Ergebnissen, bei denen Plastikeinwegartikel circa die Hälfte aller gefundenen Abfälle darstellten und zu den zehn häufigsten Funden Plastikflaschen, -tüten, -besteck und -becher gehörten.[28]

Wenngleich die Plastik-Diskussion oft exemplarisch am Plastikmüll im Meer geführt wird, so ist Plastikabfall nicht nur im Meer und am Strand, sondern auch in Flüssen oder etwa im Wald oder Park zu finden und auch dort problematisch.[29] Zudem ist Abfall als solcher bereits ein aus umweltpolitischer Sicht relevantes Problem und dessen Vermeidung ein Ziel der Umweltschutzpolitik.[30] Nicht zuletzt stellt das hohe Müllaufkommen an to-go-Artikeln die örtlichen Abfallentsorgungsbetriebe vor Herausforderungen.[31] Die Lösung zur Reduktion des Plastikmüllproblems kann daher nicht nur „*end of the pipe*“ ansetzen und in einer Verbesserung des Recyclings und der Wiederverwendung bestehen.[32] Nach dem Vorsorgeprinzip bedarf es vielmehr Regelungen zur Abfallvermeidung und damit Verbrauchsreduktion bestimmter abfallintensiver Produkte.[33] Hierzu will die vorliegende Untersuchung einen Beitrag aus Sicht der Umweltrechtswissenschaft leisten.

---

zu den Bedenken und einzukalkulierenden Abweichungen dies., Impact Assessment, Part 2/3, SWD(2018) 254 final, S. 38 f.

[27] Ocean Conservancy, International Coastal Cleanup Report 2018, S. 13 ff.

[28] Ausf. Europäische Kommission, SWD(2018) 254 final, Part 1/3, S. 11 ff.; Assessment, Part 2/3, SWD(2018) 254 final, S. 30 ff., 35 ff., 41 ff.

[29] Vgl. UBA, Kunststoffe in der Umwelt, 2019, S. 6; zu Forschungslücken siehe ebd., S. 18 ff.

[30] Vgl. Art. 4 Abs. 1 EU-Abfallrahmenrichtlinie; EuGH, Urt. v. 9.7.1992 – C-2/90, Slg. 1992, I-4431 Rn. 30 – Kommission/Belgien; Urt. v. 14.12.2004 – C-463/01, Slg. 2004, I-11705 Rn. 77 – Kommission/Deutschland sowie EuGH, Urt. v. 14.12.2004 – C-309/02, Slg. 2004, I-11763 Rn. 78 – Radlberger; *Diederichsen,* Vermeidungsgebot, 1998, S. 1 ff., 17 ff.; *Epiney/Hehemann*, EurUP 2015, 256 (262); *dies*., URP 2015, 436 (448).

[31] *Löhr,* FAZ v. 8.1.2019, S. 15; *Stremmel,* SZ v. 2./3.6.2018, S. 45 für Coffee-to-go-Becher. So hat z. B. die Berliner Stadtreinigung an bestimmten Orten in Berlin riesige Mülleimer mit einem Fassungsvermögen von 360 Litern aufgestellt, den sogenannten „Bubble“, um dem höheren Müllaufkommen gerecht zu werden, welches nach Aussagen der Geschäftsführerin auf die „to-go-Mentalität“ zurückzuführen ist, siehe http://www.tagesspiegel.de/berlin/berlin-dein-schmutz-zu-viel-dreck-bsr-braucht-groessere-muelltonnen/12189700.html (abgerufen: 14.11. 2019); zum wachsenden „Littering“ durch to-go-Produkte vgl. auch Verband kommunaler Unternehmen, Littering, Studie 4/2018, S. 6, 27.

[32] Ebenso *Simon/Schulte,* Plastic Governance, S. 2, 4.

[33] Vgl. *Simon/Schulte,* Plastic Governance, S. 2, 4; siehe allg. zur vorrangigen Abfallvermeidung *Diederichsen,* Vermeidungsgebot, 1998, insbes. S. 1 ff., 17 ff., passim; *Kahl*, Umweltprinzip, 1993, S. 22.

B. Ziele der Untersuchung und Eingrenzung des Untersuchungsgegenstandes

Effektive rechtliche Steuerungsinstrumente sind unverzichtbar zur Vermeidung von Plastikabfall. Sie sollen hier ausgehend von einem *plastikproduktspezifischen* Ansatz mit Fokus auf Plastiktüten und -einweggeschirr (-teller, -becher und -besteck) einschließlich des für den to-go-Konsum charakteristischen und in Deutschland medial präsenten Coffee-to-go-Bechers im Mehrebenensystem konkret untersucht werden.[34] Bei den Coffee-to-go-Bechern handelt es sich nicht um reine Pappbecher. Sie weisen vielmehr entgegen dem äußeren Anschein eine Plastikbeschichtung im Inneren auf, die abhängig von der Größe circa 4 bis 7 Prozent des Bechers ausmacht.[35] Die Untersuchung beschäftigt sich daher mit ausgewähltem Makroplastik und landseitigen Einträgen von Meeresmüll.[36] Rechtliche Fragen zu Mikroplastik[37] werden nicht behandelt, wenngleich auch Plastiktüten und -einweggeschirr durch Zerfallsprozesse zu Mikroplastik werden können.[38]

Die genannten Plastikprodukte wurden hier als Referenzbeispiele ausgewählt, weil es sich um Wegwerfartikel und vermeidbare Produkte handelt und sie weltweit zu den zehn am häufigsten an Meeresstränden gefundenen Gegenständen zählen.[39] Zwar stellen diese Produkte nur einen vergleichsweise kleinen Teil des Plastikabfallaufkommens dar und auch andere Plastikeinwegprodukte und -verpackungsmaterialien sind ökologisch problematisch. Gleichwohl können anhand der hier ausgewählten Produkte exemplarisch grundlegende Rechtsfragen be-

---

34 Soweit im Folgenden ohne nähere Differenzierung von Plastikeinweggeschirr gesprochen wird, sind hierbei folglich Plastikeinwegteller, -becher, -besteck und der Coffee-to-go-Becher eingeschlossen.

35 DUH, Coffee to go-Becher, Hintergrundpapier, 10/2015, S. 5; GMV, Abfallaufkommen durch Einweggeschirr, 6/2018, S. 19; *Gerhard/Schughart,* Greenwashing to go?, ZEIT Online, 3.9.2017 (https://www.zeit.de/wissen/umwelt/2017-08/kaffeebecher-pfand-nachhaltigkeit-umweltschutz, abgerufen: 14.11.2019).

36 Zur Abgrenzung siehe S. 3; zu seeseitigen Einträgen und dem Instrument der Ausweisung von Meeresschutzgebieten auf Hoher See, siehe *Wacht*, Mariner Umweltschutz, 2018, insbes. S. 158, 204 ff.

37 Dies sind Plastikpartikel, die kleiner als 5 mm sind, zum Begriff und zur Unterscheidung zwischen primärem und sekundärem Mikroplastik statt vieler *Stöfen-O'Brien,* Marine Litter, 2015, S. 52 ff.; zur Abgrenzung zwischen Makro-, Mikro- und Nanoplastik *Vince/Stoett,* Marine Policy 96 (2018), 200 (200); zu rechtlichen Fragen bzgl. Mikroplastik Wiss. Dienst BT, Mikroplastik, 8/2016, S. 4 ff.; zu aktuellen Regulierungsbestrebungen *Kentin/Kaarto*, RECIEL 2018, 254 (254 ff.).

38 Vgl. etwa Europäische Kommission, SWD(2018) 254 final, Part 1/3, S. 7.

39 Ausf. Europäische Kommission, SWD(2018) 254 final, Part 1/3, S. 11 ff.; Assessment, Part 2/3, SWD(2018) 254 final, S. 30 ff., 35 ff., 41 ff.; Ocean Conservancy, International Coastal Cleanup Report 2018, S. 13 ff.

trachtet werden. Dazu gehören unter anderem die Örtlichkeit von Verbrauchsteuern und die umstrittenen Fragen, ob eine solche landesweit einheitlich erhoben werden kann sowie ob die Bundesländer landesrechtliche Verbote von (Plastik-) Produkten einführen dürfen.

Die Relevanz der hier ausgewählten Untersuchungsgegenstände wird neben den vielen unverbindlichen Bestrebungen aktuell insbesondere durch die EU-Plastiktüten-Richtlinie[40] (Plastiktüten-RL) und die EU-Richtlinie über die Verringerung der Auswirkungen bestimmter Kunststoffprodukte auf die Umwelt[41] (Einwegplastik-RL[42] oder, wie im Folgenden, Verbots-RL) verdeutlicht. Auf nationaler Ebene stellte das Bundesministerium für Umwelt, Naturschutz und nukleare Sicherheit (BMU) am 26.11.2018 einen Fünf-Punkte-Plan[43] für weniger Plastikmüll vor. Ferner brachte die Bundesregierung am 8.11.2019 einen Gesetzentwurf für ein teilweises nationales Verbot bestimmter Plastiktüten (PlastiktütenverbotsG-E)[44] in den Bundesrat ein (Art. 76 Abs. 2 GG), für den das weitere Gesetzgebungsverfahren noch aussteht.[45] Aufgrund dieser politischen Bestrebungen gewinnen die hier untersuchten Rechtsfragen zusätzlich an Gewicht, weil Antworten auf die Fragen nach den rechtlichen Möglichkeiten und Grenzen für plastikspezifische Steuerungsinstrumente im Mehrebenensystem dringend benötigt werden. Die hier vorgenommene Prüfung von unionsweiten und nationalen Verboten geht über die Verbots-RL hinaus, weil diese nicht alle hier untersuchten Produkte – namentlich nicht Plastiktüten und Coffee-to-go-Becher – verbieten soll und nur ein Inverkehrbringensverbot erfasst. Zudem gibt die Verbots-RL für den Coffee-to-go-Becher den Mitgliedstaaten vor, den Verbrauch dieser Becher zu vermindern. Nach Berechnungen der DUH wurden in Deutschland rund 2,8 Mrd. Coffee-to-go-Becher im Jahr 2015 verbraucht.[46] Dies entspricht

---

[40] Richtlinie (EU) 2015/720 des Europäischen Parlaments und des Rates v. 29.4.2015 zur Änderung der Richtlinie 94/62/EG betreffend die Verringerung des Verbrauchs von leichten Kunststofftragetaschen, ABl. 2015 L 115, 11.

[41] Richtlinie (EU) 2019/904 des Europäischen Parlaments und des Rates v. 5.6.2019 über die Verringerung der Auswirkungen bestimmter Kunststoffprodukte auf die Umwelt, ABl. 2019 L 155, 1.

[42] Mit dem Begriff Einwegkunststoff-RL etwa *Wendenburg*, AbfallR 2019, 170 (170).

[43] BMU, „Nein zur Wegwerfgesellschaft" – 5-Punkte-Plan des BMU für weniger Plastik und mehr Recycling (https://www.bmu.de/fileadmin/Daten_BMU/Download_PDF/Abfallwirtschaft/5_punkte_plan_plastik_181123_bf.pdf, abgerufen: 14.11.2019).

[44] Gesetzentwurf der Bundesregierung, Entwurf eines Ersten Gesetzes zur Änderung des Verpackungsgesetzes, BR-Drs. 578/19. Dem liegt ein Referentenentwurf des BMU von September 2019 zugrunde.

[45] Vgl. http://dipbt.bundestag.de/dip21.web/searchDocuments/documentData_detail_vo.do (abgerufen: 14.11.2019) sowie BMU, Pressemitteilung v. 6.11.2019, Nr. 196/19.

[46] DUH, Coffee to go-Becher, Hintergrundpapier, 10/2015, S. 4; krit. dazu UBA, Einweggetränkebecher, 2019, S. 44.

ungefähr den jüngeren Erhebungen der GMV, die für Deutschland im Jahr 2017 von einem Verbrauch von circa 2,86 Mrd. Heißgetränkebechern ausgeht, was neben üblichen Plastikbechern auch den Coffee-to-go-Becher einschließt.[47] Das BMU geht von einem Verbrauch von 3 Mrd. Einwegbechern aus.[48] Bei Beantwortung der Frage zur konkreten Umsetzung der Reduktionsvorgabe der Verbots-RL können die in dieser Arbeit gewonnenen Erkenntnisse genutzt werden. Die vorhandenen lokalen Initiativen zu Coffee-to-go-Bechern werden hier systematisiert und die Einführung einer Steuer oder Sonderabgabe und eines Verbots von Plastiktüten und -einweggeschirr einschließlich des Coffee-to-go-Bechers aus rechtlicher Sicht betrachtet, um diese Instrumente eingehend zu bewerten und rechtspolitische Vorschläge, unter anderem zur Umsetzung der Verbots-RL, zu unterbreiten. Darüber hinaus sollen die Verbots-RL kritisch gewürdigt und darauf aufbauend rechtspolitische Reformüberlegungen angestellt werden.

Die Arbeit bezweckt somit nicht nur eine Bestandsaufnahme vorhandener Rechtsgrundlagen zur Bekämpfung von Plastikmüll *de lege lata*,[49] sondern verfolgt schwerpunktmäßig einen an konkreten Instrumenten orientierten Untersuchungsansatz *de lege ferenda* unter Klärung der damit zusammenhängenden grundlegenden Rechtsfragen. So begegnet die Einführung einer Steuer oder Sonderabgabe auf Plastikeinweggeschirr in Deutschland aufgrund der Entscheidung des Bundesverfassungsgerichts (BVerfG) zur kommunalen Verpackungsteuer[50] aus dem Jahr 1998 auch heute noch erheblichen rechtlichen Bedenken.[51] Angesichts des am 20.12.2018 ergangenen Beschlusses des Tübinger Gemeinderats, eine Verpackungsteuersatzung zu erarbeiten,[52] über die im Januar 2020 entschie-

---

[47] GMV, Abfallaufkommen durch Einweggeschirr, 6/2018, S. 31.

[48] Siehe *Löhr,* FAZ v. 8.1.2019, S. 15; ähnlich i.E. auch UBA, Einweggetränkebecher, 2019, S. 5, 45 f., 50, die von 2,8 Mrd. Einwegbechern für Heißgetränke ausgehen, wovon 1,66 Mrd. Kartonbecher mit Kunststoffbeschichtung und 1,14 Mrd. Kunststoffbecher sind; zu Kaltgetränkebechern siehe ebd., S. 50.

[49] *Stöfen-O'Brien,* Marine Litter, 2015 hat die völker- und europarechtliche Rechtslage bezogen auf die vier Europa umgebenden Meere bis 2015 herausgearbeitet. Die Aussagekraft der 2015 erschienenen Dissertation von *Stöfen-O'Brien* ist angesichts der seither geänderten Rechtslage und des abweichenden Untersuchungsgegenstandes für das vorliegende Thema nicht erschöpfend.

[50] BVerfGE 98, 106; vgl. auch die Entscheidung zu landesrechtlichen Abfallabgaben, BVerfGE 98, 83.

[51] Siehe Schleswig-Holstein LT-Drs. 18/3058, S. 16; Berliner Abghs.-Drs. 17/16684, S. 1 f. (Frage und Antwort Nr. 4); *Kropp*, in: v. Lersner/Wendenburg/Kropp/Rüdiger, Recht der Abfall- und Kreislaufwirtschaft, § 1 KrWG (Stand: 5/2012) Rn. 21; *Versmann*, in: Jarass/Petersen, KrWG, § 33 KrWG Rn. 37.

[52] Siehe Beschlussvorlage Nr. 383/2018 v. 29.11.2018, S. 1 ff., Beschluss v. 20.12.2018 (https://www.tuebingen.de/gemeinderat/to0040.php?smcred=1&__ksinr=5376, abgerufen: 14.11. 2019); dazu etwa *Löhr,* FAZ v. 8.1.2019, S. 15.

den werden soll[53] und einigen neueren Stimmen im Schrifttum,[54] die keinen Widerspruch mehr im Sinne der BVerfG-Entscheidung sehen, bietet die vorliegende Studie eine fundierte rechtliche Analyse der Rechtmäßigkeit einer Verpackungsteuer, insbesondere unter Berücksichtigung des seit 1.1.2019 geltenden Verpackungsgesetzes.[55]

Die Untersuchung verkennt nicht, dass mit dem Thema „Plastik als Rechtsproblem“ zahlreiche Rechtsfragen verbunden sind, die hier aus Platzgründen nicht betrachtet werden können. So werden neben dem bereits erwähnten Mikroplastik und seeseitigen Einträgen wie fischereibezogener Plastikabfall auch umwelthaftungsrechtliche Fragen zur Meeresverschmutzung und zu Schäden durch Plastikmüll[56] nicht behandelt. Zudem konzentriert sich die Untersuchung, ungeachtet der Vielzahl möglicher umweltrechtlicher Steuerungsinstrumente,[57] auf freiwillige Maßnahmen, Steuern und Sonderabgaben sowie Verbote, wobei integrativ auf Pfandsysteme eingegangen wird. Letztere werden aber nicht gesondert als zukünftiges Instrument behandelt. Auf andere Maßnahmen wie vergaberechtliche Anreize, eine allgemeine Ressourcensteuer, -gebühr oder -abgabe oder eine Materialinputsteuer wird nicht eingegangen. Der Fokus liegt auf der Abfallvermeidungsebene, weshalb die Entsorgungsebene einschließlich der Verbesserung des Recyclings nicht gesondert betrachtet wird.

Zugrunde gelegt wird ein Ansatz beim rechtlichen Mehrebenensystem, weil es sich bei Plastikmüll um ein globales und transnationales Problem handelt, das internationaler Lösungen bedarf.[58] Freilich werden dadurch Handlungen einzelner Staaten, gerade auch einiger afrikanischer und asiatischer Länder als Hauptemittenten,[59] nicht entbehrlich. Internationale und nationale Lösungen müssen

---

[53] Siehe nur *Keck*, Stuttgarter Zeitung v. 11.10.2019, S. 7.

[54] *Böhm*, EurUP 2019, 312 (317); *Geis*, Kommunalrecht, § 12 Rn. 31; *Kahl*, EurUP 2019, 321 (325); *Kalscheuer/Harding,* NordÖR 2017, 113 (116); *Klinger*, DUH Rechtsgutachten, 4/2014, S. 12; *Klinger/Krebs*, ZUR 2015, 664 (666); *Kloepfer*, Umweltrecht, 2016, § 21 Rn. 284; *Lau*, in: Kopp-Assenmacher, KrWG, 2015, § 33 KrWG Rn. 18; *Rodi*, ZUR 2016, 531 (534); unentschieden *Siekmann*, in: Sachs, GG, 8. Aufl. 2018, Art. 105 GG Rn. 45.

[55] Ausf. dazu siehe S. 162 ff.

[56] Zu Fragen der Haftung der Meeresverschmutzung vom Land aus *Uhte,* Haftung, 2015, S. 59 ff.; zu Haftung und Verantwortung von Schäden durch Meeresmüll siehe auch *Birnie u. a.,* International law and the environment, S. 430 ff.

[57] Dazu statt vieler *Krämer*, in: Rengeling, EUDUR I, § 15 Rn. 1 ff.

[58] Insofern dürfte Einigkeit bestehen, siehe etwa Plastik-Strategie, COM(2018) 28 final, S. 2, 15, 19 ff.; Europäische Kommission, COM (2013) 123 final, S. 11; *C. Meyer,* Der Spiegel v. 27.10.2018, S. 8; *Raubenheimer/McIlgorm,* Marine Policy 81 (2017), 322 (322, 328); *Simon/Schulte,* Plastic Pollution, S. 10; *Stöfen-O'Brien,* ZUR 2017, 594 (595). Siehe zu einem möglichen Plastik-Abkommen unten S. 252 ff.

[59] Hauptquelle der landseitigen Einträge sind zehn Flüsse in Asien und Afrika, siehe oben S. 3.

sich vielmehr ergänzen. In zahlreichen Staaten gibt es bereits Verbote von bestimmten Plastikprodukten, beispielsweise in Bangladesch[60] und Ruanda[61], oder plastikspezifische Steuern.[62] Bei der hier vorgenommenen Betrachtung zur Einführung von Steuern, Abgaben und Verboten (§§ 5–6) wird auf die völkerrechtliche Ebene nicht eingegangen, wenngleich sie in den weiteren Kapiteln weitgehend berücksichtigt wird. Ein völkerrechtliches Abkommen, das Plastikprodukte verbietet, hätte keine unmittelbare Durchgriffswirkung[63] und völkerrechtliche Maßnahmen stoßen auch im Hinblick auf die Einführung von Steuern auf besondere Hindernisse. Die Staaten haben ihre Befugnisse zur Erhebung von Steuern und Abgaben[64] nicht auf internationale Organisationen wie die Vereinten Nationen (UN) übertragen, sodass sich deren Organe lediglich durch Absichtserklärungen und Interessensbekundungen dazu äußern können.[65] Ein eigenes Steuerfindungsrecht leitet sich hieraus nicht ab.[66]

C. Gang der Untersuchung

Den ersten Teil der Untersuchung bildet eine Darstellung des rechtlichen Rahmens und eine Bestandsaufnahme der bisherigen Instrumente zum Umgang mit Plastikmüll. Die wichtigsten Umweltrechtsprinzipien werden in § 1 konkret auf ihre plastikspezifische Bedeutung untersucht. In § 2 werden in gebotener Kürze

---

[60] Dazu *Niaounakis,* Marine Plastic Debris, 2017, S. 389.

[61] Siehe *Freytas-Tamura,* Public Shaming and Even Prison for Plastic Bag Use in Rwanda, The New York Times, 28.10.2017 (https://www.nytimes.com/2017/10/28/world/africa/rwanda-plastic-bags-banned.html, abgerufen: 14.11.2019); *Tashobya*, Rwanda ponders ban on single-use plastics, The New Times, 30.5.2019 (http://www.newtimes.co.rw/news/rwanda-ponders-ban-single-use-plastics, abgerufen: 14.11.2019); zu Ruanda und weiteren Beispielen siehe *Krauß*, Land ohne Plastik, ZEIT Online v. 28.5.2018 (https://www.zeit.de/wissen/umwelt/2018-05/umweltschutz-ruanda-plastik-verbot-gesetz/komplettansicht, abgerufen: 14.11.2019).

[62] Siehe die detaillierte weltweite Übersicht bei UNEP, Single-Use Plastics, 2018, S. 27–44; zu Steuern in EU-Mitgliedstaaten siehe unten S. 95 f.

[63] Ohne Plastikbezug, allg. dazu *Herdegen*, Europarecht, § 5 Rn. 12.

[64] Prägnant etwa *Birk*, in: Birk, Hdb des europäischen Steuer- und Abgabenrechts, 1995, § 5 Rn. 1: „die Finanzhoheit […] ist das ureigenste Recht des Staates, ja sogar die Bedingung jeder staatlichen Existenz." *Wilke/Weber*, Lehrbuch Internationales Steuerrecht, Rn. 8 sprechen im Zusammenhang mit der Steuergesetzgebungskompetenz von einem der „ältesten und originären Rechte jedes Staatswesens".

[65] Ausf. zum Soft Law unten S. 31 ff.

[66] Etwas anderes folgt auch nicht aus dem Internationalen Steuerrecht, das im Wesentlichen Rechtsvorschriften zu grenzüberschreitenden Sachverhalten und z. B. sog. Doppelbesteuerungsabkommen erfasst, zum Begriff eingehend *Schaumburg*, in: Schaumburg, Internationales Steuerrecht, Rn. 1.1 ff.

die für das vorliegende Thema wichtigsten Rechtsnormen im Mehrebenensystem vorgestellt, einschließlich des maßgeblichen Soft Laws. In § 3 werden die wesentlichen internationalen und nationalen freiwilligen Plastik-Initiativen erläutert, von denen die nationalen bezüglich der Coffee-to-go-Becher systematisiert werden. Im Anschluss werden die wichtigsten plastikproduktspezifischen Instrumente bewertet und Rechtsfragen der Plastiktüten-Vereinbarung der Bundesregierung mit dem Handelsverband Deutschland e.V. (HDE-Vereinbarung)[67] analysiert (§ 4).

Im zweiten Teil werden ebenenspezifisch die Einführung von Steuern und nicht-steuerlichen Abgaben (§ 5) sowie Verboten (§ 6) als mögliche zukünftige Steuerungsinstrumente beleuchtet, wobei aus den erwähnten Gründen die völkerrechtliche Ebene ausgeklammert wird. Die Untersuchung von Verboten, die über die Verbots-RL hinausgehen, wird auch für die EU-Ebene durchgeführt. Die Verbots-RL wird in diesem Zusammenhang auf ihre Rechtmäßigkeit überprüft. Die Darlegungen in §§ 5–6 erfolgen dabei anhand der Beispiele Plastiktüten und -einweggeschirr einschließlich des Coffee-to-go-Bechers als Symbol der to-go-Kultur[68]. Zum Schluss (§ 7) werden die untersuchten Handlungsmöglichkeiten sowie aktuelle Bestrebungen bewertet. Neben der kritischen Würdigung der Verbots-RL und des PlastiktütenverbotsG-E wird ein hypothetisches internationales Plastik-Abkommen behandelt, wobei rechtspolitische Reformempfehlungen den Schwerpunkt bilden. Am Ende stehen daher eigene rechtspolitische Vorschläge, die auf den Ergebnissen der Untersuchung in §§ 1–6 aufbauen.

---

[67] http://www.bmub.bund.de/fileadmin/Daten_BMU/Download_PDF/Abfallwirtschaft/vereinbarung_tragetaschen_bf.pdf (abgerufen: 14.11.2019); siehe unten S. 59 ff., 74 ff.; zum PlastiktütenverbotsG-E unten S. 267 ff.

[68] Vgl. etwa *Stremmel,* SZ v. 2./3.6.2018, S. 45.

Teil I

Rechtlicher Rahmen und bisherige Instrumente zur Steuerung des Umgangs mit Plastik

§ 1 Der Umgang mit Plastik im Lichte der Umweltrechtsprinzipien

Die Prinzipien im Umweltrecht sind im Einzelnen Gegenstand umfangreicher, hier nur angedeuteter, Diskussionen. Sie werden im Folgenden nicht abstrakt dargestellt, sondern der Fokus liegt auf dem konkreten Bezug zu Plastikmüll. Die wichtigsten Umweltrechtsprinzipien werden hinsichtlich ihrer Relevanz und ihres Aussagegehalts für die Lösung des Plastikmüllproblems untersucht und es wird herausgearbeitet, welche Folgerungen sich aus ihnen für den Umgang mit Plastik ergeben.

A. Verursacherprinzip

Das umweltrechtliche Verursacherprinzip[1] (Art. 191 Abs. 2 UAbs. 1 S. 2 AEUV) liefert ein juristisches Argument für die Inanspruchnahme der Verursacher von Plastikmüll, speziell in Form der hier untersuchten Produkte, namentlich Plastiktüten, -einweggeschirr und insbesondere Coffee-to-go-Bechern. Das Verursacherprinzip ist einerseits ein Kostentragungsprinzip, um externe ökologische Kosten für die Vermeidung, Beseitigung und den Ausgleich von Umweltbeeinträchtigungen zu internalisieren.[2] Darüber hinaus beinhaltet es aber auch eine materiel-

---

[1] Siehe aus der umfangreichen Literatur zu diesem Prinzip insbesondere die interdisziplinäre Untersuchung von *Bullinger u. a.,* Das Verursacherprinzip und seine Instrumente, 1974; spezifisch zu Rechtsfragen *Bullinger,* in: ebd., 69 (69 ff.), der drei Systemvarianten des Verursacherprinzips unterscheidet; zur völkerrechtlichen Tragweite *Epiney/Scheyli,* Strukturprinzipien, 1998, S. 152 ff.; *Kahl,* Umweltprinzip, 1993, S. 23 ff.; *Meßerschmidt,* Umweltabgaben, 1986, S. 86 ff.; eingehend *Monien,* Prinzipien, 2014, S. 326 ff.; grundlegend *Rehbinder,* Verursacherprinzip, 1973.

[2] Derart deutlich wird dies für das Unionsrecht in der englischen, französischen und spanischen Sprachfassung von Art. 191 Abs. 2 UAbs. 1 Satz 2 AEUV ausgedrückt: „that the polluter should pay" (englisch); „le principe du pollueur-payeur" (französisch); „el principio de quien contamina paga" (spanisch). Zum Kostentragungsgedanken *Epiney,* Umweltrecht der EU, Kap. 5 Rn. 27; *Kahl,* in: Streinz, EUV/AEUV, 3. Aufl. 2018, Art. 191 AEUV Rn. 97; *Kahl/Gärditz,* Umweltrecht, § 2 Rn. 15, § 4 Rn. 28; *Scherer/Heselhaus*, in: Dauses/Ludwigs, Hdb EU-WirtschaftsR, O (Stand: 6/2010) Rn. 45 f.

le Verantwortlichkeit für den Umweltschutz.[3] Mögliche plastikspezifische Instrumente als Ausprägung des Verursacherprinzips sind daher sowohl Abgaben[4] als auch beispielsweise Verbote als Verwirklichung einer Vermeidungspflicht oder kooperative Lösungen.[5] Denn der Gegensatz des Verursacherprinzips ist richtigerweise nicht in ordnungsrechtlichen Mitteln zu sehen, sondern im sogenannten Gemeinlastprinzip, wonach die Finanzierung von umweltschützenden Maßnahmen der öffentlichen Hand und damit der Allgemeinheit – und nicht den Verursachern oder „einer bestimmten Gruppe potentieller Verursacher"[6] – obliegt und das nur im Ausnahmefall greifen soll.[7] Es besteht dementsprechend keine grundsätzliche Präferenz für Umweltabgaben durch das Verursacherprinzip, es sei denn es kommen sonst nur Instrumente im Sinne des Gemeinlastprinzips in Betracht.[8]

Essentiell ist, wer als Verursacher des Plastikmülls anzusehen ist. Nach zutreffender Auffassung ist Verursacher grundsätzlich derjenige, der „die Umwelt direkt oder indirekt belastet oder eine Bedingung für die Umweltbelastung setzt", ungeachtet dessen, ob dies erlaubt ist.[9] Schließlich entstehen viele Umweltbe-

---

[3] Vgl. § 1 Abs. 2 Satz 1 Nr. 3 1. Hs. UGB-RefE 2008; für eine materielle Verantwortlichkeit mittlerweile die ganz h. M. für das deutsche Umweltrecht, siehe etwa *Frenz*, Verursacherprinzip im Öffentlichen Recht, 1997, S. 39 f.; *Kloepfer*, Umweltrecht, 2016, § 4 Rn. 94; hierzu und zur Verankerung mit zahlreichen Beispielen im deutschen Umweltrecht *Monien*, Prinzipien, 2014, S. 383 ff., 393; *Rehbinder*, Verursacherprinzip, 1973, S. 35 f.; *ders*., in: Rehbinder/Schink, Grundzüge des Umweltrechts, Abschn. 3 Rn. 147 f.; *Kahl/Gärditz*, Umweltrecht, § 2 Rn. 15, § 4 Rn. 28. In diesem Sinne für das Unionsrecht *Kahl*, in: Streinz, EUV/AEUV, 3. Aufl. 2018, Art. 191 AEUV Rn. 98; *Meßerschmidt*, Europäisches Umweltrecht, § 3 Rn. 142; für das Umweltvölkerrecht *Monien*, Prinzipien, 2014, S. 327 f. Anders noch Bundesregierung Umweltbericht 1976, BT-Drs. 7/5684, S. 8; *Bullinger*, in: ders./u. a., Das Verursacherprinzip, 1974, 69 (71 f.).

[4] Der Ansatz geht auf Arthur Cecil Pigou zurück (sog. Pigou-Steuern, entwickelt in *Pigou*, The Economic of Welfare, 1. Aufl. 1920, teilweise übersetzt siehe *Pigou*, in: Siebert, Umwelt und wirtschaftliche Entwicklung, 1979, 23 (23 ff.)); hierzu erläuternd *Kirchgässner*, JZ 1990, 1042 (1043 f.).

[5] Ohne Plastikbezug siehe allg. *Kloepfer*, Umweltrecht, 2016, § 4 Rn. 95; *Kahl*, in: Streinz, EUV/AEUV, 3. Aufl. 2018, Art. 191 AEUV Rn. 98; *Meßerschmidt*, Umweltabgaben, 1986, S. 86 ff.; *Monien*, Prinzipien, 2014, S. 332 ff.; eingehend zu Einzelmaßnahmen nach dem Verursacherprinzip *Rehbinder*, Verursacherprinzip, 1973, S. 121 ff. (insbes. 124 ff., 135 ff.). Vgl. zu Produktrücknahmepflichten als Ausdruck des Verursacherprinzips *Bauernfeind*, Rückgabepflichten, 1999, S. 83 ff.

[6] Zum sog. Gruppenlastprinzip *Kahl*, Umweltprinzip, 1993, S. 24 f., der mit Recht von einer vorzugswürdigen Inanspruchnahme einer solchen Gruppe gegenüber der Allgemeinheit ausgeht.

[7] *Meßerschmidt*, Umweltabgaben, 1986, S. 87 f.; siehe auch *Kloepfer*, Umweltrecht, 2016, § 4 Rn. 117 ff.

[8] Mit Recht *Meßerschmidt*, Umweltabgaben, 1986, S. 88.

[9] So die prägnante Definition bei *Kahl/Gärditz*, Umweltrecht, § 2 Rn. 15; vgl. auch *Schröder*,

einträchtigungen durch legale Handlungen,[10] angesichts des Klimawandels sei nur auf Tätigkeiten wie Fliegen, Autofahren und Heizen verwiesen. Das weite Begriffsverständnis, das jegliche (Mit-)Verursachung einschließt,[11] überzeugt. Denn es trägt dem Rechnung, dass häufig Ursachenketten zu Umweltbelastungen führen und bestimmte vorgelagerte Beiträge notwendige Bedingung für die eigentliche Umweltbeeinträchtigung sind. Im Hinblick auf Plastikmüll leisten die Verbraucher, die bestimmte Produkte nutzen, einen entscheidenden Beitrag zur Umweltbeeinträchtigung.[12] Hervorzuheben ist, dass angesichts der begrenzten Aufnahmemöglichkeiten der Umwelt die Abfallentstehung *per se* eine Umweltbelastung darstellt, nicht nur der spätere Müll (beispielsweise) in den Meeren.[13] Folglich sind nicht nur diejenigen relevante Verursacher, die diese Plastikprodukte unsachgemäß entsorgen. Ferner leisten die Produzenten von Plastiktüten und -einweggeschirr einschließlich des Coffee-to-go-Bechers den ersten Beitrag zum späteren Abfall, denn ohne die Herstellung der Produkte können diese nicht zu Müll werden. Einen weiteren Ursachenbeitrag setzen diejenigen Unternehmen, die diese Plastikprodukte vertreiben, selbst nutzen oder kostenlos ausgeben. Bei dieser „beim oder durch Konsum"[14] dieser Plastikprodukte entstehenden Umweltbelastung sind daher alle genannten Gruppen – Hersteller, Vertreiber und Verbraucher – als Verursacher anzusehen.[15] Jeder von ihnen setzt einen ent-

---

in: Rengeling, EUDUR I, § 9 Rn. 44; a.A. *Zils,* Wertigkeit des Umweltschutzes, 1994, S. 24f., der einschränkend auf illegale Handlungen abstellt, aber zugleich das – überzeugende – Gegenargument anführt, dass so insbesondere im Kontext der EU eine Abhängigkeit von den Rechtsordnungen der Mitgliedstaaten eintritt. Zu einer solchen, vom telos nicht gewollten „Renationalisierung" *Kahl,* Umweltprinzip, 1993, S. 25.

[10] So mit Recht auch *Vorwerk,* Kompetenzen, 1990, S. 28f.; siehe eingehend auch *Kahl,* Umweltprinzip, 1993, S. 23ff.

[11] Eingehend zu den im Wesentlichen vier verschiedenen Ansätzen *Rehbinder,* Verursacherprinzip, 1973, S. 30ff., der sich i.E. ebenso für ein weites Begriffsverständnis ausspricht; hierzu auch *Meßerschmidt,* Umweltabgaben, 1986, S. 90f., 94.

[12] Allgemein zur teils schwierigen Feststellung von Verursachern oder Kausalbeiträgen *Meßerschmidt,* Europäisches Umweltrecht, § 3 Rn. 144ff.

[13] Vgl. EuGH, Urt. v. 9.7.1992 – C-2/90, Slg. 1992, I-4431 Rn. 30 – Kommission/Belgien; Urt. v. 14.12.2004 – C-463/01, Slg. 2004, I-11705 Rn. 77 – Kommission/Deutschland sowie EuGH, Urt. v. 14.12.2004 – C-309/02, Slg. 2004, I-11763 Rn. 78 – Radlberger; ähnlich *Epiney/Hehemann,* EurUP 2015, 256 (262); *dies.,* URP 2015, 436 (448); vgl. ohne Plastikbezug auch *Diederichsen,* Vermeidungsgebot, 1998, insbes. S. 1ff., 17ff., passim; *Kahl,* Umweltprinzip, 1993, S. 21f.

[14] *Rehbinder,* Verursacherprinzip, 1973, S. 29, der grundlegend zwischen produktionsbedingten Umweltbelastungen und solchen, die „beim oder durch Konsum (...) entstehen" unterscheidet und mit Recht darauf hinweist, dass letztlich jedes Gut „am Ende seiner Lebensdauer zu Abfall wird".

[15] Vgl. Erwägungsgrund Nr. 1 AbfRRL, vgl. auch *Bauernfeind,* Rückgabepflichten, 1999, S. 91, der Vertreiber und Produzenten als Verursacher und damit mögliche Adressaten für

scheidenden, und – in Anlehnung an die *conditio sine qua non*-Formel – nicht hinwegzudenkenden Beitrag für die „konsumbezogene“[16] Umweltbeeinträchtigung Plastikmüll, namentlich die Abfallentstehung. Das Verursacherprinzip gebietet keine Präferenz, welche Verursacher für umweltschützende Maßnahmen herangezogen werden sollen.[17] Diese Auswahl obliegt vielmehr dem jeweiligen Gesetzgeber, dem hierbei ein weiter Gestaltungsspielraum zusteht.[18] Eine Hierarchie der Verantwortlichkeit und mithin ein Ausschluss bestimmter Plastikmüll-Verursacher lässt sich dem Verursacherprinzip nicht entnehmen.

B. Nachhaltigkeitsprinzip

Bedeutsam für den Umgang mit Plastik und dem riesigen Plastikmüllaufkommen, insbesondere in den Meeren, ist auch das Nachhaltigkeitsprinzip (Art. 3 Abs. 3 S. 2, Abs. 5 S. 2 EUV, 11 AEUV, 37 GRCh).[19] Es zählt zu den wichtigsten umweltrechtlichen Leitprinzipien.[20] Beim Nachhaltigkeitsgrundsatz wird zwischen einem weiten politischen Begriff, der eine Gleichrangigkeit von ökonomischer, sozialer und ökologischer Entwicklung umfasst (sogenanntes „Drei-Säulen-Modell“[21]), und einem engen eindimensionalen Begriffsverständnis unter-

Rücknahmepflichten aufgrund der „potentiellen Umweltbelastung“ ansieht; siehe auch *Michaelis,* Ökonomische Aspekte der Abfallgesetzgebung, 1993, S. 31, der von einer „konsekutiven Verursacherkette“ bei „Konsumabfällen“ spricht, die die Produzenten, den Handel und die Endverbraucher einschließt.

16 *Rehbinder,* Verursacherprinzip, 1973, S. 30; im Anschluss *Kahl/Gärditz,* Umweltrecht, § 4 Rn. 29.

17 Vgl. *Meßerschmidt,* Umweltabgaben, 1986, S. 94 f.; *Rehbinder,* Verursacherprinzip, 1973, S. 29, 33.

18 Ebenso *Meßerschmidt,* Umweltabgaben, 1986, S. 92, 94; *Rehbinder,* Verursacherprinzip, 1973, S. 33 f.; vgl. hierzu auch *Frenz,* Verursacherprinzip im Öffentlichen Recht, 1997, S. 338.

19 Aus dem umfangreichen Schrifttum zur Nachhaltigkeit siehe insbesondere *Appel,* Staatliche Zukunfts- und Entwicklungsvorsorge, 2005, S. 242 ff., 303 ff.; *Ekardt,* Nachhaltigkeit, 2. Aufl. 2010, insbes. S. 83 ff., 112 ff., 199 ff.; *Frenzel,* Nachhaltigkeit, 2005, S. 19 ff., 57 ff.; *Gehne,* Nachhaltige Entwicklung, 2011, insbes. S. 11 ff., 179 ff.; *Kahl,* in: Bauer/Czybulka/Kahl/Voßkuhle, Umwelt, Wirtschaft und Recht, 2002, 111 (111 ff.); die Beiträge in den Sammelbänden *Kahl* (Hrsg.), Nachhaltigkeit als Verbundbegriff, 2008 und *ders.* (Hrsg.), Nachhaltigkeit durch Organisation und Verfahren, 2016; zur Nachhaltigkeit im Verwaltungsrecht *Köck,* Die Verwaltung 40 (2007), 419 (419 ff.); *Mathis,* Nachhaltige Entwicklung, 2017, passim; *Monien,* Prinzipien, 2014, S. 150 ff., 222 ff.; zum Verhältnis zum Vorsorgeprinzip *Murswiek,* in: FS Selmer, 2004, 417 (436 ff.); *Roden,* Urbane Biodiversität, 2017, S. 61 ff.

20 Vgl. Bundesregierung, BT-Drs. 17/8721, S. 22, 24; *Kahl,* in: Bauer/Czybulka/Kahl/Voßkuhle, Umwelt, Wirtschaft und Recht, 2002, 111 (128).

21 Zu dieser Nachhaltigkeit im weiten Sinne insbesondere *Gärditz,* in: Kahl, Nachhaltigkeit als Verbundbegriff, 2008, 137 (140 ff.); *Kahl,* in: ders., Nachhaltigkeit als Verbundbegriff, 2008,

schieden,[22] wenngleich sich beide Begriffsdeutungen nicht ausschließen, sondern vielmehr ergänzen.[23] Letzteres Begriffsverständnis im Sinne eines sogenannten ökologischen Nachhaltigkeitsbegriffs[24] (vgl. die Ausprägungen in Art. 11 AEUV[25], Art. 20a GG[26])[27] soll im Folgenden zugrunde gelegt werden. Nachhaltigkeit[28] im *umweltrechtlichen* Sinne ist daher als „die der Erhaltung der natürlichen Lebensgrundlagen (auch) der künftigen Generationen dienende langfristige Sicherung ökologischer Ressourcen durch vorausschauende Planung, Pflege und Bewirtschaftung" zu verstehen.[29] Konkretisiert bedeutet das unter anderem, dass nicht erneuerbare Ressourcen sparsam zu verwenden sind und Stoffeinträge in die Umwelt wie Abfälle über die Absorptionsfähigkeit der Umweltmedien (Luft, Wasser, Boden) nicht hinausgehen dürfen, folglich Eingriffe in einem „ausgewogenen Verhältnis zum Zeitmaß der natürlichen Prozesse stehen" müssen (sogenanntes Prinzip der Anpassungsfähigkeit).[30] Bedeutung erlangt das so verstande-

---

1 (6 ff.). Kritisch zu einem derart weiten *juristischen* Verständnis etwa *Kahl,* in: Bauer/Czybulka/Kahl/Voßkuhle, Umwelt, Wirtschaft und Recht, 2002, 111 (124 f.); ausf. zur Kritik am Drei-Säulen-Modell *Glaser,* Nachhaltige Entwicklung, 2006, S. 56 ff.; krit. auch *Sieben,* NVwZ 2003, 1173 (1173 ff.), insbesondere zur Lehre von der „starken" und „schwachen" Nachhaltigkeit *Mathis*, Nachhaltige Entwicklung, 2017, S. 166 ff. und *Rehbinder*, in: Dolde, Umweltrecht im Wandel, 2001, 721 (730 ff.); *Sparwasser/Engel/Voßkuhle,* Umweltrecht, § 2 Rn. 23, 28 ff.

[22] Ebenso *Glaser,* Nachhaltige Entwicklung, 2006, S. 44; eingehend *Kahl,* in: Bauer/Czybulka/Kahl/Voßkuhle, Umwelt, Wirtschaft und Recht, 2002, 111 (122 ff.); ausf. auch *ders.,* in: ders., Nachhaltigkeit als Verbundbegriff, 2008, 1 (6 ff., 16 ff.); *Kahl/Glaser,* in: Lange, Nachhaltigkeit im Recht, 2003, 9 (9); *Kahl/Gärditz,* Umweltrecht, § 4 Rn. 36 f.; vgl. auch *Rehbinder,* NVwZ 2002, 657 (657 ff.); *Roden,* Urbane Biodiversität, 2017, S. 62 f.; *Schubert,* in: Kahl, Nachhaltigkeit durch Organisation und Verfahren, 2016, 63 (69).

[23] So mit Recht *Kahl,* in: Streinz, EUV/AEUV, 3. Aufl. 2018, Art. 11 AEUV Rn. 22; zust. *Glaser,* Nachhaltige Entwicklung, 2006, S. 44.

[24] Neben dem vorrangigen Fokus auf Umweltbelange finden sich dabei auch andere eindimensionale oder gebietsspezifische Nachhaltigkeitsbegriffe, siehe *Glaser,* Nachhaltige Entwicklung, 2006, S. 64 ff., 67 ff., 69 ff.; *Kahl,* in: ders., Nachhaltigkeit als Verbundbegriff, 2008, 1 (17).

[25] Dazu nur *Kahl*, in: Streinz, EUV/AEUV, 3. Aufl. 2018, Art. 11 AEUV Rn. 22.

[26] Zur Verankerung der ökologischen Dimension in Art. 20a GG siehe *Beaucamp,* Konzept, 2002, S. 166 f.; *Erbguth,* DVBl. 1999, 1082 (1084 ff.); *Ketteler,* NuR 2002, 513 (517).

[27] *Berg,* in: Kahl, Nachhaltigkeit als Verbundbegriff, 2008, S. 425 (427 ff.); *Kahl,* DÖV 1999, 2 (2 f.); ausf. zur Verankerung im Völker-, Europarecht und deutschen Recht *Monien,* Prinzipien, 2014, S. 155 ff., 196 ff., 222 ff.; bzgl. Völker- und Europarecht auch *Mathis*, Nachhaltige Entwicklung, 2017, S. 206 ff., 220 ff.

[28] Zur historischen Entwicklung des Begriffs *Kahl,* in: Bauer/Czybulka/Kahl/Voßkuhle, Umwelt, Wirtschaft und Recht, 2002, 111 (116 ff.); insbesondere zu den deutschen sprachlichen Wurzeln des Begriffs *Klippel/Otto,* in: Kahl, Nachhaltigkeit als Verbundbegriff, 2008, 39 (39 ff., 44 ff.).

[29] *Kahl*, in: Bauer/Czybulka/Kahl/Voßkuhle, Umwelt, Wirtschaft und Recht, 2002, 111 (126); *ders.*, in: Streinz, EUV/AEUV, 3. Aufl. 2018, Art. 11 AEUV Rn. 22; ähnlich *Kahl/Gärditz,* Umweltrecht, § 4 Rn. 37; *Streinz,* Die Verwaltung 31 (1998), 449 (470).

[30] Zu sämtlichen sog. Managementregeln der Nachhaltigkeit, die die Enquete-Kommission

ne Nachhaltigkeitsprinzip insbesondere als Auslegungs-, Ermessens- und Abwägungsgesichtspunkt.[31]

Plastik wird synthetisch aus der nicht erneuerbaren Ressource Erdöl oder halbsynthetisch durch Modifikation von natürlichen Polymeren hergestellt[32], mit der im Sinne des Nachhaltigkeitsgrundsatzes schonend umzugehen ist. Aus der Perspektive des nachhaltigen Ressourcenschutzes ist demnach eine übermäßige Nutzung der daraus hergestellten Produkte, beispielsweise von nur kurz und einmalig genutzten Plastikeinwegprodukten wie Plastikeinweggeschirr, zu vermeiden. Dies gilt auch für den Coffee-to-go-Becher, der zwar überwiegend aus Papierfasern besteht, dadurch aber ebenfalls einen hohen Ressourcenverbrauch (Holz, Wasser, Energie) in der Herstellung verursacht, wie Berechnungen der Deutschen Umwelthilfe (DUH) verdeutlichen.[33] Unter Zugrundelegung eines deutschlandweiten Verbrauchs von circa 2,8 Milliarden Coffee-to-go-Bechern[34] – was sich ungefähr mit den durch die Gesellschaft für Verpackungsmarktforschung (GMV) für 2017 ermittelten Verbrauchszahlen an Heißgetränkebechern deckt –[35] werden laut der DUH für die Produktion der Coffee-to-go-Becher schätzungsweise 64.000 Tonnen Holz, 1,5 Milliarden Liter Wasser und 22.0000 Tonnen Rohöl für die Plastikbeschichtung und Plastikdeckel verwendet.[36] Zu betonen ist insofern auch das unionsrechtliche Ziel der umsichtigen und rationellen Verwendung der natürlichen Ressourcen (vgl. Art. 191 Abs. 1, 3. Gedankenstrich AEUV). Die riesige Menge des Plastikmüllaufkommens in den Meeren, aber auch Plastikabfall in der sonstigen Umwelt, wie beispielsweise in Wäldern, Parks oder Flüssen, läuft dem Nachhaltigkeitsprinzip in diesem Sinne zuwider, da die

---

und der SRU formuliert haben, siehe Abschlussbericht Enquete-Kommission, BT-Drs. 13/11200, S. 25; Umweltgutachten 2002, BT-Drs. 14/8792, S. 67; Bundesregierung, Fortschrittsbericht 2012 zur nationalen Nachhaltigkeitsstrategie, BT-Drs. 17/8721, S. 28; SRU Umweltgutachten 1994, BT-Drs. 12/6955, Tz. 11 ff.; dazu *Kahl,* in: Bauer/Czybulka/Kahl/Voßkuhle, Umwelt, Wirtschaft und Recht, 2002, 111 (126 f.); *ders.,* in: *ders.*, Nachhaltigkeit als Verbundbegriff, 2008, 1 (18).

[31] *Köck,* Die Verwaltung 40 (2007), 419 (425); *Murswiek,* in: FS Selmer, 2004, 417 (430); *Schubert,* in: Kahl, Nachhaltigkeit durch Organisation und Verfahren, 2016, 63 (70 f.); *Kahl/Gärditz,* Umweltrecht, § 4 Rn. 40.

[32] http://www.plastic-planet.de/hintergrund.html (abgerufen: 14.11.2019).

[33] Siehe DUH, Coffee to go-Becher, Hintergrundpapier, 10/2015, S. 4, 6 ff.

[34] Krit. zum Datenmaterial zum Kaffeeverbrauch *Gerhard/Schughart,* Greenwashing to go?, ZEIT Online, 3.9.2017 (https://www.zeit.de/wissen/umwelt/2017-08/kaffeebecher-pfand-nachhaltigkeit-umweltschutz, abgerufen: 14.11.2019).

[35] Laut GMV wurden 2017 circa 2,86 Milliarden Heißgetränkebecher verbraucht, was neben üblichen Plastikbechern auch den Coffee-to-go-Becher einschließt. Zusätzlich wurden 2,996 Milliarden Kaltgetränkebecher verbraucht, von denen 1,2 Milliarden zu mehr als 50 % aus Plastik sind, siehe GMV, Abfallaufkommen durch Einweggeschirr, 6/2018, S. 31, etwas anders UBA, Einweggetränkebecher, 2019, S. 5, 45 f., 50; siehe dazu näher oben S. 7, Einleitung, Fn. 48.

[36] DUH, Coffee to go-Becher, Hintergrundpapier, 10/2015, S. 4, 6 ff.

Absorptionsfähigkeit der Umwelt begrenzt ist und Plastik langlebig und nicht biologisch abbaubar ist,[37] sodass sich die Natur nicht anpassen kann. Die Abfallvermeidung entspricht damit einer nachhaltigen Entwicklung.[38] Zudem sprechen Nachhaltigkeitserwägungen für eine hohe Recycling- und Wiederverwertungsrate von Plastikprodukten. Eine Präferenz für ein bestimmtes Instrument zur Abfallvermeidung gebietet der Nachhaltigkeitsgrundsatz nicht, es kommen also grundsätzlich sowohl ökonomische als auch ordnungsrechtliche oder kooperative Instrumente in Betracht, die im Einzelfall ausgewählt werden müssen.[39]

C. Vorsorge- und Vorbeugeprinzip

Aus dem Vorsorge- und Vorbeugeprinzip[40] kann hinsichtlich möglicher Instrumente zur Eindämmung des Plastikmülls deren „temporäre Richtung“, namentlich eine „vorausschauend-präventiv[e]“ Handlungsweise entnommen werden.[41] Überwiegend wird nur unterschiedslos von Vorsorgeprinzip gesprochen und die Begriffe Vorsorge- und Vorbeugeprinzip werden synonym verwendet,[42] obwohl zumindest im unionsrechtlichen Kontext Art. 191 Abs. 2 UAbs. 1 S. 2 AEUV explizit von Vorsorge- und Vorbeugegrundsatz spricht.[43] Die Begriffe können jedoch zutreffenderweise voneinander abgegrenzt werden.[44]

---

[37] Auch „biologisch abbaubare“ Varianten sind nicht in der Natur abbaubar, sie benötigen spezielle Kompostieranlagen, *Chatalova,* Forschungsfelder, 11/2018, S. 34; UBA, Biologisch abbaubare Kunststoffe, 2009, S. 9.

[38] Vgl. *Frenzel,* Nachhaltigkeit, 2005, S. 42 f.

[39] Vgl. *Rehbinder,* in: GfU, 25. Tagungsband, 2002, 52 (77).

[40] Aus der umfangreichen Literatur detailliert *Arndt,* Vorsorgeprinzip, 2009, S. 69–330; zum Völkerrecht und zur konkreten völkerrechtlichen Umsetzung *Erben,* Das Vorsorgegebot im Völkerrecht, 2005, S. 31–267; ausführlich und vergleichend zum Vorsorgeprinzip im globalen, europäischen und deutschen Umweltrecht *Monien,* Prinzipien, 2014, S. 250–326; zur hauptsächlich in Deutschland geführten Diskussion der ressourcenökonomischen Dimension (Freiraumtheorie) des Vorsorgeprinzips siehe *Appel,* NVwZ 2001, 395 (397); *Lübbe-Wolff,* NVwZ 1998, 777 (779) und *Kloepfer*, Umweltrecht, 2016, § 4 Rn. 54 ff.

[41] *Kahl/Gärditz,* Umweltrecht, § 2 Rn. 13, § 4 Rn. 25. Siehe auch *Kahl*, Umweltprinzip, 1993, S. 22; zur konkreten Anwendbarkeit des Vorsorgeprinzips im Unionsrecht siehe KOM(2000) 1 endg.; dazu *Rengeling,* DVBl. 2000, 1473 (1473 ff.).

[42] Vgl. nur EuGH, Urt. v. 28.1.2010 – C-333/08, Slg. 2010, I-757 Rn. 91 ff. – Kommission/Frankreich; Urt. v. 8.7.2010 – C-343/09, Slg. 2010, I-7027 Rn. 60 ff. – Afton Chemical.

[43] Daraus leitet u. a. *Epiney*, in: Landmann/Rohmer, UmweltR, Art. 191 AEUV (Stand: 2/2012) Rn. 24 ab, dass es sich um zwei Rechtsprinzipien handelt; a. A. *Scherer/Heselhaus*, in: Dauses/Ludwigs, Hdb EU-WirtschaftsR, O (Stand: 6/2010) Rn. 36, die von einem einheitlichen Rechtsprinzip ausgehen.

[44] Eingehend zur Abgrenzung siehe *Arndt,* Vorsorgeprinzip, 2009, S. 124 ff.; einen guten

Nach dem Vorbeugeprinzip sollen Umweltbelastungen vorrangig vermieden werden und wenn möglich nicht erst entstehen und bekämpft werden.[45] Abfälle, speziell Plastikmüll, sind wegen der begrenzten Aufnahmekapazitäten der Umwelt eine Gefahr für diese[46] und mithin primär zu vermeiden,[47] sodass das Vorbeugeprinzip für darauf zielende Instrumente wie die im Folgenden untersuchten freiwilligen Maßnahmen, Abgaben und Verbote spricht.[48] Denn auch eine umweltverträgliche Entsorgung von Plastiktüten und -einweggeschirr ist im Vergleich zur Vermeidung der Abfälle durch diese Einweggegenstände nur die „zweitbeste (…) end-of-pipe" Lösung.[49] Das Vorbeugeprinzip kann nachrangig auch durch eine abfallarme Gestaltung und Herstellung der untersuchten Plastikprodukte umgesetzt werden, fordert aber an erster Stelle deren Vermeidung.[50]

Gemäß dem Vorsorgeprinzip sind Maßnahmen bereits bei wissenschaftlichen Unsicherheiten, insbesondere über Zusammenhänge zwischen Ursache und Wirkung von Umweltschäden, zulässig, wenn es „tatsächliche Anhaltspunkte[ ] (…) für eine Besorgnis" für den Eintritt dieser gibt (sogenanntes „Besorgnispotenzial").[51] Es werden also Maßnahmen gegen potenzielle Risiken ermöglicht.[52] Bezüglich Plastikmüll kann dies vor allem hinsichtlich Mikroplastik und möglicher Maßnahmen zum Gesundheitsschutz relevant sein,[53] da über eine Gefährdung des Menschen hierdurch – im Gegensatz zu Tieren – noch keine gesicherten Erkenntnisse bestehen.[54]

Überblick m. z. N. bietet *Kahl*, in: Streinz, EUV/AEUV, 3. Aufl. 2018, Art. 191 AEUV Rn. 80 ff., der die „Differenzierungsthese" mit Recht als vorzugswürdig ansieht.

45 Insofern besteht Einigkeit, statt vieler *Epiney,* Umweltrecht der EU, Kap. 5 Rn. 14 f.; *Kloepfer*, Umweltrecht, 2016, § 4 Rn. 28.

46 Zutreffend EuGH, Urt. v. 9.7.1992 – C-2/90, Slg. 1992, I-4431 Rn. 30 – Kommission/Belgien; eingehend zur Abfallvermeidung im Umweltrecht *Diederichsen,* Vermeidungsgebot, 1998, S. 17 ff., 60 ff., 89 ff.

47 Vgl. § 6 Abs. 1 Nr. 1 KrWG.

48 Mit Recht bezüglich Abfällen im Allgemeinen *Kahl*, Umweltprinzip, 1993, S. 22, der neben Verboten und Abgaben Informationskampagnen als weitere mögliche Umsetzung anführt.

49 *Kahl*, Umweltprinzip, 1993, S. 22.

50 Vgl. *Diederichsen,* Vermeidungsgebot, 1998, S. 90; *Kahl*, Umweltprinzip, 1993, S. 22.

51 *Epiney,* Umweltrecht der EU, Kap. 5 Rn. 15 ff.; *Kahl/Gärditz*, Umweltrecht, § 2 Rn. 13, § 4 Rn. 23.

52 Statt vieler *Arndt,* Vorsorgeprinzip, 2009, S. 124.

53 Vgl. allg. in diesem Sinne *Kahl*, in: Streinz, EUV/AEUV, 3. Aufl. 2018, Art. 191 AEUV Rn. 82.

54 Vgl. *Bertling u. a.,* Kunststoffe, Konsortialstudie Fraunhofer Institut (Hrsg.), 6/2018, S. 31; zu möglichen Auswirkungen und bestehenden Wissenslücken *Galloway*, in: Bergmann u. a., Marine Anthropogenic Litter, 343 (346–361).

D. Ursprungsprinzip

Nach dem Ursprungsprinzip gemäß Art. 191 Abs. 2 UAbs. 1 S. 2 AEUV, welches im Unionsrecht im Unterschied zum deutschen Umweltrecht ein eigenständiger Grundsatz ist,[55] sind Umweltbeeinträchtigungen mit Vorrang an ihrem Ursprung zu bekämpfen. Sie sollen prioritär an der „Quelle" adressiert werden und nicht erst am „Ort der Einwirkung der Umweltverschmutzung".[56] Plastikmüll, beispielsweise in den Meeren, soll also nicht nur durch Maßnahmen zum Meeresschutz als Einwirkungsort der Umweltverschmutzung angegangen werden. Quelle der Plastikabfälle ist das jeweilige Produkt und dessen unsachgemäße Entsorgung. Speziell im Abfallrecht wird aus dem Ursprungsprinzip abgeleitet, dass „es Sache jeder Region, Gemeinde oder anderen Gebietskörperschaft ist, die geeigneten Maßnahmen zu treffen, um Aufnahme, Behandlung und Beseitigung ihrer eigenen Abfälle sicherzustellen".[57] Das Ursprungsprinzip ist jedoch nicht nur rein geografisch zu verstehen, sondern zutreffenderweise auch im zeitlichen Sinne.[58] Insoweit ist das Ursprungsprinzip im engen Kontext zum Vorbeuge- und Vorsorgeprinzip angesiedelt.[59] Die ursprüngliche „Wurzel"[60] des Plastikabfalls liegt bereits in der Herstellung dieser Produkte, dessen – bildlich gesprochen – etwas „jüngere Wurzel" deren Nutzung ist.[61] Dem Ursprungsprin-

---

[55] *Epiney,* Umweltrecht der EU, Kap. 5 Rn. 24; *Kahl*, Umweltprinzip, 1993, S. 22 f.; ein solcher Grundsatz lässt sich auch nicht im Völkergewohnheitsrecht nachweisen, siehe *Epiney/Scheyli,* Strukturprinzipien, 1998, S. 148 ff.

[56] *Kahl*, in: Streinz, EUV/AEUV, 3. Aufl. 2018, Art. 191 AEUV Rn. 87. Siehe auch *Burgi,* NuR 1995, 11 (11 ff.); *Epiney,* Umweltrecht der EU, Kap. 5 Rn. 23 f.; *Kahl*, Umweltprinzip, 1993, S. 22 f.; *Scherer/Heselhaus*, in: Dauses/Ludwigs, Hdb EU-WirtschaftsR, O (Stand: 6/2010) Rn. 42; *Kahl/Gärditz,* Umweltrecht, § 2 Rn. 14.

[57] EuGH, Urt. v. 9.7.1992 – C-2/90, Slg. 1992, I-04431 Rn. 32 – Kommission/Belgien; zur Konkretisierung im Abfallrecht *Kahl*, in: Streinz, EUV/AEUV, 3. Aufl. 2018, Art. 191 AEUV Rn. 90 ff.

[58] *Calliess*, in: Calliess/Ruffert, EUV/AEUV, 5. Aufl. 2016, Art. 191 AEUV Rn. 36; *Epiney,* Umweltrecht der EU, Kap. 5 Rn. 23, 26 die Quellennähe in „zeitlicher und örtlicher Hinsicht" meint; *dies*., in: Landmann/Rohmer, UmweltR, Art. 191 AEUV (Stand: 2/2012) Rn. 33; *Heselhaus*, in: Pechstein/Nowak/Häde, Frankfurter Kommentar, Bd. III, Art. 191 AEUV Rn. 69; *Kahl*, Umweltprinzip, 1993, S. 22, der vom „frühestmöglichen Zeitpunkt" spricht; ähnlich wie hier *Scherer/Heselhaus*, in: Dauses/Ludwigs, Hdb EU-WirtschaftsR, O (Stand: 6/2010) Rn. 42; *Schmitz,* Umweltunion, 1996, S. 160; vgl. *Vorwerk,* Kompetenzen, 1990, S. 27; *Zils,* Wertigkeit des Umweltschutzes, 1994, S. 23.

[59] Hierzu *Epiney,* Umweltrecht der EU, Kap. 5 Rn. 24; *dies*., in: Landmann/Rohmer, UmweltR, Art. 191 AEUV (Stand: 2/2012) Rn. 34; *Scherer/Heselhaus*, in: Dauses/Ludwigs, Hdb EU-WirtschaftsR, O (Stand: 6/2010) Rn. 42.

[60] Siehe bereits *Kahl*, Umweltprinzip, 1993, S. 22, der davon spricht, dass Umweltbeeinträchtigungen „an der Wurzel selbst" zu bekämpfen seien.

[61] Vgl. hierzu *Meßerschmidt,* Europäisches Umweltrecht, § 3 Rn. 133, der allgemein von

zip lässt sich mithin eine zeitliche Präferenz[62] entnehmen, mit plastikspezifischen Instrumenten bereits auf der Herstellungs- und Nutzungsebene anzusetzen, nicht erst auf der nachrangigen Entsorgungsebene.[63] Gleichzeitig spricht es für eine Lösung vor Ort, etwa in der jeweiligen Region oder Gemeinde. Die letztendliche Entscheidung, „wann und wo"[64] eine Umweltmaßnahme ansetzt, verbleibt beim Gesetzgeber, denn das Ursprungsprinzip gibt keine zwingende Wahl der Maßnahmen vor.[65]

E. Integrationsprinzip

Das Integrationsprinzip nach Art. 11 AEUV, Art. 37 GRCh verlangt, dass Erfordernisse des Umweltschutzes bei der Festlegung und Durchführung der Unionspolitiken und -maßnahmen insbesondere zur Förderung einer nachhaltigen Entwicklung einbezogen werden müssen, was im Schrifttum als *externe* Integration verstanden wird.[66] Es dient damit der Verwirklichung des Nachhaltigkeitsprinzips.[67] Der Unionsgesetzgeber müsste also die umweltbeeinträchtigenden Auswirkungen speziell von Plastikmüll auch bei anderen, auch nicht primär umweltschützenden Maßnahmen und Handlungen berücksichtigen.[68]

„frühem Glied von Ursachenketten" spricht, bei dem Umweltschutzmaßnahmen ansetzen sollen; ähnlich bereits *Vorwerk,* Kompetenzen, 1990, S. 27.

[62] Vgl. Art. 191 Abs. 2 UAbs. 1 Satz 2 AEUV „mit Vorrang". In diesem Sinne auch *Epiney,* Umweltrecht der EU, Kap. 5 Rn. 26; *Meßerschmidt,* Europäisches Umweltrecht, § 3 Rn. 134 f.

[63] Für eine Präferenz für Maßnahmen früh in der Produktionskette ebenso *Stöfen-O'Brien,* Marine Litter, 2015, S. 261. Gleichwohl sind Maßnahmen bzgl. nachrangiger Ursachenebenen durch dieses Prinzip nicht ausgeschlossen, siehe *Meßerschmidt,* Europäisches Umweltrecht, § 3 Rn. 133.

[64] *Epiney,* Umweltrecht der EU, Kap. 5 Rn. 23 f.; *dies.*, in: Landmann/Rohmer, UmweltR, Art. 191 AEUV (Stand: 2/2012) Rn. 34.

[65] *Epiney,* Umweltrecht der EU, Kap. 5 Rn. 25.

[66] *Kahl,* in: Streinz, EUV/AEUV, 3. Aufl. 2018, Art. 191 AEUV Rn. 103; *Kloepfer*, Umweltrecht, 2016, § 4 Rn. 154; *Kahl/Gärditz*, Umweltrecht, § 2 Rn. 16; *Schröder,* NuR 2000, 481 (481); zum Teil wird dieser Grundsatz auch als „Querschnittsklausel" bezeichnet, siehe etwa *Calliess,* DVBl. 1998, 559 (564); *ders.,* NuR 2006, 601 (604); *Epiney,* Umweltrecht der EU, Kap. 5 Rn. 36 ff.

[67] *Calliess,* DVBl. 1998, 559 (565); *Kahl,* in: Bauer/Czybulka/Kahl/Voßkuhle, Umwelt, Wirtschaft und Recht, 2002, 111 (130 f.); *Monien,* Prinzipien, 2014, S. 199.

[68] Vgl. *Epiney,* NuR 1995, 497 (497); zu Handlungsempfehlungen zur stärkeren Berücksichtigung ökologischer Nachhaltigkeitskriterien im Steuerrecht etwa *Hesselle,* Ökologisch motivierte Normen, 2004, S. 155 ff.; allg. *Ramsauer*, in: Koch/Hofmann/Reese, Hdb UmweltR, § 3 Rn. 56.

Die *interne* Integration,[69] die auch ein Eckpfeiler des deutschen Umweltrechts ist,[70] bezweckt hingegen eine „ganzheitlich-medienübergreifend[e]“[71] Bewertung, die auch potenzielle Wechsel- und Auswirkungen von Maßnahmen auf andere Umweltmedien einbezieht, um eine bloße Verlagerung der Beeinträchtigung von einem Umweltmedium (Luft, Wasser, Boden) auf ein anderes zu vermeiden.[72] Gerade bei plastikspezifischen Maßnahmen besteht die Gefahr, dass in der angestrebten Vermeidung von Plastikprodukten diese schlicht durch andere Gegenstände, die mitunter einen sehr hohen Wasser- und Energieverbrauch in der Herstellung und eine belastende Ökobilanz haben (z.B. Papiertüten), ersetzt werden und so das Umweltproblem nur verlagert wird.[73] Es sollte daher der „gesamte Lebenszyklus“ von der Produktion bis zur Beseitigung einbezogen werden.[74] Dem internen Integrationsprinzip lässt sich mithin entnehmen, dass bei der Auswahl der konkreten Instrumente auch solche Verlagerungswirkungen mit zu berücksichtigen sind.

F. Kooperationsprinzip

Nach dem Kooperationsprinzip soll die Lösung von Umweltproblemen durch eine Zusammenarbeit von verschiedenen Akteuren, namentlich Staat, Gesellschaft und Industrie erfolgen.[75] Nach überzeugender Auffassung handelt es sich

---

[69] Das (interne) Integrationsprinzip ist nicht unionsprimärrechtlich geregelt, insbesondere nicht in Art. 11 AEUV, ergibt sich aber aus dem unionsrechtlichen Sekundärrecht, mit Recht *Kahl/Gärditz*, Umweltrecht, § 4 Rn. 42.

[70] Hierzu *Kloepfer*, Umweltrecht, 2016, § 4 Rn. 1, 159ff.

[71] *Kahl*, in: Streinz, EUV/AEUV, 3. Aufl. 2018, Art. 191 AEUV Rn. 103; zu alternativen Begrifflichkeiten des integrativen Umweltschutzes *Di Fabio,* NVwZ 1998, 329 (330); zu Kritik, Gefahren und Grenzen derart integrierter Regelungsansätze siehe *Martini,* Integrierte Regelungsansätze, 2000, S. 49ff.

[72] *Di Fabio,* NVwZ 1998, 329 (330); *Kahl*, in: Streinz, EUV/AEUV, 3. Aufl. 2018, Art. 11 AEUV Rn. 15, Art. 191 AEUV Rn. 103; *Kloepfer*, Umweltrecht, 2016, § 4 Rn. 155; zu konkreten medienübergreifenden Maßnahmen *Liu,* Europäisierung des deutschen Umweltrechts, 2008, S. 19ff.; *Martini,* Integrierte Regelungsansätze, 2000, S. 44ff.; *Nettesheim*, in: Grabitz/Hilf/Nettesheim, Das Recht der EU, Art. 191 AEUV (Stand: 5/2011) Rn. 125; *Kahl/Gärditz,* Umweltrecht, § 2 Rn. 16; *Schröder,* NuR 2000, 481 (481); krit. aber *Masing*, DVBl. 1998, 549 (551 f.); vgl. zum Erfordernis einer sektorübergreifenden Umweltpolitik speziell im Abfallbereich *Michaelis,* Ökonomische Aspekte der Abfallgesetzgebung, 1993, S. 108 f.

[73] Vgl. https://www.duh.de/themen/recycling/plastik/plastiktueten/ (abgerufen: 14.11.2019); BIOIS, Report 2011, S. 95 f.; *Frenz*, GewArch 2013, 329 (333, 338); zur Ökobilanz von Papiertüten siehe unten S. 251 f.

[74] Zum sog. Cradle-to-grave-Prinzip siehe *Kloepfer*, Umweltrecht, 2016, § 4 Rn. 69ff.

[75] *Kahl/Gärditz,* Umweltrecht, § 4 Rn. 33; grundlegend *Schmidt-Aßmann,* Das allgemeine Verwaltungsrecht als Ordnungsidee, 2. Aufl. 2004, Kap. 3 Rn. 118ff., der die „Zusammenarbeit

bei diesem Grundsatz trotz einer gewissen Unbestimmtheit um ein Rechtsprinzip[76], welches zwar abstrakt und konkretisierungsbedürftig ist, sich insofern aber nicht von anderen Prinzipien unterscheidet.[77] Hinsichtlich der Bewältigung des Plastikmüllproblems, etwa in Flüssen und Meeren, lässt sich dem Kooperationsprinzip zum einen entnehmen, dass die verschiedenen Akteure frühzeitig am Willensbildungs- und Entscheidungsprozess beteiligt werden sollen, um letztlich auch die Durchsetzung und Akzeptanz der Entscheidungen zu verbessern.[78] Zum anderen kommen „Instrumente der aufgabenzuweisenden Kooperation" als Erscheinungsformen dieses Prinzips in Betracht.[79] Hierzu zählen informale Absprachen und freiwillige Selbstverpflichtungen („informelles Verwaltungshandeln"),[80] wie zum Beispiel die HDE-Vereinbarung[81] zu Plastiktüten. Dennoch zwingt dieses Prinzip den Gesetzgeber nicht zur Vornahme von kooperativen Maßnahmen.[82] Folglich sind auch ordnungsrechtliche Maßnahmen weiterhin möglich und nicht etwa wegen dieses Prinzips grundsätzlich ausgeschlossen.[83]

---

zwischen Staat und Gesellschaft" mit Recht als „Funktionsbedingung[ ] staatlichen Regelns" ansieht; eingehend zum Kooperationsprinzip *Rengeling,* Kooperationsprinzip, 1988, S. 3 ff. Siehe zur abfallrechtlichen Ausprägung BVerfGE 98, 106 (121 f.); 98, 83 (98 ff.); *Reese,* ZUR 2001, 14 (14 ff.); hierzu siehe auch unten S. 162 ff. Zur abfallpolitischen Ausformung siehe auch *Würfel,* Informelle Absprachen, 1994, S. 15 f.

[76] Ausf. zur Abgrenzung von unverbindlichen Leitprinzipien siehe nur *Monien,* Prinzipien, 2014, S. 45 ff.

[77] Wie hier etwa *Di Fabio,* NVwZ 1999, 1153 (1157); *Reese,* ZUR 2001, 14 (14); *Schlacke,* Umweltrecht, § 3 Rn. 17; *Kahl/Gärditz,* Umweltrecht, § 4 Rn. 33; a.A. *Gusy,* ZUR 2001, 1 (1 ff.); *Koch,* NuR 2001, 541 (545 ff.); *Murswiek,* ZUR 2001, 7 (12 ff.); *Schrader,* DÖV 1990, 326 (329 ff.); *Voßkuhle,* ZUR 2001, 23 (26).

[78] Zur akzeptanzfördernden Wirkung bei Großprojekten siehe *Rehbinder,* in: Rehbinder/Schink, Grundzüge des Umweltrechts, Abschn. 3 Rn. 184b; zur sog. „partizipative[n] Kooperation" mit zahlreichen Beispielen *Kahl/Gärditz,* Umweltrecht, § 4 Rn. 33, 35.

[79] Eingehend *Grüter,* Kooperationsprinzip, 1990, S. 44 ff.

[80] Allg. *Frenz*, Selbstverpflichtungen, 2001, S. 74; *Grüter,* Kooperationsprinzip, 1990, S. 59 ff.; zu den zahlreichen weiteren Kooperationsmodellen und Handlungsformen siehe etwa *Müggenborg,* NVwZ 1990, 909 (909 ff.); *Rehbinder*, in: Rehbinder/Schink, Grundzüge des Umweltrechts, Abschn. 3 Rn. 183; *Rengeling,* Kooperationsprinzip, 1988, S. 62 ff., 165 ff.

[81] Dazu ausf. S. 59 ff., 74 ff.

[82] *Gusy,* ZUR 2001, 1 (5); *Hoffmann,* DVBl. 1996, 347 (352); *Ramsauer*, in: Koch/Hofmann/Reese, Hdb UmweltR, § 3 Rn. 44.

[83] *Gusy,* ZUR 2001, 1 (5); *Kloepfer*, Umweltrecht, 2016, § 4 Rn. 148.

G. Zusammenfassung

Die umweltrechtlichen Rechtsprinzipien, im Besonderen der Nachhaltigkeitsgrundsatz, legen eine schonende und nachhaltige Verwendung insbesondere der in Plastiktüten und -einweggeschirr verwendeten Ressourcen nahe, weil diese sowie die Absorptionsfähigkeit der Umwelt begrenzt sind. Das Verursacherprinzip beinhaltet neben einem Kostentragungsprinzip auch eine materielle Verantwortung für den Umweltschutz. Aufgrund der weiten Definition von Verursachern als derjenigen, die einen Beitrag zur Umweltbelastung leisten, sind Hersteller, Vertreiber und Verbraucher von Plastiktüten und -einweggeschirr als Verursacher des Plastikmülls anzusehen. Aus dem Zusammenspiel von Vorbeuge- und Verursacherprinzip folgt, dass Umweltbelastungen wie Plastikmüll vorrangig zu vermeiden sind, falls dies aber nicht möglich ist, die Verursacher für die Beseitigung oder Verringerung in Anspruch genommen werden sollen.[84] Gemäß dem Ursprungsprinzip sollen Maßnahmen die Quelle der Umweltbelastung adressieren, welche die Plastikprodukte selbst sind. Das heißt, es ist nicht erst auf der Ebene der Entsorgung anzusetzen, sondern bereits bei der Nutzung und Herstellung von Plastiktüten und -einweggeschirr einschließlich Coffee-to-go-Bechern. Nach dem Integrationsprinzip sind bei der Bewertung potenzieller Alternativprodukte für Plastiktüten und -einweggeschirr auch deren Auswirkungen auf andere Umweltmedien zu berücksichtigen, damit keine umweltschädliche Verlagerung stattfindet. Das Kooperationsprinzip, das ebenfalls ein Rechtsprinzip darstellt, findet seine Ausprägung unter anderem in freiwilligen Selbstverpflichtungen und Absprachen und streitet zudem für eine frühzeitige Beteiligung aller gesellschaftlichen Akteure zur Lösung des Plastikmüllproblems.

---

[84] Vgl. allgemein *Monien,* Prinzipien, 2014, S. 394.

§ 2 Rechtsgrundlagen für den Umgang mit Plastik im Mehrebenensystem

Da Plastikmüll zahlreiche land- und meerseitige Ursachen[1] haben kann, gibt es auch eine Vielzahl von Rechtsgrundlagen, die in diesem Zusammenhang – direkt oder indirekt – relevant sein können.[2] Im Folgenden werden die wichtigsten Rechtsgrundlagen und das wichtigste Soft Law für den Meeresschutz und das Plastikmüllproblem sowie der rechtliche Rahmen mit direktem Bezug zu den hier untersuchten Plastikprodukten, insbesondere im Sinne des Vermeidungsansatzes, dargestellt.

A. Völkerrechtliche Ebene

I. Völkerrechtliche Verträge zum Umgang mit Plastikmüll

Ein spezifisches völkerrechtliches Plastikabkommen gibt es derzeit trotz zahlreicher Forderungen[3] nicht.[4] Auch fehlt es an einem international verbindlichen und umfassenden Abkommen, um das Entstehen von Plastikmüll an Land zu vermeiden.[5]

Besondere Bedeutung kommt dem auch als „Verfassung der Meere"[6] bezeichneten Seerechtsübereinkommen der UN (SRÜ)[7] zu. Dieses verpflichtet die Ver-

---

[1] Dazu siehe oben S. 3.

[2] Ähnlich für das EU-Sekundärrecht *Stöfen-O'Brien,* Marine Litter, 2015, S. 270, 274.

[3] Siehe etwa *Borrelle u. a.,* PNAS, 114 (2017), No. 38, 9994 (9994 ff.); *Cremean/Techera,* in: Alam u. a., Routledge Handbook Int. Env. Law, 277 (293); *Simon*, GCIY 2017, 60 (60); *Simon/Schulte,* Plastic Pollution, S. 10; *dies*. Plastic Governance, S. 4, 6; WWF, Solving Plastic Pollution, 3/2019, S. 6. Siehe die weiteren Nachw. unten S. 252, § 7 Fn. 44.

[4] Zur Notwendigkeit und möglichen Inhalten eines Plastik-Abkommens siehe ausf. unten S. 252 ff.

[5] Ähnlich UNEA, UNEP/EA.3/INF/5, S. 148; *Matz-Lück*, in: Proelß, Internationales UmwR, 2017, XII Rn. 98

[6] Siehe etwa *Beyerlin/Marauhn*, International Environmental Law, S. 118; *Gellermann/Stoll/Czybulka,* Hdb Meeresnaturschutzrecht, S. 20, 23; *Graf Vitzthum,* in: ders., Hdb Seerecht, 1 (Rn. 106); *Mißling/Unger*, ZUR 2017, 338 (340); *Proelß*, Meeresschutz, 2004, S. 74.

[7] Seerechtsübereinkommen der UN v. 10.12.1982, BGBl. 1994 II, 1798.

tragsparteien allgemein dazu, die Meeresumwelt zu schützen und zu bewahren und unter anderem die zur Verhütung und zur Verringerung der Verschmutzung der Meeresumwelt erforderlichen Maßnahmen zu ergreifen.[8] Das SRÜ bezieht sich auf alle Meeresgebiete und alle meeresbezogenen Handlungen sowie alle Ursachen von Meeresmüll.[9] Wenngleich Plastikmüll nicht ausdrücklich erwähnt wird, so liegt dem SRÜ eine weite Begriffsbestimmung der Verschmutzung der Meeresumwelt zugrunde, die auch Plastikmüll erfasst.[10]

Das Internationale Übereinkommen zur Verhütung der Meeresverschmutzung durch Schiffe (MARPOL)[11] bezweckt eine Verhütung und Verminderung von Meeresmüll durch Schiffe und verbietet, sämtliche Müllarten von Schiffen in die Meere einzuleiten, es sei denn, es ist ausdrücklich erlaubt.[12] Plastikmüll wird ausdrücklich erwähnt und ist nicht von den Ausnahmen erfasst, sodass zu Abfall gewordene Plastikprodukte von Schiffen – beispielsweise Plastiktüten und -einweggeschirr – nicht ins Meer eingebracht oder eingeleitet werden dürfen.[13]

Das Einbringen von Plastikmüll ist auch nach dem Übereinkommen über die Verhütung der Meeresverschmutzung durch das Einbringen von Abfällen und anderen Stoffen (London-Übereinkommen)[14] und dem Protokoll zum Übereinkommen (Londoner-Protokoll)[15] verboten. Allerdings erstreckt sich der Anwendungsbereich nur auf seeseitige Plastikmüll-Einträge, das heißt es ist nur verboten, Müll auf See in das Meer einzuleiten.[16]

---

[8] Vgl. Art. 192, 194 Abs. 1 SRÜ; zum vorher bereits gewohnheitsrechtlich anerkannten Umfang der Pflichten im SRÜ detailliert *Birnie u. a.,* International law and the environment, S. 386 ff.; eingehend zum Meeresschutz durch das SRÜ *Proelß*, Meeresschutz, 2004, S. 74–124; zum Naturschutz im SRÜ und im Meeresvölkerrecht insgesamt *ders.*, AvR 54 (2016), 468 (468 ff.); zu Art. 207, 213 SRÜ *Finska/Howden,* RECIEL 2018, 245 (246 f.); zur schwachen Pflicht nach Art. 207 SRÜ kritisch *Kirk/Popattanachai,* RECIEL 2018, 222 (223).

[9] Art. 194 Abs. 1 SRÜ; *Matz-Lück/Fuchs,* ZUR 2012, 532 (535); *Mißling/Unger,* ZUR 2017, 383 (340); *Stöfen-O'Brien,* Marine Litter, 2015, S. 97 f.

[10] Vgl. Art. 1 Abs. 1 Nr. 4 SRÜ. Ebenso *Stöfen-O'Brien*, ZUR 2017, 594 (596); *dies.*, Marine Litter, 2015, S. 94 f.; die mangelnde Erwähnung von Plastikmüll als Regelungslücke identifizierend UNEP, Combating marine plastic litter, 2017, S. 17; vgl. auch UNEP, UNEP/EA.3/INF/5, S. 75.

[11] Internationales Übereinkommen von 1973 zur Verhütung der Meeresverschmutzung durch Schiffe und Protokoll von 1978 zu diesem Übereinkommen, BGBl. 1998 II, 2546.

[12] Vgl. Regel 3 Nr. 1 Anhang V MARPOL.

[13] Vgl. Regel 1 Nr. 5, Regel 3 Nr. 1 Anhang V MARPOL; ebenso Europäische Kommission, SWD(2018) 254 final, Part 3/3, S. 15; UNEP, Marine Litter: A Global Challenge, 4/2009, S. 119; *Matz-Lück*, in: Proelß, Internationales UmwR, 2017, XII Rn. 79 f., 98.

[14] BGBl. 1977 II, 165; dazu *Beyerlin/Marauhn*, International Environmental Law, S. 128. *Sands u.a,* International Environmental Law, S. 480 ff.

[15] Protokoll v. 7.11.1996 zum Übereinkommen über die Verhütung der Meeresverschmutzung durch das Einbringen von Abfällen und anderen Stoffen von 1972, BGBl. 1998 II, 1345, 1346.

[16] Vgl. Art. 4 i. V. m. Anhang I Londoner-Protokoll. Es handelt sich in Folge der Novellie-

Erwähnenswert ist ferner, dass das Basler Übereinkommen[17] Regelungen zum grenzüberschreitenden Transport von gefährlichen und anderen Abfällen und dessen Kontrolle trifft und nach dem Beschluss der Vertragsstaatenkonferenz vom 10.5.2019 unter anderem Plastikmüll mit gefährlichen Inhaltsstoffen als gefährlichen Abfall ausweist und nur noch sortenreine Plastikabfälle frei, also ohne Zustimmungserfordernisse der zuständigen Behörden gehandelt werden dürfen.[18] Bisher war Plastikmüll grundsätzlich nur als „andere Abfälle" einzustufen;[19] die Neuregelungen sollen ab 1.1.2021 gelten.[20] Gleichwohl betrifft dies unmittelbar lediglich den Umgang mit vorhandenem Müll, nicht aber die Vermeidung des Verbrauchs der Produkte als solcher.[21]

Aufgrund der gravierenden Gefahren und Auswirkungen von Plastikmüll für Tiere und Pflanzen, insbesondere im Meer, ist auch die sogenannte Biodiversitätskonvention[22] von Bedeutung, die der Erhaltung und nachhaltigen Nutzung der biologischen Vielfalt dienen soll.[23]

Zudem gibt es verschiedene regionale Meeresschutzabkommen der jeweiligen Anrainerstaaten, beispielsweise[24] das OSPAR-Übereinkommen[25] für die Nord-

---

rung um ein allgemeines Verbot der Müllentsorgung auf See mit Ausnahmebestimmungen, welche indes Plastikmüll nicht erfassen (vgl. Anhang I Londoner-Protokoll). Ebenso UNEP, Marine Litter Legislation, 2016, S. 6. Dies als Regelungslücke identifizierend UNEP, Combating marine plastic litter, 2017, S. 17.

[17] Basler Übereinkommen über die Kontrolle der grenzüberschreitenden Verbringung gefährlicher Abfälle und ihrer Entsorgung vom 22.3.1989, BGBl. 1994 II, 2704.

[18] BMU, Pressemitteilung v. 11.5.2019, Nr. 067/19; siehe Beschluss BC-14/12, Amendments to Annexes II, VIII and IX to the Basel Convention.

[19] Vgl. Art. 1 Abs. 1 lit. a i. V. m. Anhang I und Nr. 3010 Anhang IX Basler Übereinkommen; so i. E. auch UNEP, Combating marine plastic litter, 2017, S. 18; *Raubenheimer/McIlgorm,* Marine Policy 96 (2018), 295 (286).

[20] Siehe BC-14/12, Amendments to Annexes II, VIII and IX to the Basel Convention.

[21] Dies ist nicht zu verwechseln mit dem am 10.5.2019 verabschiedeten unverbindlichen Beschluss der Vertragsstaatenkonferenz zum Basler Übereinkommen, siehe dazu unten S. 34.

[22] Übereinkommen über die biologische Vielfalt v. 5.6.1992, BGBl. 1993 II, 1741. Ausf. zum Übereinkommen *Schlacke,* AvR 54 (2016), 524 (524 ff.); zum Verhältnis des Abkommens zum SRÜ *Matz,* in: Ehlers u. a., Marine issues, 203 (203–220).

[23] Vgl. insbes. Art. 6, 8, 9, 10, 11, 12, 13 der Konvention. Dazu sowie zum Catargena Protokoll ausf. *Birnie u. a.,* International law and the environment, S. 612–649. Einen guten Überblick zum völkerrechtlichen Naturschutzrecht, auch unter Berücksichtigung des Meeresnaturschutzes, gibt *Wolf,* ZUR 2017, 3 (3 ff.).

[24] Zu den zahlreichen regionalen Meeresschutzprogrammen und -abkommen siehe UNEP, Marine Litter: A Global Challenge, 4/2009, S. 15 ff. sowie *Sands u.a,* International Environmental Law, S. 464 ff., insbes. die Übersicht auf S. 467 f.

[25] Übereinkommen über den Schutz der Meeresumwelt des Nordostatlantiks v. 22.9.1992, BGBl. 1994 II, 1360, hierzu eingehend *Hilf,* ZaöRV 55 (1995), 580 (580–603); *Heintschel v. Heinegg,* in: Ehlers u. a., Marine issues, 135 (135–153); ausführlich zu dessen Stärken und Schwächen *Proelß,* Meeresschutz, 2004, S. 192–231.

ostatlantikregion, das Helsinki-Übereinkommen[26] für die Ostseeregion, das Barcelona-Übereinkommen[27] für das Mittelmeer und die Bukarest-Konvention[28] für das Schwarze Meer, die allgemein dazu verpflichten, die Meeresumwelt zu schützen und zu bewahren und hierzu Aktionspläne vorsehen.[29] Explizite plastikspezifische Regelungen sind hierin jedoch nicht enthalten. Im Einzelnen weisen die regionalen Meeresschutzabkommen erhebliche Unterschiede auf, was hier nicht vertieft werden soll.[30] Bedeutsam für das Plastikmüllproblem ist aber beispielsweise, dass das OSPAR-Übereinkommen und das Helsinki-Übereinkommen, welche auch für Deutschland relevant sind, die Vertragsstaaten zur Überwachung des Zustands der Meeresumwelt verpflichten.[31] Hervorzuheben sind zudem die durch das Ecological Quality Objective (EcoQO) festgelegten Verschmutzungsgrenzwerte im Rahmen des OSPAR-Übereinkommens. Diese gelten zwar nur für die Nordseeregion und sind nicht verpflichtend, stellen jedoch einen wichtigen Bewertungsindikator für die Auswirkungen des Plastikmüllproblems dar.[32]

---

[26] Übereinkommen über den Schutz der Meeresumwelt des Ostseegebiets v. 9.4.1992, BGBl. 1994 II, 1397 (HELCOM). Dieses als wichtigen politischen Meilenstein in der Umweltpolitik einordnend *P. Ehlers*, The International Journal of Marine and Coastal Law 8 (1993), 191 (191); zum Abkommen eingehend *Täufer*, in: Czybulka, Marine Nature, 29 (33–36); *Stöfen-O'Brien,* Marine Litter, 2015, S. 168–189.

[27] Übereinkommen zum Schutz des Mittelmeers vor Verschmutzung v. 16.2.1976 sowie die zugehörigen Protokolle, von denen für das Meeresmüllproblem das sog. LBS-Protokoll (insbes. Art. 5 Abs. 1, 2) und das sog. Dumping Protokolls (insbes. Art. 4) besonders relevant sind, siehe *Chen*, in: Bergmann u.a., Marine Anthropogenic Litter, 395 (408).

[28] Übereinkommen über den Schutz des Schwarzen Meeres vor Verschmutzung v. 21.4. 1992, hierzu eingehend *Dupont/Kramm,* in: Czybulka, Marine Nature, 77 (81–90); *Stöfen-O'Brien,* Marine Litter, 2015, S. 203–222; zum zugehörigen Aktionsplan *Kramm*, in: Czybulka, Marine Nature, 91 (91–101).

[29] Vgl. etwa Art. 2 Abs. 1 lit. a, b, Art. 3, Art. 4, OSPAR-Übereinkommen; Art. 3, Art. 6 Abs. 1, Art. 8 Abs. 1, Art. 11 Abs. 1, Art. 14 Helsinki-Übereinkommen; Art. 6–13 Bukarest-Konvention; Art. 4, 5, 6 Barcelona-Übereinkommen.

[30] Zu einigen dieser Abkommen und deren Bewertung ausf. *Stöfen-O'Brien,* Marine Litter, 2015, S. 168–189 (Helsinki-Konvention), 189–203 (OSPAR-Konvention), 203–222 (Bukarest-Konvention), 237–245 (zu den jeweiligen Aktionsplänen).

[31] Vgl. Art. 6 lit. a OSPAR-Übereinkommen; Art. 3 Abs. 5 Helsinki-Konvention. Zu dieser Pflicht der Helsinki-Konvention siehe *P. Ehlers*, in: Koch/Lagoni, Meeresumweltschutz, 1996, 103 (109); zur Rolle der OSPAR-Kommission bei der Überwachung *Lagoni,* in: Ehlers u.a., Marine issues, 155 (155–162); ähnlich wie hier *Stöfen-O'Brien,* ZUR 2017, 594 (597); detaillierter zu den jeweiligen Überwachungspflichten *dies.,* Marine Litter, 2015, S. 186f., 194f.

[32] Ebenso *Stöfen-O'Brien,* ZUR 2017, 594 (597); zur Anwendung der Kriterien *Ospar Commission,* EcoQO Handbook, S. 39ff.

II. Soft Law

Es gibt zahlreiche dem Soft Law zuzuordnende unverbindliche Beschlüsse, Erklärungen oder Resolutionen zu Meeres- bzw. Plastikmüll, die das Problem erkennen sowie dringenden Handlungsbedarf betonen und denen grundlegende Bedeutung für den Umgang mit dem Plastikmüllproblem zukommt.[33] Auch wenn diese Soft Law-Akte im Gegensatz zum „hard law" nicht rechtlich verbindlich sind und noch nicht dem Völkergewohnheitsrecht zugeordnet werden können,[34] so binden sie die Beteiligten doch faktisch und politisch-moralisch.[35] Auf die intensive Diskussion, was zum völkerrechtlichen Soft Law zu zählen ist,[36] soll hier nicht eingegangen werden. Vielmehr soll für die Zwecke dieser Untersuchung ein weites Begriffsverständnis zugrunde gelegt werden, welches Resolutionen, Beschlüsse oder Empfehlungen von internationalen Organisationen, aber auch von internationalen Foren, die mit Hoheitsträgern besetzt sind, einschließt.[37]

1. Agenda 2030 für nachhaltige Entwicklung

Hervorzuheben ist die von der UN-Generalversammlung am 25.9.2015 beschlossene Agenda 2030 für nachhaltige Entwicklung mit den sogenannten 17 UN-Nachhaltigkeitszielen (Sustainable Development Goals 2030),[38] von denen

---

[33] Allg. zur wesentlichen und wachsenden Bedeutung von Soft Law gerade im Umweltvölkerrecht *Germelmann,* AvR 52 (2014), 325 (360); *Knauff,* Regelungsverbund, 2010, S. 259.

[34] Die Befolgung von Soft Law kann Ausdruck einer anerkannten Übung sein, nicht aber einer *opinio iuris*, die ebenso für die Annahme von Völkergewohnheitsrecht nötig ist. Denn die Staaten handeln gerade unverbindlich und ohne Anerkennung einer Rechtspflicht, auch wenn Soft Law zur Entstehung von Völkergewohnheitsrecht beitragen kann, siehe allg., ohne Plastikbezug, *Schreiber,* International Standards, 2005, S. 79 f.; treffend auch *Strauß*, Soft Law, 2016, S. 54 f.; siehe auch *Heusel,* Weiches Völkerrecht, 1991, S. 279 f.; *Knauff,* Regelungsverbund, 2010, S. 233 f., die ebenfalls strenge Anforderungen an die Annahme einer *opinio iuris* durch Soft Law stellen; a. A. *Gruchalla-Wesierski,* McGill LJ 1984, 37 (53 ff.).

[35] *Beyerlin,* Umweltvölkerrecht, § 9 Rn. 135, 138 ff.; *ders./Marauhn*, International Environmental Law, S. 290; *Germelmann,* AvR 52 (2014), 325 (361 f.); *Kahl/Gärditz,* Umweltrecht, § 1 Rn. 30; vgl. auch *Snyder,* in: Martin, The Construction of Europe, 1994, 197 (198).

[36] Eingehend dazu *Strauß*, Soft Law, 2016, S. 21 ff.; vgl. auch *Heusel,* Weiches Völkerrecht, 1991, S. 42 ff.

[37] Zur Diskussion um eine spezifische Urhebereigenschaft für die Annahme von Soft Law ausf. *Strauß*, Soft Law, 2016, S. 47, 57 ff., die i. E. auf dieses Merkmal verzichtet; zur Diversität von Soft Law-Urhebern siehe *Müller-Graff,* EuR 2012, 18 (26 f., 33); anders etwa *Heusel,* Weiches Völkerrecht, 1991, S. 42, der nur Völkerrechtssubjekte als Urheber für Soft Law anerkennt.

[38] Resolution der Generalversammlung der Vereinten Nationen, Transformation unserer Welt: die Agenda 2030 für nachhaltige Entwicklung, A/RES/70/1, zu den Nachhaltigkeitszielen ebd., insbes. S. 1 ff., 15 ff.

mehrere auch speziell für das Thema der Plastikmüllreduzierung wichtig sind.[39] Besonders bedeutsam im Hinblick auf Plastikmüll ist, dass nach dem UN-Nachhaltigkeitsziel 14 die Ozeane und Meere erhalten und nachhaltig genutzt werden sollen, wozu auch zählt, dass bis 2025 alle Arten von Meeresverschmutzung, einschließlich Meeresmüll – und damit auch Plastikabfall, obgleich er nicht ausdrücklich in der Resolution erwähnt wird –, erheblich verringert werden sollen.[40] In diesem Zusammenhang sind auch die bis 2030 angestrebte Qualitätsverbesserung der wasserverbundenen Ökosysteme wie Flüsse und eine Reduzierung der Verschmutzung zur Verbesserung der Wasserqualität zu erwähnen.[41] Außerdem soll im Sinne des Nachhaltigkeitsziels 12 bis 2020 ein umweltverträglicher Umgang mit Abfällen angestrebt werden, um nachteilige Auswirkungen auf die menschliche Gesundheit und die Umwelt auf ein Mindestmaß zu beschränken[42] und das Abfallaufkommen bis 2030 unter anderem durch Vermeidung deutlich verringert werden.[43] Auch eine effiziente und nachhaltige Nutzung und Verwendung der natürlichen Ressource Erdöl entspricht mehreren Nachhaltigkeitszielen bzw. Unterzielen.[44] Mit welchen Maßnahmen diese Ziele jeweils konkret erreicht werden sollen, ist in der UN-Agenda 2030 nicht vorgegeben.

2. Plastikspezifische Beschlüsse von UN-Organen, insbesondere der UN-Umweltversammlung

Mehrfach haben bereits verschiedene UN-Organe wie die Generalversammlung und die UN-Umweltversammlung (United Nations Environment Assembly, UNEA) explizit auf das Problem mit Makro- und Mikroplastik im Meer hingewiesen und in rechtlich nicht bindender Weise Handlungsbedarf betont. So gehen die Resolutionen „The future we want“ und „Oceans and the law of the sea“ der UN-Generalversammlung ausdrücklich auf Plastikmüll als besonderes Problem ein und enthalten die unverbindliche Absichtserklärung, das Meeresabfallauf-

---

[39] Ähnlich Europäische Kommission, COM(2016) 739 final, S. 3 f., 10; dies., SWD(2018) 254 final, Part 3/3, S. 14 f.

[40] Vgl. Ziel 14, Unterziel 14.1 GA Resolution, A/RES/70/1.

[41] Siehe Ziel 6, Unterziele 6.3 und 6.6 GA Resolution, A/RES/70/1.

[42] Unterziel 12.4, siehe GA Resolution, A/RES/70/1; vgl. hierzu auch das Ziel 3 (Unterziel 3.9), wonach Todesfälle und Erkrankungen aufgrund gefährlicher Chemikalien und Verunreinigungen in Luft, Wasser und Boden zu verringern sind. Zu den bisherigen Forschungslücken der Auswirkungen von Plastik, speziell Mikroplastik, auf die menschliche Gesundheit siehe etwa *Bertling u. a.*, Kunststoffe, Konsortialstudie Fraunhofer Institut (Hrsg.), 6/2018, S. 31.

[43] Unterziel 12.5 der GA Resolution, A/RES/70/1.

[44] Vgl. Ziel 8 (Unterziel 8.4); Ziel 9 (Unterziel 9.4); Ziel 12 (Unterziel 12.2) GA Resolution, A/RES/70/1.

kommen bis 2025 signifikant zu reduzieren.[45] Für die UNEA stellt das Meeresmüllproblem eine Priorität dar.[46] Hervorzuheben ist die 2016 auf der 2. Umweltversammlung der UNEA verabschiedete plastikspezifische Resolution „Marine plastic litter and microplastics".[47] In dieser Resolution forderten die Staaten das UN-Umweltprogramm (United Nations Environment Programme, UNEP) auf, eine Untersuchung zur Effektivität der internationalen und regionalen Strategien, um maritimen Plastikmüll und Mikroplastik zu bekämpfen, durchzuführen und verlangten, mögliche Lücken zu identifizieren und Handlungsoptionen aufzuzeigen.[48] Zudem ist die 2017 auf der 3. Umweltversammlung der UNEA verabschiedete plastikabfallspezifische Resolution[49] herauszustellen, die die Wichtigkeit der langfristigen Beseitigung von Plastikmüll in den Meeren betont (Nr. 1) und alle Akteure drängt, bis 2025 Meeresmüll signifikant zu reduzieren (Nr. 2). Konkrete oder verbindliche Zielvorgaben, insbesondere eine Bestimmung, was genau mit signifikant gemeint ist, sind jedoch nicht enthalten. Eine Ad-hoc Expertengruppe soll aber nationale, regionale und internationale Handlungsoptionen einschließlich rechtlich bindender Maßnahmen ermitteln (Nr. 10 lit. d (ii)). In der dort verabschiedeten Minister-Erklärung mit dem vielversprechenden Titel „Towards a pollution-free planet" wird ebenso betont, dass Handlungsbedarf besteht und anerkannt, dass jedes Jahr 4,8 bis 12,7 Mio. Tonnen Plastik in die Meere gelangen.[50] Die Minister-Erklärung enthält aber ebensowenig konkrete oder verbindliche Maßnahmen, sondern beschränkt sich auf allgemeine Absichtserklärungen.[51] Erwähnenswert ist auch die 2011 auf der 5. International Marine Debris Conference verabschiedete Honolulu-Strategie, die ein weltwei-

[45] UN, The future we want, A/Res/66/288 v. 27.7.2012, Tz. 163, 218 sowie Oceans and the law of the sea, A/Res/70/235 v. 23.12.2015, Tz. 170, 188 ff., die die Staaten dazu drängt („urges"), das Meeresmüllproblem in nationalen Strategien einzubeziehen; auch in anderen Resolutionen der GA werden Plastikmüll und Handlungsabsichten erwähnt, vgl. etwa UN, A/RES/69/15 v. 15.12.2014, Tz. 71 lit. a.

[46] Seit einer Entscheidung im März 2004 des damaligen Verwaltungsrates (jetzt: UNEA), siehe UNEP, Marine litter: An analytical overview, 2005, S. ii. Zur plastikspezifischen Rolle der UNEA siehe *Carlini/Kleine*, RECIEL 2018, 234 (237 ff.).

[47] UNEA, Marine plastic litter and microplastics, UNEP/EA.2/Res.11.

[48] UNEA, Marine plastic litter and microplastics, UNEP/EA.2/Res.11, Tz. 21; vgl. auch UNEA, Resolution 1/6, Marine plastic debris and microplastics, UNEP/EA.2/5; siehe auch den veröffentlichten Untersuchungsbericht UNEP, Combating marine plastic litter, 2017, S. 5 ff.

[49] UNEA, Marine litter and microplastics, UNEP/EA.3/Res.7; deren Bedeutung ebenfalls hervorhebend Europäische Kommission, SWD(2018) 254 final, Part 3/3, S. 15.

[50] Ministerial Declaration of UNEA, Towards a pollution-free planet, UNEP/EA.3/HLS.1, Tz. 1, passim.

[51] Vgl. Ministerial Declaration of UNEA, Towards a pollution-free planet, UNEP/EA.3/HLS.1, Tz. 1, passim; siehe hierzu die Feststellungen und Handlungsvorschläge im zugehörigen Hintergrundbericht UNEP, Towards a Pollution-Free Planet Background Report, 2017, S. 6 ff.

tes unverbindliches Rahmendokument zur Vermeidung und zum Umgang mit Meeresmüll darstellt und drei Hauptziele setzt – unter anderem die Reduktion von landseitigen Meeresmülleinträgen – und als eine von vielen möglichen Handlungen vorschlägt, Strategien zur Verbrauchsvermeidung von abfallintensiven Einwegplastikprodukten zu entwickeln.[52]

3. Plastikspezifische Beschlüsse im Rahmen der Vertragsstaatenkonferenz zur Biodiversitätskonvention und des Basler Übereinkommens

Hervorzuheben ist ferner die Erklärung der Vertragsstaaten zur Biodiversitätskonvention,[53] die nicht nur besonderes Augenmerk auf das Plastikmüllproblem im Allgemeinen legt, sondern zudem Plastikeinwegtüten konkret erwähnt und vorschlägt, diese zu verbieten oder mit einer Steuer oder Abgabe einen Anreiz zur produktspezifischen Verbrauchsreduzierung zu schaffen.[54]

Zudem haben die Vertragsstaaten zum Basler Übereinkommen am 10.5.2019 mittels Beschluss die Staaten unter anderem dazu aufgefordert, die Vermeidung von Plastikabfällen und deren umweltgerechte Behandlung national zu stärken und eine *Partnership on Plastic Waste* im Rahmen des Abkommens initiiert.[55]

4. Aktionspläne und Beschlüsse der G7 und G20

Auch die G7 und G20 haben das Problem der Verschmutzung der Meere bereits mehrfach adressiert. So verabschiedeten die G7 im Juni 2015 unter deutscher Präsidentschaft den „Aktionsplan zur Bekämpfung von Meeresmüll“, der vorsieht, diesbezügliche Handlungen zu fördern, auch zur Vermeidung von Plastikeinwegprodukten.[56] Die G20 beschlossen im Juli 2017, ebenfalls unter deutscher Präsidentschaft, den „Aktionsplan gegen Meeresmüll“, dessen Umsetzung die freiwillige und neugeschaffene Plattform *Global Network of the Committed* (GNC) durch Vernetzung und Austausch mit beteiligten Akteuren gewährleisten

---

[52] UNEP/NOAA, Honolulu Strategy, Goal A, S. 33.

[53] Erklärung der Vertragsstaaten zur Biodiversitätskonvention, Addressing impacts of marine debris and anthropogenic underwater noise on marine and coastal biodiversity, CBD/COP/DEC/XIII/10 v. 10.12.2016.

[54] CBD/COP/DEC/XIII/10 v. 10.12.2016, Tz. 10 lit. e.

[55] BMU, Pressemitteilung v. 11.5.2019, Nr. 067/19; siehe BC-14/13, S. 59 II Tz. 12 f.; S. 60, VI Tz. 23 ff., insbes. Tz. 24.

[56] G7-Action Plan to Combat Marine Litter, S. 10 (http://www.g7germany.de/Content/DE/_Anlagen/G7_G20/2015-06-08-g7-abschluss-annex-eng___blob=publicationFile&v=6.pdf, abgerufen: 14.11.2019); bekräftigt u. a. durch die G7-Abschlusserklärung im Mai 2016 in Japan, S. 29 f. (https://www.mofa.go.jp/files/000160266.pdf, abgerufen: 14.11.2019); zum Aktionsplan fand z. B. beim G7-Treffen 2017 in Italien der Workshop on Marine Litter statt (http://www.g7italy.it/en/news/g7-workshop-marine-litter, abgerufen: 14.11.2019).

soll.[57] In dem G20-Aktionsplan erkennen diese den dringenden Handlungsbedarf an, Meeresmüll aller Arten – ausdrücklich einschließlich Plastikeinwegprodukte – zu vermeiden und zu verringern, und wollen Handlungen ergreifen, um die Auswirkungen bis 2025 im Einklang mit der Agenda 2030 zu reduzieren.[58] Hierbei soll der Fokus auf Abfallvermeidung und Förderung von Ressourceneffizienz, nachhaltige Abfallentsorgungssysteme und Bewusstseinsbildung, Information und Forschung gelegt werden.[59] Hervorzuheben ist, dass Plastikeinwegtüten ausdrücklich erwähnt werden und deren Nutzung signifikant reduziert oder vermieden werden soll.[60] Im Juni 2018 beschlossen fünf der G7-Teilnehmer die rechtlich unverbindliche *Ocean Plastics Charter*.[61] Sie enthält eine Handlungsverpflichtung, in der Plastikeinwegprodukte im Allgemeinen – nicht nur Plastiktüten – konkret genannt werden und wonach die unnötige Nutzung von Einwegplastikprodukten signifikant reduziert werden soll.[62]

B. Unionsrechtliche Ebene

I. Primärrecht

Der Umwelt- und Ressourcenschutz sowie die Förderung internationaler Maßnahmen zur Lösung globaler Umweltprobleme – wie dem Plastikmüllproblem – gehört zu den wichtigen Zielen der EU (vgl. Art. 3 Abs. 3 UAbs. 1 S. 2 EUV; Art. 11, 191 Abs. 1 AEUV), welche mit ihrer Umweltpolitik ein hohes Schutzniveau bezweckt (vgl. Art. 3 Abs. 3 UAbs. 1 S. 2 EUV; Art. 191 Abs. 2 UAbs. 1 S. 1 AEUV). Die bereits erläuterten Umweltrechtsprinzipien sind ebenfalls im Primärrecht verankert.[63]

---

[57] G20-Action Plan on Marine Litter, S. 2, 6 (https://www.g20germany.de/Content/DE/_Anlagen/G7_G20/2017-g20-marine-litter-en___blob=publicationFile&v=4.pdf, abgerufen: 14.11.2019).

[58] G20-Action Plan on Marine Litter, S. 1–5. Zur Agenda 2030 siehe S. 31 f.

[59] G20-Action Plan on Marine Litter, S. 1–5.

[60] G20-Action Plan on Marine Litter, Tz. 2 c.

[61] Außer den USA und Japan, siehe G7-Ocean Plastics Charter, S. 2 (https://www.consilium.europa.eu/media/40516/charlevoix_oceans_plastic_charter_en.pdf, abgerufen: 14.11.2019).

[62] G7-Ocean Plastics Charter, Tz. 1 lit. b: „Taking into account the full environmental impacts of alternatives, significantly reducing the unnecessary use of single-use plastics." Daneben wird u. a. eine hohe Wiederverwendung und Recyclingquote von Plastikprodukten angestrebt, vgl. G7-Ocean Plastics Charter, Tz. 1 lit. a, d, 2 lit. a.

[63] Dazu oben S. 13 ff.

II. Sekundärrecht

Bei den für den Umgang mit Plastik relevanten vorhandenen EU-Sekundärrechtsakten können solche mit Bezug zur Wasser- und Meerespolitik, zu Abfall- und Plastikprodukten sowie zu Fischerei-Fanggeräten und Schifffahrt unterschieden werden,[64] wobei letztere nicht Gegenstand dieser Untersuchung sind. Teilweise wird im Zusammenhang mit Meeresmüll stattdessen von quellen- und auswirkungsbezogenen Rechtsakten gesprochen.[65] Da zahlreiche Rechtsakte indessen kombinierte Ansätze verfolgen[66] und somit eine derartige Unterscheidung kaum eindeutig möglich ist, ist es für die vorliegende plastikspezifische Betrachtung zielführender, zwischen abfall- und plastikproduktbezogenen und wasser- und meeresschutzbezogenen Rechtsakten zu differenzieren und die EU-Rechtsgrundlagen hiernach zu systematisieren.

1. Abfall- und plastikproduktbezogene Regelungen

a) Richtlinie (EU) 2019/904 (Verbots-Richtlinie)

Die EU-Richtlinie über die Verringerung der Auswirkungen bestimmter Kunststoffprodukte auf die Umwelt (Verbots-RL)[67] adressiert direkt konkrete Plastikprodukte und bezweckt eine Verbrauchsreduktion.[68] Nach der Verbots-RL verbieten die Mitgliedstaaten das Inverkehrbringen bestimmter Einweg-Plastikprodukte, unter anderem von Plastiktellern und -besteck sowie nach Änderungen im Gesetzgebungsverfahren[69] auch Bechern[70] aus expandiertem Polysterol (EPS),

---

[64] Ähnlich die Unterscheidung in Europäische Kommission, SWD(2018) 254 final, Part 3/3, S. 6ff.

[65] Vgl. Europäische Kommission, SWD(2012) 365 final, S. 5ff., 11ff., spricht von „legislation and policies addressing sources" bzw. „impacts"; zust. etwa *Stöfen-O'Brien,* ZUR 2017, 594 (599ff.) („quellenbezogen" bzw. „auswirkungsbezogen") sowie *dies.,* Marine Litter, 2015, S. 270ff., die von „source-related legislation" and „impact-related legislation" spricht.

[66] Vgl. *Stöfen-O'Brien,* ZUR 2017, 594 (600).

[67] Richtlinie (EU) 2019/904 des Europäischen Parlaments und des Rates vom 5.6.2019 über die Verringerung der Auswirkungen bestimmter Kunststoffprodukte auf die Umwelt, ABl. 2019 L 155, 1; hierzu jüngst auch *Grunow*, jurisPR-UmwR 7/2019 Anm. 1; *Wendenburg*, AbfallR 2019, 170 (170ff.); *Wüstenberg*, EuZW 2019, 633 (633ff.); zur vorherigen Entwurfsfassung *Wüstenberg,* NJ 2019, 97 (100ff.).

[68] Zur Rechtmäßigkeit der Verbots-RL unten S. 227f.; zu Reformvorschlägen siehe unten S. 258ff.

[69] Siehe Council of the European Union, 18.1.2019, 5483/19, S. 61; Rat der Europäischen Union, 2.4.2019, 2018/0172(COD), 7736/19, S. 64. Anders noch der Richtlinienvorschlag der Europäischen Kommission, vgl. Art. 5 i.V.m. Anhang, Teil B, 2. und 3. Spiegelstrich in COM(2018) 340 final.

[70] Getränke*becher* sind nach der Verbots-RL von Getränke*behältern* als „separate Kategorie" zu unterscheiden (siehe Erwägungsgrund Nr. 12 Verbots-RL). Zu letzteren gehören Ge-

also geschäumten Plastik.[71] Den Verbrauch von sonstigen Plastiktrinkbechern sollen die Mitgliedstaaten nur vermindern.[72] Zu den Plastikbechern zählen auch Coffee-to-go-Becher, weil diese durch ihre Plastikbeschichtung teilweise aus Plastik bestehen und daher Einwegplastikartikel im Sinne der Verbots-RL sind.[73] Leichte Plastiktüten im Sinne der Plastiktüten-RL (dazu sogleich unter b) sind nicht Gegenstand des Inverkehrbringensverbots oder der Verminderungspflicht der Verbots-RL, für sie sollen nur die erweiterte Herstellerverantwortung und die Sensibilisierungsmaßnahmen greifen.[74] Sehr leichte Plastiktüten werden von der Verbots-RL nicht erfasst.[75]

b) Richtlinie (EU) 2015/720 (Plastiktüten-Richtlinie)

Die Plastiktüten-Richtlinie[76] (Plastiktüten-RL), die die Verpackungsrichtlinie (dazu sogleich unter c) ändert, adressiert erstmalig konkrete Plastikeinwegprodukte und zielt zur Abfallvermeidung auf deren Verbrauchsreduzierung. Denn Plastiktüten sind zwar Verpackungen im Sinne der Verpackungsrichtlinie, diese sah aber davor keine spezifischen Maßnahmen zur Verbrauchsverringerung vor.[77] Hierzu verpflichtet die Plastiktüten-RL, wobei erhebliche Unterschiede zwischen leichten und sehr leichten Plastiktüten bestehen, bei deren Abgrenzung es auf die Wandstärke ankommt.[78] Konkret verpflichtet die Plastiktüten-RL die Mit-

---

tränkeflaschen oder Verbundgetränkeverpackungen z. B. für Bier, Wein, Wasser oder Erfrischungsgetränke (Erwägungsgrund Nr. 12 Verbots-RL). Getränkebehälter aus expandiertem Polysterol sollen ebenfalls verboten werden (Art. 5 i. V. m. Anhang, Teil B, Nr. 10 Verbots-RL), sind hier aber nicht Untersuchungsgegenstand.

[71] Art. 5 i. V. m. Anhang, Teil B, Nr. 2, 3, 9 Verbots-RL.

[72] Vgl. Art. 4 Abs. 1 i. V. m. Anhang, Teil A, Nr. 1 Verbots-RL. Zur Kritik an der konkreten Ausgestaltung der Reduktionspflicht und den Unterschieden zwischen den Vorschlägen der Kommission, des Europäischen Parlaments und dem finalen Kompromisstext siehe ausf. unten S. 260 ff.

[73] Vgl. Art. 3 Nr. 2 Verbots-RL.

[74] Vgl. Art. 8 Abs. 2 i. V. m. Anhang, Teil E, I Nr. 5; Art. 10 i. V. m. Anhang, Teil G, Nr. 8 Verbots-RL.

[75] Anders hingegen der Vorschlag im Bericht des ENVI, A8-0317/2018, Amendment 82, S. 60, S. 66, diese zu verbieten, der vom Europäischen Parlament jedoch nicht aufgegriffen wurde, dazu näher unten S. 259.

[76] Richtlinie (EU) 2015/720 des Europäischen Parlaments und des Rates vom 29.4.2015 zur Änderung der Richtlinie 94/62/EG betreffend die Verringerung des Verbrauchs von leichten Kunststofftragetaschen, ABl. 2015 L 115, 11; hierzu siehe auch *Epiney/Hehemann*, EurUP 2015, 256 (256 ff.).

[77] Vgl. Erwägungsgrund Nr. 1 Satz 2 der Plastiktüten-RL.

[78] Vgl. die Begriffsbestimmungen in Art. 3 Nr. 1b, 1c, 1d VerpRL bzw. Art. 1 Nr. 1 Plastiktüten-RL. Da die Plastiktüten-RL die VerpRL änderte, werden im Folgenden nur noch die Artikel der VerpRL angegeben.

gliedstaaten zur dauerhaften Verbrauchsreduzierung leichter Plastiktüten – solchen mit einer Wandstärke unter 50 Mikron – und sieht hierfür ein breites Maßnahmenspektrum von nationalen Verringerungszielen über Steuern bis hin zu Verboten vor.[79] Diesbezüglich gibt sie den Mitgliedstaaten zwei Ziele vor, die wahlweise erfüllt werden können. Entweder wird eine Verbrauchsreduzierung auf 90 Plastiktüten (bis 31.12.2019) bzw. 40 Plastiktüten (bis 31.12.2025) pro Kopf pro Jahr erreicht oder es wird bis zum 31.12.2018 sichergestellt, dass leichte Plastiktüten nicht mehr unentgeltlich ausgegeben werden.[80] Der Verbrauch der sehr leichten Plastiktüten, also solche mit einer Wandstärke unter 15 Mikron, die aus Hygienegründen erforderlich oder als Erstverpackung für lose Lebensmittel vorgesehen sind – die sogenannten „Hemdchenbeutel" oder „Obsttüten" – kann, muss aber nicht reduziert werden.[81]

c) Richtlinie 94/62/EG (Verpackungsrichtlinie)

Die Verpackungsrichtlinie (VerpRL),[82] die für alle im Unionsgebiet in Verkehr gebrachten Verpackungen gilt,[83] ist prioritär auf die Vermeidung von Verpackungsabfall angelegt.[84] Sie verpflichtet die Mitgliedstaaten allgemein dazu hierauf gerichtete Maßnahmen nach ihrer Wahl zu erlassen, zu denen wirtschaftliche oder andere Maßnahmen zählen.[85]

aa) Erfasste Plastikprodukte

Die hier untersuchten Plastikeinwegprodukte sind nur zum Teil von der VerpRL erfasst. Ausdrücklich nicht vom Anwendungsbereich der VerpRL umfasst ist Plastikeinwegbesteck.[86] Plastiktüten, -einwegtassen und -teller sind Verpackungen im Sinne der VerpRL, wenn sie dafür konzipiert und bestimmt sind, in der Verkaufsstelle gefüllt zu werden.[87] Daraus folgt aber auch, dass sie unter Umständen, namentlich wenn sie „leer" und separat – beispielsweise in größeren

---

[79] Vgl. Art. 3 Nr. 1c, Art. 4 Abs. 1a, insbes. UAbs. 1 und 2 VerpRL.

[80] Vgl. Art. 4 Abs. 1a UAbs. 4 VerpRL.

[81] Vgl. Art. 3 Nr. 1d, Art. 4 Abs. 1a UAbs. 4 lit a/b Satz 2 VerpRL.

[82] Richtlinie 94/62/EG des Europäischen Parlaments und des Rates vom 20.12.1994 über Verpackungen und Verpackungsabfälle, ABl. 1994 L 365, 10, zul. geändert durch Art. 1 ÄndRL (EU) 2018/852 v. 30.5.2018 (ABl. 2018 L 150, 141).

[83] Vgl. Art. 2 Abs. 1 VerpRL sowie die Begriffsbestimmung in Art. 3 VerpRL für Verpackungen.

[84] Vgl. Art. 1 Abs. 2, Art. 4 VerpRL sowie die Erwägungsgründe passim.

[85] Vgl. Art. 4 Abs. 1 VerpRL.

[86] Siehe Art. 3 Nr. 1 Satz 5 i. V. m. Anhang I der VerpRL.

[87] Vgl. Art. 3 Nr. 1 Satz 4, 5, (ii) i. V. m. Anhang I VerpRL.

Verpackungen im Supermarkt zum „Selbstbefüllen" durch die Verbraucher – verkauft werden, nicht von der VerpRL erfasst werden.[88]

bb) Sonderfall Coffee-to-go-Becher?

Bedenken könnten bestehen, ob der sogenannte Coffee-to-go-Becher (und andere Plastikeinwegbecher) vom Anwendungsbereich der VerpRL erfasst ist, da diese Einweg*becher* nicht explizit erwähnt. Eine derart eingeschränkte Sichtweise überzeugt aber nicht.

Auch wenn die VerpRL Einweg*becher* nicht ausdrücklich nennt, sondern nur von Einweg*tassen* spricht, so sind Plastikeinwegbecher, einschließlich der sogenannten Coffee-to-go-Becher, aufgrund einer weiten Auslegung zu den Einwegtassen zu zählen. Versteht man den Begriff der Einwegtassen eng, so wären Becher nicht erfasst, weil es sich zwar bei beiden um Trinkgefäße handelt, diese aber Unterschiede wie einen Henkel aufweisen.[89] Für ein weites Begriffsverständnis, das Einwegbecher umfasst, spricht das grammatikalische Argument unter Einbeziehung der anderen Sprachfassungen. Gerade bei Zweifeln müssen für eine einheitliche Anwendung und Auslegung des Unionsrechts auch die anderen amtlichen Fassungen berücksichtigt werden.[90] Zwar könnte der deutsche Wortlaut auf eine Unterscheidung deuten, ein Vergleich mit den anderen Sprachfassungen führt jedoch zu divergierenden Ergebnissen und spricht für eine weite Auslegung. Die englische Fassung (*„cups"*) deutet darauf hin, dass eine Unterscheidung von Einwegbechern und -tassen überflüssig ist, da *„cups"* häufig beide Begriffe meint.[91] Die französische Version spricht hingegen von *„tasses à usage unique"*, mithin ausdrücklich Tassen[92] – im Gegensatz zu *„verre"*[93] und legt eine differenzierte Betrachtung nahe. Im Gegensatz dazu verwendet die spanische Fassung aber den Begriff *„vaso"*, der für Becher bzw. Gläser steht – anstelle von Tassen (*„taza"*).[94] Folglich würden Coffee-to-go-Becher je nach Sprachversion teilweise vom Anwendungsbereich erfasst und teilweise nicht, was widersinnig wäre. Um diese festgestellten Unterschiede in den Sprachfassungen aufzulösen, bedarf es einer systematischen Auslegung und Berücksichti-

---

[88] Ebenso Europäische Kommission, SWD(2018) 254 final, Part 3/3, S. 10.

[89] Siehe https://www.duden.de (abgerufen: 14.11.2019).

[90] St. Rspr., vgl. etwa EuGH, Urt. v. 12.11.1969 – C-29/69, Slg. 1969, 419 Rn. 3 – Stauder; Urt. v. 19.4.2007 – C-63/06, Slg. 2007, I-3239 Rn. 13 – Profisa; Urt. v. 4.10.2007 – C-457/05, Slg. 2007, I-8075 Rn. 17 – Schutzverband der Spirituosen Industrie.

[91] Siehe etwa Langenscheidt Collins, Studienwörterbuch, Englisch–Deutsch, S. 272.

[92] Siehe nur Pons, Großwörterbuch Französisch, S. 710.

[93] Dies meint sowohl das Glas als auch den Becher, siehe Pons, Großwörterbuch Französisch, S. 757, 867.

[94] Siehe etwa Pons, Großwörterbuch Spanisch, S. 820, 775.

gung des Regelungszwecks.[95] Für die Einbeziehung des Plastikbechers in den Anwendungsbereich spricht, dass „Einwegbecher" nicht zu den ausdrücklich aufgeführten Gegenständen gehören, die nicht zu den Verpackungen zählen.[96] Zudem ist wegen der großen Ähnlichkeit zwischen Bechern und Tassen aus Umweltschutz- und Abfallvermeidungsgesichtspunkten und des telos der Richtlinie (vgl. Art. 1 VerpRL) nicht zwischen Trinkgefäßen mit und ohne Henkel zu unterscheiden. Folglich ist der Begriff der Tasse[97] weit zu verstehen. Einwegbecher sind mithin von der VerpRL erfasst.

d) Richtlinie 2008/98/EG (Abfallrahmenrichtlinie)

Bedeutsam für den Umgang mit Plastikmüll ist ferner die in der Abfallrahmenrichtlinie[98] (AbfRRL) normierte verbindliche fünfstufige Abfallhierarchie, die auf Rang eins die Abfallvermeidung und erst nachrangig das Recycling, die Wiederverwertung oder Systeme zur Produktverantwortung nennt.[99] Zu jeder einzelnen Stufe enthält die AbfRRL zahlreiche Vorgaben und Einzelheiten, beispielsweise zur Produktverantwortung[100] oder bezüglich von Abfallbewirtschaftungsplänen und -vermeidungsprogrammen.[101] Plastik wird ausdrücklich nur im Zusammenhang mit der Vorbereitung zur Wiederverwendung und des Recyclings genannt.[102] Dennoch ergibt sich aus der Abfallhierarchie als eine den Rechtsvorschriften und politischen Maßnahmen im Bereich der Abfallvermeidung und -bewirtschaftung zugrundeliegende Prioritätenfolge[103], dass Abfall im Allgemeinen, aber auch Plastikmüll, speziell aus den hier untersuchten Plastikeinwegprodukten, vorrangig zu vermeiden ist. Zudem verankert die AbfRRL auch das Verursacherprinzip.[104]

---

[95] St. Rspr., etwa EuGH, Urt. v. 1.4.2004 – C-1/02 Slg. 2004, I-3219 Rn. 25 – Borgmann; Urt. v. 19.4.2007 – C-63/06, Slg. 2007, I-3239 Rn. 14 – Profisa; Urt. 4.10.2007 – C-457/05, Slg. 2007, I-8075 Rn. 18 – Schutzverband der Spirituosen Industrie.

[96] Vgl. Anhang I VerpRL.

[97] Bzw. „cups" (engl.), „tasses" (frz.) und „vaso" (span. Fassung).

[98] Richtlinie 2008/98/EG des Europäischen Parlaments und des Rates vom 19.11.2008 über Abfälle und zur Aufhebung bestimmter Richtlinien, ABl. 2008 L 312, 3.

[99] Vgl. Art. 4 Abs. 1 AbfRRL; siehe auch *Bourguignon*, Plastics, EPRS, 5/2017, S. 5.

[100] Vgl. Art. 8 AbfRRL. Zur Produktverantwortung näher unten S. 165 ff.

[101] Art. 28–33 AbfRRL. Zum Instrument des Abfallvermeidungsprogramms siehe S. 167 ff.

[102] Vgl. Art. 11 Abs. 1 und Abs. 2 lit. a AbfRRL.

[103] Art. 4 Abs. 1 AbfRRL.

[104] Vgl. Art. 14 Abs. 1 AbfRRL; hierzu bereits oben S. 13 ff.

e) Sonstige Rechtsakte mit Bezug zu Plastik

Da beispielsweise Deutschland große Mengen an Plastikmüll exportiert,[105] ist für den Umgang mit Plastikmüll zudem die Abfallverbringungsverordnung[106] bedeutsam, welche Regelungen für den grenzüberschreitenden Transport, auch in Drittländer, von Abfall, mithin auch Plastikmüll, vorsieht.[107] Diese reguliert indes den Umgang mit vorhandenem Abfall, namentlich dessen Entsorgung; Regelungen zur Vermeidung der Abfallentstehung sind nicht enthalten.[108] Die REACH-Verordnung[109] erfasst bestimmte Zusatzstoffe, die in Plastikprodukten verwendet werden, wenngleich sie auch keine Verbrauchsvermeidung der hier untersuchten Plastikprodukte regelt.[110] Ähnlich liegt der Fall hinsichtlich der CLP-Verordnung,[111] die die Gefahrvermeidung durch chemische Substanzen, nicht die Verbrauchsreduktion, regelt.[112]

2. Wasser- und meeresschutzbezogene EU-Regelungen mit Relevanz für Plastik

a) Richtlinie 2008/56/EG (Meeresstrategie-Rahmenrichtlinie)

Eine zentrale Rolle für die Plastikmüllproblematik[113] spielt die als „Umweltsäule"[114] der europäischen Meerespolitik gedachte Meeresstrategie-Rahmenrichtlinie[115] (MSRL). Sie bezweckt, einen guten Zustand der Meeresumwelt bis 2020 zu erreichen und verpflichtet die Mitgliedstaaten hierfür zur Entwicklung von Meeresstrategien.[116] Neben dem allgemeinen Schutz der Meeresumwelt strebt die MSRL an, Einträge in die Meeresumwelt zu verhindern und zu verrin-

---

[105] Vor allem nach China bis zum chinesischem Exportstopp 2018, nunmehr mit großen Anteil nach Malaysia, dazu und zu einer diesbzgl. Abfallexport-Übersicht Deutschlands *Fulterer,* Die Zeit v. 18.1.2018, S. 26; vgl. auch *Bethge u. a.,* Der Spiegel v. 19.1.2019, S. 11 (11).

[106] Verordnung (EG) Nr. 1013/2006, ABl. 2006 L 190, 1.

[107] Vgl. *Bourguignon*, Plastics, EPRS, 5/2017, S. 5. Siehe hierzu auch unten S. 293.

[108] Vgl. Art. 1 VO (EG) Nr. 1013/2006; so auch § 1 des deutschen Ausführungsgesetzes (Abfallverbringungsgesetz, BGBl. 2007 I, 1462).

[109] Verordnung (EG) Nr. 1907/2006, ABl. 2006 L 396, 1.

[110] Vgl. *Bourguignon*, Plastics, EPRS, 5/2017, S. 5.

[111] Verordnung (EG) Nr. 1272/2008, ABl. 2008 L 353, 1.

[112] Vgl. *Bourguignon*, Plastics, EPRS, 5/2017, S. 5.

[113] Zutreffend Europäische Kommission, SWD(2012) 365 final, S. 12, die von „key element" spricht; ähnlich auch *Stöfen-O'Brien,* ZUR 2017, 594 (600), die darin das zentrale Instrument für die Erarbeitung von Müllvermeidungsstrategien durch die EU sieht.

[114] So Erwägungsgrund Nr. 3 der MSRL, siehe auch Europäische Kommission, SWD(2012) 365 final, S. 12; kritisch etwa *Markus/Schlacke,* ZUR 2009, 464 (464 ff.).

[115] Richtlinie 2008/56/EG des Europäischen Parlaments und des Rates vom 17.6.2008 zur Schaffung eines Ordnungsrahmens für Maßnahmen der Gemeinschaft im Bereich der Meeresumwelt, ABl. 2008 L 164, 19.

[116] Vgl. Art. 1 Abs. 1 und 2 MSRL. Zum Prozedere der Entwicklung dieser Strategien siehe

gern, um schrittweise die Meeresverschmutzung zu reduzieren.[117] Gleichwohl will die MSRL nur einen Beitrag zur Kohärenz leisten und einen Rahmen zum Schutz der Meeresumwelt setzen.[118] Eine Regulierung zur Vermeidung bestimmter Tätigkeiten oder spezifischen abfallverursachenden Produkten wie Plastiktüten und -einweggeschirr erfolgt nicht.[119] Ungeachtet dessen, dass nur wenige Mitgliedstaaten davon ausgehen, jeweils das Richtlinienziel des guten Meereszustands bis 2020 zu verwirklichen,[120] ist die MSRL bedeutsam, weil sie explizit Abfälle im Meer als einen von elf sogenannten qualitativen Deskriptoren bei der Prüfung des guten Umweltzustandes durch die Mitgliedstaaten festlegt.[121]

b) Richtlinie 2000/60/EG (Wasserrahmenrichtlinie)

Die Wasserrahmenrichtlinie[122] (WRRL) nimmt weder direkten Bezug auf Plastikmüll oder Abfall in Gewässern im Allgemeinen[123] noch werden die hier untersuchten Plastikprodukte adressiert. Sie verpflichtet die Mitgliedstaaten aber generell dazu, Maßnahmenprogramme für einen guten Umweltzustand der Oberflächengewässer zu erlassen und normiert Umweltziele.[124] Ungeachtet dessen, dass sie auch die Reduzierung der Verschmutzung bezweckt,[125] verpflichtet sie nicht explizit zu Handlungen gegen Abfälle in Oberflächengewässern.[126]

Art. 5 MSRL, hierzu *Lorenzmeier*, in: SZDK, WHG/AbwG, § 45a WHG (Stand: 6/2018) Rn. 11.

[117] Vgl. Art. 1 Abs. 2 lit. a und b MSRL.

[118] Vgl. Art. 1 Abs. 1 und Abs. 4 MSRL; dazu etwa *Weiß*, ZUR 2017, 331 (332, passim).

[119] Vgl. Europäische Kommission, SWD(2018) 254 final, Part 3/3, S. 6.

[120] Es handelt sich um Belgien, Finnland, Frankreich, Irland, die Niederlande und das Vereinigte Königreich – Deutschland zählt nicht dazu, siehe Bericht der Europäischen Kommission zur Bewertung der Maßnahmenprogramme der Mitgliedstaaten in Anwendung der Meeresstrategie-Rahmenrichtlinie, COM(2018) 562 final, S. 14, 25, wonach das Erreichen des Ziels bis 2020 in allen Mitgliedstaaten „unwahrscheinlich“ ist und dies durch die Europäische Kommission als „enttäuschend“ bewertet wird.

[121] Vgl. Art. 3 Nr. 5, Art. 9 Abs. 1, Art. 24 MSRL i. V. m. Nr. 10 Anhang 1 MSRL; ebenso *Stöfen*, in: Czybulka, Marine Nature, 151 (151 ff.); *Stöfen-O'Brien*, ZUR 2017, 594 (600).

[122] Richtlinie 2000/60/EG des Europäischen Parlaments und des Rates vom 23.10.2000 zur Schaffung eines Ordnungsrahmens für Maßnahmen der Gemeinschaft im Bereich der Wasserpolitik, ABl. 2000 L 327, 1.

[123] Ebenso *Stöfen-O'Brien*, ZUR 2017, 594 (600); ausführlich *dies.*, Marine Litter, 2015, S. 335 ff., 349 f.

[124] Vgl. Art. Art. 4, 10, 11 WRRL; instruktiv dazu *Kahl/Gärditz*, Umweltrecht, § 8 Rn. 5 ff., 105 ff. Zum Zustand der europäischen Gewässer siehe den Bericht der Europäischen Umweltagentur, EEA, European waters, Report 7/2018, S. 6 ff.; dazu *Falke*, ZUR 2018, 634 (636 f.); zu Umsetzungsdefiziten in Deutschland *Reese*, NVwZ 2018, 1592 (1592 ff.); krit. bereits *Reinhardt*, NuR 2013, 765 (765 ff.), der zudem von einer „normative[n] Utopie“ spricht.

[125] Vgl. Art. 1 Abs. 1 lit. d WRRL.

[126] Ebenso Europäische Kommission, SWD(2018) 254 final, Part 3/3, S. 8.

c) Sonstige

Die Richtlinien 2009/123/EG[127] und 2000/59/EG[128] dienen der Vermeidung von Meeresmüll durch Schiffe und setzen die MARPOL und das London-Übereinkommen um, die hier untersuchten Plastikeinwegprodukte werden indes nicht direkt adressiert. Erwähnenswert ist die dem Schutz der Badegewässer dienende Richtlinie 2006/7/EG[129], wonach Badegewässer einer Sichtkontrolle auf Verschmutzungen unterzogen werden, wozu ausdrücklich auch Plastikabfälle zählen.[130] Wird eine solche Plastik-Verschmutzung festgestellt, sind angemessene Bewirtschaftungsmaßnahmen zu ergreifen.[131] Die Bewirtschaftungsmaßnahmen umfassen etwa die Ursachenermittlung, Bewertung und Überwachung der Badegewässerqualität sowie die Information der Öffentlichkeit.[132] Dieser Ansatz unterscheidet sich daher grundlegend vom hier verfolgten, der auf die Vermeidung der abfallverursachenden Plastikprodukte angelegt ist, diesbezüglich macht die Richtlinie 2006/7/EG keine Vorgaben.

III. Soft Law

Ungeachtet der Unklarheiten, was unter Soft Law im Unionsrecht zu fassen ist,[133] soll für die Zwecke dieser Untersuchung nur das als Soft Law berücksichtigt werden, das von EU-Organen, insbesondere der Europäischen Kommission und dem Rat, beschlossen wurde.[134] Derartige Beschlüsse können verschiedene

---

[127] Richtlinie 2009/123/EG des Europäischen Parlaments und des Rates v. 21.10.2009 zur Änderung der Richtlinie 2005/35/EG über die Meeresverschmutzung durch Schiffe und die Einführung von Sanktionen für Verstöße, ABl. 2009 L 280, 52.

[128] Richtlinie 2000/59/EG des Europäischen Parlaments und des Rates v. 27.11.2000 über Hafenauffangeinrichtungen für Schiffsabfälle und Ladungsrückstände, ABl. 2000 L 332, 81. Sie wird derzeit überarbeitet und soll durch eine neue Richtlinie ersetzt werden, vgl. COM(2018) 33 final.

[129] Richtlinie 2006/7/EG des Europäischen Parlaments und des Rates v. 15.2.2006 über die Qualität der Badegewässer und deren Bewirtschaftung und zur Aufhebung der Richtlinie 76/160/EWG, ABl. 2006 L 64, 37.

[130] Vgl. Art. 2 Nr. 5, Art. 9 Abs. 2 Satz 1 Richtlinie 2006/7/EG.

[131] Vgl. Art. 9 Abs. 2 Satz 2 Richtlinie 2006/7/EG.

[132] Vgl. Art. 2 Nr. 7 lit. a–i Richtlinie 2006/7/EG.

[133] Zu den verschiedenen Ansätzen zur Begriffsbestimmung *Braun Binder*, Rechtsangleichung, 2017, S. 114 ff.; eingehend *Knauff*, Regelungsverbund, 2010, S. 214–228; *Müller-Graff*, EuR 2012, 18 (18 ff.); *Schwarze*, EuR 2011, 3 (5 f.); ausf. *Senden*, Soft Law, 2004, S. 109 ff., 118 ff.

[134] Etwas weiter hingegen das Verständnis des Europäischen Parlaments, Rechtsausschuss, Arbeitsdokument zu institutionellen und rechtlichen Auswirkungen der Anwendung der Instrumente des „Soft law" v. 22.7.2007, Berichterstatter: Manuel Medina Ortega, PE 384.581v02-00, S. 2; ähnlich wie hier *Braun Binder*, Rechtsangleichung, 2017, S. 116 f.

Bezeichnungen haben.[135] Handlungsformen des unionalen Soft Laws können etwa Empfehlungen und Stellungnahmen (vgl. Art. 288 Abs. 5 AEUV), Mitteilungen, Gemeinsame Erklärungen, Grün- und Weißbücher, Verhaltenskodizes, Leitlinien oder Entschließungen sein.[136] Mithin gibt es eine Vielzahl an EU-Soft-Law-Akten,[137] von denen wiederum zahlreiche eine potenzielle Relevanz für den Meeresschutz und Plastikmüll haben können. Die erforderliche Auswahl wurde hier unter dem plastikspezifischen Blickwinkel getroffen. Es werden diejenigen Soft-Law-Akte gewürdigt, die besondere Bedeutung für die Entwicklung rechtlicher Lösungsstrategien für das Plastikmüllproblem, insbesondere hinsichtlich der untersuchten Plastikeinwegprodukte, haben.

1. Plastik im Lichte der Europäischen Nachhaltigkeits- und Meerespolitik

Aufgrund des Zusammenspiels der Plastikmüllproblematik mit dem Nachhaltigkeitsprinzip[138] sind zunächst die Mitteilung der Europäischen Kommission[139] und die dazugehörige Entschließung des Europäischen Parlaments[140] zur Europäischen Nachhaltigkeitspolitik herauszustellen. Diese betonen die Bedeutung der UN-Nachhaltigkeitsziele und der Agenda 2030 einschließlich des Schutzes der Meere vor Vermüllung sowie Handlungsbedarf und umrahmen den europäischen Beitrag.[141] Deutlich wird, dass sich die EU und ihre Mitgliedstaaten zu den Nachhaltigkeitszielen im besonderen Maße verpflichtet sehen und bei deren Verwirklichung eine Vorreiterrolle einnehmen wollen.[142] Hervorzuheben ist, dass in der Kommissionsmitteilung zudem die Absichtserklärung enthalten ist, Umwelt-

[135] Vgl. *Haltern,* EuR, Bd. I, § 4 Rn. 905.

[136] Europäisches Parlament, Rechtsausschuss, Arbeitsdokument zu institutionellen und rechtlichen Auswirkungen der Anwendung der Instrumente des „Soft law" v. 22.7.2007, Berichterstatter: Manuel Medina Ortega, PE 384.581v02-00, S. 2; ähnlich wie hier *Braun Binder*, Rechtsangleichung, 2017, S. 116 f.; *Haltern,* EuR, Bd. I, § 4 Rn. 905.

[137] Eine stetige Zunahme beobachten auch *Brohm,* Mitteilungen, 2012, S. 75; *Schwarze*, EuR 2011, 3 (16).

[138] Siehe oben S. 16 ff.

[139] Mitteilung der Kommission an das Europäische Parlament, den Rat, den Europäischen Wirtschafts- und Sozialausschuss und den Ausschuss der Regionen, Auf dem Weg in eine nachhaltige Zukunft, Europäische Nachhaltigkeitspolitik, COM(2016) 739 final.

[140] Europäische Nachhaltigkeitspolitik, Entschließung des Europäischen Parlaments vom 6.7.2017 zur europäischen Nachhaltigkeitspolitik, 2017/2009(INI), ABl. 2018 C 334, 151.

[141] Siehe Europäisches Parlament, 2017/2009(INI), Tz. K, 23, 30, 40; vgl. Europäische Kommission, COM(2016) 739 final, insbes. S. 3 ff., 6, 14 ff., 21 f.

[142] Vgl. Europäische Kommission, COM(2016) 739 final, S. 3 f., 10; siehe auch dies., SWD(2018) 254 final, Part 3/3, S. 14 f. Dazu und zum europäischen Beitrag siehe auch das Reflexionspapier der Europäischen Kommission, Auf dem Weg zu einem nachhaltigen Europa bis 2030, COM(2019) 22 final, S. 2 ff.

belastungen durch Plastik(klein)abfälle zu verringern.[143] Auch das Europäische Parlament betont im Sinne der nachhaltigen Entwicklung den Schutz der Meere vor Verschmutzung, unter anderem durch Abfallvermeidung.[144]

Als Beitrag zur UN-Agenda 2030 ist auch die Gemeinsame Mitteilung der Europäischen Kommission und der Hohen Vertreterin der Union für Außen- und Sicherheitspolitik zur internationalen Meerespolitik[145] zu verstehen, die den Zustand der Weltmeere einschließlich der Gefahr der Verschmutzung als globale Herausforderung und diesbezüglichen Handlungsbedarf anerkennt und daher 14 verschiedene Maßnahmenpakete für sichere, saubere und nachhaltig bewirtschaftete Meere vorsieht.[146] Mit dem enthaltenen Maßnahmenkatalog 9 wird ausdrücklich das Plastikmüllproblem als „erhebliche Bedrohung" der Weltmeere adressiert und erklärt, dass die Kommission Maßnahmen zur Abfallminimierung und eine Plastik-Strategie vorschlagen wird;[147] konkrete Plastikprodukte wie die hier untersuchten werden aber nicht thematisiert.[148] Im Übrigen ist ein Teil der plastikspezifischen EU-Maßnahmen die finanzielle Unterstützung der Einsammlung von Meeresabfällen,[149] welche indes auf der Beseitigungsebene ansetzt, die hier nicht Untersuchungsgegenstand ist.

Gesondert erwähnenswert ist auch die Mitteilung der Europäischen Kommission „Fahrplan für ein ressourcenschonendes Europa" vom 20.9.2011,[150] welche das Meeresmüllproblem, insbesondere durch Kunststoffabfälle, und das Ziel eines guten Umweltzustandes der EU-Meeresgewässer bis 2020 im Sinne der MSRL betont und die EU-Mitgliedstaaten dazu auffordert, dies umzusetzen.[151] Darauf, dass dieser gute Zustand der Meere erreicht und Belastungen verringert werden sollen, weist auch das 7. Umweltaktionsprogramm der EU hin,[152] das den strategischen Rahmen für die europäische Umweltpolitik bis 2020 festlegt und

---

[143] Europäische Kommission, COM(2016) 739 final, S. 10.

[144] Vgl. Europäisches Parlament 2017/2009(INI), Tz. K, 23, 30, 40.

[145] Gemeinsame Mitteilung an das Europäische Parlament, den Rat, den Europäischen Wirtschafts- und Sozialausschuss und den Ausschuss der Regionen v. 10.11.2016, Internationale Meerespolitik: Der Beitrag der EU zum verantwortungsvollen Umgang mit den Weltmeeren, Join(2016) 49 final.

[146] Join(2016) 49 final, S. 2 ff., 6 ff.

[147] Die Plastik-Strategie wurde im Januar 2018 vorgestellt, dazu sogleich, S. 46.

[148] Vgl. Join(2016) 49 final, S. 14 f.

[149] Join(2016) 49 final, S. 15.

[150] Europäische Kommission, Fahrplan für ein ressourcenschonendes Europa, KOM(2011) 571 endg.

[151] Europäische Kommission, Fahrplan für ein ressourcenschonendes Europa, KOM(2011) 571 endg., S. 19.

[152] Beschluss Nr. 1386/2013/EU des Europäischen Parlaments und des Rates vom 20.11.2013 über ein allgemeines Umweltaktionsprogramm der Union für die Zeit bis 2020 „Gut leben innerhalb der Belastbarkeitsgrenzen unseres Planeten", ABl. L 354, 171, Tz. 28 lit. c.

die EU-Organe bindet, aber wegen seiner letztlich allgemeinen Aussagen konkretisierender Handlungen bedarf.[153]

2. Plastikspezifische Beschlüsse der Europäischen Kommission

Darüber hinaus hat sich die Europäische Kommission bereits in vielfältiger Weise direkt mit dem Plastikmüllproblem beschäftigt.

a) Mitteilung der Kommission – COM(2018) 28 final: Eine europäische Strategie für Kunststoffe in der Kreislaufwirtschaft

Eine herausragende Bedeutung kommt der rechtlich nicht verbindlichen Mitteilung der Europäischen Kommission für eine Europäische Strategie für Kunststoffe in der Kreislaufwirtschaft[154] (Plastik-Strategie) vom 16.1.2018 zu, weil diese die erste europaweite Plastik-Strategie darstellt.[155] Sie ist unter anderem darauf gerichtet, Plastikabfälle im Allgemeinen, aber auch explizit Einweg-Plastikprodukte zu vermeiden und das Müllaufkommen zu reduzieren.[156] Sie erkennt an, dass gerade Plastikeinwegprodukte einen erheblichen Beitrag zum Plastikabfallaufkommen leisten, circa 50 % der Meeresabfälle ausmachen und dass deren Verbrauch jährlich steigt.[157] Die Kommission plant, steuerliche Anreize zur Verbrauchsreduzierung zu prüfen, lässt aber offen, ob sie deren Einführung grundsätzlich empfehlen würde.[158] Im Gegensatz dazu empfiehlt der Europäische Wirtschafts- und Sozialausschuss in seiner diesbezüglichen Stellungnahme ausdrücklich, finanzielle Beiträge, mithin Steuern oder Abgaben, auf alle Plastikeinwegprodukte einzuführen.[159] Der wesentliche Fokus der durch die Kommission beschlossenen Plastik-Strategie liegt jedoch auf der Erhöhung des Recyclings und der Wiederverwendung sowie der erhöhten Recyclingfähigkeit von Plastikverpackungen für eine verbesserte Kreislaufwirtschaft.[160]

---

[153] *Calliess*, in: Rehbinder/Schink, Grundzüge des Umweltrechts, Abschn. 2 Rn. 26 f.; *Kahl/Gärditz,* Umweltrecht, § 2 Rn. 24; zum 7. Umweltaktionsprogramm *Falke,* ZUR 2013, 182 (182 f.); ausf. und kritisch dazu *J. Hoffmann,* NVwZ 2013, 534 (534 ff.).

[154] Mitteilung der Kommission an das Europäische Parlament, den Rat, den Europäischen Wirtschafts- und Sozialausschuss und den Ausschuss der Regionen, Eine europäische Strategie für Kunststoffe in der Kreislaufwirtschaft, COM(2018) 28 final.

[155] Vgl. Pressemitteilung der Europäischen Kommission vom 16.1.2018, Kunststoffabfälle, S. 1; zuvor u. a. gefordert vom Europäischen Parlament, 2017/2009(INI), ABl. 2018 C 334, 151, Tz. 23; vgl. auch Europäische Kommission, Bericht v. 4.3.2019, COM(2019) 190 final, „erste EU-weite politische Rahmenkonzept".

[156] Vgl. COM(2018) 28 final, S. 5, 12 ff.

[157] COM(2018) 28 final, S. 5, 12 ff.

[158] Siehe COM(2018) 28 final, S. 14.

[159] Siehe Stellungnahme EWSA, NAT/721-EESC-2018-00536, Tz. 5.3.

[160] Vgl. COM(2018) 28 final, S. 6 ff., insbes. S. 6, 8, 11 f.

b) Mitteilung der Kommission – COM(2015) 614 final: Aktionsplan Kreislaufwirtschaft

Besondere Relevanz entfaltet auch die Mitteilung der Kommission „Den Kreislauf schließen – Ein Aktionsplan der EU für die Kreislaufwirtschaft“ vom 2.12. 2015[161]. Darin beschäftigt sie sich ausdrücklich mit Plastik und hebt die Bedeutung von Recycling von Kunststoffen für eine kreislauforientierte Wirtschaft hervor, deren Recyclingquote noch gering ist.[162] Zu Recht hebt der Aktionsplan Kreislaufwirtschaft auch hervor, dass Entscheidungen der Verbraucher sowohl fördernd als auch behindernd für die Kreislaufwirtschaft sein können und bei den maßgeblichen Kaufentscheidungen „der Preis ein entscheidender Faktor“ sei, weshalb die Mitgliedstaaten explizit dazu aufgefordert werden, steuerliche Anreize zu nutzen, um Umweltkosten zu internalisieren.[163]

In diesem Zusammenhang ist außerdem auf die aussagekräftige Mitteilung der Kommission für ein Null-Abfallprogramm für Europa vom 25.9.2014[164] hinzuweisen, in der diese vorschlägt, bis 2020 „die zehn an Stränden am häufigsten anzutreffenden Abfallbestandteile sowie im Meer gefundenes Fanggerät“ um 30 % zu reduzieren.[165]

c) Grünbuch zu einer europäischen Strategie für Kunststoffabfälle in der Umwelt – COM(2013) 123 final

Maßgeblich ist auch das plastikspezifische Grünbuch zu einer europäischen Strategie für Kunststoffabfälle in der Umwelt der Europäischen Kommission vom 7.3. 2013[166], das der Plastik-Strategie[167] vorausging. Dieses sollte Überlegungen anstoßen, wie politisch mit den Herausforderungen durch das hohe Aufkommen an Plastikmüll umgegangen werden kann und leitete eine Konsultationsphase ein.[168]

---

[161] Mitteilung der Kommission an das Europäische Parlament, den Rat, den Europäischen Wirtschafts- und Sozialausschuss und den Ausschuss der Regionen, Den Kreislauf schließen – Ein Aktionsplan der EU für die Kreislaufwirtschaft, COM(2015) 614 final v. 2.12.2015; zur Umsetzung siehe den Bericht der Europäischen Kommission v. 4.3.2019, COM(2019) 190 final und SWD(2019) 90 final.

[162] Vgl. COM(2015) 614 final, S. 2, 16 f., laut der Mitteilung (Stand 2015) werden nur weniger als 25 % recycelt, hingegen werden 50 % deponiert.

[163] COM(2015) 614 final, S. 7.

[164] Mitteilung der Kommission an das Europäische Parlament, den Rat, den Europäischen Wirtschafts- und Sozialausschuss und den Ausschuss der Regionen, Hin zu einer Kreislaufwirtschaft: Ein Null-Abfallprogramm für Europa, COM(2014) 398 final/2 v. 25.9.2014.

[165] COM(2014) 398 final/2, S. 15.

[166] Europäische Kommission, COM(2013) 123 final.

[167] Siehe oben S. 46.

[168] Vgl. COM(2013) 123 final, S. 3; dazu *Falke*, ZUR 2013, 310 (310 f.); *Stöfen-O'Brien*, Marine Litter, 2015, S. 311 f.

Im Grünbuch werden Einwegprodukte wie Plastiktüten als besonderes Problem ausgemacht[169] und marktbasierte Instrumente als Möglichkeit zur Verbrauchsvermeidung ausdrücklich erwähnt.[170] Freiwillige Maßnahmen werden auch als Mittel zur Reduzierung des Plastikabfallaufkommens angeführt.[171]

3. *Plastikspezifische Entschließung des Europäischen Parlaments*

Wichtig ist auch die plastikspezifische Entschließung des Europäischen Parlaments zu Kunststoffabfällen in der Umwelt[172], in der dieses Handlungsbedarf betont, sich unter anderem für eine starke Reduzierung oder Abschaffung von Plastikeinwegtüten ausspricht und Maßnahmen, um die „übermäßige Nutzung und verantwortungslose Entsorgung von Einweg-Erzeugnissen zu bekämpfen", fordert.[173]

C. Bundesrechtliche Ebene

Verbindliche Regelungen zur konkreten Vermeidung von Plastiktüten und -einweggeschirr finden sich auf bundesrechtlicher Ebene bisher nicht. Es gibt auch (noch) kein Gesetz, das in Umsetzung der Plastiktüten-RL unmittelbar und ausdrücklich Plastiktüten adressiert.[174] Hier setzt der jüngst vorgestellte PlastiktütenverbotsG-E an, der noch das Gesetzgebungsverfahren durchlaufen muss.[175] Nach dem PlastiktütenverbotsG-E wäre Letztvertreibern das Inverkehrbringen von leichten Plastiktüten verboten; für sehr leichte Plastiktüten griffe eine Ausnahme.[176] Ein Verstoß wäre bußgeldbewährt.[177]

Dennoch ist der Schutz der Umwelt, und damit implizit auch die Komponente der Abfallvermeidung, in Art. 20a GG verortet.[178] Für den Umgang mit Plastikmüll, insbesondere dessen Vermeidung, ist das allgemeine Abfallrecht, vor allem

---

169 Vgl. COM(2013) 123 final, S. 19 f.

170 Vgl. COM(2013) 123 final, S. 20.

171 Vgl. COM(2013) 123 final, S. 15 f.

172 Kunststoffabfällen in der Umwelt, Entschließung des Europäischen Parlaments vom 14.1.2014 zu einer europäischen Strategie für Kunststoffabfälle in der Umwelt, 2013/2113(INI), ABl. 2016 C 482, 64.

173 Europäisches Parlament, 2013/2113(INI), Tz. 7.

174 Zur Plastiktütenvereinbarung der Bundesregierung mit dem Handelsverband in Umsetzung der Plastiktüten-RL, siehe unten S. 59 ff., S. 74 ff.; zum PlastiktütenverbotsG-E sogleich und unten S. 267 ff.

175 BMU, Pressemitteilung v. 6.11.2019, Nr. 196/19; zur Bewertung unten S. 267 ff.

176 Art. 1 Nr. 1 lit c BR-Drs. 578/19.

177 Art. 1 Nr. 2 BR-Drs. 578/19.

178 Vgl. *Scholz*, in: Maunz/Dürig, GG, Art. 20a GG (Stand: 6/2002) Rn. 36.

das Kreislaufwirtschaftsgesetz (KrWG)[179] zentral, das in Umsetzung der Abf-RRL[180] unter anderem die fünfstufige Abfallhierarchie vorsieht.[181] Es gibt zahlreiche Rechtsverordnungen im Zusammenhang mit dem KrWG, von denen hier indes nur das die VerpRL[182] umsetzende Verpackungsgesetz (VerpackG)[183] bedeutsam sind. Dieses ist auf die Abfallvermeidung gerichtet und konkretisiert die Produktverantwortung nach § 23 KrWG.[184] Das Abfallverbringungsgesetz[185] für die grenzüberschreitende Abfallverbringung sowie das das SRÜ umsetzende Hohe-See-Einbringungsgesetz,[186] zielen auf den Umweltschutz,[187] wobei insbesondere das Hohe-See-Einbringungsgesetz die Vermeidung der Meeresverschmutzung bezweckt.[188] Keines dieser Gesetze regelt aber die Verbrauchsreduktion der hier untersuchten Plastikeinwegprodukte. Ferner gibt es zahlreiche Regelungen zur Verwertung und Beseitigung von Abfällen wie die Deponieverordnung.[189] Der hier verfolgte Untersuchungsansatz setzt allerdings auf der vorgelagerten Ebene, der Vermeidung, an, die diese nicht regeln.

Unter dem wasser- und meeresschutzbezogenen Blickwinkel ist das Wasserhaushaltsgesetz (WHG) von besonderer Bedeutung. Plastikmüll wird vom WHG zwar nicht direkt adressiert, indes soll ein guter, insbesondere nicht verschmutzter Zustand der Gewässer erreicht sowie dessen Verschlechterung und mensch-

---

[179] Gesetz zur Förderung der Kreislaufwirtschaft und Sicherung der umweltverträglichen Bewirtschaftung von Abfällen v. 24.2.2012 (BGBl. I, 212), das zuletzt durch Art. 2 Abs. 9 des Gesetzes v. 20.7.2017 (BGBl. I, 2808) geändert worden ist.

[180] Hierzu bereits oben S. 40.

[181] Zum KrWG unten S. 165 ff.

[182] Dazu bereits oben S. 38 ff.

[183] Gesetz über das Inverkehrbringen, die Rücknahme und die hochwertige Verwertung von Verpackungen (Verpackungsgesetz – VerpackG) v. 5.7.2017, BGBl. I, 2234, das mit Ausnahme der §§ 24 und 35 VerpackG, die bereits am 13.7.2017 in Kraft getreten sind (BGBl. I, 2234), am 1.1.2019 in Kraft trat. Dessen Vorläufer war die bis zum 31.12.2018 geltende Verpackungsverordnung (VerpackV) v. 21.8.1998 (BGBl. I, 2379), zul. geändert durch Art. 11 Abs. 10 des Gesetzes v. 18.7.2017 (BGBl. I, 2745). Zum VerpackG unten S. 171 ff., 177 f.

[184] Vgl. § 1 Abs. 1 Satz 1, Satz 2 und 3, Abs. 3 Satz 1 VerpackG.

[185] Abfallverbringungsgesetz v. 19.7.2007 (BGBl. I, 1462), das zul. durch Art. 1 des Gesetzes v. 1.11.2016 (BGBl. I, 2452) geändert worden ist, auch zur Ausführung der Verordnung (EG) Nr. 1013/2006.

[186] Vom 25.8.1998 (BGBl. I, 2455), zul. geändert durch Art. 5 Gesetz v. 24.5.2016 (BGBl. I, 1217).

[187] Vgl. zum AbfVerbrG *Häberle*, in: Erbs/Kohlhaas, Vorbem. zu § 1 AbfVerbrG (Stand: 10/2017) Rn. 1.

[188] Vgl. § 1 Hohe-See-Einbringungsgesetz.

[189] Deponieverordnung v. 27.4.2009 (BGBl. I, 900), die zul. durch Art. 2 der Verordnung v. 27.9.2017 (BGBl. I, 3465) geändert worden ist. Für einen Überblick zu weiteren, hier nicht relevanten, Verwertungs- und Beseitigungsregelungen *Jarass*, in: Jarass/Petersen, KrWG, Einf II Rn. 20 ff.

liche Stoffeinträge vermieden werden.[190] § 1 WHG schreibt deklaratorisch die nachhaltige[191] Gewässerbewirtschaftung fest.[192]

Darüber hinaus gibt es auch bundesweite unverbindliche, dem völker- und europarechtlichen Soft Law vergleichbare, Erklärungen. So gab das BMU am 26.11.2018 den unverbindlichen 5-Punkte-Plan für weniger Plastik und mehr Recycling[193] bekannt, der sich in Punkt eins explizit der Vermeidung von überflüssigen Produkten und Verpackungen widmet.[194] Mit Fokus auf die hier untersuchten Plastikprodukte ist bedeutsam, dass als Unterpunkte dessen unter anderem die Unterstützung der Verbots-RL[195] und von lokalen Initiativen für Coffee-to-go-Becher[196] genannt sowie angekündigt wird, mögliche Verbrauchsminderungsmaßnahmen zu entwickeln,[197] wobei bereits ein Dialog mit dem Handel nach dem Vorbild der Plastiktüten-Vereinbarung[198] zur Verringerung des Verpackungsaufkommens geplant sei.[199] Weitere Inhalte des 5-Punkte-Plans des BMU sind eine umweltfreundlichere Produktgestaltung[200], verbessertes Recycling[201], die Vermeidung von Plastik in Bioabfällen[202] und internationales Engagement[203].

---

190 Vgl. § 45a Abs. 1 Nr. 1 und 2, Abs. 2 Nr. 2, § 45b Abs. 2 WHG. Zum WHG instruktiv *Schlacke,* Umweltrecht, § 11 Rn. 17 ff.; siehe insbes. zu den Überwachungs- und Maßnahmenprogrammen zur Meeresgewässerbewirtschaftung *Kahl/Gärditz,* Umweltrecht, § 8 Rn. 109 ff.; das deutsche Maßnahmenprogramm für die Nord- und Ostsee bewertend *Altenschmidt*, NuR 2017, 12 (12 ff.).

191 Zum Grundsatz der Nachhaltigkeit siehe oben S. 16 ff.

192 Vgl. auch § 6 Abs. 1 S. 1 und 2 WHG; zur Berücksichtigung der Nachhaltigkeit bei den Maßnahmenprogrammen vgl. § 45h Abs. 1 S. 1 WHG. Zur Bedeutung des Grundsatzes *Berendes*, in: Berendes/Frenz/Müggenborg, WHG, § 1 Rn. 4, 7; zur deklaratorischen Festschreibung *Kotulla,* WHG, § 1 Rn. 25; *Kahl/Gärditz,* Umweltrecht, § 8 Rn. 18.

193 BMU, „Nein zur Wegwerfgesellschaft" – 5-Punkte-Plan des BMU für weniger Plastik und mehr Recycling (https://www.bmu.de/fileadmin/Daten_BMU/Download_PDF/Abfallwirtschaft/5_punkte_plan_plastik_181123_bf.pdf, abgerufen: 14.11.2019) (im Folgenden: BMU, 5-Punkte-Plan, 11/2018). Zur ebenfalls vorgestellten Initiative „Nein zur Wegwerfgesellschaft" https://www.bmu.de/wenigeristmehr/nein-zur-wegwerfgesellschaft-kampagnenmotive/, abgerufen: 14.11.2019. Zur Kritik unten S. 279.

194 Siehe Punkt 1, BMU, 5-Punkte-Plan, 11/2018, S. 3 ff.

195 Zur Verbots-RL siehe oben S. 36 f.

196 Zu diesen siehe die hier vorgenommene Systematisierung und die Beispiele unten auf S. 62 ff.

197 Siehe BMU, 5-Punkte-Plan, 11/2018, S. 4 f.

198 Dazu unten S. 59 ff., zur rechtlichen Bewertung der Plastiktüten-Vereinbarung siehe unten S. 74 ff.

199 Siehe BMU, 5-Punkte-Plan, 11/2018, S. 3 f.

200 Siehe Punkt 2, BMU, 5-Punkte-Plan, 11/2018, S. 5 f.

201 Siehe Punkt 3, BMU, 5-Punkte-Plan, 11/2018, S. 6 ff.

202 Siehe Punkt 4, BMU, 5-Punkte-Plan, 11/2018, S. 8.

203 Siehe Punkt 5, BMU, 5-Punkte-Plan, 11/2018, S. 9 ff.

In der Nachhaltigkeitsstrategie der Bundesregierung[204] wird hinsichtlich des Meeresmülls betont, dass der Schwerpunkt darauf liegt, Müll zu vermeiden und dessen Eintrag ins Meer zu verhindern. Im Hinblick auf konkrete Maßnahmen wird unter anderem auf das bestehende Engagement im Rahmen der regionalen Meeresschutzübereinkommen OSPAR und HELCOM[205] sowie den Aktionsplan der G7[206] verwiesen.[207] Der zunehmende Plastikmüll wird zwar auch im Nationalen Programm für nachhaltigen Konsum adressiert, indes betont dieses die „erfolgreich[en] Sammel- und Verwertungssysteme“ in Deutschland und plant vor allem Forschungsmaßnahmen, auch zu „Vermeidungsmöglichkeiten des Plastikeintrags in die Umwelt“.[208] Der nationale, rechtlich nicht bindende 10-Punkte Aktionsplan „Meeresschutz und nachhaltige Fischerei“ des Bundesministeriums für wirtschaftliche Zusammenarbeit und Entwicklung (BMZ) thematisiert zwar auch die Meeresverschmutzung, insbesondere durch Plastikmüll, will hierbei aber nur die „Partnerländer bei der Reduzierung der Meeresverschmutzung durch Abfälle unterstützen“.[209] Diesbezügliche nationale Maßnahmen werden an dieser Stelle nicht angedacht.[210]

D. Landes- und kommunalrechtliche Ebene

In den Bundesländern gibt es abfall- und produktbezogene Regelungen, die für den Umgang mit den hier untersuchten Plastikprodukten zumindest partiell bedeutsam sind. Landesrechtliche Abfallgesetze finden sich in allen Ländern, wobei diese nur insoweit regelungsbefugt sind, wie der Bund nicht von seiner konkurrierenden Gesetzgebungskompetenz auf dem Gebiet des Abfallrechts Gebrauch gemacht hat (vgl. Art. 72 Abs. 1, 74 Abs. 1 Nr. 24 GG) und die daher schwerpunktmäßig Vollzugsregelungen enthalten.[211] Spezifische Regelungen zur

---

204 Die Bundesregierung, Deutsche Nachhaltigkeitsstrategie, 2016.

205 Siehe oben S. 29 f.

206 Dazu oben S. 34.

207 Die Bundesregierung, Deutsche Nachhaltigkeitsstrategie, 2016, S. 190, vgl. auch ebd., S. 171.

208 Die Bundesregierung, Nationales Programm für nachhaltigen Konsum, 2016, S. 52.

209 BMZ, Meeresschutz und nachhaltige Fischerei, 10-Punkte-Aktionsplan, 2016, S. 4, 9 (Punkt 6).

210 Vgl. BMZ, Meeresschutz und nachhaltige Fischerei, 10-Punkte-Aktionsplan, 2016, S. 4, 9 (Punkt 6). In diese Richtung auch Die Bundesregierung, Nationales Programm für nachhaltigen Konsum, 2016, S. 52; anders BMU, 5-Punkte-Plan 11/2018, S. 1 ff., 9 f., der daneben auch nationale Maßnahmen vorsieht.

211 Vgl. *Jarass*, in: Jarass/Petersen, KrWG, Einf II Rn. 15; *Kahl/Gärditz*, Umweltrecht, § 11 Rn. 11. Zur Frage, ob das bundesrechtliche Abfallrecht abschließend ist und der landes- und

Verbrauchsreduktion der untersuchten Plastikprodukte finden sich darin bisher größtenteils nicht. Wichtige Ausnahmen sind die landesabfallrechtlichen Regelungen in Hamburg und im Saarland, die Einweggeschirr im Allgemeinen (also auch aus Papier, Bambus etc.) und damit auch Plastikeinweggeschirr adressieren und eine Nutzung von Mehrweg anstreben. So „soll" in Hamburg die Behörde die Nutzung von Mehrweggeschirr statt Einweggeschirr bei Veranstaltungen in städtischen Einrichtungen oder Sondernutzungen im öffentlichen Raum „anordnen", wobei Ausnahmen möglich sind.[212] Die saarländischen Behörden „sollen" nach Abwägung aller Belange „darauf hinwirken", dass in ebendiesen Fällen wiederverwendbare Verpackungen für Speisen und Getränke genutzt werden und insbesondere die Verwendung von Einweggeschirr ausgeschlossen wird.[213] Häufig werden aber auch in anderen Ländern allgemeine landesrechtliche Regelungen zur Vermeidung von Abfällen in der öffentlichen Verwaltung getroffen. So legen die überwiegenden Landesabfallgesetze der öffentlichen Hand bestimmte Pflichten bei der Beschaffung beispielsweise von Ge- und Verbrauchsgütern auf, die auf die Abfallvermeidung gerichtet sind und einen gewissen[214] Vorzug für recycelte oder Mehrwegprodukte etablieren.[215] Zusätzlich normieren einige Landesabfallgesetze ausdrücklich auch die Abfallvermeidung als vorrangiges Ziel[216] und enthalten darüber hinaus teilweise eine Sollvorschrift, dass „jeder" zu diesen Zielen durch sein Verhalten beitragen soll.[217]

---

kommunalrechtlichen Einführung von Steuern, Abgaben oder Verboten entgegensteht, siehe unten S. 162 ff., 176 f., 232 ff.

212 Vgl. § 2 Abs. 4 S. 1 und S. 2 HmbAbfG.

213 Vgl. § 3 Abs. 3 S. 2 SAWG, entsprechende Regelungen können in den Benutzungssatzungen oder -ordnungen getroffen werden, vgl. § 3 Abs. 3 S. 3 SAWG.

214 So steht dies regelmäßig unter dem Vorbehalt, dass die Produkte für den Verwendungszweck geeignet sind und dies wirtschaftlich zumutbar ist, vgl. § 27 Abs. 2 S. 1 a. E. BbgAbfBodG; § 2 Abs. 1 S. 2 a. E. HmbAbfG; § 2 Abs. 2 a. E. LAbfG BW; § 2 Abs. 2 S. 2 Krw/AbfGAG BR; § 23 Abs. 2 S. 1 a. E. KrW-/AbfG Bln; § 2 Abs. 1 S. 1 a. E. LKrWG RLP; § 2 Abs. 1 AbfG LSA; § 3 Abs. 2 NAbfG; § 2 Abs. 2 S. 1 a. E. ThürAGKrWG.

215 Vgl. § 2 Abs. 1 und 2 AbfWG M-V; Art. 2 Abs. 1, 2 BayAbfG; § 27 Abs. 2 S. 1 BbgAbfBodG; § 2 Abs. 1 S. 2 HmbAbfG; § 2 Abs. 2 S. 2 Krw/AbfGAG BR; § 23 Abs. 2 S. 1 KrW-/AbfG Bln; § 2 Abs. 2 LAbfG BW; § 2 Abs. 1 LAbfG NRW; § 2 Abs. 1 AbfG LSA; § 2 LAbfWG SH; § 2 Abs. 1 S. 1 LKrWG RLP; § 3 Abs. 2 NAbfG; § 2 Abs. 2 SAWG; § 2 Abs. 2 ThürAGKrWG.

216 Vgl. § 1 Abs. 1 S. 2 Nr. 1 AbfG LSA; Art. 1 Abs. 1 S. 1 Nr. 1 BayAbfG; § 1 Abs. 2 Nr. 1 BbgAbfBodG; § 1 Abs. 2 Nr. 1 KrW-/AbfG Bln; § 1 Abs. 1 S. 1 SächsABG; § 2 Abs. 2 S. 1 SAWG.

217 Vgl. etwa § 1 Abs. 3 KrW-/AbfG Bln; § 1 Abs. 2 LKrWG RLP; § 2 NAbfG. Allgemein auf die Ziele der Kreislaufwirtschaft, nicht spezifisch die Abfallvermeidung bezogen, § 1 Abs. 2 AbfWG M-V.

E. Zusammenfassung

Der Rechtsrahmen zum Umgang mit Plastik ist vor allem völkerrechtlich und europarechtlich geprägt. Zwar gibt es kein plastikspezifisches völkerrechtliches Übereinkommen.[218] Dennoch zählt Plastikmüll zu den nach dem SRÜ zu vermeidenden Verschmutzungen im Meer; dem SRÜ kommt insofern als sogenannte Verfassung der Meere[219] besondere Bedeutung zu. Daneben wird der Schutz der Meere vor Vermüllung in zahlreichen anderen multilateralen Abkommen adressiert, wobei vor allem die regionalen Meeresschutzübereinkommen wie das OSPAR- und Helsinki-Übereinkommen bedeutsam sind. Die jüngst beschlossenen Änderungen zum Basler Übereinkommen führen strengere Exportregeln für Plastikabfall ein. Die besondere Tragweite des Plastikmüllproblems und der dringende Handlungsbedarf korrespondieren insbesondere mit dem unverbindlichen Ziel (SDG) 14 der Nachhaltigkeitsprinzipien der UN-Nachhaltigkeitsagenda 2030 und werden in einer Vielzahl von rechtlich nicht bindenden Beschlüssen betont. Hervorzuheben sind die „The future we want" und „Oceans and the law of the sea"-Resolutionen der UN-Generalversammlung, die plastikspezifischen Beschlüsse der UNEP und der meeresmüllbezogene Beschluss der Vertragsstaaten zur Biodiversitätskonvention, welcher unter anderem Verbote oder Steuern auf Plastikeinwegtüten empfiehlt, sowie die G7- und G20-Aktionspläne gegen Meeresmüll.

Auf unionsrechtlicher Ebene sind abfall- und plastikproduktspezifische sowie wasser- und meeresschutzbezogene Regelungen zu unterscheiden. Konkrete Plastikprodukte wie die hier untersuchten Plastikeinwegtüten werden von der Plastiktüten-RL adressiert, die deren teilweise Verminderung vorsieht.[220] Die Verbots-RL zielt auf ein Verbot bestimmter Plastikeinwegprodukte wie -teller und -besteck und eine Verbrauchsminderung von Plastikeinwegbechern.[221] Neben der VerpRL ist zudem die Abfallhierarchie der AbfRRL, wonach die Abfallvermeidung vorrangig ist, bedeutsam. Für den Meeresschutz und die Plastikmüllproblematik essentiell ist auch die MSRL, die einen guten Umweltzustand der Meere bis 2020 vorsieht. Besondere Relevanz entfaltet auch europäisches plastikspezifisches Soft Law, wobei der EU-Plastik-Strategie als erste europaweite Plastik-Strategie eine herausgehobene Bedeutung zukommt.

Auf nationaler Ebene spielen das KrWG und das VerpackG eine zentrale Rolle. Hervorzuheben ist, dass Landesabfallgesetze vereinzelt explizit eine Vermei-

---

218 Zur Notwendigkeit eines solchen und möglichen Inhalten siehe unten S. 252 ff.

219 Siehe oben S. 27 einschl. der dortigen Nachweise.

220 Zu Stärken und Schwächen der Plastiktüten-RL siehe unten S. 71 ff.

221 Zur Rechtmäßigkeit siehe unten S. 227 f., zu Kritik und Reformvorschlägen unten S. 258 ff.

dung von Einweggeschirr, einschließlich solchem aus Plastik, bei Veranstaltungen in öffentlichen Einrichtungen und Sondernutzungen im öffentlichen Raum regeln.

§ 3 Freiwillige Maßnahmen und Selbstverpflichtungen

Um das Ziel der Abfallvermeidung und -reduktion speziell von Plastiktüten und -einweggeschirr, insbesondere dem Coffee-to-go-Becher, zu erreichen, werden kooperative Instrumente wie plastikspezifische freiwillige Maßnahmen und Selbstverpflichtungen genutzt. Aufgrund des zunehmenden Problembewusstseins gibt es zahlreiche freiwillige Projekte. Die wichtigsten kooperativen Initiativen werden im Folgenden näher betrachtet.

A. Allgemeine internationale und nationale Initiativen zur Vermeidung von Plastikmüll

I. Programme und Initiativen des UN-Umweltprogramms zu Plastikmüll

Das UNEP hat bereits verschiedene Initiativen in Gang gesetzt, die ausdrücklich landseitige Einträge für Meeresmüll und damit auch das Plastikmüllproblem adressieren.[1] Hervorzuheben ist das 1995 eingeführte, freiwillige und unverbindliche *Global Programme of Action for the Protection of the Marine Environment from Land-based Activities* (GPA).[2] Das GPA bietet ein internationales Forum zur Koordinierung, fordert Regierungen zur Handlung gegen landseitige Meeresmüllursachen auf und berät hierbei.[3] Dadurch hat es eine wichtige Rolle für die Lösung des Plastikmüllproblems.[4] Eine weitere Partnerschaft zur Zusammenarbeit verschiedener Akteure stellt die *Global Initiative on Marine Litter* dar.[5]

---

[1] Ebenso Europäische Kommission, SWD(2018) 254 final, Part 3/3, S. 15.

[2] UNEP(OCA)/LBA/IG.2/7.

[3] UNEP(OCA)/LBA/IG.2/7, S. 7ff. Dazu *Hassan*, Australian International Law Journal (2003), 61 (89–94); *Stöfen-O'Brien*, Marine Litter, 2015, S. 156–160; krit. etwa WBGU, Jahresgutachten 2001, S. 84f.

[4] Siehe zur Rolle und Bedeutung des GPA auch *Hassan*, Australian International Law Journal (2003), 61 (89–94), der es als wichtiges Instrument im Kampf gegen Meeresmüll sieht; *Stöfen-O'Brien*, Marine Litter, 2015, S. 156–160, die trotz der Unverbindlichkeit dessen Rolle lobt; *dies.*, ZUR 2017, 594 (596); UNEP, Marine Litter Legislation, 2016, S. 7. Zur dennoch möglichen Optimierung *Kirk/Popattanachai,* RECIEL 2018, 222 (224, 228).

[5] Hierzu UNEP, Marine Litter: A Global Challenge, 4/2009, S. 18.

Besonders zu erwähnen ist ferner die im Juni 2012 eingeführte freiwillige *Global Partnership on Marine Litter* (GPML), die ein „Multi-Stakeholder Koordinierungsmechanismus“[6] für verschiedene gesellschaftliche Akteure (Wissenschaft, Nichtregierungsorganisationen (NGOs), Unternehmen, Regierungen) ist.[7] Hieran beteiligt sich auch die Bundesregierung, um Meeresmüll besser zu managen und zu reduzieren.[8]

Die im Februar 2017 durch UNEP gegründete weltweite *Clean Seas* Initiative, an der mittlerweile 43 Staaten teilnehmen, richtet sich an Regierungen, Unternehmen und die Öffentlichkeit und bezweckt, die Hauptursachen von Meeresmüll bis 2022 zu beseitigen, indem sie konkret Plastikmüll adressiert.[9] Beispielsweise will sie den übermäßigen Konsum von Plastikeinwegprodukten reduzieren.[10]

In diesem Zusammenhang sind auch die dem Meeresschutz dienenden *Sustainable Blue Economy Finance Principles*[11] anzuführen, die die Bedeutung des Finanzsektors für nachhaltige Investitionen erkennen und Teil einer neuen UNEP-Initiative im Rahmen der UNEP Finanzinitiative (UNEP FI) sind, und die von der Europäischen Kommission, dem World Wide Fund for Nature (WWF), der Europäischen Investitionsbank und des Weltressourceninstituts (WIR) entwickelt wurden.[12]

II. Verpflichtungserklärung „New Plastics Economy Global Commitment“

Bedeutsam ist auch die durch UNEP und die Ellen MacArthur Foundation 2018 initiierte plastikspezifische Verpflichtungserklärung *New Plastics Economy Global Commitment*[13], die eine freiwillige Selbstverpflichtung darstellt.[14] Derzeit haben diese Erklärung circa 400 Unternehmen, Organisationen und einige Regierungen abgegeben.[15] Sie enthält einen allgemein gehaltenen Teil einer so-

---

[6] BT-Drs. 18/8690, S. 7.

[7] BT-Drs. 18/8690, S. 7; zum GPML siehe auch *Stöfen-O'Brien*, Marine Litter, 2015, S. 160.

[8] BT-Drs. 18/8690, S. 7.

[9] https://www.cleanseas.org/about (abgerufen: 14.11.2019).

[10] Siehe https://www.cleanseas.org/about (abgerufen: 14.11.2019).

[11] Abrufbar unter https://ec.europa.eu/maritimeaffairs/sites/maritimeaffairs/files/declaration-sustainable-blue-economy-finance-principles_en.pdf (abgerufen: 14.11.2019).

[12] Siehe http://www.cleanseas.org/impact/pioneering-global-framework-sustainable-ocean-finance-launched-our-ocean-global-summit (abgerufen: 14.11.2019) und https://www.unepfi.org/ecosystems/sustainable-blue-economy-finance/ (abgerufen: 14.11.2019).

[13] Abrufbar unter: https://newplasticseconomy.org/assets/doc/global-commitment-download.pdf, abgerufen: 14.11.2019 (im Folgenden: New Plastics Economy Global Commitment); vorgestellt im Oktober 2018 i. R. d. Our-Oceans-Konferenz, zur Konferenz sogleich S. 58.

[14] Vgl. New Plastics Economy Global Commitment, S. 1.

[15] Siehe https://newplasticseconomy.org/projects/global-commitment (abgerufen: 14.11.

genannten „Common Vision" und die Möglichkeit für sehr konkrete, darüber hinausgehende individuelle Selbstverpflichtungen, bei denen die Initiatoren Vorschläge je nach Adressaten (Unternehmen,[16] Regierungen, Verbände etc.) machen und Verpflichtungen zu konkreten Zielen anregen.[17] Im Wesentlichen sollen bis 2025 unnötige Plastikverpackungen und -einwegprodukte reduziert, sämtliche Plastikverpackungen zu 100 % wiederverwendbar, recyclingfähig oder kompostierbar sein und die Menge an tatsächlich wiederverwendetem, recyceltem oder kompostiertem Plastik erhöht werden.[18] Dies soll alle 18 Monate überprüft werden.[19] Der Schwerpunkt der Selbstverpflichtung liegt mithin auf dem Recycling und der Wiederverwendung,[20] wenngleich eine feste Recyclingquote nicht festgelegt wird.[21] Konkrete allgemeine Zielvorgaben, beispielsweise hinsichtlich einer Verbrauchsreduktion, fehlen.[22]

III. Initiative New Plastics Economy und Erklärung von Davos

Die von der Ellen MacArthur Stiftung gegründete Initiative „New Plastics Economy", der sich zahlreiche Unternehmen angeschlossen haben, will verschiedene Gruppen, insbesondere aus der Industrie, zusammenbringen und strebt zur Eindämmung des Plastikmüllaufkommens eine neue Plastik-Kreislaufwirtschaft an.[23] Auf dem Weltwirtschaftsforum in *Davos* im Januar 2017 haben 40 Konzerne erklärt, die Initiative zu unterstützen und sich freiwillig zu einer höheren Recyclingquote verpflichtet.[24] Allerdings sind die Erklärungen weitestgehend

2019). Die beteiligten Unternehmen entsprechen nach Angaben der Ellen MacArthur Foundation circa 20 % der plastikproduzierenden Unternehmen. Vgl. zu den jeweiligen Verpflichtungen den detaillierten ersten Report, 6/2019 (https://www.newplasticseconomy.org/assets/doc/GC-Report-June19.pdf, abgerufen: 14.11.2019).

[16] Bei den Vorschlägen für Unternehmen wird noch zusätzlich nach Branche unterteilt, zum Beispiel zwischen plastikproduzierenden Unternehmen, Zulieferern, solchen aus der Recyclingbranche oder Investoren, siehe New Plastics Economy Global Commitment, S. 2.

[17] New Plastics Economy Global Commitment, S. 2 f.

[18] Vgl. New Plastics Economy Global Commitment, S. 5, 7 f.

[19] New Plastics Economy Global Commitment, S. 1, 3.

[20] Ähnlich die Kritik von Umweltverbänden, siehe https://www.bento.de/nachhaltigkeit/plastikmuell-umweltverbaende-kritisieren-konzerne-und-new-plastics-economy-global-commitment-a-4d9871ba-bded-41bf-a15f-40bc357cd227 (abgerufen: 14.11.2019).

[21] Vgl. New Plastics Economy Global Commitment, S. 5, 7 f.

[22] Ähnlich die Kritik von Umweltverbänden, siehe https://www.bento.de/nachhaltigkeit/plastikmuell-umweltverbaende-kritisieren-konzerne-und-new-plastics-economy-global-commitment-a-4d9871ba-bded-41bf-a15f-40bc357cd227 (abgerufen: 14.11.2019).

[23] Siehe auch Pressemitteilung Werner & Mertz v. 18.1.2017, New Plastics Economy, S. 1 (https://werner-mertz.de/Pressecenter/Pressetexte/Detail_4224.pdf, abgerufen: 14.11.2019).

[24] Siehe die veröffentlichten Erklärungen in *Ellen MacArthur Foundation,* The New Plas-

allgemein gehalten, wenig aussagekräftig und nicht konkret.[25] Im Januar 2018 haben im Rahmen der Initiative „New Plastics Economy“ elf Unternehmen verschiedene Erklärungen für eine höhere Recyclingquote und die vermehrte Verwendung von recyceltem Plastik abgegeben.[26]

IV. Erklärungen im Rahmen der Our-Ocean-Konferenzen

Die jährlich stattfindende internationale Konferenz „Our Ocean“ bietet ein weiteres Forum für den Austausch und die Zusammenarbeit hinsichtlich des Meeresschutzes für Vertreter aus Politik, Verwaltung und Wirtschaft.[27] In deren Rahmen erklären regelmäßig verschiedene, wenn auch nicht immer alle[28] Länder ihre Pläne und Absichten zur Lösung des Meeresverschmutzungsproblems.[29] Neben bloßen abstrakten politischen Absichtserklärungen oder allgemeinen Würdigungen bisheriger Bemühungen, die sich darunter finden,[30] sind einige Erklärungen sehr konkret und enthalten Selbstverpflichtungen. Ein Beispiel ist die Erklärung der Europäischen Kommission, bis Ende 2017 keine Plastikbecher in ihren Gebäuden mehr zu nutzen und auch die Verwendung anderer Plastikeinwegprodukte zu minimieren.[31] Die Erklärungen sind rechtlich unverbindlich.

---

tics Economy – Catalysing action, 1/2017, S. 6–12 sowie im Bericht des World Economic Forum, The New Plastics Economy, 1/2017, S. 6–10.

[25] Ähnlich *B. Freytag,* FAZ v. 18.1.2017, S. 22, der insofern mit Recht von einem „Marketingcoup“ spricht.

[26] Teils wird eine 100%-ige Verwendung von recyceltem Plastik in den Produkten mit unterschiedlichen Zielzeitpunkten erklärt, siehe die Erklärungen unter https://www.ellenmacarthurfoundation.org/news/11-companies-take-major-step-towards-a-new-plastics-economy (abgerufen: 14.11.2019).

[27] Siehe etwa https://ourocean2018.org und jüngst https://ourocean2019.no (abgerufen: 14.11.2019).

[28] So hat Deutschland bei der Our Oceans-Konferenz 2018 keine Erklärung abgegeben, vgl. die Liste der Commitments (https://ourocean2018.org/?l=our-ocean-commitments, abgerufen: 14.11.2019).

[29] Siehe beispielsweise die Commitments für 2017 und 2018, http://www.ourocean2017.org/sites/default/files/ooc-2017-list-of-commitments_en.pdf (abgerufen: 14.11.2019); https://ourocean2018.org/?l=our-ocean-commitments (abgerufen: 14.11.2019).

[30] Z.B. verweist Deutschland in der 2017-Erklärung lediglich auf die G20-Aktionspläne und das im Zuge dessen initiierte Global Network of the Committed (dazu oben S. 34) sowie geplante finanzielle Beiträge im Rahmen des 10-Punkte Aktionsplans „Meeresschutz und nachhaltige Fischerei“ (dazu oben S. 51), siehe Our Ocean 2017, Commitments, S. 5 f. (http://www.ourocean2017.org/sites/default/files/ooc-2017-list-of-commitments_en.pdf, abgerufen: 14.11.2019).

[31] Vgl. Our Ocean 2017, Commitments, S. 3 (http://www.ourocean2017.org/sites/default/files/ooc-2017-list-of-commitments_en.pdf, abgerufen: 14.11.2019).

V. Nationale Initiative „Runder Tisch gegen Meeresmüll"

Auf Initiative des BMU, des Umweltbundesamtes und des Landes Niedersachsen wurde im März 2016 der „Runde Tisch gegen Meeresmüll" gegründet, der der Koordinierung und Zusammenarbeit von Akteuren aus verschiedenen Bereichen (z. B. Wissenschaft, Industrie, NGOs, Behörden) und Entwicklung von Lösungen zur Vermeidung von Plastikmüll in den Meeren dient.[32]

B. Besondere plastikproduktspezifische freiwillige Maßnahmen

I. Plastiktüten

1. Multilaterale Initiativen bzgl. Plastiktüten

Die bereits erwähnte „New Plastics Economy"-Initiative[33] setzt zwar einen Fokus auf die Erhöhung des Recyclings und der Wiederverwendung, strebt aber auch an, Plastikeinwegtüten zu vermeiden und durch Mehrwegalternativen zu ersetzen.[34] Erwähnenswert ist zudem die internationale Koalition „Stop Plastic Waste", die auf der 22. Vertragsstaatenkonferenz zur Klimarahmenkonvention (COP 22) im Jahr 2016 vorgestellt wurde. Sie setzt einen besonderen Fokus auf die Vermeidung von Plastikeinwegtüten und soll lokale und nationale Regierungen zusammenbringen.[35]

2. Vereinbarung der Bundesregierung mit dem Handelsverband Deutschland

Hervorzuhebendes nationales Beispiel für eine freiwillige Maßnahme in Form einer informellen,[36] kooperativen Absprache ist die 2016 vom (damaligen) Bundesministerium für Umwelt, Naturschutz, Bau und Reaktorsicherheit (BMU)[37]

---

[32] Siehe https://www.bundesregierung.de/breg-de/aktuelles/gemeinsam-gegen-muell-in-nord-und-ostsee-323816, abgerufen: 14.11.2019; zum Runden Tisch siehe auch *Stöfen-O'Brien,* ZUR 2017, 594 (600 f.).

[33] Siehe S. 57.

[34] Vgl. *Ellen MacArthur Foundation,* The New Plastics Economy – Catalysing action, 1/2017, S. 8, 32 ff.

[35] Siehe Ministry of the Environment, Energy and the Sea, International coalition to reduce plastic bags pollution – Briefing note, Stand: 6.2.2017, (https://www.ecologique-solidaire.gouv.fr/sites/default/files/2-International%20coalition%20to%20reduce%20plastic%20bags%20pollution-briefing%20note_EN.pdf, abgerufen: 14.11.2019).

[36] Zu den Begriffen „informal" und „informell" *Bohne,* in: GfU, 7. Tagungsband, 1984, 97 (99 f.); eingehend *Kautz,* Absprachen, 2002, S. 32 ff.

[37] Die damalige offizielle Abkürzung lautete BMUB (von 2013 bis 2018); im Jahr 2018 wurde das Ministerium umbenannt in Bundesministerium für Umwelt, Naturschutz und nukleare Reaktorsicherheit (BMU).

mit dem Handelsverband Deutschland e.V. (HDE)[38] abgeschlossene Vereinbarung[39] (im Folgenden: HDE-Vereinbarung), mit dem Ziel, den Plastiktütenverbrauch zu senken.[40] Nach dem Willen der Beteiligten soll sie zudem die Plastiktüten-RL[41] umsetzen.[42] Die seit Juni 2016 geltende Vereinbarung gilt bis zum 30.6.2019 und verlängert sich um zwei Jahre, wenn sie nicht spätestens drei Monate vorher gekündigt wird.[43] Verpflichtete sind nach der Vereinbarung „die Verbände" gemeinsam mit den teilnehmenden Unternehmen, letztlich hat indes nur ein Verband, namentlich der HDE, die Erklärung unterzeichnet.[44] Zwar verpflichten sich laut der HDE-Vereinbarung dieser *und* die Unternehmen dazu beizutragen, die in der Plastiktüten-RL vorgegebenen Ziele zu erreichen.[45] Damit sich die Vereinbarung aber tatsächlich auch auf die Unternehmen erstreckt, müssen diese sich jeweils mittels einer freiwilligen Beitrittserklärung[46] anschließen. Derzeit nehmen circa 360 Unternehmen teil.[47] In der Beitrittserklärung verpflichten sie sich wiederum nur, sicherzustellen, dass die von der HDE-Vereinbarung erfassten Plastiktüten nicht mehr kostenlos ausgegeben werden und weitere Maßnahmen zur Reduktion von Plastiktüten zu prüfen.[48] Ab welchem Datum diese Verpflichtung greift, ist offen. Denn das Datum für die Sicherstellung der nicht unentgeltlichen Ausgabe ist in der Beitrittserklärung frei einsetz- und wählbar.[49] Da die Unternehmen aber gleichzeitig die Vorgaben und Bedingungen der HDE-Vereinbarung akzeptieren,[50] ist richtigerweise der 1. Juli 2016 maßgeblich bzw. wird man bei einem späteren Beitritt des Unternehmens das Beitrittsdatum

---

38 Dies ist die Interessenvertretung und Spitzenorganisation des deutschen Einzelhandels, siehe https://www.einzelhandel.de/index.php/derverband/hde-organisation (abgerufen: 14.11.2019).

39 Abrufbar unter: http://www.bmub.bund.de/fileadmin/Daten_BMU/Download_PDF/Abfallwirtschaft/vereinbarung_tragetaschen_bf.pdf (abgerufen: 14.11.2019).

40 Zur Frage, ob diese auch zur Umsetzung der Plastiktüten-RL genügt, siehe unten S. 74 ff.

41 Dazu oben S. 37 f.

42 Zur rechtlichen Bewertung und Einordnung siehe eingehend unten S. 74 ff.

43 Vgl. HDE-Vereinbarung, S. 3 a. E.

44 Vgl. HDE-Vereinbarung, S. 2, passim.

45 Siehe HDE-Vereinbarung, S. 2, Tz. I.

46 Siehe die Beitrittserklärung http://www.einzelhandel.de/images/Umwelt/BMUB_HDE_Vereinbarung_Beitrittserklaerung_Unternehmen-1.pdf (abgerufen: 14.11.2019).

47 GMV, Verbrauch von Tragetaschen, Studie 2019, S. 3; vgl. auch https://www.bmu.de/faqs/plastiktueten-vereinbarung/ (abgerufen: 14.11.2019).

48 Vgl. die Beitrittserklärung http://www.einzelhandel.de/images/Umwelt/BMUB_HDE_Vereinbarung_Beitrittserklaerung_Unternehmen-1.pdf (abgerufen: 14.11.2019).

49 Siehe hierzu die Beitrittserklärung http://www.einzelhandel.de/images/Umwelt/BMUB_HDE_Vereinbarung_Beitrittserklaerung_Unternehmen-1.pdf (abgerufen: 14.11.2019).

50 Vgl. Beitrittserklärung http://www.einzelhandel.de/images/Umwelt/BMUB_HDE_Vereinbarung_Beitrittserklaerung_Unternehmen-1.pdf (abgerufen: 14.11.2019).

als Stichtag fordern müssen. Die HDE-Vereinbarung erfasst Plastiktüten mit Ausnahme mehrmals verwendbarer Tiefkühl- oder Permanenttragetaschen mit einer Wandstärke von über 50 Mikron sowie sehr leichter Plastiktüten im Sinne der Plastiktüten-RL, die für einen „bedarfsgerechten Einkauf loser Kleinprodukte“ oder loser Lebensmittel dienen oder aus Hygienegründen notwendig sind.[51] Somit erstreckt sich der Geltungsbereich letztlich nur auf leichte Plastiktüten. Zusätzliche, unternehmensindividuelle Maßnahmen, zum Beispiel der gänzliche Verzicht auf Einwegtragetaschen,[52] die Ausgabe bepfandeter Taschen oder Sensibilisierungs- und Informationskampagnen bleiben explizit möglich.[53] Zur Überprüfung der Einhaltung der Ziele wird ein Monitoring vereinbart; das BMU verpflichtet sich für eine Überprüfung der Monitoring-Berichte zu sorgen und die Öffentlichkeit zu unterrichten.[54]

Da sich beide Beteiligte (BMU, HDE) mithin im Sinne des auch informellen Absprachen zugrundeliegenden Tauschprinzips[55] zu bestimmten Handlungen verpflichten, ist die in der nicht-juristischen Literatur[56] zu findende Einordnung der HDE-Vereinbarung als freiwillige „Selbstverpflichtung“ unzutreffend.[57] Es handelt sich nicht um eine einseitige Erklärung, sondern vielmehr um eine zweiseitige Absprache des BMU und des HDE einschließlich der teilnehmenden Unternehmen.[58] Diese wird durch Beitrittserklärungen flankiert, die inhaltlich Selbstverpflichtungen ähneln, aber letztlich einen Beitritt zur Vereinbarung unter Anerkennung ihrer Bedingungen sind, weshalb insgesamt richtigerweise von einer freiwilligen Vereinbarung zu sprechen ist.[59]

---

[51] HDE-Vereinbarung, S. 2.

[52] So z. B. die Pläne durch REWE, Lidl, Edeka und Aldi siehe http://www.faz.net/aktuell/wirtschaft/lebensmittelhandel-aldi-schafft-die-einmaltuete-ab-15120093.html (abgerufen: 14.11.2019).

[53] HDE-Vereinbarung, S. 2 Tz. IV.

[54] HDE-Vereinbarung, S. 2.

[55] Dies geht auf *Bohne* zurück, siehe *Bohne,* Der informale Rechtsstaat, 1981, S. 72 ff. (bzgl. Sanierungsabsprachen), 224 ff.; *ders.,* VerwArch 75 (1984), 343 (344); zust. etwa *Grüter,* Kooperationsprinzip, 1990, S. 59; *Kautz,* Absprachen, 2002, S. 43; *Müggenborg,* NVwZ 1990, 909 (914); *Rengeling,* Kooperationsprinzip, 1988, S. 65, 170.

[56] Aus der Presse exemplarisch *Heckendorf,* DIE ZEIT v. 4.1.2018, S. 29; *Timmler*, SZ v. 2.6.2018 (https://www.sueddeutsche.de/wirtschaft/plastiktueten-deutschland-1.4005705, abgerufen: 14.11.2019). Auch das Informationsportal zur HDE-Vereinbarung spricht von „freiwilliger Selbstverpflichtung“, siehe http://kunststofftragetasche.info (abgerufen: 14.11.2019).

[57] Ebenso https://www.bmu.de/faqs/plastiktueten-vereinbarung/, abgerufen: 14.11.2019.

[58] Vgl. auch HDE-Vereinbarung, S. 1 a. E. („Vereinbarung“); vgl. auch die Einschätzung des BMU, wonach es „eine Art Vertrag“ sei (https://www.bmu.de/faqs/plastiktueten-vereinbarung/, abgerufen: 14.11.2019) sowie BR-Drs. 578/19, S. 2 ff. und ebd., Begründung, S. 3 ff. („Vereinbarung“).

[59] Zur Unverbindlichkeit und Frage der richtlinienkonformen Umsetzung unten S. 74 ff.

II. Plastikeinweggeschirr

Die wachsende Aktualität des Plastikmüll-Themas und das steigende ökologische Bewusstsein in Politik, Wirtschaft und Gesellschaft führen auch hinsichtlich Einweggeschirr, insbesondere des Coffee-to-go-Bechers, zu zahlreichen Initiativen wie Informationskampagnen[60] oder Projekten, beispielsweise an Universitäten und in Kantinen. So erwähnt auch der 5-Punkte-Plan des BMU vom 26.11.2018 Initiativen durch Refill-Stationen oder Mehrweg-Coffee-to-go-Becher, ohne aber näher auf diese einzugehen.[61] Im Folgenden sollen diesbezüglich die wichtigsten freiwilligen Maßnahmen betrachtet werden, die stadt- oder gemeindeweit sind. Ihnen kommt grundlegende Bedeutung zu, weil sie eine Verringerung des Verbrauchs an Einweg-Coffee-to-go-Bechern mithilfe eines lokal einheitlich genutzten Systems anstreben, wobei die unterschiedlichen Modelle hier systematisiert werden. Auch wenn sie teils kommunal initiiert sind, so ist dennoch allen gemeinsam, dass die Teilnahme freiwillig ist.

1. Systematisierung der Initiativen bezüglich Coffee-to-go-Bechern

Es gibt im Wesentlichen drei Systeme, bei welchen zwei Grundmodelle unterschieden werden können und das dritte Modell diese beiden kombiniert. Die als Grundmodelle identifizierten Systeme werden „Pfandsystem“ und „Rabattsystem“ genannt.[62] Die Kombination dieser beiden Modelle wird hier als „Mischsystem“ bezeichnet.

---

[60] Z.B. die Kampagne in Heidelberg seit 2017 mit dem Namen „#andersbechern“, bei der Unternehmen sich bei der Stadt melden und in der online verfügbaren „Becherkarte“ verzeichnet wird, wo mitgebrachte Becher befüllt werden oder Mehrwegbecher mit Pfand erworben werden können, siehe https://www.heidelberg.de/hd,Lde/HD/Rathaus/coffee-to-go+im+mehrwegbecher.html#fr-mehrweg-stark-machen-die-becherkarte (abgerufen: 14.11.2019).

[61] BMU, 5-Punkte-Plan, S. 5; allg. zum 5-Punkte-Plan bereits oben S. 50.

[62] Ebenso mit diesen Begriffen etwa *Köhler,* Kaffeetrinken mit gutem Gewissen, Berliner Morgenpost, 15.7.2017 (https://www.morgenpost.de/berlin/article211252989/Kaffeetrinken-mit-gutem-Gewissen.html, abgerufen: 14.11.2019); *Lange,* Die Coffee-to-go-Ökonomie, Manager Magazin, 16.5.2018 (http://www.manager-magazin.de/unternehmen/handel/kaffeebecher-wegwerfen-oder-gegen-pfand-die-coffee-to-go-oekonomie-a-1208044.html, abgerufen: 14.11.2019); mit dem Begriff „Pfandsystem“ nun auch UBA, Einweggetränkebecher, 2019, S. 122, das ohne Differenzierung aber auch das hier als Mischsystem eingeordnete dritte Modell darunter fasst; mit weiteren Beispielen und einer kunden- und anbieterspezifischen Einordnung siehe UBA, ebd., S. 59 f., 65, 114 ff., 139 ff.

a) Pfandsystem

Bei dem als Pfandsystem[63] bezeichneten Modell werden Mehrwegbecher ausgegeben und eine Pfandgebühr bei der Ausgabe erhoben. Wird der Becher in einem der teilnehmenden Cafés, Restaurants, Bäckereien oder Geschäfte zurückgegeben, wird das Pfand zurückgezahlt. Nach der professionellen Reinigung des Bechers kann dieser wieder genutzt und neu ausgegeben werden. Es handelt sich um Mehrwegbecher, die ihrerseits regelmäßig aus Kunststoff, überwiegend aus recylingfähigem Polypropylen hergestellt sind.

aa) Das Beispiel Freiburg mit dem FreiburgCup

Wichtiges Beispiel ist das kommunale Projekt in Freiburg mit dem sogenannten FreiburgCup. Freiburg war bei der Einführung im November 2016 die erste deutsche Großstadt, die ein Mehrwegbecher-Pfandsystem einführte und gilt seither als Vorreiter.[64] Die Initiative zum FreiburgCup ging von der Stadt Freiburg aus und das Projekt wird vom kommunalen Abfallwirtschaftsunternehmen, der Abfallwirtschaft und Stadtreinigung Freiburg GmbH, betreut.[65] Am Projekt nehmen mittlerweile 134 Cafés, Restaurants und Bäckereien teil.[66] Der FreiburgCup ist gegen ein Pfand in Höhe von einem Euro erhältlich. Der Mehrwegbecher ist aus recylingfähigem Polypropylen gefertigt und nach Angaben der Initiatoren für mindestens 400 Spülmaschinengänge geeignet.[67] Seit Anfang 2019 gibt es auch einen Mehrwegdeckel für 50 Cent, der hingegen nicht am Pfandsystem teilnimmt.[68]

---

[63] Dies ist von den gesetzlichen Pfand- und Rücknahmeverpflichtungen auf bestimmte Getränke in Einwegverpackungen (vgl. § 31 VerpackG) zu unterscheiden.

[64] Siehe zum Ganzen etwa *Höhl,* Warum nutzen noch zu wenige Freiburger den FreiburgCup?, Badische Zeitung, 19.7.2018 (http://www.badische-zeitung.de/freiburg/warum-nutzen-noch-zu-wenige-freiburger-den-freiburg-cup--154823376.html, abgerufen: 14.11.2019); zu diesem Beispiel jüngst auch UBA, Einweggetränkebecher, 2019, S. 132 ff.

[65] Siehe https://freiburgcup.de/de/wir.php (abgerufen: 14.11.2019); zur Unternehmensstruktur der ASF siehe https://www.abfallwirtschaft-freiburg.de/de/unternehmen/daten_fakten/daten_fakten.php (abgerufen: 14.11.2019).

[66] Siehe https://freiburgcup.de/de/was.php (abgerufen: 14.11.2019); siehe auch die Liste der teilnehmenden Partner https://freiburgcup.de/de/anbieter_uebersicht.php?l=2 (abgerufen: 14.11.2019); hierzu auch *Lange,* Die Coffee-to-go-Ökonomie, Manager Magazin, 16.5.2018 (http://www.manager-magazin.de/unternehmen/handel/kaffeebecher-wegwerfen-oder-gegen-pfand-die-coffee-to-go-oekonomie-a-1208044.html, abgerufen: 14.11.2019).

[67] https://freiburgcup.de/de/faq.php (abgerufen: 14.11.2019).

[68] https://freiburgcup.de/de/faq.php (abgerufen: 14.11.2019).

bb) Das Beispiel Esslingen mit dem Stadtbecher

Auch die Stadt Esslingen am Neckar nutzt ein Pfandsystem.[69] Der genutzte sogenannte Stadtbecher wird seit April 2018 den Kooperationspartnern kostenfrei zur Verfügung gestellt und ist für die Konsumenten gegen ein Pfand in Höhe von zwei Euro erhältlich.[70] Bisher nehmen circa 30 Cafés, Bäckereien oder Einrichtungen wie das Klinikum teil.[71] Hervorzuheben ist dieses Beispiel, weil es sich am Freiburger Vorbild orientiert, dieses aber durch ein höheres Pfand abwandelt, um die Becher-Rücklaufquote zu erhöhen.[72]

cc) Das Beispiel Hannover mit dem Hannocino

In Hannover initiierten das kommunale Entsorgungsunternehmen Zweckverband Abfallwirtschaft Region Hannover (aha) und die Stadt Hannover ein Pfandsystem mit dem sogenannten Hannocino.[73] Seit August 2017 wird der Mehrwegbecher den freiwillig teilnehmenden Kooperationspartnern kostenfrei und leihweise durch aha zur Verfügung gestellt.[74] Er ist für die Konsumenten gegen ein Pfand in Höhe von zwei Euro erhältlich und wird von den Kooperationspartnern nach Rückgabe maschinell gespült und dann wieder ausgegeben.[75] Besonders ist, dass der circa 100-mal spülbare Becher im Wesentlichen aus kompostierbarem Baumrindensaft hergestellt wird.[76] Der Deckel war lange ein herkömmlicher Einwegplastikdeckel, ist nunmehr aber ein Mehrwegdeckel.[77] Mittlerweile

---

[69] Siehe https://www.esslingen.de/,Lde/start/es_themen/stadtbecher.html (abgerufen: 14.11.2019).

[70] Siehe https://www.esslingen.de/,Lde/start/es_themen/stadtbecher.html (abgerufen: 14.11.2019).

[71] Zum Ganzen siehe etwa *Holoch,* Esslingen nimmt Pfand für Coffee to go, Stuttgarter Nachrichten, 24.4.2018 (https://www.stuttgarter-nachrichten.de/inhalt.kampf-dem-plastikmuell-esslingen-nimmt-pfand-fuer-coffee-to-go.a4c41b97-9619-470e-b377-84bdfa17d862.html, abgerufen: 14.11.2019) sowie https://www.esslingen.de/,Lde/start/es_themen/stadtbecher.html (abgerufen: 14.11.2019).

[72] Vgl. *Holoch,* Esslingen nimmt Pfand für Coffee to go, Stuttgarter Nachrichten, 24.4.2018 (https://www.stuttgarter-nachrichten.de/inhalt.kampf-dem-plastikmuell-esslingen-nimmt-pfand-fuer-coffee-to-go.a4c41b97-9619-470e-b377-84bdfa17d862.html, abgerufen: 14.11.2019).

[73] https://www.aha-region.de/service/presse/presse0/pressemitteilung/artikel/25082017-hannoccino-startet-am-sonntag/?L=0&cHash=3c8c44602201963e860973eb09471a30 (abgerufen: 14.11.2019); aha gewann 2018 den internationalen Umweltpreis GreenTec Award, der nachhaltige Innovationen auszeichnet, siehe dazu *Stein,* HAZ v. 26.4.2018, S. 22.

[74] Siehe http://hannoccino.de/faq/ (abgerufen: 14.11.2019).

[75] Siehe http://hannoccino.de/faq/ (abgerufen: 14.11.2019).

[76] Siehe http://hannoccino.de/faq/ (abgerufen: 14.11.2019).

[77] Siehe http://hannoccino.de/faq/ (abgerufen: 14.11.2019).

nehmen 100 Partner am Hannocino-Pfandbechersystem teil und stellen insgesamt 180 Ab- und Ausgabestellen.[78]

b) Rabattsystem

Beim Rabattsystem erhält die Person, die einen Mehrwegbecher mitbringt statt einen Einwegbecher zu verlangen, einen Rabatt, der regelmäßig 20 Cent beträgt.

aa) Das Beispiel „Besser Bechern" in Tübingen und Rottenburg

Bedeutsames Beispiel für das Rabattsystem ist die Tübinger Initiative „Besser Bechern", die auf das seit April 2016 bestehende Projekt „Tü go – besser Bechern" zurückgeht.[79] Dessen Initiator war das durch die Eberhard Karls Universität Tübingen angeregte Aktionsbündnis „Müllarmes Tübingen", zu dem unter anderem die Stadt Tübingen, die Universität und der Handels- und Gewerbeverein in Tübingen gehören.[80] Bei „Besser Bechern" erhalten Käufer, die einen eigenen Mehrwegbecher mitbringen und diesen befüllen lassen, in den ca. 23 teilnehmenden Geschäften einen Rabatt in Höhe von 20 Cent unabhängig von der Marke und Art.[81] Seit 2017 hat sich die Stadt Rottenburg dieser Initiative angeschlossen und nutzt ebenfalls das Rabattsystem.[82]

bb) Das Beispiel Berlin mit der Initiative Better World Cup

Erwähnenswertes Beispiel ist auch die Initiative „Better World Cup" der Berliner Senatsverwaltung für Umwelt, Verkehr und Klimaschutz, der Berliner Stadtreinigung (BSR) sowie Wirtschafts- und Umweltverbänden. Die Initiative hat keinen eigenen Becher, sondern ist als übergeordnete Kampagne zu verstehen, die für die Nutzung von Mehrwegbechern wirbt.[83] Bei den derzeit ca. 1000 teilnehmenden Partnern erhalten Kunden mit mitgebrachten Mehrwegbechern einen Rabatt in Höhe von 20 Cent.[84]

---

78 So die eigenen Angaben, siehe http://hannoccino.de/faq/ (abgerufen: 14.11.2019).

79 Siehe die Website https://www.besser-bechern.de/Konzept (abgerufen: 14.11.2019).

80 Siehe die Website https://www.besser-bechern.de/Konzept (abgerufen: 14.11.2019).

81 Eine Liste der teilnehmenden Geschäfte findet sich unter https://www.besser-bechern.de/Tuebingen/Betriebe (abgerufen: 14.11.2019); siehe ebd. auch die Liste für Teilnehmer des ReCup-Systems (dazu sogleich S. 66).

82 Siehe https://www.besser-bechern.de/Rottenburg sowie https://www.rottenburg.de/ab+jetzt+besserbechern+in+rottenburg.102976.htm?lnav=14 (abgerufen: 14.11.2019).

83 Siehe https://betterworldcup.de/berlin/die-bewegung/ (abgerufen: 14.11.2019).

84 Siehe SenUVK, Berlin gibt den Becher ab, Pressemitteilung v. 2.7.2018 (https://www.berlin.de/sen/uvk/presse/pressemitteilungen/2018/pressemitteilung.717427.php, abgerufen: 14.11.2019); vgl. auch https://betterworldcup.de/berlin/die-bewegung/ (abgerufen: 14.11.2019).

c) Mischsysteme

Mischsysteme sind durch eine Kombination von Pfand- und Rabattsystem gekennzeichnet.[85] Hier wird wie beim herkömmlichen Pfandsystem ein Mehrwegbecher gegen ein Pfand ausgegeben, der wiederum überall zurückgegeben werden kann. Zusätzlich gibt es aber bei der Nutzung des Mehrwegbechers einen Rabatt auf den Kaffee.

Wichtiges Beispiel aufgrund seiner deutschlandweiten Verbreitung ist das System mit dem sogenannten „ReCup"-Becher, das von einem bayerischen Start-up betrieben wird und erstmalig in Rosenheim eingeführt wurde.[86] Dieses wird häufig lediglich als Pfandsystem bezeichnet,[87] ist aber aufgrund der Rabatt-Anreizfunktion[88] nach der hier vorgeschlagenen Systematisierung richtigerweise als Mischsystem einzuordnen.[89] ReCup wird an ca. 2400 Standorten genutzt.[90] Hierbei handelt es sich zwar um ein privates Unternehmen und System, mittlerweile wird dies aber ausgehend von kommunalen Initiativen auch von einigen Städten und Gemeinden stadt- bzw. gemeindeweit genutzt, zum Beispiel im Bodenseekreis.[91] Die Becher können mit einem speziellen Stadt- bzw. Gemeindelogo versehen werden und es gibt derzeit bereits 30 Region- oder Stadt-Editionen, die zum Beispiel in Berlin, Heidelberg, Köln, München und Rostock genutzt werden.[92] Ferner hat sich beispielsweise Hamburg gegen ein stadteigenes Pfandsystem ausgesprochen,[93] sondern vielmehr nach Durchführung eines Interessenbekundungsverfahrens im April 2018 eine Zuwendung gemäß § 46 Abs. 1 der hamburgischen Landeshaushaltsordnung an das private Unternehmen ReCup

---

[85] Ohne den Begriff „Mischsystem", aber i. E. ähnlich *Lange,* Die Coffee-to-go-Ökonomie, Teil 2, Manager Magazin, 16.5.2018 (http://www.manager-magazin.de/unternehmen/handel/kaffeebecher-wegwerfen-oder-gegen-pfand-die-coffee-to-go-oekonomie-a-1208044.html, abgerufen: 14.11.2019).

[86] Siehe https://recup.de/ueber-uns (abgerufen: 14.11.2019).

[87] So auch ReCup selbst https://recup.de (abgerufen: 14.11.2019); vgl. auch UBA, Einweggetränkebecher, 2019, S. 122, 136.

[88] Siehe ReCup, Infoblatt für alle Mitarbeiter der ReCup-Partner, FAQs (https://recup.de/download, abgerufen: 14.11.2019).

[89] I.E. ähnlich *Lange,* Die Coffee-to-go-Ökonomie, Teil 2, Manager Magazin, 16.5.2018 (http://www.manager-magazin.de/unternehmen/handel/kaffeebecher-wegwerfen-oder-gegen-pfand-die-coffee-to-go-oekonomie-a-1208044.html, abgerufen: 14.11.2019).

[90] Siehe Media-Kit von Recup, 4/2019, abrufbar unter https://recup.de/download (abgerufen: 14.11.2019).

[91] Dort gewährte der Landkreis eine Anschubfinanzierung, siehe https://www.bodenseekreis.de/aktuelles/artikel/2018/02/coffee-to-go-ohne-abfall-der-bodensee-pfandbecher-ist-da/ (abgerufen: 14.11.2019).

[92] Siehe die vollständige Liste unter https://recup.de/der-recup/ (abgerufen: 14.11.2019).

[93] Dies hatte zuvor die Hamburger Bürgerschaft angeregt, siehe Bürgerschaft HH, Drs. 21/7987, S. 1 f.

gewährt, um ein privat getragenes Mehrwegbechersystem in Hamburg zu etablieren.[94] Auf den recyclingfähigen, aus Polypropylen bestehenden Mehrwegbecher wird ein Pfand in Höhe von einem Euro erhoben und der Kaffee rabattiert.[95] Der (Mehrweg-)Deckel ist nicht Teil des Systems.[96] Der bis zu 500-mal nutzbare Becher kann deutschlandweit zurückgegeben werden.[97]

2. Sonstiges Plastikeinweggeschirr

Tübingen plant derzeit ein ähnliches Pfandsystem wie bei Coffee-to-go-Bechern für sonstiges Plastikeinweggeschirr und insbesondere Einweg-to-go-Verpackungen.[98] Soweit ersichtlich gibt es keine wie beim Coffee-to-go-Becher vergleichbaren stadt- oder gemeindeweiten Projekte. Stattdessen sind freiwillige Selbstverpflichtungen einiger Supermarktketten oder Geschäfte mit einem to-go-Angebot zu verzeichnen, die auf den Verkauf bestimmter Plastikprodukte, unter anderem -einweggeschirr, verzichten.[99]

C. Zusammenfassung

Es gibt zahlreiche internationale und nationale freiwillige Initiativen, die bedeutsame Foren zur Zusammenarbeit für den Umgang mit Plastik bieten, rechtlich

---

94 Hierzu Pressemitteilung der Behörde für Umwelt und Energie v. 12.4.2018 (https://www.hamburg.de/pressearchiv-fhh/10903614/2018-04-12-bue-kehrwieder/, abgerufen: 14.11.2019) sowie die Bekanntmachung unter https://www.hamburg.de/bue/bekanntmachungen/10327784/interessenbekundungsverfahren-mehrwegsystem/ (abgerufen: 14.11.2019).

95 https://recup.de/faq/ (abgerufen: 14.11.2019); *Lange,* Die Coffee-to-go-Ökonomie, Teil 2, Manager Magazin, 16.5.2018 (http://www.manager-magazin.de/unternehmen/handel/kaffeebecher-wegwerfen-oder-gegen-pfand-die-coffee-to-go-oekonomie-a-1208044.html, abgerufen: 14.11.2019).

96 Siehe https://recup.de/faq/ (abgerufen: 14.11.2019); *Lange,* Die Coffee-to-go-Ökonomie, Teil 2, Manager Magazin, 16.5.2018 (http://www.manager-magazin.de/unternehmen/handel/kaffeebecher-wegwerfen-oder-gegen-pfand-die-coffee-to-go-oekonomie-a-1208044.html, abgerufen: 14.11.2019).

97 Dazu https://recup.de/faq und https://recup.de/sogehts/ (abgerufen: 14.11.2019).

98 https://www.neckar-chronik.de/Nachrichten/Die-Stadt-hat-zusaetzliche-Muelleimer-aufgestellt-Verpackungssteuer-ist-im-Gespraech-374562.html?bRewritten=true (abgerufen: 14.11.2019); vgl. auch Beschlussvorlage Nr. 241e/2019 (https://www.tuebingen.de/gemeinderat/to0040.php?__ksinr=5914, abgerufen: 14.11.2019).

99 Z.B. Rewe bzgl. Plastik-Strohhalmen und Lidl bzgl. dieser und Plastikeinweggeschirr oder McDonalds und Starbucks. Hintergrund ist die Verbots-RL. Siehe *Friebe u.* a., Plastik-Verbot, Der Tagesspiegel, 24.10.2018 (https://www.tagesspiegel.de/politik/eu-parlament-stimmt-ueber-richtlinie-ab-plastik-verbot-soll-muell-in-europa-reduzieren/23221208.html, abgerufen: 14.11.2019); *Müller*, SZ v. 11.6.2019, S. 17.

aber unverbindlich sind. Insbesondere sind das Global Programme of Action for the Protection of the Marine Environment from Land-based Activities (GPA), die Global Partnership on Marine Litter (GPML) und die Clean Seas Initiative hervorzuheben. Daneben kommt der plastikspezifischen Selbstverpflichtung New Plastics Economy Global Commitment Bedeutung zu, wonach unter anderem unnötige Plastikverpackungen und -einwegprodukte reduziert und das Recycling und die Wiederverwendung gefördert werden sollen. Zudem gibt es konkrete plastikproduktspezifische kooperative Instrumente. Ein solches nutzt auch Deutschland zur Reduktion leichter Plastiktüten in Form der HDE-Vereinbarung, die juristisch gesehen keine Selbstverpflichtung, sondern eine Absprache darstellt.[100] Hinsichtlich des Coffee-to-go-Bechers gibt es eine Vielzahl von freiwilligen Projekten, die letztlich anhand von drei Modellen (Pfand-, Rabatt- und Mischsystem) systematisiert werden können. Bei diesen wird die Nutzung von Mehrwegbechern entweder mittels eines Pfands oder Rabatts oder durch eine Kombination von beidem beanreizt.

---

[100] Dazu S. 61; zur Frage, ob sie zur Umsetzung der Plastiktüten-RL ausreicht, siehe ausf. S. 74 ff.

§ 4 Wertende Gesamtbetrachtung der bisherigen Instrumente zur rechtlichen Steuerung des Umgangs mit Plastik

Bisher wird Plastikmüll als Umweltproblem wie gesehen in einer Vielzahl von Soft Law-Regelungen und freiwilligen Maßnahmen thematisiert und im Rahmen verbindlicher Pflichten zum Schutz der Meere vor Verschmutzung indirekt erfasst; durch die Neuerungen des Basler Übereinkommens wird ab 1.1.2021 der Export von Plastikmüll strenger reguliert. Ein explizites völkerrechtliches Plastik-Abkommen gibt es bisher aber nicht.[1] Die Betrachtung hat zudem gezeigt, dass die überwiegende Anzahl der bisherigen Rechtsgrundlagen keinen plastikproduktspezifischen Ansatz verfolgt, mit der hervorzuhebenden Ausnahme der *Plastiktüten-RL* und nunmehr der jüngst in Kraft getretenen *Verbots-RL*.[2] Deutschland strebt eine Reduzierung von Plastiktüten bislang vor allem durch die *freiwillige Absprache mit dem HDE* an.[3] Hinsichtlich von Plastikeinweggeschirr gibt es *lokale Bemühungen bezüglich der Coffee-to-go-Becher mithilfe freiwilliger Maßnahmen*. Diese drei bisherigen plastikproduktspezifischen Instrumente (Plastiktüten-RL, HDE-Vereinbarung, lokale Coffee-to-go-Initiativen) sollen im Folgenden rechtspolitisch gewürdigt werden.[4]

A. Bewertungsmaßstäbe

Die Stärken und Schwächen dieser Instrumente werden unter besonderer Berücksichtigung eines Kriterienkatalogs herausgearbeitet, namentlich der bestmögliche Umweltschutz mit Blick auf die Abfallvermeidung, die Effektivität, die rechtliche Durchsetzbarkeit, die politische Umsetzbarkeit, die Flexibilität sowie der Verwaltungsaufwand.

---

[1] Zur Notwendigkeit und möglichen Inhalten siehe unten S. 252 ff.

[2] Zur Würdigung der Verbots-RL siehe unten S. 227 f., 258 ff.

[3] Zum Gesetzentwurf für ein Plastiktütenverbot siehe unten S. 267 ff.

[4] Die Verbots-RL wird als zukünftiges Instrument in § 7 bewertet, dazu unten S. 258 ff.

Im Schrifttum wird eine Vielzahl von Kriterien zur Instrumentenbewertung vorgeschlagen.[5] Die notwendige Auswahl der hier angelegten Kriterien orientiert sich zum einen an traditionell verwendeten Kriterien und zum anderen am hier verfolgten Untersuchungsansatz. So wird vorliegend zunächst auf den *bestmöglichen Umweltschutz*[6] abgestellt. Dieser Grundsatz ist zwar nicht ausdrücklich im unionsrechtlichen Primärrecht verankert, wird daraus jedoch in wertender Gesamtschau abgeleitet (z.B. Art. 11, 114 Abs. 3, 192 Abs. 2, 193 AEUV, Art. 37 GRCh).[7] Da die vorliegende Studie die Abfallvermeidung als Ausgangspunkt nimmt, wird dieser Grundsatz mit Blick darauf herangezogen. Zudem wird die (ökologische) *Effektivität* der Instrumente betrachtet, worunter die (ökologische) Treffsicherheit verstanden wird.[8] Maßgeblich ist hierbei das Verhältnis vom erreichten zum definierten Ziel,[9] namentlich ob das konkret adressierte Produkt wirksam vermieden wird. In Abgrenzung zum damit teilweise konfligierenden Kriterium des bestmöglichen Umweltschutzes mit Blick auf die Abfallvermeidung ist festzuhalten, dass der Bezugspunkt der Effektivität nach hier zugrundegelegtem engen Verständnis nur das konkrete Produkt ist, wohingegen der bestmögliche Umweltschutz darüber hinaus einen „möglichst weitgehenden“[10] Umweltschutz bezweckt. Letzterer wird hier weit verstanden und meint somit nicht nur eine produktspezifische, sondern eine ganzheitliche, nachhaltige Abfallvermeidung insgesamt (Umwelt- und Ressourcenschutz), die insbesondere auch Substitutionseffekte (mit anderen Produkten) einbezieht. Die Zielsetzung im Rahmen der Effektivität könnte freilich auch weiter gefasst werden und selbst Substitutionseffekte berücksichtigen. Um eine eindeutige Abgrenzung zwischen den Kriterien der Effektivität und des bestmöglichen Umweltschutzes zu ermöglichen, wird Ersteres hier jedoch eng ausgelegt. Weiteres Bewertungskriterium ist die *rechtliche Durchsetzbarkeit*, die synonym zur Einklagbarkeit verstanden wird. Dieses Kriterum wurde in Anlehnung an Art. 22 Abs. 3a UAbs. 2 lit. a VerpRL gewählt, der für eine zulässige Richtlinienum-

---

[5] Vgl. etwa die genannten Kriterien bei *Kloepfer*, Umweltrecht, 2016, § 5 Rn. 48; *Rehbinder*, in: Rehbinder/Schink, Grundzüge des Umweltrechts, Abschn. 3 Rn. 252; *Rodi*, ZG 2000, 231 (241 f.); *Sparwasser/Engel/Voßkuhle*, Umweltrecht, § 2 Rn. 209.

[6] *Zuleeg*, NVwZ 1987, 280 (280ff.); ausf. und fortentwickelnd *Kahl*, Umweltprinzip, 1993, passim.

[7] *Calliess*, in: Calliess/Ruffert, EUV/AEUV, 5. Aufl. 2016, Art. 191 AEUV Rn. 19; *Epiney*, in: Landmann/Rohmer, UmweltR, Art. 191 AEUV (Stand: 2/2012) Rn. 65; *Kahl*, in: Streinz, EUV/AEUV, 3. Aufl. 2018, Art. 191 AEUV Rn. 19f.; eingehend *ders*., Umweltprinzip, 1993, S. 10ff., 55ff.; *Zuleeg*, NVwZ 1987, 280 (280ff.).

[8] *Sacksofsky*, in: Hoffmann-Riem/Schmidt-Aßmann/Voßkuhle, Grundlagen VwR, Bd. II, § 40 Rn. 68.

[9] Allg. in diesem Sinne *Lübbe-Wolff*, NVwZ 2001, 481 (483 in Fn. 17).

[10] *Epiney*, in: Landmann/Rohmer, UmweltR, Art. 191 AEUV (Stand: 2/2012) Rn. 65.

setzung durch Vereinbarungen unter anderem eine Durchsetzbarkeit von diesen fordert.[11] Ferner wird die *politische Umsetzbarkeit*[12] als (rechts-)politisches Kriterium berücksichtigt, welche hier zusammenfassend zum einen die „Akzeptanz bei den Betroffenen"[13] und zum anderen die Interessenlage auf Seiten der Gesetzgebungsorgane, mithin die (politische) Realisierbarkeit meint. Außerdem werden die *Flexibilität* im Sinne einer „Anpassungsoffenheit" [14] sowie der *Verwaltungsaufwand*, also die „administrative Praktikabilität"[15] als (rechts-)politische Kriterien bei der Bewertung zugrundegelegt.

Das Ergebnis der wertenden Gesamtbetrachtung wird durch Abwägung ermittelt, wobei die genannten Kriterien grundsätzlich als gleichrangig begriffen werden, dem bestmöglichen Umweltschutz aber ein relativer Vorrang zuerkannt wird. Diese Annahme geht letztlich auf die Diskussion zurück, ob dem (bestmöglichen) Umweltschutz gegenüber anderen Zielen in den EU-Verträgen ein relativer Vorrang zukommt.[16] Sie ist damit aber nicht zu verwechseln, weil die hier zugrundegelegten Bewertungskriterien überwiegend rechtspolitische Kriterien sind und nicht die Ziele der EU-Verträge (vgl. Art. 3 EUV, Art. 191 AEUV) darstellen.

B. Die Plastiktüten-Richtlinie

Die Plastiktüten-RL stellt das erste – und bis zum jüngsten Inkrafttreten der Verbots-RL lange das einzige – verbindliche Instrument dar, das konkrete Plastikprodukte reguliert und deren *Verbrauch* reduzieren will.[17] Sie weist verschiedene Vor- und Nachteile auf.

---

[11] So nun auch Art. 17 Abs. 3 UAbs. 2 lit. a Verbots-RL.

[12] Oft wird von „politischer Durchsetzbarkeit" gesprochen, etwa bei *Rodi*, JZ 2000, 827 (834); *Sparwasser/Engel/Voßkuhle*, Umweltrecht, § 2 Rn. 209. Für eine eindeutige Abgrenzung zum hier zusätzlich gewählten Kriterium der rechtlichen Durchsetzbarkeit erscheint indes die Bezeichnung „politische Umsetzbarkeit" treffender.

[13] *Rehbinder*, in: Rehbinder/Schink, Grundzüge des Umweltrechts, Abschn. 3 Rn. 252; zur Akzeptanz als Kriterium auch *Sparwasser/Engel/Voßkuhle*, Umweltrecht, § 2 Rn. 209.

[14] *Rehbinder*, in: Rehbinder/Schink, Grundzüge des Umweltrechts, Abschn. 3 Rn. 252.

[15] *Rodi*, JZ 2000, 827 (834).

[16] Bejahend *Calliess*, in: Calliess/Ruffert, EUV/AEUV, 5. Aufl. 2016, Art. 191 AEUV Rn. 19 f.; *Heselhaus*, in: Pechstein/Nowak/Häde, Frankfurter Kommentar, Bd. III, Art. 191 AEUV Rn. 48; eingehend *Kahl*, in: Streinz, EUV/AEUV, 3. Aufl. 2018, Art. 191 AEUV Rn. 35 ff. sowie *ders.*, Umweltprinzip, 1993, S. 204 ff.; *Scherer/Heselhaus*, in: Dauses/Ludwigs, Hdb EU-WirtschaftsR, O (Stand: 6/2010) Rn. 32; ablehnend *Nettesheim*, in: Grabitz/Hilf/Nettesheim, Das Recht der EU, Art. 191 AEUV (Stand: 5/2011) Rn. 122; mit einem guten Überblick, aber zweifelnd *Appel*, in: Koch/Hofmann/Reese, Hdb UmweltR, § 2 Rn. 30; krit. auch *Schröder*, in: Rengeling, EUDUR I, § 9 Rn. 66 f.

[17] Vgl. die Bestandsaufnahme oben S. 27 ff.

Herauszustellen ist, dass sie erstmalig eine Reduktionspflicht für konkrete Verpackungen auf Unionsebene regelt.[18] Insofern kommt ihr schon deswegen ein aus rechtspolitischer Sicht positiv zu bewertender Vorbildcharakter zu. Unter Autonomiegesichtspunkten und der politischen Umsetzbarkeit positiv zu bewerten ist zudem, dass die Richtlinie den einzelnen Mitgliedstaaten eine Flexibilität gewährt, welches der beiden nach der Richtlinie alternativ vorgegebenen Ziele (Verringerung oder entgeltliche Abgabe)[19] sie verwirklichen wollen.[20]

Zu beanstanden ist aus rechtlicher Sicht, dass hinsichtlich der Begriffsbestimmung von sehr leichten Plastiktüten (Art. 3 Nr. 1d VerpRL[21]), ein unklarer Wortlaut der Richtlinie zu verzeichnen ist. Dieser sollte angepasst werden. Sehr leichte Plastiktüten sind solche mit einer Wandstärke unter 15 Mikron, die aus Hygienegründen erforderlich oder als Erstverpackung für lose Lebensmittel vorgesehen sind.[22] Wesentlich ist somit das Transportmerkmal oder der hygienische Aspekt. Nach dem Wortlaut ist jedoch unklar, ob diese Plastiktüten im Einzelfall für diese Verwendung erforderlich oder geeignet sein müssen oder ob es ausreicht, wenn ihnen diese Funktion im abstrakten Sinne zukommt. In der Praxis wird eine derartige abstrakte Eignung für ausreichend befunden, schließlich werden nach einhelligem Verständnis hierunter die sogenannten „Hemdchenbeutel" gefasst, die in Supermärkten, Kiosken etc. beispielsweise für Obst und Gemüse verwendet werden, aber auch an der Fleisch- und Käsetheke. Berücksichtigt man indes das Ziel der Richtlinie, die „starke[ ] Vermüllung" durch Plastiktüten zu vermeiden und den damit einhergehenden Umweltproblemen effektiv zu begegnen,[23] spricht dies für eine enge Auslegung und mithin eine konkrete Eignung im Einzelfall. Denn teilweise werden diese Hemdchenbeutel auch gänzlich anders genutzt, beispielsweise mehrfach mitgenommen, um sie als Müllbeutel zu nutzen. Legt man diese enge Auslegung zugrunde, hätte dies zur Konsequenz, dass die Mitgliedstaaten sehr differenzierte Ausnahmeregelungen für die sehr leichten Plastiktüten schaffen müssten und im Übrigen die Richtlinienziele (Verbrauchsverringerung oder entgeltliche Abgabe) für diese erfüllen müssten. Eine solche enge Auslegung würde aber eine konkrete Einzelfallprüfung erfordern, die in der Praxis schwer handhabbar wäre. Dies könnte aus Sicht des EU-Gesetzgebers dafür sprechen, dass eine abstrakte Eignung genügt. Da dies jedoch derzeit unklar ist, sollte dies im Wortlaut klargestellt werden. Hierfür bietet sich die Einfü-

---

18 In diese Richtung auch *Epiney/Hehemann*, EurUP 2015, 256 (258, 266).

19 Siehe oben S. 38.

20 Zur sich daraus ergebenden Schwäche, siehe sogleich S. 73.

21 Die Plastiktüten-RL ändert die VerpRL, daher wird nur auf die Art. der VerpRL verwiesen, siehe S. 37 f.

22 Art. 3 Nr. 1d VerpRL.

23 Vgl. Erwägungsgründe 2 [Zitat], 3, 4, 6 und 9 der Plastiktüten-RL.

gung der Formulierung „im Regelfall" oder – im Sinne einer engen Auslegung – die Ergänzung „im konkreten Einzelfall" an.

Daneben ist aus rechts- und umweltpolitischer Sicht zu bemängeln, dass die Richtlinie nur verpflichtende Ziele für leichte Plastiktüten festlegt, nicht aber für die sehr leichten Plastiktüten.[24] Dies führt nicht zu einem bestmöglichen Umweltschutz, werden doch die sehr leichten Plastiktüten auch häufig genutzt und tragen zum Plastikmüllaufkommen bei.[25]

Zudem ist unter den Gesichtspunkten des bestmöglichen Umweltschutzes und der Effektivität zu kritisieren, dass die Plastiktüten-RL nur alternative Ziele vorgibt. Auch wenn dies wie dargelegt insofern vorteilhaft ist, als dass die Mitgliedstaaten dadurch frei entscheiden können, welches Ziel sie erfüllen wollen, so liegt hierin zugleich eine Schwäche. Denn aufgrund der nur wahlweise zu erfüllenden Ziele ist es möglich, dass ein Mitgliedstaat eine entgeltliche Ausgabe sicherstellt und diese möglicherweise nicht zu einer Verbrauchsreduktion führt,[26] die Verbrauchsziele also nicht eingehalten werden. Bleibt die entgeltliche Abgabe hinsichtlich einer Verbrauchsreduktion unwirksam, ist dies aus Umweltschutzgründen verbesserungsbedürftig. Vorteilhaft wäre insofern, die entgeltliche Abgabe mit einem Verbrauchsreduktionsziel zu verbinden.

Ferner ist negativ zu bewerten, dass die ohnehin nur wahlweise zu erfüllenden Verringerungsziele des Verbrauchs[27] viel zu gering angesetzt sind. Zwar wurde bei Erlass der Plastiktüten-RL von einem durchschnittlichen Verbrauch von 198 Plastiktüten pro Einwohner im Jahr ausgegangen,[28] sodass eine Reduzierung auf 90 (bis zum Jahr 2019) bzw. 40 (bis 2025) Plastiktüten pro Einwohner im Jahr[29] durchaus beachtlich ist. Dennoch ist auch dies noch eine hohe Verbrauchszahl eines kurzlebigen und sehr umweltschädlichen Produkts. Anschaulich gesprochen würden bei einem Verbrauch von 90 Plastiktüten pro Kopf fast zwei Tüten pro Woche und bei 40 Tüten pro Kopf fast jede Woche eine Tüte genutzt werden. Da für Plastiktüten aber ausreichende Alternativen zur Verfügung stehen, sollte im Sinne eines bestmöglichen Umwelt- und Ressourcenschutzes vielmehr eine Reduzierung nahezu auf Null angestrebt werden.

---

[24] Vgl. Art. 3 Nr. 1d, Art. 4 Abs. 1a UAbs. 4 lit a/b Satz 2 VerpRL, siehe oben S. 37 f.

[25] Ebenso der Umweltausschuss des Europäischen Parlaments im Gesetzgebungsverfahren zur Verbots-RL, Bericht des ENVI, Report, PE623.714v02-00, A8-0317/2018 v. 11.10.2018, S. 20 f., 139; siehe zu Verbrauchszahlen für Deutschland unten S. 81.

[26] Siehe zu Prognoseunsicherheiten der Wirkungen einer entgeltlichen Abgabe unten S. 249.

[27] Dazu oben S. 38.

[28] Siehe den Vorschlag der Kommission zur Plastiktüten-RL COM(2013) 761 final, S. 2, Punkt 1.1.

[29] Zu den Zielen siehe oben S. 38.

Insgesamt ist damit festzustellen, dass die Plastiktüten-RL einen Schritt in die richtige Richtung darstellt, aber dennoch verschiedene Defizite und Lücken aufweist, die wie gezeigt verbesserungsbedürftig sind.[30]

C. Die HDE-Vereinbarung

I. Richtlinienkonforme Umsetzung?

Mit der HDE-Vereinbarung, insbesondere deren rechtlicher Einordnung und der Frage, ob sie zur richtlinienkonformen Umsetzung der Plastiktüten-RL genügt, wird sich in der juristischen Fachliteratur soweit ersichtlich bisher nicht auseinandergesetzt. Gleichwohl wird in der Rechtswissenschaft über die Klassifizierung und Zulässigkeit informeller und kooperativer Instrumente bereits seit Jahrzehnten intensiv diskutiert. Aufbauend auf diesen Grundlagen soll diese Forschungslücke geschlossen werden.

Nach dem BMU soll die HDE-Vereinbarung zur Umsetzung der Plastiktüten-RL dienen und den Erlass von Rechtsvorschriften verhindern.[31] Unter Heranziehung der bei vergleichbaren kooperativen Instrumenten im Allgemeinen häufig verwendeten Systematisierung nach der Funktion[32] ist die HDE-Vereinbarung als eine normabwendende[33] bzw. normvermeidende[34] Absprache einzuordnen, wobei in der Literatur für Instrumente dieser Art verschiedene Begrifflichkeiten genutzt werden. So ist bei anderen, wenn auch vergleichbaren, Maßnahmen teilweise auch von normvertretend,[35] regulativ[36] oder normersetzend[37]

---

[30] Siehe zu weiteren Vorschlägen unten S. 272 f.

[31] Vgl. HDE-Vereinbarung, S. 1, Tz. 1, S. 3 Tz. VI.

[32] Zu weiteren Systematisierungsansätzen siehe etwa *Hucklenbruch,* Umweltrelevante Selbstverpflichtungen, 2000, S. 94 ff.; *Michael,* Rechtsetzende Gewalt, 2002, S. 83 ff.; ausf. zu den verschiedenen Unterscheidungen von Absprachetypen *Kautz,* Absprachen, 2002, S. 50 ff., der auch den Erkenntniswert der jeweiligen Unterscheidung betrachtet; zusammenfassend zu den Ansätzen *Kloepfer*, Umweltrecht, 2016, § 5 Rn. 1578 ff., 1638, 1641 ff.

[33] Ohne Bezug zur HDE-Vereinbarung, aber diesen Begriff bei kooperativen Maßnahmen verwendend *Helberg*, Normabwendende Selbstverpflichtungen, 1998; *Würfel,* Informelle Absprachen, 1994, S. 71 ff.

[34] Zum Begriff, ohne Bezug zur HDE-Vereinbarung, siehe *Köpp,* Normvermeidende Absprachen, 2001, S. 63 ff., der mit Recht darauf hinweist, das normabwendend und normvermeidend synonym zu verstehen sind (ebd., S. 64); *Oebbecke,* DVBl. 1985, 793 (793 ff., passim), der von „gesetzesabwendend" spricht; *Rengeling,* Kooperationsprinzip, 1988, S. 188.

[35] *Becker,* DÖV 1985, 1003 (1007); *Bohne,* in: GfU, 7. Tagungsband, 1984, 97 (126 ff., passim); *ders.,* VerwArch 75 (1984), 343 (345, 361); *Oster,* NuR 2008, 845 (847).

[36] *Kloepfer*, Umweltrecht, 2016, § 5 Rn. 1642 ff.

[37] Mit diesem Begriff etwa *Grewlich,* DÖV 1998, 54 (55); *Scherer,* DÖV 1991, 1 (2 f.); *Sparwasser/Engel/Voßkuhle*, Umweltrecht, § 2 Rn. 196.

die Rede. Dies soll hier nicht vertieft werden. Es sei aber angemerkt, dass die Bezeichnung *normersetzend* missverständlich ist, weil gerade keine bestehende Norm ersetzt, sondern einer zukünftigen zuvorgekommen werden soll.[38] Deshalb ist es treffender, allgemein und auch mit Bezug zur HDE-Vereinbarung von normabwendend oder normvermeidend zu sprechen.[39]

Ungeachtet dieses mit der HDE-Vereinbarung verfolgten Zwecks bestehen aber erhebliche Bedenken, ob sie zur richtlinienkonformen Umsetzung der Plastiktüten-RL genügt,[40] wozu Deutschland bis zum 27.11.2016 verpflichtet war.[41]

Grundsätzlich ist es zulässig, dass Deutschland die Plastiktüten-RL bisher nicht durch ein Gesetz umgesetzt hat. Denn die Richtlinie gibt allgemeine Ziele vor und begründet keine Rechte und Pflichten für den Einzelnen, sodass gesetzliche Regelungen zur Umsetzung nicht zwingend erforderlich sind.[42] Gleichwohl ist nach zutreffender Auffassung eine *verbindliche* Regelung zur wirksamen Umsetzung von Richtlinien notwendig,[43] um die praktische Wirksamkeit (effet utile) des Unionsrechts (Art. 4 Abs. 3 UAbs. 2 EUV) sicherzustellen.[44] Dass die Richtlinienziele dennoch erreicht werden, steht dem nicht entgegen, denn die bloße Erfüllung der Zielvorgaben „rechtfertigt" nicht das „Fehlen von Umsetzungsmaßnahmen".[45] Nur weil Deutschland folglich mit der HDE-Ver-

[38] Ähnlich, aber ohne Bezug zur HDE-Vereinbarung, *Köpp,* Normvermeidende Absprachen, 2001, S. 64.

[39] Allg. ebenso *Köpp,* Normvermeidende Absprachen, 2001, S. 64; i. E. auch bereits *Oebbecke,* DVBl. 1985, 793 (793) und *Rengeling,* Kooperationsprinzip, 1988, S. 188.

[40] Anders die Einschätzung in der nicht-juristischen Literatur, vgl. etwa *Löhr*, FAZ v. 13.8.2019, S. 15.

[41] Vgl. Art. 288 Abs. 3 AEUV; Art. 2 Abs. 1 Plastiktüten-RL.

[42] So allg. KOM(1996), 561 endg., Rn. 32; zust. etwa *Athanasiadou,* Verwaltungsvertrag, 2017, S. 137.

[43] *Bohne,* VerwArch 75 (1984), 343 (362 f.); *Streinz,* Europarecht, § 5 Rn. 490, 492; a. A. wohl *Michael,* Rechtsetzende Gewalt, 2002, S. 512, der jedoch im Ergebnis einräumt, dass mangels Durchsetzbarkeit unverbindliche Selbstverpflichtungen allein nicht zur Umsetzung genügen, sondern einer Flankierung bedürfen, beispielsweise durch eine *gesetzliche* Festlegung von Voraussetzungen, wann eine normverdrängende Wirkung eintritt. Nicht übersehen werden darf, dass verbindliche Vereinbarungen im Einzelfall eine ausreichende Umsetzung darstellen können, siehe *Athanasiadou,* Verwaltungsvertrag, 2017, S. 136 ff.; *Welscher,* Umweltvereinbarungen, 2003, S. 119 f.

[44] Mit Recht EuGH, Urt. v. 15.3.1990 – C-339/87, Slg. 1990, I-851 Rn. 25 – Kommission/Niederlande; Urt. v. 30.5.1991 – C-361/88, Slg. 1991, I-2567 Rn. 11 ff. – Kommission/Deutschland; eingehend *Faber,* Selbstregulierungssysteme, 2001, S. 394 ff., insbes. 397 f.; *Kämmerer*, in: Bader/Ronellenfitsch, VwVfG, § 54 VwVfG Rn. 72; *Krämer/Winter,* in: Schulze/Zuleeg/Kadelbach, Europarecht, § 26 Rn. 26.

[45] EuGH, Urt. v. 15.3.1990 – C-339/87, Slg. 1990, I-851 Rn. 25 – Kommission/Niederlande; Urt. v. 30.5.1991 – C-361/88, Slg. 1991, I-2567 Rn. 24 f. – Kommission/Deutschland; wie hier KOM(1996) 561 endg., Tz. 31.

einbarung die Reduktionsziele erreicht,[46] heißt das nicht, das eine Richtlinienumsetzung unterbleiben oder ausbleiben kann.[47] Mitgliedstaaten und damit auch Deutschland sind zu verbindlichen Maßnahmen verpflichtet, es reicht nicht aus, wenn sie sich lediglich auf eine freiwillige Vereinbarung berufen.[48] Eine bloße faktische Zielerreichung durch die Plastiktütenverbrauchsminderung genügt also nicht.

Die HDE-Vereinbarung ist aber *keine verbindliche Regelung* und ebensowenig ein öffentlich-rechtlicher Vertrag. Legt man die Erklärung nach dem Empfängerhorizont aus,[49] ergibt sich, dass den Unterzeichnern (BMU, HDE) der dafür erforderliche Rechtsbindungs- bzw. Rechtsfolgewille fehlt, weil sie mit der HDE-Vereinbarung keine rechtsverbindlichen Folgen setzen und rechtlich durchsetzbar formulieren.[50] Prägend ist bei der HDE-Vereinbarung – wie auch bei anderen derartigen informalen Absprachen – dass ihr keine unmittelbare Rechtswirkung zukommt, sondern eine „faktische (Vorab-)Bindungswirkung" und sie bloß rechtlich unverbindliche Absichtserklärungen enthält.[51] Denn zum einen wurde die Vereinbarung nur „vertikal"[52] mit dem HDE[53] geschlossen. Die einzelnen Unternehmen müssen jeweils selbst beitreten, was (weiterhin) ih-

---

[46] Dazu sogleich näher auf S. 77.

[47] Vgl., ohne Bezug zur HDE-Vereinbarung, EuGH, Urt. v. 15.3.1990 – C-339/87, Slg. 1990, I-851 Rn. 25 – Kommission/Niederlande; KOM(1996) 561 endg., Tz. 31; allg. *Streinz,* Europarecht, § 5 Rn. 492, wonach die bloße Übereinstimmung der innerstaatlichen Praxis mit dem geforderten Zustand nicht reicht.

[48] KOM(1996) 561 endg., Tz. 31; dazu und zust. etwa *Faber,* Selbstregulierungssysteme, 2001, S. 395 ff.

[49] Allg. zu diesem Auslegungsmaßstab bei solchen Absprachen siehe *Hucklenbruch,* Umweltrelevante Selbstverpflichtungen, 2000, S. 101 ff.; *Scherer,* DÖV 1991, 1 (3 f.).

[50] Vgl. allg. zu diesem Aspekt bei rechtsunverbindlichen Absprachen *Bohne,* VerwArch 75 (1984), 343 (361); *Kautz,* Absprachen, 2002, S. 44 f.; dies ist der wesentliche Unterschied zwischen verbindlichen *Verträgen* und unverbindlichen *Absprachen*, siehe *Spannowsky,* Grenzen des Verwaltungshandelns, 1994, S. 45, 69, 79; grundlegend auch *Schmidt-Aßmann,* Das allgemeine Verwaltungsrecht als Ordnungsidee, 2. Aufl. 2004, Kap. 6 Rn. 134.

[51] Ohne Bezug zur HDE-Vereinbarung, allg. *Kloepfer*, Umweltrecht, 2016, § 5 Rn. 1633; *Bauer,* VerwArch 78 (1987), 241 (253); *Bohne,* VerwArch 75 (1984), 343 (361), die Bindung ist allein politischer Natur; zu rechtsverbindlichen normvermeidendenden Verträgen siehe *Köpp,* Normvermeidende Absprachen, 2001, S. 270 ff.

[52] Die Vereinbarung wurde „in vertikaler Richtung" zwischen Staat und Wirtschaftsverband getroffen, hinzutreten muss „in horizontaler Richtung" noch die Absprache zwischen den Angehörigen der Branchen, allg. zur Mehrdimensionalität *W. Brohm,* DÖV 1992, 1025 (1027 f.); *Kloepfer*, Umweltrecht, 2016, § 5 Rn. 1639; ausf., aber i. E. etwas anders *Faber,* Selbstregulierungssysteme, 2001, S. 230 ff., die eine weitere, zweite horizontale Ebene in der Beziehung zwischen den Verbänden und Unternehmen untereinander sieht.

[53] Dass die Vereinbarung nur mit einem Verband geschlossen wurde, ist rechtlich nicht zu beanstanden, dazu abstrakt und allg. *Michael,* Rechtsetzende Gewalt, 2002, S. 85.

rer freiwilligen Entscheidung unterliegt. Zum anderen ist zwar ein Monitoring der jeweils in Verkehr gebrachten Plastiktüten vorgesehen,[54] aber keine Sanktionen, falls die mit Beitritt erklärten Vorgaben nicht eingehalten werden. Die potenzielle Gefahr einer gesetzlichen Regelung bei Verfehlen der Ziele[55] kann einer verbindlichen und durchsetzbaren Verpflichtung und Sanktion nicht gleichgesetzt werden. Diese Möglichkeit führt zwar zu einer gewissen Bindungswirkung[56] und ein gewisser Druck zur Einhaltung kann nicht geleugnet werden,[57] es steht den Beteiligten aber natürlich frei, dies abzuwarten.[58] Zudem wären noch wesentliche Zwischenschritte, wie ein Gesetzgebungsverfahren, erforderlich. Ein möglicherweise resultierender Imageschaden des jeweiligen Unternehmens[59] bei Nicht-Erfüllen der eigenen Ziele führt ebenfalls nicht zu einer rechtlichen Verbindlichkeit der Erklärung der beitretenden Unternehmen und der HDE-Vereinbarung selbst. Auch der Umstand, dass es sich um eine befristete Geltungsdauer handelt, und die HDE-Vereinbarung „gekündigt" werden müsste,[60] mag eine Verbindlichkeit suggerieren, führt aber nur zu einer faktischen Bindungswirkung und keiner rechtlichen Verbindlichkeit. Folglich fehlt es an einer verbindlichen Umsetzung der Plastiktüten-RL durch Deutschland.

Dem kann nicht entgegengehalten werden, dass *Art. 22 Abs. 3a UAbs. 1 VerpRL* ausdrücklich die Möglichkeit zur Umsetzung der Vorgaben durch Vereinbarungen zwischen den zuständigen Behörden und den betroffenen Wirtschaftszweigen eröffnet, *sofern dadurch die Ziele erreicht werden*. Die Regelung ist grundsätzlich anwendbar, da Deutschland zumindest eines der alternativen[61] Richtlinien-Ziele, die Verbrauchsreduktion, faktisch erreicht. Denn der Verbrauch an leichten Plastiktüten in Deutschland betrug im Jahr 2018 nur noch 20 Stück pro Kopf.[62] Er ist damit geringer als die Grenzwerte der Richtlinie, die einen maxi-

---

[54] Vgl. HDE-Vereinbarung, S. 3.

[55] Vgl. HDE-Vereinbarung, S. 3 Tz. VI.

[56] Zur Abhängigkeit und abgeleiteten Wirksamkeit der informalen Absprachen vom Ordnungsrecht *Bohne*, in: Böhret/Hill, Ökologisierung, 1994, 128 (129 f.); *Kloepfer*, Umweltrecht, 2016, § 5 Rn. 1576.

[57] *Faber,* Selbstregulierungssysteme, 2001, S. 211 f.; auch im Vorfeld greift ein gewisser Druck zum Abschluss, vgl. *Becker,* DÖV 1985, 1003 (1008); ausf. *Michael,* Rechtsetzende Gewalt, 2002, S. 97 ff.; *Sparwasser/Engel/Voßkuhle*, Umweltrecht, § 2 Rn. 196.

[58] *Frenz*, Selbstverpflichtungen, 2001, S. 44.

[59] Vgl. hierzu *Knebel/Wicke/Michael,* Selbstverpflichtungen, 1999, S. 305; allg. zu Selbstverpflichtungen als Instrument des Marketing und zu erhofften Marktvorteilen *Cansier,* in: Kloepfer, Selbst-Beherrschung im technischen und ökologischen Bereich, 1998, 105 (105).

[60] Vgl. HDE-Vereinbarung, S. 3. Dazu bereits oben S. 60.

[61] Siehe zur Richtlinie oben S. 38 und krit. unten S. 73; zur krit. Bewertung bzgl. Deutschland unten S. 80.

[62] Siehe GMV, Verbrauch von Tragetaschen, Studie 2019, S. 3.

malen Verbrauch von 90 bzw. 40 leichten Plastiktüten vorgeben.[63] Das andere alternative Ziel, dass leichte Plastiktüten überhaupt nicht mehr unentgeltlich zur Verfügung gestellt werden,[64] erfüllt Deutschland hingegen nicht, weil es sich bei der HDE-Vereinbarung nicht um eine flächendeckende Vereinbarung handelt.[65] Da es sich aber nur um alternative Ziele handelt, ist dies aus rechtlicher Sicht nicht zu beanstanden und der Anwendungsbereich von Art. 22 Abs. 3a UAbs. 1 VerpRL eröffnet. Darüber hinaus stellt Art. 22 Abs. 3a VerpRL aber bestimmte, kumulativ zu erfüllende Anforderungen an Umsetzungsvereinbarungen auf,[66] die hier nicht allesamt vorliegen.

Gewahrt werden die Vorgaben des Art. 22 Abs. 3a UAbs. 2 lit. b, d, e VerpRL. So nennt die HDE-Vereinbarung konkrete Ziele und entsprechende Fristen für deren Verwirklichung.[67] Deren Einhaltung wird überwacht und der Öffentlichkeit mitgeteilt.[68] Das BMU sorgt für die Überprüfung der Fortschritte[69] und im Falle der Nichteinhaltung soll eine Umsetzung durch Rechtsvorschriften veranlasst werden.[70] Bedenken könnten bestehen, ob die Anforderungen an die Veröffentlichung der HDE-Vereinbarung nach Art. 22 Abs. 3a UAbs. 2 lit. c VerpRL eingehalten werden, wonach dies im Veröffentlichungsblatt des Mitgliedstaates oder in einer öffentlich zugänglichen offiziellen Quelle veröffentlich werden muss.[71] Diese greifen aber nicht durch. Soweit ersichtlich, wurde die HDE-Vereinbarung nicht im Gemeinsamen Ministerialblatt veröffentlicht, ist aber auf der Homepage des BMU abrufbar. Auch wenn eine Veröffentlichung im Gemeinsamen Ministerialblatt einer höheren Transparenz dienen und Informationsdefizite vermeiden würde,[72] so entspricht die Veröffentlichung auf der Homepage Art. 22 Abs. 3a UAbs. 2 lit. c VerpRL. Denn die Internetseite des BMU ist eine offizielle

---

[63] Vgl. Art. 4 Abs. 1a UAbs. 4 lit. a VerpRL; GMV, Verbrauch von Tragetaschen, Studie 2019, S. 3.

[64] Art. 4 Abs. 1a UAbs. 4 lit. b VerpRL.

[65] Vgl. oben S. 59 ff., zur krit. Bewertung siehe sogleich S. 81.

[66] Vgl. Art. 22 Abs. 3a UAbs. 2 lit. a–f VerpRL.

[67] Vgl. Art. 22 Abs. 3a UAbs. 2 lit. b VerpRL; zum diesbzgl. Inhalt der HDE-Vereinbarung oben S. 59 ff.

[68] Vgl. Art. 22 Abs. 3a UAbs. 2 lit. d VerpRL; hierzu oben S. 61; siehe auch GMV, Verbrauch von Tragetaschen, Studie 2019.

[69] Vgl. Art. 22 Abs. 3a UAbs. 2 lit. e VerpRL; vgl. oben S. 61.

[70] Vgl. Art. 22 Abs. 3a UAbs. 2 lit. e VerpRL; HDE-Vereinbarung S. 3 Tz. VI.

[71] Unabhängig von dieser Richtlinien-Anforderung sind auch Absprachen aus Gründen des Demokratie- und Rechtsstaatsprinzips (Art. 20 GG) zu publizieren, da nur so eine parlamentarische und öffentliche Kontrolle möglich wird, siehe *Bohne,* in: GfU, 7. Tagungsband, 1984, 97 (138 f.); *Hucklenbruch,* Umweltrelevante Selbstverpflichtungen, 2000, S. 170 f.; a. A. *Würfel,* Informelle Absprachen, 1994, S. 78 f.

[72] Allg. *Bohne,* in: GfU, 7. Tagungsband, 1984, 97 (138 f.); *ders.,* VerwArch 75 (1984), 343 (364 f.); *Hucklenbruch,* Umweltrelevante Selbstverpflichtungen, 2000, S. 170 ff., insbes. 172.

und öffentlich zugängliche Quelle, deren Authentizität und Seriosität bei lebensnaher Betrachtung noch genügt.

Nicht erfüllt wird aber die notwendige Voraussetzung, dass die HDE-Vereinbarung durchsetzbar sein muss.[73] Denn die Unternehmen, auf deren Handlungen es letztlich ankommt, werden schon nicht direkt verpflichtet – und dies wäre durch den nicht-vertretungsberechtigten HDE auch nicht wirksam.[74] Vielmehr ist der Beitritt der Unternehmen freiwillig und es fehlen Sanktionsmechanismen bei Nichteinhaltung,[75] wobei wie ausgeführt der potenziell drohende Normerlass dem nicht gleichzustellen ist. Da die HDE-Vereinbarung nicht rechtlich verbindlich ist, fehlt somit ein Ansatzpunkt für die rechtliche Durchsetzung der damit verfolgten Inhalte.[76] Somit werden die Voraussetzungen für eine zulässige Umsetzungsvereinbarung gemäß Art. 22 Abs. 3a VerpRL nicht erfüllt.

Folglich hat Deutschland bislang die Plastiktüten-RL nicht korrekt umgesetzt. Dies zieht in der Praxis zunächst eine bloß informelle Mitteilung der Kommission, dies nachzuholen, nach sich und kann sodann zu einem Vertragsverletzungsverfahren nach Art. 258 AEUV führen.[77]

II. Würdigung der HDE-Vereinbarung

Im Folgenden soll auf die sonstigen Vor- und Nachteile der HDE-Vereinbarung bewertend eingegangen werden, von denen einige typisch für freiwillige Maßnahmen insgesamt sind.[78]

---

[73] Vgl. Art. 22 Abs. 3a UAbs. 2 lit. a VerpRL.

[74] Allg. zur Vertretungsberechtigung, ohne Bezug zum HDE, *Lübbe-Wolff,* NVwZ 2001, 481 (492).

[75] Ähnlich nun auch der PlastiktütenverbotsG-E, BR-Drs. 578/19, S. 2 und ebd., Begründung, S. 5. So auch allg. dazu, dass Industrieverbänden als übliche Autoren von Selbstverpflichtungen die „Durchsetzungsmacht" gegenüber ihren Mitgliedern fehlt, *Hoffmann-Riem,* Innovation und Recht, 2016, S. 432.

[76] Allg. *Michael,* in: Hoffmann-Riem/Schmidt-Aßmann/Voßkuhle, Grundlagen VwR, Bd. II, § 41 Rn. 144.

[77] Vgl. BT, Überwachung und Umsetzung von EU-Richtlinien, PE 6-3000-78/15, S. 5 f.; *Ehricke,* in: Streinz, EUV/AEUV, 3. Aufl. 2018, Art. 258 AEUV Rn. 16; zum davon zu unterscheidenden formalisierten Vorverfahren ausf. *Nowak,* in: Leible/Terhechte, EnzEuR, Bd. 3, § 10 Rn. 26 ff.

[78] Ein guter Überblick zu den typischen Vor- und Nachteilen findet sich bei *Bauer,* VerwArch 78 (1987), 241 (250 ff.); *Bick,* Umweltvereinbarungen, 2003, S. 21 ff.; *Oster,* NuR 2008, 845 (845 f.); *Faber,* Selbstregulierungssysteme, 2001, S. 225 ff.; zusammenfassend *Kautz,* Absprachen, 2002, S. 27 f.; *Kahl/Gärditz,* Umweltrecht, § 4 Rn. 147; *Köpp,* Normvermeidende Absprachen, 2001, S. 79 ff., der sich auch mit der Tauglichkeit von normvermeidenden Absprachen zur Verwirklichung von Gemeinwohlzielen auseinandersetzt.

Wesentlicher Vorteil der HDE-Vereinbarung ist, dass sie zu einer tatsächlichen Verbrauchsreduktion leichter Plastiktüten und damit zumindest zu einer faktischen Umsetzung eines der Ziele der Plastiktüten-RL geführt hat.[79] Auch wenn das nicht für eine richtlinienkonforme Umsetzung genügt,[80] so fällt es im Sinne des Kriteriums der Effektivität und aus Umweltschutzgesichtspunkten positiv ins Gewicht.

Positiv zu bewerten ist zudem – wie häufig bei Selbstverpflichtungen und freiwilligen Vereinbarungen[81] – der geringe Verwaltungsaufwand, der zu einer schnellen, wenn auch nicht flächendeckenden Lösung führt. Da keine gesetzgeberischen Handlungen zu Plastiktüten vorgenommen worden sind, die zu Zeitverlust führen, war auch eine schnelle praktische Umsetzbarkeit der Inhalte der HDE-Vereinbarung möglich.[82]

Ferner ist aus Umweltschutzperspektive zu begrüßen, dass durch die HDE-Vereinbarung ein Problembewusstsein geschaffen wird,[83] wozu aber auch die zahlreichen betrachteten internationalen und europarechtlichen Bestrebungen[84] beitragen.

Diesen positiven Aspekten stehen aber verschiedene Nachteile gegenüber, die letztlich überwiegen. Zentraler Kritikpunkt ist zunächst, dass durch die HDE-Vereinbarung, wie gezeigt, keine richtlinienkonforme Umsetzung erreicht wird und insofern dringender Handlungsbedarf besteht. Zu bemängeln ist außerdem, dass trotz der Verbrauchsreduktion im Jahr 2018 weiterhin noch 20 leichte Plastiktüten pro Kopf im Jahr verbraucht werden,[85] was immer noch ein hoher Verbrauch ist.[86] Aus der Perspektive eines bestmöglichen Umweltschutzes sollte nicht nur das Reduktionsziel der Plastiktüten-RL, sondern eine fast komplette Vermeidung dieses kurzlebigen Einwegproduktes angestrebt werden. Dies entspräche der Abfallhierarchie[87] sowie dem Nachhaltigkeits- und Vorbeugeprin-

---

79 Näher dazu oben S. 77 f.

80 S. 74 ff.

81 Vgl. *Müggenborg,* NVwZ 1990, 909 (915); *Rennings u. a.,* Nachhaltigkeit, Ordnungspolitik und freiwillige Selbstverpflichtung, 1997, Teil 2, S. 172. Dazu diff. *Michael,* Rechtsetzende Gewalt, 2002, S. 218 ff.

82 Ohne Bezug zur HDE-Vereinbarung, vgl. allg. *Kaiser,* NJW 1971, 585 (586); *Knebel/Wicke/Michael,* Selbstverpflichtungen, 1999, S. 309 f.; krit. *Köpp,* Normvermeidende Absprachen, 2001, S. 102 ff.

83 In diese Richtung *C. Meyer,* Der Spiegel v. 27.10.2018, S. 8; *Kläsgen/Timmler*, SZ v. 8.6. 2018, S. 17.

84 Siehe dazu eingehend oben S. 27 ff., insbes. 31 ff.; S. 35 ff., insbes. 43 ff.; S. 55 ff.

85 Siehe GMV, Verbrauch von Tragetaschen, Studie 2019, S. 3.

86 Mit einer ähnlichen Wertung DUH, Pressemitteilung v. 17.5.2019 (https://www.duh.de/presse/pressemitteilungen/pressemitteilung/3700-plastiktueten-pro-minute-deutsche-umwelthilfe-unterstuetzt-verbotsforderung-von-entwicklungsmin/, abgerufen: 14.11.2019).

87 Vgl. Art. Art. 4 Abs. 1 AbfRRL; § 6 Abs. 1 Nr. 1 KrWG.

zip.[88] In diesem Sinne ist zu befürworten, dass Deutschland auch das zweite, alternative Richtlinienziel, namentlich die nicht-unentgeltliche Abgabe leichter Plastiktüten sicherzustellen, erfüllen sollte. Dieses Ziel wird in Deutschland jedoch bisher nicht erreicht.

Im Rahmen der Kriterien des bestmöglichen Umweltschutzes und der Effektivität negativ zu würdigen ist, dass nicht alle Plastiktüten, namentlich die sehr leichten, von der HDE-Vereinbarung erfasst sind,[89] das Problem also nur punktuell hinsichtlich der Plastiktüten mit einer Wandstärke von 15 bis 50 Mikron angegangen wird. Die sehr leichten Tüten werden weiterhin kostenlos abgegeben und können für den Transport von Obst und Gemüse sowie leichter Einkäufe genutzt werden.[90] So wurden im Jahr 2018 dem BMU zufolge ca. 3 Mrd. sehr leichte Plastiktüten verwendet, also ca. 37,3 Hemdchenbeutel pro Kopf im Jahr.[91] Dies seien 2,2 Hemdchenbeutel weniger als 2017, jedoch minimal mehr als in den Jahren 2016 und 2015 mit einem jeweiligen Pro-Kopf-Verbrauch von 36,3.[92]

Zudem erstreckt sich die HDE-Vereinbarung nicht flächendeckend auf alle Unternehmen, weil keine Beteiligungspflicht und auch praktisch keine umfassende Beteiligung besteht.[93] Ob und wann Synergieeffekte im Sinne einer Art „Sogwirkung" durch Beteiligung sehr vieler Unternehmen entstehen, kann nicht vorhergesagt werden. Losgelöst von der rechtlichen Kritik, dass die Unverbindlichkeit zur mangelnden richtlinienkonformen Umsetzung führt, sind die Freiwilligkeit und die somit fehlenden Sanktionsmöglichkeiten auch im Sinne eines bestmöglichen Umweltschutzes zu bemängeln.

---

88 Art. 11, 191 Abs. 1, 3. Gedankenstrich, Abs. 2 UAbs. 1 Satz 2 AEUV, 37 GRCh; dazu oben S. 16ff.

89 Krit. zu dieser Ausnahme auch *Kläsgen/Timmler,* SZ v. 8.6.2018, S. 17.

90 Ähnlich auch *Heckendorf,* DIE ZEIT v. 4.1.2018, S. 29; zu einem Ausweichverhalten von leichten Plastiktüten auf sehr leichte Plastiktüten siehe *Diemand*, FAZ v. 5.6.2019, S. 22; *Müller*, SZ v. 11.6.2019, S. 17

91 *Diemand*, FAZ v. 5.6.2019, S. 22; *DPA*, SZ v. 5.6.2019, S. 6.

92 *Diemand*, FAZ v. 5.6.2019, S. 22; *DPA*, SZ v. 5.6.2019, S. 6, vgl. auch BT-Drs. 19/8071, S. 3. Diese Zahlen entsprechen in etwa einer veralteten Studie der GMV aus 2014 (vor der Geltung der HDE-Vereinbarung), wonach im Jahr 2012 ca. 3,1 Mrd. Hemdchenbeutel für Bedienungsware verbraucht wurden, siehe GMV, Verbrauch Hemdchenbeutel, 1/2014, S. 7. Andere und wesentlich geringere Verbrauchszahlen für sehr leichte Plastiktüten ergeben sich, wenn man nur den Kassenbereich betrachtet und den Selbstbedienungsbereich an Obst- und Gemüsetheken nicht einschließt. Für die „Kassenzone" kann aus den veröffentlichten Erhebungen der GMV für das Jahr 2018 ein schätzungsweiser Verbrauch von 700 Mio. sehr leichten Plastiktüten abgeleitet werden, siehe das Balkendiagramm in GMV, Verbrauch von Tragetaschen, Studie 2019, S. 6; sowie die Balkendiagramme in GMV, Verbrauch von Tragetaschen, Studie 2018, S. 6 und der Studie für das Bezugsjahr 2016, GMV, Verbrauch von Tragetaschen, Studie 2017, S. 6.

93 Vgl. dazu die Teilnehmerliste (http://kunststofftragetasche.info/wordpress/teilnehmende-unternehmen/, abgerufen: 14.11.2019); *Heckendorf,* DIE ZEIT v. 4.1.2018, S. 29.

Am Beispiel der HDE-Vereinbarung offenbaren sich auch die im Schrifttum gegen kooperative Instrumente im Allgemeinen vorgebrachten Bedenken. Es bestehen verkürzte Rechtsschutzmöglichkeiten und Vorbehalte bezüglich des Rechtsstaats- und Demokratieprinzips, insbesondere hinsichtlich der Gewaltenteilung und einer etwaigen Umgehung der Beteiligung der Gesetzgebungsorgane.[94] Unter Umweltschutzgesichtspunkten ist ferner zu kritisieren, dass die Einnahmen, die die Unternehmen mit der entgeltlichen Abgabe der Plastiktüten erzielen, normale umsatzsteuerpflichtige Einnahmen des Unternehmens sind.[95] Aus Händlerperspektive ist dies positiv, da so die ohnehin für die Plastiktüten aufgewendeten Einkaufskosten minimiert[96] oder komplett gedeckt werden können. Man wird sogar davon ausgehen können, dass diese mitunter gewinnbringend[97] – versehen mit einem vermeintlichen „Öko-Image" – verkauft werden, zumal die Vereinbarung keine Vorgaben hinsichtlich der Höhe des Entgelts macht, dieses muss nur „angemessen"[98] sein. Etwaige überschüssige Einnahmen unterliegen damit der Dispositionsbefugnis des Unternehmens. Sie sind regulären ökonomischen Interessen ausgesetzt, was nicht zwingend zu einer gemeinwohl- oder umweltschutzorientierten Verwendung der damit erzielten Gewinne führt. Gerade eine solche umweltschutzbezogene Verwendung der Einnahmen ist aber zu befürworten. Ob die Unternehmen mit den Einnahmen Umweltprojekte fördern,[99] obliegt nach der HDE-Vereinbarung jedoch ihrer freiwilligen, unternehmensinternen Entscheidung. Denn die HDE-Vereinbarung enthält dazu keine Bestimmungen. Somit verpasst die HDE-Vereinbarung eine Chance, einen weiteren wichtigen Beitrag zum Umweltschutz zu leisten.

III. Zwischenfazit

Angesichts der nicht-verbindlichen HDE-Vereinbarung und damit nicht-richtlinienkonformen Umsetzung der Plastiktüten-RL durch Deutschland besteht dringender Handlungsbedarf. Zudem weist die HDE-Vereinbarung verschiedene inhaltliche Schwachstellen und Defizite auf, die die bestehenden Vorteile über-

---

[94] Allg. und eingehend dazu *Hucklenbruch,* Umweltrelevante Selbstverpflichtungen, 2000, S. 168ff., 229ff.; *Kloepfer*, Umweltrecht, 2016, § 5 Rn. 1664f.; *Rehbinder*, in: Rehbinder/Schink, Grundzüge des Umweltrechts, Abschn. 3 Rn. 336ff., 341.

[95] Siehe https://www.bmu.de/faqs/plastiktueten-vereinbarung/ (abgerufen: 14.11.2019).

[96] Z.B. wenn als „Kundenservice" oder zur Kundenbindung nicht der volle Einkaufspreis verlangt wird.

[97] In diese Richtung wohl auch *Kläsgen/Timmler,* SZ v. 8.6.2018, S. 17, die davon sprechen, dass „es die Unternehmen sind, die an den Gebühren für Plastiktüten verdienen".

[98] HDE-Vereinbarung, S. 2 Tz. II.

[99] In diese Richtung BMU https://www.bmu.de/faqs/plastiktueten-vereinbarung/ (abgerufen: 14.11.2019).

wiegen. Es bedarf mithin weiterer, verbindlicher Instrumente zur Reduzierung des Plastiktüten-Aufkommens und zur Umsetzung der Plastiktüten-RL.[100]

D. Lokale Bemühungen zur Reduktion von Coffee-to-go-Bechern

Der bisherige Ansatz zur Reduktion von Plastikeinweggeschirr, insbesondere des Coffee-to-go-Bechers, ist durch freiwillige lokale Maßnahmen geprägt. Coffee-to-go-Becher werden nun durch die Verbots-RL erstmalig mit einem rechtlich verbindlichen Instrument adressiert, die deren Verbrauchsverringerung vorsieht.[101] Vor dem Hintergrund, dass diese der Umsetzung bis zum 3.7.2021[102] bedarf, kommt der nachfolgenden wertenden Betrachtung der bisherigen Initiativen besondere Bedeutung zu. Die betrachteten freiwilligen Initiativen zur Verbrauchsreduktion des Einweg-Coffee-to-go-Bechers, die hier anhand bedeutsamer Beispiele systematisiert wurden,[103] weisen verschiedene Stärken und Schwächen auf, die nachfolgend näher beleuchtet werden sollen.

Das betrachtete Rabattsystem arbeitet mit finanziellen Anreizen, um eine Nutzung des Mehrwegbechers zu fördern und schafft so zugleich ein Bewusstsein für die Vermeidung von Ressourcenverschwendung. Es setzt jedoch voraus, dass jeder seinen eigenen Mehrwegbecher mitbringt – oder jeweils im Geschäft erwirbt – und auch nach dem Gebrauch weiterhin bei sich trägt. Dies stößt freilich nicht nur bei „Vergessen des Bechers“, sondern vor allem bei Spontankonsum an seine Grenzen. Schließlich wird man davon ausgehen dürfen, dass nicht jedes Mal ein weiterer Mehrwegbecher gekauft werden wird, um eine „Sammlung“ von Bechern zu vermeiden. Dies wirft aber auch zum Beispiel im Zusammenhang mit Pendlern und Geschäftsleuten Probleme auf, wenn diese sich des Bechers nach dem Konsum „entledigen“ und ihn nicht weiter transportieren wollen.[104] Diesen Problemen, die einer breiteren Nutzung entgegenwirken, wird durch das Pfandsystem abgeholfen. Indem eine Rückgabe des Bechers an allen teilnehmenden Stellen möglich ist, wird einerseits den Bedürfnissen unter anderem von Pendlern und Geschäftspublikum, aber auch bei ungeplantem Kaffeekonsum Rechnung getragen. Andererseits erfordert dies eine zahlreiche und breite Teilnahme von Ausgabe- und Annahmestellen. Gibt es im Ort und Umkreis des Konsums nur einen oder wenige Kooperationspartner, so bleibt das „Rück-

---

[100] Zu Steuern und Sonderabgaben siehe unten S. 133 ff., zu Verboten S. 228 ff., zur Bewertung S. 247 ff., 271 ff.

[101] Vgl. Art. 4 Abs. 1 UAbs. 1 i. V. m. Anhang, Teil A, Nr. 1 Verbots-RL.

[102] Siehe Art. 17 Abs. 1 UAbs. 1 S. 1 Verbots-RL.

[103] Siehe oben S. 62 ff.

[104] Ähnlich nun auch UBA, Einweggetränkebecher, 2019, S. 135.

gabeproblem" bestehen. Vorteilhaft sind daher gemeinde- oder stadtweite Lösungen, noch besser aber überregionale oder gar deutschlandweite Rückgabemöglichkeiten, wie beispielsweise mit dem vermehrt genutzten ReCup. Indem die Pfandsysteme bereits aus anderen Zusammenhängen bekannte Ansätze nutzen, namentlich das gesetzliche Pfand auf Einwegflaschen und -dosen, kann es zu einer schnelleren und breiteren Partizipation kommen. Nachteilig ist allerdings bei den Pfand-Mehrwegbechersystemen gleich welcher Art, dass sie eine hygienische und ordnungsgemäße Reinigung erfordern, die wiederum Zeit- und Arbeitsaufwand sowie Ressourcen wie Energie und Wasser beansprucht. Aufgrund dessen hat der Plastik-Mehrwegbecher auch nicht *per se* eine bessere Ökobilanz, vielmehr ist eine häufige Nutzung und ein hoher Benutzungszyklus notwendig, um die für seine Herstellung und weitere Verwendung aufgewendeten Ressourcen im Vergleich zu einem Plastikeinwegbecher auszugleichen.[105] Empfohlen wird eine mindestens zehnfache, besser 25-fache Nutzung.[106] Für die aus Gründen des Umweltschutzes erforderliche hohe Mehrfachnutzung des Bechers ist eine hohe Rücklaufquote, mithin eine rege Teilnahme durch die Konsumenten, essentiell. Zu einer solchen trägt ebenfalls eine große Teilnehmeranzahl von Ausgabe- und Annahmestellen bei. So werden auch vermehrt besondere Designs bei den Bechern verwendet, um zu häufiger Nutzung und Markenbildung beizutragen. Damit einhergehendes Problem ist aber häufig, dass die Mehrwegbecher von Touristen oder Einheimischen als Souvenir erworben und verschenkt, aber gerade nicht so oft wie erforderlich genutzt werden.[107] Dies wird mitunter bei der Designgestaltung berücksichtigt.[108] Teilweise (z.B. in Esslingen, Hannover) wird auch versucht, dem mit einer höheren Pfandgebühr zu begegnen, die einen Rückgabeanreiz setzen kann.[109] Insofern kombinieren Mischsysteme zwei wich-

---

[105] *Bernau,* FAZ v. 23.5.2017 (https://www.faz.net/aktuell/wirtschaft/wirtschaftspolitik/coffee-to-go-umweltanalysen-von-mehrwegbechern-und-einweg-15029225.html, abgerufen: 14.11.2019), vgl. eingehend zur ökobilanziellen Bewertung von Einweg- und Mehrwegbechern UBA, Einweggetränkebecher, 2019, S. 24, 73 ff., 95 ff.

[106] So die Empfehlung des BMU, etwa in *Löhr,* FAZ v. 8.1.2019, S. 15; siehe jüngst UBA, Einweggetränkebecher, 2019, S. 24, 105.

[107] *Gerhard/Schughart,* Greenwashing to go?, ZEIT Online, 3.9.2017 (https://www.zeit.de/wissen/umwelt/2017-08/kaffeebecher-pfand-nachhaltigkeit-umweltschutz, abgerufen: 14.11.2019); in diese Richtung auch UBA, Einweggetränkebecher, 2019, S. 133.

[108] Vgl. dazu *Holowiecki,* Kampfansage an die Wegwerf-Kultur, Südwest Presse, 8.5.2018 (https://www.swp.de/suedwesten/staedte/stuttgart/kampfansage-an-die-wegwerf-kultur-_-25453988.html, abgerufen: 14.11.2019), wonach ein „zu schönes" Design ein Rückgabehemmnis sein kann.

[109] Hierzu *Höhl,* Warum nutzen noch zu wenige Freiburger den Freiburg-Cup?, Badische Zeitung, 19.7.2018 (http://www.badische-zeitung.de/freiburg/warum-nutzen-noch-zu-wenige-freiburger-den-freiburg-cup--154823376.html, abgerufen: 14.11.2019); *Holowiecki,* Kampfansage an die Wegwerf-Kultur, Südwest Presse, 8.5.2018 (https://www.swp.de/suedwesten/staedte/

tige Vorteile und fangen die Nachteile des Rabattsystems auf: Zum einen gibt es einen Rabatt bei der Nutzung des Mehrwegbechers, zum anderen kann der Becher – vorausgesetzt es gibt ausreichend Teilnahmestellen – jederzeit und an einer Vielzahl von Orten zurückgegeben werden, was die Praktikabilität des Modells im Vergleich zum reinen Rabattsystem erhöht. Im Sinne des bestmöglichen Umweltschutzes ist aber negativ zu berücksichtigen, dass der Deckel häufig nicht am Pfandsystem teilnimmt und sogar regelmäßig ein Plastikeinwegdeckel genutzt wird.[110] Denn Mehrwegdeckel können erst ab einer großen Stückzahl wirtschaftlich produziert werden[111] und bereiten aufgrund der komplizierten Reinigung hygienische Probleme.[112]

Gegen die Rechtmäßigkeit dieser Maßnahmen bestehen keine Bedenken. Negativ ist aber zu bewerten, dass sie als kooperative Maßnahmen freiwillig sind und somit weder verbindlich noch durchsetzbar oder einklagbar. Dies wirkt sich auch auf die Effektivität aus, weil es an einer flächendeckenden Partizipation und Umsetzung fehlt, zumal es auch keine bundesweite Initiative gibt. Auch an landesweiten Initiativen mangelt es, soweit ersichtlich mit Ausnahme der Projekte der Stadtstaaten Berlin und Hamburg. Positiv an den kooperativen Instrumenten ist, dass sie schneller und flexibler umsetzbar sind und weniger Verwaltungsaufwand als eine gesetzliche Regelung erfordern.[113] Allerdings darf der dennoch entstehende Vorbereitungs-, Planungs- und Durchführungsaufwand nicht unterschätzt werden.

Wägt man die bestehenden Vorteile mit den Nachteilen ab und berücksichtigt, dass angesichts der aktuellen Zahlen immer noch ein hoher und steigender Verbrauch an Einweg-Coffee-to-go-Bechern und Plastikeinweggeschirr zu verzeichnen ist,[114] ergibt sich, dass freiwillige Maßnahmen nicht ausreichen und darüber hinausgehender Handlungsbedarf besteht. Zwar weisen Pfand-, Rabatt- und

---

stuttgart/kampfansage-an-die-wegwerf-kultur-_-25453988.html, abgerufen: 14.11.2019); vgl. UBA, Einweggetränkebecher, 2019, S. 133.

[110] Dazu oben S. 63 ff.; zur dadurch bedingten Verschlechterung der Ökobilanz siehe UBA, Einweggetränkebecher, 2019, S. 24, 105, 134, 136.

[111] So http://hannoccino.de/faq/ (abgerufen: 3.10.2018).

[112] In diesem Sinne die Informationen der Stadt Esslingen, vgl. https://www.esslingen.de/,Lde/start/es_themen/stadtbecher.html (abgerufen: 14.11.2019); so bietet zwar ReCup Mehrwegdeckel an, diese nehmen aber nicht am Pfandsystem teil, siehe oben S. 67.

[113] Vgl. allg. statt vieler *Rennings u. a.*, Nachhaltigkeit, Ordnungspolitik und freiwillige Selbstverpflichtung, 1997, Teil 2, S. 172.

[114] Siehe GMV, Abfallaufkommen durch Einweggeschirr, 6/2018, S. 23, 42, die von einem steigenden Verbrauch im Jahr 2017 im Vergleich zu 1994 bei Einweggeschirr und anderen Verpackungen zum Sofortverzehr ausgehen und einen Anstieg von 35 % verzeichnen, was 77.400 Tonnen entspricht. Auf den Zuwachs beim Heißgetränkebecherkonsum entfallen davon 23.800 Tonnen.

Mischsysteme positive Aspekte auf und können zu einer erhöhten Verwendung von Mehrwegprodukten führen, wobei Mischsysteme zu bevorzugen sind. Im Sinne des bestmöglichen Umweltschutzes genügen solche freiwilligen Systeme aber nicht, weil bei ihnen neben der hohen Partizipationsquote auch eine hohe Rücklaufquote erforderlich ist, um eine bessere Ökobilanz von Mehrwegbechern im Vergleich zu Einwegbechern zu erhalten. Insgesamt ist das bloße Setzen auf freiwillige Maßnahmen aufgrund damit einhergehender Steuerungsschwäche ungenügend. Es bedarf vielmehr einer verbindlichen und flächendeckenden Regelung, die eine effektive Verbrauchsminderung der Einwegprodukte herbeiführt. Hier setzen Steuern, Abgaben und Verbote an, die im Folgenden untersucht werden.

E. Zusammenfassung

Mit Ausnahme der Plastiktüten-RL und der jüngst in Kraft getretenen Verbots-RL sind die bisherigen plastikproduktspezifischen Instrumente im Wesentlichen freiwilliger Natur. Die Plastiktüten-RL ist als Vorreiter positiv zu sehen, weil sie erstmalig die Verringerung konkreter umweltschädlicher Plastikprodukte regelt. Kritik verdient sie, weil die in ihr festgelegten Verringerungsziele viel zu gering sind und aufgrund der bloßen Maßnahmenalternativität sogar gänzlich umgangen werden können. Außerdem ist zu bemängeln, dass sehr leichte Plastiktüten nicht erfasst werden.[115]

Deutschland strebt eine Reduktion von Plastiktüten mithilfe einer freiwilligen Absprache an. Die HDE-Vereinbarung hat zu einer Verbrauchsreduktion leichter Plastiktüten und damit einer faktischen Umsetzung eines der alternativen Ziele der Plastiktüten-RL geführt. Da die Vereinbarung indes nicht verbindlich und durchsetzbar ist, setzt Deutschland die Plastiktüten-RL derzeit nicht richtlinienkonform um und es besteht Handlungsbedarf. Darüber hinaus bringt eine freiwillige Absprache zwar Vorteile hinsichtlich des geringen Verwaltungsaufwands und der schnellen Umsetzbarkeit. Unter Berücksichtigung des bestmöglichen Umweltschutzes, der Effektivität und der rechtlichen Durchsetzbarkeit weist sie jedoch Defizite auf. Insbesondere werden auch hier nicht alle Plastiktüten erfasst und immer noch zu viele Plastiktüten verbraucht. Eine nahezu komplette Vermeidung findet nicht statt. Die Vereinbarung betrifft auch nicht flächendeckend alle Unternehmen, sondern nur diejenigen, die freiwillig beitreten.

---

[115] Zu Kritik und Reformvorschlägen bzgl. der Verbots-RL siehe unten S. 258 ff., zur rechtlichen Bewertung S. 227 f.

Eine Verbrauchsreduktion von Plastikeinweggeschirr, insbesondere der Coffee-to-go-Becher, wird bisher durch lokale freiwillige Maßnahmen versucht. Eine Initiative des Bundes fehlt bislang. Angesichts der jüngst in Kraft getretenen unionsrechtlichen Verbots-RL, die Plastikeinweggeschirr einschließlich des Coffee-to-go-Bechers adressiert, ist jedoch festzustellen, dass die lokalen Bemühungen zur Verbrauchsreduktion von Coffee-to-go-Bechern in Form der bisherigen Pfand-, Rabatt- und Mischsysteme nicht genügen. Sie bringen zwar verschiedene Vorteile mit sich. Diese können aber die Nachteile, dass sie weder verbindlich noch flächendeckend sind und mithin nicht zu einem bestmöglichen Umweltschutz führen, nicht kompensieren. Es bedarf folglich weiterer, rechtlich verbindlicher Instrumente zur Reduktion sämtlicher Plastiktüten und -einweggeschirrartikel.

Teil II

Zukünftige Instrumente zur besseren Reduktion von Plastikmüll

Im Folgenden sollen Instrumente untersucht werden, mit denen zukünftig der Umgang mit Plastikprodukten effektiver als bislang rechtlich gesteuert werden kann. Betrachtet werden Steuern und nicht-steuerliche Abgaben (§ 5) und Verbote (§ 6) von Plastiktüten und -einweggeschirr.

§ 5 Steuern und nicht-steuerliche Abgaben

Um den Verbrauch von Plastiktüten und -einweggeschirr einschließlich des Coffee-to-go-Bechers zu reduzieren, kommen ökonomische Instrumente speziell in Form von Steuern oder nicht-steuerlichen Abgaben in Betracht. Diesbezüglich bestehen verschiedene Handlungsmöglichkeiten sowohl für die EU (A.) als auch für Deutschland (B.).

A. Handlungsmöglichkeiten des Unionsgesetzgebers

Bei den Handlungsmöglichkeiten des Unionsgesetzgebers ist zwischen der Einführung einer EU-eigenen Steuer,[1] für die die EU neben der Rechtsetzungskompetenz auch die Ertragshoheit hat, und der an die Mitgliedstaaten gerichteten Verpflichtung zu unterscheiden, eine (nationale) Steuer oder Abgabe auf Plastiktüten und -einweggeschirr einzuführen, für die das Aufkommen der Abgabe bei den Mitgliedstaaten verbleibt.[2] Das ist nicht zu verwechseln mit der nach aktueller Rechtslage geltenden Plastiktüten-RL. Diese nennt zwar marktwirtschaftliche Instrumente, also auch Steuern und Abgaben, als ein mögliches nationales Instrument zur Plastiktütenreduzierung. Eine eigene unionsweite Steuer oder Abgabe oder eine Pflicht für die Mitgliedstaaten, eine solche zu erheben, wird dadurch aber nicht eingeführt.[3]

I. Kompetenzrechtliche Möglichkeiten

Nach dem Prinzip der begrenzten Einzelermächtigung kann die Union nur tätig werden, wenn die Mitgliedstaaten ihr eine entsprechende Kompetenz übertragen haben, andernfalls verbleibt die Zuständigkeit bei den Mitgliedstaaten (vgl. Art. 5 Abs. 1 S. 1, Abs. 2 EUV). Grundsätzlich liegt die Kompetenz zur Einfüh-

---

[1] Zum Begriff *Heselhaus,* Abgabenhoheit, 2001, S. 34.

[2] *Birk*, in: Birk, Hdb des europäischen Steuer- und Abgabenrechts, 1995, § 5 Rn. 12 f., § 10 Rn. 1 ff.; *Heselhaus,* Abgabenhoheit, 2001, S. 34, 163, 168.

[3] Zur Plastiktüten-RL oben S. 37 f., 71 ff. sowie zu den Umsetzungsmöglichkeiten S. 133 ff., 228 ff.

rung von Steuern und Abgaben bei den Mitgliedstaaten.[4] Hiervon gibt es nur wenige Abweichungen, beispielsweise für die Besteuerung des EU-Personals.[5] Für eine unionsweite Steuer oder Abgabe auf bestimmte Plastikerzeugnisse kommen eine Steuerharmonisierung nach Art. 113 AEUV oder eine (Umwelt-)Abgabe[6] nach Art. 192 Abs. 2 UAbs. 1 lit. a AEUV in Betracht. Die Kompetenzgrundlage des Art. 114 Abs. 1 AEUV ist ausweislich der ausdrücklichen Regelung in Art. 114 Abs. 2 AEUV für Bestimmungen über Steuern nicht einschlägig.

1. Art. 113 AEUV

Art. 113 AEUV stellt eine selbstständige Rechtsgrundlage zur unionsrechtlichen Harmonisierung der indirekten Steuern („Umsatzsteuern, Verbrauchsabgaben und sonstige indirekte Steuern") dar.[7] Durch die Verfahrensausgestaltung in Art. 113 AEUV – Einstimmigkeitserfordernis und Entscheidung des Rats auf Vorschlag der Kommission – wird jedoch deutlich, dass die Mitgliedstaaten ihre steuerliche Hoheit nur zurückhaltend auf die Union übertragen haben.[8]

a) Vorliegen einer Harmonisierungsmaßnahme

Die unionsrechtliche Regelung muss der Harmonisierung, also der Angleichung von nationalen Rechtsvorschriften,[9] dienen (vgl. Art. 113 AEUV). Ob eine Harmonisierung voraussetzt, dass in den Mitgliedstaaten bereits entsprechende Steuern existieren, wird nicht einheitlich beurteilt. Nach überzeugender Auffassung ist dies jedoch erforderlich.[10] Darauf lässt bereits der Wortsinn von Harmonisie-

---

[4] *Birk*, in: Birk, Hdb des europäischen Steuer- und Abgabenrechts, 1995, § 5 Rn. 1 f., 10 ff., § 10 Rn. 1 ff.; *Birk/Desens/Tappe*, Steuerrecht, Rn. 150; *Dürrschmidt*, Besteuerung, 2008, S. 190 f.; speziell mit Bezug zu Plastiktüten *Frenz*, GewArch 2013, 329 (335); *Ohlendorf*, Grundrechte, 2015, S. 1; *Seidel*, in: Bergmann, Handlexikon EU, Steuerrecht, Steuerharmonisierung, S. 885.

[5] *Birk/Desens/Tappe*, Steuerrecht, Rn. 150 f.

[6] Bei Art. 113 AEUV kommt es auf diesen Umweltzweck nicht an, eingehend zum Begriff der Umweltabgabe *Heselhaus*, Abgabenhoheit, 2001, S. 30 ff., 128 ff., 134, *Kloepfer*, Umweltrecht, § 5 Rn. 949 f.; siehe auch *Freytag*, Umweltabgaben, 2001, S. 31.

[7] Statt vieler *Khan*, in: Geiger/Khan/Kotzur, EUV/AEUV, Art. 113 Rn. 1.

[8] *Kamann*, in: Streinz, EUV/AEUV, 3. Aufl. 2018, Art. 113 AEUV Rn. 10; *Waldhoff*, in: Calliess/Ruffert, EUV/AEUV, 5. Aufl. 2016, Art. 113 AEUV Rn. 6.

[9] Die Begriffe „Angleichung von Rechtsvorschriften" (z. B. Art. 114 Abs. 1 S. 2 AEUV) und Harmonisierung haben in den EU-Verträgen weitgehend die gleiche Bedeutung, *Braun Binder*, Rechtsangleichung, 2017, S. 34.

[10] Wie hier *Birk*, in: Birk, Hdb des europäischen Steuer- und Abgabenrechts, 1995, § 11 Rn. 10 f.; *Heselhaus*, Abgabenhoheit, 2001, S. 255; eingehend *Mick*, Steuerkonzeption der EU, 1995, S. 65 ff.; *Wernsmann/Zirkl*, EuZW 2014, 167 (168 f.); a. A. *Hagen*, Harmonisierung der indirekten Steuern, 2000, S. 84; *Ohler*, Die fiskalische Integration, 1997, S. 195 ff.; unentschieden *Kirchhof*, in: DStJG 15 (1993), 3 (27).

rung bzw. Angleichung schließen.[11] Fehlen *vorhandene* mitgliedstaatliche Regelungen, so existiert bereits kein Harmonisierungsgegenstand.[12] Andernfalls liefe dies auf die Annahme eines Steuererfindungsrechts der Union im Rahmen des Art. 113 AEUV hinaus,[13] welches nicht besteht.[14] Die Folgefrage, in wie vielen Mitgliedstaaten eine entsprechende Steuer existieren muss, ist ebenfalls ungeklärt. Richtigerweise ist es aber nicht notwendig, dass in allen Mitgliedstaaten[15] oder der Mehrheit dieser eine entsprechende Regelung zu finden ist. Sonst wäre der Anwendungsbereich von Art. 113 AEUV erheblich eingeschränkt. Vorhandene Regelungen in nur einem Mitgliedstaat ausreichen zu lassen,[16] geht jedoch zu weit. Denn damit könnte faktisch im Alleingang eines Mitgliedstaates das im Rahmen des Art. 113 AEUV nicht bestehende Steuererfindungsrecht der EU umgangen werden. Um dies zu verhindern, ist richtigerweise zu fordern, dass in mindestens zwei Mitgliedstaaten eine Steuer in der zu harmonisierenden Art existiert.[17] Die Souveränität der anderen Mitgliedstaaten, die noch keine derartige Steuer haben, bleibt durch das verfahrensrechtliche Einstimmigkeitserfordernis gewahrt.[18] Das Gegenargument, dass bei einer Regelung in nur zwei Mit-

---

[11] Mit Recht *Birk*, in: Birk, Hdb des europäischen Steuer- und Abgabenrechts, 1995, § 11 Rn. 10f.; *Mick*, Steuerkonzeption der EU, 1995, S. 65ff.; *Wernsmann/Zirkl*, EuZW 2014, 167 (168f.).

[12] Ebenso *Mick*, Steuerkonzeption der EU, 1995, S. 65; anders etwa *Mayer/Heidfeld*, EuZW 2011, 373 (376f.), die auch eine präventive Rechtsangleichung genügen lassen, wenn solche Regelungen in absehbarer Zeit geschaffen werden.

[13] *Wernsmann/Zirkl*, EuZW 2014, 167 (168).

[14] So auch *Bahns/Brinkmann/Gläser/Sedlaczek*, in: von der Groeben/Schwarze/Hatje, Europäisches Unionsrecht, 7. Aufl. 2015, Art. 113 AEUV Rn. 21; *Birk*, in: Birk, Hdb des europäischen Steuer- und Abgabenrechts, 1995, § 11 Rn. 11; *Heselhaus*, Abgabenhoheit, 2001, S. 255; *Khan*, in: Geiger/Khan/Kotzur, EUV/AEUV, Art. 113 Rn. 5; *Seiler*, in: Grabitz/Hilf/Nettesheim, Das Recht der EU, Art. 113 AEUV (Stand: 7/2016) Rn. 29; *Wernsmann/Zirkl*, EuZW 2014, 167 (168); a.A. *Hagen*, Harmonisierung der indirekten Steuern, 2000, S. 84; *Ohler*, Die fiskalische Integration, 1997, S. 195ff.; *Schenke*, in: Pechstein/Nowak/Häde, Frankfurter Kommentar, Bd. III, Art. 113 Rn. 14.

[15] Ebenso *Streinz*, Europarecht, § 11 Rn. 991.

[16] *Heselhaus*, Abgabenhoheit, 2001, S. 255; *Streinz*, Europarecht, § 11 Rn. 991; krit. dazu *Ohler*, Die fiskalische Integration, 1997, S. 196f.

[17] I.E. ebenso *Wernsmann/Zirkl*, EuZW 2014, 167 (169) unter Verweis auf die zur Vorgängernorm des Art. 114 AEUV ergangene Entscheidung des EuGH, Urt. v. 13.7.1995 – C-350/92, 1995, I-1985 Rn. 34. Etwas anders *Mayer/Heidfeld*, EuZW 2011, 373 (376f.), die zwar davon ausgehen, dass eine präventive Angleichung möglich ist, aber letztlich in zwei Mitgliedstaaten verabschiedete, wenn auch noch nicht in Kraft getretene, Regelungen genügen lassen; ähnlich auch *Schenke*, in: Pechstein/Nowak/Häde, Frankfurter Kommentar, Bd. III, Art. 113 Rn. 14, der „Bestrebungen" in einem oder mehreren Mitgliedstaaten genügen lässt; weiter als hier *Heselhaus*, Abgabenhoheit, 2001, S. 255; *Streinz*, Europarecht, § 11 Rn. 991.

[18] Zutreffend *Wernsmann/Zirkl*, EuZW 2014, 167 (169).

gliedstaaten möglicherweise ein unionsweites Harmonisierungsbedürfnis fehlt,[19] überzeugt nicht. Auch wenn das der Fall sein könnte, so ist dies eine hiervon zu trennende Frage. Entscheidend ist hier also, ob und wie viele Mitgliedstaaten bereits eine indirekte Steuer auf Plastiktüten und -einweggeschirr im Sinne des Art. 113 AEUV erheben.

aa) Unionsrechtlicher Begriff der Steuer

Die Einzelheiten hierzu werden seit Langem diskutiert.[20] Dies soll hier nicht vertieft werden, sondern die anerkannten Grundlagen für die Zwecke dieser plastikspezifischen Betrachtung fruchtbar gemacht werden. Steuern stellen einen Unterfall von Abgaben dar.[21] Letztere werden als „finanzielle Belastung[en] kraft hoheitlicher Anordnung" definiert, ohne dass es auf einen Finanzierungszweck als Hauptzweck ankommt.[22] Steuern sind dadurch charakterisiert, dass sie unabhängig und losgelöst von einer Gegenleistung erhoben werden.[23] Wenngleich das Gegenleistungskriterium dem entspricht, wie nach deutschem Begriffsverständnis Steuern und Abgaben abgegrenzt werden,[24] so wird der Steuerbegriff dennoch im unionsrechtlichen Kontext weiter ausgelegt, auch weil andere Mitgliedstaaten zumeist ein weiteres Verständnis von Steuern haben als Deutschland.[25] Dem ist zuzustimmen. Nach der überzeugenden Rechtsprechung des EuGH ist die Abgrenzung zwischen Steuern, Abgaben oder Gebühren nach „objektiven Merkmalen (...) unabhängig von ihrer Qualifizierung im nationalen Recht vorzunehmen".[26] Maßgeblich sind also nicht die jeweiligen Begriffs-

---

[19] Dies als fraglich aufwerfend *Seiler*, in: Grabitz/Hilf/Nettesheim, Das Recht der EU, Art. 113 AEUV (Stand: 7/2016) Rn. 29 in Fn. 6.

[20] Vgl. *Ohlendorf*, Grundrechte, 2015, S. 39; *Seiler*, in: Grabitz/Hilf/Nettesheim, Das Recht der EU, Art. 113 AEUV (Stand: 7/2016) Rn. 18 ff.; *Waldhoff*, in: Wegener, EnzEuR, Bd. 8, § 10 Rn. 9 ff.; dazu grundlegend *Kreibohm*, Begriff der Steuer, 2004, passim.

[21] Siehe etwa EuGH, Urt. v. 16.12.1977 – C-20/76, Slg. 1977, 247 Rn. 16 – Schöttle; Europäische Kommission, KOM(97) 9 endg., S. 4; ausf. *Heselhaus*, Abgabenhoheit, 2001, S. 34 ff.; *Seiler*, EuR 2010, 67 (73); *Wasmeier*, Umweltabgaben, 1995, S. 14.

[22] Eingehend *Heselhaus*, Abgabenhoheit, 2001, S. 40 ff.; ausf. zum gemeinschaftsrechtlichen Abgabenbegriff auch *Freytag*, Umweltabgaben, 2001, S. 36 ff.; ähnlich wie hier *Seiler*, EuR 2010, 67 (73); *Wasmeier*, Umweltabgaben, 1995, S. 15.

[23] EuGH, Urt. v. 8.2.1968 – C-32/67, Slg. 1968, 63 Ls. 2 – Van Leeuwen; Urt. v. 28.3.1996 – C-191/94, Slg. 1996, I-1859 Rn. 9, 25 – AGF Belgium; Mitteilung der Kommission, Umweltsteuern und -gebühren im Binnenmarkt, KOM(97) 9 endg., S. 4; *Heselhaus*, Abgabenhoheit, 2001, S. 78 f.; *Kreibohm*, Begriff der Steuer, 2004, S. 217; *Seiler*, EuR 2010, 67 (73 f.).

[24] Vgl. § 3 Abs. 1 AO und die Ausführungen zum deutschen Verständnis des Steuerbegriffs auf S. 137.

[25] Ausf. und rechtsvergleichend *Kreibohm*, Begriff der Steuer, 2004, S. 23 ff., 78 ff.; *Seiler*, EuR 2010, 67 (74); *Wasmeier*, Umweltabgaben, 1995, S. 37.

[26] EuGH, Urt. v. 13.2.1996 – verb. Rs. C-197/94 und C-252/94, Slg. 1996, I-505 Rn. 39 – Bautiaa.

bezeichnungen der Mitgliedstaaten, sondern allein die „Eigenschaften und Wirkungen einer Maßnahme“.[27] Es kann somit zu divergierenden Ergebnissen bei der unionsrechtlichen Einordnung bzw. Bewertung im Vergleich zur mitgliedstaatlichen Einordnung kommen.[28] Entscheidend ist mithin, ob in den Mitgliedstaaten bisher öffentlich-rechtliche Geldleistungspflichten auf Plastiktüten und -einweggeschirr ohne Gegenleistung bestehen.[29] Dies ist nicht zu verwechseln mit den bisher in Deutschland von den Unternehmen (freiwillig) erhobenen Preisen auf Plastiktüten im Zuge der betrachteten[30] HDE-Vereinbarung, die nicht an einen Hoheitsträger gezahlt werden, sondern bei den Unternehmen verbleiben. Für das Vorliegen einer Gegenleistung ist (auch) nach unionsrechtlichen Verständnis maßgeblich, ob eine individuell zurechenbare öffentliche Leistung vorliegt.[31]

bb) Bestehende Regelungen in den Mitgliedstaaten

Betrachtet man die unterschiedlichen plastikproduktspezifischen Rechtslagen in den Mitgliedstaaten, so ergibt sich ein differenziertes Bild.

Es gibt bereits einige Mitgliedstaaten, die normativ festgelegte Entgelte ohne Gegenleistung, mithin eine Steuer auf *Plastiktüten* erheben, sodass hierfür eine Harmonisierung nach Art. 113 AEUV – vorbehaltlich der weiteren Voraussetzungen – möglich ist. So erhebt Dänemark bereits seit 1994 eine Steuer auf Plastiktüten.[32] In Irland gibt es eine solche seit 2002.[33] In Großbritannien erhebt Wales seit 2011 eine Steuer auf Plastiktüten,[34] England seit 2015 bei bestimmten Geschäften.[35] Nordirland hat 2013, Schottland im Jahr 2014 eine Abgabe auf Plas-

---

27 Mit Recht Europäische Kommission, KOM(97) 9 endg., S. 4.

28 *Gröpl*, in: Dauses/Ludwigs, Hdb EU-WirtschaftsR, J (Stand: 4/2015) Rn. 19ff.

29 Ohne Plastikbezug *Gröpl*, in: Dauses/Ludwigs, Hdb EU-WirtschaftsR, J (Stand: 4/2015) Rn. 19ff.

30 Siehe oben S. 59ff., 74ff.

31 *Kreibohm*, Begriff der Steuer, 2004, S. 242; zum deutschen (entsprechenden) Verständnis unten S. 137f.

32 Siehe The Danish Ecological Council, Fact Sheet: Tax on plastic bags, 12.8.2015 (https://green-budget.eu/wp-content/uploads/Tax-on-plastic-bags_FINAL.pdf, abgerufen: 14.11.2019).

33 Siehe Waste Management (Environmental Levy) (Plastic Bag) Regulations, 2001 (S.I. No. 605/2001) (http://extwprlegs1.fao.org/docs/html/ire89347.htm, abgerufen: 14.11.2019), die durch die Waste Management (Environmental Levy) (Plastic Bag) (Amendment) Regulations 2007 (Irish Statutory S.I. No. 66/2007) geändert wurde.

34 Siehe The Single Use Carrier Bags Charge (Wales) Regulations 2010 (Welsh Statutory Instruments, 2010 No. 2880 (W.238) (http://www.legislation.gov.uk/wsi/2010/2880/made, abgerufen: 14.11.2019).

35 In England sind nur Geschäfte mit mehr als 250 Mitarbeitern betroffen, siehe The Single Use Carrier Bags Charges (England) Order 2015 (2015 No. 776) (http://www.legislation.gov.uk/uksi/2015/776/made, abgerufen: 14.11.2019).

tiktüten eingeführt.[36] In Portugal ist eine Abgabe auf Plastiktüten seit 2015 Teil einer Umweltsteuer.[37] Griechenland erhebt seit 2018 eine Steuer auf Plastiktüten, wobei bestimmte Tüten, etwa an Kiosken, weiterhin entgeltfrei ausgegeben werden können.[38] An einer Gegenleistung fehlt es in all diesen Fällen, weil die Plastikeinwegprodukte selbst nicht Gegenstand öffentlichen Tätigwerdens sind.

Anders stellt sich der Fall im Hinblick auf *Plastikeinweggeschirr* dar. Hier kann Art. 113 AEUV nicht als Kompetenzgrundlage herangezogen werden. Denn es existiert – soweit ersichtlich – nur in Dänemark[39] eine Steuer auf Plastikeinweggeschirr, nicht hingegen in mehreren, mindestens zwei Mitgliedstaaten.[40] Eine präventive Rechtsangleichung ohne bereits bestehende Regelungen ist hingegen nicht möglich.[41] Damit kommt eine Harmonisierung für Plastikeinweggeschirr nicht in Betracht, weil eine Neueinführung einer Steuer im Rahmen des Art. 113 AEUV nicht gestattet ist.[42] Da der Bereich der Steuerhoheit der Mitgliedstaaten sehr sensibel ist und die Mitgliedstaaten der Union steuerrechtliche Befugnisse nur zurückhaltend übertragen haben,[43] ist auch der konkrete Regelungsgegenstand entscheidend.[44] Daher ist es nicht ausreichend, dass für andere Plastikprodukte – die Plastiktüte – eine solche Steuer oder Abgabe existiert. Denn beide Gegenstände unterscheiden sich und sind nicht gleichzusetzen.

cc) Einordnung als indirekte Steuer

Ferner sind die betrachteten Plastiktüten-Steuern als *indirekte* Steuern zu qualifizieren. Diese Unterscheidung ist bedeutsam, weil Art. 113 AEUV für die Rechtsangleichung von direkten Steuern nicht anwendbar ist, hierfür wäre Art. 115 AEUV die richtige Kompetenzgrundlage.[45]

---

[36] *Niaounakis,* Marine Plastic Debris, 2017, S. 389.

[37] *Martinho/Balaia/Pires*, Waste Management 61 (2017), 3 (4).

[38] *Christidis*, Griechische Strafsteuer – Weg mit der Tüte, SPIEGEL Online, 5.1.2018 (http://www.spiegel.de/wirtschaft/soziales/griechenlands-steuer-auf-plastiktueten-weg-mit-der-tuete-a-1186200.html, abgerufen: 14.11.2019).

[39] Vgl. *Fischer,* Strategien, 2001, S. 233 ff.; *Niaounakis,* Marine Plastic Debris, 2017, S. 395 f.

[40] Vgl. hierzu auch die Übersicht bei UNEP, Single-Use Plastics, 2018, S. 27 ff.

[41] Siehe hierzu oben S. 92 f.

[42] Zum fehlenden Steuererfindungsrecht siehe oben S. 93 einschl. der dortigen Nachw.

[43] Siehe *Calliess*, in: Calliess/Ruffert, EUV/AEUV, 5. Aufl. 2016, Art. 192 AEUV Rn. 29; *Dürrschmidt*, NJW 2010, 2086 (2087); *Ohlendorf*, Grundrechte, 2015, S. 1, 3; *Waldhoff*, in: Calliess/Ruffert, EUV/AEUV, 5. Aufl. 2016, Art. 110 AEUV Rn. 2.

[44] Mit Recht *Wernsmann/Zirkl*, EuZW 2014, 167 (168).

[45] Ausf. zur Rechtsangleichung von direkten Steuern *Braun Binder*, Rechtsangleichung, 2017, insbes. S. 35 ff. zu Art. 115 AEUV als Rechtsgrundlage.

Die konkrete Abgrenzung und Begriffsbestimmung von direkten und indirekten Steuern wird kontrovers diskutiert.[46] Dies soll hier nicht vertieft werden, vielmehr soll sich der traditionell in der Finanzwissenschaft genutzten[47] und auch international üblichen[48] Definition angeschlossen werden. Danach ist bei der Unterscheidung das Kriterium der Überwälzbarkeit maßgeblich, wer also nach dem Regelungsmodell die Steuerschuld normativ und wirtschaftlich trägt.[49] Fallen die Person, „bei der die Steuer erhoben wird" und die Person, die diese finanziell trägt, zusammen, so wird von einer direkten Besteuerung gesprochen.[50] Klassische Beispiele für direkte Steuern sind die Einkommen-, Körperschaft- und Vermögensteuer.[51] Fallen normative Steuerschuld und die Person, die diese letztlich finanziell trägt, auseinander, zahlt also eine andere Person als diejenige, bei der die Steuer nach der Norm erhoben wird, so liegt eine indirekte Steuer vor.[52] Folglich fallen unter die indirekten Steuern neben den von Art. 113 AEUV ausdrücklich genannten Umsatzsteuern und Verbrauchsabgaben auch sonstige Verbrauch-, Verkehr- und Aufwandsteuern.[53] Plastikproduktspezifisch bedeutet das: Werden gesetzlich die Hersteller, Vertreiber oder Verkaufsstätten von Plastiktüten zur Steuerzahlung verpflichtet und bezahlen diese die Abgabe selbst, liegt eine direkte Steuer vor. Soweit die Mitgliedstaaten steuerrechtliche Regelungen für Plastiktüten (und -einweggeschirr) getroffen haben, ist von einer Umlegung und damit Weitergabe der finanziellen Belastung auf Zwischenhändler oder Endverbraucher auszugehen,[54] mithin einer indirekten Steuer nach Art. 113 AEUV.

---

[46] Siehe *Hagen,* Harmonisierung der indirekten Steuern, 2000, S. 25 ff.; *Heselhaus,* Abgabenhoheit, 2001, S. 84 ff.; *Kreibohm*, Begriff der Steuer, 2004, S. 107 ff.; *Reindorf,* Kommunale Steuern, 2018, S. 31 f.

[47] *Heselhaus,* Abgabenhoheit, 2001, S. 85.

[48] *Gröpl*, in: Dauses/Ludwigs, Hdb EU-WirtschaftsR, J (Stand: 4/2015) Rn. 23.

[49] *Birk/Desens/Tappe*, Steuerrecht, Rn. 44; *Hey*, in: Tipke/Lang, Steuerrecht, § 7 Rn. 20.

[50] *Bartone*, in: Kühn/Wedelstädt, AO/FGO, § 3 AO Rn. 44; *Hey*, in: Tipke/Lang, Steuerrecht, § 7 Rn. 20; *Seiler*, in: Grabitz/Hilf/Nettesheim, Das Recht der EU, Art. 113 AEUV (Stand: 7/2016) Rn. 23; *Wasmeier,* Umweltabgaben, 1995, S. 40.

[51] Siehe etwa *Wasmeier*, Umweltabgaben, 1995, S. 39.

[52] *Hey*, in: Tipke/Lang, Steuerrecht, § 7 Rn. 20; *Oppermann/Classen/Nettesheim*, Europarecht, § 35 Rn. 7; *Seiler*, in: Grabitz/Hilf/Nettesheim, Das Recht der EU, Art. 113 AEUV (Stand: 7/2016) Rn. 23; *Wernsmann/Zirkl,* EuZW 2014, 167 (168 f.); krit. zur Überwälzbarkeit *Kreibohm*, Begriff der Steuer, 2004, S. 108; *Wasmeier*, Umweltabgaben, 1995, S. 40 f.

[53] Statt aller nur *Waldhoff*, in: Calliess/Ruffert, EUV/AEUV, 5. Aufl. 2016, Art. 113 AEUV Rn. 4.

[54] Letztlich können im Allgemeinen ein Großteil der Steuern überwälzt werden, *Hey*, in: Tipke/Lang, Steuerrecht, § 7 Rn. 20; *Wasmeier*, Umweltabgaben, 1995, S. 40 f.

b) Harmonisierungsbedürfnis

Eine Harmonisierung der steuerrechtlichen Regelungen für Plastiktüten ist zur Errichtung und für das Funktionieren des Binnenmarkts und zur Vermeidung von Wettbewerbsverzerrungen auch notwendig (vgl. Art. 113 AEUV). Denn wird die Steuer nicht unionsweit einheitlich erhoben, so kann dieser „Plastik-Steuer-Flickenteppich" den Wettbewerb beeinträchtigen und das reibungslose Funktionieren des Binnenmarktes behindern.[55] Hierzu können auch unterschiedliche Abgabenhöhen und Anknüpfungspunkte für die steuerliche Belastung beitragen.

c) Zwischenfazit

Für Plastiktüten könnte eine steuerrechtliche Harmonisierungsmaßnahme auf Art. 113 AEUV gestützt werden, für Plastikeinweggeschirr scheidet diese zurzeit mangels anzugleichender nationaler Bestimmungen aus.

2. Art. 192 Abs. 2 UAbs. 1 AEUV

Eine Kompetenzgrundlage für steuerrechtliche Regelungen für Plastiktüten und -einweggeschirr ergibt sich aus den originären und „spezifischen" umweltrechtlichen Kompetenzgrundlagen[56] der Art. 192 Abs. 1 bis 3 AEUV, konkret Art. 192 Abs. 2 UAbs. 1 lit. a AEUV, der steuerliche Vorschriften explizit erwähnt.

a) Eigenständige Kompetenzgrundlage

Bei Art. 192 Abs. 2 AEUV handelt es sich nach zutreffender Auffassung[57] um eine eigene Kompetenzgrundlage. Die herrschende Gegenansicht, die darin eine bloße verfahrensrechtliche Ausnahmebestimmung zu Abs. 1 sieht,[58] überzeugt nicht. Hierfür könnte zwar die Formulierung des Art. 192 Abs. 2 UAbs. 1 AEUV „Abweichend von dem Beschlussverfahren des Abs. 1" sowie der Umstand, das sich der Hand-

---

[55] Allg., ohne Plastikbezug, *Birk*, in: Birk, Hdb des europäischen Steuer- und Abgabenrechts, 1995, § 5 Rn. 18; *Seidel*, in: Bergmann, Handlexikon EU, Steuerrecht, Steuerharmonisierung, S. 885, 891.

[56] EuGH, Urt. v. 24.11.1993 – Rs. C-405/92, Slg. 1993, I-6133, Rn. 26 – Mondiet; *Kahl*, in: Streinz, EUV/AEUV, 3. Aufl. 2018, Art. 192 AEUV Rn. 10.

[57] Wie hier etwa *Birk/Desens/Tappe*, Steuerrecht, Rn. 151 f.; *Breier*, NuR 1993, 457 (460 f.); *Gatawis*, DÖV 2002, 858 (860 ff.); *Heselhaus*, in: Pechstein/Nowak/Häde, Frankfurter Kommentar, Bd. III, Art. 192 AEUV Rn. 31; *Kahl*, in: Streinz, EUV/AEUV, 3. Aufl. 2018, Art. 192 AEUV Rn. 18.

[58] Siehe etwa *Calliess*, in: Calliess/Ruffert, EUV/AEUV, 5. Aufl. 2016, Art. 192 AEUV Rn. 28; *Epiney*, in: Landmann/Rohmer, UmweltR, Art. 192 AEUV (Stand: 2/2012) Rn. 11; *Heselhaus*, EuZW 2001, 213 (214); *Nettesheim*, in: Grabitz/Hilf/Nettesheim, Das Recht der EU, Art. 192 AEUV (Stand: 5/2011) Rn. 68; *Scherer/Heselhaus*, in: Dauses/Ludwigs, Hdb EU-WirtschaftsR, O (Stand: 6/2010) Rn. 77.

lungsumfang aus Art. 192 Abs. 1 AEUV und dem Verweis auf die Ziele des Art. 191 AEUV ergibt, sprechen.[59] Dies verkennt jedoch, dass sich Art. 192 Abs. 2 UAbs. 1 AEUV nicht auf die Regelung der verfahrensrechtlichen Unterschiede in Form des Einstimmigkeitserfordernisses und der bloßen Anhörung des Parlaments beschränkt, sondern stattdessen detailliert ausgestaltet ist und namentlich die Anhörung der Ausschüsse wiederholt, sodass der ins Einzelne gehende Wortlaut vielmehr für eine eigene Rechtsgrundlage spricht.[60] Auch die Rechtsprechung des EuGH und die Praxis der EU-Organe sprechen tendenziell eher für diese Auslegung.[61] Diese führen Art. 192 Abs. 2 AEUV als isolierte Rechtsgrundlage an und nicht etwa Art. 192 Abs. 1 *i. V. m.* Abs. 2 AEUV, wie es bei einer bloßen Verfahrensvorschrift geboten wäre.[62]

b) Voraussetzungen

Da Art. 192 Abs. 2 UAbs. 1 lit. a AEUV steuerliche Vorschriften ausdrücklich erwähnt, ist dies die richtige Kompetenzgrundlage. Deren Voraussetzungen liegen vor. Bei der plastikspezifischen Regelung handelt es sich um eine Steuer im engeren Sinn und nicht um eine Gebühr, einen Beitrag oder eine andere nichtsteuerliche Abgabe, weil diese hoheitlich und ohne Gegenleistung auferlegt würde, insofern sind die obigen[63] Ausführungen entsprechend übertragbar. Ob Art. 192 Abs. 2 UAbs. 1 lit. a AEUV von einem engen Steuerbegriff[64] oder einem weiten Begriffsverständnis[65] ausgeht, muss hier daher nicht vertieft werden.

Eine Steuer auf Plastiktüten und -einweggeschirr verfolgt auch einen Lenkungszweck mit umweltpolitischen Zielen,[66] schließlich sollen entsprechend Art. 191 Abs. 1 AEUV durch die Abfallreduzierung die Umwelt (1. Gedankenstrich) und durch die Vermeidung der nur einmalig und kurzzeitig verwendeten Produkte die Ressourcen (3. Gedankenstrich) geschützt werden.

---

59 So die Argumentation der h. M., statt vieler nur *Epiney*, in: Landmann/Rohmer, UmweltR, Art. 192 AEUV (Stand: 2/2012) Rn. 11.

60 Mit Recht *Kahl*, in: Streinz, EUV/AEUV, 3. Aufl. 2018, Art. 192 AEUV Rn. 18.

61 *Kahl*, in: Streinz, EUV/AEUV, 3. Aufl. 2018, Art. 192 AEUV Rn. 18.

62 EuGH, Urt. v. 30.1.2001 – Rs. C-36/98, Slg. 2001, I-779 Rn. 46 – Spanien/Rat; *Kahl*, in: Streinz, EUV/AEUV, 3. Aufl. 2018, Art. 192 AEUV Rn. 18.

63 Siehe oben S. 94 f.

64 So die h. M. siehe *Calliess*, in: Calliess/Ruffert, EUV/AEUV, 5. Aufl. 2016, Art. 192 AEUV Rn. 29; *Nettesheim*, in: Grabitz/Hilf/Nettesheim, Das Recht der EU, Art. 192 AEUV (Stand: 5/2011) Rn. 72; *Kahl*, in: Streinz, EUV/AEUV, 3. Aufl. 2018, Art. 192 AEUV Rn. 21; *Käller*, in: Schwarze, EU-Kommentar, Art. 192 AEUV Rn. 19; *Krämer*, in: von der Groeben/Schwarze/Hatje, Europäisches Unionsrecht, 7. Aufl. 2015, Art. 192 AEUV Rn. 30; *Epiney*, in: Landmann/Rohmer, UmweltR, Art. 192 AEUV (Stand: 2/2012) Rn. 13.

65 In diese Richtung *Wasmeier*, Umweltabgaben, 1995, S. 36, 225; diff. *Scherer/Heselhaus*, in: Dauses/Ludwigs, Hdb EU-WirtschaftsR, O (Stand: 6/2010) Rn. 87 ff.

66 Allg. dazu für das Beispiel einer CO_2-Steuer *Birk/Desens/Tappe*, Steuerrecht, Rn. 152.

Im Unterschied zu Art. 113 AEUV ist bei Art. 192 Abs. 2 AEUV unerheblich, ob es in den Mitgliedstaaten bereits eine plastikproduktspezifische Steuer gibt, denn Art. 192 AEUV gewährt ein begrenztes umweltbezogenes Steuerfindungsrecht und erlaubt es, neue Umweltabgaben[67] einzuführen.[68] Die Autonomie der Mitgliedstaaten ist durch das Einstimmigkeitserfordernis gewahrt. Weitere Voraussetzung ist aber nach dem Wortlaut, dass Vorschriften „*überwiegend* steuerlicher Art“ erlassen werden.[69] Daraus folgt, dass die beabsichtigte umweltschützende Regelung schwerpunktmäßig steuerliche Aspekte regeln muss.[70] Ist die steuerrechtliche Regelung „nur Nebenzweck“, ist Art. 192 Abs. 1 AEUV einschlägig.[71] Dies hängt somit von der letztendlichen Ausgestaltung ab, im Folgenden wird aber eine überwiegend steuerliche Regelung angenommen.

Art. 192 Abs. 2 UAbs. 1 lit. a AEUV ist auch in räumlicher Hinsicht einschlägig. Erforderlich ist, dass es auf dem Hoheitsgebiet der EU nicht nur unerhebliche umweltschädigende Auswirkungen gibt – unabhängig von ihrer Quelle (sogenanntes Auswirkungsprinzip).[72] Das kann hier bejaht werden, weil sich die Verschmutzung durch Plastikmüll auch in Teilen des Weltmeeres findet, die an die EU angrenzen, wie im Mittelmeer, der Ostsee oder (in den Randgebieten der EU) im Pazifik. Ungeachtet dessen, dass die Verschmutzung der Weltmeere ein globales Problem ist, – deren „Beeinträchtigung“ als Teil der sogenannten „global commons“ bei einer weiten Auslegung ausreicht –[73] sind beispielsweise auch Seen und Flüsse in Europa betroffen.[74] Insbesondere für die Städte stellt das hohe Müllaufkommen ein Problem dar.[75]

---

[67] Zum Begriff siehe *Freytag*, Umweltabgaben, 2001, S. 31; *Heselhaus*, Abgabenhoheit, 2001, S. 30 ff., 128 ff., 134, *Kloepfer*, Umweltrecht, § 5 Rn. 949 f.

[68] Ohne Plastikbezug, aber i. E. wie hier *Heselhaus*, Abgabenhoheit, 2001, S. 255.

[69] Wie hier, mit Hervorhebung *Kahl*, in: Streinz, EUV/AEUV, 3. Aufl. 2018, Art. 192 AEUV Rn. 21; *Nettesheim*, in: Grabitz/Hilf/Nettesheim, Das Recht der EU, Art. 192 AEUV (Stand: 5/2011) Rn. 73.

[70] *Kahl*, in: Streinz, EUV/AEUV, 3. Aufl. 2018, Art. 192 AEUV Rn. 21; *Nettesheim*, in: Grabitz/Hilf/Nettesheim, Das Recht der EU, Art. 192 AEUV (Stand: 5/2011) Rn. 73; a. A. *Heselhaus*, in: Pechstein/Nowak/Häde, Frankfurter Kommentar, Bd. III, Art. 192 AEUV Rn. 36 ff.

[71] *Nettesheim*, in: Grabitz/Hilf/Nettesheim, Das Recht der EU, Art. 192 AEUV (Stand: 5/2011) Rn. 73.

[72] *Nettesheim*, in: Grabitz/Hilf/Nettesheim, Das Recht der EU, Art. 192 AEUV (Stand: 5/2011) Rn. 4; *Kahl*, in: Streinz, EUV/AEUV, 3. Aufl. 2018, Art. 191 EUV Rn. 44 ff. und Art. 192 AEUV Rn. 7.

[73] Zur weiten Auslegung und dazu, dass die Beeinträchtigung von global commons genügt *Kahl*, in: Streinz, EUV/AEUV, 2. Aufl. 2012, Art. 191 EUV Rn. 44, der als Beispiele für „sog. global commons“ die Ozonschicht, Regenwälder, Klima, Artenvielfalt nennt.

[74] Diese weisen insbesondere auch Belastungen mit Mikroplastik auf, siehe *Bertling u. a.*, Kunststoffe, Konsortialstudie Fraunhofer Institut (Hrsg.), 6/2018, S. 29; *Liebrich*, SZ v. 23.1. 2018, S. 22.

[75] Siehe dazu S. 4.

Auf Art. 192 Abs. 2 UAbs. 1 lit. b, 2. Gedankenstrich AEUV kann eine Plastik-Steuer hingegen nicht gestützt werden. Denn eine solche bezweckt zwar auch den Schutz der Meere und damit eine Qualitätsverbesserung des Wassers, dies wird jedoch von Art. 192 Abs. 2 UAbs. 1 lit. b, 2. Gedankenstrich AEUV nicht erfasst. Dieser meint nicht qualitative Gesichtspunkte, sondern lediglich quantitative.[76] Das folgt aus dem Begriff „mengenmäßig“, der durch den Vertrag von Nizza eingefügt wurde.[77]

c) Zwischenfazit

Eine Steuer auf Plastiktüten und -einweggeschirr kann gestützt auf Art. 192 Abs. 2 UAbs. 1 lit. a AEUV eingeführt werden.

3. Abgrenzung zwischen Art. 113 und Art. 192 AEUV

Für Plastikeinweggeschirr scheidet, wie gesehen, eine auf Art. 113 AEUV gestützte Maßnahme aus, eine Abgrenzung zur einschlägigen Rechtsgrundlage des Art. 192 AEUV erübrigt sich somit. Hinsichtlich Plastiktüten sind jedoch beide Rechtsgrundlagen anwendbar, sodass eine Abgrenzung vorzunehmen ist.

Art. 113 AEUV und Art. 192 Abs. 2 UAbs. 1 AEUV stehen gleichberechtigt nebeneinander und es besteht kein Spezialitäts- oder Subsidiaritätsverhältnis, durch das die eine Vorschrift die andere verdrängen würde.[78] Hat ein Rechtsakt mehrere Zielsetzungen, so ist grundsätzlich der Schwerpunkt des Rechtsaktes entscheidend.[79] Wenn ein Rechtsakt mehrere Ziele gleichzeitig verfolgt oder mehrere Bestandteile hat, „die untrennbar miteinander verbunden sind, ohne dass [das] eine gegenüber de[m] anderen nebensächlich ist“, so muss „ausnahmsweise“ eine Heranziehung der verschiedenen Rechtsgrundlagen erfolgen.[80] Diese sogenannten Doppelabstützungen sind aber nur im Ausnahmefall zu nut-

---

[76] Ausf. EuGH, Urt. v. 30.1.2001 – C-36/98, Slg. 2001, I-779 Rn. 47 ff., 52, 55, 57 – Spanien/Rat; *Käller*, in: Schwarze, EU-Kommentar, Art. 192 AEUV Rn. 23; *Kahl*, in: Streinz, EUV/AEUV, 3. Aufl. 2018, Art. 192 AEUV Rn. 27.

[77] *Heselhaus*, in: Pechstein/Nowak/Häde, Frankfurter Kommentar, Bd. II, Art. 192 Rn. 45.

[78] *Nettesheim*, in: Grabitz/Hilf/Nettesheim, Das Recht der EU, Art. 192 AEUV (Stand: 5/2011) Rn. 20 ff.; *Kahl*, in: Streinz, EUV/AEUV, 3. Aufl. 2018, Art. 192 AEUV Rn. 91; a. A. *Calliess*, in: Calliess/Ruffert, EUV/AEUV, 5. Aufl. 2016, Art. 192 AEUV Rn. 26, der eine Spezialität von Art. 192 AEUV gegenüber Art. 113 AEUV annimmt.

[79] EuGH, Urt. v. 14.6.2016 – C-263/14, ECLI:EU:C:2016:435 Rn. 44 – EP/Rat; *Kahl*, in: Streinz, EUV/AEUV, 3. Aufl. 2018, Art. 192 AEUV Rn. 94; *Käller*, in: Schwarze, EU-Kommentar, Art. 192 AEUV Rn. 6 ff.; *Krämer*, in: von der Groeben/Schwarze/Hatje, Europäisches Unionsrecht, 7. Aufl. 2015, Art. 192 AEUV Rn. 15 f.; *Schwartz*, Wahl der Rechtsgrundlage, 2013, S. 232.

[80] EuGH, Urt. v. 14.6.2016 – C-263/14, ECLI:EU:C:2016:435 Rn. 44 – EP/Rat.

zen[81] und grundsätzlich nicht möglich, wenn die verschiedenen Rechtsgrundlagen unterschiedliche Beteiligungs- oder Abstimmungsrechte enthalten.[82] Dies wird im Schrifttum vor allem bei Art. 114 und Art. 192 AEUV diskutiert, die sich wesentlich unterscheiden.[83] Art. 113 und Art. 192 Abs. 2 AEUV sehen im Wesentlichen die gleichen Beteiligungs- und Abstimmungsrechte vor: Beide erfordern einen einstimmigen Beschluss des Rats, bei beiden werden das Europäische Parlament und der Wirtschafts- und Sozialausschuss angehört. Art. 192 Abs. 2 AEUV sieht jedoch zusätzlich die Anhörung des Ausschusses der Regionen vor und geht damit über den Art. 113 AEUV hinaus. Auch wenn die Beteiligungs- und Abstimmungsrechte somit im Wesentlichen, insbesondere hinsichtlich des Einstimmigkeitserfordernisses im Rat, übereinstimmen, so spricht die Abweichung beim Beteiligungsrecht des Ausschusses der Regionen bereits gegen eine Doppelabstützung, sofern die Ziele überhaupt untrennbar miteinander verbunden sind. Dagegen spricht auch, dass Art. 193 AEUV im Unterschied zu Art. 113 AEUV die Möglichkeit nationaler Schutzverstärkungen vorsieht. Entscheidend ist somit, ob ein Schwerpunktziel des Rechtsaktes festgestellt werden kann.

Vorliegend kommen mehrere Zielsetzungen, konkret der Umweltschutz und der Schutz des Binnenmarktes in Betracht. Überwiegt der Binnenmarktbezug ist Art. 113 AEUV die richtige Rechtsgrundlage, liegt hingegen der Schwerpunkt im Umweltbereich, so ist Art. 192 Abs. 2 UAbs. 1 lit. a AEUV einschlägig.[84] Denkbar ist auch ein Finanzierungszweck. So sprach Günter H. Oettinger, EU-Kommissar für Haushalt und Personal, davon, dass durch die eventuelle Einführung einer Plastik-Steuer neben dem Umweltschutz etwaige Einbußen wegen des Brexits im Haushalt der EU geschlossen werden könnten.[85] Auch die Kommission führte in ihrer Plastik-Strategie – wenn auch zurückhaltender – einen Finanzierungszweck an.[86] Ist der Finanzierungszweck vorherrschend, so schei-

---

[81] Kritisch zu Doppelabstützungen *Höhler/Lafuente*, ZUR 2007, 71 (72 ff.); *Epiney*, in: Landmann/Rohmer, UmweltR, Art. 192 AEUV (Stand: 2/2012) Rn. 31 ff.; *Kahl*, in: Streinz, EUV/AEUV, 3. Aufl. 2018, Art. 192 AEUV Rn. 104; eingehend *Schwartz*, Wahl der Rechtsgrundlage, 2013, S. 221 ff.

[82] *Kahl*, in: Streinz, EUV/AEUV, 3. Aufl. 2018, Art. 192 AEUV Rn. 103.

[83] *Epiney*, in: Landmann/Rohmer, UmweltR, Art. 192 AEUV (Stand: 2/2012) Rn. 28, 34; *dies.*, in: Bieber u. a., Die EU, § 35 Rn. 3; *Kahl*, in: Streinz, EUV/AEUV, 3. Aufl. 2018, Art. 192 AEUV Rn. 95 ff., 103 f.; *Nettesheim*, in: Grabitz/Hilf/Nettesheim, Das Recht der EU, Art. 192 AEUV (Stand: 5/2011) Rn. 40 ff.

[84] *Kahl*, in: Streinz, EUV/AEUV, 3. Aufl. 2018, Art. 192 AEUV Rn. 22; *Nettesheim*, in: Grabitz/Hilf/Nettesheim, Das Recht der EU, Art. 192 AEUV (Stand: 5/2011) Rn. 36; vgl. *Seiler*, EuR 2010, 67 (76, 81); krit. dazu, dass dies letztlich eine Wertungsfrage ist, *Kahl*, ThürVBl. 1994, 225 (229 f.).

[85] Günter H. Oettinger hat dies zur Begründung im Zusammenhang mit der EU-Plastik-Strategie angeführt, vgl. *Beenen/Kirchner*, SZ v. 17.1.2018, S. 19.

[86] COM(2018) 28 final, S. 14 in Fn. 41: „Darüber hinaus könnte eine solche Abgabe bei der

det eine Regelung gestützt auf Art. 192 Abs. 2 AEUV aus.[87] Entscheidend für die Bestimmung der richtigen Rechtsgrundlage sind jedoch nicht die bloße „Überzeugung" oder Meinung der handelnden Organe.[88] Vielmehr muss die Wahl nach ständiger Rechtsprechung auf „objektive, gerichtlich nachprüfbare Umstände" gestützt werden, wozu der Inhalt des Rechtsaktes und das Ziel des Rechtsaktes zählen.[89] Hier soll eine Lenkungsteuer zur Müllvermeidung und zum Schutz der Umwelt entweder harmonisiert oder eingeführt werden. Zwar beeinträchtigen unterschiedliche mitgliedstaatliche Regelungen den Binnenmarkt. Dies zu vermeiden ist aber im Vergleich zum vorherrschenden Ziel des Umweltschutzes ein bloßes Nebenziel.[90] Hinsichtlich des Finanzierungszwecks ist zu bedenken, dass ein finanzieller Vorteil ohnehin erst einmal die Ertragshoheit der Union voraussetzt – dazu sogleich (4.) –, sodass bereits der Inhalt des Rechtsaktes gegen einen vorherrschenden Finanzierungszweck sprechen kann. Ferner wird das Aufkommen bei zunehmender Wirkung und Wirksamkeit der Lenkung auch geringer. Es ist mithin davon auszugehen, dass ein Finanzierungszweck ebenfalls ein bloßes unschädliches Nebenziel zum vorherrschenden Umweltschutzzweck darstellt. Folglich muss der Rechtsakt allein auf Art. 192 Abs. 2 UAbs. 1 lit. a AEUV gestützt werden.

4. Ertragshoheit

Eine auf Art. 192 Abs. 2 UAbs. 1 lit. a AEUV gestützte plastikproduktspezifische Steuer kann als eigene EU-Steuer ausgestaltet sein, bei der der Union die Ertragshoheit aus dieser zustünde.

Nach Art. 311 UAbs. 1 AEUV stattet sich die Union mit den erforderlichen Mitteln aus, um ihre Ziele zu erreichen und ihre Politik durchführen zu können. Hierbei handelt es sich jedoch nicht um eine Kompetenzgrundlage zur Einfüh-

---

Ausarbeitung des mehrjährigen Finanzrahmens für die Zeit nach 2020 als mögliche Option zur Generierung von Einnahmen für den EU-Haushalt geprüft werden.".

[87] Vgl. für das Beispiel einer CO_2-Steuer *Birk/Desens/Tappe*, Steuerrecht, Rn. 152.

[88] *Kahl*, in: Streinz, EUV/AEUV, 3. Aufl. 2018, Art. 192 AEUV Rn. 92; *Nettesheim*, in: Grabitz/Hilf/Nettesheim, Das Recht der EU, Art. 192 AEUV (Stand: 5/2011) Rn. 27.

[89] Siehe jüngst EuGH, Urt. v. 12.9.2017 – C-589/15 P, ECLI:EU:C:2017:663 Rn. 67 – Anagnostakis/Kommission; Urt. v. 14.6.2016 – C-263/14, ECLI:EU:C:2016:435 Rn. 43 – EP/Rat; vgl. auch EuGH, Urt. v. 8.9.2009 – C-411/06, Slg. 2009, I-7585 Rn. 45 – Kommission/EP und Rat; Urt. v. 6.11.2008 – C-155/07, Slg. 2008, I-8103 Rn. 34 – EP/Rat; Urt. v. 30.1.2001 – C-36/98, Slg. 2001, I-779 Rn. 58 – Spanien/Rat; Urt. v. 4.4.2000 – C-269/97, Slg. 2000, I-2257 Rn. 43 – Kommission/Rat; Urt. v. 11.6.1991 – C-300/89, Slg. 1991, I-2867 Rn. 10 – Titandioxid; zust. *Calliess*, in: Calliess/Ruffert, EUV/AEUV, 5. Aufl. 2016, Art. 192 AEUV Rn. 24; *Epiney*, in: Landmann/Rohmer, UmweltR, Art. 192 AEUV (Stand: 2/2012) Rn. 29; *Kahl*, in: Streinz, EUV/AEUV, 3. Aufl. 2018, Art. 192 AEUV Rn. 92.

[90] Ähnlich *Frenz*, GewArch 2013, 329 (335).

rung einer Steuer.[91] Der EU-Haushalt wird unbeschadet der sonstigen Einnahmen vollständig aus Eigenmitteln finanziert (Art. 311 UAbs. 2 AEUV).[92] Sonstige Einnahmen sind zum Beispiel Steuern auf Gehälter und Löhne der EU-Beamten und Bediensteten und Verwaltungseinnahmen.[93] Eigenständige EU-Steuern, eine Rechtsgrundlage vorausgesetzt, können nicht unter die sonstigen Einnahmen subsumiert werden.[94] Eine unionseigene Plastik-Steuer als „sonstige Einnahme" im Sinne des Art. 311 UAbs. 2 AEUV scheidet aus.

Etwas anderes ergibt sich aus dem geltenden Eigenmittelbeschluss,[95] der die Höhe der Eigenmittel festlegt (vgl. Art. 311 UAbs. 3 AEUV). Einnahmen aus einer etwaigen Plastik-Steuer gehören zwar nicht zu den enumerierten Fällen des Art. 2 Abs. 1 des Eigenmittelbeschlusses 2014/335/EU, der beispielsweise Zolleinnahmen[96] und eine gewisse Quote der harmonisierten Mehrwertsteuereinnahmen[97] der Union zuweist. Sie können aber unter Art. 2 Abs. 2 des Eigenmittelbeschlusses 2014/335/EU gefasst werden. Danach sind in den Haushaltsplan der Union einzusetzende Eigenmittel ferner Einnahmen aus sonstigen, gemäß dem Verfahren des Art. 311 AEUV im Rahmen einer gemeinsamen Politik eingeführten Abgaben. Abgaben auf Grundlage des Art. 192 Abs. 2 AEUV können somit solche nach Art. 2 Abs. 2 des Eigenmittelbeschlusses 2014/335/EU sein, wenn die maßgeblichen Verfahrensvorschriften nach Art. 311 UAbs. 3 AEUV eingehalten werden.[98] Danach muss ein einstimmiger Ratsbeschluss vorliegen und das Europäische Parlament muss angehört werden (Art. 311 UAbs. 3 S. 1 AEUV). Zudem müssen die Mitgliedstaaten nach ihren jeweiligen verfassungsrechtlichen Vorschriften diesem Beschluss zustimmen, bevor er in Kraft treten kann (Art. 311 UAbs. 3 S. 3 AEUV). Die letztendliche Entscheidung verbleibt also bei den Mitgliedstaaten und obliegt nicht etwa der Union.[99] Etwaigen Be-

---

[91] BVerfGE 89, 155 (194 ff.); *Niedobitek*, in: Streinz, EUV/AEUV, 3. Aufl. 2018, Art. 311 AEUV Rn. 3; *Mayer/Heidfeld*, EuZW 2011, 373 (374); *Waldhoff*, in: Calliess/Ruffert, EUV/AEUV, 5. Aufl. 2016, Art. 311 AEUV Rn. 2, 16; anders *Heselhaus*, Abgabenhoheit, 2001, S. 455 ff., insbes. S. 470 ff., S. 493.

[92] Zur Entwicklung der Finanzierung der EU von einem Beitrags- zu einem Eigenmittelsystem *Birk*, in: Birk, Hdb des europäischen Steuer- und Abgabenrechts, 1995, § 5 Rn. 21 ff.; zum Eigenmittelsystem *Ohler*, Die fiskalische Integration, 1997, S. 363 ff.

[93] Zum Begriff und Umfang der sonstigen Einnahmen *Magiera*, in: Grabitz/Hilf/Nettesheim, Das Recht der EU, Art. 311 AEUV (Stand: 4/2017) Rn. 40 ff.

[94] *Waldhoff*, in: Calliess/Ruffert, EUV/AEUV, 5. Aufl. 2016, Art. 311 AEUV Rn. 12.

[95] Eigenmittelbeschluss 2014/335/EU, Beschluss des Rates v. 26.5.2014 über das Eigenmittelsystem der EU, ABl. L Nr. 168, 105.

[96] Art. 2 Abs. 1 lit. a Eigenmittelbeschluss 2014/335/EU.

[97] Art. 2 Abs. 1 lit. b Eigenmittelbeschluss 2014/335/EU.

[98] *Birk/Desens/Tappe*, Steuerrecht, Rn. 151, 153 für eine Ökosteuer.

[99] Zutreffend *Waldhoff*, in: Calliess/Ruffert, EUV/AEUV, 5. Aufl. 2016, Art. 311 AEUV Rn. 5.

fürchtungen, dass das Aufkommen einer solchen Plastik-Steuer zu hoch sei – und somit aus politischen Gründen nicht bei der EU verbleiben soll – kann entgegengehalten werden, dass neben den hohen Verfahrensvoraussetzungen für deren Zuweisung als Eigenmittel, insbesondere der Einstimmigkeit und Ratifizierung durch die Mitgliedstaaten, auch die Eigenmittelobergrenze des Art. 3 Abs. 1 Eigenmittelbeschluss 2014/335/EU eingehalten werden muss. Danach darf der Gesamtbetrag der Eigenmittel, der der Union für die jährlichen Mittel für Zahlungen zur Verfügung steht, 1,23 % der Summe der Bruttonationaleinkommen der Mitgliedstaaten nicht übersteigen. Zu berücksichtigen ist auch, dass der mit dieser Steuer verbundene Lenkungszweck bei steigender Wirksamkeit dazu führen soll, dass das Aufkommen einer Plastik-Steuer über den Zeitverlauf weniger bis hin zu Null wird. Ob der Union letztlich – bei Einführung einer solchen unionsweiten Plastik-Steuer – die Einnahmen zustünden, hinge also entscheidend davon ab, ob die hohen Verfahrensanforderungen des Art. 311 UAbs. 3 AEUV, insbesondere das Einstimmigkeitserfordernis, gewahrt werden. Angesichts dessen, dass die Mitgliedstaaten ohnehin sensibel im Bereich der Übertragung von steuerlichen Hoheitsrechten auf die EU sind, dürfte dies, trotz und gerade wegen der großen umweltpolitischen Bedeutung des Plastikmüllproblems jedenfalls nicht einfach werden.

5. Kompetenzausübungsschranken

Da der Schutz der Umwelt und damit ein Handeln gestützt auf Art. 192 AEUV dem Bereich der geteilten Zuständigkeit nach Art. 4 Abs. 2 lit. e AEUV zuzuordnen ist, muss der Unionsgesetzgeber die Kompetenzausübungsschranke des Subsidiaritätsprinzips beachten.[100] Unabhängig davon ist als stets zu beachtende und allgemeine Kompetenzausübungsschranke der Verhältnismäßigkeitsgrundsatz zu berücksichtigen.[101]

a) Subsidiaritätsprinzip

Nach dem Subsidiaritätsprinzip wird die Union nur tätig, sofern und soweit die Ziele der in Betracht gezogenen Maßnahmen von den Mitgliedstaaten weder auf zentraler noch auf regionaler oder lokaler Ebene ausreichend verwirklicht werden können, sondern vielmehr wegen ihres Umfangs oder ihrer Wirkungen auf Unionsebene besser zu verwirklichen sind (Art. 5 Abs. 3 S. 1 EUV). Die Beurteilung, ob ein Ziel der Union besser auf Unionsebene erreicht werden kann, beruht

[100] Vgl. Art. 5 Abs. 3 UAbs. 1 EUV.
[101] Vgl. Art. 5 Abs. 1 S. 2, Abs. 4 UAbs. 1 EUV.

auf qualitativen und, soweit möglich, quantitativen Kriterien (Art. 5 S. 4 Subsidiaritäts-Protokoll[102]).[103]

Teilweise wird eine unionsweite Abgabe auf Plastiktüten als ein Verstoß gegen das Subsidiaritätsprinzip gesehen, weil die Ziele besser durch die Mitgliedstaaten zu erreichen seien.[104] Dies überzeugt jedoch nicht. Vielmehr ist das Subsidiaritätsprinzip bei einem Tätigwerden der Union sowohl bezüglich Plastiktüten als auch -einweggeschirr gewahrt. Denn bei der Vermüllung der Meere handelt es sich um ein globales und grenzüberschreitendes Problem. Freilich gibt es auch nicht zu vernachlässigende regionale und lokale Auswirkungen (z. B. in Flüssen, Gewässern, Städten), aber eben nicht nur, auch wegen der natürlichen Transportbewegungen von Gewässern und durch Verwehungen, welche nationalstaatliche Grenzen außer Acht lassen. Nationale Lösungen können insofern keine umfassende Problemlösung herbeiführen. Erforderlich sind somit auch supranationale Lösungen.[105] Eine unionsweite Regelung kann einen größeren Wirkungskreis entfalten und das Problem effizienter und damit besser angehen. Der Umstand, dass in den einzelnen Mitgliedstaaten regionale Besonderheiten bestehen, möglicherweise auch hinsichtlich der Benutzung und Verwendung (z. B. Häufigkeit, Üblichkeit) von Plastiktüten und -einweggeschirr, steht dem nicht entgegen.[106] Denn allen (Plastik-)Einwegprodukten ist gemeinsam, dass sie nach kurzlebiger Verwendung zu Abfall werden und so zu den dadurch verursachten Umweltschäden beitragen. Aufgrund der grenzüberschreitenden Beeinträchtigung der Umwelt durch Plastikmüll ist das Subsidiaritätsprinzip sowohl für Steuern auf Plastiktüten als auch -einweggeschirr gewahrt.

b) Verhältnismäßigkeit

Nach dem Verhältnismäßigkeitsgrundsatz dürfen die Maßnahmen der Union inhaltlich wie formal nicht über das zur Erreichung der Ziele der Verträge erforderliche Maß hinausgehen (Art. 5 Abs. 4 EUV). In dieser Ausprägung ist der Grund-

---

[102] Protokoll über die Anwendung der Grundsätze der Subsidiarität und der Verhältnismäßigkeit v. 13.12.2007, ABl. 2007 C 306, 150. Nach Art. 8 des Subsidiaritäts-Protokolls ist dieses auch justiziabel.

[103] Krit. zur Überprüfungs-Praxis durch den EuGH *Haltern,* EuR, Bd. I, § 4 Rn. 831, 841 ff.; *Nettesheim,* EuZW 2016, 578 (580).

[104] So hinsichtlich von Plastiktüten *Frenz,* GewArch 2013, 329 (335).

[105] Vgl. Erwägungsgrund Nr. 36 Verbots-RL; ebenso etwa COM(2018) 28 final, S. 2, 15, 19 ff.; *Stöfen-O'Brien,* ZUR 2017, 594 (595); siehe auch oben S. 8 und unten S. 252 ff., 271.

[106] A.A. wohl *Frenz,* GewArch 2013, 329 (335), der auf die unterschiedlichen Verpackungslogistiken verweist.

satz „kompetenzbezogen[ ]“ [107] und soll die „mitgliedstaatliche Autonomie“ schützen.[108]

Dies wäre hier gewahrt. Die Einführung einer unionsweiten Steuer auf Plastiktüten und -einweggeschirr oder die Verpflichtung an die Mitgliedstaaten, eine solche zu erlassen, ist zur Erreichung des legitimen Ziels der Abfallvermeidung und des Umweltschutzes geeignet und ein Handeln auf Unionsebene zur effektiven Steuerung erforderlich. Es wäre auch angemessen, weil die mitgliedstaatliche Autonomie durch die hohen Verfahrensanforderungen, insbesondere das Einstimmigkeitserfordernis, gewahrt wird.[109]

Soweit in der Literatur teilweise eingewendet wird, eine einheitliche unionsweite Steuer auf Plastiktüten mit einem einheitlichen Steuersatz sei unangemessen, weil diese nicht die bestehenden nationalen Unterschiede berücksichtige,[110] ist dem nicht zuzustimmen. In den Mitgliedstaaten gibt es derzeit unterschiedliche steuerliche Regelungen für Plastiktüten, insbesondere hinsichtlich der Abgabenhöhe. Hierbei lässt sich zum jetzigen Zeitpunkt eine Spannbreite von 5[111] bis 22 Cent[112] pro Plastiktüte feststellen. Naturgemäß würde eine unionsweite Abgabe mit einem niedrigeren Satz als in dem Mitgliedstaat, der bisher den höchsten Satz vereinnahmt, jegliche Lenkungswirkung in diesem entfallen lassen oder sogar den gegenteiligen Effekt bewirken.[113] Die Mitgliedstaaten sind jedoch frei – selbst bei Einführung eines niedrigen (und gegebenenfalls für sie im Vergleich zu bisher niedrigeren) Satzes –, eine schärfere Regelung zu treffen oder an ihrem höheren Satz festzuhalten (dazu sogleich unter 6.). Folglich wird die mitgliedstaatliche Autonomie gewahrt. Zumal Mitgliedstaaten der Regelung wie ausgeführt ohnehin vorab einstimmig zustimmen müssen. Dies gilt freilich auch, wenn die unionsrechtliche Regelung selbst Spannbreiten bei den Steuersätzen vorsieht.[114]

---

[107] *Bast*, in: Grabitz/Hilf/Nettesheim, Das Recht der EU, Art. 5 EUV (Stand: 8/2018) Rn. 66 f.

[108] GA *Maduro*, Schlussanträge v. 1.10.2009 – C-58/08, Slg. 2010, I-4999 Rn. 44 – Vodafone; *Bast*, in: Grabitz/Hilf/Nettesheim, Das Recht der EU, Art. 5 EUV (Stand: 8/2018) Rn. 66 f.

[109] Vgl. GA *Maduro*, Schlussanträge v. 1.10.2009 – C-58/08, Slg. 2010, I-4999 Rn. 44 – Vodafone, der eine „fast einhellig[e]“ Zustimmung als Argument gegen einen etwaigen mitgliedstaatlichen Autonomieverlust anführte. Dies muss bei einem Einstimmigkeitserfordernis folglich erst recht gelten.

[110] So hinsichtlich Plastiktüten *Frenz*, GewArch 2013, 329 (335).

[111] Z.B. durch Wales, in Griechenland sind es 9 Cent, dazu die Nachw. oben S. 95 f.

[112] Z.B. durch Irland, siehe die Nachw. oben S. 95.

[113] Vgl. BIOIS, Report 2011, S. 79; *Frenz*, GewArch 2013, 329 (335).

[114] A.A. wohl *Frenz*, GewArch 2013, 329 (335).

6. Verbleibender Regelungsspielraum der Mitgliedstaaten

Soweit die Union plastikspezifische steuerrechtliche Sekundärrechtsakte erlässt, können mitgliedstaatliche Regelungen in bestimmtem Umfang gesperrt sein.[115] Denn der Schutz der Umwelt gehört zu den geteilten Zuständigkeiten, bei der die Mitgliedstaaten ihre Zuständigkeit nach Art. 2 Abs. 2 S. 2 AEUV grundsätzlich nur wahrnehmen, sofern und soweit die Union nicht abschließend gehandelt hat. Allerdings greift diese Sperrwirkung nach dem Protokoll über die Ausübung der geteilten Zuständigkeiten[116] immer nur für „die durch den entsprechenden Rechtsakt der Union geregelten Elemente und nicht [für] den gesamten Bereich". Gesperrt ist folglich nur der Teil, der geregelt wird.[117] Es ist somit immer im Einzelfall mithilfe einer Analyse des Sekundärrechtsaktes zu bestimmen, inwieweit eine Sperrwirkung besteht.[118] Sollte die Union zukünftig von ihrer geteilten Zuständigkeit Gebrauch machen, und gestützt auf Art. 192 Abs. 2 AEUV eine unionsweite Steuer auf Plastiktüten und -einweggeschirr bzw. auf eines dieser Produkte einführen, bestünde insoweit eine Sperrwirkung. Hierbei kommt es auf die konkrete Formulierung und Ausgestaltung des Rechtsaktes an, zum Beispiel ob im Rahmen einer Richtlinie eine bestimmte Marge für mögliche Steuersätze vorgegeben oder ob mittels einer Verordnung ein fester Steuersatz eingeführt wird. Wird der Unionsgesetzgeber in einer solchen Form tätig, könnten die Mitgliedstaaten lediglich Regelungen bezüglich einer Steuer erlassen, wenn der europäische Rechtsakt eine sogenannte Schutzklausel (vgl. Art. 114 Abs. 10, Art. 191 Abs. 2 UAbs. 2 AEUV) enthält oder die Voraussetzungen für eine Schutzergänzungsmaßnahme vorliegen.

Eine Rechtsgrundlage für eine verstärkte nationale Schutzmaßnahme kann im Sinne des Art. 191 Abs. 2 UAbs. 2 AEUV direkt in einer etwaigen Richtlinie als sekundärrechtliche Schutzklausel selbst normiert werden.[119] Daneben[120] kommen die primärrechtlichen Schutzergänzungsklauseln bzw. Schutzverstärkungsklauseln[121], konkret Art. 193 AEUV und Art. 114 Abs. 4 und 5 AEUV für einen

---

[115] *Calliess*, in: Calliess/Ruffert, EUV/AEUV, 5. Aufl. 2016, Art. 2 AEUV Rn. 13; *Nettesheim*, in: Grabitz/Hilf/Nettesheim, Das Recht der EU, Art. 2 AEUV (Stand: 1/2014) Rn. 25 ff.

[116] Protokoll über die Ausübung der geteilten Zuständigkeiten, ABl. 2007 C 306, 158.

[117] *Frenz*, Hdb EuR, Bd. 6, § 3 Rn. 2235; *Nettesheim*, in: Grabitz/Hilf/Nettesheim, Das Recht der EU, Art. 2 AEUV (Stand: 1/2014) Rn. 26.

[118] *Calliess*, in: Calliess/Ruffert, EUV/AEUV, 5. Aufl. 2016, Art. 2 AEUV Rn. 13; *Frenz*, Hdb EuR, Bd. 6, § 3 Rn. 2235.

[119] Zum Begriff *Richter*, Nationale Alleingänge, 2007, S. 29; anschaulich *Kahl/Gärditz*, Umweltrecht, § 2 Rn. 47.

[120] Mit Recht *Richter*, Nationale Alleingänge, 2007, S. 30.

[121] Diese Begriffe sind synonym zu verstehen, vgl. nur *Kahl*, in: Streinz, EUV/AEUV, 3. Aufl. 2018, Art. 193 AEUV Rn. 2; zu weiteren ähnlichen Begriffen siehe die Nachweise in *Kahl*, Umweltprinzip, 1993, S. 42 Fn. 249. Ferner wird teilweise von „*escape*"-Klauseln, „*op-*

nationalen Alleingang[122] in Betracht. Hintergrund für die Schutzergänzungs- bzw. -verstärkungsklauseln ist der Grundsatz des „bestmöglichen Umweltschutzes“[123].[124] Die Schutzergänzungsklauseln des Art. 114 AEUV scheiden hier aber aus, da dieser gemäß Art. 114 Abs. 2 AEUV nicht für Steuern gilt.

Da der steuerrechtliche Sekundärrechtsakt – und damit auch etwaige Schutzklauseln – bisher hypothetisch ist, soll sich hier auf die primärrechtlichen Möglichkeiten konzentriert werden. In Betracht kommen somit Schutzergänzungsregelungen im Sinne des Art. 193 AEUV. Aus dem Wortlaut von Art. 193 AEUV folgt, dass verstärkte Schutzmaßnahmen durch die Mitgliedstaaten beibehalten oder erlassen werden können, wenn die Regelungen eines EU-Sekundärrechtsaktes verschärft werden sollen, der auf Grundlage des Art. 192 AEUV erlassen wurde. Ausdrücklich deckt Art. 193 AEUV auch das „Ergreifen“ von Regelungen, also den nachträglichen Erlass ab,[125] wobei umstritten ist, welcher Zeitpunkt für die Annahme eines nachträglichen Erlasses entscheidend ist. Teilweise wird hierbei erst auf das Inkrafttreten der Regelung abgestellt.[126] Dem ist indes nicht zu folgen. Vorzugswürdig ist bereits dann von einem nachträglichen Erlass auszugehen, wenn der finale Beschluss des Gesetzgebungsaktes vorliegt.[127] Hierfür spricht eine entsprechende Übertragung des Art. 114 Abs. 5 AEUV, der auf den Erlasszeitpunkt abstellt.[128] Zudem ist in dem Moment, in dem alle erforderlichen Zustimmungen und Anhörungen erfolgt sind und der endgültige Beschluss vorliegt, das Vorhaben des Unionsgesetzgebers nicht mehr nur eine bloße Absicht, hinreichend konkretisiert und – ohne Durchführung eines neuen Gesetzgebungsverfahrens – nicht mehr veränderbar.

Eine Schutzergänzung nach Art. 193 AEUV wäre hier möglich. Ein (fiktiver) Rechtsakt auf Grundlage des Art. 192 AEUV läge vor. Der Umstand, dass Art. 192 AEUV ein einstimmiges Vorgehen erfordert, kann dem Mitgliedstaat im Rahmen des Art. 193 AEUV nicht als widersprüchliches Verhalten entgegenge-

---

ting out“ oder „*Opting up*“ oder „nationaler Alleingang“ gesprochen, siehe die Nachweise bei *Richter*, Nationale Alleingänge, 2007, S. 29.

[122] Zum Begriff des „Nationlen Alleingangs“ siehe *Furrer*, Sperrwirkung, 1994, S. 165 ff.

[123] Der Grundsatz geht auf *Zuleeg*, NVwZ 1987, 280 (280 ff.) zurück; dazu ausf. *Kahl*, Umweltprinzip, 1993, passim.

[124] *Zuleeg*, NVwZ 1987, 280 (284); *Kahl*, Umweltprinzip, 1993, S. 42, 48; im Anschluss etwa *Wasmeier*, Umweltabgaben, 1995, S. 241.

[125] Zum früheren Streit, ob ein nachträglicher Erlass möglich ist und dessen Klärung durch den Amsterdamer Vertrag siehe *Richter*, Nationale Alleingänge, 2007, S. 123 ff.

[126] *Calliess*, in: Calliess/Ruffert, EUV/AEUV, 5. Aufl. 2016, Art. 193 AEUV Rn. 7.

[127] *Kahl*, in: Streinz, EUV/AEUV, 3. Aufl. 2018, Art. 193 AEUV Rn. 20; *Kahl/Gärditz*, Umweltrecht, § 2 Rn. 49.

[128] *Kahl*, in: Streinz, EUV/AEUV, 3. Aufl. 2018, Art. 193 AEUV Rn. 20 in Fn. 63.

halten werden.[129] Denn auf das vorherige Abstimmungsverhalten des Mitgliedstaates kommt es nicht an, er kann also trotz Zustimmung – beispielsweise zu einer schwächeren Regelung – eine national verstärkende Maßnahme einführen.[130] Es läge auch eine verstärkte Schutzmaßnahme im Sinne des Art. 193 S. 1 AEUV vor. Dies ist der Fall, wenn Zielidentität zwischen der nationalen und unionalen Maßnahme besteht und die nationale Maßnahme die EU-Regelungen verschärft.[131]

Hinsichtlich der höheren Steuern wäre dies erfüllt. Denn die Lenkungswirkung einer unionsweiten Steuer, die einen bestimmten Steuersatz oder eine bestimmte Spannbreite eines Satzes einführt, würde durch einen höheren Satz noch verstärkt. Außerdem bestünde Zielidentität, da beide Maßnahmen der Abfallvermeidung, dem Umweltschutz und dem Ressourcenschutz dienten.

Der Erlass nationaler Ausnahmevorschriften, etwa in Form von Befreiungstatbeständen wäre keine verstärkende Schutzmaßnahme, sondern würde eine hypothetische EU-Regelung abschwächen. Er könnte damit nicht auf Art. 193 AEUV oder eine etwaige Schutzklausel gestützt werden. Eine Ausnahmevorschrift mit einem erhöhten und über die EU-Regelung hinausgehenden Steuersatz wäre wiederum wie der Fall des grundsätzlich erhöhten Steuersatzes zu bewerten, würde also eine verstärkende Schutzmaßnahme darstellen.

Bei all diesen Regelungen zur Schutzergänzung gilt, dass sie mit dem Unionsrecht vereinbar sein müssen, wobei strittig ist, ob dies nur das Primärrecht[132] umfasst oder das gesamte Unionsrecht einschließlich des übrigen[133] Sekundärrechts[134]. Richtigerweise muss nur das Primärrecht beachtet werden. Hierfür spricht zum einen der Wortlaut von Art. 193 S. 2 AEUV („mit den Verträgen") und zum anderen, dass dieser im Vertrag von Lissabon trotz Kenntnis der divergierenden Auffassungen beibehalten wurde.[135] Die Vereinbarkeit der nationalen

---

[129] *Wasmeier*, Umweltabgaben, 1995, S. 242.

[130] *Kahl*, in: Streinz, EUV/AEUV, 3. Aufl. 2018, Art. 193 AEUV Rn. 15; *Wasmeier*, Umweltabgaben, 1995, S. 242.

[131] *Kahl/Gärditz*, Umweltrecht, § 2 Rn. 48.

[132] *Calliess*, in: Calliess/Ruffert, EUV/AEUV, 5. Aufl. 2016, Art. 193 AEUV Rn. 10; *Kahl*, Umweltprinzip, 1993, S. 44; *ders.*, in: Streinz, EUV/AEUV, 3. Aufl. 2018, Art. 193 AEUV Rn. 21; eingehend *Middeke*, Nationaler Umweltschutz, 1994, S. 345 ff., 349; *Richter*, Nationale Alleingänge, 2007, S. 243 ff.; *Zuleeg*, NVwZ 1987, 280 (284).

[133] Abgesehen von dem Sekundärrechtsakt, dessen Regelungen verstärkt werden sollen, *Kahl/Gärditz*, Umweltrecht, § 2 Rn. 48 Fn. 207.

[134] Im Einzelnen jeweils mit abweichenden Nuancen *Epiney*, in: Landmann/Rohmer, UmweltR, Art. 193 AEUV (Stand: 2/2012) Rn. 15; *Jarass*, NVwZ 2000, 529 (531); *Krämer*, in: von der Groeben/Schwarze/Hatje, Europäisches Unionsrecht, 7. Aufl. 2015, Art. 193 AEUV Rn. 13; *Nettesheim*, in: Grabitz/Hilf/Nettesheim, Das Recht der EU, Art. 193 AEUV (Stand: 5/2011) Rn. 15; *Winter*, DÖV 1998, 377 (380 f.).

[135] *Kahl*, in: Streinz, EUV/AEUV, 3. Aufl. 2018, Art. 193 AEUV Rn. 21.

Maßnahme mit dem primären Unionsrecht müsste im Einzelfall je nach Ausgestaltung des hypothetischen Rechtsaktes geprüft werden. Zwar besteht eine Notifizierungspflicht gegenüber der Kommission (Art. 193 S. 3 AEUV), eine Bestätigung oder ein Einverständnis der Kommission ist aber nicht erforderlich.[136]

II. Unionsrechtliches Kohärenzprinzip

Erlässt die Union unter Nutzung ihrer kompetenzrechtlichen Möglichkeiten steuerrechtliche Maßnahmen für Plastikprodukte, so muss sie das unionsrechtliche Kohärenzprinzip berücksichtigen. Das heißt nach Art. 7 AEUV, dass die Union auf die Kohärenz zwischen ihrer Politik und ihren Maßnahmen in den verschiedenen Bereichen achtet und dabei unter Einhaltung des Grundsatzes der begrenzten Einzelermächtigung ihren Zielen in ihrer Gesamtheit Rechnung trägt. Das wiederum bedeutet, dass alle unionsrechtlichen Handlungen und Maßnahmen in sich widerspruchsfrei und inhaltlich abgestimmt sein müssen.[137] Das Kohärenzgebot führt aber nicht zu zusätzlichen Gesetzgebungskompetenzen der Union.[138]

Bezüglich Plastiktüten folgt daraus, dass die Plastiktüten-RL, welche verschiedene Maßnahmen wie Verbote und Steuern zur Umsetzung gestattet, gegebenenfalls aufgehoben werden muss, soweit sich die Union für eine umfassende Besteuerung von Plastiktüten entscheidet, damit ein in sich widerspruchsfreies und kohärentes System entsteht.

Möglich und kein Widerspruch im Sinne des Kohärenzprinzips ist es aber, wenn die EU beispielsweise nur bestimmte Plastiktüten statt aller oder statt sämtlicher Plastikprodukte adressiert.[139] Dies gilt gleichermaßen, wenn nur steuerliche Regelungen auf Plastikeinweggeschirr oder nur auf bestimmte Produkte innerhalb dieser Art erlassen werden.

---

[136] EuGH, Urt. v. 13.7.2017, Rs. C-129/16 Rn. 62 – Túrkevei Tejtermelő Kft.; Urt. v. 21.7. 2011, Rs. C-2/10, Slg. 2011, I-6561 Rn. 53 – Azienda Agro-Zootecnica; siehe auch *Richter*, Nationale Alleingänge, 2007, S. 247; *Kahl/Gärditz*, Umweltrecht, § 2 Rn. 48.

[137] *Ruffert*, in: Calliess/Ruffert, EUV/AEUV, 5. Aufl. 2016, Art. 7 AEUV Rn. 3 spricht insofern treffend von „Maßnahmenkohärenz"; im Anschluss *Schröder*, in: Pechstein/Nowak/Häde, Frankfurter Kommentar, Bd. II, Art. 7 AEUV Rn. 4; prägnant zur Bedeutung ebenfalls *Schorkopf*, in: Grabitz/Hilf/Nettesheim, Das Recht der EU, Art. 7 AEUV (Stand: 9/2013) Rn. 11; *Obwexer*, in: von der Groeben/Schwarze/Hatje, Europäisches Unionsrecht, 7. Aufl. 2015, Art. 7 AEUV Rn. 7 f.; *Streinz*, in: Streinz, EUV/AEUV, 3. Aufl. 2018, Art. 7 AEUV Rn. 4.

[138] *Obwexer*, in: von der Groeben/Schwarze/Hatje, Europäisches Unionsrecht, 7. Aufl. 2015, Art. 7 AEUV Rn. 13; *Schorkopf*, in: Grabitz/Hilf/Nettesheim, Das Recht der EU, Art. 7 AEUV (Stand: 9/2013) Rn. 18.

[139] Ebenso *Epiney/Hehemann*, EurUP 2015, 256 (263 f.); a. A. *Frenz*, GewArch 2013, 329 (332).

Soweit teilweise in der Literatur vorgebracht wird, eine Regelung zur Verbrauchsreduktion von Plastiktüten – oder entsprechend Plastikeinweggeschirr – sei nur kohärent, wenn gleichzeitig Maßnahmen zur Abfallbewirtschaftung getroffen werden,[140] ist dem nicht zuzustimmen.[141] Wenngleich ein umfassendes „Anti-Plastik-Konzept" ratsam ist, verlangt das Kohärenzprinzip dies doch nicht zwingend. Denn Kohärenz ist nicht gleichbedeutend mit restloser Konsequenz. Der Unionsgesetzgeber kann auch nur einen Teil des Plastik-Problems angehen, wenn diese Teil-Maßnahme zur Lösung beiträgt.[142] Zur Begründung kann die überzeugende Rechtsprechung des EuGH in der Rechtssache *Safety Hi-Tech*[143] herangezogen werden. Ohne die Maßnahmenkohärenz an sich zu thematisieren, bestätigte der EuGH eine Verordnung zum Verbot einiger, aber nicht sämtlicher, ozonschichtschädigender Stoffe, weil auch nur „bestimmte Aspekte" des Umweltschutzes geregelt werden können.[144] Dies ist richtigerweise so zu verstehen, dass auch ein „schrittweise[s] bzw. partielle[s] Vorgehen" oder „isolierte" Handlungen zum Umweltschutz zulässig sind,[145] was auch auf das Vorgehen zur Reduzierung von Plastikmüll übertragen werden kann.[146] Dem europäischen Gesetzgeber ist bei der Beurteilung der inhaltlichen Abgestimmtheit unionaler Maßnahmen ein weiter Einschätzungsspielraum zuzubilligen.[147] Es wäre aus Kohärenzgesichtspunkten auch nicht zu beanstanden, wenn beispielsweise die Plastiktüten-RL aufrechterhalten wird und steuerliche Maßnahmen auf Plastikeinweggeschirr eingeführt werden.

---

[140] Nur bezogen auf Plastiktüten und die Plastiktüten-RL *Frenz*, GewArch 2013, 329 (332); *ders.* AbfallR 2013, 207 (212).

[141] Wie hier *Epiney/Hehemann*, EurUP 2015, 256 (264).

[142] Vgl. EuGH, Urt. v. 14.7.1998 – C-284/95, Slg. 1998, I-4301 Rn. 45 f. – Safety Hi-Tech/S. & T.; Urt. v. 14.7.1998 – C-341/95, Slg. 1998, I-4355 Rn. 42 ff. – Bettati/Safety Hi-Tech; *Epiney/Hehemann*, EurUP 2015, 256 (260, 263 f.).

[143] EuGH, Urt. v. 14.7.1998 – C-284/95, Slg. 1998, I-4301 – Safety Hi-Tech/S. & T.; Urt. v. 14.7.1998 – C-341/95, Slg. 1998, I-4355 – Bettati/Safety Hi-Tech.

[144] EuGH, Urt. v. 14.7.1998 – C-284/95, Slg. 1998, I-4301 Rn. 45 f.– Safety Hi-Tech/S. & T; Urt. v. 14.7.1998 – C-341/95, Slg. 1998, I-4355 Rn. 42 ff. – Bettati/Safety Hi-Tech; ähnlich wie hier *Epiney/Hehemann*, EurUP 2015, 256 (260).

[145] So mit Recht *Epiney/Hehemann*, EurUP 2015, 256 (260, 263 f.); vgl. auch *Kahl*, in: Streinz, EUV/AEUV, 3. Aufl. 2018, Art. 191 AEUV Rn. 51, der von „sektorielle[m]" Vorgehen spricht.

[146] Ebenso *Epiney/Hehemann*, EurUP 2015, 256 (260, 263 f.).

[147] Siehe etwa *Obwexer*, in: von der Groeben/Schwarze/Hatje, Europäisches Unionsrecht, 7. Aufl. 2015, Art. 7 AEUV Rn. 14 f.; *Ruffert*, in: Calliess/Ruffert, EUV/AEUV, 5. Aufl. 2016, Art. 7 AEUV Rn. 5; *Schorkopf*, in: Grabitz/Hilf/Nettesheim, Das Recht der EU, Art. 7 AEUV (Stand: 9/2013) Rn. 14, 20.

III. Grundfreiheiten

Unionsrechtliche Maßnahmen, die eine eigenständige Steuer auf Plastiktüten oder -einweggeschirr einführen oder die die Mitgliedstaaten hierzu verpflichten, müssen mit den primärrechtlichen Grundfreiheiten vereinbar sein, denn zutreffenderweise muss auch der Unionsgesetzgeber die Grundfreiheiten beachten.[148]

1. Freier Warenverkehr

Vertieft zu betrachten ist vor allem, ob eine nicht gerechtfertigte Beeinträchtigung der Freiheit des Warenverkehrs vorliegt, wobei schwerpunktmäßig Art. 34 AEUV zu würdigen ist, wonach mengenmäßige Einfuhrbeschränkungen sowie alle Maßnahmen gleicher Wirkung zwischen den Mitgliedstaaten verboten sind. Das gegenüber Art. 34 AEUV speziellere[149] Verbot von Zöllen oder Abgaben gleicher Wirkung nach Art. 30 AEUV ist hier nicht einschlägig. Dieses Verbot knüpft an den Grenzübertritt der Waren an,[150] was vorliegend nicht für die finanzielle Belastung maßgeblich sein soll. Gegenüber Art. 34 AEUV gegebenenfalls vorrangig ist zudem Art. 110 AEUV.[151] Dieser ist jedoch bei Maßnahmen durch den Unionsgesetzgeber entgegen der überwiegenden Auffassung[152] richtigerweise nicht anwendbar. Die Gegenauffassung überzeugt nicht, weil sie den ausdrücklichen Wortlaut von Art. 110 AEUV („die Mitgliedstaaten") missachtet.

---

[148] Ständige Rspr., vgl. etwa speziell für die Warenverkehrsfreiheit EuGH, Urt. v. 17.5.1984 – C-15/83, Slg. 1984, I-2171 Rn. 15 – Denkavit Nederland; Urt. v. 9.8.1994 – C-51/93, Slg. 1994, I-3879 Rn. 11 – Meyhui; Urt. v. 12.7.2012 – C-59/11; ECLI:EU:C:2012:447 Rn. 80 – Association Kokopelli. Aus der Literatur diese Bindung bejahend etwa *Epiney*, in: Bieber u. a., Die EU, § 11 Rn. 32; *dies./Hehemann*, EurUP 2015, 256 (259); *Frenz*, GewArch 2013, 329 (330); *ders.*, Hdb EuR Bd. I, Rn. 333, 337 ff.; *Müller-Graff*, in: von der Groeben/Schwarze/Hatje, Europäisches Unionsrecht, 7. Aufl. 2015, Art. 34 AEUV Rn. 295; *Schwemer*, Bindung des Gemeinschaftsgesetzgebers, 1995, insbes. S. 37, 67, 96 ff.; *Remien*, in: Schulze/Zuleeg/Kadelbach, Europarecht, § 14 Rn. 20; a. A. *Kingreen*, in: Bogdandy/Bast, Europäisches Verfassungsrecht, 705 (741); ausf. und kritisch *Zazoff*, Unionsgesetzgeber, 2011, insbes. S. 70 ff.

[149] Siehe nur *Waldhoff*, in: Calliess/Ruffert, EUV/AEUV, 5. Aufl. 2016, Art. 30 AEUV Rn. 12.

[150] *Epiney*, in: Bieber u. a., Die EU, § 11 Rn. 16; *Haratsch/Koenig/Pechstein*, Europarecht, Rn. 875.

[151] *Seiler*, in: Grabitz/Hilf/Nettesheim, Das Recht der EU, Art. 110 AEUV (Stand: 7/2016) Rn. 4; *Waldhoff*, in: Calliess/Ruffert, EUV/AEUV, 5. Aufl. 2016, Art. 110 AEUV Rn. 22.

[152] Siehe etwa EuGH, Urt. v. 17.6.1999 – C-166/98, Slg. 1999, I-3791 Rn. 13 ff. – Socridis; *Kamann*, in: Streinz, EUV/AEUV, 3. Aufl. 2018, Art. 110 AEUV Rn. 10; *Rossi*, in: Vedder/Heintschel v. Heinegg, Europ. Unionsrecht, Art. 113 AEUV Rn. 5; *Stumpf*, in: Schwarze, EU-Kommentar, Art. 110 AEUV Rn. 31. Vgl. auch *Schenke*, in: Pechstein/Nowak/Häde, Frankfurter Kommentar, Bd. III, Art. 110 AEUV Rn. 136 und *Waldhoff*, in: Calliess/Ruffert, EUV/AEUV, 5. Aufl. 2016, Art. 110 AEUV Rn. 8, die auf den Wortlaut hinweisen, sich aber nicht positionieren.

Dies soll jedoch nicht vertieft werden, weil Art. 110 AEUV hier ohnehin nicht einschlägig ist, da inländische und eingeführte Produkte gleichermaßen besteuert würden, also keine Unterscheidung vorgenommen würde.

a) Schutzbereich

Der Schutzbereich der Warenverkehrsfreiheit ist eröffnet. In *sachlicher* Hinsicht ist dies der Fall, weil Plastiktüten und -einweggeschirr Waren sind. Eine Legaldefinition des Warenbegriffs ist in den Verträgen nicht enthalten.[153] Nach gefestigter Rechtsprechung des EuGH werden Waren als bewegliche körperliche Sachen definiert, die einen Handelswert haben und Gegenstand von Handelsgeschäften sein können.[154] Dies ist bei Plastiktüten und -einweggeschirr einschließlich des Coffee-to-go-Bechers der Fall, denn sie sind bewegliche und körperliche Sachen, die jeweils produziert und verkauft werden.[155] Der Umstand, dass diese Gegenstände regelmäßig sehr schnell zu Abfall werden, steht dem nicht entgegen.[156] Denn nach der überzeugenden Rechtsprechung des EuGH ist auch bei Abfall die Wareneigenschaft zu bejahen, ohne dass es darauf ankommt, ob dieser erneut verwertet werden kann oder nicht.[157] Es ist also unerheblich, ob Plastiktüten und -einweggeschirr ordnungswidrig entsorgt werden und so zu nicht-rückführbaren und in dieser Hinsicht wertlosem[158] Abfall werden oder ob eine ordnungsgemäße Entsorgung stattfindet.

In *räumlicher* Hinsicht ist auch eine „grenzüberschreitende Dimension des Sachverhalts“[159] gegeben. Es ist ohne weiteres möglich, dass die hier untersuchten Plastikprodukte in einem Mitgliedstaat produziert und in einem anderen verkauft werden. Dass eine Ausgabe der Plastiktüten und -einwegprodukte an den

---

[153] Statt aller *Haltern*, in: Pechstein/Nowak/Häde, Frankfurter Kommentar, Bd. II, Art. 34 AEUV Rn. 5.

[154] EuGH, Urt. v. 10.12.1968 – C-7/68, Slg. 1968, 617 Ls. 2 – Kommission/Italien („Kunstschätze“).

[155] Ähnlich für Plastiktüten *Epiney/Hehemann*, EurUP 2015, 256 (259).

[156] In diesem Sinne auch *Epiney/Hehemann*, EurUP 2015, 256 (259).

[157] Grund ist die schwierige Unterscheidung und Beurteilung der Wiederverwertung in der Praxis, die zudem aufgrund des technischen Fortschritts Änderungen unterliegt. So EuGH, Urt. v. 9.7.1992 – C-2/90, Slg. 1992, I-4431 Rn. 27 f. – Kommission/Belgien („Abfalltransport“).

[158] Selbstverständlich kann auch nicht entsorgter „Abfall“ wertvoll sein bzw. werden, wenn er beispielsweise eingesammelt und zu Kunst verarbeitet wird. Aus den zahlreichen Beispielen ist hier beispielsweise die Arbeit von Iskender Yediler „ALDIPLUSLIDL“ aus dem Jahr 1998 hervorzuheben, bei der Plastiktüten dieser beiden Supermärkte zu einem Kunstwerk verarbeitet wurden, zu weiteren Plastik-Kunstwerken im Bereich der angewandten Kunst *Corell*, Alltagsobjekt Plastiktüte, 2011, insbes. S. 193 ff.

[159] Statt aller *Haratsch/Koenig/Pechstein*, Europarecht, Rn. 887.

Endverbraucher häufig in dem Mitgliedstaat erfolgen wird, indem die Nutzung stattfindet, ist unbeachtlich.

In *persönlicher* Hinsicht ist die Staatsangehörigkeit von Herstellern oder Verkäufern, die mit Steuern belastet werden sollen, unerheblich, da Art. 34 AEUV nicht nur Staatsangehörige der Mitgliedstaaten schützt.[160]

b) Beeinträchtigung

Die Warenverkehrsfreiheit wird auch beeinträchtigt. Eine mengenmäßige Ein- oder Ausfuhrbeschränkung (Art. 34, 35 AEUV) liegt zwar nicht vor. Dies wären hoheitliche Maßnahmen, die die Ein-, Aus- oder Durchfuhr von Waren ganz oder teilweise verbieten oder diese kontingentieren.[161] Indem eine Steuer auf die untersuchten Plastikprodukte erhoben werden soll, wird aber keine Ein- oder Ausfuhr von diesen Produkten verboten noch werden diese mengen- oder wertmäßig beschränkt, mithin kontingentiert. Jedoch liegt eine Maßnahme gleicher Wirkung vor. Maßnahmen gleicher Wirkung wie mengenmäßige Beschränkungen, werden nach der sogenannten Dassonville-Formel des EuGH als Handelsregelungen definiert, die „geeignet [sind], den innergemeinschaftlichen Handel unmittelbar oder mittelbar, tatsächlich oder potentiell zu behindern".[162]

Eine Steuer auf Plastiktüten oder -einweggeschirr in Form einer EU-eigenen Steuer oder einer Verpflichtung an die Mitgliedstaaten, eine Steuer zu erheben, soll den Verbrauch dieser Plastikprodukte verringern und bewirkt damit einen potentiell reduzierten Absatz der Produkte.[163] Solche Maßnahmen können damit den innergemeinschaftlichen Handel im Sinne der Dassonville-Formel mittelbar und potenziell beeinträchtigen.[164] Aufgrund der Weite der Dassonville-Formel wurde diese jedoch vom EuGH in seiner Entscheidung Keck und Mithouard begrenzt, indem klargestellt wurde, dass Regelungen zu Verkaufsmodalitäten nicht darunter fallen, wenn sie „den Absatz der inländischen Erzeugnisse und der Erzeugnisse aus anderen Mitgliedstaaten rechtlich wie tatsächlich in der gleichen Weise berühren".[165] Die Dassonville-Formel gilt damit weiterhin für sogenannte

---

160 Siehe nur *Schroeder*, in: Streinz, EUV/AEUV, 3. Aufl. 2018, Art. 34 AEUV Rn. 24.

161 EuGH, Urt. v. 12.7.1973 – C-2/72, Slg. 1973, 865 Rn. 7 – Geddo; *Leible/T. Streinz*, in: Grabitz/Hilf/Nettesheim, Das Recht der EU, Art. 34 AEUV (Stand: 1/2015) Rn. 55; *Schroeder*, in: Streinz, EUV/AEUV, 3. Aufl. 2018, Art. 34 AEUV Rn. 32, Art. 35 Rn. 3; *Müller-Graff*, in: von der Groeben/Schwarze/Hatje, Europäisches Unionsrecht, 7. Aufl. 2015, Art. 34 AEUV Rn. 16 ff.

162 EuGH, Urt. v. 11.7.1974 – C-8/74, Slg. 1974, 837 Rn. 5 – Dassonville.

163 So auch bzgl. Plastiktüten und im Rahmen der Prüfung der Plastiktüten-RL *Epiney/Hehemann*, EurUP 2015, 256 (260).

164 Ebenso für Plastiktüten *Epiney/Hehemann*, EurUP 2015, 256 (260).

165 EuGH, Urt. v. 24.11.1993 – C-267/91 und C-268/91, Slg. 1993, I-6097 Rn. 14, 16 –

produktbezogene Regelungen – in Abgrenzung zu Verkaufs- und Absatzmodalitäten.[166] Regelungen mit Produktbezug sind etwa Bestimmungen zu Bezeichnung, Form, Abmessungen, Gewicht, Zusammensetzung, Aufmachung, Etikettierung und Verpackung der Produkte.[167]

Hinsichtlich Plastiktüten und -einweggeschirr soll nicht die Art und Weise des Verkaufs (das „Wo" oder „Wie") geregelt werden, sondern eine Steuer knüpft vielmehr direkt an die Produkteigenschaft Plastik an. Diesbezügliche Regelungen sind mithin produktbezogen, also keine Verkaufsmodalitäten.[168] Auf das Kriterium des Marktzugangs und inwieweit dies die Keck-Rechtsprechung erübrigt,[169] soll hier nicht eingegangen werden, da bereits nach dem „traditionellen" Kriterium die Warenverkehrsfreiheit beeinträchtigt ist.

c) Rechtfertigung

Als Rechtfertigungsmöglichkeit kommen geschriebene und ungeschriebene Rechtfertigungsgründe in Betracht. Bei beiden ist zusätzlich der Grundsatz der Verhältnismäßigkeit zu wahren.[170]

aa) Rechtfertigungsgründe

Die enumerierten Rechtfertigungsgründe nach Art. 36 S. 1 AEUV umfassen neben der öffentlichen Sittlichkeit, Ordnung und Sicherheit unter anderem den Schutz der Gesundheit und des Lebens von Menschen, Tieren und Pflanzen. Grundsätzlich sind diese ausdrücklichen Rechtfertigungsgründe als Ausnahmevorschriften eng auszulegen.[171] Zudem bedarf es einer stichhaltigen Begründung,

---

Keck und Mithouard; *Haratsch/Koenig/Pechstein*, Europarecht, Rn. 900 ff.; dazu und zum neueren Kriterium des Marktzugangs *Epiney*, in: Bieber u. a., Die EU, § 11 Rn. 39 ff.; zur Drei-Stufenprüfung *Cremer/Bothe*, EuZW 2015, 413 (417 f.).

166 EuGH, Urt. v. 24.11.1993 – C-267/91 und C-268/91, Slg. 1993, I-6097 Rn. 15 – Keck und Mithouard; *Haratsch/Koenig/Pechstein*, Europarecht, Rn. 901.

167 EuGH, Urt. v. 24.11.1993 – C-267/91 und C-268/91, Slg. 1993, I-6097 Rn. 15 – Keck und Mithouard; EuGH, Urt. v. 2.2.1994 – C-315/92, Slg. 1994, I-317 Rn. 13 – Verband sozialer Wettbewerb/Clinique und Estée.

168 I.E. ebenso für Plastiktüten *Epiney/Hehemann*, EurUP 2015, 256 (260); *Frenz*, GewArch 2013, 329 (330).

169 Dazu etwa EuGH, Urt. v. 10.2.2009 – C-110/05, Slg. 2009, I-519 Rn. 37, 56 ff. – Kommission/Italien (Kradanhänger); *Cremer/Bothe*, EuZW 2015, 413 (417 f.); *Epiney*, in: Bieber u. a., Die EU, § 11 Rn. 47; *Herdegen*, § 15 Rn. 11; *Kröger*, EuR 2012, 468 (477 f.).

170 Statt vieler nur *Leible/T. Streinz*, in: Grabitz/Hilf/Nettesheim, Das Recht der EU, Art. 34 AEUV (Stand: 1/2015) Rn. 102.

171 Bereits EuGH, Urt. v. 10.12.1968 – C-7/68, Slg. 1968, 617 Ls. 4 – Kommission/Italien („Kunstschätze").

z. B. mit einschlägigen wissenschaftlichen Daten.[172] In Betracht käme nach derzeitigem wissenschaftlichen Erkenntnissen vor allem der Schutz der Gesundheit von Tieren, die durch den Verzehr von Plastikteilchen oder die Verstrickung beispielsweise lebensbedrohlich gefährdet werden.[173] Ein Vorgehen zum Schutz der menschlichen Gesundheit wäre trotz der bestehenden Unsicherheiten aufgrund des Vorsorgeprinzips möglich.[174] Ferner ist der weite Ermessensspielraum zu beachten, den die Unionsorgane haben.[175]

Darüber hinaus erkennt der EuGH als ungeschriebene Rechtfertigungsgründe seit der Cassis-de-Dijon-Entscheidung „zwingende[n] Erfordernisse[n]" des Allgemeinwohls an.[176] Neben den bereits in der Cassis-de-Dijon-Entscheidung genannten Gründen (wirksame steuerliche Kontrolle, Schutz der öffentlichen Gesundheit, Lauterkeit des Handelsverkehrs, Verbraucherschutz)[177] wird mittlerweile in ständiger Rechtsprechung auch der Umweltschutz als zwingendes Erfordernis des Allgemeinwohls angesehen.[178]

Die hier angedachten Regelungen zielen durch die Verteuerung von Plastiktüten und -einweggeschirr unmittelbar darauf ab, dass auf diese verzichtet wird. Mittelbar dienen derartige Steuern auch dem Ressourcenschutz und dazu, Um-

---

[172] So für mitgliedstaatliche Maßnahmen Europäische Kommission, Der freie Warenverkehr – Leitfaden, 2010, S. 28. Ähnlich *Leible/T. Streinz,* in: Grabitz/Hilf/Nettesheim, Das Recht der EU, Art. 36 AEUV (Stand: 1/2015) Rn. 23.

[173] Siehe hierzu eingehend aus biologischer Perspektive *Kühn u. a.*, in: Bergmann u. a., Marine Anthropogenic Litter, 75 (76–105); aus der umfangreichen Presse siehe statt vieler *Wille*, Mit vollem Magen verhungert, Frankfurter Rundschau v. 25.1.2018 (http://www.fr.de/wirtschaft/plastikmuell-mit-vollem-magen-verhungert-a-1433520, abgerufen: 14.11.2019).

[174] Vgl. EuGH, Urt. 5.5.1998 – C-157/96, Slg. 1998, I-2211 Rn. 63 f. – National Farmers' Union u. a.; Europäische Kommission, Der freie Warenverkehr – Leitfaden, 2010, S. 28; siehe dazu auch oben S. 19.

[175] *Kingreen*, in: Calliess/Ruffert, EUV/AEUV, 5. Aufl. 2016, Art. 36 AEUV Rn. 109; *Leible/T. Streinz,* in: Grabitz/Hilf/Nettesheim, Das Recht der EU, Art. 36 AEUV (Stand: 1/2015) Rn. 22.

[176] EuGH, Urt. v. 20.2.1979 – C-120/78, Slg. 1979, I-649 Rn. 8 – Rewe/Bundesmonopolverwaltung für Branntwein („Cassis de Dijon"); dazu krit. etwa *Kingreen,* in: Bogdandy/Bast, EU VerfR, 705 (735 ff.).

[177] EuGH, Urt. v. 20.2.1979 – C-120/78, Slg. 1979, I-649 Rn. 8 – Cassis de Dijon.

[178] EuGH, Urt. v. 7.2.1985 – C-240/83, Slg. 1985, 531 Ls. 1, Rn. 13, 15 – Procureur de la République/ADBHU, der bereits vom Umweltschutz als ein „wesentliche[s] Ziel[ ] der Gemeinschaft sprach" (Rn. 13) bzw. von einem „im Allgemeininteresse liegenden Ziel[ ]" (Ls. 1, Rn. 15); deutlich als „zwingendes Erfordernis" dann EuGH, Urt. v. 20.9.1988 – C-302/86, Slg. 1988, 4607 Rn. 9 – Kommission/Dänemark (Dänische Pfandflaschen); im Anschluss Urt. v. 2.7.1992 – C-2/90, Slg. 1992, I-4431 Rn. 29 ff. – Kommission/Belgien; Urt. v. 14.12.2004 – C-309/02, Slg. 2004, I-11763 Rn. 75 – Radlberger; Urt. v. 14.12.2004 – C-463/01, Slg. 2004, I-11705 Rn. 75 – Kommission/Deutschland.

weltmedien, vor allem die Weltmeere vor Verschmutzung zu schützen.[179] Mit solchen finanziellen Anreizen wird eine Reduzierung des spezifischen Müllaufkommens an Plastiktüten und -einweggeschirr und allgemein die Abfallvermeidung bezweckt, welche auch in der unionsrechtlichen Abfallhierarchie an erster Stelle steht.[180] Abfall als solches ist bereits ein aus umweltpolitischer Sicht relevantes Problem, sodass die „Vermeidung von Abfall quasi ‚automatisch' bzw. *per se* dem Umweltschutz dient".[181] Auch der EuGH hat im Rahmen der Prüfung des Umweltschutzes als zwingendes Erfordernis bestätigt, dass die „Verringerung der zu beseitigenden Abfälle [...] eines der allgemeinen Ziele der Umweltschutzpolitik" darstellt.[182] Die hier untersuchten Maßnahmen dienen folglich dem Umweltschutz und damit einem zwingenden Erfordernis des Allgemeinwohls.

bb) Verhältnismäßigkeit

Die Maßnahmen entsprechen auch dem Grundsatz der Verhältnismäßigkeit, sind also zur Erreichung des Zwecks geeignet, erforderlich und angemessen.[183] Maßstab für die Verhältnismäßigkeitsprüfung ist der Primärzweck, nicht die mittelbaren (positiven) Auswirkungen auf die Umwelt und den Ressourcenverbrauch, wenngleich diese in die Abwägung miteinfließen können.[184]

(1) Geeignetheit

Steuerliche Maßnahmen auf Plastiktüten und -einweggeschirr sind dazu geeignet, den angestrebten Zweck zu erreichen. Grundsätzlich ist dies der Fall, wenn ein Mittel dem Zweck förderlich ist und zumindest irgendeinen Beitrag zur Erreichung des angestrebten Ziels leistet.[185] Ziel ist hier die Abfallvermeidung und damit der Umweltschutz. Mittelbare Zwecke sind der Ressourcenschutz und der

---

[179] Ebenso *Epiney/Hehemann*, URP 2015, 436 (448); *Epiney/Hehemann*, EurUP 2015, 256 (263); vgl. in diesem Sinne für nationales Abfallrecht *Kunig*, in: Koch/Lagoni, Meeresumweltschutz, 1996, 259 (260).

[180] Art. 4 Abs. 1 lit a AbfRRL; vgl. auch *Epiney/Hehemann*, EurUP 2015, 256 (262).

[181] Zutreffend *Epiney/Hehemann*, EurUP 2015, 256 (262) [Hervorhebung im Original]; ähnlich *Epiney/Hehemann*, URP 2015, 436 (448).

[182] EuGH, Urt. v. 14.12.2004 – C-463/01, Slg. 2004, I-11705 Rn. 77 – Kommission/Deutschland sowie EuGH, Urt. v. 14.12.2004 – C-309/02, Slg. 2004, I-11763 Rn. 78 – Radlberger.

[183] Allg. dazu siehe nur EuGH, Urt. v. 20.9.1988 – C-302/86, Slg. 1988, 4607 Rn. 6, 11 – Kommission/Dänemark; Urt. v. 14.12.2004 – C-309/02, Slg. 2004, I-11763 Rn. 75 – Radlberger.

[184] So auch *Epiney/Hehemann*, URP 2015, 436 (448) für die Prüfung von Verboten von Einweg-Plastiktüten nach schweizerischem Recht. Ebenso deutlich für die aktuelle Plastiktüten-RL *Epiney/Hehemann*, EurUP 2015, 256 (263).

[185] *Kingreen*, in: Calliess/Ruffert, EUV/AEUV, 5. Aufl. 2016, Art. 36 AEUV Rn. 92; *Schroeder*, in: Streinz, EUV/AEUV, 3. Aufl. 2018, Art. 36 AEUV Rn. 53; ähnlich *Epiney/Hehemann*, EurUP 2015, 256 (263).

Schutz der Meere vor Vermüllung, was freilich auch unter den Umweltschutz fällt. Eine Steuer setzt durch die zusätzliche Verteuerung der Produkte einen Anreiz, ein bestimmtes Produkt weniger zu verbrauchen.[186] Im Hinblick auf Plastiktüten haben bereits einige Mitgliedstaaten der EU eine Abgabe auf diese eingeführt, mit dem Ergebnis, dass sich der Verbrauch dieser Produkte in den jeweiligen Mitgliedstaaten signifikant reduziert hat.[187] Führt die Union eine unionsweite Steuer auf Plastiktüten und -einweggeschirr ein oder verpflichtet die Mitgliedstaaten hierzu, so dürfte dies ebenso gelten. Dadurch wäre ein Beitrag geleistet, den Verbrauch dieser Produkte und mithin das Abfallaufkommen zu reduzieren. Folglich ist das Mittel zur Zweckerreichung (Abfallvermeidung und damit Umweltschutz) geeignet. Hinzuzufügen ist, dass das Mittel auch zur Erreichung der mittelbaren Zwecke (Ressourcenschutz und Schutz der Meere vor Vermüllung) geeignet ist. Der Anteil von Kunststoffen am Abfall in den Meeren liegt Schätzungen zufolge bei ca. 80% und Plastiktüten und -einweggeschirr gehören zu den zehn häufigsten an europäischen Stränden gefundenen Plastikprodukten.[188] Schwierigkeiten bereitet die Bestimmung, wie groß der Anteil spezifischen Plastikmülls, wie Plastiktüten oder -einweggeschirr, am Müll in den Meeren ist.[189] Selbst wenn der tatsächliche Effekt einer solchen Regelung also mangels genauer Zahlen nicht sicher prognostiziert werden kann, so wird eine Reduktion von (zukünftigem) Abfall insgesamt auch zu weniger (zukünftigem) Abfall in den Meeren führen und damit einen Beitrag zur Bekämpfung der Meeresverschmutzung leisten – unabhängig davon, ob dieser Anteil ausreichend, gering oder proportional groß ist.[190]

---

[186] Statt vieler *Hedderich,* WiVerw 1996, 114 (122) für das Beispiel der Stadt Kassel; allg. *Weber-Grellet,* NJW 2001, 3657 (3657); speziell bei Plastiktüten für diesen Effekt in Irland *Convey/McDonnell/Ferreira*, Environ Resource Econ 2007, Vol. 38, No. 1, 1 (1 ff.); *Epiney/Hehemann*, URP 2015, 436 (449).

[187] So trat in Irland eine Reduzierung um 90% ein, siehe *Convey/McDonnell/Ferreira*, Environ Resource Econ 2007, Vol. 38, No. 1, 1 (7 ff.). Vgl. für Portugal, wenn auch nur für zwei portugiesische Städte *Martinho/Balaia/Pires*, Waste Management 61 (2017), 3 (3 ff.), siehe insbes. die dortige Übersicht für verschiedene Mitgliedstaaten ebd., S. 4, Tabelle 1.

[188] Siehe Einleitung, S. 3 f. sowie Plastik-Strategie, COM(2018) 28 final, S. 4.

[189] Die Angaben variieren zum Teil stark nach untersuchter Region und angewandter Methode. Teilweise wurde ein Anteil von 73% festgestellt. Für das insbesondere für die EU relevante Mittelmeer wurde für den Zeitraum 2002-2006 ein Anteil von Plastiktüten am dort gefundenen Müll in Höhe von 8,5% konstatiert. Insgesamt hatte Plastikmüll dort einen Anteil von 83%. Siehe UNEP, Marine Litter: A Global Challenge, 4/2009, S. 96 f. sowie UNEP/MAP, Scoping Analysis of potential new Regional Programme of Measures, UNEP(DEPI)/MED WG.426/Inf.4, 10/2016, S. 10. Siehe hierzu auch oben S. 3.

[190] Ebenso im Rahmen der Prüfung der aktuellen Plastiktüten-RL *Epiney/Hehemann*, EurUP 2015, 256 (263 f.). Ähnlich UNEP/MAP, Scoping Analysis of potential new Regional Programme of Measures, UNEP(DEPI)/MED WG.426/Inf.4, 10/2016, S. 10 f.

(2) Erforderlichkeit

Eine plastikproduktspezifische Steuer ist auch erforderlich, weil keine gleich geeigneten Mittel zur Verfügung stehen, die den freien Warenverkehr weniger beeinträchtigen.[191] Die Maßnahmen müssen „ebenso zuverlässig und weniger einschränkend" sein.[192]

Ein milderes Mittel ist im Hinblick auf Plastiktüten nicht in der *bisherigen Plastiktüten-RL* zu sehen, weil diese im Vergleich zu einer unionsweiten Steuer nicht gleich geeignet ist. Sie setzt lediglich bestimmte Höchstverbrauchszahlen fest[193] und lässt den Mitgliedstaaten einen weiten Handlungsspielraum, um diese Ziele zu erreichen.[194] Eine Steuer ist nur eine Option unter vielen, auch freiwillige Maßnahmen sind möglich. Regelungen zu sehr leichten Tüten sind freiwillig. Damit besteht keine unionsweite Verpflichtung für alle Mitgliedstaaten, eine Steuer zu erheben.

Unionsweite freiwillige Maßnahmen in Form von *Selbstverpflichtungserklärungen* von Unternehmen zur Reduktion des Verbrauchs dieser Plastikprodukte[195] sind zwar mildere, aber mangels Durchsetzbarkeit und flächendeckender Anwendung nicht gleich zuverlässige[196], mithin nicht gleich geeignete Mittel.[197]

Verschärfte Anforderungen an Recycling[198] könnten zwar mildere Maßnahmen sein. Sie sind aber nicht gleich geeignet. Als verschärftere Anforderungen an Recycling kommt beispielsweise eine Quote in Betracht, wieviel Prozent eines Produktes aus recycelten Materialien hergestellt werden müssen.[199] Dagegen, dass verschärftere Recyclingregeln wie teilweise angenommen wirklich

---

[191] Vgl. allg. zu diesem Maßstab etwa EuGH, Urt. v. 14.7.1988 – C-298/87, Slg. 1988, 4489 Rn. 15 – Smanor; Urt. v. 20.9.1988 – C-302/86, Slg. 1988, 4607 Rn. 6 – Kommission/Dänemark (Dänische Pfandflaschen); Urt. v. 3.12.1998 – C-67/97, Slg. 1998, I-8033 Rn. 35 – Bluhme; *Kingreen*, in: Calliess/Ruffert, EUV/AEUV, 5. Aufl. 2016, Art. 36 AEUV Rn. 93.

[192] EuGH, Urt. v. 11.5.1989 – C-25/88, Slg. 1989, 1105 Rn. 17 – Wurmser; *Schroeder*, in: Streinz, EUV/AEUV, 3. Aufl. 2018, Art. 36 AEUV Rn. 54.

[193] Art. 4 Abs. 1a UAbs. 4 lit. a VerpRL.

[194] Art. 4 Abs. 1a UAbs. 2 VerpRL. Zum Regelungsgehalt auch *Epiney/Hehemann*, EurUP 2015, 256 (258).

[195] In der Plastik-Strategie, COM(2018) 28 final, S. 8, 11 fordert die Kommission bereits Unternehmen aller betroffenen Branchen dazu auf, konkrete Selbstverpflichtungserklärungen abzugeben, allerdings mit dem Fokus auf der Erhöhung der Recyclingrate und damit nur mittelbar zur Eindämmung des Verbrauchs.

[196] Allg. zu diesem Erfordernis EuGH, Urt. v. 11.5.1989 – C-25/88, Slg. 1989, 1105 Rn. 17 – Wurmser; *Schroeder*, in: Streinz, EUV/AEUV, 3. Aufl. 2018, Art. 36 AEUV Rn. 54.

[197] Zur Betrachtung der HDE-Vereinbarung als milderes Mittel auf deutscher Ebene siehe S. 203.

[198] So setzt auch die Plastik-Strategie, COM(2018) 28 final, S. 6 f., 8 ff. einen Schwerpunkt auf Maßnahmen zur Verbesserung des Recyclings.

[199] Vgl. nun für Einwegplastik-Getränkeflaschen Art. 6 Abs. 5 Verbots-RL.

milder wären[200] und nicht im Ergebnis eine höhere Belastung – sowohl finanzieller als auch aufwandstechnischer Art –, bestehen Bedenken. Denn der mit diesen Regelungen einhergehende Aufwand würde sich vermutlich gerade nicht darin erschöpfen, dass Betroffene nur sicherstellen müssen, dass zukünftige Plastikprodukte aus recycelten Kunststoffmaterialien produziert werden.[201] Vielmehr deuten bereits die Ideen in der Plastik-Strategie der Europäischen Kommission in die Richtung, dass sie einen erheblichen Mehraufwand für alle Beteiligten aufgrund der Vielschichtigkeit der Regelungen nach sich ziehen.[202] Dies soll hier aber nicht vertieft werden, denn selbst wenn es sich um ein milderes Mittel handeln sollte, so ist dies jedenfalls nicht gleich geeignet. Zwar dienen Quoten zum Anteil von Recyclingmaterialien in Produkten dem Ressourcenschutz und sind im Sinne einer umsichtigen und rationellen Verwendung der natürlichen Ressourcen gemäß Art. 191 Abs. 1 3. Gedankenstrich AEUV.[203] Aus umweltpolitischer Sicht sind sie daher durchaus wünschenswert, zumal dadurch Schätzungen zufolge auch erhebliche Mengen an CO_2-Emissionen eingespart werden könnten.[204] Für die hier vorgenommene Prüfung der Verhältnismäßigkeit ist aber entscheidend, dass strengere Recyclinganforderungen nicht unmittelbar zur Erreichung des hier maßgeblichen primären Ziels, nämlich der Verbrauchsvermeidung und dadurch bewirkten Abfallreduzierung[205] förderlich sind.[206] Sofern die untersuchten Produkte von höheren Recyclingraten überhaupt profitieren, so würde damit allenfalls mittelbar eine Reduzierung des erstmaligen Verbrauchs von Kunststoffen einhergehen.[207] So unterscheidet auch die AbfRRL abfallhierarchisch zwischen Vermeidung (Rang 1) und Recycling (Rang 3).[208] Für die vorrangige Abfallvermeidung spricht auch das Vorbeugeprinzip,[209] weil eine umweltverträgliche Entsorgung nur die „zweitbeste (…) Lösung" ist.[210] Verschärfte Recyclinganforderungen sind somit kein gleich geeignetes Mittel.

---

200 Von einer geringeren Beeinträchtigung der Betroffenen geht *Frenz*, GewArch 2013, 329 (333) aus.

201 So aber *Frenz*, GewArch 2013, 329 (333).

202 COM(2018) 28 final, S. 8 ff., die z. B. veränderte Anforderungen an Produktgestaltungen und recyclingfreundliches Design beinhalten.

203 Ebenso *Frenz*, GewArch 2013, 329 (333).

204 Siehe COM(2018) 28 final, S. 4.

205 Siehe oben S. 118.

206 Ähnlich *Epiney/Hehemann*, EurUP 2015, 256 (264); vgl. *Asendorf u. a.*, DIE ZEIT v. 19.4.2018, S. 4 (5).

207 Vgl. *Diederichsen*, Vermeidungsgebot, 1998, S. 49 f.

208 Art. 4 Abs. 1 lit a und c AbfRRL. Siehe dazu oben S. 40.

209 Art. 191 Abs. 2 UAbs. 1 Satz 2 AEUV; dazu bereits oben S. 19 f.

210 Mit Recht *Kahl*, Umweltprinzip, 1993, S. 22.

Unionsweite Pfandregelungen sind ebensowenig ein weniger einschränkendes Mittel. Eine solche Regelung – ihre Rechtmäßigkeit unterstellt und ungeachtet der erheblichen praktischen Schwierigkeiten, auf die sie im Vollzug stoßen dürfte[211] – ist nicht gleich zuverlässig im Hinblick auf das Reduktions- und Abfallvermeidungsziel. Der Abfall würde dennoch anfallen, durch die Pfandregel und damit einhergehende Rückführung wäre lediglich eine Wiederverwendung und ein Recycling möglich. Ob in der Praxis dann tatsächlich alle Produkte recycelt werden und dies zu einer Verbrauchsreduzierung führt, ist unwahrscheinlich.[212] Wegen des weiten Beurteilungsspielraums, der dem Unionsgesetzgeber mit Recht zugestanden wird,[213] könnte dieser vertretbar davon ausgehen, dass dieses Mittel nicht gleich geeignet wäre.

Bloße *Empfehlungen* der Europäischen Kommission sind schon mangels Verbindlichkeit nicht gleich geeignet. Unionsweiten Aufklärungs- und Informationskampagnen fehlt es an der gleichen Effektivität und Zuverlässigkeit.

Maßnahmen zur Reinigung der Meere wie die Ocean-Clean-Up Initiative[214] setzen erst auf einer späteren Ebene, nämlich bei der Schadenseindämmung an. Sie wirken nicht auf der Ebene der Entstehung des Abfalls, sondern sammeln den bereits entstandenen Müll wieder ein. Sie sind nicht geeignet, diesen zu vermeiden.

Der Vollständigkeit halber sei erwähnt, dass ein Verbot von Plastiktüten oder -einweggeschirr keinen Handlungsspielraum belässt und daher kein weniger einschränkendes und milderes Mittel ist.[215]

Somit ist die Erforderlichkeit einer plastikproduktspezifischen Steuer zu bejahen.

---

[211] Daher stellt die Plastik-Strategie, COM(2018) 28 final, S. 14 wahrscheinlich direkt auf nationale Pfandsysteme als Mittel zur Müllverringerung ab.

[212] Vgl. insofern die deutsche Regelung des sog. „Dosen-Pfand", die im Jahr 2003 eingeführt wurde. Zwar ging der Verbrauch dieser Dosen anfangs tatsächlich erheblich zurück, eine vollständige Reduktion blieb indes aus. Außerdem ist seit einigen Jahren wieder ein Absatzzuwachs an Einweg-Dosen zu verzeichnen, wenn auch nun mit einer höheren Recyclingquote. Siehe ausführlich im Rahmen der Prüfung, ob dies auf nationaler Ebene ein milderes Mittel sein kann, S. 204 f. und die dortigen Nachweise.

[213] Siehe *Leible/T. Streinz*, in: Grabitz/Hilf/Nettesheim, Das Recht der EU, Art. 34 AEUV (Stand: 1/2015) Rn. 124.

[214] Siehe *Wille*, Initiative will Plastik-Kontinent abtragen, Frankfurter Rundschau v. 10.2. 2018 (http://www.fr.de/wirtschaft/the-ocean-cleanup-initiative-will-plastik-kontinent-abtragen-a-1444159, abgerufen: 14.11.2019) sowie weitere Informationen zu dieser Initiative unter https://www.theoceancleanup.com (abgerufen: 14.11.2019).

[215] Vgl. BVerfGE 137, 350 (Rn. 73); *Hendler,* Sonderabfallabgabe, 1996, S. 94; *Jarass,* Nichtsteuerliche Abgaben, 1999, S. 89 f.; differenzierend *Kube,* Finanzgewalt in der Kompetenzordnung, 2004, S. 242 f.

(3) Angemessenheit

Die steuerrechtliche Maßnahme steht auch in einem angemessenen Verhältnis zum angestrebten Ziel.[216]

Eine Verringerung des Verbrauchs von Plastiktüten und -einweggeschirr wie Coffee-to-go-Becher dient unmittelbar der Müllvermeidung und damit dem Umweltschutz. Der Umweltschutz gehört auf europarechtlicher Ebene zu einem wichtigen Ziel. Nach Art. 3 Abs. 3 UAbs. 1 EUV wirkt die Union auf ein hohes Maß an Umweltschutz und Verbesserung der Umweltqualität hin. Nach Art. 191 Abs. 1 AEUV trägt die Union dazu bei, die Umwelt zu erhalten und zu schützen sowie die natürlichen Ressourcen umsichtig und rationell zu verwenden, wozu auch die Plastikmüllvermeidung beiträgt. Diese Ziele müssen insbesondere auch von den EU-Organen geachtet werden.[217] Dem Umwelt- und Ressourcenschutz kommt eine für die Allgemeinheit überragende Bedeutung zu. Dies gilt auch vor dem Hintergrund der Gesamtsituation hinsichtlich des Meeresschutzes und der Bedrohung der Meere und Tiere durch Plastikmüll.[218] Weltweit gelangen ca. 4,8 bis 12,7 Mio. Tonnen Plastikmüll in die Meere, was ca. 80% des Gesamtanteils an Abfall in den Meeren entspricht.[219] Der europäische Anteil ist mit jährlich ca. 150.000 bis 500.000 Tonnen zwar vergleichsweise gering, trifft aber beispielsweise das Mittelmeer oder Teile des Nordpolarmeeres, die „besonders empfindliche[ ] Meeresgebiete[ ]“ sind.[220] Einweg-Plastikprodukte sind eine Ursache für das seit Jahren steigende Abfallaufkommen und Plastiktüten und -einweggeschirr gehören zu den zehn am häufigsten bei Strandzählungen gefundenen Produkten.[221] Schätzungen zufolge wird bei ungehindertem Weiterverlauf des Abfallaufkommens im Jahr 2050 das Gewicht von Plastikmüll in Tonnen in den Meeren größer sein als die Anzahl der Fische.[222] Diese Erwägungen fallen schwer ins Gewicht, auch weil Umweltschäden häufig nicht reversibel sind. Im Sinne des Nachhaltigkeitsprinzips[223] nach Art. 11 AEUV und Art. 37 GRCh ist auch auf Unionsebene die langfristige Verfügbarkeit der natürlichen Ressourcen für zukünftige Generationen zu sichern. Dies hat hier vor allem Bedeutung für den

---

216 Vgl. allg. zum Maßstab statt vieler nur EuGH, Urt. v. 20.9.1988 – C-302/86, Slg. 1988, 4607 Rn. 6 – Kommission/Dänemark (Dänische Pfandflaschen).

217 Vgl. EuGH, Urt. v. 14.7.1998 – C-284/95, Slg. 1998, I-4301 Rn. 36, 38 – Safety Hi-Tech/S. & T. und Urt. v. 14.7.1998 – C-341/95, Slg. 1998, I-4355 Rn. 34, 36 – Bettati/Safety Hi-Tech.

218 Siehe dazu detailliert bereits oben S. 2ff.

219 Siehe hierzu bereits oben S. 3 einschl. der dortigen Nachw.

220 Plastik-Strategie, COM(2018) 28 final, S. 5.

221 Vgl. Plastik-Strategie, COM(2018) 28 final, S. 5 sowie näher oben S. 3f.

222 *Ellen MacArthur Foundation*, „The New Plastics Economy“: Rethinking the Future of Plastics and Catalysing Action, 12/2017, S. 12.

223 Siehe dazu oben S. 16ff.

Meeresschutz, aber auch für den Rohstoff Erdöl, aus dem Plastik hergestellt wird und bei dessen Produktion in großer Menge CO_2-Emissionen anfallen, die durch eine Verbrauchsreduktion vermindert werden können.[224]

Auf der anderen Seite stehen die mit einer Steuer einhergehenden Einschränkungen des freien Warenverkehrs, der ein wichtiger Grundsatz der EU und elementare Voraussetzung für einen europäischen Binnenmarkt ist.[225] Steuerliche Belastungen mit dem Ziel, eine Lenkungswirkung in Richtung Verbrauchsreduzierung zu erzielen, führen – bei Erfolg des Lenkungsappells – zu Absatzeinbußen und als Folge zu gegebenenfalls erheblichen wirtschaftlichen Belastungen des jeweiligen Betroffenen, beispielsweise der plastikproduzierenden und -verarbeitenden Industrie.[226] Auch diese Einschränkungen haben somit erhebliches Gewicht.

Jedoch könnten die mit einer Steuer belasteten Hersteller oder Vertreiber die finanzielle Belastung auf die Endverbraucher abwälzen.[227] Ferner werden die Produkte nicht verboten und den Produzenten und Vertreibern verbleiben hinreichende Handlungsspielräume.[228] So können sie beispielsweise auf andere Einweg- oder Mehrwegalternativen ausweichen oder innovative Alternativprodukte entwickeln.[229] Dieser Gestaltungsspielraum bleibt auch den Zwischenhändlern, dem Einzelhandel oder der Gastronomie, die Plastiktüten oder -einweggeschirr nutzen.[230] Beim Plastikmüllproblem handelt es sich um ein massives Umweltproblem und im Sinne des Verursacherprinzips (Art. 191 Abs. 2 UAbs. 1 S. 2 AEUV)[231] werden diejenigen mit einer Steuer finanziell belastet, die das Problem mitverursachen und zur Umweltbelastung beitragen.[232] Jede Herstellung und Nutzung von Plastiktüten und -einweggeschirr leistet einen Beitrag zum Müllaufkommen, das die Umwelt und letztlich die Meere belastet. Dass die Hersteller

---

224 Nach der Plastik-Strategie, COM(2018) 28 final, S. 4 entstehen durch die Herstellung und Verbrennung von Kunststoffabfällen Schätzungen zufolge ca. 400 Mio. Tonnen CO_2.

225 Vgl. Art. 3 Abs. 3 S. 1 EUV, Art. 26 AEUV sowie statt vieler nur *Ruffert*, in: Calliess/Ruffert, EUV/AEUV, 5. Aufl. 2016, Art. 3 EUV Rn. 22.

226 Für das Beispiel der Schweiz und den Folgen eines Verbots vgl. *Epiney/Hehemann*, URP 2015, 436 (451 f.).

227 Vgl. EuGH, Urt. v. 11.7.1989 – C-265/87, Slg. 1989, 2237 Rn. 18 – Schräder; Urt. v. 21.2.1991 – verb. C-143/88 und C-92/89, Slg. 1991, I-415 Rn. 76 – Zuckerfabrik Süderdithmarschen, in denen die Abwälzbarkeit im Rahmen der Verhältnismäßigkeit bei der Berufsfreiheit bzw. der wirtschaftlichen Betätigungsfreiheit berücksichtigt wurde; hierzu auch *Ohlendorf*, Grundrechte, 2015, S. 405.

228 Vgl. *Epiney/Hehemann*, URP 2015, 436 (452).

229 Vgl. allg. zur innovationsfördernden Wirkung von Abgaben *Kloepfer*, Umweltrecht, 2016, § 5 Rn. 829; *Michaelis*, Ökonomische Instrumente, 1996, S. 58 sowie unten S. 250.

230 Ähnlich für ein Verbot *Epiney/Hehemann*, URP 2015, 436 (452).

231 Siehe hierzu oben S. 13 ff.

232 Vgl. EuGH, Urt. v. 29.4.1999 – C-293/97, Slg. 1999, I-2603 Rn. 51 – Standley u. a.; Urt. v. 25.2.2010 – C-172/08, Slg. 2010, I-1175 Rn. 36 – Pontina Ambiente.

und Konsumenten regelmäßig keinen Vorsatz haben, dass die Plastikprodukte in der Umwelt oder im Meer landen, ist unbeachtlich, da sie im Sinne des Verursacherprinzips[233] einen Beitrag zur „Verschmutzungsgefahr" leisten.[234] Die Abgabenbelastung entspricht auch dem unionsrechtlichen Verständnis des Verursacherprinzips als Kostenzurechnungsprinzip.[235]

Sie ist den Adressaten auch zumutbar. Denn typischerweise handelt es sich bei den betroffenen Plastikprodukten gerade um solche, die nach einmaligem und sehr kurzfristigem Gebrauch entsorgt werden und so besonders schnell zu Abfall werden. Dies ist ein wichtiger Unterschied zu anderen, langfristig genutzten Plastikprodukten, beispielsweise im Baugewerbe (Isoliermaterialien, Fenster) oder im medizinischen Bereich (Implantate).[236] In die Abwägung spielt auch das in Art. 191 Abs. 2 UAbs. 1 S. 2 AEUV verankerte Vorsorge- und Vorbeugeprinzip[237] hinein. Im Sinne des Vorbeugeprinzips ist die präventive Vermeidung von Abfall, der durch Plastiktüten und -einweggeschirr entsteht, vorrangig gegenüber Ansätzen zur Wiederverwertung des dadurch entstehenden Abfalls.[238] Auch das Ursprungsprinzip (Art. 191 Abs. 2 UAbs. 1 S. 2 AEUV),[239] wonach an der Quelle der Umweltbeeinträchtigung anzusetzen ist, streitet für die Zumutbarkeit einer solchen Steuer. Denn diejenigen, die diese kurzlebigen Plastikprodukte und (typischerweise) Einweggegenstände produzieren, setzen den ersten Beitrag zur Abfallentstehung.

Damit steht eine Besteuerung von Plastiktüten und -einweggeschirr in einem angemessenen Verhältnis zum damit verfolgten Zweck und ist insgesamt verhältnismäßig.

2. *Dienstleistungsfreiheit*

Die Dienstleistungsfreiheit nach Art. 56 AEUV ist hier nicht einschlägig, da die Steuer an Plastiktüten und -einweggeschirr als körperliche Gegenstände[240] (Waren) anknüpft und nicht an Dienstleistungen. Selbst wenn man hier auf den Ver-

---

[233] Dazu näher S. 13 ff.

[234] Vgl. EuGH, Urt. v. 24.6.2008 – C-18807, Slg. 2008, I-4501 Rn. 69 ff., insbes. Rn. 72, 77 – Commune de Mesquer, in dem es um Abfälle im Meer in Folge einer Havarie eines Tankers ging.

[235] *Calliess*, in: Calliess/Ruffert, EUV/AEUV, 5. Aufl. 2016, Art. 191 AEUV Rn. 39; *Kahl*, in: Streinz, EUV/AEUV, 3. Aufl. 2018, Art. 191 AEUV Rn. 97; vgl. auch *Kahl*, Umweltprinzip, 1993, S. 23 ff., 26. Zum Verursacherprinzip bereits ausf. oben S. 13 ff.

[236] Zu weiteren Beispielen siehe oben S. 1 f. sowie *Bourguignon*, EPRS, 5/2017, S. 2.

[237] Vgl. hierzu die Ausführungen und Nachweise oben S. 19 f.

[238] Siehe dazu oben S. 20.

[239] Siehe hierzu oben S. 21 f.

[240] Allg. dazu *Leible/T. Streinz*, in: Grabitz/Hilf/Nettesheim, Das Recht der EU, Art. 34 AEUV (Stand: 1/2015) Rn. 28.

kaufsvorgang abstellte, so ist die Subsidiarität des Art. 57 Abs. 1 AEUV und der Umstand zu beachten, dass der Schwerpunkt der Maßnahme hier auf dem freien Warenverkehr liegt.[241]

IV. EU-Grundrechte

Die unionsweite Einführung einer Steuer auf Plastiktüten und -einweggeschirr bzw. eine entsprechende Verpflichtung an die Mitgliedstaaten muss auch die Grundrechte der Charta der Grundrechte der EU (GRCh) wahren (vgl. Art. 51 Abs. 1 S. 1 GRCh). Für die Einführung einer Steuer auf Plastiktüten oder -einweggeschirr sind vor allem die Wirtschaftsgrundrechte (Art. 15, 16 und 17 GRCh) relevant.

1. Berufs- und unternehmerische Freiheit

a) Schutzbereich

Die Berufsfreiheit nach Art. 15 GRCh schützt mit Erwerbsabsicht und gegen Entgelt ausgeübte Tätigkeiten, die auf eine gewisse Dauer angelegt sind, unabhängig davon, ob sie erlaubt sind oder nicht.[242] Aus dem Wortlaut folgt bereits, dass sowohl die Wahl als auch die Ausübung eines Berufs geschützt ist.[243] Das Konkurrenzverhältnis von Art. 15 und Art. 16 GRCh ist bisher nicht abschließend geklärt. Nach neuerer Rechtsprechung des EuGH soll die Berufswahl eher Art. 15 GRCh unterfallen, wohingegen die Art und Weise der Berufsausübung eher Art. 16 GRCh zuzuordnen sei.[244] Aus der getrennten Normierung der Berufsfreiheit und der unternehmerischen Freiheit in der GRCh ergibt sich jedoch, dass sich die Berufsfreiheit des Art. 15 GRCh nur auf die unselbstständigen und die unternehmerische Freiheit nach Art. 16 GRCh auf die selbstständigen Tätigkeiten erstreckt.[245] Insofern ist Art. 16 GRCh für selbstständige Tätigkeiten lex

---

[241] Vgl. EuGH, Urt. v. 26.5.2005 – C-20/03, Slg. 2005, I-4133 Rn. 33 – Burmanjer.

[242] *Bernsdorff*, in: Meyer/Hölscheidt, GRCh, 5. Aufl. 2019, Art. 15 Rn. 13 f.; *Jarass*, GRCh, 3. Aufl. 2016, Art. 15 Rn. 7; *Ohlendorf*, Grundrechte, 2015, S. 401; *Ruffert*, in: Calliess/Ruffert, EUV/AEUV, 5. Aufl. 2016, Art. 15 GRCh Rn. 5.

[243] Grundlegend EuGH, Urt. v. 13.12.1979 – C-44/79, Slg. 1979, I-3727 Rn. 32 – Hauer; siehe auch Urt. v. 29.3.2012 – C-1/11, ECLI:EU:C:2012:194 Rn. 43 – Interseroh Scrap and Metals Trading; *Grabenwarter*, in: ders., EnzEuR, Bd. 2, § 13 Rn. 4; *Kühling*, in: Pechstein/Nowak/Häde, Frankfurter Kommentar, Bd. I, Art. 15 GRCh Rn. 8.

[244] EuGH, Urt. v. 30.6.2016 – C-134/15, ECLI:EU:C:2016:498 Rn. 26 ff. – Lidl; GA *Bobek*, Schlussanträge v. 16.3.2016 – C-134/15, ECLI:EU:C:2016:169 Rn. 19 ff., 27; *Oppermann/Classen/Nettesheim*, Europarecht, § 17 Rn. 61; *Germelmann/Gundel*, BayVBl. 2017, 649 (654); krit. *Kühling*, in: Pechstein/Nowak/Häde, Frankfurter Kommentar, Bd. I, Art. 15 GRCh Rn. 25.

[245] *Frenz*, Hdb EuR Bd. 4, Rn. 2686; *Jarass*, GRCh, 3. Aufl. 2016, Art. 15 Rn. 4 und Art. 16

specialis.[246] Der Schutzumfang ist gleich.[247] Die unternehmerische Freiheit schützt somit entgeltliche und auf Dauer angelegte, „anbietende" Tätigkeiten.[248] Die selbstständige Tätigkeit einzelner Unternehmer der plastikproduzierenden oder -verarbeitenden Industrie oder die Tätigkeiten derjenigen Unternehmen, die die Plastiktüten und das -einweggeschirr (weiter-)verkaufen, ist folglich vom Schutzbereich der unternehmerischen Freiheit erfasst. Selbst bei Anwendung der genannten neueren Abgrenzungsformel des EuGH wäre dies als Berufsausübung Art. 16 GRCh zuzuordnen. In persönlicher Hinsicht können sich sowohl natürliche als auch juristische Personen auf Art. 16 GRCh berufen.[249] Der Schutzbereich der unternehmerischen Freiheit nach Art. 16 GRCh ist eröffnet.

Gewinnaussichten oder Erwerbschancen dieser Unternehmen oder Personen werden von Art. 15 GRCh und Art. 16 GRCh hingegen nicht erfasst.[250] Daher ist es unerheblich, dass die Steuer bei Erreichen des mit ihr verfolgten Lenkungszwecks zu einem geringeren Absatz der mit der Abgabe belegten Produkte und damit zu geringeren Einnahmen führt. Der Vollständigkeit halber sei erwähnt, dass die Berufsfreiheit oder die unternehmerische Freiheit der Endverbraucher dieser Produkte nicht dadurch betroffen werden, indem die Abgabe möglicherweise auf sie umgelegt wird.

b) Eingriff

Ferner liegt auch ein Eingriff in den Schutzbereich der unternehmerischen Freiheit vor. Bereits mittelbare Eingriffe sind ausreichend.[251] Im Hinblick auf die vornehmlich bei der Berufsfreiheit des Art. 15 GRCh geführte Diskussion, ob eine Unterscheidung zwischen Berufswahl- und Berufsausübungsbeschränkungen entsprechend der sog. Drei-Stufen-Theorie des BVerfG notwendig ist, ist richtigerweise davon auszugehen, dass dies bei eingehender einzelfallbezogener

---

Rn. 7; *Ohlendorf*, Grundrechte, 2015, S. 402; *Ruffert*, in: Calliess/Ruffert, EUV/AEUV, 5. Aufl. 2016, Art. 15 GRCh Rn. 4.

246 *Jarass*, GRCh, 3. Aufl. 2016, Art. 15 Rn. 4 und Art. 16 Rn. 4a; *Wollenschläger*, EuZW 2015, 285 (287).

247 Eingehend *Ohlendorf*, Grundrechte, 2015, S. 402 f.; *Ruffert*, in: Calliess/Ruffert, EUV/AEUV, 5. Aufl. 2016, Art. 15 GRCh Rn. 7.

248 *Frenz*, Hdb EuR Bd. 4, Rn. 2687; *Ohlendorf*, Grundrechte, 2015, S. 402; *Wollenschläger*, EuZW 2015, 285 (287).

249 *Frenz*, Hdb EuR Bd. 4, Rn. 2688 ff.

250 EuGH, Urt. v. 14.5.1974 – C-4/73, Slg. 1974, 491 Rn. 14 – Nold; *Frenz*, Hdb EuR Bd. 4, Rn. 2692; *Ohlendorf*, Grundrechte, 2015, S. 402.

251 *Frenz*, Hdb EuR Bd. 4, Rn. 2602 f.; *Ohlendorf*, Grundrechte, 2015, S. 404; *Ruffert*, in: Calliess/Ruffert, EUV/AEUV, 5. Aufl. 2016, Art. 15 GRCh Rn. 10 f. und Art. 16 Rn. 4; eingehend mit Analyse der Rspr. *Wunderlich*, Berufsfreiheit, 2000, S. 114 f.; im Anschluss an diese *Schwier*, Schutz der Unternehmerischen Freiheit, 2008, S. 139.

Verhältnismäßigkeitsprüfung nicht erforderlich ist.[252] Denn bei der Drei-Stufen-Prüfung handelt es sich ohnehin um eine Ausprägung des Verhältnismäßigkeitsgrundsatzes.[253] Ein Eingriff in die unternehmerische Freiheit liegt durch die plastikspezifische Abgabenerhebung vor.[254] Denn die Verpflichtung zur Zahlung der Steuer greift gerade aufgrund des beruflichen Tätigwerdens.[255] Auch wenn die finanzielle Last auf andere abgewälzt wird, stellt die Steuererhebung als solche eine Beeinträchtigung dar.[256]

c) Rechtfertigung

Auch Eingriffe in die unternehmerische Freiheit nach Art. 16 GRCh müssen dem Vorbehalt des Art. 52 Abs. 1 Satz 1 GRCh genügen,[257] wonach die Einschränkungen gesetzlich vorgesehen sein und den Wesensgehalt des Grundrechts achten müssen. Ferner muss die Beschränkung verhältnismäßig sein (Art. 52 Abs. 1 Satz 2 GRCh). Dies ist hier der Fall.

aa) Gesetzliche Grundlage

Zur Erfüllung des einfachen Gesetzesvorbehalts des Art. 52 GRCh genügt jeder europäische Gesetzgebungsakt,[258] also Rechtsakte, die in einem Gesetzgebungsverfahren angenommen werden (Art. 289 Abs. 3 AEUV). Die Einführung einer

---

[252] Vgl. *Ohlendorf*, Grundrechte, 2015, S. 403 f.; *Ruffert*, in: Calliess/Ruffert, EUV/AEUV, 5. Aufl. 2016, Art. 15 GRCh Rn. 10; ausf. zur Diskussion bei der Berufsfreiheit *Wunderlich*, Berufsfreiheit, 2000, S. 200 ff.

[253] *Wunderlich*, Berufsfreiheit, 2000, S. 204.

[254] Ohne Plastikbezug, aber so allg. für Abgaben EuGH, Urt. v. 11.7.1989 – C-265/87, Slg. 1989, 2237 Rn. 18 – Schräder; Urt. v. 21.2.1991 – verb. C-143/88 und C-92/89, Slg. 1991, I-415 Rn. 76 – Zuckerfabrik Süderdithmarschen; *Heselhaus,* Abgabenhoheit, 2001, S. 102; *Jarass*, GRCh, 3. Aufl. 2016, Art. 16 Rn. 17; *Korn,* Abgabenrecht, 2015, S. 101, eingehend und unter Heranziehung eines Rechtsvergleichs *Ohlendorf*, Grundrechte, 2015, S. 404 f.; *Ruffert*, in: Calliess/Ruffert, EUV/AEUV, 5. Aufl. 2016, Art. 15 GRCh Rn. 20; *Wunderlich*, Berufsfreiheit, 2000, S. 127.

[255] *Heselhaus,* Abgabenhoheit, 2001, S. 102.

[256] Vgl. EuGH, Urt. v. 11.7.1989 – C-265/87, Slg. 1989, 2237 Rn. 18 – Schräder; Urt. v. 21.2.1991 – verb. C-143/88 und C-92/89, Slg. 1991, I-415 Rn. 76 – Zuckerfabrik Süderdithmarschen.

[257] Dies wird nicht obsolet, obwohl der Wortlaut von Art. 16 GRCh auf die Gepflogenheiten der Mitgliedstaaten verweist, siehe *Rengeling,* DVBl 2004, 453 (459); ausf. *Schwarze*, Europarecht, 2012, S. 440 ff.

[258] Explizit für eine Verordnung EuGH, Urt. v. 9.11.2010 – verb. Rs. C-92/09 und 93/09, Slg. 2010, I-11063 Rn. 66 – Schecke und Eifert; für eine Richtlinie EuGH, Urt. v. 15.2.2016 – 601/15, ECLI:EU:C:2016:84 Rn. 51 – J.N. Ausführlich *Kingreen*, in: Calliess/Ruffert, EUV/AEUV, 5. Aufl. 2016, Art. 52 GRCh Rn. 61 f.; *Jarass*, GRCh, 3. Aufl. 2016, Art. 52 Rn. 23 ff.

Steuer auf Plastiktüten oder -einweggeschirr durch eine Richtlinie oder Verordnung (vgl. Art. 192 Abs. 1 AEUV) kann den Gesetzesvorbehalt somit wahren.

bb) Wesensgehaltsgarantie

Die Steuererhebung beachtet auch den Wesensgehalt (vgl. Art. 52 Abs. 1 GRCh) von Art. 16 GRCh, wobei der Wesensgehaltsgarantie richtigerweise eigenständige Bedeutung zukommt.[259] Der „absolut geschützte" „Kernbereich" eines Grundrechts darf nicht angetastet werden.[260] Bei der unternehmerischen Freiheit muss dem allgemeinen Steuerungsinteresse dadurch positiv Rechnung getragen werden, dass der Kernbereich von Art. 16 GRCh nur beeinträchtigt ist, wenn keine zumutbare unternehmerische Betätigung mehr möglich ist.[261] Durch die Abgabenerhebungen auf Plastiktüten und -einweggeschirr erfolgt zwar eine Beschränkung, aber kein Verbot für die unternehmerischen Tätigkeiten im Zusammenhang mit diesen Plastikprodukten. Es wird lediglich die Art und Weise der Ausübung eingeschränkt, der Kern der unternehmerischen Freiheit ist nicht betroffen. Gleiches gilt für solche Personen, die die mit einer Abgabe belegten Produkte weiterverkaufen.

cc) Verhältnismäßigkeit

Nach Art. 52 Abs. 1 Satz 2 GRCh dürfen Einschränkungen unter Wahrung des Grundsatzes der Verhältnismäßigkeit nur vorgenommen werden, wenn sie den von der Union anerkannten dem Gemeinwohl dienenden Zielsetzungen oder den Erfordernissen des Schutzes der Rechte und Freiheiten anderer tatsächlich entsprechen.

Der Verhältnismäßigkeitsgrundsatz wird hier gewahrt. Eine Abgabenerhebung auf Plastiktüten und -einweggeschirr dient der Abfallreduzierung und -vermeidung und dem Umweltschutz.[262] Dies sind – wie dargestellt – vom EuGH in ständiger Rechtsprechung anerkannte Gemeinwohlinteressen. Ferner ist eine Abgabenerhebung geeignet, diese Ziele zu erreichen und mangels gleich geeigneter, milderer Mittel auch erforderlich. Da es insofern keine die unternehmerische Freiheit betreffenden Unterschiede gibt, wird hier auf die obigen Ausführungen

---

[259] Str., wie hier etwa EuGH, Urt. v. 22.1.2013 – C-283/11, ECLI:EU:C:2013:28 Rn. 48 ff. – Sky Österreich; *Pache*, in: Pechstein/Nowak/Häde, Frankfurter Kommentar, Bd. I, Art. 52 GRCh Rn. 31.

[260] *Borowsky*, in: Meyer, GRCh, 4. Aufl. 2014, Art. 52 Rn. 23, der von „absolut geschützte[r] Kernzone" spricht; *Frenz*, Hdb EuR Bd. 4, Rn. 2648; *Kingreen*, in: Calliess/Ruffert, EUV/AEUV, 5. Aufl. 2016, Art. 52 GRCh Rn. 64, der vom „schlechthin unantastbaren Kernbereich[ ]" spricht; ähnlich auch *Ruffert* (ebd.), Art. 15 Rn. 15 „absolut geschützte Bereich".

[261] *Frenz*, Hdb EuR Bd. 4, Rn. 2765; *Ohlendorf*, Grundrechte, 2015, S. 404.

[262] Siehe oben S. 117 f.

verwiesen.[263] Eine Abgabenregelung ist auch angemessen, auch insofern gelten die obigen Erwägungen entsprechend.

Der Eingriff in die unternehmerische Freiheit wäre somit gerechtfertigt.

2. Eigentumsfreiheit

Der mit der Erhebung einer Abgabe auf Plastiktüten und -einweggeschirr einhergehende Eingriff in die Eigentumsfreiheit nach Art. 17 GRCh ist gerechtfertigt.

a) Schutzbereich

Der Schutzbereich der Eigentumsfreiheit ist normgeprägt.[264] Das bedeutet, dass erst der Gesetzgeber normgebend den geschützten Gegenstand schaffen muss, der Eigentumsbegriff ist also abhängig von den Rechtsordnungen.[265] Aus den Erläuterungen des Präsidiums des Konvents, der die Grundrechtecharta erarbeitet hat, ergibt sich, dass Art. 17 GRCh der Eigentumsfreiheit nach Art. 1 Zusatzprotokoll 1 zur EMRK „entspricht".[266] Trotz des unterschiedlichen Wortlauts haben beide Eigentumsgarantien nach dem Willen des Grundrechtekonvents gemäß Art. 52 Abs. 3 Satz 1 GRCh die gleiche Bedeutung und Tragweite.[267] Für Art. 17 GRCh ist aber die Auslegung des Art. 1 Zusatzprotokoll 1 zur EMRK nicht verbindlich.[268] Vielmehr müssen neben der EMRK auch die Rechtsprechung des EuGH und die nationalen Rechtsordnungen als „Rechtserkenntnisquellen" berücksichtigt werden.[269]

Von der Eigentumsfreiheit geschützt sind das Sacheigentum sowie vermögenswerte Rechte des Einzelnen.[270] Nicht geschützt ist das Vermögen als solches.[271] Neben dem Besitz des Eigentums stellt Art. 17 Abs. 1 Satz 1 GRCh aus-

---

263 Zur Geeignetheit siehe oben S. 118 f., zur Erforderlichkeit siehe S. 120 ff.

264 Statt vieler *Kühling* in: Pechstein/Nowak/Häde, Frankfurter Kommentar, Bd. I, Art. 17 GRCh Rn. 9.

265 *Calliess*, in: Calliess/Ruffert, EUV/AEUV, 5. Aufl. 2016, Art. 17 GRCh Rn. 4; *Jarass*, GRCh, 3. Aufl. 2016, Art. 17 Rn. 6; *Bernsdorff*, in: Meyer/Hölscheidt, GRCh, 5. Aufl. 2019, Art. 17 Rn. 13.

266 Erläuterungen zur Charta der Grundrechte, ABl. 2007 C 303, 17 (23).

267 Erläuterungen zur Charta der Grundrechte, ABl. 2007 C 303, 17 (23). Zur Eigentumsfreiheit nach Art. 1 Zusatzprotokoll 1 EMRK als Maßstab für Steuern siehe auch eingehend *Ohlendorf*, Grundrechte, 2015, S. 361 ff.

268 *Ohlendorf*, Grundrechte, 2015, S. 375.

269 *Frenz*, Hdb EuR Bd. 4, Rn. 2774; *Ohlendorf*, Grundrechte, 2015, S. 375.

270 *Bernsdorff*, in: Meyer/Hölscheidt, GRCh, 5. Aufl. 2019, Art. 17 Rn. 13; *Calliess*, in: Calliess/Ruffert, EUV/AEUV, 5. Aufl. 2016, Art. 17 GRCh Rn. 6 ff.; *Jarass*, GRCh, 3. Aufl. 2016, Art. 17 Rn. 6; *Ohlendorf*, Grundrechte, 2015, S. 375; *Rengeling*, DVBl. 2004, 453 (459 f.).

271 *Jarass*, GRCh, 3. Aufl. 2016, Art. 17 Rn. 6, 22; *Streinz*; in: Streinz, EUV/AEUV, 3. Aufl. 2018, Art. 17 GRCh Rn. 6.

drücklich klar, dass auch das Recht, rechtmäßig erworbenes Eigentum zu nutzen, darüber zu verfügen und zu vererben, geschützt ist. Ob auch die Erhebung von Abgaben in den Schutzbereich von Art. 17 GRCh fällt, wird nicht einheitlich beurteilt. In der Entscheidung *Zuckerfabrik Süderdithmarschen* hatte der EuGH festgestellt, dass „die Verpflichtung, eine Abgabe zu zahlen, nicht als Verstoß gegen das Eigentumsrecht angesehen werden [kann].“[272] Dies wird von großen Teilen des Schrifttums dahingehend verstanden, dass bereits der Schutzbereich der Eigentumsfreiheit bei der Erhebung von Abgaben nicht eröffnet ist.[273] Dies überzeugt jedoch nicht. Im Gegensatz dazu steht auch die Entscheidung des EuGH in der Rechtssache *Faroe Seafood,*[274] in der er prüfte, ob die streitgegenständliche Abgabenerhebung verhältnismäßig war und somit – ohne Begründung – indirekt voraussetzte, dass der Schutzbereich der Eigentumsfreiheit eröffnet ist.[275] Denn auch wenn eine Abgabe aus der Vermögensmasse als solcher gezahlt werden muss, so bezieht sich die Zahlungsverpflichtung auf ein „konkretes Abgabenobjekt“,[276] die Plastiktüte oder das -einweggeschirr. Nach überzeugender Auffassung ist somit die Eröffnung des Schutzbereichs bei Abgabenerhebungen grundsätzlich zu bejahen, weil die Abgabenerhebung die Nutzung des Eigentums betrifft.[277] Hier wird die Nutzungsmöglichkeit der Eigentümer dieser Plastikprodukte, insbesondere die diese produzierenden Unternehmen, tangiert.

[272] EuGH, Urt. v. 21.2.1991 – verb. Rs. C-143/88 und C-92/89, Slg. 1991, I-415 Rn. 74 – Zuckerfabrik Süderdithmarschen.

[273] Siehe *Calliess,* in: Calliess/Ruffert, EUV/AEUV, 5. Aufl. 2016, Art. 17 GRCh Rn. 8; *Günter,* Eigentum, 1998, S. 41 f.; *Heselhaus*, in: Heselhaus/Nowak, Hdb GR, § 34 Rn. 54; *Jarass*, NVwZ 2006, 1089 (1090); *Ruffert*, in: Calliess/Ruffert, ebd., Art. 15 GRCh Rn. 20; *Streinz*, in: Streinz, EUV/AEUV, 3. Aufl. 2018, Art. 17 GRCh Rn. 6; *Wunderlich*, Berufsfreiheit, 2000, S. 127; a. A. etwa *Frenz*, Hdb EuR Bd. 4, Rn. 2857 f.; *Kühling*, in: Pechstein/Nowak/Häde, Frankfurter Kommentar, Bd. I, Art. 17 GRCh Rn. 19.

[274] EuGH, Urt. 14.5.1996 – verb. Rs. C-153/94 und C-204/94, Slg. 1996, I-2465 – Faroe Seafood. Mit der Widersprüchlichkeit der Rspr. setzt sich auch *Korn,* Abgabenrecht, 2015, S. 113 f. auseinander. Die Uneinheitlichkeit der Rspr. eingehend darstellend *Ohlendorf,* Grundrechte, 2015, S. 377 f.

[275] EuGH, Urt. 14.5.1996 – verb. Rs. C-153/94 und C-204/94, Slg. 1996, I-2465 Rn. 111 ff. – Faroe Seafood; ähnlich wie hier *Ohlendorf,* Grundrechte, 2015, S. 378.

[276] *Korn,* Abgabenrecht, 2015, S. 114.

[277] Vgl. EuGH, Urt. 14.5.1996 – verb. Rs. C-153/94 und C-204/94, Slg. 1996, I-2465 Rn. 111 ff. – Faroe Seafood; GA *Lenz*, Schlussanträge v. 8.11.1990 – C-143/88, Slg. 1991, I-477 Rn. 167 – Zuckerfabrik Süderdithmarschen; *Frenz*, Hdb EuR Bd. 4, Rn. 2857 f.; *Kühling*, in: Pechstein/Nowak/Häde, Frankfurter Kommentar, Bd. I, Art. 17 GRCh Rn. 19; ausf. *Korn,* Abgabenrecht, 2015, S. 113 ff., insbes. S. 115 f.

b) Eingriff

Ein Eingriff in den Schutzbereich der Eigentumsfreiheit ist bei einem Entzug des Eigentums (Art. 17 Abs. 1 Satz 2 GRCh) oder bei einer Nutzungsbeschränkung in zeitlicher, räumlicher oder sachlicher Hinsicht gegeben.[278] Ob ein Entzug des Eigentums auch bei einer de-facto-Enteignung vorliegt oder nur bei einer formellen Enteignung, ist strittig.[279] Dieser Streit kann hier dahinstehen, weil beides nicht vorliegt. Eine förmliche Enteignung, also ein vollständiger oder dauerhafter Verlust der Eigentümerstellung oder zwangsweiser Eigentümerwechsel[280] findet durch eine Abgabenerhebung auf Plastiktüten und -einweggeschirr nicht statt. Eine de-facto Enteignung liegt vor, wenn „faktisch" eine solche Enteignung bewirkt wird, also jegliche „sinnvolle" Nutzungs- und Verfügungsmöglichkeit unmöglich ist.[281] Auch dies ist durch die Einführung einer Steuer auf Plastiktüten und -einweggeschirr nicht gegeben. Die Eigentümer können diese Plastikprodukte weiterhin nutzen. Es liegt aber eine Beschränkung der Nutzungsmöglichkeiten vor.

c) Rechtfertigung

Diese Nutzungsbeschränkung ist indes gerechtfertigt, da die Maßgaben des Art. 17 Abs. 1 Satz 3 GRCh und zusätzlich des Art. 52 GRCh gewahrt werden.[282] Die Müllvermeidung und der Umweltschutz sind, wie oben ausgeführt,[283] legitime Ziele des Allgemeinwohls. Insbesondere kann das Ziel des Umweltschutzes auch die Beschränkung der Eigentumsfreiheit rechtfertigen.[284] Im Übrigen kann auf die bisherigen Ausführungen zur Geeignetheit, Erforderlichkeit und Angemessenheit verwiesen werden.[285]

---

[278] Grundlegend EuGH, Urt.v . 13.12.1979 – C-44/79, Slg. 1979, I-3727 Rn. 19 – Hauer; aus der Literatur etwa *Calliess*, in: Calliess/Ruffert, EUV/AEUV, 5. Aufl. 2016, GRCh Art. 17 Rn. 11; *Jarass*, GRCh, 3. Aufl. 2016, Art. 17 Rn. 18, 20.

[279] Eine faktische Enteignung anerkennend etwa *Calliess*, in: Ehlers, EuGR, § 20 Rn. 29; *Depenheuer*, in: Tettinger/Stern, GRCh, Art. 17 GRCh Rn. 63; ausf. dazu *Ohlendorf*, Grundrechte, 2015, S. 375.

[280] *Calliess*, in: Calliess/Ruffert, EUV/AEUV, 5. Aufl. 2016, Art. 17 GRCh Rn. 13; *Jarass*, GRCh, 3. Aufl. 2016, Art. 17 Rn. 18; *Sonnevend,* in: Grabenwarter, EnzEuR, Bd. 2, § 14 Rn. 63.

[281] *Depenheuer*, in: Tettinger/Stern, GRCh, Art. 17 GRCh Rn. 45, 63; *Jarass*, GRCh, 3. Aufl. 2016, Art. 17 Rn. 19; *Vosgerau*, in: Stern/Sachs, GRCh, 2016, Art. 17 Rn. 36; vgl. EuGH, Urt. v. 12.5.2005 – C-347/03, 2005, I-3785 Rn. 22 – Regione autonoma Friuli-Venezia Giulia und ERSA, der einen Entzug des Eigentums ablehnte, weil nicht „jede sinnvolle Art der Vermarktung" ausgeschlossen war.

[282] Allg. zum Maßstab etwa *Sonnevend,* in: Grabenwarter, EnzEuR, Bd. 2, § 14 Rn. 67 ff., 75 ff.

[283] Siehe oben S. 117 f.

[284] EuGH, Urt. v. 15.1.2013 – C-416/10, ECLI:EU:C:2013:8 Rn. 114 – Križan u. a.

[285] Siehe oben S. 118 ff.

V. Zwischenergebnis

Nach dem Prinzip der begrenzten Einzelermächtigung kann der Unionsgesetzgeber nur tätig werden und steuerrechtliche Regelungen für Plastiktüten und -einweggeschirr erlassen, wenn er hierfür eine Kompetenzgrundlage hat. Grundsätzlich haben mit wenigen Ausnahmen die Mitgliedstaaten die Kompetenz zur Einführung von Steuern. Eine Steuerharmonisierung nach Art. 113 AEUV ist für Plastikeinweggeschirr mangels ausreichender mitgliedstaatlicher Regelungen nicht möglich. Für Plastiktüten gibt es hingegen bereits mehrere Mitgliedstaaten, die eine solche Steuer erheben. Hier kommt eine Harmonisierung grundsätzlich in Betracht. Da bei einem Sekundärrechtsakt zur Einführung einer plastikproduktspezifischen EU-Steuer der Schwerpunkt nach Inhalt und Ziel der Maßnahme aber auf dem Umweltschutz, nicht dem Binnenmarkt läge, wäre hierfür nicht Art. 113 AEUV, sondern Art. 192 Abs. 2 UAbs. 1 AEUV einschlägig. Dieser stellt eine eigenständige Rechtsgrundlage für umweltbezogene steuerliche Vorschriften dar und erlaubt eine Steuer auf Plastiktüten und -einweggeschirr. Das Subsidiaritätsprinzip als Begrenzung der Kompetenzausübung der Union wäre gewahrt. Verfahrensrechtlich bedeutsam wäre vor allem das Einstimmigkeitserfordernis, an dem bisher viele Vorhaben gescheitert sind. Dass der EU auch die Erträge aus einer solchen Steuer zustünden, ist möglich, aber an strenge verfahrensrechtliche Voraussetzungen (Art. 311 UAbs. 3 AEUV) geknüpft. Ob insbesondere die Einstimmigkeit erfüllt wäre, hinge vom politischen Willen des jeweiligen Mitgliedstaates ab.

Die mit einer solchen Steuer verbundenen Beeinträchtigungen der Warenverkehrsfreiheit, der unternehmerischen Freiheit sowie der Eigentumsfreiheit wären gerechtfertigt. Insbesondere gibt es keine milderen, gleich geeigneten Mittel, sodass die Maßnahme erforderlich wäre. Außerdem wäre die Belastung angemessen, zumal die Verursacher herangezogen würden.

B. Handlungsmöglichkeiten des nationalen Gesetzgebers – bundes-, landes- und kommunalrechtliche Ebene

Mögliche Instrumente zur Verbrauchsminderung von Plastiktüten und -einweggeschirr, einschließlich des Coffee-to-go-Bechers, sind auch im nationalen Mehrebenensystem Steuern und nicht-steuerliche Abgaben. In der Rechtswissenschaft wird über die Rechtmäßigkeit von Umweltabgaben bereits seit Jahrzehnten intensiv diskutiert. Aufbauend auf diesen Grundlagen sollen vorliegend die in der wissenschaftlichen Auseinandersetzung noch nicht abschließend betrachteten plastikspezifischen Fragen beantwortet werden.

I. Verbleibender Gestaltungsspielraum Deutschlands

Da der Umweltschutz eine zwischen Union und Mitgliedstaaten geteilte Zuständigkeit (Art. 2 Abs. 2 S. 1, Art. 4 Abs. 2 lit. e AEUV) ist, können mitgliedstaatliche Steuern oder nicht-steuerliche Abgaben durch *abschließende* Sekundärrechtsakte der Union gesperrt sein.[286] Der verbleibende Regelungsspielraum Deutschlands, wenn die Union die soeben untersuchte unionsweite Plastik-Steuer auf bestimmte Produkte einführt, wurde bereits herausgearbeitet.[287]

1. Regelungsspielraum bezüglich Plastiktüten

Die Plastiktüten-RL, die die VerpRL ändert, erlaubt explizit die Einführung wirtschaftlicher Instrumente und damit von Steuern oder nicht-steuerlichen Abgaben[288] als Mittel zur Reduzierung des Verbrauchs von leichten Plastiktüten (vgl. Art. 4 Abs. 1a VerpRL). Die Einführung ebensolcher Maßnahmen durch Deutschland ist demnach eine Möglichkeit zur Umsetzung der Richtlinienvorgaben. Eines Rückgriffs auf die engen Voraussetzungen unterliegenden Schutzergänzungsmöglichkeiten nach Art. 114 Abs. 4 und 5 AEUV[289] bedarf es daher auf Basis der aktuellen Rechtslage nicht.

Die Maßnahmen aufgrund der Plastiktüten-RL konzentrieren sich zwar auf *leichte* Plastiktüten mit einer Wandstärke unter 50 Mikron (vgl. Art. 3 Nr. 1c, Art. 4 Abs. 1a VerpRL). Deutschland kann aber darüber hinausgehend auch Regelungen für *sämtliche* Plastiktüten erlassen. Denn in Art. 4 Abs. 1b VerpRL wird festgestellt, dass sich die nationalen Maßnahmen – unter expliziter Nennung von wirtschaftlichen Instrumenten – „auf sämtliche Arten von Kunststofftragetaschen ungeachtet ihrer Wanddicke" beziehen können. Es besteht damit keine Sperrwirkung für die Einführung von Steuern oder nicht-steuerlichen Abgaben auf Plastiktüten. Durch die Verbots-RL ändert sich an diesem Ergebnis nichts, weil diese sehr leichte Plastiktüten nicht erfasst und leichte Plastiktüten nicht nach Art. 5 Verbots-RL zu verbieten sind.

---

[286] Zu Sperrwirkungen bereits oben S. 108 einschl. der dortigen Nachweise.

[287] Siehe S. 108 ff.

[288] Siehe Erwägungsgrund Nr. 11 der Plastiktüten-RL.

[289] Verstärkte Schutzmaßnahmen wären nur nach Art. 114 Abs. 4 und Abs. 5 AEUV möglich, da die Plastiktüten-RL auf die Rechtsgrundlage des Art. 114 Abs. 1 AEUV gestützt wurde. Schutzergänzungen nach Art. 193 AEUV scheiden somit aus. Kritisch zur Abstützung der Plastiktüten-RL auf Art. 114 Abs. 1 AEUV *Classen,* EuZW 2015, 854 (855 ff.).

2. *Regelungsspielraum bezüglich Plastikeinweggeschirr*

Die Einführung einer Steuer oder nicht-steuerlichen Abgabe auf Plastikeinweggeschirr ist nach aktueller Rechtslage ebenfalls möglich, wobei diese für Einwegbesteck, -teller sowie Becher aus expandiertem Polysterol aber nur bis zum 3.7.2021 gelten können.

Die Plastiktüten-RL entfaltet für Einweggeschirr keine Sperrwirkung, da ihr sachlicher Anwendungsbereich sich nicht auf diese erstreckt. Hingegen schränkt die jüngst in Kraft getretene Verbots-RL den mitgliedstaatlichen Regelungsspielraum ein.

Nach Art. 5 Verbots-RL sollen die Mitgliedstaaten das Inverkehrbringen von Plastikeinwegbesteck, -tellern sowie von Bechern aus expandiertem Polysterol verbieten, wobei die Herstellung nicht erfasst wird.[290] Dieses Verbot ist bis zum 3.7.2021 umzusetzen, darf aber auch nicht vor diesem Tag gelten.[291] Folglich wären mitgliedstaatliche Steuern oder nicht-steuerliche Abgaben auf das *Inverkehrbringen* von Plastikeinwegbesteck, -tellern und Bechern aus expandiertem Polysterol durch das Verbot ab diesem Zeitpunkt gesperrt. Da jedoch zuvor keine umfassende Vorwirkung der Richtlinie greift (vgl. Art. 4 Abs. 3 EUV i. V. m. Art. 288 AEUV),[292] sind bis dahin diesbezügliche steuerliche Regelungen möglich, zumal dem auch die VerpRL nicht entgegensteht. Die Mitgliedstaaten müssen seit Inkrafttreten der Verbots-RL lediglich den Erlass von Regelungen unterlassen, die „geeignet" sind, das Erreichen des Richtlinienziels nach Ablauf der Umsetzungsfrist „ernstlich in Frage zu stellen".[293] Das mit der Verbots-RL bezweckte Ziel (Umweltschutz, Abfallvermeidung, vgl. Art. 1 Verbots-RL) wäre durch Abgaben auf die später zu verbietenden Produkte aber nicht ernstlich gefährdet, sondern diese verfolgen ebendiesen Zweck. Darüber hinaus wäre die VerpRL gewahrt, weil zum einen Einwegbestecke von der VerpRL nicht erfasst werden.[294] Zum anderen sind Plastikeinwegteller und -tassen sowie der Coffee-

---

290 Vgl. Art. 5 i. V. m. Anhang, Teil B, Nr. 2, 3, 9 Verbots-RL. Zum davon nicht erfassten Herstellungsverbot siehe eingehend unten S. 265; a. A. wohl *Wendenburg*, AbfallR 2019, 170 (172).

291 Art. 17 Abs. 1 UAbs. 2, 1. Spiegelstrich Verbots-RL. Siehe auch *Wendenburg*, AbfallR 2019, 170 (172); *Wüstenberg*, EuZW 2019, 633 (633).

292 Allg. zu den Grenzen der Vorwirkung EuGH, Urt. v. 18.12.1997 – C-129/96, Slg. 1997, I-7411 Rn. 43 ff. – Inter-Environnement Wallonie; Urt. v. 27.10.2016 – C-439/16, ECLI:EU:C:2016:818 Rn. 30 ff. – Milev; *Germelmann/Gundel*, BayVBl. 2017, 649 (658 f.); teilweise als Frustrationsverbot wie im Völkerrecht bezeichnet, siehe etwa *Kubitza*, EuZW 2016, 691 (691 ff.); *Streinz*, in: Streinz, EUV/AEUV, 3. Aufl. 2018, Art. 4 EUV Rn. 69.

293 EuGH, Urt. v. 27.10.2016 – C-439/16, ECLI:EU:C:2016:818 Rn. 31 – Milev; grundlegend EuGH, Urt. v. 18.12.1997 – C-129/96, Slg. 1997, I-7411 Rn. 43 ff., insbes. Rn. 45 – Inter-Environnement Wallonie.

294 Siehe Art. 3 Nr. 1 Satz 5 i. V. m. Anhang I der VerpRL.

to-go-Becher zwar Verpackungen im Sinne der VerpRL,[295] diesbezügliche produktspezifische wirtschaftliche Instrumente durch die Mitgliedstaaten sind jedoch in Übereinstimmung mit den Grundsätzen der Umweltpolitik, unter anderem dem Verursacherprinzip, und unter Einhaltung des weiteren Unionsrechts möglich, wenn die Union, wie bisher, keine wirtschaftlichen Maßnahmen erlassen hat (vgl. Art. 15 S. 1, 2 VerpRL).[296] Dem stünde auch nicht die Spezialität der Verbots-RL gegenüber der VerpRL entgegen, da in diesem Fall bis zur Umsetzungsfrist keine Kollision vorläge (vgl. Art. 2 Abs. 2 sowie Erwägungsgrund Nr. 10 der Verbots-RL). Dass die Einführung derartiger steuerlicher Regelungen, wie etwa von Tübingen geplant, aufgrund des vorhandenen Zeitfensters praktisch schwierig umzusetzen sein könnte bzw. dann nur kurz anwendbar wäre (Anwendungsvorrang des Unionsrechts[297]), steht auf einem anderen Blatt.

Ferner sind steuerliche Regelungen bezüglich der *Herstellung* dieser Plastikprodukte weiterhin (und auch ab dem 3.7.2021) möglich.[298] Für sonstige Plastikbecher, insbesondere den *Coffee-to-go-Becher*, gilt das Verbot des Inverkehrbringens nach Art. 5 Verbots-RL nicht. Für diese sollen die Mitgliedstaaten alle erforderlichen Maßnahmen treffen, um eine Verminderung[299] des Produktverbrauchs zu erreichen, wozu nach der Verbots-RL ausdrücklich Wirtschaftsinstrumente wie die Sicherstellung, dass Einwegkunststoffartikel an der Verkaufsstelle nicht kostenlos abgegeben werden, zählen.[300] Es bestünde also Regelungsspielraum für wirtschaftliche Instrumente auf Coffee-to-go-Becher.

II. Kompetenzrechtliche Möglichkeiten

1. Einführung von Steuern auf Plastiktüten und -einweggeschirr

Die finanzverfassungsrechtlichen Gesetzgebungskompetenzen von Bund und Ländern zur Einführung von Steuern folgen aus Art. 105 GG, der gegenüber den

[295] Vgl. Art. 3 Nr. 1 Satz 4, 5, (ii) i. V. m. Anhang I VerpRL.

[296] Mit Recht jüngst EuGH, Urt. v. 15.3.2018 – C-104/17, ECLI:EU:C:2018:188 Rn. 21 – Cali Esprou. Eines Rückgriffs auf die Schutzergänzungsmöglichkeiten nach Art. 114 Abs. 4 und 5 AEUV bedarf es nicht.

[297] Die Einzelheiten zum Verhältnis von Unionsrecht und nationalem Recht werden intensiv diskutiert, siehe für einen guten Überblick *Streinz,* Europarecht, § 3 Rn. 198 ff.

[298] Die Inverkehrbringens- und Herstellungsebene sind voneinander zu trennen, vgl. EuGH, Urt. v. 23.1.1975 – C-31/74, Slg. 1975, 47 Rn. 32/34 – Galli; eingehend zu den Kriterien einer abschließenden Harmonisierung *Epiney*, in: Landmann/Rohmer, UmweltR, Art. 193 AEUV (Stand: 2/2012) Rn. 8; zum in Art. 5 Verbots-RL nicht enthaltenen Herstellungsverbot siehe S. 265 f.

[299] Zur konkreten Ausgestaltung der Reduktionspflicht und Kritik daran siehe ausf. unten S. 260 ff.

[300] Art. 4 Abs. 1 UAbs. 1, 3 S. 1 i. V. m. Anhang, Teil A, Nr. 1 Verbots-RL.

Art. 70 ff. GG eine abschließende Sonderregelung (lex specialis) ist.[301] Dabei ergibt sich aus den Art. 105 und 106 GG ein numerus clausus möglicher Steuertypen, sodass neue Steuern den dortigen Typusbegriffen genügen müssen.[302] Ein originäres und freies Steuerfindungsrecht hat der einfache Bundes- oder Landesgesetzgeber hingegen nicht, wie die Senatsmehrheit des BVerfG jüngst in der Kernbrennstoffsteuer-Entscheidung bestätigte.[303]

a) Finanzverfassungsrechtliche Einordnung als Steuer

Der Begriff der Steuer wird im Grundgesetz nicht definiert.[304] Das BVerfG greift zu Recht zur Begriffsbestimmung in ständiger Rechtsprechung auf die einfachgesetzliche Definition in § 3 AO zurück.[305] Auch wenn der einfache Gesetzgeber nicht den verfassungsrechtlichen Steuerbegriff legaldefinieren kann, so kann § 3 AO doch als Anhaltspunkt oder Interpretationshilfe dienen.[306] Nach § 3 Abs. 1 AO werden Steuern in Anlehnung an § 1 Abs. 1 RAO[307] als solche Geldleistungen legaldefiniert, die keine Gegenleistung für eine besondere Leistung darstellen und von einem öffentlich-rechtlichen Gemeinwesen zur Erzielung von Einnahmen allen auferlegt werden, bei denen der Tatbestand zutrifft, an den das Gesetz die Leistungspflicht knüpft.

Ein Entgelt auf Plastiktüten oder -einweggeschirr ist im finanzverfassungsrechtlichen Sinne als Steuer denkbar. Es handelt sich um eine normative, und

---

[301] BVerfGE 67, 256 (286); 108, 186 (212); 145, 171 (Rn. 62, 69); aus dem Schrifttum statt vieler *Seiler*, in: Maunz/Dürig, GG, Art. 105 GG (Stand: 5/2015) Rn. 116.

[302] Siehe nur BVerfGE 67, 256 (286); 145, 171 (Rn. 64); *Müller-Franken*, in: Friauf/Höfling, Berliner Kommentar zum GG, Art. 105 GG (Stand: 23. EL II/08) Rn. 208; *Siekmann*, in: Sachs, GG, 8. Aufl. 2018, Art. 105 GG Rn. 50 f.

[303] Eingehend BVerfGE 145, 171 (Rn. 71 ff., 95 ff.); *Kloepfer*, VerfR I, § 26 Rn. 103; *Müller-Franken*, in: Friauf/Höfling, Berliner Kommentar zum GG, Art. 105 GG (Stand: 23. EL II/08) Rn. 205 ff.; *Schwarz*, in: v. Mangoldt/Klein/Starck, GG, Bd. III, Art. 105 GG Rn. 17 ff.; *Siekmann*, in: Sachs, GG, 8. Aufl. 2018, Art. 105 GG Rn. 49 f.; *Vogel/Walter,* in: Kahl/Waldhoff/Walter, Bonner Kommentar zum GG, Art. 105 GG (Stand: 7/2004) Rn. 64 ff.; *v. Münch/Mager,* StaatsR I, Rn. 622; a. A. die abweichende Meinung der Richter Huber und Müller in BVerfGE 145, 171 (Rn. 1 ff.); *Heun*, in: Dreier, GG, Bd. 3, Art. 106 GG Rn. 15; *Schmidt*, StuW 2015, 171 (174 ff.; 190).

[304] BVerfGE 67, 256 (282); 93, 319 (346); statt vieler nur *Müller-Franken*, in: Friauf/Höfling, Berliner Kommentar zum GG, Art. 105 GG (Stand: 23. EL II/08) Rn. 58.

[305] Etwa BVerfGE 67, 256 (282); Vgl. BVerfGE 93, 319 (346); *Seiler*, in: Maunz/Dürig, GG, Art. 105 GG (Stand: 5/2015) Rn. 36.

[306] BVerfGE 93, 319 (346); *Kube,* Finanzgewalt in der Kompetenzordnung, 2004, S. 119; *Müller-Franken,* VerwArch 103 (2012), 315 (318 f.); *Seer*, in: Tipke/Lang, Steuerrecht, § 2 Rn. 10; *Waldhoff*, in: Isensee/Kirchhof, HStR V, § 116 Rn. 85.

[307] Hierzu *Tipke,* Steuerrechtsordnung, Bd. III, S. 1313; *Vogel/Waldhoff*, in: Kahl/Waldhoff/Walter, Bonner Kommentar zum GG, Vor Art. 104a GG (Stand: 11/1997) Rn. 360 f.

damit staatlich auferlegte Geldleistungspflicht, die von den tatbestandlichen Steuerschuldnern – je nach Ausgestaltung des Tatbestandes Hersteller, Verkaufsstellen oder Endverbraucher[308] – erhoben wird. Steuern müssen einen Fiskalzweck haben, also der Einnahmeerzielung dienen, der jedoch nicht Hauptzweck sein muss, sondern zulässigerweise nur ein Nebenziel darstellen kann.[309] Hier ist die außerfiskalische Lenkungswirkung das Hauptziel, aber es ist schon aufgrund des voraussichtlichen Aufkommens davon auszugehen, dass Nebenzweck auch das Erzielen von Einnahmen wäre, der auch erhalten bleibt, wenn die Erträge bei zunehmender Wirksamkeit der Lenkung sinken.[310] Bedeutsames Merkmal ist, dass Steuern im Unterschied zu einer Gebühr oder einem Beitrag gegenleistungsunabhängig sind, also „voraussetzungslos" erhoben werden.[311] Bei der Beurteilung des Vorliegens einer Gegenleistung kommt es darauf an, dass es sich um eine individuell zurechenbare öffentliche Leistung handelt, nicht um irgendeine.[312] Eine solche öffentliche Gegenleistung liegt nicht vor. Denn die Herstellung oder Ausgabe der Waren selbst, namentlich der Plastiktüte, des Coffee-to-go-Bechers oder des sonstigen Plastikeinweggeschirrs, ist nicht Inhalt eines öffentlichen Tätigwerdens. Insbesondere geht es nicht um die öffentliche Abfallentsorgungsleistung, weil das Entgelt nicht auf den Abfall, sondern die Verpackung erhoben wird.[313]

b) Finanzverfassungsrechtliche Einordnung des Steuertyps

aa) Aufwandsteuern

Eine Ausgestaltung einer Steuer auf Plastiktüten und -einweggeschirr als Aufwandsteuer kommt nicht in Betracht. Gegenstand von Aufwandsteuern, wie zum Beispiel der Zweitwohnungsteuer, ist das Verwenden „finanzieller Mittel für die Aufrechterhaltung eines tatsächlichen oder rechtlichen Zustandes".[314] Mit ihnen wird das Innehaben eines Gegenstandes für eine gewisse Dauer belastet.[315] Sie

---

[308] Steuerschuldner bei Verbrauchsteuern analysierend *Förster*, Verbrauchsteuern, 1989, S. 74 ff.

[309] Vgl. § 3 Abs. 1 Hs. 2 AO; *Seer*, in: Tipke/Lang, Steuerrecht, § 2 Rn. 10; *Jachmann-Michel/Vogel*, in: v. Mangoldt/Klein/Starck, Bd. III, Art. 105 GG Rn. 3.

[310] So allgemein für ökologisch motivierte Lenkungsteuern *Jachmann,* in: FS Selmer, 2004, 707 (708 f.). Hierzu aus ökonomischer Sicht *Gawel,* StuW 2001, 26 (28), der von Lenkungsteuern als „fiskalkomprimierend", aber nicht „fiskalverdrängend" spricht.

[311] BVerfGE 145, 171 (Rn. 100).

[312] Vgl. BVerfGE 92, 91 (115); 93, 319 (346 f.); *Seer*, in: Tipke/Lang, Steuerrecht, § 2 Rn. 15.

[313] Zutreffend für eine Verpackungsabgabe *Tiedemann*, DÖV 1990, 1 (4).

[314] BVerfGE 65, 325 (346); *Birk/Desens/Tappe*, Steuerrecht, Rn. 77; *Kloepfer,* Finanzverfassungsrecht, 2014, § 4 Rn. 28.

[315] *Kluth*, DVBl. 1992, 1261 (1263).

drücken eine „wirtschaftliche Leistungsfähigkeit“ aus, beziehen sich aber nicht auf Verbrauchsgegenstände oder alltagsübliche Vermögensverwendungen.[316] Zutreffend wurde bereits erkannt, dass Steuern auf Einwegverpackungen wie im Falle der viel diskutierten kommunalen Getränkeverpackungsteuer keine besondere wirtschaftliche Leistungsfähigkeit ausdrücken und diese Gegenstände zeitnah entsorgt und damit verbraucht werden, also nicht lange besessen werden.[317] Das gilt auch für Plastiktüten und -einweggeschirr, insbesondere den Coffee-to-go-Becher.

bb) Verbrauchsteuern

Vielmehr ist eine Steuer auf Plastiktüten und -einweggeschirr einschließlich des Coffee-to-go-Bechers als Verbrauchsteuer zu qualifizieren.[318] Anknüpfungspunkt von Verbrauchsteuern ist der „Verbrauch oder Verzehr von verbrauchsfähigen Wirtschaftsgütern“.[319] Prägend ist, dass sie auf Überwälzung auf den Endverbraucher angelegt sind und damit indirekte Steuern[320] sind, wobei der Zeitpunkt der Erhebung auf einen vorherigen wirtschaftlichen Vorgang als Ersatzanknüpfungspunkt vorverlagert wird, weil der konkrete Verbrauch dafür untauglich ist.[321]

---

[316] BVerfGE 16, 64 (74); 65, 325 (347); *Kloepfer*, Finanzverfassungsrecht, 2014, § 4 Rn. 28; *Henneke*, in: Schmidt-Bleibtreu/Hofmann/Henneke, GG, 14. Aufl. 2018, Art. 105 GG Rn. 55; *Vogel/Walter*, in: Kahl/Waldhoff/Walter, Bonner Kommentar zum GG, Art. 105 GG (Stand: 7/2004) Rn. 121; *Wernsmann*, NVwZ 2013, 124 (125).

[317] *Eschenbach*, ZKF 1992, 51 (53); *Förster*, Verbrauchsteuern, 1989, S. 115; *Kluth*, DVBl. 1992, 1261 (1263); *Köck*, in: Köck/Schwanenflügel, Abfallvermeidung durch kommunale Verpackungsabgaben, 1990, S. 41; a.A. *Eckert*, DÖV 1990, 1006 (1007), der bei einer solchen eine Aufwandsteuer bejaht.

[318] Ebenso für Einweggeschirr BVerfGE 98, 106 (123); *Böhm*, in: Lübbe-Wolff, Kommunales Satzungsrecht, 1993, Rn. 571; ausf. *Lange*, in: ders., Gesamtverantwortung, 1997, 305 (307 ff.); wie hier *Klinger/Krebs*, ZUR 2015, 664 (665); *Klinger*, DUH Rechtsgutachten, 4/2014, S. 6; für Plastiktüten und Einweggeschirr Wissenschaftlicher Parlamentsdienst des Abgeordnetenhauses von Berlin, Gutachten über die Möglichkeit einer Besteuerung von PET-Einkaufstragetaschen und Einweggeschirr auf Landesebene, 30.10.2015, S. 2; für Plastiktüten *Rodi*, ZUR 2016, 531 (534); *ders.*, in: Reimer, Ressourceneffizienz, 2016, 189 (196); a.A. für Einweggeschirr *Friauf*, GewArch 1996, 265 (266 f.).

[319] *Birk/Desens/Tappe*, Steuerrecht, Rn. 73. Siehe auch BVerfGE 98, 106 (123); eingehend jüngst BVerfGE 145, 171 (Rn. 112 ff.); BT-Drs. 2/480, S. 107 Rn. 160; *Eiling*, Verbrauchsteuern, 2014, S. 58 ff., die verschiedene Ansätze zur Begriffsbestimmung darstellt; *Seer*, in: Tipke/Lang, Steuerrecht, § 2 Rn. 47; eingehend zum Begriff und der historischen Entwicklung der Verbrauchsteuern siehe *Förster*, Verbrauchsteuern, 1989, S. 3 ff., 19 ff.; siehe auch *Müller*, Verbrauchsteuern, 1997, S. 102 ff.

[320] Zur Begriffsbestimmung der indirekten Steuern siehe bereits oben S. 96 f.

[321] BVerfGE 110, 274 (298); 145, 171 (Rn. 119); BVerwGE 96, 272 (282); *Kloepfer*, Finanzverfassungsrecht, 2014, § 4 Rn. 27; *Förster*, Verbrauchsteuern, 1989, S. 108, 115.

Als Ersatzanknüpfungspunkte für eine Besteuerung sind hier die Produktion beim Hersteller, das erstmalige Inverkehrbringen der Produkte und der Verkauf an den Endverbraucher durch den Händler bzw. Verkäufer denkbar, von denen diese Steuer aus Praktikabilitätsgründen erhoben werden würde.[322] Ferner wäre eine solche Steuer auch auf Abwälzung auf den Endverbraucher angelegt, wobei es unerheblich ist, ob dies im Einzelfall tatsächlich zutrifft.[323] Problematisch ist, dass Plastiktüten und -einweggeschirr einschließlich Coffee-to-go-Becher als solche nicht im körperlichen Sinne verbraucht werden.[324] Dennoch ist Einweggeschirr nach der bestimmungsgemäßen Benutzung zum Verzehr von Lebensmitteln „funktions- und wertlos" und ein „verbrauchsfähiges Gut".[325] Wenngleich es danach noch vorhanden ist, so wird in diesem Zusammenhang von einer „eliminierenden Nutzung" gesprochen, sodass es dadurch „verbraucht" wird.[326] Die Einweg-Verpackungsmaterialien (z. B. Einwegteller und Coffee-to-go-Becher) werden typischerweise nach nur einer Benutzung weggeworfen und zu Abfall, der zumindest für den Endverbraucher kein Wirtschaftsgut darstellt.[327] Auch Plastiktüten sind verbrauchsfähige Güter, die oft nach nur einer, allenfalls aber nach einer vereinzelten mehrmaligen Nutzung funktions- und wertlos werden.[328] Zwar dienen sie anders als Einweggeschirr nicht immer zum Transport von zu verbrauchenden Lebensmitteln, sondern auch anderer Güter. Das schadet jedoch nicht, da sie ihre Funktionsfähigkeit nach dem Erfüllen der Transportfunktion einbüßen und dies ebenfalls als eliminierende Nutzung eingestuft werden kann. Dass bei dickeren Einweg-Plastiktüten gelegentlich ein mehrmaliger Gebrauch möglich ist, und diese teilweise gesammelt und begrenzt mehrfach verwendet werden, steht dieser typisierenden Betrachtung nicht entgegen.

---

[322] BVerfGE 110, 274 (298); *Förster*, Verbrauchsteuern, 1989, S. 115; vgl. auch *Klinger/Krebs*, ZUR 2015, 664 (665, 668).

[323] BVerfGE 110, 274 (295); 145, 171 (215).

[324] So mit Recht zu Verpackungsteuern *Konrad*, BB 1995, 1109 (1111); ähnlich *Köck*, in: Köck/Schwanenflügel, Abfallvermeidung durch kommunale Verpackungsabgaben, 1990, S. 41.

[325] BVerfGE 98, 106 (124); vgl. BVerwGE 96, 272 (282); wie hier auch *Förster*, Verbrauchsteuern, 1989, S. 115; *Klinger/Krebs*, ZUR 2015, 664 (665); *Klinger*, DUH Rechtsgutachten, 4/2014, S. 6; *Pieroth*, WiVerw 1996, 65 (70).

[326] BVerfGE 98, 106 (124); BVerwGE 96, 272 (282). Siehe auch *Förster*, Verbrauchsteuern, 1989, S. 115; kritisch *Kluth*, DVBl. 1992, 1261 (1264).

[327] BVerfGE 98, 106 (124); *Klinger/Krebs*, ZUR 2015, 664 (665); *Klinger*, DUH Rechtsgutachten, 4/2014, S. 6.

[328] So auch *Klinger*, DUH Rechtsgutachten, 4/2014, S. 6; *Klinger/Krebs*, ZUR 2015, 664 (665).

cc) Verkehrsteuern

Im Gegensatz zu Verbrauchsteuern knüpfen Verkehrsteuern an einen Rechtsakt an und zielen darauf, den beim Rechtsgeschäftsabschluss entstehenden und eine gewisse Leistungsfähigkeit indizierenden „Aufwand" zu treffen.[329] Dass die hier betrachtete plastikspezifische Steuer an den Inverkehrbringens- oder Verkaufsvorgang anknüpft, führt nicht zu einer Einordnung als Verkehrsteuer. Dies wird nur als Ersatzanknüpfungszeitpunkt gewählt, tatsächlich soll die *Verwendung* von Plastiktüten und -einweggeschirr besteuert werden und nicht das zugrundeliegende Rechtsgeschäft.[330]

dd) Zwischenfazit

Eine Steuer auf Plastiktüten und -einweggeschirr einschließlich Coffee-to-go-Becher ist nach überzeugender, wenngleich nicht unumstrittener Auffassung als Verbrauchsteuer einzuordnen.

c) Keine ausschließliche Kompetenz des Bundes

Die Einführung einer Verbrauchsteuer auf Plastiktüten und -einweggeschirr einschließlich Coffee-to-go-Becher kann nicht auf eine ausschließliche Gesetzgebungskompetenz des Bundes gestützt werden, welche nach Art. 105 Abs. 1 GG lediglich für Zölle und Finanzmonopole greift. Ungeachtet der unionsrechtlichen Überlagerungen und Einschränkungen soll hier weder ein Zoll im Sinne eines Entgelts auf den grenzüberschreitenden Warenverkehr erhoben noch ein Finanzmonopol, wie beispielsweise das bis 31.12.2017 bestehende Branntweinmonopol, geschaffen werden.[331]

d) Ausschließliche Gesetzgebungskompetenz der Länder oder Gemeinden für die örtlichen Verbrauchsteuern

Den Ländern steht nach Art. 105 Abs. 2a S. 1 GG die Gesetzgebungszuständigkeit für örtliche Verbrauch- und Aufwandsteuern zu, solange und soweit diese nicht bundesgesetzlich geregelten Steuern gleichartig sind. Hierbei handelt es

---

[329] BVerfGE 16, 64 (73); statt vieler *Birk/Desens/Tappe*, Steuerrecht, Rn. 80.

[330] Vgl. BVerwGE 96, 272 (281 f.); OVG Münster, NVwZ 1996, 504 (505); *Pieroth,* WiVerw 1996, 65 (70 f.); a.A. wohl *Köck*, in: Köck/Schwanenflügel, Abfallvermeidung durch kommunale Verpackungsabgaben, 1990, S. 41 ff., der eine Getränkeverpackungsteuer als Verkehrsteuer einordnet.

[331] Dazu BVerfGE 8, 260 (268 ff.); 14, 105 (110 ff.); *Siekmann*, in: Sachs, GG, 8. Aufl. 2018, Art. 105 GG Rn. 16; *Seiler*, in: Maunz/Dürig, GG, Art. 105 GG (Stand: 5/2015) Rn. 136 ff.

sich um eine ausschließliche[332] Kompetenz, mit der Folge, dass der Bund insofern nicht gesetzgebungsbefugt ist und kein Zugriffsrecht hat.[333]

aa) Erhebung durch die Gemeinden

Die Länder haben die Möglichkeit, durch Landesgesetz die ihnen zustehende Gesetzgebungskompetenz des Art. 105 Abs. 2a S. 1 GG auf die Gemeinden zu übertragen.[334] Hingegen haben die Gemeinden keinen Anspruch gegen die Länder auf eine „uneingeschränkte Übertragung" der Gesetzgebungszuständigkeit aus Art. 105 Abs. 2a S. 1 GG.[335] Ein Steuerfindungsrecht haben die Gemeinden hinsichtlich der örtlichen Verbrauch- und Aufwandsteuern damit nur insoweit, als es ihnen vom jeweiligen Land durch gesetzliche Ermächtigung verliehen wurde, wobei die Übertragung dadurch begrenzt ist, als dass das Land ebensowenig ein freies Steuerfindungsrecht hat.[336] Wird den Gemeinden die Zuständigkeit übertragen, so können sie davon also nur in dem übertragenen Umfang der gesetzlichen Ermächtigung Gebrauch machen, ein darüber hinausgehendes Steuerfindungsrecht steht den Gemeinden nicht zu. Da die meisten Länder den Gemeinden eine Befugnis hierzu übertragen haben, können auch diese unter Wahrung der jeweilig normierten Voraussetzungen solche örtlichen Steuern erlassen.[337] Nach zutreffender Auffassung können die Länder auch eine Pflicht einführen, wonach die Gemeinden konkrete örtliche Verbrauch- und Aufwandsteuern erheben müssen oder verbieten, eine bestimmte einzuführen.[338] Dies überzeugt, weil

---

[332] BVerfGE 40, 56 (56, 60 f.); zust. BVerfGE 65, 325 (343); siehe nur *Siekmann*, in: Sachs, GG, 8. Aufl. 2018, Art. 105 GG Rn. 35.

[333] BVerfGE 40, 56 (61); *Kube*, in: Epping/Hillgruber, GG, Art. 105 GG Rn. 45; *Seiler*, in: Maunz/Dürig, GG, Art. 105 GG (Stand: 5/2015) Rn. 168; *Siekmann*, in: Sachs, GG, 8. Aufl. 2018, Art. 105 GG Rn. 19.

[334] Statt vieler nur BVerfGE 98, 106 (123).

[335] BVerwG, Beschl. v. 28.4.2010 – 9 B 95/09 – juris Rn. 5; ausführlich *Lange,* Kommunalrecht, 15. Kap. Rn. 45 ff.

[336] BVerwG, Beschl. v. 28.4.2010 – 9 B 95/09 –, juris Rn. 5; vgl. auch BVerwGE 96, 272 (280 f.); *Burgi*, Kommunalrecht, § 18 Rn. 11; *Küssner*, Kompetenzen, 1992, S. 270; eingehend hierzu *Lange,* Kommunalrecht, 15. Kap. Rn. 39 ff.

[337] Siehe Art. 3 Abs. 1 Bay. KAG; § 3 Abs. 1 Bbg KAG; § 9 Abs. 1 BW KAG; § 7 Abs. 1 Hess. KAG; § 3 Abs. 1 KAG-LSA; § 3 Abs. 1 KAG M-V; § 3 Abs. 1 NKAG; § 3 Abs. 1 NRW KAG; § 5 Abs. 2 RLP KAG; § 3 Abs. 1 Saarl. KAG; § 7 Abs. 2 Sächs. KAG; § 3 Abs. 1 SH KAG; § 5 Abs. 1 Thür KAG. Zu den bestehenden länderspezifischen Unterschieden detailliert *Henke*, in: Driehaus, Kommunalabgabenrecht, § 3 (Stand: 3/2018) Rn. 6 ff.; zur Abgrenzung der Steuernormsetzungskompetenzen zwischen Gemeinden und Landkreisen siehe *Lange,* Kommunalrecht, 15. Kap. Rn. 35.

[338] *Küssner*, Kompetenzen, 1992, S. 268 f.; *Kube*, in: Epping/Hillgruber, GG, Art. 105 GG Rn. 46.

so die gemeindliche Selbstverwaltungshoheit (Art. 28 Abs. 2 GG)[339] und gleichzeitig die im Ermessen stehende allgemeine Übertragungsbefugnis der Länder gewahrt wird.

bb) Erhebung durch das Land

Überwiegend wird davon ausgegangen, dass es für die Annahme einer örtlichen Verbrauch- (und auch) Aufwandsteuer zwar unschädlich ist, wenn mehrere Gemeinden dieselbe Steuer erheben,[340] aber eine landesweit einheitlich erhobene Steuer keine örtliche Verbrauchsteuer ist.[341] In der Konsequenz würde dies bedeuten, dass ein Land selbst keine örtliche Verbrauchsteuer einführen kann, sondern ausschließlich die Gemeinden, soweit die weiteren Voraussetzungen nach Art. 105 Abs. 2a S. 1 GG vorliegen. Dies überzeugt nicht. Vielmehr ist mit der Gegenauffassung auch eine Erhebung durch das Land möglich.[342]

Hierfür spricht zunächst der Wortlaut von Art. 105 Abs. 2a S. 1 GG, der den Ländern diese Zuständigkeit ausdrücklich zuweist.[343] Außerdem erscheint es inkonsistent, mehreren Gemeinden die entsprechende Befugnis zu gewähren, aber dem Land nicht. Denn es stellt sich die Frage, ob bzw. bei welcher Anzahl von Gemeinden, die dieselbe Steuer einführen, eine Grenze zu ziehen wäre. Bei einer Erhebung durch alle Gemeinden eines Landes läge schließlich faktisch, wenn auch nicht regelungstechnisch, eine einheitliche Landessteuer vor. Zöge man eine Grenze jedenfalls vor Erlass der betreffenden Steuer durch alle Gemeinden, könnte dies zu einem gemeindlichen Wettlauf führen, was nicht gewollt sein

339 Zu den daraus folgenden Grenzen *Küssner*, Kompetenzen, 1992, S. 269.

340 Insofern besteht Einigkeit, siehe etwa BFHE 160, 61 (65); BVerwG, BayVBl. 2007, 536 (537); *Gern/Brüning*, Kommunalrecht, Rn. 1332; *Henke*, in: Driehaus, Kommunalabgabenrecht, § 3 (Stand: 3/2018) Rn. 106; *Heun*, in: Dreier, GG, Bd. 3, Art. 105 GG Rn. 40; *Jachmann-Michel/Vogel*, in: v. Mangoldt/Klein/Starck, GG, Bd. III, Art. 105 GG Rn. 65; *Lange*, Kommunalrecht, 15. Kap. Rn. 29; *Pieroth*, in: Jarass/Pieroth, GG, 15. Aufl. 2018, Art. 105 Rn. 39; *Siekmann*, in: Sachs, GG, 8. Aufl. 2018, Art. 105 GG Rn. 43.

341 BVerfGE 7, 244 (258); *Heintzen*, in: v. Münch/Kunig, GG, 6. Aufl. 2012, Art. 105 GG Rn. 60; *Kube*, in: Epping/Hillgruber, GG, Art. 105 GG Rn. 49; *Müller-Franken*, in: Friauf/Höfling, Berliner Kommentar zum GG, Art. 105 GG (Stand: 23. EL II/08) Rn. 233; *Pieroth*, in: Jarass/Pieroth, GG, 15. Aufl. 2018, Art. 105 Rn. 39; a. A. *Heun*, in: Dreier, GG, Bd. 3, Art. 105 GG Rn. 40; *Küssner*, Kompetenzen, 1992, S. 265, 267, 269; *Siekmann*, in: Sachs, GG, 8. Aufl. 2018, Art. 105 GG Rn. 43.

342 *Heun*, in: Dreier, GG, Bd. 3, Art. 105 GG Rn. 40; eingehend *Küssner*, Kompetenzen, 1992, S. 261 ff.; *Siekmann*, in: Sachs, GG, 8. Aufl. 2018, Art. 105 GG Rn. 43; in diese Richtung wohl auch Wissenschaftlicher Parlamentsdienst des Abgeordnetenhauses von Berlin, Gutachten über die Möglichkeit einer Besteuerung von PET-Einkaufstragetaschen und Einweggeschirr auf Landesebene, 30.10.2015, S. 3.

343 Vgl. hierzu bzgl. der aktuellen und früheren Fassung der Norm *Küssner*, Kompetenzen, 1992, S. 261 ff.

kann. Ferner würde bei konsequenter Anwendung dieser Ansicht den Ländern, die wie Berlin keine Gemeinden haben – und deren Untergliederungen (z. B. den Bezirken in Berlin) auch keine Rechtspersönlichkeit zukommt (vgl. für Berlin § 2 Abs. 1 Bezirksverwaltungsgesetz[344])[345] – die verfassungsrechtliche Steuererhebungsmöglichkeit für örtliche Verbrauch- und Aufwandsteuern genommen werden. Da solche Länder nur eine örtliche Steuer für das ganze Land erlassen könnten, es aber nicht dürften, wäre Art. 105 Abs. 2a S. 1 GG für sie bedeutungslos. Dies erscheint sinnwidrig und entspricht auch nicht der Rechtsetzungspraxis.[346] Zudem normiert Art. 106 Abs. 6 S. 3 GG für die Länder ohne Gemeinden, dass das Aufkommen der örtlichen Steuern dem Haushalt des Landes zugutekommt und nicht wie üblich nach Art. 106 Abs. 6 S. 1 GG den Gemeinden, was indiziert, dass auch solche Länder örtliche Verbrauch- und Aufwandsteuern erheben können. Bei Auslegung von Art. 105 Abs. 2a S. 1 GG ließen sich die Länder ohne Gemeinden nur dann einbeziehen, wenn man bei ihnen auf den Charakter als *Stadt*staat (vgl. für Berlin Art. 1 Abs. 1 Verfassung von Berlin [VvB][347]) oder „Einheitsgemeinde“[348] (vgl. für Berlin Art. 1 Abs. 1, Art. 3 Abs. 2 VvB, § 1 Allgemeines Zuständigkeitsgesetz [AZG] [349]) abstellt und so über einen Umweg die Zuständigkeit im Sinne des Art. 105 Abs. 2a S. 1 GG eröffnet, gegebenenfalls unter Heranziehung des Art. 106 Abs. 6 S. 3 GG. Man könnte argumentieren, dass es sich nicht um eine einheitliche Landessteuer, sondern nur um eine Steuer der Stadt handelt.[350] Konsistenter und aus den dargestellten Erwägungen überzeugender erscheint es indes, allen Ländern, nicht nur den Stadtstaaten, die Gesetzgebungskompetenz hinsichtlich örtlicher Steuern für ein ganzes Land zuzusprechen. Der Ertrag aus diesen Steuern muss aber auch in diesem Fall getreu

[344] Bezirksverwaltungsgesetz i. d. F. v. 10.11.2011 (GVBl. S. 693), zul. geändert durch Art. 22 des Gesetzes v. 2.2.2018 (GVBl. S. 160).

[345] Sie sind bloße Verwaltungseinheiten (Art. 3 Abs. 2 Verfassung von Berlin (VvB), § 2 Allgemeines Zuständigkeitsgesetz Berlin (AZG)). Siehe auch *Mann/Elvers*, in: Mann/Püttner, Hdb der kommunalen Wissenschaft und Praxis, Bd. I, § 10 Rn. 20 sowie *Hurnik*, in: Mann/Püttner, ebd., § 26a Rn. 11 f.

[346] Siehe z. B. § 1 Abs. 1 des Berliner Hundesteuergesetzes, wonach das Land Berlin die Hundesteuer als örtliche Aufwandsteuer erhebt. Die Gesetzgebungs- und Abgabenhoheit liegt beim Land Berlin, siehe dazu *Musil/Kirchner*, Das Recht der Berliner Verwaltung, Rn. 449.

[347] Verfassung von Berlin v. 23.11.1995 (GVBl. S. 779), zul. geändert durch Gesetz v. 22.3. 2016 (GVBl. S. 114).

[348] Hierzu VerfGH Bln, LVerfGE 1, 33 (37); *Gern/Brüning*, Kommunalrecht, Rn. 199.

[349] Gesetz über die Zuständigkeiten in der Allgemeinen Berliner Verwaltung (Allgemeines Zuständigkeitsgesetz – AZG) i. d. F. v. 22.7.1996 (GVBl. S. 302, 472), zul. geändert durch Art. 4 des Gesetzes v. 16.3.2018 (GVBl. S. 186).

[350] In diese Richtung Wissenschaftlicher Parlamentsdienst des Abgeordnetenhauses von Berlin, Gutachten über die Möglichkeit einer Besteuerung von PET-Einkaufstragetaschen und Einweggeschirr auf Landesebene, 30.10.2015, S. 3.

dem Wortlaut des Art. 106 Abs. 6 S. 1 GG den Gemeinden zustehen,[351] freilich vorbehaltlich der Ausnahme des Art. 106 Abs. 6 S. 3 GG.

Somit stellt sich jedoch die bisher nicht geklärte Folgefrage, wie die örtliche Radizierung, die bei Gemeindesteuern richtigerweise auf das Gemeindegebiet begrenzt wird (dazu sogleich ausführlich unter cc), sichergestellt werden kann. Das BVerfG hat dies bisher offengelassen.[352] Der Vorschlag von *Küssner*, die Örtlichkeit müsse sich dann auf die steuererhebende Körperschaft insgesamt, also das Landesgebiet, beziehen,[353] vermag nicht zu überzeugen. Vielmehr ist ebenfalls auf das Gemeindegebiet abzustellen. Denn andernfalls wäre das Kriterium der Örtlichkeit bei flächendeckenden Landessteuern kaum jemals nicht erfüllt. Damit liefe es jedoch als Abgrenzungskriterium im finanzverfassungsrechtlichen Kompetenzgefüge leer, was mit dem Sinn und Zweck von Art. 105 Abs. 2a S. 1 GG und der Ordnungsfunktion der Finanzverfassung kollidieren würde. Ferner erscheint es folgerichtig, in Anlehnung daran, dass den Gemeinden auch bei einer Erhebung durch das Land der Ertrag zusteht (Art. 106 Abs. 6 GG), für die Bestimmung der Örtlichkeit ihr Gebiet als maßgeblich anzusehen.

Mithin kann nach hier vertretener Auffassung auch das Land einheitlich eine örtliche Verbrauchsteuer erheben, wobei für die Bestimmung der örtlichen Begrenzung auf das Gemeinde- bzw. Stadtgebiet abgestellt werden muss.

cc) Örtlichkeit der Verbrauchsteuer

Entscheidend für die ausschließliche Kompetenz gemäß Art. 105 Abs. 2a S. 1 GG ist, dass eine örtliche Verbrauchsteuer vorliegt. Ob alle hier untersuchten Plastikprodukte Gegenstand einer solchen örtlichen Steuer sein können, begegnet Bedenken.

Bei der inhaltlichen Bestimmung dieses Merkmals wird maßgeblich auf die Grundsatzentscheidung des BVerfG zur Hessischen Speiseeissteuer[354] aus dem Jahr 1963 zurückgegriffen, die sich intensiv mit dem Begriff „Steuern mit örtlich bedingtem Wirkungskreis" der 1949 eingeführten, früheren Fassung von Art. 105 Abs. 2a S. 1 GG (Art. 105 Abs. 2 Nr. 1 GG a. F.)[355] auseinandersetzt.[356] In den

---

[351] *Küssner*, Kompetenzen, 1992, S. 266 f.

[352] Vgl. BVerfGE 16, 306 (324).

[353] *Küssner*, Kompetenzen, 1992, S. 264 f.

[354] BVerfGE 16, 306.

[355] Siehe zur Entstehungsgeschichte *Bökelmann,* Die örtlichen Steuern, 1974, S. 170 ff.; *Seiler*, in: Maunz/Dürig, GG, Art. 105 GG (Stand: 5/2015) Rn. 25. Zum damaligen Begriff siehe kritisch *Blendermann,* Steuern mit örtlich bedingtem Wirkungskreis, 1957, S. 10 ff.

[356] Siehe etwa BVerfGE 40, 56 (61); 65, 325 (349); *Birk/Desens/Tappe*, Steuerrecht, Rn. 129; *Küssner*, Kompetenzen, 1992, S. 230; *Seiler*, in: Maunz/Dürig, GG, Art. 105 GG (Stand: 5/2015) Rn. 171; *Tiedemann*, DÖV 1990, 1 (3 f.); kritisch *Bökelmann,* Die örtlichen Steuern, 1974, S. 56 ff.

vorherigen Entscheidungen zur Badischen Weinabgabe[357], Schankerlaubnissteuer[358] und Vergnügungssteuer[359] konnte das BVerfG die Bedeutung des Begriffs weitgehend offen lassen und es bedurfte keiner grundsätzlichen Klärung.[360] Obwohl die Speiseeissteuer-Entscheidung zur früheren Fassung von Art. 105 Abs. 2a S. 1 GG erging, wird zu Recht überwiegend von der weiterhin gegebenen Relevanz dieser Entscheidung für das Kriterium der Örtlichkeit ausgegangen.[361] Denn der verfassungsändernde Gesetzgeber des Jahres 1969 wollte mit der Änderung des Wortlauts zu einer bloßen „örtlichen Verbrauchsteuer" keine inhaltliche Änderung hinsichtlich der Örtlichkeit vornehmen, sondern sprachlichen Unstimmigkeiten Rechnung tragen und den Katalog der ausschließlichen Gesetzgebungskompetenzen eingrenzen und örtliche Verkehrsteuern dem Anwendungsbereich entnehmen.[362]

Das Kriterium des *örtlich bedingten* Wirkungskreises wurde in der Speiseeissteuer-Entscheidung des BVerfG wie folgt bestimmt:

„Verbrauch- und Verkehrsteuern mit örtlich bedingtem Wirkungskreis im Bereich der Gemeindesteuer sind nur solche Steuern, die an örtliche Gegebenheiten, vor allem an die Belegenheit einer Sache oder an einen Vorgang im Gebiet der steuererhebenden Gemeinde anknüpfen und wegen der Begrenzung ihrer unmittelbaren Wirkungen auf das Gemeindegebiet nicht zu einem die Wirtschaftseinheit berührenden Steuergefälle führen können."[363]

Damit ist für eine örtliche Verbrauchsteuer ein rechtlicher „Anknüpfungspunkt im Gemeindegebiet" und eine Begrenzung der Wirkungen der Steuer auf das Gemeindegebiet erforderlich.[364] Hierfür spricht die Entstehungsgeschichte, wo-

---

357 BVerfGE 7, 244 (257 f.).

358 BVerfGE 13, 181 (195 f.).

359 BVerfGE 14, 76 (90 f.).

360 So auch BVerfGE 16, 306 (326).

361 Vgl. BVerfGE 40, 56 (61); zust. BVerfGE 65, 325 (349); BVerwGE 96, 272 (283); *Birk/Desens/Tappe*, Steuerrecht, Rn. 129; *Heintzen*, in: v. Münch/Kunig, GG, 6. Aufl. 2012, Art. 105 GG Rn. 60; *Heun*, in: Dreier, GG, Bd. 3, Art. 105 GG Rn. 40; *Küssner*, Kompetenzen, 1992, S. 230, 235 f.; *Pieroth*, in: Jarass/Pieroth, GG, 15. Aufl. 2018, Art. 105 GG Rn. 39; *Seiler*, in: Maunz/Dürig, GG, Art. 105 GG (Stand: 5/2015) Rn. 171; mit kritischem Unterton *Siekmann*, in: Sachs, GG, 8. Aufl. 2018, Art. 105 Rn. 43; *Vogel/Walter,* in: Kahl/Waldhoff/Walter, Bonner Kommentar zum GG, Art. 105 GG (Stand: 7/2004) Rn. 121; kritisch *Bökelmann,* Die örtlichen Steuern, 1974, S. 56 ff.

362 BVerfGE 40, 56 (61) unter Bezugnahme auf die Gesetzgebungsmaterialien (vgl. BT-Drs. V/2861, S. 87, BT-Drs. V/3826, S. 5); BVerfGE 65, 325 (343); BVerwG, NJW 1974, 2298 (2298 f.); *Holtbrügge*, in: Driehaus, Kommunalabgabenrecht, § 1 (Stand: 9/2011) Rn. 12; *Küssner*, Kompetenzen, 1992, S. 230, 235 f.; i. E. *Waldhoff*, in: Henneke/Pünder/Waldhoff, Recht der Kommunalfinanzen, § 13 Rn. 2; a. A. *Heisel*, Umweltlenkungsabgaben, 2006, S. 170.

363 BVerfGE 16, 306 (306, 327); vgl. auch BVerfGE 65, 325 (349).

364 BVerfGE 16, 306 (306, 327); 65, 325 (349); *Henke*, in: Driehaus, Kommunalabgabenrecht, § 3 (Stand: 3/2018) Rn. 106; *Kluth*, DVBl. 1992, 1261 (1264); eingehend *Küssner*, Kom-

nach der Wortlaut von Art. 105 Abs. 2a S. 1 GG ursprünglich nicht nur örtlich, sondern „örtlich bedingten Wirkungskreis“ normierte und durch die Neuformulierung der Verfassungsnorm im Zuge des Finanzreformgesetzes, wie dargelegt, keine inhaltliche Änderung bezweckt war. Anführen lässt sich auch der Sinn und Zweck von Art. 105 Abs. 2a S. 1 GG und mithin des Kriteriums der Örtlichkeit, wodurch zum einen den Ländern ein eigener Kompetenzbereich gewährt und zum anderen eine „horizontale Doppelbesteuerung“ verhindert werden soll.[365]

Eine Begrenzung der Wirkungen auf das stets maßgebliche[366] Gebiet der Gemeinde ist richtigerweise lediglich gewährleistet, wenn die Steuergegenstände das Gemeindegebiet nicht verlassen.[367] Entscheidend ist somit hinsichtlich des hier relevanten Ziels der Abfallvermeidung, dass der Abfall durch den steuerlich belasteten Gegenstand „nicht außerhalb“, also in einer anderen Gemeinde anfällt.[368] Unerheblich für die Einordnung als örtlich ist hingegen, ob die Abfallentsorgung in die Zuständigkeit der steuererhebenden Körperschaft fällt.[369] Zudem muss diese „örtliche Radizierung“ normativ festgeschrieben werden.[370] Nach überwiegender und zustimmungswürdiger Ansicht ist die erforderliche örtliche Begrenzung normativ sichergestellt, wenn der Gesetzgeber im Steuertatbestand das Kriterium „zum Verzehr an Ort und Stelle“ nutzt, da dann typischerweise ein Verzehr und Abfallaufkommen im Gemeindegebiet erfolgt.[371] In der Literatur wird das Merk-

---

petenzen, 1992, S. 231 ff., 234, 235 ff.; ähnlich *Lange,* Kommunalrecht, 15. Kap. Rn. 29; krit. zur Einbeziehung der örtlichen Wirkungen *Bökelmann,* Die örtlichen Steuern, 1974, S. 22 ff.; krit. auch *Eschenbach,* KStZ 1994, 5 (7 ff.).

[365] Hierzu *Kluth*, DVBl. 1992, 1261 (1264); *Küssner*, Kompetenzen, 1992, S. 259 f.; a.A. *Heisel*, Umweltlenkungsabgaben, 2006, S. 170 f., der nur einen Schutz vor Doppelbesteuerung annimmt.

[366] Siehe hierzu oben S. 145.

[367] Zutreffend *Küssner*, Kompetenzen, 1992, S. 240; zust. BVerwGE 96, 272 (284); *Heisel*, Umweltlenkungsabgaben, 2006, S. 171; *Kluth*, DVBl. 1992, 1261 (1264); *Tiedemann*, DÖV 1990, 1 (3 f.); vgl. *Müller-Dehn,* JZ 1995, 200 (201).

[368] So zutreffend BVerwGE 96, 272 (284), zust. Hess. VGH, Urt. v. 29.6.1995 – 5 N 378/95, juris Rn. 61; zust. und mit Recht verallgemeinernd *Müller-Dehn,* JZ 1995, 200 (201); a.A. *Tiedemann*, DÖV 1990, 1 (3 f.), der i. E. aber dennoch darauf abstellt, dass die besteuerten Güter nicht das Gemeindegebiet verlassen.

[369] Ähnlich *Rodi,* StuW 1999, 105 (119); a.A. *Köck*, in: Köck/Schwanenflügel, Abfallvermeidung durch kommunale Verpackungsabgaben, 1990, S. 54.

[370] So zutreffend BVerfGE 16, 306 (327 f.).

[371] BVerfGE 16, 306 (328); OVG Münster, NVwZ 1996, 504 (505); VG Minden, NVwZ 1992, 1017 (1018); *Bökelmann,* Die örtlichen Steuern, 1974, S. 52; *Czybulka*, LKV 1995, 377 (382); *Holzkämper,* Umweltlenkungsabgaben, 1993, S. 47; *Köck*, in: Köck/Schwanenflügel, Abfallvermeidung durch kommunale Verpackungsabgaben, 1990, S. 51; *ders*., ZUR 1993, 127 (127); *Küssner*, Kompetenzen, 1992, S. 240 f.; *Lange,* Kommunalrecht, 15. Kap. Rn. 27; *Mohl*, WiVerw 1996, 102 (112); a.A. *Eschenbach,* ZKF 1992, 51 (56); *ders*., KStZ 1994, 5 (8 f.); *Heisel*, Umweltlenkungsabgaben, 2006, S. 172 ff., der die verschiedenen Ebenen vermischt;

mal „zum Verzehr an Ort und Stelle“ und dessen normative Unzulänglichkeit kritisiert.[372] Wesentlicher Kritikpunkt ist, dass dieses Merkmal die örtliche Begrenzung nicht gewährleisten könne, weil ein „überörtlicher Verzehr“ nicht durch eine derartige normative Umschreibung ausgeschlossen sei und die der Steuer unterliegenden Sachverhalte nicht zuverlässig voneinander abgrenzt werden können.[373] Dem kann jedoch entgegengehalten werden, dass ein *absolutes* Sicherstellen in der Praxis, dass der Abfall im Gemeindegebiet verbleibt, nie möglich ist und eine gewisse Restunsicherheit zwangsläufig gegeben ist.[374] Diese wird aber zumindest durch das Kriterium „zum Verzehr an Ort und Stelle“ minimiert.

Demgegenüber ist zutreffenderweise davon auszugehen, dass es für eine ausreichende örtliche Radizierung nicht genügt, wenn für die Besteuerung nur an den Verkauf von nicht-wiederverwendbaren Einweggeschirr und -verpackungen im Gemeindegebiet unabhängig vom Verzehrort angeknüpft wird.[375] Zur Begründung kann hier auf die zutreffenden Feststellungen in der Speiseeissteuer-Entscheidung des BVerfG zurückgegriffen werden. In dem dieser Entscheidung zugrundeliegenden Fall wurde sowohl die Abgabe von Getränken als auch von Speiseeis zum unmittelbaren Verzehr mit einer Steuer belegt, wobei der unmittelbare Verzehr bei Getränken als „Verzehr an Ort und Stelle“ legaldefiniert wurde, bei Speiseeis hingegen „jede Abgabe“ ausreichte.[376] Hintergrund war, dass aufgrund der Beschaffenheit von Speiseeis (z. B. Zerlaufen) der damalige Gesetzgeber davon ausging, dass diese Eigenschaft zur örtlichen Eingrenzung genügte, ein zusätzliches Kriterium wie bei Getränken also nicht notwendig sei.[377] Dem erteilte das BVerfG eine Absage und erklärte die Norm hinsichtlich der Speiseeisbesteuerung – im Gegensatz zur Getränkebesteuerung – für nichtig.[378] Dies überzeugt, denn richtigerweise muss die „örtliche Radizierung“ der jeweiligen Norm entnommen werden können und nicht „aus der natürlichen Beschaffenheit des

---

Hoppe, DVBl. 1990, 609 (612), der die örtliche Begrenzung bei einer kommunalen Verpackungsteuer generell verneint.

372 Siehe etwa *Eschenbach,* ZKF 1992, 51 (56); *ders.,* KStZ 1994, 5 (8 f.); *Frenz,* Verursacherprinzip im Abfallrecht, 1996, S. 173 ff.; *Konrad,* BB 1995, 1109 (1113).

373 *Eschenbach,* ZKF 1992, 51 (56); *ders.,* KStZ 1994, 5 (8 f.); *Frenz,* Verursacherprinzip im Abfallrecht, 1996, S. 174 f.; *Konrad,* BB 1995, 1109 (1113).

374 Vgl. *Sendler,* WiVerw 1996, 83 (91 f.), der ausführt, dass „spitzfindige Juristen“ stets nicht erfasste Konstellationen finden.

375 OVG Münster, NVwZ 1996, 504 (505); VG Minden, NVwZ 1992, 1017 (1018); *Blendermann,* Steuern mit örtlich bedingtem Wirkungskreis, 1957, S. 65, der Speiseeis betrachtet; *Jahn,* GewArch 1995, 312 (314); *Kluth,* DVBl. 1992, 1261 (1264); *Köck,* ZUR 1993, 127 (127); *Mohl,* WiVerw 1996, 102 (112); vgl. *Sendler,* WiVerw 1996, 83 (92).

376 Vgl. § 2 Abs. 1, 2 Hessisches Gesetz über die Getränke- und Speiseeissteuer v. 6.12.1951 (GVBl., 127), abgedruckt bei BVerfGE 16, 306 (307).

377 Vgl. BVerfGE 16, 306 (310, 312, 328).

378 BVerfGE 16, 306 (307).

Gegenstandes" folgen.[379] Eine Schlussfolgerung für einen Verzehr innerhalb der Gemeinde nach den „Regeln der Lebenserfahrung" reicht nicht aus.[380]

Überträgt man dies auf die hier untersuchten Produkte, ergibt sich daraus, dass keine ausschließliche Landesgesetzgebungskompetenz für eine bloße Besteuerung *jedweden* Verkaufs von Plastiktüten, -einweggeschirr und Coffee-to-go-Bechern besteht, da in diesem Fall eine örtliche Radizierung nicht normativ sichergestellt ist. Der Verkauf dieser Produkte im Gemeindegebiet ist zwar ein entsprechender örtlicher Anknüpfungspunkt; dieser erfordert jedoch zusätzlich eine örtliche Begrenzung der Wirkungen der Steuer. Diese kann durch das Kriterium „zum Verzehr an Ort und Stelle" in einem zukünftigen Steuertatbestand ausgestaltet und sichergestellt werden. Erlassen die Länder oder Gemeinden eine solche örtliche Verbrauchsteuer, sind sie hierfür ausschließlich gesetzgebungsbefugt, sofern keine Gleichartigkeit zu einer Bundessteuer gegeben ist. Eine nachgelagerte, aber für den vorliegenden Untersuchungsgegenstand relevante Frage ist indes, ob eine derartig normierte Steuer *in der Anwendung* auch die vorliegend untersuchten Plastikprodukte erfassen würde.

(1) Anwendung auf Einweggeschirr, insbesondere Coffee-to-go-Becher

Das „traditionelle" Plastikeinweggeschirr, das oftmals auf Weihnachts- und Jahrmärkten sowie an Imbissen verwendet wird, wäre von einem Steuertatbestand erfasst, der nur Einweggeschirr mit Speisen und Getränken „zum Verzehr an Ort und Stelle" mit einer Steuer belastet. Dies würde auch dem der Entscheidung des BVerfG zur kommunalen Verpackungsteuer zugrundeliegenden Sachverhalt[381] entsprechen. Bei diesem ist im Sinne des BVerfG die Örtlichkeit einer Verbrauchsteuer auf nicht wiederverwendbares Geschirr für Speisen und Getränke zum Verzehr an Ort und Stelle zu bejahen. Denn prägend bei dieser traditionellen Verwendung auf Märkten ist, dass ein unmittelbarer Konsum der Speisen und Getränke an der Ausgabestätte und damit der Verbrauch als solcher an Ort und Stelle stattfindet, der wiederum im Gemeindegebiet erfolgt. In der Konsequenz ist hierfür die ausschließliche Gesetzgebungskompetenz der Länder zu bejahen, sofern eine solche Steuer nicht gleichartig[382] zu einer Bundessteuer ist.

Bedenken bestehen allerdings, ob auch der sogenannte Coffee-to-go-Becher bei einer normativen Ausgestaltung mit dem Merkmal „zum Verzehr an Ort und Stelle" erfasst wäre. Dies ist bisher nicht abschließend geklärt. Teilweise wird in

---

[379] BVerfGE 16, 306 (327 f.).

[380] BVerfGE 16, 306 (327).

[381] § 1 Satzung der Stadt Kassel über die Erhebung einer Verpackungssteuer in Kassel v. 16.12.1991, vollständig zitiert bei Hess. VGH, Urteil vom 29.6.1995 – 5 N 378/95, juris Rn. 2 ff.

[382] Zur Gleichartigkeit siehe S. 157 f.

der jüngeren Literatur davon ausgegangen, dass der örtliche Charakter des „Coffee-to-go-Konsums" „offensichtlich" sei.[383] Dies erscheint jedoch insofern vorschnell, als dass solche Produkte gerade zur Mitnahme bestimmt sind und eine Mitnahme von Produkten jedenfalls nicht unter diesen Steuertatbestand fällt[384] oder die örtliche Begrenzung generell entfallen lässt.[385]

Zur Klärung dienlich erscheint eine nähere Betrachtung einer Entscheidung des BVerwG[386] und eines Urteils des Hessischen Verwaltungsgerichtshofes[387], die dem Urteil des BVerfG zur kommunalen Verpackungsteuer vorausgegangen sind. Diese setzten sich – im Gegensatz zur sehr kurzen Bejahung der Örtlichkeit durch das BVerfG – ausführlicher mit der Auslegung des Merkmals „zum Verzehr an Ort und Stelle" auseinander. Wenngleich sie klarstellten, dass diese Umschreibung die „örtliche Begrenzung" ausreichend normativ sicherstellt und somit an diesem traditionellen Merkmal festhielten,[388] sind hier die Feststellungen im Zusammenhang mit den dort näher betrachteten Anwendungsfällen bedeutsam. Das BVerwG und der sich dessen Aussagen zu eigenmachende Hessische Verwaltungsgerichtshof stellten darauf ab, dass unter den Steuertatbestand „zum Verzehr an Ort und Stelle" nicht Verpackungen fallen,

> „in denen Waren in einer Weise ‚zum Mitnehmen' – insbesondere in verschlossenen Flaschen oder Dosen – verkauft werden, dass ihr Verbrauch ebenso wie der Verbrauch der Verpackung nicht mit hoher Sicherheit im örtlichen Bereich der steuererhebenden Gemeinde erfolgt".[389]

Dem ist zu folgen. Denn wie bereits von *Küssner* zutreffend herausgearbeitet wurde, ist für die Einordnung als örtlich maßgebend, ob der Verbrauch des besteuerten Gegenstands und „der die Verbrauchssteuerschuld zur Entstehung brin-

---

383 So *Klinger/Krebs,* ZUR 2015, 664 (665). Ähnlich kurz *Klinger*, DUH Rechtsgutachten, 4/2014, S. 6 f.; nicht ganz so deutlich, aber i. E. wohl in diese Richtung *Kalscheuer/Harding,* NordÖR 2017, 113 (114), die den Coffee-to-go-Becher als Anknüpfungspunkt ihres Aufsatzes wählen, aber die Örtlichkeit ohne Auseinandersetzung pauschal für Einwegverpackungen bejahen; i. E. ebenfalls eine örtliche Verbrauchsteuer für Einwegbecher bejahend UBA, Einweggetränkebecher, 2019, S. 162, wenngleich Art. 105 Abs. 2a GG dort unzutreffend als konkurrierende Gesetzgebungskompetenz eingeordnet wird.

384 Vgl. BVerwGE 96, 272 (284 f.); *Hedderich,* WiVerw 1996, 114 (125); *Pieroth,* WiVerw 1996, 65 (71).

385 Vgl. *Blendermann,* Steuern mit örtlich bedingtem Wirkungskreis, 1957, S. 63 ff.; *Holzkämper,* Umweltlenkungsabgaben, 1993, S. 47; *Kahl*, EurUP 2019, 321 (326); *Küssner*, Kompetenzen, 1992, S. 240 f.; *Mohl*, WiVerw 1996, 102 (112); *Sendler,* WiVerw 1996, 83 (91); *Siekmann*, in: Sachs, GG, 8. Aufl. 2018, Art. 105 GG Rn. 43; *Tiedemann*, DÖV 1990, 1 (4); i. E. wohl auch *Seer*, in: Tipke/Lang, § 2 Rn. 52.

386 BVerwGE 96, 272.

387 Hess. VGH, Urt. v. 29.6.1995 – 5 N 378/95, juris.

388 BVerwGE 96, 272 (283 ff.); Hess. VGH, Urt. v. 29.6.1995 – 5 N 378/95, juris Rn. 61.

389 BVerwGE 96, 272 (284); Hess. VGH, Urt. v. 29.6.1995 – 5 N 378/95, juris Rn. 61 f.

gende Ersatzanknüpfungspunkt räumlich auseinanderfallen" und beide nicht lediglich im Gebiet der steuererhebenden Körperschaft liegen.[390] Nach *Küssner* ist dies richtigerweise nur bei solchen Gegenständen gegeben, „die aufgrund ihrer Eigenart nicht transportfähig sind" und folglich unmittelbar konsumiert werden müssen.[391] Die Auffassung überzeugt, weil die Mitnahmemöglichkeit als solche eine Prognoseschwierigkeit mit sich bringt, die ein geographisches Verbleiben innerhalb des maßgeblichen örtlichen Bereichs nicht wahrt. Die erforderliche verfassungsrechtliche Örtlichkeit wäre nicht hinreichend gewährleistet. Für eine solche enge Auslegung des Begriffs spricht auch, dass er in anderen Reglungszusammenhängen (vgl. § 1 GastG) ebenso eng verstanden wird, dass ein Konsum „im Weitergehen" nicht mehr dem „Verzehr an Ort und Stelle" zuzuordnen ist,[392] auch wenn sich der steuerrechtliche und gaststättenrechtliche Begriff aufgrund der unterschiedlichen normativen Zwecke und Funktionen nicht per se entsprechen müssen.

Überträgt man diese Befunde auf den Coffee-to-go-Becher, so ist er aufgrund seines Mitnahmecharakters nicht von einem steuerlichen Tatbestand mit dem Merkmal „zum Verzehr an Ort und Stelle" erfasst, da gerade nicht mit hoher Sicherheit ein Verbrauch in dem betreffenden Gemeindegebiet *sichergestellt* ist. Dies gilt auch in sehr großen Städten und den Stadtstaaten, wenngleich argumentiert werden könnte, dass aus der allgemeinen Lebenserfahrung folge, dass der Coffee-to-go-Becher, beispielsweise in Berlin, zwar regelmäßig die Grenzen der Berliner Bezirke[393] überschreitet, aber es möglich erscheint, dass er typischerweise innerhalb der Stadt verbleibt. Bei einer derartigen faktischen Sichtweise ist aber auch der Fernreise- und Pendelverkehr zu berücksichtigen, gerade in größeren Städten wie Berlin, bei denen der Coffee-to-go-Becher wiederum „irgendwo" verbraucht wird, was gegen eine *faktische* örtliche Radizierung spricht. Hier zeigen sich die Schwierigkeiten einer Betrachtung nach der allgemeinen Lebenserfahrung, deren Heranziehung daher nach hier vertretener Auffassung nicht für eine örtliche Begrenzung genügt. Es bedarf wie ausgeführt vielmehr einer normativen Sicherstellung, die bei einer Mitnahme nicht erfüllt ist und die zudem nicht unter das Merkmal „zum Verzehr an Ort und Stelle" fällt.

---

[390] *Küssner*, Kompetenzen, 1992, S. 240, 260.

[391] *Küssner*, Kompetenzen, 1992, S. 241, 260; zust. BVerwGE 96, 272 (285); Hess. VGH, Urt. v. 29.6.1995 – 5 N 378/95, juris Rn. 62; siehe zuvor bereits *Blendermann,* Steuern mit örtlich bedingtem Wirkungskreis, 1957, S. 63 ff., der darauf abstellt, ob ein „Verbringen" „denkbar" ist.

[392] *Ambs*, in: Erbs/Kohlhaas, § 1 GastG (Stand: 10/2008) Rn. 17; *Schönleiter*, in: Landmann/Rohmer, GewO, GastVwV (Stand: 6/1998), Abschnitt 1.3.

[393] Wie oben ausgeführt, muss es auch bei Stadtstaaten auf das Gemeinde-, also das Stadtgebiet ankommen, siehe S. 145.

Ein anderes Ergebnis lässt sich auch nicht überzeugend mit der Entscheidung des BVerfG zur kommunalen Verpackungsteuer herleiten.[394] Dort begnügte sich das BVerfG damit, die Örtlichkeit wegen des Tatbestandsmerkmals „zum Verzehr an Ort und Stelle“ als gegeben anzusehen und stellte fest, dass Verkäufe beim „Drive-In“ lediglich „Besonderheiten einzelner Verbrauchsformen“ betreffen, aber an der Örtlichkeit der Steuer „in ihrem auf das Gemeindegebiet bezogenen Typus“ nichts änderten.[395] Richtig verstanden bestätigte das BVerfG hiermit lediglich, dass der betrachtete Steuertatbestand eine örtliche Radizierung im finanzverfassungsrechtlichen Sinne gewährleistet und eine zulässige Ausgestaltung beinhaltet, nicht aber, dass Mitnahmeartikel generell den Tatbestand erfüllen.[396] Freilich wäre es wünschenswert gewesen, wenn das BVerfG – wie das BVerwG und der Hessische Verwaltungsgerichtshof –[397] klargestellt hätte, dass dies Anwendungs- und Auslegungsfälle des konkreten Steuertatbestands sind.

Dieser Einordnung des Coffee-to-go-Bechers steht auch nicht der Versuch in der Literatur entgegen, das Kriterium „zum Verzehr an Ort und Stelle“ anders zu interpretieren, welcher letztlich als weite Auslegung des klassischen Merkmals unter Zuhilfenahme einer typisierenden Betrachtung einzuordnen ist.[398] Dabei wird an die Eignung und konkrete Befähigung zum Transport angeknüpft.[399] Hinsichtlich der einfachen Plastik- oder Pappbecher wird darauf abgestellt, dass diese nicht transportgeeignet und daher zum sofortigen Konsum bestimmt sind, sodass sie unter den Tatbestand „zum Verzehr an Ort und Stelle“ fallen.[400] Zur Begründung für eine Unterscheidung nach der Transporteignung könnte die Formulierung des BVerwG („*in einer Weise* zum Mitnehmen“) in der soeben zitierten[401] Passage angeführt werden, wobei unklar ist, ob das BVerwG eine solche Differenzierung überhaupt andeuten wollte. Diesem Ansatz ist indes nicht zuzustimmen. Eine mangelnde *Transporteignung* mag beim Kauf eines Heißgetränks am Automaten gegeben sein, jedoch trifft dies beim typischen Coffee-to-go-Be-

---

394 So aber *Klinger/Krebs,* ZUR 2015, 664 (665).

395 BVerfGE 98, 106 (124). Vgl. dazu auch *Lange,* in: ders., Gesamtverantwortung, 1997, 305 (313).

396 Dies verkennen *Klinger/Krebs,* ZUR 2015, 664 (665) und *Konrad,* DÖV 1999, 12 (13 f.) sowie im Anschluss an letzteren *Heisel*, Umweltlenkungsabgaben, 2006, S. 172 f.

397 Vgl. BVerwGE 96, 272 (285); zust. Hess. VGH, Urt. v. 29.6.1995 – 5 N 378/95, juris Rn. 62.

398 Vgl. *Schefold/Göcke,* ZUR 1994, 316 (317). So kann wohl auch *Heisel*, Umweltlenkungsabgaben, 2006, S. 173 f. verstanden werden, der aber zu Unrecht nicht sauber zwischen dem verfassungsrechtlichen Merkmal der Örtlichkeit und einem etwaigen Steuertatbestand „zum Verzehr an Ort und Stelle“ trennt und dies vermischt.

399 *Schefold/Göcke,* ZUR 1994, 316 (317). In diese Richtung auch BFHE 137, 516 (518) zum Begriff „Verzehr an Ort und Stelle“ nach § 12 Abs. 2 Nr. 1 Satz 2 UstG a. F.

400 Siehe *Schefold/Göcke,* ZUR 1994, 316 (317).

401 Oben S. 150 [Hervorhebung d.d.Verf.].

cher nicht zu. Denn dieser hat typischerweise einen Deckel, der als Transportsicherung ein Fortbewegen und eine weitere Mitnahme ermöglicht. Das ist gerade der Sinn und die Funktion des Coffee-to-go-Bechers. Häufig gibt es auch noch eine Ummantelung zum Hitzeschutz – oder es werden gleich zwei Becher genutzt. Dass es sich hierbei nicht um eine derart feste Verschlusssicherung wie bei den vom BVerwG beispielhaft in Bezug genommenen verschlossenen Flaschen und Dosen[402] handelt, ändert nichts daran, dass der Coffee-to-go-Becher bereits seiner Konzeption nach transportfähig ist. Typischerweise soll das Getränk damit gerade nicht an „Ort und Stelle" verzehrt werden, sondern „irgendwo". Damit widerspricht eine derart weite Auslegung des Merkmals „zum Verzehr an Ort und Stelle", die den Coffee-to-go-Becher erfasst, dem Wortlaut eines solchen Steuertatbestandes.

Zudem erscheint es kaum möglich, geeignete Kriterien für die Abgrenzung der unterschiedlichen Transporteignung zu finden. Nutzt man beispielsweise beim Kaffeebecher den Deckel als Kriterium, so führt dies beim Coffee-to-go-Becher zu dem widersinnigen Ergebnis, dass ein Becher, der ohne Deckel ausgegeben wird oder auf den bewusst – aus Gründen der Vermeidung von zusätzlichem Abfall – verzichtet wird, als nicht transportfähig einzustufen wäre und mithin besteuert würde. Wird der Deckel genutzt, wäre der Becher für einen längeren Transport geeignet oder als erhöht mitnahmefähig anzusehen. Folglich wäre er steuerlich nicht betroffen. Dadurch wäre er preislich günstiger und würde möglicherweise das gegenteilige Ergebnis – den Abfall in der Umwelt zu erhöhen statt das Ziel der Abfallvermeidung zu fördern – nach sich ziehen.[403] Eine solche Abgrenzung nach der Transporteignung überzeugt daher nicht. Der Coffee-to-go-Becher ist von einem Steuertatbestand mit dem traditionellen Merkmal „zum Verzehr an Ort und Stelle" nicht erfasst.

(2) Anwendung auf Plastiktüten

Ob eine Besteuerung von Plastiktüten auf die Kompetenz zur Erhebung örtlicher Verbrauchsteuern gestützt werden kann, begegnet ebenfalls erheblichen Zweifeln.

Auch dies ist nicht abschließend geklärt. Einige Stimmen in der Literatur gehen davon aus, dass bei Plastiktüten das Kriterium der Örtlichkeit erfüllt sei.[404] Dies vermag nicht zu überzeugen. Richtigerweise ist die erforderliche örtliche Radizierung abzulehnen.[405]

---

402 BVerwGE 96, 272 (284).

403 Vgl. zu diesem zu berücksichtigenden Aspekt *Konrad,* BB 1995, 1109 (1113).

404 *Klinger*, DUH Rechtsgutachten, 4/2014, S. 7; *Klinger/Krebs,* ZUR 2015, 664 (665).

405 I.E. wie hier *Holzkämper,* Umweltlenkungsabgaben, 1993, S. 47; Wissenschaftlicher

Das in diesem Zusammenhang angeführte Argument, dass bei Plastiktüten typischerweise eine Verbindung zu verzehrfertigen Speisen und Getränken fehlt,[406] greift für eine tragende Begründung zu kurz. Aufgrund dieser in der Tat fehlenden Verbindung ist hingegen zunächst festzustellen, dass das anerkannte Kriterium „zum Verzehr an Ort und Stelle" nicht zur normativen örtlichen Begrenzung geeignet ist. Selbst wenn man das Merkmal abwandelt und stattdessen „zum Verbrauch an Ort und Stelle" wählt,[407] so muss konstatiert werden, dass die mithilfe von Plastiktüten transportierten Waren typischerweise nicht unmittelbar an Ort und Stelle verbraucht werden, sondern dort, wohin sie mitgenommen werden. Die Annahme, dass Plastiktüten „typischerweise" für den Transport zum Wohnort des Endverbrauchers genutzt würden und diese „innerhalb des örtlichen Raumes" blieben, da es sich typischerweise um „örtliche Einkäufe" handle,[408] überzeugt nicht. Sie verkennt, dass nicht nur Großstädte von Touristen oder Anwohnern der umliegenden Gemeinden zum Einkaufen frequentiert werden,[409] sondern vielmehr vielerorts ein Verlassen der Gemeindegrenze zum Beispiel in die nächste größere und kleinere Stadt oder Ortschaft zum Einkauf von Besorgungen außerhalb des täglichen Bedarfs (z. B. Elektronik, Bekleidung) nach der allgemeinen Lebenserfahrung geradezu erforderlich ist. Der Transport zum Wohnort überschreitet dann regelmäßig – und nicht nur in atypischen Ausnahmefällen – die Gemeindegrenze.[410] Ein Verbleiben innerhalb des Gemeindegebiets der steuererhebenden Gemeinde ist bei Plastiktüten nicht mit hoher Sicherheit zu erwarten. Daher würde es sich um die Erhebung einer nicht- bzw. überörtlichen Verbrauchsteuer handeln, die nicht auf die ausschließliche Landesgesetzgebungskompetenz gestützt werden kann.

Eine örtliche Radizierung ließe sich bei Plastiktüten allenfalls herstellen, wenn anstelle des Verbrauchs die bloße sofortige Ingebrauchnahme als ausreichender Anknüpfungspunkt angesehen werden würde. Eine derartige Ausdehnung des

---

Parlamentsdienst des Abgeordnetenhauses von Berlin, Gutachten über die Möglichkeit einer Besteuerung von PET-Einkaufstragetaschen und Einweggeschirr auf Landesebene, 30.10.2015, S. 3.

[406] So Wissenschaftlicher Parlamentsdienst des Abgeordnetenhauses von Berlin, Gutachten über die Möglichkeit einer Besteuerung von PET-Einkaufstragetaschen und Einweggeschirr auf Landesebene, 30.10.2015, S. 3.

[407] Kritisch dazu, ob das Merkmal „zum Verzehr an Ort und Stelle" in dieser Form erweitert werden kann *Eschenbach,* ZKF 1992, 51 (56).

[408] *Klinger*, DUH Rechtsgutachten, 4/2014, S. 7; *Klinger/Krebs*, ZUR 2015, 664 (665).

[409] Für das Beispiel Berlin siehe Wissenschaftlicher Parlamentsdienst des Abgeordnetenhauses von Berlin, Gutachten über die Möglichkeit einer Besteuerung von PET-Einkaufstragetaschen und Einweggeschirr auf Landesebene, 30.10.2015, S. 3.

[410] A.A. *Klinger*, DUH Rechtsgutachten, 4/2014, S. 7; *Klinger/Krebs*, ZUR 2015, 664 (665).

Verbrauchsbegriffs wird in der Literatur vereinzelt angenommen,[411] ist jedoch richtigerweise abzulehnen.[412] Wenn der sofortige Gebrauch ohne vollständige „eliminierende Nutzung“[413] als Kriterium genügt, so ist die Unterscheidbarkeit zu Aufwandsteuern kaum mehr möglich, die gerade an den Gebrauch und die Nutzung anknüpfen.[414] Wäre dies ausreichend, so würde auch der Zweck des Merkmals der Örtlichkeit konterkariert, welches die Auswirkungen, mithin den Verbrauch und die Abfallentstehung, auf das Gemeindegebiet begrenzen soll, um eine Kompetenzabgrenzung zu gewährleisten.

Folglich sind Plastiktüten ebenfalls nicht von dem traditionellen Merkmal „zum Verzehr an Ort und Stelle“ in einem Steuertatbestand umfasst.

(3) Fortentwicklung des Kriteriums

Die immense Bedeutung und stetige Zunahme des to-go-Konsums im Allgemeinen und im Speziellen am Beispiel des Coffee-to-go-Bechers wirft damit die Frage nach der Fortentwicklung des anerkannten steuertatbestandlichen Merkmals „zum Verzehr an Ort und Stelle“ auf.

Als Fortentwicklung käme in Betracht, im Steuertatbestand eine *Mitnahme in die unmittelbare Umgebung der Verkaufsstätte* zu erfassen. Mithilfe eines *Regelbeispiels* könnte verdeutlicht und klargestellt werden, dass insbesondere Fälle des Coffee-to-go-Bechers besteuert werden. Argument hierfür wäre, dass mit einer typisierenden Betrachtungsweise durch die Merkmale der kurzfristigen Mitnahme ein nur kurzer Transport und damit eine Eingrenzung und Verbleiben im Gemeindegebiet und die damit einhergehende Örtlichkeit sichergestellt wird, verstärkt dadurch, dass die Mitnahme nur in die unmittelbare Umgebung der Ausgabestelle, und damit einem geringen Umkreis erfolgt. Man könnte argumentieren, dass auch beim „Verzehr an Ort und Stelle“ auf Märkten ein gewisser kurzfristiger Transport in die unmittelbare Umgebung üblich, dennoch aber die verfassungsrechtliche Örtlichkeit gewahrt sei. Der hier dargelegten Überlegung zur normativen Fortentwicklung ist jedoch entgegenzuhalten, dass die Voraussetzung der *unmittelbaren* Umgebung nicht zufriedenstellend bestimmbar ist. Legt man dies sehr eng in dem Sinne aus, dass beispielsweise nur die sichtbare Umgebung des Verkaufsortes gemeint ist – wobei schon die Sichtbarkeit als Merkmal

---

[411] In diese Richtung *Kruse,* Lehrbuch des Steuerrechts, Bd. I, § 3 III, S. 79 f., der den Ver- oder Gebrauch als ausreichenden Anknüpfungspunkt für eine allgemeine und örtliche Verbrauchsteuer ansieht. In diese Richtung auch *Benkmann/Gaulke*, ZKF 1990, 98 (99).

[412] I.E. wie hier *Eiling,* Verbrauchsteuern, 2014, S. 106 f.; *Förster*, Verbrauchsteuern, 1989, S. 111 f.; *Siekmann*, in: Sachs, GG, 8. Aufl. 2018, Art. 105 GG Rn. 37b.

[413] BVerwGE 96, 272 (282); *Küssner*, Kompetenzen, 1992, S. 176.

[414] Mit diesem Argument auch *Eiling,* Verbrauchsteuern, 2014, S. 106 f.; *Siekmann*, in: Sachs, GG, 8. Aufl. 2018, Art. 105 GG Rn. 37b.

als solches kritisch erscheint – oder eine Entfernung von bis zu 500 Metern, so hilft es bei der to-go-Kultur kaum weiter. Wählt man einen größeren Umkreis, kann eine örtliche Begrenzung der Wirkungen so nicht gewährleistet werden, da eine gegebenenfalls weitere Entfernung regelmäßig ein Überschreiten der Gemeindegrenze implizieren dürfte. Zudem erscheint es aus praktischer Sicht sehr zweifelhaft, ob es handhabbar ist und mutet absurd an, jeden Kunden beim Verkauf zu fragen, wieviele Kilometer er mit dem Becher zurücklegen will, um sodann zu kalkulieren, ob die Steuer anfällt. Das eigentliche Problem ist jedoch, dass damit keine örtliche Begrenzung der Wirkungen mit hoher Sicherheit gewährleistet wäre. Wo genau der Coffee-to-go oder auch andere to-go-Artikel bei einer Mitnahme konsumiert werden und mithin der Abfall entsteht, lässt sich qua ihrer Konzeption tatsächlich nicht sicherstellen und infolgedessen normativ ebenfalls nicht. Auch Plastiktüten wären bei einer derartigen Ergänzung des Kriteriums nicht erfasst, weil sie wie dargestellt nicht in der näheren Umgebung der Verkaufsstätte verbraucht werden. Ungeachtet der Kritik an dem Merkmal „zum Verzehr an Ort und Stelle" und dem Umstand, dass auch dieses nie ein absolutes Sicherstellen der örtlichen Begrenzung bewirkt, hilft eine Fortentwicklung in Form einer Mitnahme in die unmittelbare Umgebung, insbesondere zur Erfassung der to-go-Kultur, nicht weiter. Denn eine veränderte tatbestandliche Ausgestaltung kann nur soweit reichen, wie dies finanzverfassungsrechtlich möglich ist. Die danach erforderliche Örtlichkeit wäre beim untersuchten to-go-Konsum aber nicht gewahrt.

Eine Örtlichkeit des Coffee-to-go-Bechers und von Plastiktüten lässt sich folglich nur herstellen, wenn man die finanzverfassungsrechtlichen Prämissen ändert und eine Örtlichkeit in Abkehr von der bisherigen Linie nicht mehr davon abhängig macht, dass die Wirkungen örtlich begrenzt im Gebiet der steuererhebenden Körperschaft auftreten müssen. Das Aufgeben der bisherigen Voraussetzungen wegen des to-go-Trends überzeugt aber nicht. Gegen eine Abkehr sprechen sowohl die entstehungsgeschichtlichen Erwägungen, wonach in der Vorgängerfassung auf den örtlich bedingten Wirkungskreis abgestellt wurde, als auch der Sinn und Zweck, eine finanzverfassungsrechtliche Kompetenzabgrenzung zu ermöglichen.[415] Ferner ist das to-go-Phänomen vielleicht in seinen Ausmaßen neu, seiner Art nach hingegen nicht. Auch früher gab es Fast-Food-Verpackungen und Mitnahmekonzepte, insbesondere war einer der Kläger in der Entscheidung des BVerfG zur Kommunalen Verpackungsteuer auch ein Franchisenehmer einer großen Fast-Food-Kette, namentlich McDonalds. Am aktuellen to-go-Trend zeigt sich lediglich, dass es sich um ein überörtliches Problem handelt, dass eben nicht nur die einzelne Gemeinde betrifft. Nur weil to-go-Produkte nicht unter die

---

[415] Siehe oben S. 146 f. einschl. der dortigen Nachweise.

örtliche Gesetzgebungskompetenz „subsumiert" werden können, müssen deren Anforderungen oder die Kompetenzgrundlage als solche nicht gleich geändert werden. Zwar ist es dem verfassungsändernden Gesetzgeber unbenommen, hier eine neue Regelung zu treffen, eine Änderung des finanzverfassungsrechtlichen Kompetenzgefüges nur wegen des to-go-Trends ist aber nicht zielführend, da es durchaus sinnvoll ist, dass überörtliche Probleme auch überörtlich gelöst werden.

(4) Zwischenergebnis

Eine örtliche Verbrauchsteuer auf Plastiktüten und den Coffee-to-go-Becher erfüllt nicht das für die ausschließliche Landesgesetzgebungskompetenz erforderliche Kriterium der Örtlichkeit. Ein Steuertatbestand mit dem Merkmal „zum Verzehr an Ort und Stelle" würde diese Produkte nicht erfassen. Eine Fortentwicklung des Kriteriums ist zur Erfassung der überörtlichen to-go-Kultur nicht geboten, zumal es hierfür explizit andere kompetenzrechtliche Möglichkeiten gibt.[416] Die für die Gesetzgebungskompetenz nach Art. 105 Abs. 2a S. 1 GG notwendige Örtlichkeit wird nur bei Einweggeschirr für Speisen und Getränke „zum Verzehr an Ort und Stelle" erfüllt, hingegen nicht bei Einweggeschirr ohne diesen spezifischen Bezugspunkt. Vorbehaltlich der weiteren Voraussetzungen – dazu sogleich – könnte eine örtliche Verbrauchsteuer somit bezüglich Einweggeschirr für Speisen und Getränke zum Verzehr an Ort und Stelle erlassen werden.

dd) Keine Gleichartigkeit zu bundesrechtlicher Steuer

Eine zusätzliche Einschränkung neben der örtlichen Begrenzung stellt das Gleichartigkeitsverbot für die Neueinführung[417] von örtlichen Verbrauchsteuern auf, wonach diese nicht gleichartig zu bundesrechtlichen Steuern sein dürfen (Art. 105 Abs. 2a S. 1 GG). Relevant ist dies vorliegend im Hinblick auf eine Steuer für Plastikeinweggeschirr für Speisen und Getränke zum Verzehr an Ort und Stelle.

Verboten ist nach Art. 105 Abs. 2a S. 1 GG eine Doppelbelastung derselben Steuerquelle.[418] Diese Voraussetzung ist separat von der Örtlichkeit zu betrachten und nicht bereits dann zu verneinen, wenn das örtliche Kriterium bejaht wer-

---

[416] Zu diesen siehe S. 159 ff., 175 ff.

[417] Gemeint ist die Einführung nach 1969 (Finanzreformgesetz, BGBl. I, 359). Hierzu BVerfGE 98, 106 (125); *Henneke,* Die Kommunen in der Finanzverfassung, S. 138 f.; *Henke*, in: Driehaus, Kommunalabgabenrecht, § 3 (Stand: 3/2018) Rn. 107; *Holtbrügge,* in: Driehaus, ebd., § 1 (Stand: 9/2011) Rn. 13; *Kloepfer,* Finanzverfassungsrecht, 2014, § 4 Rn. 30; *Küssner*, Kompetenzen, 1992, S. 278 ff., 310.

[418] BVerfGE 98, 106 (124 f.).

den kann.[419] Für eine nach hier vertretener Ansicht allein mögliche örtliche Verbrauchsteuer auf Plastikeinweggeschirr für Getränke und Speisen zum Verzehr an Ort und Stelle kommt lediglich eine Gleichartigkeit zur Umsatzsteuer in Betracht.[420] Eine Gleichartigkeit liegt jedoch aus den nachfolgenden Erwägungen nicht vor.[421] Der Begriff der Gleichartigkeit in Art. 105 Abs. 2a S. 1 GG ist enger auszulegen als in Art. 105 Abs. 2 GG.[422] Maßgeblich ist hier, ob derselbe Belastungsgrund vorliegt, es also Unterschiede hinsichtlich des Steuergegenstands, der Bemessungsgrundlage und den wirtschaftlichen Wirkungen der Steuer gibt und ob eine Ausschöpfung derselben Quellen wirtschaftlicher Leistungsfähigkeit vorliegt.[423] Wie das BVerfG zutreffend in der Entscheidung zur kommunalen Verpackungsteuer ausgeführt hat, haben die Umsatzsteuer und eine solche Verpackungsteuer auf Einweggeschirr einen unterschiedlichen Belastungsgrund.[424] Während letztere auf die Eindämmung des Abfalls zielt und die „Stückzahl" der Produkte sowie den umweltbelastenden Verbrauch adressiert, ist Belastungsgrund der Umsatzsteuer die „Kaufkraft des Verbrauchers" und dessen wertmäßige Nachfrage und mutmaßliche Belastungsfähigkeit.[425]

ee) Zwischenfazit

Eine ausschließliche Landesgesetzgebungskompetenz, die regelmäßig auch die Gemeinden ausüben können, besteht nach hier vertretener Auffassung nur für eine örtliche Verbrauchsteuer auf Plastikeinweggeschirr für Getränke und Spei-

---

[419] BVerfGE 65, 325 (350); *Heintzen*, in: v. Münch/Kunig, GG, 6. Aufl. 2012, Art. 105 GG Rn. 63; *Stern*, StaatsR der BRD, 1980, § 46 II 5.

[420] Vgl. BVerfGE 98, 106 (124 f.).

[421] I.E. ebenso für Einweggeschirr BVerfGE 98, 106 (124 f.); i.E. für Coffee-to-go-Becher *Kalscheuer/Harding,* NordÖR 2017, 113 (114); i.E. wie hier *Klinger/Krebs,* ZUR 2015, 664 (665); vgl. auch *Köck*, in: Köck/Schwanenflügel, Abfallvermeidung durch kommunale Verpackungsabgaben, 1990, S. 49; a.A. für die Verpackungsteuer *Frenz,* Verursacherprinzip im Abfallrecht, 1996, S. 175 ff.

[422] BVerfGE 40, 56 (63 f.); 65, 325 (350); *Heun*, in: Dreier, GG, Bd. 3, Art. 105 GG Rn. 41; *Kloepfer,* Finanzverfassungsrecht, 2014, § 4 Rn. 30; *Kube*, in: Epping/Hillgruber, GG, Art. 105 GG Rn. 50; eingehend *Küssner*, Kompetenzen, 1992, S. 278 ff.; *Müller-Franken*, in: Friauf/Höfling, Berliner Kommentar zum GG, Art. 105 GG (Stand: 23. EL II/08) Rn. 234 f.; *Reindorf,* Kommunale Steuern, 2018, S. 284; *Seiler*, in: Maunz/Dürig, GG, Art. 105 GG (Stand: 5/2015) Rn. 172 f.; *Siekmann*, in: Sachs, GG, 8. Aufl. 2018, Art. 105 GG Rn. 44, der letztlich in der Anwendung einen weitgehend gleichen Maßstab beobachtet; vorsichtig *Vogel/Walter*, in: Kahl/Waldhoff/Walter, Bonner Kommentar zum GG, Art. 105 GG (Stand: 7/2004) Rn. 121a ff.

[423] BVerfGE 49, 343 (355); 65, 325 (351); 98, 106 (125); *Kube*, in: Epping/Hillgruber, GG, Art. 105 GG Rn. 50.

[424] BVerfGE 98, 106 (125).

[425] BVerfGE 98, 106 (125); vgl. auch *Köck*, in: Köck/Schwanenflügel, Abfallvermeidung durch kommunale Verpackungsabgaben, 1990, S. 48 f.

sen zum Verzehr an Ort und Stelle. Nur sie erfüllt die Voraussetzungen der örtlichen Radizierung. Auf eine Steuer auf jedweden Verkauf von Plastikeinweggeschirr ohne örtliche Begrenzung trifft dies nicht zu. Darüber hinaus ist eine örtliche Verbrauchsteuer in der betrachteten Form nicht gleichartig zu einer Bundessteuer. Im Gegensatz dazu kann eine Verbrauchsteuer auf to-go-Einweggeschirr wie den Coffee-to-go-Becher und auf Plastiktüten nicht auf die ausschließliche Landesgesetzgebungskompetenz gestützt werden, da es an der örtlichen Begrenzung der Wirkungen fehlt.

e) Konkurrierende Gesetzgebungskompetenz des Bundes und der Länder

In Bezug auf die Besteuerung der untersuchten Plastikprodukte, auf die eine örtliche Verbrauchsteuer nicht erhoben werden kann (vor allem Plastiktüten, Coffee-to-go-Becher), ist die konkurrierende Gesetzgebungszuständigkeit des Bundes für die „übrigen Steuern“ zu betrachten, die gegeben ist, wenn dem Bund das Aufkommen aus diesen Steuern nach Art. 106 GG ganz oder zum Teil zusteht oder die Voraussetzungen des Art. 72 Abs. 2 GG vorliegen (Art. 105 Abs. 2 S. 2 GG). Nach Art. 106 Abs. 1 Nr. 2 GG steht dem Bund der Ertrag aus den Verbrauchsteuern zu, wenn nicht eine Sonderzuweisung nach Abs. 2, 3 oder 6 greift. Die speziellen in Art. 106 Abs. 2 und 3 GG genannten Verbrauchsteuern sind hier nicht einschlägig. Wie herausgearbeitet, kann eine örtliche Verbrauchsteuer, deren Ertrag grundsätzlich nach Art. 106 Abs. 6 Satz 1 GG den Gemeinden zugewiesen wird, nur in sehr begrenztem Umfang, namentlich bezogen auf Plastikeinweggeschirr für Speisen und Getränke zum Verzehr an Ort und Stelle, angenommen werden. In dieser Ausgestaltung ist sie mithin der konkurrierenden Gesetzgebungskompetenz des Bundes entzogen. Eine Steuer auf Plastiktüten und den Coffee-to-go-Becher oder anderes to-go-Plastikeinweggeschirr stellt hingegen keine örtliche Verbrauchsteuer dar. Für diese allgemeinen Verbrauchsteuern steht dem Bund das ganze Aufkommen aus einer solchen Steuer zu (Art. 106 Abs. 1 Nr. 2 GG) und es greift die konkurrierende Gesetzgebungskompetenz des Bundes.

Inwieweit auch die *Länder* im Rahmen des Art. 105 Abs. 2 S. 2 GG gesetzgebungsbefugt sind, wenn dem Bund der gesamte Ertrag der Steuer zusteht, und mithin Art. 72 Abs. 1 GG anzuwenden ist, wird indes unterschiedlich beurteilt. Der teilweise vertretenen Ansicht im Schrifttum, dass die Länder keine Gesetze über „Bundessteuern“, also solche, deren Ertrag nur dem Bund zusteht, erlassen dürften und damit gewissermaßen eine ausschließliche Bundeszuständigkeit vorliege,[426] ist jedoch nicht zuzustimmen. Vielmehr ist die konkurrierende Gesetzgebung nach

[426] *Jakob,* BayVBl. 1972, 141 (143); *Meyer,* DÖV 1969, 261 (262); *Vogel/Walter*, in: Kahl/Waldhoff/Walter, Bonner Kommentar zum GG, Art. 105 GG (Stand: 7/2004) Rn. 76ff.

Art. 105 Abs. 2 S. 2 GG nach zutreffender Auffassung grundsätzlich wie bei Art. 72 Abs. 1 GG zu verstehen, sodass auch die Länder entsprechende Steuergesetze erlassen dürfen, soweit nicht der Bund bereits gehandelt hat und eine landesrechtliche Steuer nicht gleichartig zur bundesgesetzlichen ist.[427] Diese Sichtweise ist vorzugswürdig, da sie dem ausdrücklichen Wortlaut von Art. 105 Abs. 2 S. 2 GG entspricht.[428] Aufgrund der eindeutigen Regelung des Art. 106 Abs. 1 Nr. 2 GG verbleibt es hingegen auch in diesem Fall richtigerweise bei der Ertragshoheit des Bundes – und ist nicht etwa entgegen des verfassungsrechtlichen Wortlauts von einer Ertragshoheit des Landes auszugehen – denn die Gesetzgebungsbefugnis und Ertragshoheit sind voneinander zu trennen und können auseinanderfallen.[429] Andernfalls könnte der einfache (Landes-)Gesetzgeber über die finanzverfassungsrechtliche Verteilung des Aufkommens verfügen.[430] Zudem normiert Art. 106 Abs. 6 S. 1 GG eine Ertragshoheit der Gemeinden für örtliche Verbrauchsteuern, obwohl nach dem Wortlaut von Art. 105 Abs. 2a S. 1 GG und der hier vertretenen Auffassung auch die Länder dafür gesetzgebungsbefugt sind,[431] was indiziert, dass eine unterschiedliche Gesetzgebungskompetenz und Ertragshoheit auch in anderen Fällen grundsätzlich möglich ist. Ferner ist es zwar zweifelhaft, ob sich ein Land zur Einführung einer solchen Verbrauchsteuer entschließt, obwohl ihm das Aufkommen dieser nicht zusteht.[432] Hierbei handelt es sich aber um eine von der

---

[427] BVerfGE 145, 171 (Rn. 96); vgl. *Stern*, StaatsR, Bd. II, § 46 II 5 lit. b; i. E. siehe auch *Heintzen*, in: v. Münch/Kunig, GG, 6. Aufl. 2012, Art. 105 GG Rn. 49; *Müller-Franken*, in: Friauf/Höfling, Berliner Kommentar zum GG, Art. 105 GG (Stand: 23. EL II/08) Rn. 210 ff.; *Siekmann*, in: Sachs, GG, 8. Aufl. 2018, Art. 105 GG Rn. 20.

[428] So auch *Heintzen*, in: v. Münch/Kunig, GG, 6. Aufl. 2012, Art. 105 GG Rn. 49; *Heun* in: Dreier, GG, Bd. III, Art. 105 GG Rn. 34; *Jachmann-Michel/Vogel*, in: v. Mangoldt/Klein/Starck, GG, Bd. III, Art. 105 GG Rn. 47; detailliert zur grammatikalischen Auslegung *Korte*, Konkurrierende Steuergesetzgebung, 2008, S. 57 f.; *Pieroth*, in: Jarass/Pieroth, GG, 15. Aufl. 2018, Art. 105 GG Rn. 34. Auch die Vertreter der a. A. räumen ein, dass ihr Ergebnis nur „gegen den klaren Wortlaut der Verfassung" erreicht werden kann, siehe *Vogel/Walter*, in: Kahl/Waldhoff/Walter, Bonner Kommentar zum GG, Art. 105 GG (Stand: 7/2004) Rn. 76.

[429] BVerfGE 145, 171 (Rn. 96); i. E. *Heintzen*, in: Münch/Kunig, GG, 6. Aufl. 2012, Art. 105 GG Rn. 49; *Jachmann-Michel/Vogel*, in: v. Mangoldt/Klein/Starck, GG, Bd. III, Art. 105 GG Rn. 47; *Korte*, Konkurrierende Steuergesetzgebung, 2008, S. 59; *Müller-Franken*, in: Friauf/Höfling, Berliner Kommentar zum GG, Art. 105 GG (Stand: 23. EL II/08) Rn. 211; *Siekmann*, in: Sachs, GG, 8. Aufl. 2018, Art. 105 GG Rn. 20; diff. *Seiler*, in: Maunz/Dürig, GG, Art. 105 GG (Stand: 5/2015) Rn. 147; a. A. *Heun*, in: Dreier, GG, Bd. III, Art. 105 GG Rn. 34.

[430] Ebenso *Jachmann-Michel/Vogel*, in: v. Mangoldt/Klein/Starck, GG, Bd. III, Art. 105 GG Rn. 47; vgl. *Korte*, Konkurrierende Steuergesetzgebung, 2008, S. 59; ähnlich wie hier *Siekmann*, in: Sachs, GG, 8. Aufl. 2018, Art. 105 GG Rn. 14.

[431] Siehe hierzu ausführlich oben S. 143 ff.

[432] Teilweise wird auch eine „faktisch" ausschließliche Bundeszuständigkeit beobachtet, siehe etwa *Stern*, StaatsR, Bd. II, § 46 II 4 lit. a; *Wendt*, in: Isensee/Kirchhof, HStR VI, § 139 Rn. 32.

rechtlichen Zulässigkeit zu trennende Frage.[433] Ob und inwieweit eine Kompetenz genutzt wird, ist vielmehr aus verfassungsrechtlicher Perspektive für deren Vorhandensein unerheblich. Insbesondere bei einer Verbrauchsteuer auf die hier untersuchten Plastikprodukte ist es jedoch zumindest theoretisch denkbar, dass sich ein Land wegen des vorherrschenden Lenkungszweckes auch ohne Ertragshoheit für die Erhebung einer solchen entschließt, um eine gewisse umweltpolitische Signalwirkung zu erzeugen und ein „Nachziehen" anderer Länder bzw. letztlich sogar des Bundes zu erreichen. Wie dargelegt, wäre eine solche Lenkungsteuer nicht gleichartig zu einer Bundessteuer[434] und nach derzeitiger Rechtslage besteht keine Sperrwirkung.[435] In diesem Zusammenhang ist darauf hinzuweisen, dass eine etwaige und bloße „politische Absichtserklärung", keine derartige Bundessteuer zu erlassen, nicht dazu führt, dass eine landesrechtliche Steuer gesperrt wäre.[436]

f) Steuergesetzgebungskompetenz auch für Lenkungszwecke ohne zusätzliche Sachgesetzgebungskompetenz

Eine zusätzliche Sachgesetzgebungskompetenz zum Erlass einer Steuer auf Plastiktüten und -einweggeschirr zu Lenkungszwecken ist für den Bundes-, Landes- oder Kommunalgesetzgeber nicht notwendig. Bei dieser früher sehr umstrittenen Frage besteht mittlerweile weitgehende Einigkeit und es ist mit der ganz überwiegenden Auffassung richtigerweise davon auszugehen, dass auch Steuern zur Lenkung dienen dürfen und dass der Vorrang der Art. 105 ff. GG gegenüber den Art. 70 ff. GG dazu führt, dass steuerliche Regelungen keine zu den finanzverfassungsrechtlichen Ermächtigungen hinzutretenden Sachgesetzgebungskompetenzen erfordern, wenn sie auf eine indirekte Verhaltenslenkung zielen, unabhängig davon, ob dies Haupt- oder Nebenzweck ist.[437] Die Steuergesetzgebungskompetenz genügt mithin.

---

433 In diese Richtung auch *Siekmann*, in: Sachs, GG, 8. Aufl. 2018, Art. 105 GG Rn. 20, der es als „dogmatisch zweitrangig" einstuft, ob und wenn es „faktisch [auf] eine ausschließliche Bundeszuständigkeit" hinausläuft.

434 Siehe oben S. 157 f.

435 Insofern sei auf die übertragbaren Ausführungen im Folgenden verwiesen, S. 165 ff., 176 f.

436 So auch *Kube*, in: Epping/Hillgruber, GG, Art. 105 GG Rn. 40; *Seiler*, in: Maunz/Dürig, GG, Art. 105 GG (Stand: 5/2015) Rn. 145.

437 BVerfGE 98, 108 (106, 118); 110, 274 (292 f.); 135, 126 (Rn. 47); 137, 350 (Rn. 43); *Heintzen*, in: v. Münch/Kunig, GG, 6. Aufl. 2012, Art. 105 GG Rn. 35; *Henneke*, in: Schmidt-Bleibtreu/Hofmann/Henneke, GG, 14. Aufl. 2018, Art. 105 GG Rn. 27; *Jachmann-Michel/Vogel*, in: v. Mangoldt/Klein/Starck, GG, Bd. III, Art. 105 GG Rn. 26; *Klinger/Krebs*, ZUR 2015, 664 (665 f.); *Kube*, in: Epping/Hillgruber, GG, Art. 105 GG Rn. 6; *Müller-Franken*, in: Friauf/Höfling, Berliner Kommentar zum GG, Art. 105 GG (Stand: 23. EL II/08) Rn. 48; *Seiler*, in: Maunz/Dürig, GG, Art. 105 GG (Stand: 5/2015) Rn. 118; *Siekmann*, in: Sachs, GG, 8. Aufl. 2018, Vor Art. 104a GG Rn. 14 ff.; differenzierend *Kube*, in: Henneke/Pünder/Waldhoff, Recht

g) Keine Einschränkungen durch den Grundsatz der Widerspruchsfreiheit der Rechtsordnung

Das BVerfG hat 1998 in der Entscheidung zur kommunalen Verpackungsteuer auf nicht wiederverwendbare Einwegverpackungen und -geschirr der Stadt Kassel[438] den Grundsatz der Widerspruchsfreiheit der Rechtsordnung entwickelt und festgestellt, dass der Steuergesetzgeber nur insoweit lenkend in den Kompetenzbereich des Sachgesetzgebers übergreifen darf, als die Lenkung weder der Gesamtkonzeption der sachlichen Regelung noch konkreten Einzelregelungen zuwiderläuft.[439] Aufgrund des im damaligen Abfallrecht vorherrschenden Kooperationsprinzips sei die steuerliche Lenkung aber ein solcher Widerspruch gewesen.[440] Das BVerwG[441] bestätigte dies später. In einem anderen Fall zu verschiedenen Landesabfallabgabengesetzen entschied das BVerfG[442] hinsichtlich des Kooperationsprinzips ähnlich, wenn auch zum BImSchG.

Insbesondere die vom BVerfG im Kommunalen Verpackungsteuer-Urteil getroffenen Feststellungen wurden und werden zahlreich und zu Recht aus umweltrechtlicher und verfassungsrechtlicher Perspektive kritisiert.[443] Zum einen war die Interpretation des einfachen Rechts nicht überzeugend, da die Lenkungsteuer statt als Widerspruch auch als ein vernünftiger Zusatz hinsichtlich des Abfallvermeidungszieles hätte angesehen werden können.[444] Zum anderen wäre eine verfassungsrechtliche Lösung eleganter über Art. 31 GG oder das Prinzip des bundesfreundlichen Verhaltens möglich gewesen.[445] Dennoch ist dieses Urteil des

---

der Kommunalfinanzen, § 21 Rn. 11, 15, wonach eine erdrosselnde Abgabe einer eigenständigen Aufgabenkompetenznorm bedarf; a.A. *Heisel*, Umweltlenkungsabgaben, 2006, S. 158ff., der eine doppelte Kompetenzgrundlage für die „bezweckte" Lenkung fordert und teils unzutreffend als Vertreter der h.M. eingeordnet wird; eingehend zur Diskussion *Vogel*, in: FS Badura, 2004, 589 (596ff.); a.A. auch *Vogel/Walter,* in: Kahl/Waldhoff/Walter, Bonner Kommentar zum GG, Art. 105 GG (7/2004) Rn. 68gff.

[438] BVerfGE 98, 106.

[439] BVerfGE 98, 106 (106, 119).

[440] BVerfGE 98, 106 (130).

[441] BVerwGE 104, 331.

[442] BVerfGE 98, 83.

[443] Aus der umfangreichen Literatur siehe insbesondere *Brüning,* NVwZ 2002, 33 (34ff.); *Diederichsen,* Vermeidungsgebot, 1998, S. 204ff.; *Jarass,* AöR 126 (2001), 588 (594ff.); *Rodi,* StuW 1999, 105 (107ff.); *Sacksofsky*, Umweltschutz durch nicht-steuerliche Abgaben, 2000, S. 251ff.; *Schmidt/Diederichsen,* JZ 1999, 37 (37ff.); *Schrader,* ZUR 1998, 152 (152ff.); *Sendler,* NJW 1998, 2875 (2875ff.); *Wernsmann,* Verhaltenslenkung, 2005, S. 184ff.

[444] *Bothe*, NJW 1998, 2333 (2334); *Diederichsen,* Vermeidungsgebot, 1998, S. 209; *Klinger/Krebs,* ZUR 2015, 664 (666); *Reese,* ZUR 2001, 14 (18); *Schmidt/Diederichsen,* JZ 1999, 37 (41); *Weber-Grellet,* NJW 2001, 3657 (3662).

[445] Hierzu und zu weiteren verfassungsrechtlichen Möglichkeiten *Jarass*, AöR 126 (2001), 588 (594ff.).

BVerfG „in der Welt“ und entfaltet gemäß § 31 Abs. 1 BVerfGG Bindungswirkungen, wenngleich der Umfang nicht einheitlich beurteilt wird. In dem der Entscheidung zugrundeliegenden Fall fielen die Sach- (Bund) und Steuergesetzgebungskompetenz (Gemeinde) auseinander. Da das BVerfG die Widerspruchsfreiheit der Rechtsordnung aus dem Rechtsstaatsprinzip abgeleitet hat, wird der Grundsatz teilweise verallgemeinernd so verstanden, dass auch beim Zusammentreffen der Sach- und Steuergesetzgebungskompetenz eine Abstimmung erfolgen muss,[446] mit der Folge, dass hier nicht nur die Gemeinden bei einer örtlichen Verbrauchsteuer im erläuterten Umfang, sondern auch der Bund und das Land selbst bei Nutzung der Kompetenz aus Art. 105 Abs. 2 S. 2 GG bzw. Art. 105 Abs. 2a S. 1 GG an diesen Grundsatz gebunden wären. Letzteres ist zu Recht aus Gründen des Demokratieprinzips (Art. 20 Abs. 1, 2 GG) und einer übermäßigen Bindung eines zukünftigen Gesetzgebers, der Sach- und Steuergesetzgebungskompetenz in sich vereint, sowie wegen praktischer Unmöglichkeit einer vollumfänglichen Widerspruchsfreiheit der Rechtsordnung und stets gegebener (teilweise) unterschiedlicher Wertungen der einzelnen Rechtsgebiete abzulehnen.[447]

Ungeachtet dessen ist aber nach aktueller Rechtslage nicht geklärt, ob überhaupt (noch) ein Widerspruch im Sinne der Rechtsprechung des BVerfG vorliegt. Einige Stimmen sehen das Urteil und den dort festgestellten Widerspruch derartiger Steuern zum Abfallrecht auch heute noch als unüberwindbares Hemmnis zur Einführung einer Steuer auf Plastiktüten und -einweggeschirr.[448] Teilweise wird indes davon ausgegangen, dass zum derzeit geltenden Abfallrecht kein Widerspruch mehr vorliegt.[449] Unbeschadet der schon damals berechtigten Kritik, wird hier mittels einer vertieften wissenschaftlichen Analyse gezeigt, dass selbst bei Anwendung des Maßstabs des BVerfG jedenfalls kein Widerspruch zum geltenden Abfallrecht (mehr) besteht.

---

[446] *Frenz,* DÖV 1999, 41 (44 f., 50); *Kirchhof,* in: IFSt-Schrift Nr. 362, 1998, 14 (27); *Seer*, in: DStJG 22 (1999), 191 (199).

[447] *Kloepfer/Bröcker,* DÖV 2001, 1 (2 f., 6 ff.); *Rodi*, StuW 1999, 105 (110 f.); *Wernsmann,* Verhaltenslenkung, 2005, S. 190 f.

[448] Siehe Schleswig-Holstein LT-Drs. 18/3058, S. 16; Berliner Abghs.-Drs. 17/16684, S. 1 f. (Frage und Antwort Nr. 4); *Kropp*, in: v. Lersner/Wendenburg/Kropp/Rüdiger, Recht der Abfall- und Kreislaufwirtschaft, § 1 KrWG (Stand: 5/2012) Rn. 21; *Versmann*, in: Jarass/Petersen, KrWG, § 33 KrWG Rn. 37.

[449] *Böhm*, EurUP 2019, 312 (317); *Geis*, Kommunalrecht, § 12 Rn. 31; *Kahl*, EurUP 2019, 321 (325); *Kalscheuer/Harding,* NordÖR 2017, 113 (116); *Klinger*, DUH Rechtsgutachten, 4/2014, S. 12; *Klinger/Krebs*, ZUR 2015, 664 (666); *Kloepfer*, Umweltrecht, 2016, § 21 Rn. 284; *Lau*, in: Kopp-Assenmacher, KrWG, 2015, § 33 KrWG Rn. 18; *Rodi*, ZUR 2016, 531 (534); unentschieden *Siekmann*, in: Sachs, GG, 8. Aufl. 2018, Art. 105 GG Rn. 45.

aa) Ausgangslage: Die Entscheidung des BVerfG zur kommunalen Verpackungsteuer

Grundlage für die damalige Entscheidung und Argumentation des BVerfG war das Abfallgesetz (AbfG) vom 27.8.1986[450], das dieses ab dem 1.10.1996 ablösende Kreislaufwirtschafts- und Abfallgesetz (KrW-/AbfG) vom 27.9.1994[451] und die aufgrund des damaligen § 14 AbfG erlassene Verpackungsverordnung[452]. Das darin zum Ausdruck kommende Kooperationsprinzip stünde der Einführung von Lenkungsteuern entgegen, da diese im Gegensatz zu einer „einvernehmlichen Mitwirkung" im Rahmen der Kooperation und einem „gewollte[n] Zusammenwirken" gegebenenfalls wie ein „verbindliches Verbot" wirken.[453] Diese Steuerung sei mit der „Offenheit der Handlungsmittel" nach der Konzeption der damaligen Gesetze nicht vereinbar.[454]

Nach dem BVerfG drückte sich das Kooperationsprinzip vor allem in den Ermächtigungen des § 14 AbfG aus, die „den Kern" des damaligen Abfallgesetzes bildeten.[455] Gemäß § 14 Abs. 2 Satz 1 AbfG legte die Bundesregierung zur Vermeidung oder Verringerung von Abfallmengen nach Anhörung der beteiligten Kreise binnen angemessener Frist die zu erreichenden Ziele für Vermeidung, Verringerung oder Verwertung von Abfällen aus bestimmten Erzeugnissen fest. Die in § 14 Abs. 2 Satz 3 AbfG enthaltene Verordnungsermächtigung durfte nach dem BVerfG daher erst dann genutzt werden, wenn die festgelegten Vermeidungs-, Verringerungs- oder Verwertungsziele nicht erreicht wurden oder nicht erreichbar waren und „Kooperationsbemühungen erfolglos [ ]blieben".[456]

Hinsichtlich der damaligen Verpackungsverordnung nahm das BVerfG einen Widerspruch an, weil eine Steuer „generell auf Vermeidung hinwirkt, ohne zu unterscheiden, ob im konkreten Fall die Einführung von Ein- oder Mehrwegsystemen ökonomisch und ökologisch sinnvoll" sei.[457] Daher stünde die Steuer im Widerspruch zum Kooperationsprinzip der Verpackungsverordnung.

---

[450] Gesetz über die Vermeidung und Entsorgung von Abfällen vom 27.8.1986 (BGBl. I, 1410), berichtigt S. 1501, in der durch das Ausführungsgesetz zu dem Basler Übereinkommen vom 30.9.1994 (BGBl. I, 2771) geänderten Fassung.

[451] Gesetz zur Förderung der Kreislaufwirtschaft und Sicherung der umweltverträglichen Beseitigung von Abfällen vom 27.9.1994, BGBl. I, 2705.

[452] Verordnung über die Vermeidung von Verpackungsabfällen vom 12.6.1991 (BGBl. I, 1234), in der durch Art. 3 Nr. 6 der Verordnung vom 26.10.1993 (BGBl. I, 1782) geänderten Fassung. Siehe zur damalig zugrundegelegten Rechtslage BVerfGE 98, 106 (108).

[453] BVerfGE 98, 106 (121 ff., insbes. 122, 126 f., 132).

[454] BVerfGE 98, 106 (130).

[455] BVerfGE 98, 106 (127).

[456] BVerfGE 98, 106 (127 f.).

[457] BVerfGE 98, 106 (132).

bb) Änderung der Rechtslage: Kreislaufwirtschaftsgesetz vom 24.2.2012

Das Kreislaufwirtschafts-/Abfallgesetz von 1994 wurde im Jahr 2012 durch das bis heute geltende KrWG[458] ersetzt. Damit hat sich mittlerweile die vom BVerfG betrachtete Rechtslage erheblich geändert. Das Konzept des derzeitigen KrWG enthält sowohl kooperative als auch ordnungsrechtliche Mittel.

So findet sich der vom BVerfG hervorgehobene § 14 Abs. 2 AbfG nunmehr nur noch in stark abgewandelter Form in § 26 KrWG.[459] Mit der Möglichkeit der freiwilligen Rücknahme in § 26 KrWG wird der Wirtschaft hinsichtlich der Produktverantwortung „mehr Eigenverantwortung" gewährt.[460] Dies ist Ausfluss des Kooperationsprinzips.[461] Die dortigen Zielfestlegungen im Zusammenhang mit einer freiwilligen Rücknahme von Abfällen gelten jedoch nach dem Wortlaut nur noch ausschließlich für diese Rücknahme und damit die Verwertungsebene, nicht wie in der für die Entscheidung des BVerfG maßgeblichen Fassung für die gesamte damalige dreistufige Abfallhierarchie einschließlich der Vermeidung.[462] Die vom Gesetz vorgesehene Kooperation beschränkt sich damit auf die in § 26 KrWG adressierte Rücknahmeebene.

Grundlage für diese Produktverantwortung ist § 23 KrWG, der erstmals durch das Kreislaufwirtschafts-/Abfallgesetz von 1994 (§ 22 KrW-/AbfG) eingeführt wurde.[463] Damit galt er bereits zur Zeit der Entscheidung des BVerfG im Jahr 1998. Die eingetretenen Änderungen durch das Kreislaufwirtschafts-/Abfallgesetz von 1994 wurden vom BVerfG jedoch nicht eingehender gewürdigt, es stellte lediglich ohne Begründung fest, dass diese Neufassung an dem das Abfallrecht bestimmenden Kooperationskonzept nichts ändere.[464] Diesem Befund ist jedoch nicht zuzustimmen. Denn § 23 KrWG ist ein Beispiel für das gemischte Gesamt-

---

458 Gesetz zur Förderung der Kreislaufwirtschaft und Sicherung der umweltverträglichen Bewirtschaftung von Abfällen v. 24.2.2012 (BGBl. I, 212), das zuletzt durch Art. 2 Abs. 9 des Gesetzes v. 20.7.2017 (BGBl. I, 2808) geändert worden ist, dazu oben S. 49.

459 Vgl. *Kropp*, in: v. Lersner/Wendenburg/Kropp/Rüdiger, Recht der Abfall- und Kreislaufwirtschaft, § 26 KrWG (Stand: 3/2016) Rn. 3 ff., 23 f.; zur Entstehungsgeschichte *Tünnesen-Harmes*, in: Jarass/Petersen, KrWG, § 26 KrWG Rn. 5 ff.; i. E. wie hier *Kalscheuer/Harding*, NordÖR 2017, 113 (115); ebenso bereits *Klinger/Krebs*, ZUR 2015, 664 (667).

460 *Tünnesen-Harmes*, in: Jarass/Petersen, KrWG, § 23 KrWG Rn. 45.

461 *Kropp*, in: v. Lersner/Wendenburg/Kropp/Rüdiger, Recht der Abfall- und Kreislaufwirtschaft, § 26 KrWG (Stand: 3/2016) Rn. 10; *Tünnesen-Harmes*, in: Jarass/Petersen, KrWG, § 23 KrWG Rn. 45, § 26 Rn. 1.

462 So auch *Klinger/Krebs*, ZUR 2015, 664 (667); ähnlich *Kalscheuer/Harding*, NordÖR 2017, 113 (115).

463 *Prelle*, in: Schmehl/Klement, GK-KrWG, § 23 KrWG Rn. 3; *Tünnesen-Harmes*, in: Jarass/Petersen, KrWG, § 23 KrWG Rn. 12.

464 Vgl. BVerfGE 98, 106 (130). Dies ebenso beobachtend *Klinger/Krebs*, ZUR 2015, 664 (666 f.).

konzept des KrWG. Nach § 23 KrWG tragen diejenigen, die Erzeugnisse entwickeln, herstellen, be- oder verarbeiten oder vertreiben, zur Erfüllung der Ziele der Kreislaufwirtschaft die Produktverantwortung (§ 23 Abs. 1 Satz 1 KrWG). Zudem sind Erzeugnisse möglichst so zu gestalten, dass bei ihrer Herstellung und ihrem Gebrauch das Entstehen von Abfällen vermindert wird und sichergestellt ist, dass die nach ihrem Gebrauch entstandenen Abfälle umweltverträglich verwertet oder beseitigt werden (§ 23 Abs. 1 Satz 2 KrWG). Diese Festlegung zieht zwar keine unmittelbaren Pflichten nach sich, sondern bedarf der konkretisierenden Ausgestaltung durch Rechtsverordnungen (vgl. § 23 Abs. 4 KrWG).[465] Damit wird staatlicherseits aber eine – wenn auch unkonkretisierte – Pflicht auferlegt,[466] es handelt sich keinesfalls um eine freiwillige Kooperation.[467]

Lenkungsteuern stehen auch nicht im Widerspruch zum Konzept der Produktverantwortung, weil diese Herstellerverantwortung auf einer *anderen Ebene* als eine lenkende Verbrauchsteuer ansetzt. Beides dient zwar der Vermeidung von Abfällen, wozu nach § 3 Abs. 20 Satz 2 KrWG beispielsweise die abfallarme Produktgestaltung zählt. Das Ziel der Abfallvermeidung auf Rangfolge eins der Abfallhierarchie (§ 6 Abs. 1 Nr. 1 KrWG, vgl. auch Art. 4 Abs. 1 AbfRRL) und der Ressourcenschutz (§ 1 KrWG) sind indes Kern des KrWG.[468] Die Abfallvermeidung drückt damit nicht nur das Vorsorgeprinzip aus,[469] sondern kann gewissermaßen auch so verstanden werden, dass Hintergrund jeder Norm des KrWG jedenfalls *auch* die Abfallvermeidung ist oder sein soll. Die Produktverantwortung dient neben der Abfallvermeidung vor allem einer optimierten, ressourcenschonenden und damit abfallarmen Produkt*gestaltung.*[470] Eine Lenkungsteuer bezweckt die Vermeidung der Produkt*nutzung* an sich: Es soll der Gebrauch des – wenn auch optimierten – Gegenstandes überhaupt vermieden werden. Diese

---

[465] *Beckmann*, in: Landmann/Rohmer, UmweltR, § 23 KrWG (Stand: 8/2015) Rn. 25; *Prelle*, in: Schmehl/Klement, GK-KrWG, § 23 KrWG Rn. 12.

[466] *Kropp*, in: v. Lersner/Wendenburg/Kropp/Rüdiger, Recht der Abfall- und Kreislaufwirtschaft, § 23 KrWG (Stand: 6/2016) Rn. 19; *Prelle*, in: Schmehl/Klement, GK-KrWG, § 23 KrWG Rn. 12.

[467] Vgl. hierzu *Scholz/Aulehner*, BB 1993, 2250 (2253), die von „staatlich initiierte[r] Errichtung" der „Der Grüne Punkt – Duales System Deutschland GmbH" sprechen, welche sie „überwiegend in der staatlichen Sphäre" verorten. A.A. *Frenz,* Verursacherprinzip im Abfallrecht, 1996, S. 64, der für die damalige Rechtslage beim Dualen System eine „private Initiative" annimmt und „kein staatlich veranlasstes Gebilde". Zum Dualen System siehe unten S. 172 f.

[468] Vgl. *Frische*, in: Schmehl/Klement, GK-KrWG, § 6 KrWG Rn. 5, 9 f.; *Kloepfer*, Umweltrecht, 2016, § 21 Rn. 76, 80; *Petersen*, in: Jarass/Petersen, KrWG, Einf I Rn. 7, 25; *Reese*, in: Jarass/Petersen, ebd., § 6 KrWG Rn. 2.

[469] *Kahl/Gärditz,* Umweltrecht, § 11 Rn. 43.

[470] Vgl. auch § 23 Abs. 1 S. 2 KrWG; vgl. allg. dazu, dass die Belastung von Produzenten mit Kosten der Abfallverwertung zu Anreizen für eine abfallärmere Produktgestaltung führen kann *Diederichsen,* Vermeidungsgebot, 1998, S. 50.

Ziele widersprechen sich nicht, sondern sind grundsätzlich komplementär. Daher steht auch eine Lenkungsteuer zur Reduzierung des Produktgebrauchs nicht im Widerspruch dazu.

Auch sonst ist das heutige Abfallrecht für Lenkungsteuern nicht mehr verschlossen. Zutreffend wurde bereits herausgearbeitet, dass in diesem Zusammenhang die mit § 33 Abs. 3 Nr. 2 und Nr. 3 KrWG i.V.m. Nr. 3 lit. a Anlage 4 herbeigeführten Änderungen und Regelungen zu Abfallvermeidungsprogrammen bedeutsam sind.[471] In Anlage 4 zum KrWG werden Beispiele für Abfallvermeidungsmaßnahmen nach § 33 KrWG aufgelistet. Dort werden als Maßnahmen, die sich auf die Verbrauchs- und Nutzungsphase auswirken können, wirtschaftliche Instrumente wie zum Beispiel Anreize für umweltfreundlichen Einkauf oder die Einführung eines vom Verbraucher zu zahlenden Aufpreises für einen Verpackungsartikel oder Verpackungsteil, der sonst unentgeltlich bereitgestellt werden würde, angeführt (Nr. 3 lit. a Anlage 4). Unter diesen *Aufpreis* lässt sich zutreffenderweise auch die Einführung einer Steuer auf Plastiktüten und -einweggeschirr, die sonst unentgeltlich zur Verfügung gestellt würden, subsumieren.[472] Nach § 33 Abs. 3 Nr. 3 KrWG können weitere Abfallvermeidungsmaßnahmen festgelegt werden, wozu auch ökonomische Steuerungsinstrumente zählen.[473] So führt in diesem Zusammenhang auch das Abfallvermeidungsprogramm des Bundes unter Beteiligung der Länder eine Verbrauchsteuer oder Sonderabgabe auf „abfallintensive Produkte", zum Beispiel Einweggetränkeverpackungen, an.[474] Die Möglichkeiten einer Steuer oder Abgabe gelten auch nicht nur für Abfallvermeidungsprogramme der Länder, sondern freilich auch für solche des Bundes.[475] Dies folgt schon aus dem Wortlaut und der Systematik von § 33 KrWG, der sowohl Rege-

---

[471] Unter Hinweis auf Ziff. 11, Anhang VI AbfRRL *Faßbender,* AbfallR 2011, 165 (172); zum KrWG *Geis*, Kommunalrecht, § 12 Rn. 31; *Klinger/Krebs,* ZUR 2015, 664 (667). Siehe auch *Kalscheuer/Harding,* NordÖR 2017, 113 (115); *Klinger*, DUH Rechtsgutachten, 4/2014, S. 10; *Lau*, in: Kopp-Assenmacher, KrWG, 2015, § 33 KrWG Rn. 18; Wissenschaftlicher Parlamentsdienst des Abgeordnetenhauses von Berlin, Gutachten über die Möglichkeit einer Besteuerung von PET-Einkaufstragetaschen und Einweggeschirr auf Landesebene, 30.10.2015, S. 6f.

[472] Ebenso *Klinger*, DUH Rechtsgutachten, 4/2014, S. 11; *Klinger/Krebs,* ZUR 2015, 664 (667); Wissenschaftlicher Parlamentsdienst des Abgeordnetenhauses von Berlin, Gutachten über die Möglichkeit einer Besteuerung von PET-Einkaufstragetaschen und Einweggeschirr auf Landesebene, 30.10.2015, S. 6.

[473] *Lau*, in: Kopp-Assenmacher, KrWG, 2015, § 33 KrWG Rn. 18.

[474] BMU, Abfallvermeidungsprogramm des Bundes unter Beteiligung der Länder, 7/2013, S. 58f. Mit ähnlichem Hinweis auch *Klinger/Krebs,* ZUR 2015, 664 (667) sowie Wissenschaftlicher Parlamentsdienst des Abgeordnetenhauses von Berlin, Gutachten über die Möglichkeit einer Besteuerung von PET-Einkaufstragetaschen und Einweggeschirr auf Landesebene, 30.10.2015, S. 6f.

[475] Ebenso *Kalscheuer/Harding,* NordÖR 2017, 113 (115); ohne Begründung *Klinger/Krebs,* ZUR 2015, 664 (667).

lungen für das Abfallvermeidungsprogramm des Bundes als auch der Länder enthält,[476] und dem dazugehörigen Anhang, der allgemein Beispiele für den gesamten § 33 KrWG auflistet und damit keine Unterscheidung zwischen Maßnahmen des Bundes oder der Länder trifft. Dass derartige wirtschaftliche Instrumente nicht nur *innerhalb* von Abfallvermeidungsprogrammen möglich sind,[477] ist schon deshalb anzunehmen, weil Gesetze ohnehin nicht in diesen Programmen geschaffen, sondern allenfalls *angeregt* werden können. Wenn ein solches Programm aber eine Lenkungsteuer zulässigerweise anregen darf, muss deren Erlass möglich sein. Freilich wird dadurch die Zuständigkeitsverteilung nicht geändert.[478] Soweit aber daraus gefolgert wird, dass den Ländern deshalb nur administrative Maßnahmen erlaubt seien, aber steuerliche gesetzliche Maßnahmen wegen der Entscheidungen des BVerfG verwehrt,[479] vermag dies nicht zu überzeugen. Denn es wäre ein Zirkelschluss, der die mittlerweile geänderte Rechtslage außer Acht lässt, mitsamt des Wortlauts und der Systematik von § 33 KrWG und der der Entscheidung des BVerfG eine Bindungswirkung bezüglich des einfachen, und noch dazu mittlerweile erheblich geänderten Rechts zuerkennt, welche der Entscheidung des BVerfG bezüglich der Auslegung des einfachen (damaligen) Abfallrechts aber nicht zukommt (vgl. § 31 Abs. 1 BVerfGG).[480]

Aus dem Umstand als solchem, dass § 33 Abs. 3 Nr. 2 KrWG i. V. m. Nr. 3 lit. a Anlage 4 wirtschaftliche Instrumente wie die Einführung eines vom Verbraucher zu zahlenden Aufpreises für einen Verpackungsartikel oder Verpackungsteil, der sonst unentgeltlich bereitgestellt werden würde, normiert, folgt somit, dass Steuerregelungen nicht (mehr) im Widerspruch zum KrWG stehen.[481] Denn diese Regelung zeigt, dass der Bundesgesetzgeber selbst beim Erlass des KrWG davon ausgegangen sein muss, dass solche lenkenden Maßnahmen möglich sind und keinen Widerspruch zum KrWG darstellen.[482] Andernfalls wäre die in Nr. 3

[476] Wie hier *Kalscheuer/Harding,* NordÖR 2017, 113 (115).

[477] So auch, ohne Begründung, *Klinger/Krebs,* ZUR 2015, 664 (667); a. A. *Kalscheuer/Harding,* NordÖR 2017, 113 (115).

[478] Ebenso *Versmann*, in: Jarass/Petersen, KrWG, § 33 KrWG Rn. 37.

[479] So aber *Versmann*, in: Jarass/Petersen, KrWG, § 33 KrWG Rn. 37.

[480] Auf diese fehlende Bindungswirkung weist bereits *Sendler,* NJW 1998, 2875 (2876) hin, mit Verweis auf BVerfGE 40, 94 ff.; im Anschluss an diesen *Diederichsen,* Vermeidungsgebot, 1998, S. 210.

[481] I.E. ähnlich *Lau*, in: Kopp-Assenmacher, KrWG, 2015, § 33 KrWG Rn. 18. Vgl. auch *Faßbender*; in: Faßbender/Köck, Auf dem Weg in die Recyclinggesellschaft?, 2011, 29 (40 f.), der auf die entsprechende europäische Vorgabe in Ziff. 11 des Anhangs IV der AbfRRL hinweist.

[482] Ebenso Wissenschaftlicher Parlamentsdienst des Abgeordnetenhauses von Berlin, Gutachten über die Möglichkeit einer Besteuerung von PET-Einkaufstragetaschen und Einweggeschirr auf Landesebene, 30.10.2015, S. 8.

lit. a Anlage 4 enthaltene Auflistung sinnlos. Auch dadurch wird verdeutlicht, dass die Gesamtkonzeption des KrWG nicht ausschließlich auf Kooperation beruht, sondern eine Verbindung von verschiedenen Instrumentarien enthält und somit Lenkungsteuern hinzutreten können.

Hinzuweisen ist darüber hinaus darauf, dass sich ein im Sinne der Rechtsprechung des BVerfG relevanter Widerspruch auch nicht aus dem vorhandenen „Abfallvermeidungsprogramm des Bundes unter Beteiligung der Länder"[483] aus 2013 ergibt.[484] Letzteres nennt als Abfallvermeidungsmaßnahme Nummer 20 explizit eine Verbrauchsteuer oder Sonderabgabe auf bestimmte Produkte, empfiehlt sie im Ergebnis jedoch nicht.[485] Grundsätzlich hat ein Abfallvermeidungsprogramm keine unmittelbare Bindungswirkung, sondern dient der strategischen Umweltplanung.[486] Bei dem erstellten Abfallvermeidungsprogramm des Bundes unter Beteiligung der Länder handelt es sich nicht um ein Gesetz, dass zu einem hier relevanten Widerspruch führen könnte. Es handelt sich um eine verwaltungsinterne Entscheidung.[487] Selbst wenn aber darin Regelungen getroffen bzw. angesprochen werden, die eigentlich dem Gesetzgeber obliegen, so sind es lediglich Vorschläge oder „Aufforderungen" an diesen, dementsprechende Rechtsnormen zu erlassen.[488] Ob dem gefolgt wird, liegt im Ermessen des jeweiligen Adressaten.[489] Es handelt sich somit um ein bloßes *Programm*.[490] Dies

---

[483] Bundesministerium für Umwelt, Naturschutz und Reaktorsicherheit (Hrsg.), Abfallvermeidungsprogramm des Bundes unter Beteiligung der Länder, 7/2013 (https://www.bmu.de/fileadmin/Daten_BMU/Pools/Broschueren/abfallvermeidungsprogramm_bf.pdf, abgerufen: 11.11.2019).

[484] I.E. wie hier auch *Kalscheuer/Harding,* NordÖR 2017, 113 (115); ebenso Wissenschaftlicher Parlamentsdienst des Abgeordnetenhauses von Berlin, Gutachten über die Möglichkeit einer Besteuerung von PET-Einkaufstragetaschen und Einweggeschirr auf Landesebene, 30.10.2015, S. 8.

[485] BMU, Abfallvermeidungsprogramm des Bundes unter Beteiligung der Länder, 7/2013, S. 58f.

[486] *Beckmann*, in: Landmann/Rohmer, UmweltR, § 33 KrWG (Stand: 6/2012) Rn. 44ff.; *Schmidt/Kahl/Gärditz,* Umweltrecht, 10. Aufl. 2017, § 11 Rn. 120; *Versmann*, in: Jarass/Petersen, KrWG, § 33 KrWG Rn. 15ff.

[487] *Lau*, in: Kopp-Assenmacher, KrWG, 2015, § 33 KrWG Rn. 3; *Petersen/Doumet/Stöhr,* NVwZ 2012, 521 (528); *Schomerus,* in: Kloepfer, Das neue Recht der Kreislaufwirtschaft, 2013, 75 (91); vgl. auch *Versmann*, in: Jarass/Petersen, KrWG, § 33 KrWG Rn. 15f., der zwar eine „gewisse verwaltungsinterne Bindungswirkung" bejaht, aber wegen der „faktische[n] und politische[n] Wirkungen" nicht von einem „bloße[n] Verwaltungsinternum" sprechen will.

[488] *Schomerus,* in: Kloepfer, Das neue Recht der Kreislaufwirtschaft, 2013, 75 (91).

[489] *Lau*, in: Kopp-Assenmacher, KrWG, 2015, § 33 KrWG Rn. 3.

[490] Hervorhebung d.d.Verf., in diesem Sinne aber auch *Schomerus*, in: Kloepfer, Das neue Recht der Kreislaufwirtschaft, 2013, 75 (91); Wissenschaftlicher Parlamentsdienst des Abgeordnetenhauses von Berlin, Gutachten über die Möglichkeit einer Besteuerung von PET-Einkaufstragetaschen und Einweggeschirr auf Landesebene, 30.10.2015, S. 8.

fungiert sicherlich als politische Leitlinie (vgl. auch § 33 Abs. 3 Nr. 1 KrWG),[491] beschränkt aber nicht *rechtlich* den Bundes- und Landesgesetzgeber. Vielmehr ist es *seine* jeweilige Entscheidung, ob er sich dieser Einschätzung anschließt oder nicht und ob er (dennoch) tätig wird oder nicht. Daher stellt dies bloß eine Handlungsempfehlung bzw. in diesem Fall eine Nicht-Empfehlung dar, bestimmte Aufpreise einzuführen. Die Formulierung („Empfehlung") im Abfallvermeidungsprogramm[492] selbst verdeutlicht den nicht bindenden Charakter hinsichtlich der Einführung solcher Instrumente.

Dass in dem Abfallvermeidungsprogramm bei der Maßnahme für Regelungen zu Sonderabgaben oder Steuern der Bund als „Initiator" genannt wird[493], führt ebenfalls nicht zu einem Widerspruch. Hintergrund hierfür dürfte vielmehr gewesen sein, dass sich aufgrund einer größeren Wirksamkeit einer solchen Steuer auf Bundesebene beim Abfallvermeidungsprogramm von Bund *und* Ländern für die Betrachtung dieser Option entschieden wurde. Denn mit dem Begriff „Initiator" ist laut dem Abfallvermeidungsprogramm die politische Ebene gemeint, die eine Regelung veranlassen könnte.[494] Die Wortwahl „könnte" ist jedoch untechnisch und nicht als rechtliche Einschätzung der Zuständigkeit zu verstehen, diese ergibt sich vielmehr aus den üblichen Gesetzgebungskompetenzen.[495] Aus dieser Auflistung im Abfallvermeidungsprogramm das Vorliegen eines Widerspruchs zu einer *landesrechtlichen* Regelung herzuleiten, führt aufgrund des bloßen Ziel- und Ideencharakters des Abfallvermeidungsprogramms zu weit.

Insgesamt lässt sich somit feststellen, dass dem KrWG in seiner aktuellen Fassung kein reines oder ausschließliches Kooperationskonzept zugrunde liegt, sondern ein gemischtes Gesamtkonzept mit kooperativen und ordnungsrechtlichen Mitteln. Demzufolge ist eine Lenkungsteuer im Einklang mit dem KrWG möglich. Die Entscheidung des BVerfG zur kommunalen Verpackungsteuer steht einer solchen nicht mehr entgegen, da sie keinen Widerspruch (mehr) zum KrWG darstellt.[496]

---

491 Ähnlich *Versmann*, in: Jarass/Petersen, KrWG, § 33 KrWG Rn. 16.

492 BMU, Abfallvermeidungsprogramm des Bundes unter Beteiligung der Länder, 7/2013, S. 58 f.

493 Siehe BMU, Abfallvermeidungsprogramm des Bundes unter Beteiligung der Länder, 7/2013, S. 58.

494 BMU, Abfallvermeidungsprogramm des Bundes unter Beteiligung der Länder, 7/2013, S. 37.

495 Vgl. *Franßen*, in: Rehbinder/Schink, Grundzüge des Umweltrechts, Abschn. 13 Rn. 230, wonach sich die Zuständigkeit für die im Abfallvermeidungsprogramm aufgeführten Maßnahmen nach dem GG richten.

496 Dies verkennen Schleswig-Holstein LT-Drs. 18/3058, S. 16; Berliner Abghs.-Drs. 17/16684, S. 1 f. (Frage und Antwort Nr. 4); *Kropp*, in: v. Lersner/Wendenburg/Kropp/Rüdiger,

cc) *Verpackungsgesetz*

Das gemischte Gesamtkonzept mit kooperativen und ordnungsrechtlichen Mitteln und mithin die Offenheit für Lenkungsteuern zeigt sich auch mit Blick auf das VerpackG[497].

Von Teilen der Literatur wird davon ausgegangen, dass die Einfügung des § 2 Abs. 5 VerpackG (bzw. der identischen Vorgängernorm § 2 Abs. 3 VerpackV) als „Öffnungsklausel" verdeutlicht, dass dem VerpackG (bzw. der früheren VerpackV) nicht ein reines Kooperationskonzept zugrundeliegt, sondern vielmehr auch ordnungsrechtliche Mittel möglich sind.[498] Wenngleich dem insoweit zuzustimmen ist, als dass das VerpackG (und auch die frühere VerpackV) gemischte Elemente beinhaltet, so vermag dieses Beispiel jedoch nicht in Gänze zu überzeugen. Denn § 2 Abs. 5 VerpackG erlaubt zwar ordnungsrechtliche Maßnahmen, aber verleiht nach seinem Wortlaut Bund, Ländern und Gemeinden derartige Befugnisse nur bei Nutzung ihrer Einrichtungen oder Grundstücke sowie der Sondernutzung öffentlicher Straßen. Nur in diesem Zusammenhang sind nach der „Unberührtheitsklausel" Auflagen mit dem Ziel der Abfallvermeidung möglich.[499] Aufschlussreich ist zudem die Gesetzesbegründung zum früheren § 2 Abs. 3 VerpackV. Danach soll die Norm aus Anlass eines Urteils des BVerwG vom 23.4.1997, welches Abfallvermeidungsregelungen in Sondernutzungserlaubnissen wegen einer angenommenen Sperrwirkung durch das Bundesrecht untersagte,[500] auch lediglich klarstellen, dass die VerpackV in Übereinstimmung mit der kommunalen Selbstverwaltungsgarantie keine Regelungen zu öffentlichen Einrichtungen, speziell zur dortigen Abfallvermeidung und diesbezüglichen Auflagen, trifft.[501] Der Wortlaut, Sinn und Zweck sowie die Entstehungsgeschichte

---

Recht der Abfall- und Kreislaufwirtschaft, § 1 KrWG (Stand: 5/2012) Rn. 21; *Versmann*, in: Jarass/Petersen, KrWG, § 33 KrWG Rn. 37.

497 Gesetz über das Inverkehrbringen, die Rücknahme und die hochwertige Verwertung von Verpackungen (Verpackungsgesetz – VerpackG) v. 5.7.2017, BGBl. I, 2234, siehe oben S. 49. Dessen unmittelbare Vorgängerin war die Verpackungsverordnung vom 21.8.1998, siehe oben § 2 Fn. 183.

498 So zu § 2 Abs. 3 VerpackV *Klinger*, DUH Rechtsgutachten, 4/2014, S. 12; *Kloepfer*, Umweltrecht, 2016, § 21 Rn. 284; *Koch*, NVwZ 1998, 1155 (1156); in diese Richtung auch *Rodi,* StuW 1999, 105 (118) sowie *Häberle,* in: Erbs/Kohlhaas, § 2 VerpackG (Stand: 1/2019) Rn. 5. Siehe hierzu auch *Konrad,* DÖV 1999, 12 (18 f.), der die damalige Einfügung der Regelung kritisiert, da so die kooperative abfallrechtliche Gesamtkonzeption unterlaufende Regelungen möglich seien.

499 BT-Drs. 18/11274, S. 80.

500 BVerwGE 104, 331 (331 ff.), in dem es um eine Auflage ging, nur Mehrweggeschirr und -besteck zu nutzen. Zur dort festgestellten Sperrwirkung für landesrechtliche Produktverbote siehe unten S. 232 ff.

501 BT-Drs. 13/10943, S. 22 f.; 32 f.

sprechen also dagegen, aus § 2 Abs. 5 VerpackG allgemeine, über die Benutzung der öffentlichen Einrichtungen hinausgehende Rückschlüsse für die Zulässigkeit einer Lenkungsteuer zu ziehen.

Ungeachtet dessen ist es zutreffend, dass das VerpackG nicht durch ein reines Kooperationsprinzip gekennzeichnet ist. Das BVerfG sah zwar das mit der VerpackV von 1991 eingeführte Duale System als „Ergebnis" eines „Konsens[es]" an und die (damalige) VerpackV damit insgesamt als Ausdruck eines Kooperationskonzeptes, welches im Widerspruch zu einer lenkenden Steuer stünde.[502] Dies überzeugt jedoch nicht. Denn selbst die im Konsens erreichten Rücknahmepflichten beinhalten einen ordnungsrechtlichen Ansatz durch konkrete Pflichtauferlegung,[503] wie das BVerfG selbst feststellte.[504] Die Konzeption der Dualen Systeme Deutschlands und die einhergehenden Rücknahmepflichten haben sich durch das VerpackG im Grundsatz nicht geändert, wenngleich es zahlreiche Novellierungen gab.[505] Für die Annahme eines gemischten Konzepts aus kooperativen und ordnungsrechtlichen Ansätzen und damit gegen eine Widersprüchlichkeit von Lenkungsteuern zum VerpackG lassen sich auch die allgemeinen Ausführungen der Gesetzesbegründung zur VerpackV von 1998, das dem VerpackG unmittelbar vorausging, anführen. Danach wird der „*ordnungsrechtliche* Ansatz" der Rücknahme-, Wiederverwendungs- und Verwertungspflichten mit einer „spezifische[n] Ausprägung des Kooperationsprinzips ergänzt" und es wurde „*zunächst* auf zusätzliche steuer- und abgabenrechtliche Instrumente zur Umsetzung der Abfallvermeidungsziele verzichtet".[506] Hieraus lässt sich auch ableiten, dass nach der Konzeption des Gesetzgebers steuer- und abgabenrechtliche Instrumente nicht von der VerpackV ausgeschlossen werden oder zu ihr im Widerspruch stehen, denn es wurde nur *zunächst* von ihnen kein Gebrauch gemacht. Eine Abkehr von diesem Ansatz lässt sich der Gesetzesbegründung zum VerpackG nicht entnehmen.[507] Vielmehr wird danach zwar betont, dass die „Zusammenarbeit zwischen den Kommunen und den dualen Systemen erleichtert werden" soll, die „Verantwortung" aber bei den Kommunen verbleibt und diese zu-

---

502 BVerfGE 98, 106 (130).

503 BT-Drs. 13/10943, S. 19; *Faber,* Selbstregulierungssysteme, 2001, S. 211 f.; *Kloepfer*, Umweltrecht, 2016, § 21 Rn. 209; *Koch*, NVwZ 1998, 1155 (1157).

504 BVerfGE 98, 106 (129).

505 Dies galt ebenso für die unmittelbare Vorgängerin des VerpackG, der VerpackV von 1998, siehe dazu *Kloepfer*, Umweltrecht, 2016, § 21 Rn. 212 ff. Zu den Novellierungen durch das VerpackG siehe etwa zusammenfassend *Klement*, in: Schmehl/Klement, GK-KrWG, Vorwort, S. VI ff.; ausf. *Franßen,* in: Rehbinder/Schink, Grundzüge des Umweltrechts, Abschn. 13 Rn. 96 ff.

506 BT-Drs. 13/10943, S. 19 [Hervorhebungen d.d.Verf.].

507 Vgl. BT-Drs. 18/11274, S. 1 f.; BR-Drs. 797/16, S. 2 sowie BR-Drs. 797/16 (Beschluss), S. 1.

dem „stärkere Steuerungs- und Einflussmöglichkeiten im Hinblick auf die von den Systemen durchzuführende Sammlung der Verpackungsabfälle" erhalten.[508]

Darüber hinaus ist anzuführen, dass die Kooperation und Eigenverantwortung der Wirtschaft, die das Duale System auszeichnet, in Ergänzung zur Einführung einer Verbrauchsteuer stehen. Hersteller und Vertreiber werden in die Pflicht genommen, sich im Rahmen des Dualen Systems an den Kosten für die Wiederverwertung und das Recycling zu beteiligen, indem die zugelassenen Dualen Systeme Lizenzentgelte von den Herstellern und Vertreibern nehmen und ihrerseits Unternehmen für die Einsammlung der Abfälle beauftragen, die diese dann den Wiederverwertungs- und Recyclingsprozessen zuführen.[509] Es soll somit vor allem das Recycling und die Wiederverwertung erhöht werden. Das verdeutlichen auch die Lizenzentgelte, die sich nach verwendetem Material und Gewicht richten.[510] Das VerpackG stellt dies nun heraus, da die Lizenzentgelte ökologisch gestaltet werden und Anreize schaffen sollen, bei der Herstellung möglichst Materialien zu verwenden, die eine hohe Recyclingrate ermöglichen (vgl. § 21 Abs. 1 VerpackG).[511] Durch die Beteiligungsentgelte nach dem VerpackG wird eine fiskalische Motivation kreiert (oder verstärkt), Verpackungen zu optimieren und Überflüssiges zu vermeiden.[512] Eine steuerrechtliche Regelung auf bestimmte Plastikprodukte setzt jedoch an einer anderen Stelle an: Sie setzt einen Anreiz, auf die Nutzung dieser gegebenenfalls optimierten Produkte überhaupt zu verzichten. Damit entsteht kein Widerspruch, sondern vielmehr das Gegenteil, eine Ergänzung. Kann oder soll eine Produktnutzung im konkreten Fall nicht *gänzlich* vermieden werden, so führt die bezweckte höhere Recyclingrate immerhin zu einer begrenzten Abfallvermeidung. Lenkungsteuern sind folglich nicht widersprüchlich zum VerpackG.

---

[508] BT-Drs. 18/11274, S. 1 f.

[509] Vgl. §§ 7 Abs. 1 und 2; 14 Abs. 1 und 2 VerpackG; zur Historie und Funktionsweise des Dualen Systems kritisch *Brandt,* NuR 2017, 305 (306 f.); siehe zu dessen Aufbau und Struktur auch *Flanderka,* BB 1996, 649 (649 ff.); zum Ganzen auch *Frenz,* GewArch 1994, 145 (145 ff.). Kritisch zum Dualen System insbesondere *Scholz/Aulehner*, BB 1993, 2250 (2250 ff.); *Thomé-Kozmiensky,* Die Verpackungsverordnung, 1994, S. 88 ff., 92 ff., 122 ff.; *Wolf,* ZUR 2017, 579 (585, 593).

[510] Zu den Maßstäben der Lizenzentgelte siehe etwa https://www.gruener-punkt.de/de/verbraucher/der-gruene-punkt-erklaert.html (abgerufen: 14.11.2019).

[511] Vgl. zu den Schwierigkeiten der Umsetzung in der Praxis und krit. *Brandt,* NuR 2017, 305 (308 f.); krit., ob dies gelingt *Franßen,* in: Rehbinder/Schink, Grundzüge des Umweltrechts, Abschn. 13 Rn. 100.

[512] Vgl. allg. dazu, dass die Belastung von Produzenten mit Kosten der Abfallverwertung zu Anreizen für eine abfallärmere Produktgestaltung führen kann, *Diederichsen,* Vermeidungsgebot, 1998, S. 50.

Auch im Übrigen ist das VerpackG für lenkende Regelungen offen und nicht rein kooperativ angelegt. Selbst § 22 VerpackG, der die Abstimmung zwischen den öffentlich-rechtlichen Entsorgungsträgern und den eingerichteten bzw. einzurichtenden Systemen regelt und schon seinem Titel („Abstimmung“) nach besonderer Ausfluss des Kooperationsprinzips ist, lässt Durchbrechungen der Kooperation durch einseitige Vorgaben zu.[513] So kann nach § 22 Abs. 2 Satz 1 VerpackG ein öffentlich-rechtlicher Entsorgungsträger durch Verwaltungsakt gegenüber den Systemen eine Rahmenvorgabe festlegen, wie die nach § 14 Abs. 1 VerpackG durchzuführende Sammlung der restentleerten Verpackungen auszugestalten ist. Auch wenn die Gesetzesbegründung in diesem Zusammenhang klarstellt, dass dem VerpackG das Kooperationsprinzip zugrundeliegt,[514] so greifen auch hier die bereits dargelegten Erwägungen, wonach die Rücknahme-, Wiederverwendungs- und Verwertungspflichten nicht rein kooperativ sind. Der gemischte Ansatz wird ebenso deutlich durch die Einrichtung der neuen Zentralen Stelle nach den §§ 24 ff. VerpackG. Diese wird mit hoheitlichen Befugnissen ausgestattet und soll als Kontrollorgan fungieren, insbesondere sollen ihr sanktionierbar die Verpackungsmengen-Daten gemeldet werden (vgl. §§ 10 Abs. 1, 34 VerpackG), da es hier in der Vergangenheit zu Missbrauch kam.[515] Dass die Zentrale Stelle in Form der Beleihung einer privaten Stiftung und nicht einer staatlichen Behörde eingerichtet wird, steht dem nicht entgegen. Hintergrund ist nach der Gesetzesbegründung vor allem die Einbeziehung der Expertise aus den verschiedenen Branchen.[516] Ferner soll der mit der Ausfüllung der Produktverantwortung zugewiesenen Eigenverantwortung Rechnung getragen werden, wobei ausdrücklich festgestellt wird, dass „neben den damit verbundenen Pflichten“ auch Gestaltungsmöglichkeiten „innerhalb des gesetzten rechtlichen Rahmens“ bestehen.[517] Zudem ist die Errichtung der Zentralen Stelle nicht freiwillig, sondern verpflichtend (§ 24 Abs. 1 VerpackG).[518] Auch hier werden somit kooperative und ordnungsrechtliche Elemente verbunden. Damit ist auch das VerpackG offen für Lenkungsinstrumente.

---

513 Vgl. BT-Drs. 18/11274, S. 108 f.; *Oexle*, in: Schmehl/Klement, GK-KrWG, § 22 VerpackG Rn. 5.

514 BT-Drs. 18/11274, S. 108.

515 BT-Drs. 18/11274, S. 123 f.; Wiss. Dienst BT, Neuregelungen durch das Verpackungsgesetz, 1/2018, S. 5 f. Vgl. zur Zentralen Stelle und kritisch *Brandt,* NuR 2017, 305 (307 f.); *Franßen,* in: Rehbinder/Schink, Grundzüge des Umweltrechts, Abschn. 13 Rn. 96; zu den Missbrauchsfällen siehe auch *Bauchmüller,* Betrug beim gelben Sack?, SZ v. 5.10.2017 (www.sueddeutsche.de/wirtschaft/verpackungsmuell-betrug-beim-gelben-sack-im-dualen-system-fehlen-millionen-euro-1.3693792, abgerufen: 14.11.2019).

516 BT-Drs. 17/11284, S. 124.

517 BT-Drs. 17/11284, S. 124.

518 Ebenso *Ludewig*, in: Schmehl/Klement, GK-KrWG, § 24 VerpackG Rn. 33.

dd) Zwischenfazit

Weder die abfallrechtliche Gesamtkonzeption noch einzelne Regelungen des KrWG oder des VerpackG stehen einer Lenkung entgegen. Eine Lenkungsteuer steht somit nicht im Widerspruch zum Abfallrecht im Sinne der kritikwürdigen Rechtsprechung des BVerfG. Da das KrWG und das VerpackG, wie gezeigt, die kooperativen Ansätze mit ordnungsrechtlichen Mitteln verbinden, die Produktverantwortung auf einer anderen Ebene als eine Lenkungsteuer ansetzt und insbesondere in § 33 i. V. m. Anlage 4 Nr. 3 des KrWG ausdrücklich wirtschaftliche Maßnahmen genannt werden, sind lenkende steuerliche Instrumente zur Abfallvermeidung aus kompetenzrechtlicher Perspektive möglich.

2. Sonderabgaben

Als mögliches zukünftiges ökonomisches Mittel zur Vermeidung von Plastikmüll kommt die Einführung einer nicht-steuerlichen Abgabe in Form einer Sonderabgabe auf Plastiktüten und -einweggeschirr einschließlich des Coffee-to-go-Bechers in Betracht. Mit der Rechtsprechung[519] und ganz herrschenden Meinung im durchaus kritischen[520] Schrifttum ist von der grundsätzlichen verfassungsrechtlichen Zulässigkeit von Sonderabgaben auszugehen.[521]

a) Gesetzgebungskompetenz

Anders als bei Steuern richtet sich die Kompetenz zur Einführung einer Sonderabgabe nicht nach dem finanzverfassungsrechtlichen Art. 105 GG, da dieser Sonderabgaben nicht erfasst.[522] Es gibt auch keine andere spezielle verfassungsrechtliche Ermächtigung.[523] Vielmehr folgt die Kompetenz zur Einführung von Sonderabgaben aus den allgemeinen Sachkompetenzen der Art. 70 ff. GG.[524]

---

[519] St. Rspr., etwa BVerfGE 55, 274; 124, 348 (365); BVerfGK 15, 168 (173 ff.).

[520] Kritisch etwa *Germelmann*, GewArch 2009, 476 (477); *Kloepfer*, Finanzverfassungsrecht, 2014, § 2 Rn. 39; *Ossenbühl*, DVBl. 2005, 667 (675); *Waldhoff*, JZ 2014, 407 (409 f.). Kritisch und für die Aufgabe der Kategorie *Sacksofsky*, Umweltschutz durch nicht-steuerliche Abgaben, 2000, S. 72 ff., 87; kritisch und i. E. gegen die verfassungsrechtliche Zulässigkeit *Siekmann*, in: Sachs, GG, 8. Aufl. 2018, vor Art. 104a Rn. 152.

[521] Siehe nur *Gern/Brüning*, Kommunalrecht, Rn. 1446; *Heintzen*, in: v. Münch/Kunig, GG, Bd. 2, 6. Aufl. 2012, Art. 105 GG Rn. 24 ff.; *Heun*, in: Dreier, GG, Bd. 3, Art. 105 GG Rn. 24; *Kloepfer*, Finanzverfassungsrecht, 2014, § 2 Rn. 36 ff., 41; *v. Münch/Mager*, StaatsR I, Rn. 614; a. A. *Sacksofsky*, Umweltschutz durch nicht-steuerliche Abgaben, 2000, S. 72 ff., 87; *Siekmann*, in: Sachs, GG, 8. Aufl. 2018, vor Art. 104a Rn. 152.

[522] Vgl. nur *Müller-Franken*, in: Friauf/Höfling, Berliner Kommentar zum GG, Art. 105 GG (Stand: 23. EL II/08) Rn. 84.

[523] Vgl. BVerfGE 55, 274 (297).

[524] Vgl. BVerfGE 55, 274 (297); BVerfGE 57, 139 (166); BVerfGE 108, 186 (212); statt vieler *Jachmann-Michel/Vogel*, in: v. Mangoldt/Klein/Starck, GG, Bd. III, Art. 105 GG Rn. 18.

Ein einheitlicher und umfassender Kompetenztitel zum „Recht des Umweltschutzes", auf den sich eine Sonderabgabe auf Plastiktüten, -einweggeschirr und den Coffee-to-go-Becher stützen ließe, findet sich trotz vielfacher Forderungen[525] bisher nicht im Katalog der Art. 70 ff. GG. Für eine Sonderabgabe auf die hier untersuchten Plastikprodukte ist daher die konkurrierende Gesetzgebungskompetenz für die *Abfallwirtschaft* (Art. 74 Abs. 1 Nr. 24 GG) einschlägig. Dem steht nicht entgegen, dass eine gegebenenfalls bei Herstellern, Verkäufern oder Endverbrauchern erhobene Sonderabgabe auf Plastiktüten und -einweggeschirr unmittelbar auf die Herstellung, das Inverkehrbringen oder den Kauf dieser Plastikprodukte erhoben würde, nicht hingegen den späteren Abfall. Der Kompetenztitel des Art. 74 Abs. 1 Nr. 24 GG bezieht sich auf sämtliche abfallwirtschaftlichen Abschnitte, angefangen bei und einschließlich der *Vermeidung* von Abfall.[526] Auch die Einführung von abfallwirtschaftsbezogenen Abgaben mit Ausnahme von Steuern kann auf diesen Titel gestützt werden.[527]

Somit können grundsätzlich die Länder Regelungen für eine Abgabe auf Plastiktüten und -einweggeschirr einschließlich des Coffee-to-go-Bechers erlassen, solange und soweit der Bund nicht von seiner Gesetzgebungszuständigkeit Gebrauch gemacht hat (Art. 72 Abs. 1 GG). Bisher hat der Bund keine plastikspezifische Sonderabgabe eingeführt, die eine Sperrwirkung entfalten könnte. Eine solche Sperrwirkung wird auch nicht durch das bestehende Abfallrecht bewirkt, insbesondere das KrWG und das VerpackG. Diese sind nicht abschließend und lassen derartige Lenkungssonderabgaben vielmehr zu.[528] Zur Begründung kann im Wesentlichen auf die übertragbaren Ausführungen zur Widerspruchsfreiheit der Rechtsordnung verwiesen werden: Erstens sieht § 33 Abs. 3 Nr. 2 und 3 KrWG i. V. m. Nr. 3 lit. a Anlage 4 die Möglichkeit vor, wirtschaftliche Maßnah-

---

[525] Siehe beispielsweise *Epiney*, NuR 2006, 403 (410); *Gärditz*, in: Landmann/Rohmer, UmweltR, Art. 20a GG (Stand: 2/2013) Rn. 99; *ders.*, NuR 2013, 605 (606); *Kane*, Gesetzgebungskompetenzen, 2013, S. 235 ff., 248 ff.; *Kloepfer*, NuR 2006, 1 (6); *SRU*, Stellungnahme: Der Umweltschutz in der Föderalismusreform, 2006, S. 4, 6 ff., 18; *Kahl/Gärditz*, Umweltrecht, § 3 Rn. 43.

[526] BVerfGE 98, 106 (120); *Gärditz*, in: Landmann/Rohmer, UmweltR, Art. 20a GG (Stand: 2/2013) Rn. 110; *Jarass/Pieroth*, GG, 15. Aufl. 2018, Art. 74 GG Rn. 68; *Kane*, Gesetzgebungskompetenzen, 2013, S. 98 f.; *Rengeling*, in: Isensee/Kirchhof, HStR VI, § 135 Rn. 292.

[527] BVerfGE 110, 370 (385); *Gärditz*, in: Landmann/Rohmer, UmweltR, Art. 20a GG (Stand: 2/2013) Rn. 110; *Kahl/Gärditz*, Umweltrecht, § 3 Rn. 46; a. A. *Selmer*, Sonderabfallabgaben, 1996, S. 26 f., der eine Annex-Kompetenz fordert.

[528] I.E. ebenso für das KrWG sowie die dem VerpackG vorausgehende VerpackV: *Kalscheuer/Harding*, NordÖR 2017, 113 (116); *Klinger*, DUH Rechtsgutachten, 4/2014, S. 12; *Klinger/Krebs*, ZUR 2015, 664 (666); *Kloepfer*, Umweltrecht, 2016, § 21 Rn. 284; *Lau*, in: Kopp-Assenmacher, KrWG, 2015, § 33 KrWG Rn. 18; *Rodi*, ZUR 2016, 531 (534) a. A. *Kropp*, in: v. Lersner/Wendenburg/Kropp/Rüdiger, Recht der Abfall- und Kreislaufwirtschaft, § 1 KrWG (Stand: 5/2012) Rn. 21; *Versmann*, in: Jarass/Petersen, KrWG, § 33 KrWG Rn. 37.

men einzuführen. Zweitens beschränkt er diese Möglichkeit nicht auf Abfallvermeidungsprogramme der Länder, sondern die bloße *Erwähnung* dieser Maßnahmen zeigt, dass der Gesetzgeber insofern von einer zumindest diesbezüglich nicht abschließend im Abfallrecht geregelten Materie ausging. Drittens entfaltet das Abfallvermeidungsprogramm des Bundes unter Beteiligung aller Länder keine Sperrwirkung.

Für die Verneinung einer Sperrwirkung durch das VerpackG sind die obigen Erwägungen[529] ebenfalls übertragbar, es bedarf jedoch der folgenden klarstellenden Ergänzung. Es kann nicht überzeugend angenommen werden, dies folge daraus, dass das VerpackG nur das Marktverhalten der dort verpflichteten Vertreiber und Hersteller regelt (vgl. § 1 Abs. 1 S. 3 und 4 VerpackG), eine Sonderabgabe aber „durch Überwälzung den Endverbraucher" belasten würde und sein Verhalten steuern soll.[530] Wenngleich eine solche an den Endverbraucher adressierte Steuerungswirkung bezweckt ist, so greift dieser Begründungsansatz hinsichtlich einer Verneinung der Sperrwirkung zu kurz. Denn das VerpackG[531] normiert weitere Pflichten, deren unmittelbare Adressaten die Hersteller und Vertreiber sind, deren finanzielle Auswirkungen jedoch – wie hier – auf den Endverbraucher abgewälzt werden. So trägt der Endverbraucher letztlich die Kosten der privaten Lizenzentgelte zur Erfüllung der Pflichten aus der Produktverantwortung im Rahmen der Dualen Systeme.[532] Für die Verneinung der Sperrwirkung durch das VerpackG ist jedoch der Hintergrund für die in diesem Gesetz näher geregelte Produktverantwortung maßgeblich, namentlich § 23 KrWG. Aus dem Umstand, dass § 23 KrWG diese Produktverantwortung vorsieht und gleichzeitig wie oben dargelegt in § 33 Abs. 3 Nr. 2 KrWG i. V. m. Nr. 3 lit. a Anlage 4 wirtschaftliche Lenkungsinstrumente für Bund und Länder nennt, folgt, dass auch die Konkretisierungen und Ausgestaltung im VerpackG zur Produktverantwortung keine Sperrwirkung für eine landesrechtliche Gesetzgebungsbefugnis für die hier untersuchten Sonderabgaben bewirkt. Denn wie hergeleitet, sind derartige wirtschaftliche Instrumente nicht nur im Rahmen von Abfallvermeidungsprogrammen möglich, sondern grundsätzlich. Mithin entfaltet das VerpackG keine Sperrwirkung.

Daher können nach derzeitiger Rechtslage der Bund und alternativ die Länder bzw. die Kommunen, soweit ihnen die Befugnis übertragen wurde, eine solche

---

529 S. 171 ff.

530 So aber bzgl. der früheren VerpackV *Klinger/Krebs,* ZUR 2015, 664 (668) unter Verweis auf § 1 Abs. 1 S. 3 VerpackV, welcher sich nun leicht abgewandelt in § 1 Abs. 1 S. 3 und 4 VerpackG findet.

531 Dies galt entgegen *Klinger/Krebs,* ZUR 2015, 664 (668) auch bereits bzgl. der früheren VerpackV.

532 Für die VerpackV *Rodi,* ZUR 2016, 531 (540); *Scholz/Aulehner,* BB 1993, 2250 (2262 f.).

plastikspezifische Sonderabgabe gestützt auf Art. 72 Abs. 1 GG einführen, wenn die materiellen Voraussetzungen einer solchen vorliegen (dazu sogleich). Wird der Bund tätig, greifen für ihn aufgrund der Föderalismusreform I seit dem 1.9.2006[533] nicht mehr die Einschränkungen der sogenannten Erforderlichkeitsklausel nach Art. 72 Abs. 2 GG, da Art. 74 Abs. 1 Nr. 24 GG nicht mehr zu den in Art. 72 Abs. 2 GG aufgelisteten Fällen zählt.[534] Hinzuweisen ist jedoch darauf, dass der einfache (Bundes- oder Landes-)Gesetzgeber eine Kompetenz aus den Art. 70 ff. GG nicht durch die bloße Bezeichnung als Sonderabgabe oder explizite Verneinung einer Steuer oder Bejahung der Sonderabgaben-Eigenschaft herbeiführen kann.[535] Für die Einordnung, ob eine Abgabe auf Plastiktüten oder -einweggeschirr und den Coffee-to-go-Becher als Sonderabgabe möglich ist, ist der „materielle Gehalt" der Abgabe entscheidend, unabhängig davon, ob die Abgabe in dem sie einführenden Gesetz als Abgabe oder Steuer bezeichnet wird.[536]

b) Voraussetzungen und Folgerungen für eine Abgabe auf Plastiktüten und -einweggeschirr, insbesondere Coffee-to-go-Becher

Bei Sonderabgaben lässt sich zwischen Finanzierungssonderabgaben (Sonderabgaben i.e.S.) zur Erzielung von Einnahmen und Lenkungssonderabgaben (Sonderabgaben i.w.S.) für (umwelt-)politische Veränderungen und indirekte Verhaltenssteuerung unterscheiden.[537] Auch wenn die Einordnung in letzter Zeit teilweise vernachlässigt wird,[538] ist jedenfalls aus Gründen der „ökonomischen Verständigung" eine solche Klassifizierung nötig.[539]

Lenkungssonderabgaben oder lenkende Sonderabgaben sind Abgaben, die bestimmte Verhaltensweisen vermindern sollen.[540] Maßgeblich für die Einordnung der Sonderabgabe ist das Primärziel der Abgabe.[541] Mit einer Sonderabgabe auf

---

533 BGBl. I 2006, 2034.

534 Hierzu *Schulze-Fielitz,* NVwZ 2007, 249 (insbes. 251 f.).

535 Vgl. BVerfGE 55, 274 (274, 304 f.); vgl. auch 93, 319 (345).

536 BVerfGE 55, 274 (274, 304 f.); siehe hierzu *Henseler*, Sonderabgaben, 1984, S. 103; eingehend *Selmer,* Sonderabfallabgaben, 1996, S. 24 f.

537 BVerfGE 108, 186 (217 ff.); 124, 348 (365); 135, 155 (206 ff.); BVerfG, NVwZ 2016, 606 (606 f.); BVerfGK 15, 168 (174 f.). Aus dem Schrifttum etwa *Germelmann,* GewArch 2009, 476 (477); *Kirchhof,* in: Isensee/Kirchhof, HStR Bd. V, § 119 Rn. 93 f.; *Kloepfer,* Finanzverfassungsrecht, § 2 Rn. 43; *Siekmann*, in: Sachs, GG, 8. Aufl. 2018, vor Art. 104a Rn. 168; *Kahl/Gärditz,* Umweltrecht, § 4 Rn. 133. Eine „einheitliche Systematisierung" fehlt indes, so treffend auch *Jäkel,* JURA 2017, 630 (631).

538 Dies feststellend *Rodi*, ZUR 2016, 531 (536 f.).

539 So auf „die Typologie der Abgabearten" bezogen *Ossenbühl*, DVBl. 2005, 667 (668).

540 *Jarass*, Nichtsteuerliche Abgaben, 1999, S. 51; *Kirchhof*, in: Isensee/Kirchhof, HStR V, § 119 Rn. 93.

541 BVerfGE 57, 139 (169); 92, 91 (117 f.); *Germelmann,* GewArch 2009, 476 (477); *Ossen-*

Plastiktüten, -einweggeschirr und Coffee-to-go-Becher soll vordergründig ein Anreiz zur Vermeidung dieser Produkte gesetzt werden, um Abfall zu reduzieren, die Ressourcen zu schonen und die Umwelt zu schützen, sodass diese als Lenkungssonderabgabe einzustufen ist.[542] Ein vorherrschendes Ziel der Einnahmengewinnung ist nicht gegeben. Ein beiläufiger Finanzierungszweck schadet indes nach zutreffender Auffassung nicht.[543] Die auf die Entscheidungen des BVerfG zur Investitionshilfeabgabe[544] und Schwerbehindertenabgabe[545] zurückgehende, gegenteilige Ansicht, Lenkungssonderabgaben dürften weder vorrangig noch nebensächlich einen Finanzierungszweck haben, da sie ansonsten die strengen Voraussetzungen der Finanzierungsabgabe erfüllen müssen,[546] überzeugt nicht. Denn jede Abgabe führt zwangsläufig zu irgendeinem Aufkommen, das der Gesetzgeber „zumindest billigend in Kauf nehmen dürfte"[547], sodass nicht ersichtlich ist, in welchen Fällen ein Finanzierungszweck überhaupt nicht vorhanden ist.[548] Ein bloßer Finanzierungs*effekt* führt hingegen noch nicht zum Vorliegen eines maßgeblichen Finanzierungszweckes und ist mithin unschädlich.[549] Selbst ein sehr hoher Finanzierungs*effekt* einer Lenkungssonderabgabe verdichtet sich nicht zu einem vorherrschenden Finanzierungs*zweck*, wenn die Lenkung weiterhin Hauptziel ist, sodass der Umstand, dass hier womöglich ein nicht unbeträchtliches Aufkommen erzielt wird, zu keiner anderen Einordnung der Abgabe führt.[550] Andernfalls würde die Einstufung als Finanzierungs- oder Lenkungssonderabgabe entweder von einer – oftmals schwierigen – Prognose im

---

bühl, DVBl. 2005, 667 (667 f.); *Kahl/Gärditz*, Umweltrecht, § 4 Rn. 133 f. Hingegen kritisch *Henseler*, Sonderabgaben, 1984, S. 59 f., 88 f.; *Heun*, DVBl. 1990, 666 (670 f.); *Wernsmann*, in: Hübschmann/Hepp/Spitaler, AO/FGO, § 3 AO (Stand: 3/2016) Rn. 235.

[542] I.E. wie hier *Klinger/Krebs*, ZUR 2015, 664 (667 ff.).

[543] Vgl. *Germelmann*, GewArch 2009, 476 (477); *Kahl/Gärditz*, Umweltrecht, § 4 Rn. 133; *Thiemann*, AöR 138 (2013), 60 (86).

[544] BVerfGE 67, 256.

[545] BVerfGE 57, 139.

[546] BVerfGE 57, 139 (167 f.); 67, 256 (278); 82, 159 (181); *Jachmann-Michel/Vogel*, in: v. Mangoldt/Klein/Starck, Bd. III, Art. 105 GG Rn. 17; *Siekmann*, in: Sachs, GG, 8. Aufl. 2018, vor Art. 104a Rn. 168 ff.; *Wernsmann*, in: Hübschmann/Hepp/Spitaler, AO/FGO, § 3 AO (Stand: 3/2016) Rn. 235.

[547] *Thiemann*, AöR 138 (2013), 60 (86).

[548] *Jochum*, StuW 2006, 134 (141); *Kirchhof*, in: Isensee/Kirchhof, HStR V, § 119 Rn. 93; *Kahl/Gärditz*, Umweltrecht, § 4 Rn. 135; *Thiemann*, AöR 138 (2013), 60 (86); *Wernsmann*, in: Hübschmann/Hepp/Spitaler, AO/FGO, § 3 AO (Stand: 3/2016) Rn. 235.

[549] Dies räumen auch Vertreter der Auffassung ein, die bei einem Finanzierungsnebenzweck bereits die strengen Voraussetzungen anwenden, siehe etwa *Jachmann-Michel/Vogel*, in: v. Mangoldt/Klein/Starck, Bd. III, Art. 105 GG Rn. 17; *Jochum*, StuW 2006, 134 (141) [Hervorhebung wie hier].

[550] Ähnlich BVerfGE 57, 139 (168 f.). In diese Richtung auch *Tiedemann*, DÖV 1990, 1 (6), der im Anschluss ein hohes Aufkommen als unschädlich einstuft.

Vorhinein abhängen oder könnte erst im Nachhinein nach einem gewissen Erhebungszeitraum getroffen werden, da erst dann eine, zumindest für einen gewissen Zeitraum, zuverlässige Berechnung möglich ist. Im Falle der Lenkungssonderabgaben kommt noch das Problem hinzu, dass diese bei fortschreitender Wirkung ihres Lenkungsappells zu weniger Einnahmen führen sollen, welches eine Prognose zusätzlich erschwert. In der Konsequenz wäre es somit denkbar, dass eine falsche prognosebasierte Einstufung erfolgt und am Anfang wider Erwarten ein beträchtliches Aufkommen erzielt wird, mithin eine Finanzierungsabgabe vorläge, die dann in eine Lenkungssonderabgabe wechseln müsste. Dies würde freilich zu einer rechtsunsicheren und in der Praxis auch schwierig handhabbaren Situation führen und in der ohnehin verfassungsrechtlich teils inkonsistenten Zone der Sonderabgaben zu weiterer Verunsicherung führen. Die Höhe des Finanzierungsaufkommens kann allenfalls ein Hilfskriterium sein, dass im Rahmen der nachgelagerten und fortlaufenden Überprüfungspflichten[551] der Legitimationsanforderungen – die gegebenenfalls zu Änderungen oder Aufhebungen führen müssen – berücksichtigt werden sollte, um bei einem Primärzielwechsel gegenzusteuern.

Welche Voraussetzungen vorliegen müssen, damit eine Sonderabgabe (gleich welchen Typus) zulässig ist, ist nicht gesetzlich geregelt und gehört zu den viel diskutierten rechtswissenschaftlichen Problemen. Da jede Sonderabgabe mit der Steuer, die den engen Grenzen der Finanzverfassung unterliegt, „in Konkurrenz“ geraten kann, weil sie sich sehr ähnlich sind[552] und ein „Wahlrecht des Gesetzgebers“ zwischen den Kompetenzgrundlagen der Art. 105 GG und Art. 70ff. GG vermieden werden soll, müssen Sonderabgaben zutreffenderweise engen verfassungsrechtlichen Grenzen unterliegen[553] und sich deutlich von Steuern unterscheiden, da andernfalls die Gefahr besteht, dass das ordnende und abschließende System der Finanzverfassung umgangen wird, auf einem Umweg Kompetenzen ausgeweitet werden, das Budgetrechts des Parlaments und die Vollständigkeit des Haushaltsplans (vgl. Art. 110 Abs. 1 GG) unterlaufen werden und die Belastungsgleichheit der Abgabeschuldner, die ebenfalls Steuerschuldner sind, nicht gewahrt wird.[554] Sonderabgaben sollen daher nur eine „seltene Ausnahme“ sein.[555]

---

[551] Zur regelmäßigen Überprüfungspflicht allgemein etwa BVerfGE 55, 274 (308); 108, 186 (218f., 230ff.); 136, 194 (242f. Rn. 117; 260f.).

[552] BVerfGE 55, 274 (298); 67, 256 (274f.); 93, 319 (344). Siehe insbes. zur Ähnlichkeit zwischen Zwecksteuern und Sonderabgaben ausführlich *Thiemann*, AöR 138 (2013), 60 (75ff.).

[553] St. Rspr., siehe nur BVerfGE 55, 274 (304ff.); 67, 256 (275ff.); 93, 319 (344).

[554] Eingehend BVerfGE 55, 274 (298ff.); 93, 319 (342ff.); 108, 186 (215ff.); BVerfGK 15, 168 (174ff.); aus dem Schrifttum statt vieler nur *Kirchhof*, in: Isensee/Kirchhof, HStR V, § 119 Rn. 71ff.

[555] St. Rspr., siehe nur BVerfGE 55, 274 (308); 101, 141 (147); 136, 194 (Rn. 117). Kritisch

Die Voraussetzungen für die Einführung einer Sonderabgabe wurden vom BVerfG erstmalig in der Grundsatzentscheidung vom 10.12.1980 zur Berufsausbildungsabgabe hergeleitet[556] und sind Gegenstand zahlreicher Gerichtsentscheidungen und rechtswissenschaftlicher Auseinandersetzungen. Vorangestellt sei, dass die Voraussetzungen jedenfalls gleichermaßen für den Bundes- und den Landesgesetzgeber gelten.[557] Weitgehende Einigkeit besteht aufgrund der zahlreichen Entscheidungen des BVerfG hinsichtlich der Voraussetzungen, die Finanzierungssonderabgaben erfüllen müssen.[558] Sie müssen einen bestimmten Sachzweck (dazu unter aa) verfolgen, der sich nicht in der bloßen Beschaffung von Finanzmitteln erschöpfen darf.[559] Zudem müssen sie eine abgrenzbare und homogene Gruppe belasten (dazu unter bb), die eine besondere Gruppenverantwortung für die Erfüllung der Aufgabe hat (dazu unter cc), der die Sonderabgabe dient und das Aufkommen aus der Sonderabgabe muss grundsätzlich gruppennützig verwendet werden, also dieser Gruppe zugutekommen (dazu unter dd).[560] Zu beachten ist, dass ungeachtet einer etwaigen einfachgesetzlich-normierten Pflicht in dem Abgabengesetz selbst, der Gesetzgeber bereits aus unmittelbar verfassungsrechtlichen Gründen regelmäßig die Sonderabgabe überprüfen und ggf. anpassen muss (hierzu unter ee).[561] Ferner treffen den Gesetzgeber zusätzlich haushaltsrechtliche Informations- und Dokumentationspflichten (dazu auch unter ee).[562]

Nach dem BVerfG gelten diese Kriterien jedenfalls „nicht uneingeschränkt" für Lenkungssonderabgaben.[563] Bislang ist jedoch nicht abschließend geklärt,

---

dazu, dass dies nicht gelungen ist, *Berg,* in: FS Schmidt, 2006, 661 (666); *ders.,* Sonderabgaben, GewArch 2006, 441 (442).

556 BVerfGE 55, 274 (304 ff.) im Wesentlichen aufbauend auf den Vorarbeiten im Schrifttum von *Friauf,* in: FS Jahrreiß, 1974, 45 (45 ff.); *ders.,* in: FS Haubrichs, 1977, 103 (103 ff.); *Mußgnug,* in: FS Forsthoff, 1974, 259 (259 ff.); *Selmer,* Steuerinterventionismus, 1972, S. 183 ff. Siehe eingehend zur historischen Entwicklung der Rechtsprechung und zum Begriff „Sonderabgaben" *Sacksofsky*, Umweltschutz durch nicht-steuerliche Abgaben, 2000, S. 55 ff.

557 BVerfGE 92, 91 (115 f.); 108, 186 (217); 101, 141 (148); *Pieroth*, in: Jarass/Pieroth, GG, 15. Aufl. 2018, Art. 105 Rn. 11; *Kloepfer,* Finanzverfassungsrecht, 2014, § 2 Rn. 48.

558 BVerfGE 55, 274 (309 ff.); 108, 186 (217 ff.); 124, 235 (244); in diesem Sinne etwa *Berg*, GewArch 2006, 441 (442); *Germelmann,* GewArch 2009, 476 (477 ff.); *Siekmann*, in: Sachs, GG, 8. Aufl. 2018, vor Art. 104a Rn. 165; kritisch insbes. *Ossenbühl*, DVBl. 2005, 667 (670 ff.).

559 BVerfGE 136, 194 (Rn. 116).

560 St. Rspr., grundlegend BVerfGE 55, 274 (274 f., 305 ff.); siehe aus der jüngeren Rspr. BVerfGE 135, 155 (Rn. 121); 136, 194 (Rn. 116). Zur Problematik, ob dies auch bei Lenkungsabgaben erforderlich ist, siehe sogleich S. 182 ff., insbes. S. 187 ff.

561 BVerfGE 108, 186 (218 f.).

562 BVerfGE 108, 186 (218 f.).

563 BVerfGE 57, 139 (167); 67, 256 (278); BVerfGK 15, 168 (176).

welche Voraussetzungen Lenkungssonderabgaben erfüllen müssen.[564] Im Folgenden sollen hierzu ein dogmatischer Beitrag geleistet und zugleich plastikspezifische Folgerungen gezogen werden.

aa) Sachzweck

Unproblematisch ist die Übertragung des Merkmals des besonderen Sachzwecks auf Lenkungssonderabgaben.[565] Eine Abgabe auf Plastiktüten, -einweggeschirr und Coffee-to-go-Becher soll Abfall vermeiden und verringern und die Ressourcen schonen.[566] Ziel ist damit auch der Umweltschutz. Richtigerweise wurde bereits vereinzelt[567] angeführt, dass hinsichtlich von Coffee-to-go-Bechern ein weiterer Zweck einer Abgabe wäre, die Belastung der örtlichen Infrastruktur der Abfallentsorgung zu mindern. Die Sonderabgabe dient somit nicht lediglich der Beschaffung finanzieller Mittel.

bb) Homogene Gruppe

Das Merkmal der abgrenzbaren, homogenen Gruppe ist auf Lenkungssonderabgaben wegen der Konkurrenz zur Lenkungsteuer übertragbar.[568] Dies ist zum Schutz der Finanzverfassung und aus Gründen des Gleichheitssatzes (Art. 3 Abs. 1 GG) zu befürworten,[569] auch wenn das Kriterium der Gruppenhomogenität sich nicht im Gleichbehandlungsgebot erschöpft.[570] Die homogene Gruppe, die mit der Abgabe belastet wird, muss, wie insbesondere das BVerfG zu Recht annimmt, durch eine gemeinsame, in der Rechtsordnung oder der gesellschaftlichen Wirklichkeit vorgegebene Interessenlage oder durch besondere gemeinsame Gegebenheiten von der Allgemeinheit und anderen Gruppen abgrenzbar sein.[571] Es genügt ein die Belastung mit der Sonderabgabe insbesondere unter Gleichheitsgesichtspunkten rechtfertigendes Maß an spezifischer Gemeinsamkeit.[572]

---

[564] Siehe nur *Siekmann*, in: Sachs, GG, 8. Aufl. 2018, vor Art. 104a Rn. 170.

[565] Vgl. *Klinger/Krebs,* ZUR 2015, 664 (668).

[566] Für die Ziele Abfallvermeidung und Ressourcenschonung bereits *Klinger/Krebs*, ZUR 2015, 664 (669); *Klinger*, DUH Rechtsgutachten, 4/2014, S. 5, der ausschließlich auf Abfallvermeidung abstellt.

[567] *Klinger/Krebs*, ZUR 2015, 664 (669).

[568] Ebenso *Germelmann,* GewArch 2009, 476 (479); *Jarass*, DÖV 1989, 1013 (1020).

[569] *Germelmann,* GewArch 2009, 476 (479); *Jarass*, DÖV 1989, 1013 (1021); *Müller,* Abgaben im Umweltrecht, 1994, S. 166.

[570] *Jarass*, DÖV 1989, 1013 (1021); eingehend *Meßerschmidt,* Umweltabgaben, 1986, S. 238 f.

[571] BVerfGE 55, 274 (305 f.); 67, 256 (276); 82, 159 (180); *Friauf,* in: FS Jahrreiß, 1974, 45 (55).

[572] BVerfGE 136, 194 (Rn. 122).

Hinsichtlich einer Sonderabgabe auf Plastiktüten und -einweggeschirr nehmen *Klinger/Krebs* eine homogene Gruppe bezüglich der Unternehmen an, die die Produkte „auf der Endhandelsstufe anbieten“ sowie den Endverbrauchern, mit dem Argument, dass sie durch ihr Kauf- bzw. Verkaufsverhalten abgrenzbar seien.[573] In einem Rechtsgutachten im Auftrag der Deutschen Umwelthilfe bejaht *Klinger* eine homogene Gruppe schlicht für „Unternehmer, die Plastiktüten anbieten“.[574] Die Annahme der Gruppenhomogenität bedarf jedoch einer differenzierten Auseinandersetzung.

Vielmehr ist zwischen den Endverbrauchern und auf Unternehmerseite zwischen der Herstellungsebene und der Vertreiber-/Ausgabeebene zu unterscheiden. Nach dem Ansatz von *Klinger/Krebs* würde die Herstellungsebene als homogene Gruppe ausscheiden, da sie die Plastikprodukte nicht regelmäßig auf der Endhandelsstufe anbietet. Die im Rechtsgutachten für die Deutsche Umwelthilfe vertretene Ansicht erfasst hingegen ohne Unterscheidung Hersteller- und Verkaufsebene als einheitliche homogene Gruppe.

Als homogene Gruppe kommen somit zunächst jeweils diejenigen Unternehmen in Betracht, die Plastiktüten, -einweggeschirr oder den Coffee-to-go-Becher herstellen.[575] Diese Unternehmen sind von der Allgemeinheit durch die Herstellung dieser spezifischen Produkte abgrenzbar. Auch von anderen Gruppen wie anderen produzierenden Gewerben oder Industrien unterscheiden sie sich aus diesem Grund. Es handelt sich bei den Herstellern um eine homogene Gruppe.

Ferner kommen diejenigen infrage, die Plastiktüten oder -einweggeschirr wie den Coffee-to-go-Becher auf einer Zwischenhandelsstufe entgeltlich vertreiben oder unmittelbar an den Endverbraucher verkaufen oder diese beim Kauf von anderen Produkten (z. B. in Bekleidungsgeschäften, der Apotheke oder beim Bäcker) unentgeltlich an die Endverbraucher ausgeben.[576] Diese Gruppe ist von

---

[573] *Klinger/Krebs,* ZUR 2015, 664 (669). In diese Richtung für Unternehmen wohl auch *Tiedemann*, DÖV 1990, 1 (5 f.), der bei einer allgemeinen Verpackungsabgabe den „gesamten Einzelhandel“ als homogene Gruppe betrachtet; a. A. wohl *Sendler,* WiVerw 1996, 83 (89), der eine homogene Gruppe bei Anbietern und Endverbrauchern von Einwegverpackungen bezweifelt.

[574] *Klinger*, DUH Rechtsgutachten, 4/2014, S. 5.

[575] In diesem Sinne allgemein *Frenz,* Verursacherprinzip im Abfallrecht, 1996, S. 193. Anders als hier *Klinger*, DUH Rechtsgutachten, 4/2014, S. 5, der ohne Differenzierung auf „Unternehmer, die Plastiktüten anbieten“ abstellt; *Klinger/Krebs*, ZUR 2015, 664 (669) sprechen von „auf der Endhandelsstufe anbieten“ und differenzieren nicht ausdrücklich.

[576] Ohne Differenzierung zwischen Herstellungsebene und Verkauf bzw. unentgeltliche Ausgabe an Endverbraucher lediglich auf „Unternehmer, die Plastiktüten anbieten“ abstellend *Klinger*, DUH Rechtsgutachten, 4/2014, S. 5 – auf Einweggeschirr wird nicht eingegangen; *Klinger/Krebs*, ZUR 2015, 664 (669) sprechen vom Angebot auf der „Endhandelsstufe“ und schließen damit implizit die Herstellungsebene aus; *Tiedemann*, DÖV 1990, 1 (5 f.) nimmt eine

der Allgemeinheit durch ihr Ausgabeverhalten abgrenzbar, das sowohl die entgeltliche als auch die unentgeltliche Ausgabe und somit das Inverkehrbringen umfasst. Wird die Homogenität lediglich aufgrund des *Verkaufs*verhaltens hergeleitet,[577] so wäre der Aspekt der entgeltlosen Aushändigung nicht berücksichtigt. Bei denjenigen, die diese Plastikprodukte auf einer Zwischenhandelstufe anbieten und denen, die diese direkt an den Endverbraucher ausgeben, handelt es sich auch um *eine* homogene Gruppe, und nicht etwa um zwei verschiedene. Eine Differenzierung ist hier nicht erforderlich, da beide ein spezifisches Maß an Gemeinsamkeit aufweisen, indem sie jeweils diese Gegenstände in den Verkehr bringen. Hier bietet sich auch ein Vergleich zu § 3 Abs. 12 VerpackG an. Dieser stellt ebenfalls auf das Inverkehrbringen ab und betrachtet es als gleichgültig, auf welcher Handelsstufe dies erfolgt.

Eine weitere homogene Gruppe für eine Sonderabgabe auf Plastiktüten, -einweggeschirr und Coffee-to-go-Becher sind die Endverbraucher dieser Produkte selbst.[578] Teilweise wird dies ohne weitere Differenzierung mit ihrem *Kauf*verhalten begründet.[579] Dies ist jedoch zu ungenau und vermag nicht zu überzeugen. Als Endverbraucher sind in Anlehnung an die Begriffsbestimmung in § 3 Abs. 10 VerpackG diejenigen zu verstehen, die diese Plastikprodukte nicht mehr weiterveräußern. Folglich zählen zu dieser Gruppe der Endverbraucher sowohl diejenigen, die Plastiktüten, -einweggeschirr und Coffee-to-go-Becher käuflich erwerben als auch diejenigen, die diese bisher ohne die Zahlung eines zusätzlichen Entgelts und beim Kauf *anderer* Produkte nutzen, beispielsweise Plastiktüten im Supermarkt für Obst und Gemüse, in der Apotheke oder beim Bäcker oder Einweggeschirr beim Erwerb eines Kaffees ohne Aufpreis.[580] Dieses plastikspezifische Konsum- und Verbrauchsverhalten von Plastiktüten, -einweggeschirr und dem Coffee-to-go-Becher grenzt die Endverbraucher dieser Produkte von der Allgemeinheit und anderen Konsumenten ab und führt zur Bejahung einer homogenen Gruppe. Dem kann nicht entgegengehalten werden, dass nach Einführung der Sonderabgabe alle ein Kaufverhalten vorweisen müssten, um von der Abgabe erfasst zu sein. Denn dann könnte jede Sonderabgabe im Nachhinein durch ihre Erhebung eine homogene Gruppe herstellen.[581] Maßgeblich muss somit vielmehr eine aktuelle Betrachtung der Gruppenhomogenität und

---

homogene Gruppe für eine Verpackungsabgabe (ohne Spezifizierung der Produkte) beim „gesamten Einzelhandel“ an.

577 So aber *Klinger/Krebs,* ZUR 2015, 664 (669).

578 I.E. ebenso *Klinger/Krebs,* ZUR 2015, 664 (669).

579 So *Klinger/Krebs,* ZUR 2015, 664 (669).

580 A.A. wohl *Klinger/Krebs,* ZUR 2015, 664 (669).

581 BVerfGE 135, 155 (Rn. 123); vgl. auch BVerfGE 124, 235 (245 f.); 136, 194 (Rn. 121) sowie *Siekmann*, in: Sachs, GG, 8. Aufl. 2018, vor Art. 104a Rn. 165.

Abgrenzung von der Allgemeinheit sein. Unschädlich ist auch, dass es sich bei den Endverbrauchern von Plastiktüten und -einweggeschirr einschließlich des Coffee-to-go-Bechers um eine sehr große Gruppe handeln dürfte. Denn wie das BVerfG zu Recht festgestellt hat, lassen sich von der Gruppengröße der Abgabeschuldner „keine brauchbaren Rückschlüsse" für die Prüfung der Homogenität ziehen.[582] Wenngleich diese Gruppe wegen ihrer Größe keine vollständige Interessengleichheit haben dürfte, kann sie dennoch eine homogene Gruppe sein. Denn eine vollständige Interessenharmonie ist mit dem BVerfG zutreffenderweise nicht zu verlangen.[583]

cc) Besondere Sachnähe und Finanzierungsverantwortung

Ferner muss eine „spezifische Beziehung" zwischen den Abgabebelasteten und dem Zweck der Abgabe vorliegen, sie müssen diesem evident näherstehen als andere oder die Allgemeinheit.[584] Diese Anforderung der *besonderen Sachnähe* ist auf Lenkungssonderabgaben nach zutreffender Auffassung übertragbar, da auch sie Freiheits- und Gleichheitsrechte tangieren und die Schutzfunktion der Finanzverfassung diese Eingrenzung erfordert.[585] Aufgrund der erforderlichen spezifischen Sachnähe muss die belastete Gruppe eine besondere und überwiegende Verantwortung zur Finanzierung und Erfüllung der Aufgabe, welcher das Abgabeaufkommen zugute kommt, treffen.[586]

Das Merkmal der *Finanzierungsverantwortung* ist ebenfalls auf Lenkungssonderabgaben zu übertragen, wenngleich es sich eher um eine Verantwortung zum Erreichen des Lenkungsziels als zur Finanzierung handelt, da letztere nur Instrument zum Erreichen des Lenkungszwecks ist.[587] Es muss somit eine „handlungsbezogene Gruppenverantwortlichkeit" vorliegen.[588] Die Aufgabe darf also nicht zur „staatlichen Gesamtverantwortung" zählen, denn öffentliche Aufgaben müssen durch die Allgemeinheit, beispielsweise mittels Steuern, finanziert werden.[589] Zunehmend und zu Recht wird in letzter Zeit der „Verursachungsgedan-

---

582 Vgl. BVerfGE 55, 274 (312).

583 BVerfGE 136, 194 (Rn. 122).

584 BVerfGE 55, 274 (306); seither st. Rspr., etwa BVerfGE 123, 132 (142); 124, 235 (245 f.); im Wesentlichen zurückgehend auf *Friauf,* in: FS Jahrreiß, 1974, S. 45 (53 ff.); *ders.,* in: FS Haubrichs, 1977, 103 (116 ff.).

585 *Germelmann,* GewArch 2009, 476 (479).

586 Siehe nur BVerfGE 55, 274 (306); *Friauf,* in: FS Haubrichs, 1977, 103 (118).

587 *Germelmann,* GewArch 2009, 476 (479); *Kirchhof,* in: Isensee/Kirchhof, HStR V, § 119 Rn. 94.

588 *Jarass,* Nichtsteuerliche Abgaben, 1999, S. 58; *Kirchhof,* in: Isensee/Kirchhof, HStR V, § 119 Rn. 94.

589 BVerfGE 55, 274 (306) bezugnehmend auf *Friauf,* in: FS Haubrichs, 1977, 103 (118).

ke" zur Begründung herangezogen.[590] Dem ist inhaltlich zuzustimmen, weil so entsprechend dem Verursacherprinzip, insbesondere in seiner Ausprägung als Kostenzurechnungsprinzip,[591] entscheidend berücksichtigt wird, dass die Verantwortung für die Kostenlast – gerade bei ökologischen Lenkungssonderabgaben – der sie veranlassenden Gruppe zuzuschreiben ist.[592]

Überträgt man diese Befunde auf die untersuchten Produkte, so ergibt sich Folgendes: Die Herstellung und der Verbrauch von jeder weiteren Plastiktüte und jedes weiteren -einweggeschirrs einschließlich des Coffee-to-go-Bechers verbraucht Ressourcen, verursacht Abfall und erhöht das Abfallaufkommen.[593] Die jeweiligen hier herausgearbeiteten Gruppen – Hersteller, Verkäufer und Endverbraucher[594] – stehen als Verursacher dem Zweck also näher als die Allgemeinheit.[595] Dem steht auch nicht entgegen, dass die Ziele der Ressourcenschonung und des Umweltschutzes nicht nur individuelle Aufgaben jedes Einzelnen[596] sind, sondern zudem öffentliche und damit staatliche Aufgaben (vgl. Art. 20a GG).[597] Durch den spezifischen Verursachungsbeitrag wird eine besondere Sachnähe zu diesem allgemeinen Ziel begründet, die eine Aufgaben- und Finanzierungsverantwortung der Gruppe nach sich zieht. Dies trifft auch für den Zweck der Entlastung der örtlichen Abfallentsorgungssysteme zu. Auch wenn die Abfallentsorgung – freilich ungeachtet der Privatisierungstendenzen – zur öffentlichen Daseinsvorsorge gehört,[598] so steht die Gruppe, die bestimmte Arten von Abfall verursacht, dem Zweck der Verminderung dieser Abfallprodukte evident näher. Dass die Allgemeinheit *auch* ein Interesse an Abfallentsorgung, Abfallvermeidung, Ressourcenschonung und Umweltschutz hat (vgl. Art. 20a GG), widerspricht der Annahme einer besonderen

---

590 BVerfGE 122, 316 (336f.); 123, 132 (143); 124, 348 (369ff.); aus dem Schrifttum siehe nur eingehend *Thiemann*, AöR 138 (2013), 60 (93ff.).

591 Es umfasst auch eine materielle Verantwortlichkeit, dazu näher oben S. 13f. m.w.N.

592 Vgl. BVerfGE 123, 132 (143f.); BVerwGE 74, 308 (312); *Jarass*, Nichtsteuerliche Abgaben, 1999, S. 58f.; *Kirchhof*, in: Isensee/Kirchhof, HStR V, § 119 Rn. 99ff. zur Kategorie einer „Verursacherabgabe"; *Meßerschmidt*, Umweltabgaben, S. 244ff.; *Sacksofsky*, Umweltschutz durch nicht-steuerliche Abgaben, 2000, S. 29f.; *Thiemann*, AöR 138 (2013), 60 (93ff.).

593 So auch *Klinger/Krebs*, ZUR 2015, 664 (669).

594 *Jarass*, DÖV 1989, 1013 (1021) lässt bei einer lenkenden Abgabe auf ein Produkt sogar nur die Verantwortung der Käufer genügen.

595 Für die Endhandelsstufe und Endverbraucher i.E. auch *Klinger/Krebs*, ZUR 2015, 664 (669); i.E. ähnlich *Klinger*, DUH Rechtsgutachten, 4/2014, S. 5 wobei nur allgemein und ohne Differenzierung auf „Unternehmer, die Plastiktüten anbieten" abgestellt wird.

596 Zur individuellen Verantwortung treffend *Jachmann*, in: FS Selmer, 2004, 707 (713).

597 Hierzu *Gassner*, NVwZ 2018, 1112 (1112ff.).

598 *Schulze-Fielitz*, in: Hoffmann-Riem/Schmidt-Aßmann/Voßkuhle, VwR, Bd. I, 2. Aufl. 2012, § 12 Rn. 41, 99. Zum auf *Ernst Forsthoff* zurückgehenden Begriff der Daseinsvorsorge auch *Schmidt-Aßmann*, Das allgemeine Verwaltungsrecht als Ordnungsidee, 2. Aufl. 2004, 3. Kap. Rn. 99.

Sachnähe und Gruppenverantwortung nicht, weil politische Gemeinwohlinteressen letztlich stets Motivation für legislatives und exekutives Handeln sind.[599] Nicht zuletzt aufgrund der verfassungsrechtlichen Normierung handelt es sich hierbei durchaus um erhebliche Interessen der Allgemeinheit.[600] Aber auch hier muss dem Verursachergedanken Rechnung getragen werden. Wegen der dargelegten dadurch bestehenden evidenten Nähe ist eine überwiegende, mithin primäre Finanzierungs- bzw. Gruppenverantwortung der belasteten Abgabenschuldner anzunehmen, folglich ein (in diesem Zusammenhang) sekundäres Allgemeininteresse.[601] Der Annahme einer spezifischen Sachnähe und Finanzierungsverantwortung kann auch nicht entgegengehalten werden, dass die betrachteten Gruppen, insbesondere die Hersteller und Verkäufer, für fremdes Fehlverhalten herangezogen werden würden.[602] In der Entscheidung zum *Solidarfonds-Abfallrückführung* hatte das BVerfG die Sachnähe und Finanzierungsverantwortung mit einer derartigen Argumentation verneint, weil diejenigen Abfallexporteure belastet werden sollten, die ihre Notifizierungspflicht ordnungsgemäß erfüllten, obwohl mit der Abgabe aber vornehmlich Folgen des Fehlverhaltens von denjenigen finanziert werden sollte, die diesen Pflichten nicht nachkamen.[603] Unabhängig davon, ob dieser Entscheidung zuzustimmen ist, sind die Feststellungen hier nicht übertragbar. Denn hier leisten auch die Hersteller und Vertreiber einen Beitrag zur Abfallverursachung. Schließlich können diese Produkte ohne vorangehende Herstellung und Inverkehrbringen nicht zu Abfall werden.

dd) Gruppennützige Verwendung bzw. Fortentwicklung des Merkmals

Nicht abschließend geklärt ist bisher, ob das Merkmal der Gruppennützigkeit für Lenkungssonderabgaben abgeschwächt gilt, ersatzlos wegfällt oder fortentwickelt werden muss.[604] Die Klärung dieser Streitfrage ist entscheidend, wenn es

---

599 Vgl. BVerfGE 55, 274 (315): „Natürlich hat auch die Allgemeinheit ein erhebliches politisches Interesse am Abbau der Jugendarbeitslosigkeit und an der Vorsorge für den künftigen Arbeitsmarkt. Die Durchsetzung politischer Ziele ist aber letzten Endes die Triebfeder jeder legislativen und exekutiven Tätigkeit, so da[ss] die Frage nach dem „Warum" einer Regelung nicht zu einer Antwort auf die hier entscheidende Frage nach der Sachnähe und der besonderen Gruppenverantwortung führt." Siehe hierzu auch *Hummel,* DVBl. 2009, 874 (880).

600 Vgl. *Gärditz*, in: Landmann/Rohmer, UmweltR, Art. 20a GG (Stand: 2/2013) Rn. 61; *Kahl/Gärditz,* Umweltrecht, § 3 Rn. 9.

601 Allgemein zu dem Aspekt, dass die Finanzierungsverantwortung primär im Interesse der Abgabenschuldner und nur sekundär im Interesse der Allgemeinheit sein darf *Hummel,* DVBl. 2009, 874 (880); zust. für Finanzierungssonderabgaben *Jäkel,* JURA 2017, 630 (638 f.).

602 Vgl. BVerfGE 113, 128 (151 f.).

603 BVerfGE 113, 128 (151 f.).

604 Vgl. *Klinger/Krebs,* ZUR 2015, 664 (669); *Schoch,* JURA 2010, 197 (201); *Seer*, in: Tipke/Lang, Steuerrecht, § 2 Rn. 31; eingehend *Selmer*, in: FS Mußgnug, 2005, S. 217 (221 ff.).

bei der vorliegend untersuchten plastikspezifischen Sonderabgabe an einer gruppennützigen Verwendung fehlt. Bisherige plastikspezifische Beiträge, welche Sonderabgaben thematisieren, gehen auf die Lösung dieser Problematik entweder gar nicht ein[605] oder nicht in der gebotenen Ausführlichkeit[606].

(1) Fehlende gruppennützige Verwendung

Die wenige vorhandene plastikspezifische Literatur verneint das Merkmal der Gruppennützigkeit entweder sehr kurz für Plastiktüten[607] oder geht ohne Prüfung scheinbar implizit[608] hiervon aus. Eine genaue Betrachtung ist aufgrund der Auswirkungen für die Zulässigkeit und Folgediskussion jedoch essentiell.

Gruppennützig ist eine Verwendung, wenn die mit der Abgabe erzielten Finanzmittel im Interesse der Abgabenschuldner verwendet werden.[609] Erforderlich ist dafür nicht, dass das Aufkommen im Interesse jedes einzelnen Abgabenschuldners verwendet werden muss; es reicht aus, wenn eine Verwendung „überwiegend im Interesse“ der Gruppe gegeben ist.[610] Es schadet zwar nicht, wenn „daneben auch (…) die Allgemeinheit gewisse Vorteile“ aus der Aufkommensverwendung hat.[611] Allerdings genügt ein „irgendwie gearteter“ Nutzen für die Gruppe oder eine „Verbesserung der Rahmenbedingungen“ nicht.[612] Dies wäre zu weit, weil dann kaum Fallgestaltungen denkbar wären, in denen nicht „irgendein“ Nutzen besteht.

Werden die durch eine Sonderabgabe auf Plastiktüten und -einweggeschirr einschließlich des Coffee-to-go-Bechers eingenommenen finanziellen Mittel für die *Abfallinfrastruktur* genutzt, so entspricht das nicht ausschließlich oder überwiegend dem Interesse der Abgabenschuldner, sondern vor allem der Allgemeinheit.[613] Dass die Abgabenschuldner nur in dieser Form – ergo als Teil der Allgemeinheit – von dem Abgabeaufkommen profitieren, ist für die Annahme einer gruppennützigen Verwendung nicht ausreichend.[614] Ähnlich sind Investitionen

605 Vgl. *Klinger*, DUH Rechtsgutachten, 4/2014, S. 5.

606 Vgl. *Klinger/Krebs*, ZUR 2015, 664 (669).

607 Vgl. *Klinger*, DUH Rechtsgutachten, 4/2014, S. 5. Trotz des Titels des Gutachtens, der Einweggeschirr einschließt, wird bei der Beurteilung von Sonderabgaben nicht auf dieses eingegangen.

608 Vgl. *Klinger/Krebs*, ZUR 2015, 664 (669).

609 BVerfGE 55, 274 (307); zuvor bereits *Mußgnug*, in: FS Forsthoff, 1974, 259 (288 ff.), zust. *Friauf*, in: FS Jahrreiß, 1974, 45 (53, 56).

610 BVerfGE 55, 274 (307 f., 316 f.); 67, 256 (276 f.); 82, 159 (180 f.); kritisch *Thiemann*, AöR 138 (2013), 60 (99).

611 BVerfGE 108, 186 (229), 136, 194 (Rn. 136); zuvor bereits ähnlich BVerfGE 55, 274 (317).

612 *Ossenbühl*, DVBl. 2005, 667 (672); a. A. BVerfGE 110, 370 (392).

613 Ähnlich *Klinger*, DUH Rechtsgutachten, 4/2014, S. 5.

614 Siehe BVerwGE 74, 308 (313).

für Abfall*beseitigungsmaßnahmen* vor Ort zu beurteilen, die den örtlichen Abfallentsorgungsunternehmen und der Allgemeinheit dienen. Abfallbeseitigungsmaßnahmen auf See, an Stränden oder Flussufern sowie *Investitionen* in Forschung über alternative Produkte oder abbaubare Materialien kommen ebenfalls der Allgemeinheit und nicht nur den Abgabeschuldnern zugute. Von der Förderung hinsichtlich der *Vorhaben zur sparsamen oder recycelten Verwendung von Kunststoffen* oder zur Erhöhung des Recyclings könnten möglicherweise auch die Hersteller profitieren, dies würde jedoch überwiegend dem Ressourcenschutz dienen und damit primär der Allgemeinheit zugute kommen. Verkäufer und Endverbraucher würden nur insofern davon profitieren. Ein überwiegendes Interesse und spezifischer Gruppennutzen der belasteten Gruppe ist bei einer Sonderabgabe auf Plastiktüten, -einweggeschirr und Coffee-to-go-Becher mithin nicht erkennbar. Bei strenger Anwendung dieses Kriteriums auf Lenkungssonderabgaben scheidet vorliegend die Ausgestaltung als eine solche aus.

(2) Ersatzlose Streichung des Merkmals bei Lenkungssonderabgaben

Da es sich beim Fehlen der gruppennützigen Verwendung des Abgabeaufkommens um ein typisches Problem bei Lenkungssonderabgaben handelt, wird teilweise angenommen, das Kriterium sei insbesondere[615] bei Lenkungssonderabgaben überflüssig und habe keinen Mehrwert[616] oder sei aufgrund der Äußerung des BVerfG, die Voraussetzungen gelten „nicht uneingeschränkt“ für Lenkungssonderabgaben,[617] verzichtbar.[618] Wenn auch mit unterschiedlichen Nuancen, so haben diese Ansätze das ersatzlose Wegfallen des Kriteriums des Gruppennutzens zur Folge. Eine plastikspezifische Sonderabgabe, die das Merkmal der gruppennützigen Verwendung wie festgestellt nicht erfüllt, wäre danach möglich.

(3) Lenkungszweckbezogene Verwendung

Andere fordern bei Lenkungssonderabgaben stattdessen eine lenkungszweckbezogene Verwendung.[619] In dogmatischer Hinsicht wird insofern teils von Modifikation der Gruppennützigkeit[620] gesprochen bzw. kommt eine weite Auslegung des

---

615 Die Frage generell aufwerfend etwa *Thiemann*, AöR 138 (2013), 60 (99 ff., 101 ff.), der einen „überwiegenden Gruppennutzen [als] konstruktiv verfehlt“ ansieht.

616 *Germelmann*, GewArch 2009, 476 (479).

617 BVerfGE 57, 139 (167); 67, 256 (278); BVerfGK 15, 168 (176).

618 *Selmer*, in: FS Mußgnug, 2005, 217 (234, 236); i. E. auch *Tiedemann*, DÖV 1990, 1 (6); differenziert *Thiemann*, AöR 138 (2013), 60 (101 ff.)

619 *Jarass*, Nichtsteuerliche Abgaben, 1999, S. 59; *Klinger/Krebs*, ZUR 2015, 664 (669); *Klinger*, ZUR 2016, 591 (596); *Schröder*, NVwZ 2012, 1438 (1440).

620 *Jarass*, Nichtsteuerliche Abgaben, 1999, S. 59; *Schröder*, NVwZ 2012, 1438 (1440).

Merkmals[621] in Betracht. Eine solche lenkungszweckbezogene Verwendung liegt nach zutreffender Auffassung vor, wenn das Abgabenaufkommen für Maßnahmen genutzt wird, „durch die die Folgen der von den Abgabepflichtigen verursachten Umweltbeeinträchtigungen beseitigt oder reduziert werden".[622] Sie liegt ebenfalls vor, wenn in Maßnahmen investiert wird, mit denen zukünftig die „verursachten Umweltbeeinträchtigungen vermieden oder begrenzt werden".[623] Stimmt man dem Vorschlag einer erforderlichen lenkungszweckbezogenen Verwendung zu,[624] so überzeugt diese Begriffsbestimmung von *Jarass*, weil so wiederum dem Verursachergedanken und Vorsorgeprinzip Rechnung getragen werden kann, welche für ökologisch motivierte Lenkungssonderabgaben prägend sind.[625]

Wendet man diese Maßgaben auf eine Sonderabgabe auf Plastiktüten oder -einweggeschirr einschließlich des Coffee-to-go-Bechers an, so ergeben sich die folgenden Befunde:

Zutreffende Beispiele für lenkungszweckbezogene Verwendungen sind zunächst Investitionen in die *Forschung* für alternative Produkte zu Plastiktüten oder -einweggeschirr oder den hierbei verwendeten Materialien.[626] Diese sind als Möglichkeiten für eine zukünftige Vermeidung oder Begrenzung der Umweltbeeinträchtigung durch Plastikmüll einzuordnen. Eine solche Nutzung ist jedoch nicht nur lenkungszweckbezogen bei Plastiktüten,[627] sondern richtigerweise auch bei Einweggeschirr, insbesondere dem Coffee-to-go-Becher. Gerade beim Einweg-Coffee-to-go-Becher besteht Forschungs- und Förderungsbedarf, wie die Kombination eines Pappbechers mit Plastikbeschichtung ressourcenschonend ersetzt werden kann, zumal sie ein großes Hindernis für ein Recycling darstellt.[628]

Naheliegend sind auch Finanzierungen von *Reinigungsmaßnahmen der Meere* oder darauf gerichtete *Forschung*.[629] Freilich wäre dies als lenkungszweckbezo-

---

[621] Vgl. implizit BVerwGE 74, 308 (312 f.) für eine Ausgleichsabgabe.

[622] So die prägnante Definition von *Jarass,* Nichtsteuerliche Abgaben, 1999, S. 59 f.

[623] *Jarass*, Nichtsteuerliche Abgaben, 1999, S. 59 f., der explizit die Entwicklung neuartiger, umweltschonender Technologien nennt.

[624] Zur Stellungnahme sogleich siehe S. 191 ff.

[625] Vgl. zu diesem Aspekt *Sacksofsky*, Umweltschutz durch nicht-steuerliche Abgaben, 2000, S. 29 f., die Umweltabgaben treffend „als Paradefall des Verursacherprinzips" sieht, welche ferner „wegen ihrer dynamischen Anreizwirkung (...) dem Vorsorgeprinzip" nutzen.

[626] Mit ähnlichem Beispiel, aber nur für Plastiktüten *Klinger/Krebs,* ZUR 2015, 664 (669).

[627] So aber *Klinger/Krebs,* ZUR 2015, 664 (669).

[628] Vgl. zur Schwierigkeit beim Recyceln etwa *Gerhard/Schughart,* Greenwashing to go?, ZEIT Online, 3.9.2017 (https://www.zeit.de/wissen/umwelt/2017-08/kaffeebecher-pfand-nachhaltigkeit-umweltschutz, abgerufen: 14.11.2019); zur Entwicklung einer neuen Beschichtung für Kaltgetränke siehe *Reuter*, Hier kommt der Pappbecher ohne schlechtes Gewissen, WiWo, 4.9.2014 (https://www.wiwo.de/technologie/green/getraenke-to-go-hier-kommt-der-pappbecher-ohne-schlechtes-gewissen/13550080.html, abgerufen: 14.11.2019).

[629] *Klinger/Krebs,* ZUR 2015, 664 (669).

gen in dem Sinne zu klassifizieren, dass eine bereits verursachte Umweltbeeinträchtigung beseitigt oder vermindert würde. Soweit teilweise angenommen wird, derartige Investitionen seien nur im Hinblick auf Plastiktüten lenkungszweckbezogen,[630] kann dem nicht gefolgt werden. Richtigerweise ist dies eine lenkungszweckbezogene Verwendung bei allen hier untersuchten Plastikprodukten. Denn auch Plastikeinweggeschirr und der Coffee-to-go-Becher, nicht nur Plastiktüten, finden sich in großer (und nach einigen Schätzungen im Vergleich zu Tüten sogar größerer) Menge in den Meeren, wie Strandzählungen als anerkannte Messmethode ergeben haben.[631]

Denkbar sind auch Finanzierungen von *Reinigungen an Stränden, Seen oder Parks*. Zutreffenderweise ist angesichts der örtlichen Probleme mit einem erhöhten Abfallaufkommen auch an *finanzielle Unterstützungen der örtlichen Reinigungsunternehmen* zu denken.[632] Verfehlt ist indes die vereinzelt vertretene Annahme, eine solche Verwendung sei nur bezüglich des Coffee-to-go-Bechers lenkungszweckbezogen.[633] Vielmehr wäre insoweit die lenkungszweckbezogene Verwendung bei allen hier untersuchten Produkten zu bejahen. Warum Plastiktüten im Gegensatz zum Coffee-to-go-Becher, wie *Klinger/Krebs* behaupten, „nur in seltenen Ausnahmefällen über die öffentlichen Mülleimer oder im öffentlichen Raum entsorgt" werden, mit der Folge, dass nach ihrer Auffassung die Lenkungszweckbezogenheit bei finanziellen Leistungen an die örtlichen Abfallentsorgungsunternehmen bei Plastiktüten fehlt, ist nicht nachvollziehbar. Auch Plastiktüten und anderes Einweggeschirr werden an öffentlichen Orten (z.B. Parks) entsorgt.[634] Anders wäre nicht zu erklären, dass auch sie teilweise in den Meeren enden. Selbst wenn man davon ausgeht, dass gerade Plastiktüten nach ihrem Gebrauch zuhause für den privaten Müll genutzt werden, so gelangen sie über Umwege auch in die Zuständigkeit der örtlichen Abfallunternehmen, sodass darüber hinaus eine finanzielle Unterstützung dieser durchaus auch bezüglich Plastiktüten lenkungszweckbezogen ist.

(4) Würdigung

Eine Eins-zu-eins-Übertragung des Kriteriums der Gruppennützigkeit auf Lenkungssonderabgaben ist nicht angezeigt, da dieses Merkmal für Lenkungssonderabgaben nicht passgenau ist.[635] Der teilweise vorgeschlagene ersatzlose Ver-

---

630 So aber *Klinger/Krebs,* ZUR 2015, 664 (669).

631 Siehe jüngst European Commission, Impact Assessment, Part1/3, SWD(2018) 254 final, S. 11; dies., Impact Assessment, Part 2/3, SWD(2018) 254 final, S. 30 ff., 35 ff., 38 f., 41 ff.

632 Wie hier für die „Stadtreinigung" *Klinger/Krebs,* ZUR 2015, 664 (669).

633 A.A. *Klinger/Krebs,* ZUR 2015, 664 (669).

634 Siehe beispielsweise *Bauchmüller/Slavik*, SZ v. 30.4.2018, S. 19.

635 *Germelmann,* GewArch 2009, 476 (479); *Jarass,* Nichtsteuerliche Abgaben, 1999, S. 59; vgl. auch *Meßerschmidt,* Umweltabgaben, 1986, S. 248.

zicht auf das Merkmal der Gruppennützigkeit überzeugt hingegen nicht. Diese Ansicht geht zu weit.[636] Gegen ein vollständiges Wegfallen spricht schon, dass Steuern und Sonderabgaben „wesensverschieden“ sind, sich deutlich, auch kompetenzrechtlich voneinander unterscheiden und engen Voraussetzungen unterliegen.[637] Die bloße Lenkungsfunktion allein kann zur Abgrenzung nicht ausreichen.[638] Fällt das Merkmal der Gruppennützigkeit und damit die legitimierende und gebundene Verwendung ersatzlos weg, so wären Lenkungsteuern und Lenkungssonderabgaben nicht mehr ausreichend voneinander abzugrenzen.[639] Schließlich werden auch bei einer Lenkungsteuer nur die genannten Gruppen belastet und der Sachzweck wäre gleich. Eine „beliebige“ Verwendung würde durch die Haushaltsflüchtigkeit die Budgethoheit des Parlaments gefährden.[640]

Viel spricht für die alternative Voraussetzung einer lenkungszweckbezogenen Verwendung. Diese verhindert eine Nivellierung der Unterschiede zwischen Lenkungsteuern und Lenkungssonderabgaben und ist auch praktisch handhabbar. Zudem wird einer Umgehung der finanzverfassungsrechtlichen Kompetenzverteilung auf diese Weise entgegengewirkt.

Aus dogmatischer Sicht haben beide Wege, die Modifikation der Gruppennützigkeit in Form der Annahme einer alternativen Voraussetzung einer lenkungszweckbezogenen Verwendung und die weite Auslegung des Merkmals der Gruppennützigkeit, Vor- und Nachteile. Durch die Verwendung verschiedener Voraussetzungen würde eine Unterscheidung zwischen Finanzierungs- und Lenkungssonderabgaben, die nach hier vertretener Auffassung nach dem Primärzweck erfolgen sollte,[641] essentiell und zwingend. Die weite Auslegung ermöglicht hingegen eine gewisse Flexibilität. Andererseits wird ein wie hier vorgeschlagener Anforderungswechsel durch eine bloße weite Auslegung nicht hinreichend transparent. Aus Gründen der Herstellung von Rechtsklarheit und der damit einhergehenden Rechtssicherheit sowie einer konsequenten Dogmatik im Hinblick auf Sonderabgaben erscheint aber eine eindeutige, begriffliche[642] Unterscheidung der Zulässigkeitsanforderungen geboten. Eine Auslegung der Gruppennützigkeit als lenkungszweckbezogen wäre sehr weit. Es würden da-

---

[636] Ebenso *Jarass,* Nichtsteuerliche Abgaben, 1999, S. 59.

[637] Siehe BVerfGE 55, 274 (298); 108, 186 (215 ff.); siehe hierzu auch *Selmer,* Steuerinterventionismus, 1972, S. 184; *ders.,* Sonderabfallabgaben, 1996, S. 24.

[638] *Heun,* DVBl. 1990, 666 (670).

[639] Vgl. *Jarass,* DÖV 1989, 1013 (1019); *ders.,* Nichtsteuerliche Abgaben, 1999, S. 59; *Klinger/Krebs,* ZUR 2015, 664 (669); allgemein in diesem Sinne *Gärditz,* AbfallR 2006, 34 (37 f.).

[640] *Jochum,* StuW 2006, 134 (142 f.).

[641] Siehe hierzu oben S. 178.

[642] Kritisch zu einheitlichen Begriffsmerkmalen und Zulässigkeitskriterien *Heun,* DVBl. 1990, 666 (676), der bzgl. solcher einheitlicher Begriffsmerkmale von einem „untauglichen Versuch“ spricht, der ein Grund für die „Verwirrung“ hinsichtlich von Sonderabgaben sei.

nach Verwendungen genügen, die tatsächlich nicht der belasteten Gruppe zugute kommen, wie anhand des Beispiels der Sonderabgabe auf bestimmte Plastikprodukte gezeigt wurde.[643] Die im Ergebnis verschiedenen Anforderungen von Sonderabgaben mit primärem Finanzierungszweck und solchen mit vorrangigem Lenkungsziel wären anhand eines wie ausgeführt unterschiedlichen Voraussetzungskatalogs indessen deutlich erkennbar. Dies würde zwar eine Fortentwicklung der in langjähriger Rechtsprechung gefestigten Zulässigkeitskriterien erfordern. Hierbei handelt es sich jedoch (nur) um eine praktische Hürde, kein dogmatisches Hindernis. Eine lenkungszweckbezogene Verwendung ist folglich in Form eines geänderten, neuen Merkmals bei Lenkungssonderabgaben zu verlangen. Eine Fortentwicklung der Rechtsprechung ist aus den dargestellten Erwägungen geboten.

In Anwendung der hier vertretenen Auffassung genügt eine Sonderabgabe auf Plastiktüten und -einweggeschirr einschließlich des Coffee-to-go-Bechers diesem neuen Kriterium.

ee) Dokumentations- und Überprüfungspflichten

Sonderabgaben sind regelmäßig daraufhin zu überprüfen, ob die Voraussetzungen für ihre Erhebung noch bestehen oder gegebenenfalls eine Änderung oder Aufhebung notwendig ist.[644] In der Entscheidung zur Altenpflegeumlage von 2003[645] hat das BVerfG die zustimmungswürdige weitere Anforderung aufgestellt, dass Sonderabgaben haushaltrechtlichen Dokumentationspflichten unterliegen.[646] Die Informations- und Dokumentationspflichten sollen mithilfe einer Anlage zum Haushaltsplan erfüllt werden.[647] Die in der Altenpflegeumlage-Entscheidung enthaltenen Aussagen lassen jedoch den Eindruck erwecken, dass Lenkungssonderabgaben als Sonderabgaben i. w. S. diesen Pflichten nicht unterliegen sollen. So heißt es dort:

„In diese Anlage sind – unabhängig von deren haushaltsrechtlicher Behandlung im Übrigen – alle nichtsteuerlichen Abgaben aufzunehmen, die weder Gebühr noch Beitrag sind und bei denen auch mangels sonstiger spezieller Sach- und Zweckzusammenhänge eine Konkurrenz zur Steuer nicht von vornherein ausgeschlossen ist (Sonderabgaben im engeren Sinn).“[648]

---

643 S. 188 f.

644 St. Rspr., BVerfGE 55, 274 (308); 108, 186 (218 f., 230 ff.); 135, 155 (Rn. 122); 136, 194 (Rn. 117).

645 BVerfGE 108, 186.

646 BVerfGE 108, 186 (218 f., 230 ff.); nun st. Rspr., BVerfGE 110, 370 (389); 136, 194 (Rn. 117, 166).

647 BVerfGE 108, 186 (219). Zur beispielhaften Umsetzung im Bundeshaushalt 2005 *Wahlhäuser,* NVwZ 2005, 1389 (1390 f.).

648 BVerfGE 108, 186 (219).

Diese Formulierung ist missverständlich[649] und einer solchen Maßgabe kann nicht zugestimmt werden. Schließlich stehen auch Lenkungssonderabgaben in Konkurrenz zur Steuer, namentlich den Lenkungsteuern.[650] Dennoch hatte das BVerfG sie bei dieser Entscheidung scheinbar nicht im Sinn, wie der Klammerzusatz mit dem Hinweis auf Sonderabgaben im engeren Sinn verdeutlicht. Die zusätzlichen Informations- und Überprüfungspflichten sind jedoch auch bei Lenkungssonderabgaben einzuhalten.[651] Die gesteigerten Anforderungen sind Ausfluss der Grundrechte, des Rechtsstaatsprinzips (Art. 20 Abs. 3 GG), insbesondere in Ausformung des Verhältnismäßigkeitsgrundsatzes und sind für die Wahrnehmung der Kontrollmöglichkeiten durch Parlament und Öffentlichkeit erforderlich.[652] Dieses Bedürfnis greift gleichermaßen bei Lenkungssonderabgaben wie bei Finanzierungssonderabgaben. Somit muss eine plastikspezifische Lenkungssonderabgabe haushaltsrechtlich dokumentiert und regelmäßig auf ihre fortbestehende Legitimation überprüft werden.

c) Zwischenergebnis

Eine *Sonderabgabe* auf Plastiktüten und -einweggeschirr einschließlich des Coffee-to-go-Bechers wäre eine Lenkungssonderabgabe (Sonderabgabe i. w. S.). Diese genügt nur den verfassungsrechtlichen Anforderungen, wenn das Kriterium der gruppennützigen Verwendung wegfällt, anders ausgelegt oder durch ein neues ersetzt wird. Nach der hier vertretenen Ansicht darf das Merkmal nicht ersatzlos wegfallen. Es ist aber nicht nur eine weite Auslegung des Gruppennutzens als lenkungszweckbezogen, sondern ein geändertes Kriterium in Form der lenkungszweckbezogenen Verwendung erforderlich. Eine derartige Auslegung wäre sehr weit und nur so wird der vorgeschlagene Anforderungswechsel zwischen Finanzierungs- und Lenkungssonderabgaben hinreichend transparent. Im Sinne der Rechtsklarheit, -sicherheit und einer konsequenten Sonderabgabendogmatik ist eine eindeutige, begriffliche Unterscheidung der Zulässigkeitsanforderungen geboten. Im Ergebnis wäre demnach eine plastikproduktspezifische Sonderabgabe möglich, zumal verschiedene lenkungszweckbezogene Verwendungen denkbar sind. Wie vorstehend gezeigt, wäre der Bundes- oder alternativ der Landes- bzw. Kommunalgesetzgeber zuständig.

---

[649] Ähnlich kritisch zur Formulierung *Ossenbühl*, DVBl. 2005, 667 (675).

[650] *Thiemann*, AöR 138 (2013), 60 (87); a.A. *Jachmann-Michel/Vogel*, in: v. Mangoldt/Klein/Starck, GG, Bd. III, Art. 105 GG Rn. 17. Ein wenn auch „schwächeres Konkurrenzverhältnis" sehen *Kube*, in: Epping/Hillgruber, GG, Art. 105 GG Rn. 18 und *Heintzen*, in: v. Münch/Kunig, GG, Bd. 2, 6. Aufl. 2012, Art. 105 GG Rn. 27.

[651] Ebenso *Germelmann*, GewArch 2009, 476 (479); *Pieroth*, in: Jarass/Pieroth, GG, 15. Aufl. 2018, Art. 105 Rn. 12.

[652] BVerfGE 108, 186 (218 f.); vgl. *Germelmann*, GewArch 2009, 476 (479).

3. Zwischenfazit

Insgesamt können aus kompetenzrechtlicher Perspektive Entgelte auf Plastiktüten, -einweggeschirr und Coffee-to-go-Becher als *allgemeine Verbrauchsteuer* durch den Bund und nach hier vertretener Auffassung auch durch die Länder eingeführt werden. Eine örtliche *Verbrauchsteuer*, für die nach hier vertretener Ansicht nicht nur die Gemeinden, sondern ebenfalls die Länder regelungsbefugt wären, ist nur eingeschränkt hinsichtlich des Einweggeschirrs zum Verzehr an Ort und Stelle möglich. Für die übrigen Produkte, insbesondere den Coffee-to-go-Becher, fehlt es an der erforderlichen örtlichen Radizierung, die wie gezeigt auch nicht durch ein weiterentwickeltes Kriterium überwunden werden kann. Zulässig wäre unter Fortentwicklung der Rechtsprechung auch die Einführung einer *Sonderabgabe* auf die untersuchten Plastikprodukte durch den Bundes- oder alternativ den Landes- bzw. Kommunalgesetzgeber. Insbesondere hat der Bund nach hier vertretener Ansicht bisher noch keine diesbezüglich abschließende Regelung getroffen und es liegt kein Widerspruch zur abfallrechtlichen Gesamtkonzeption vor.

III. EU-Sekundärrecht und Grundfreiheiten

1. Keine abschließende Harmonisierung

Eine Steuer oder Sonderabgabe auf Plastiktüten und -einweggeschirr einschließlich des Coffee-to-go-Bechers durch den Bundes-, Landes- oder Kommunalgesetzgeber muss zudem vorrangig mit den einschlägigen EU-Sekundärrechtsakten vereinbar sein.[653] Liegt in dem Bereich eine abschließende Harmonisierung vor, müssen die nationalen Maßnahmen nur diesem Sekundärrecht genügen.[654] Ist eine „Mindestharmonisierung“ gegeben, die den Mitgliedstaaten Gestaltungspielräume für darüber hinausgehende Regelungen belässt, so sind hierfür insbesondere die europäischen Grundfreiheiten zu beachten.[655] Finden sich im Harmonisierungsrechtsakt selbst Einfallstore für das Primärrecht, insbesondere die

---

653 Statt vieler nur *Haratsch/Koenig/Pechstein*, Europarecht, Rn. 842 ff.

654 St. Rspr., EuGH, Urt. v. 12.10.1993 – C-37/92, Slg. 1993, I-4947 Rn. 9 – Vanacker und Lesage; Urt. v. 11.12.2003 – C-322/01, Slg. 2001, I-9897 Rn. 32 – Daimler Chrysler; Urt. v. 11.12.2003 – C-322/01, Slg. 2003, I-14887 Rn. 64 – Deutscher Apothekenverband; Urt. v. 14.12.2004 – C-309/02, Slg. 2004, I-11763 Rn. 36 – Radlberger; Urt. v. 16.12.2008 – C-205/07, Slg. 2008, I-9947 Rn. 33 – Gysbrechts und Santurel Inter; *Frenz,* Hdb EuR, Bd. 1, Rn. 382, 385; *Kingreen*, in: Calliess/Ruffert, EUV/AEUV, 5. Aufl. 2016, Art. 36 AEUV Rn. 18; *Kotzur*, in: Geiger/Khan/Kotzur, EUV/AEUV, Art. 34 AEUV Rn. 26.

655 Siehe etwa EuGH, Urt. v. 8.11.2007 – C-374/05, Slg. 2007, I-9517 Rn. 17 ff. – Gintec; Urt. v. 16.12.2008 – C-205/07, Slg. 2008, I-9947 Rn. 34 f.– Gysbrechts und Santurel Inter; *Herdegen,* Europarecht, § 15 Rn. 4; *Classen*, in: von der Groeben/Schwarze/Hatje, Europäi-

primärrechtlichen Grundfreiheiten, sind diese Maßgaben zu berücksichtigen.[656] Entscheidend ist eine Auslegung des Rechtsaktes.[657]

a) *Plastiktüten-Richtlinie*

Die Plastiktüten-RL, die die VerpRL teilweise ändert, harmonisiert den Bereich für Plastiktüten nicht abschließend und beinhaltet für leichte Plastiktüten lediglich eine Mindestharmonisierung. In Art. 4 Abs. 1a VerpRL finden sich konkrete Zielvorgaben für leichte Plastiktüten, wobei es sich nur um Mindestziele handelt und den Mitgliedstaaten ein weiter Gestaltungsspielraum zur Umsetzung belassen wird. Aufgrund Art. 4 Abs. 1a UAbs. 2 a. E. VerpRL müssen alle ergriffenen Instrumente verhältnismäßig und nichtdiskriminierend sein. Dies ist als Verweis auf die Grundfreiheiten zu verstehen. Die sehr leichten Plastiktüten können nach der Richtlinie ohnehin von den mitgliedstaatlichen Regelungen ausgenommen werden (Art. 4 Abs. 1a UAbs. 4 lit. a S. 2, lit. b S. 2 VerpRL), sodass hierfür keine abschließende Harmonisierung vorliegt. Zudem normiert die Richtlinie keine Zielverpflichtung für sämtliche Plastiktüten. Sie gestattet vielmehr unbeschadet des Art. 15 VerpRL Maßnahmen auf sämtliche Arten von Plastiktüten (Art. 4 Abs. 1b VerpRL).

b) *Verbots-Richtlinie*

Das von den Mitgliedstaaten bis 3.7.2021 und gleichzeitig erst ab dann umzusetzende Inverkehrbringensverbot für Plastikteller, -besteck und Becher aus expandiertem Polysterol nach Art. 5 i. V. m. Anhang, Teil B Verbots-RL stellt eine abschließende Harmonisierung dar, weil den Mitgliedstaaten für diese Produkte kein Gestaltungsspielraum verbleibt. Ab dem 3.7.2021 sind diesbezügliche steuerliche Reglungen gesperrt. Die Reduktionspflicht für Coffee-to-go-Becher enthält lediglich eine Mindestharmonisierung und die ergriffenen Maßnahmen müssen verhältnismäßig und nichtdiskriminierend sein,[658] sodass die Grundfreiheiten zu beachten sind.

---

sches Unionsrecht, 7. Aufl. 2015, Art. 114 AEUV Rn. 24. Allgemein hierzu eingehend *Epiney,* Umweltrecht der EU, Kap. 5 Rn. 65 f.

[656] EuGH, Urt. v. 11.12.2003 – C-322/01, Slg. 2003, I-14887 Rn. 64 f. – Deutscher Apothekenverband; Urt. v. 15.3.2018 – C-104/17, ECLI:EU:C:2018:188 Rn. 21 ff. – Cali Esprou.

[657] EuGH, Urt. v. 12.11.2015 – C-198/14, ECLI:EU:C:2015:751 Rn. 41 f. – Visnapuu; *Classen,* in: von der Groeben/Schwarze/Hatje, Europäisches Unionsrecht, 7. Aufl. 2015, Art. 114 AEUV Rn. 24.

[658] Art. 4 Abs. 1 UAbs. 1 und 4 S. 1 i. V. m. Anhang, Teil A Nr. 1 Verbots-RL.

c) Verpackungsrichtlinie

Für den Zeitraum vor dem 3.7.2021 und danach weiterhin für Coffee-to-go-Becher und Plastiktüten ist festzuhalten, dass Art. 15 VerpRL steuerliche Regelungen für Einweggeschirr, Coffee-to-go-Becher und Plastiktüten nicht abschließend harmonisiert, da dem Rat die Regelung von wirtschaftlichen Maßnahmen gestattet wird und, sofern dieser untätig bleibt, ausdrücklich auch den Mitgliedstaaten unter Einhaltung der sich aus dem Vertrag ergebenden Verpflichtungen (Art. 15 S. 1, 2 VerpRL).[659] Wie ausgeführt,[660] ist Einwegbesteck ohnehin nicht von der VerpRL erfasst.

d) Sonstige Sekundärrechtsakte

Im Übrigen sind Steuern auf Plastiktüten und -einweggeschirr einschließlich des Coffee-to-go-Bechers nicht Gegenstand einer abschließenden Harmonisierung und gehören insbesondere nicht zu den von der Verbrauchsteuersystemrichtlinie[661] harmonisierten Waren, wie beispielsweise Tabakwaren und Alkohol.[662]

2. Sekundärrecht

Eine Steuer oder Abgabe auf leichte Plastiktüten ist als wirtschaftliches Instrument zur dauerhaften Verbrauchsreduzierung nach der Plastiktüten-RL zulässig (Art. 4 Abs. 1a UAbs. 2 VerpRL, Erwägungsgrund Nr. 11 der Plastiktüten-RL).

Da der Rat bisher keine marktwirtschaftlichen Instrumente im Sinne von Art. 15 Satz 1 VerpRL erlassen hat,[663] sind nationale marktwirtschaftliche Instrumente für das von der VerpRL erfasste Einweggeschirr (mit Ausnahme von Einwegbesteck) (bis zum 3.7.2021) und sämtliche Plastiktüten erlaubt, wenn sie in Übereinstimmung mit den Grundsätzen der Umweltpolitik der Union, unter anderem dem Verursacherprinzip und unter Einhaltung der EU-Verträge erfolgen (vgl. Art. 15 Satz 2 VerpRL).

Eine Steuer oder Abgabe auf Plastiktüten und -einweggeschirr einschließlich Coffee-to-go-Becher steht im Einklang mit den Zielen der Richtlinie und der Union, ein hohes Umweltschutzniveau sicherzustellen und Abfälle zu vermeiden (vgl. Art. 1 Abs. 1 VerpRL, Art. 191 Abs. 1, 2 AEUV). Insbesondere ist sie mit dem Verursacherprinzip vereinbar, das umfassend zu verstehen ist und auch die-

---

[659] Vgl. EuGH, Urt. v. 12.11.2015 – C-198/14, ECLI:EU:C:2015:751 Rn. 47 – Visnapuu; Urt. v. 15.3.2018 – C-104/17, ECLI:EU:C:2018:188 Rn. 35 – Cali Esprou.

[660] Oben S. 38.

[661] Richtlinie 2008/118/EG des Rates vom 16. Dezember 2008 über das allgemeine Verbrauchsteuersystem und zur Aufhebung der Richtlinie 92/12/EWG, ABl. L 9, 12.

[662] Vgl. Art. 1 Abs. 1 der Verbrauchsteuersystemrichtlinie.

[663] EuGH, Urt. v. 15.3.2018 – C-104/17, ECLI:EU:C:2018:188 Rn. 21 – Cali Esprou.

jenigen als Verursacher erfasst, die durch Herstellung, Import, Vertrieb oder Handel der abgabenbelasteten Waren einen Beitrag zur Abfallentstehung leisten.[664] Darüber hinaus sind die Grundfreiheiten zu beachten.

3. Freier Warenverkehr

Führt Deutschland eine nationale Steuer oder Abgabe auf sämtliche Plastiktüten und auf -einweggeschirr sowie den Coffee-to-go-Becher unabhängig von der Herkunft ein, so ist das gegenüber Art. 34 AEUV vorrangige[665] Diskriminierungsverbot nach Art. 110 AEUV gewahrt. Dieser verbietet den Mitgliedstaaten unmittelbar oder mittelbar höhere Abgaben im weitesten Sinne, also Steuern und insbesondere Sonderabgaben,[666] auf eingeführte Erzeugnisse im Vergleich zu inländischen Waren. Dagegen wird verstoßen, wenn die Berechnung der Abgaben auf die inländischen und eingeführten Waren „in unterschiedlicher Weise und nach unterschiedlichen Modalitäten" erfolgt, sodass unter Umständen eine höhere Belastung der eingeführten Produkte gegeben ist.[667] Wird eine Steuer oder Abgabe auf die Ausgabe von Plastiktüten und -einweggeschirr einschließlich des Coffee-to-go-Bechers an den Endverbraucher erhoben, so würde sie unabhängig von dem Herstellungs- und Einfuhrort der Produkte berechnet werden und alle gleichermaßen betreffen.[668] Würde die Herstellung in Deutschland belastet, so wären inländische Waren stärker betroffen, was als sogenannte Inländerdiskriminierung aber zulässig wäre.[669] Wird das erstmalige Inverkehrbringen als Anknüpfungspunkt gewählt, so liegt ebenfalls keine Ungleichbehandlung vor. Wenn ausländische Produkte ohne Zwischenhändler in Deutschland in den Verkehr gebracht werden, sind sie gleich betroffen; nutzen sie Vertriebsstufen, ist eine erlaubte Benachteiligung von deutschen Waren gegeben. Das Argument, dass eine mittelbar höhere Belastung von ausländischen Anbietern vorliegt, weil diese mehr als inländische Hersteller und Vertreiber auf Plastiktüten als Transportver-

---

664 EuGH, Urt. v. 15.3.2018 – C-104/17, ECLI:EU:C:2018:188 Rn. 21 ff. – Cali Esprou. Dazu S. 13 ff.

665 EuGH, Urt. v. 12.11.2015 – C-198/14, ECLI:EU:C:2015:751 Rn. 50 – Visnapuu; *Seiler*, in: Grabitz/Hilf/Nettesheim, Das Recht der EU, Art. 110 AEUV (Stand: 7/2016) Rn. 4; *Waldhoff*, in: Calliess/Ruffert, EUV/AEUV, 5. Aufl. 2016, Art. 110 AEUV Rn. 22.

666 EuGH, Urt. v. 22.3.1977 – C-74/76, Slg. 1977, 557 Rn. 18 f. – Ianelli/Meroni; *Waldhoff*, in: Calliess/Ruffert, EUV/AEUV, 5. Aufl. 2016, Art. 110 AEUV Rn. 10.

667 EuGH, Urt. v. 18.1.2007 – C-313/05, Slg. 2007, I-513 Rn. 29 – Brzeziński; Urt. v. 12.11. 2015 – C-198/14, ECLI:EU:C:2015:751 Rn. 59 – Visnapuu;, Urt. v. 15.3.2018 – C-104/17, ECLI:EU:C:2018:188 Rn. 41 – Cali Esprou.

668 Vgl. für Einwegverpackungen ebenso *Pieroth,* WiVerw 1996, 65 (81).

669 *Seiler*, in: Grabitz/Hilf/Nettesheim, Das Recht der EU, Art. 110 AEUV (Stand: 7/2016) Rn. 34.

packungen angewiesen seien,[670] kann nicht überzeugen. Denn es ist nicht nachvollziehbar, wieso sie ihre Produkte zum Transport in Plastiktüten verpacken sollten.[671] Mithin wäre Art. 110 AEUV hier nicht verletzt, Art. 34 AEUV wird verdrängt.

4. Dienstleistungsfreiheit

Die subsidiäre Dienstleistungsfreiheit nach Art. 56 AEUV ist hier nicht einschlägig, da an die Wareneigenschaft von Plastiktüten, -einweggeschirr und Coffee-to-go-Bechern angeknüpft wird und auch beim Abstellen auf den Verkaufsvorgang der Schwerpunkt der Maßnahme auf dem freien Warenverkehr liegt.[672]

IV. Grundrechte

Mitgliedstaatliche Maßnahmen sind primär an den nationalen Grundrechten zu messen, bei „Durchführung des Unionsrechts" sind jedoch nach Art. 51 Abs. 1 Satz 1 GRCh die Unionsgrundrechte zu wahren. Wann dies konkret der Fall ist, wird intensiv diskutiert und insbesondere von EuGH und BVerfG unterschiedlich beurteilt.[673] Auf diese komplexe Problematik[674] soll hier nur kurz eingegangen werden. Der EuGH interpretiert den Anwendungsbereich der EU-Grundrechte sehr weit und nimmt eine parallele Anwendung der nationalen und unionalen Grundrechte an, soweit weder das „Schutzniveau der Charta (…) noch der Vorrang, die Einheit und die Wirksamkeit des Unionsrechts beeinträchtigt werden".[675] Insbesondere bei einer Beeinträchtigung der Grundfreiheiten – wie hier – sind nach dieser Auffassung die EU-Grundrechte maßgeblich.[676] In der Åkerberg Fransson-Entscheidung bejahte der EuGH eine Bindung der Mitgliedstaaten an die EU-Grundrechte nicht nur beim unmittelbaren Umsetzen und Vollziehen von

---

670 So für Plastiktüten und Einwegverpackungen *Frenz*, GewArch 2013, 329 (330).

671 Ebenso *Epiney/Hehemann*, EurUP 2015, 256 (260).

672 Vgl. EuGH, Urt. v. 26.5.2005 – C-20/03, Slg. 2005, I-4133 Rn. 33 – Burmanjer und oben S. 125 f.

673 Siehe zur Diskussion im Schrifttum *Fontaine,* Anwendbarkeit, 2018, S. 272 ff.; *Mörsdorf,* Ungleichbehandlung, 2018, S. 135 ff.; *Nusser,* Bindung, 2011, passim; *Pirker,* Grundrechtsschutz, 2018, passim.

674 *Pirker,* Grundrechtsschutz, 2018, S. 61.

675 EuGH, Urt. v. 26.2.2013 – C-617/10, ECLI:EU:C:2013:105 Rn. 29 – Åkerberg Fransson.

676 EuGH, Urt. v. 18.6.1991 – C-260/89, Slg. 1991, I-2925 Rn. 42 f. – ERT; Urt. 12.7.2003 – C-112/00, Slg. 2003, I-5659 Rn. 74 f. – Schmidberger; Urt. v. 25.3.2004 – C-71/02, Slg. 2004, I-3025 Rn. 48 f. – Karner; Urt. 30.4.2014 – C-390/12, ECLI:EU:C:2014:281 Rn. 35 f. – Pfleger u. a.; *Jarass*, GRCh, 3. Aufl. 2016, Art. 51 GRCh Rn. 21, 24; *Kühling,* in: Bogdandy/Bast, EU VerfR, 657 (682 f.).

Richtlinien und Verordnungen, sondern auch, wenn „allgemein-sachbezogene Handlungspflichten“ aus dem Primär- oder Sekundärrecht bestehen und das nationale Recht einen Beitrag zur Erfüllung dieser leistet.[677] Demgegenüber geht das BVerfG von der sogenannten Trennungsthese[678] oder Alternativitätsthese[679] aus und sieht eine Durchführung des Unionsrechts und damit eine Bindung an die EU-Grundrechte nur, wenn bei der Umsetzung einer EU-Richtlinie keine Spielräume bestehen (Determiniertheit), andernfalls sind nur die nationalen Grundrechte anzuwenden.[680] Dem BVerfG ist zuzustimmen.[681] Denn bei der sehr weiten Auslegung des EuGH wären „keine Fallgestaltungen denkbar“, in denen die EU-Grundrechte dann nicht anwendbar wären[682] und eine solche Interpretation könnte zum Bedeutungsverlust des Grundgesetzes führen.[683] Da hier bezüglich aller untersuchten Maßnahmen, einschließlich solcher für leichte Plastiktüten, erhebliche Spielräume für die Mitgliedstaaten existieren, sind die *nationalen Grundrechte maßgeblich.*[684]

1. Berufsfreiheit

a) Schutzbereich

Das Grundrecht der Berufsfreiheit nach Art. 12 Abs. 1 GG gewährleistet die freie Berufswahl und die freie Berufsausübung, wobei der Berufsbegriff weit ausgelegt wird und jede auf Dauer angelegte Tätigkeit zur Schaffung und Erhaltung einer Lebensgrundlage umfasst.[685] Als ein Beruf in diesem Sinne ist auch die Herstellung von Plastiktüten und -einweggeschirr sowie deren Verkauf beispielsweise als Zwischenhändler anzusehen, da sie die Produktion von Kunststoffen bzw. den Verkauf der Produkte entgeltlich anbieten und mit Gewinnabsicht ver-

---

677 EuGH, Urt. v. 26.2.2013 – C-617/10, ECLI:EU:C:2013:105 – Åkerberg Fransson; *Haratsch/Koenig/Pechstein*, Europarecht, Rn. 697 f.

678 *Pirker,* Grundrechtsschutz, 2018, S. 66.

679 *Kingreen*, in: Calliess/Ruffert, EUV/AEUV, 5. Aufl. 2016, Art. 51 GRCh Rn. 12, 14.

680 BVerfGE 113, 272 (300); 118, 79 (95 ff.); 133, 277 (Rn. 88 ff.).

681 Ebenso *Kingreen*, in: Calliess/Ruffert, EUV/AEUV, 5. Aufl. 2016, Art. 51 GRCh Rn. 14; *Ziegenhorn,* NVwZ 2010, 803 (807 f.); a.A. etwa *Jarass,* NVwZ 2012, 457 (460); *Mörsdorf,* Ungleichbehandlung, 2018, S. 135 f.; *Ohler,* NVwZ 2013, 1433 (1436 ff.).

682 So selbst der EuGH, Urt. v. 26.2.2013 – C-617/10, ECLI:EU:C:2013:105 Rn. 21 – Åkerberg Fransson.

683 Vgl. BVerfGE 133, 277 (Rn. 91).

684 A.A., ohne Plastikbezug, etwa *Jarass*, GRCh, 3. Aufl. 2016, Art. 51 GRCh Rn. 20a; *Mörsdorf,* Ungleichbehandlung, 2018, S. 135 f.; *Ohler,* NVwZ 2013, 1433 (1437).

685 St. Rspr., etwa BVerfGE 110, 304 (321); 115, 276 (300); 126, 112 (136); 145, 20 (Rn. 120); aus dem Schrifttum etwa *Hufen*, StaatsR II, § 35 Rn. 5 ff.; *Jarass*, in: Jarass/Pieroth, GG, 15. Aufl. 2018, Art. 12 GG Rn. 5; *Ruffert*, in: Epping/Hillgruber, GG, Art. 12 GG Rn. 40 f.; *Schneider*, in: Merten/Papier, HGR V, § 113 Rn. 55.

folgen.[686] Die Modalitäten des Verkaufs von Produkten einschließlich ihrer Verpackungen sind ebenfalls vom Schutzbereich erfasst.[687] Dass eine Abgabenbelastung zur Minderung der Erwerbschancen führt, ist unerheblich, denn diese werden von Art. 12 GG nicht geschützt.[688] Die Endverbraucher und Käufer, auf die die Abgabe gegebenenfalls umgelegt wird, sind nicht in ihrer Berufsfreiheit betroffen.[689] Auf Art. 12 GG können sich neben natürlichen Personen auch inländische juristische Personen des Privatrechts berufen, da dieses Grundrecht „seinem Wesen nach" (Art. 19 Abs. 3 GG) auf diese anwendbar ist.[690] Ausländische natürliche und juristische Personen aus EU-Staaten können sich nach zutreffender überwiegender Auffassung nicht auf Art. 12 GG stützen, für sie greift aber Art. 2 Abs. 1 GG mit dem Schutzniveau des Art. 12 GG.[691]

b) Eingriff

Eine Steuer oder Abgabe auf Plastiktüten und -einweggeschirr einschließlich des Coffee-to-go-Bechers greift in die Berufsfreiheit ein. Art. 12 GG schützt vor solchen Eingriffen, die unmittelbar die Berufstätigkeit betreffen oder eine objektiv berufsregelnde Tendenz haben.[692] Steuer- und abgabenrechtliche Vorschriften müssen eine solche objektiv berufsregelnde Tendenz haben und eng mit der Berufsausübung zusammenhängen, beispielsweise indem sie die „Rahmenbedingungen" dieser verändern und sich nach ihren „tatsächlichen Auswirkungen" eignen, die Berufsfreiheit „nennenswert" zu behindern.[693] Es ist davon auszugehen, dass die mit der Steuer oder Abgabe einhergehende Verteuerung der untersuchten Plastikprodukte und die damit angestrebte Verbrauchsreduzierung zu einer erheblichen Beeinträchtigung der Berufsausübung der Hersteller und Ver-

[686] Vgl. für ein Verbot von Plastiktüten bei der Prüfung des Art. 27 der schweizerischen Verfassung *Epiney/Hehemann*, URP 2015, 436 (442).

[687] Ähnlich für ein Verbot von Plastiktüten bei der Prüfung des Art. 27 der schweizerischen Verfassung *Epiney/Hehemann*, URP 2015, 436 (442).

[688] Siehe *Wieland*, in: Dreier, GG, Bd. I, Art. 12 GG Rn. 31.

[689] Vgl. BVerfGE 110, 274 (288 f.); *Jarass*, in: Jarass/Pieroth, GG, 15. Aufl. 2018, Art. 12 Rn. 17.

[690] BVerfGE 102, 197 (212 f.); 105, 252 (265); 126, 112 (136); BVerfG, NJW 2016, 1436 (1436); *Ruffert*, in: Epping/Hillgruber, GG, Art. 12 GG Rn. 38.

[691] BVerfGE 78, 179 (196 f.); BVerfG, NJW 2016, 1436 (1436 f.); *Bauer/Kahl*, JZ 1995, 1077 (1083); a.A. Scholz, in: Maunz/Dürig, GG, Art. 12 GG (Stand: 6/2006) Rn. 105.

[692] BVerfGE 97, 228 (253 f.); 110, 274 (288); 128, 1 (82); aus dem Schrifttum *Jarass*, in: Jarass/Pieroth, GG, 15. Aufl. 2018, Art. 12 GG Rn. 14 f.; *Kloepfer*, VerfR II, § 70 Rn. 55 ff.; *Mann*, in: Sachs, GG, 8. Aufl. 2018, Art. 12 GG Rn. 93 ff.; *Wieland*, in: Dreier, GG, Bd. I, Art. 12 GG Rn. 71; ablehnend zur berufsregelnden Tendenz: *Ruffert*, in: Epping/Hillgruber, GG, Art. 12 GG Rn. 57.

[693] BVerfGE 81, 108 (121 f.); 98, 83 (97); 98, 106 (117); 110, 370 (393 f.); 137, 350 (Rn. 69 f.).

käufer führt und die Rahmenbedingungen des „Wie" ihres beruflichen oder gewerblichen Tätigwerden verändert und behindert werden. Folglich haben solche abgabenrechtliche Regelungen zwar keinen direkten Bezug zur Berufstätigkeit, sie stehen aber damit in einem engem Zusammenhang und haben eine objektiv berufsregelnde Tendenz.

c) Rechtfertigung

Eingriffe in die Berufsausübung und Berufswahl unterliegen entgegen dem Wortlaut von Art. 12 Abs. 1 Satz 2 GG als einheitliches Grundrecht einem einfachen Gesetzesvorbehalt.[694] Freilich muss das Gesetz auch im Übrigen mit der Verfassung im Einklang stehen. Entscheidend ist aber vor allem eine strenge Verhältnismäßigkeitsprüfung, bei der auf die durch das BVerfG im Apotheken-Urteil vom 11.6.1958[695] entwickelte sogenannte Stufentheorie zurückgegriffen werden kann, die diese konkretisiert.[696] Hier liegt ein Eingriff in die Freiheit der Berufsausübung (1. Stufe) vor, der gerechtfertigt ist, „soweit vernünftige Erwägungen des Gemeinwohls es zweckmäßig erscheinen lassen".[697] Ein Eingriff in die Berufswahl wäre nur gegeben, wenn die Steuern oder Abgaben eine erdrosselnde Wirkung haben und somit die Ergreifung des Berufs in der Regel nicht mehr möglich ist oder die Betroffenen regelmäßig „wirtschaftlich nicht mehr in der Lage sind," diesen auszuüben.[698] Für Verkäufer in Geschäften, Gastronomiebetrieben etc. scheidet dies schon aus, weil ihr Beruf nicht in der Ausgabe der Plastiktüten und des -einweggeschirrs einschließlich der Coffee-to-go-Becher besteht. Für Hersteller und Zwischenhändler, deren berufliche Tätigkeit ausschließlich in der Produktion und dem Vertrieb von Plastiktüten und -einweggeschirr sowie der Coffee-to-go-Becher bestehen sollte, ist festzustellen, dass nicht davon auszugehen ist, dass die Steuer oder Abgabe so hoch bemessen sein wird,[699] dass dieser eine derart erdrosselnde Wirkung zukäme. Wäre dies jedoch der Fall, so läge eine objektive Berufswahlbeschränkung (3. Stufe) vor, die höhere Anforderungen an die Verhältnismäßigkeit nach sich zieht, namentlich nur

---

[694] BVerfGE 54, 237 (246); 84, 133 (148); 110, 304 (321); 115, 277 (303f.); *Kloepfer*, VerfR II, § 70 Rn. 65, 68ff.

[695] BVerfGE 7, 377.

[696] BVerfGE 7, 377 (405ff.); *Scholz*, in: Maunz/Dürig, GG, Art. 12 GG (Stand: 6/2006) Rn. 335; *Jarass*, in: Jarass/Pieroth, GG, 15. Aufl. 2018, Art. 12 GG Rn. 33ff.

[697] BVerfGE 7, 377 (405f.); hierzu *Breuer*, in: Isensee/Kirchhof, HStR VIII, § 171 Rn. 32ff.

[698] BVerfGE 30, 292 (314); 38, 61 (85f.); siehe auch BVerwGE 135, 367 (Rn. 44); *Wieland*, in: Dreier, GG, Bd. I, Art. 12 GG Rn. 71.

[699] So schlägt die DUH beispielsweise eine Abgabe in Höhe von 20 Cent auf den Coffee-to-go-Becher vor, siehe DUH, Coffee to go-Becher, Hintergrundpapier, 10/2015, S. 15.

„zur Abwehr nachweisbarer und höchstwahrscheinlicher schwerer Gefahren für ein überragend wichtiges Gemeinschaftsgut" zulässig ist.[700]

Die mit einer solchen Steuer oder Abgabe bezweckte Lenkung zur Verbrauchsreduzierung der untersuchten Plastikprodukte und mithin die Abfallvermeidung und der Umweltschutz sind vernünftige Erwägungen des Gemeinwohls (vgl. Art. 20a GG, § 6 Abs. 1 Nr. 1 KrWG) und folglich ein legitimer Zweck. Insbesondere ist es nicht zu beanstanden, wenn das „Lenkungsziel nicht verlässlich erreicht" werden sollte.[701] Der Schutz der Umwelt ist – stuft man die Abgabe als erdrosselnd und die Berufswahl tangierend ein – auch als überragend wichtiges Gemeinschaftsgut anzusehen.[702] Darüber hinaus ist eine Abgabe oder Steuer auf die untersuchten Plastikprodukte geeignet, erforderlich und angemessen im engeren Sinne, weil die Verursacher belastet werden und dem Umweltschutz ein sehr hoher Stellenwert zukommt. Hierfür kann im Wesentlichen auf die obigen ausführlichen Ausführungen[703] verwiesen werden, die entsprechend auf die Berufsfreiheit nach Art. 12 GG übertragbar sind. Hinsichtlich der Erforderlichkeit sind jedoch gewisse deutsche Spezifika zu würdigen, auf die im Folgenden kurz eingegangen wird.

Es sei ergänzt, dass die von der Bundesregierung *mit dem HDE abgeschlossene Vereinbarung* zwar ein milderes Mittel bezüglich von leichten Plastiktüten ist. Dennoch ist sie unbeschadet der beachtenswerten Erfolge und Einsparungen beim Verbrauch von Plastiktüten[704] – die die grundsätzliche Eignung von Entgelten zur Verbrauchsreduzierung und Förderung dieses Ziels[705] demonstrieren[706] – nicht gleich geeignet wie eine Steuer oder Abgabe. Denn diese Vereinbarung wirkt nicht in der gleichen Art und Weise flächendeckend wie eine gesetzliche Entgeltpflicht. Es werden nur bestimmte Unternehmen aus bestimmten Branchen, die freiwillig beitreten, erfasst und die Vereinbarung ist zudem nicht durchsetzbar.[707] Gleiches gilt für eine etwaige Selbstverpflichtung, Einweggeschirr einschließlich Coffee-to-go-Becher nicht mehr kostenfrei auszugeben. Denkbar sind auch Selbstverpflichtungen in der Form, statt Einweg-Plastiktüten nur noch Mehrweg-Plastiktüten auszugeben bzw. nur noch Mehrweggeschirr

---

700 St. Rspr. seit BVerfGE 7, 377 (408); etwa 102, 197 (214); 126, 112 (141).

701 BVerfGE 98, 106 (121); 110, 274 (292 f.); 137, 350 (Rn. 73).

702 Die „Erhaltung einer menschenwürdigen Umwelt" vor Vermüllung ist ein solches überragend wichtiges Gemeinschaftsgut und kann Eingriffe in die Berufswahl rechtfertigen, BVerwGE 62, 224 (230).

703 Siehe S. 118 ff.

704 Siehe hierzu oben S. 77.

705 Auch im deutschen Recht reicht gerade bei Lenkungsabgaben ohnehin bereits ein „kleiner Beitrag zur Zielerreichung", *Jarass,* Nichtsteuerliche Abgaben, 1999, S. 89.

706 Allgemein hierzu siehe oben S. 118 f. und die dortigen Nachweise.

707 Zur Bewertung der Vereinbarung ausf. oben S. 74 ff.

statt Einweggeschirr zu verwenden. Aufgrund des freiwilligen Charakters ist jedoch keine flächendeckende Umsetzung und damit keine gleich effektive Wirkung zu erwarten. Selbstverpflichtungen sind zur Erreichung des vorliegenden Ziels somit zwar mildere, aber nicht gleich geeignete Mittel.[708]

Verschärftere Recycling-Vorschriften sind wie gezeigt[709] auch keine milderen und gleich geeigneten Mittel zur Abfallreduzierung, wobei ergänzend festzustellen ist, dass dies ebenso für *erhöhte Anforderungen an die Dualen Systeme* gilt. Wie bereits herausgearbeitet,[710] setzen die Dualen Systeme vielmehr auf der Ebene des Recyclings an – wie auch allgemeine Regelungen zum Recycling – und damit der nachrangigen dritten Stufe der Abfallhierarchie im Vergleich zur Vermeidung (1. Stufe). In Deutschland hat sich das Abfallaufkommen trotz Bestehens dieser Rückführungssysteme auch nicht etwa verringert, sondern erhöht,[711] sodass diese zur Zielerreichung nicht gleich geeignet sind.

Hinzuweisen ist auch darauf, dass die *Ausweitung der Pfand-Regelung*, z.B. in Form eines „Tüten-Pfandes" oder „Becher-Pfandes" zusammen mit einer Rücknahmepflicht in Anlehnung an die Pfand- und Rücknahmepflicht für Einweggetränkeverpackungen[712] kein gleich geeignetes Mittel wie eine Steuer oder Abgabe zur Verbrauchsminderung ist. Wenngleich diese Erweiterung einen organisatorischen Mehraufwand zum Aufbau der erforderlichen Infrastruktur erfordern würde – weshalb schon fraglich ist, ob diese Maßnahme wirklich milder wäre –, ist eine Pfand-Regelung zur Zielerreichung, einer Reduzierung des Verbrauchs, nicht gleich geeignet. Denn sie dient vielmehr dazu, die Rückführung der Produkte zu gewährleisten und so die ordnungsgemäße Entsorgung zu verbessern bzw. sicherzustellen. Allenfalls als Begleiterscheinung ist eine Verringerung des Verbrauchs möglich, aber unter Würdigung der Erfahrungen mit dem „Dosen-Pfand" keineswegs sicher. So wurde auch das „Dosen-Pfand" im Jahr 2003 eingeführt, um den Verbrauch von Einweg-Dosen einzudämmen und den Mehrweganteil zu steigern.[713] Bekanntermaßen ging der Verbrauch dieser Einweg-Dosen anfangs tatsächlich erheblich zurück, eine vollständige Reduktion

---

[708] Ähnlich hinsichtlich von Verboten *Epiney/Hehemann*, URP 2015, 436 (450).

[709] Siehe oben S. 120f.

[710] Zu den Dualen Systemen siehe oben S. 173.

[711] Vgl. UBA, Aufkommen Verpackungsabfälle, 3/2018, S. 37ff., 43.

[712] Vgl. § 31 Abs. 1 Satz 1, Abs. 4 Nr. 2, 3 VerpackG, umgangssprachlich oft als „Dosen-Pfand" bezeichnet. Gegenstand der Pfandregelung ist das Inverkehrbringen von Getränken in Einweggetränkeverpackungen mit einem Füllvolumen von 0,1 Liter bis 3 Liter.

[713] *Prelle*, in: Schmehl/Klement, GK-KrWG, § 31 VerpackG Rn. 2f. Die Vereinbarkeit des Dosenpfandes mit dem Unionsrecht bestätigend EuGH, Urt. v. 14.12.2004 – C-463/01, Slg. 2004 I-11705 Rn. 34ff. – Kommission/Deutschland; Urt. v. 14.12.2004 – C-309/02, Slg. 2004 I-11763 Rn. 51ff. – Radlberger. Zur umfangreichen hierzu ergangenen nationalen Rechtsprechung siehe die Nachweise bei *Häberle*, in: Erbs/Kohlhaas, § 31 VerpackG (Stand: 1/2019) Rn. 2.

blieb indes aus.[714] Zudem ist seit einigen Jahren wieder ein Absatzzuwachs an Einweg-Dosen zu verzeichnen, wenn auch nun mit einer höheren Recyclingquote (ca. 98 %).[715] Als positive Nebenfolge – z. B. aus etwaigen praktischen Schwierigkeiten einer Pfand-Erhebung auf Einweggeschirr – könnte ein Umstellen auf Mehrweg-Tüten und Mehrweggeschirr resultieren, aber auch dies ist mit Prognose-Unsicherheiten behaftet.[716] Jedoch muss sich der Gesetzgeber nicht auf unsichere Mittel, deren gleiche Eignung nicht „eindeutig" feststeht, verweisen lassen und kann solche Alternativen im Rahmen seines ihm zustehenden Einschätzungsspielraums als nicht gleich geeignet bewerten.[717]

Klarzustellen ist, dass ein unmittelbar wirkendes *Verbot* kein milderes Mittel ist, weil es keinen Handlungsspielraum belässt, weshalb die Steuer oder Abgabe den Einzelnen weniger intensiv in seiner Berufsfreiheit beeinträchtigt.[718]

Der mit einer Steuer oder Abgabe einhergehende Eingriff in die Berufsfreiheit wäre folglich gerechtfertigt.

2. Eigentumsfreiheit

Inwiefern Steuern und Abgaben überhaupt unter den Schutz von Art. 14 GG fallen, ist stark umstritten.[719] Die Auffassung des ersten Senats des BVerfG, der den

---

[714] *Grimm*, Warum die Getränkedose ein Comeback erlebt, STERN ONLINE, 14.4.2016 (https://www.stern.de/wirtschaft/dosen--getraenkedosen-feiern-comeback---trotz-pfand-6789092.html, abgerufen: 14.11.2019).

[715] So haben größere Supermarkt-Ketten z. B. Bier-Dosen wieder ins Sortiment genommen, siehe *Grimm*, Warum die Getränkedose ein Comeback erlebt, STERN ONLINE, 14.4.2016 (https://www.stern.de/wirtschaft/dosen--getraenkedosen-feiern-comeback---trotz-pfand-6789092.html, abgerufen: 14.11.2019).

[716] Das Pfand auf Einweggetränkeverpackungen hat dies nicht im geplanten Ausmaß erreicht. Die Mehrwegquote bei Getränken, die von der Pfandpflicht erfasst sind, liegt bei 45,1 %, wenngleich nach dem früheren § 1 Abs. 2 VerpackV eine Quote von 80 % gesetzlich angestrebt wurde. Zum 1.1.2019 wurde diese Zielquote in § 1 Abs. 3 VerpackG auf 70 % gesenkt und gilt nunmehr für den Anteil von Getränken in Mehrweggetränkeverpackungen und nicht wie bisher für ökologisch vorteilhafte Einweggetränkeverpackungen und Mehrweggetränkeverpackungen, vgl. BT-Drs. 18/11781, S. 3, 15. Ebd., auf S. 3 heißt es explizit: „Die von der Pfandpflicht ausgehenden Anreize haben aber in den meisten Getränkebereichen nicht ausgereicht, um eine dauerhafte Stabilisierung des Mehrweganteils zu gewährleisten."

[717] BVerfGE 30, 219 (319); 81, 70 (90 f.); *Hillgruber*, in: Isensee/Kirchhof, HStR IX, § 201 Rn. 63.

[718] BVerfGE 137, 350 (Rn. 73); *Hendler,* Sonderabfallabgabe, 1996, S. 94; *Jarass,* Nichtsteuerliche Abgaben, 1999, S. 89 f.; diff. *Kube,* Finanzgewalt in der Kompetenzordnung, 2004, S. 242 f.

[719] Eingehend zum Meinungsstand *Dederer,* in: Kahl/Waldhoff/Walter, Bonner Kommentar zum GG, Art. 14 GG (Stand: 12/2017) Rn. 166 ff. sowie *Papier/Shirvani*, in: Maunz/Dürig, GG, Art. 14 GG (Stand: 4/2018) Rn. 282 ff. Siehe zur Diskussion auch *Sacksofsky,* NVwZ 2006, 661 (662); *Wernsmann,* NJW 2006, 1169 (1169 ff.).

Schutzbereich grundsätzlich nicht eröffnet sieht, es sei denn, es liegt eine erdrosselnde Steuer vor,[720] ist als dogmatisch nicht überzeugend einzustufen, weil die Intensität der Beeinträchtigung nicht für die Schutzbereichseröffnung maßgeblich ist.[721] Vielmehr ist davon auszugehen, dass auch Steuern und Abgaben – wie hier die plastikproduktspezifische Abgabe – grundsätzlich dem Schutz des Art. 14 GG unterfallen.[722] Da eine Steuer oder Abgabe auf Plastiktüten, -einweggeschirr und den Coffee-to-go-Becher sowohl produktbezogen als auch tätigkeitsbezogen (Herstellung, Inverkehrbringen, Verkauf) ist, kann Art. 14 GG auch grundsätzlich neben der Berufsfreiheit anwendbar sein.[723]

Ein Eingriff in Form einer Inhalts- und Schrankenbestimmung (Art. 14 Abs. 1 Satz 2 GG) liegt bei einer Steuer oder Abgabe vor, wenn an das Innehaben oder die Nutzung von vermögenswerten Rechtspositionen angeknüpft wird und dadurch eine Beeinträchtigung gegeben ist.[724] Eine Steuer oder Abgabe ist – in Abgrenzung zur Enteignung (Art. 14 Abs. 3 GG) – als Inhalts- und Schrankenbestimmung anzusehen, weil damit Rechte und Pflichten generell und abstrakt festgelegt werden.[725] Eine gesetzliche Steuer- oder Abgabepflicht auf die spezifischen Plastikprodukte knüpft an deren Innehaben und Nutzung an[726] und schränkt diese Nutzung ein. Mithin ist eine Inhalts- und Schrankenbestimmung gegeben, die aufgrund oder durch ein Gesetz möglich und gerechtfertigt ist. Insbesondere der Verhältnismäßigkeitsgrundsatz wäre gewahrt. Diesbezüglich wird auf die obigen Ausführungen zur Berufsfreiheit[727] verwiesen, die entsprechend gelten.

Das Recht am eingerichteten und ausgeübten Gewerbebetrieb, soweit dieser dem Art. 14 GG unterfällt,[728] schützt nur die „Substanz", also die Sach- und

---

[720] BVerfGE 38, 61 (102); 75, 108 (154); 78, 232 (243); 95, 267 (300); speziell zu Verbrauchsteuern BVerfG, NVwZ 2007, 1168 (1169).

[721] *Dederer,* in: Kahl/Waldhoff/Walter, Bonner Kommentar zum GG, Art. 14 GG (Stand: 12/2017) Rn. 171; ähnlich *Becker*, in: Stern/Becker, GG, Art. 14 GG Rn. 99; krit. hingegen *Wernsmann,* NJW 2006, 1169 (1172 f.), der keinen Widerspruch sieht; a. A. auch *Wieland*, in: Dreier, GG, Bd. 1, Art. 14 GG Rn. 68.

[722] Ausdrücklich jedenfalls für Ertragsteuern der 2. Senat des BVerfG, siehe BVerfGE 115, 97 (111 ff.); *Beker*, DStZ 2004, 32 (33); *Jachmann,* Steuergesetzgebung, 2000, S. 33 ff.; *Kirchhof,* in: Isensee/Kirchhof, HStR V, § 118 Rn. 117; *v. Münch/Mager,* StaatsR II, Rn. 594; a. A. *Kingreen/Poscher,* StaatsR II, Rn. 1039; *Wieland*, in: Dreier, GG, Bd. 1, Art. 14 GG Rn. 68. Vgl. für einen guten Überblick *Axer*, in: Epping/Hillgruber, GG, Art. 14 GG Rn. 55.

[723] *Papier/Shirvani*, in: Maunz/Dürig, GG, Art. 14 GG (Stand: 4/2018) Rn. 353.

[724] BVerfGE 115, 97 (111); *Dietlein*, in: Stern, StaatsR, Bd. IV/1, § 113 III 3, S. 2205; *Kirchhof,* in: Isensee/Kirchhof, HStR V, § 118 Rn. 117, 122; *Papier/Shirvani*, in: Maunz/Dürig, GG, Art. 14 GG (Stand: 4/2018) Rn. 287.

[725] BVerfGE 115, 97 (111 f.).

[726] Vgl. allg. *v. Münch/Mager,* StaatsR II, Rn. 594.

[727] S. 202 ff.

[728] Zur Diskussion *Axer*, in: Epping/Hillgruber, GG, Art. 14 GG Rn. 51 f.

Rechtsgesamtheit, nicht hingegen zukünftige Verdienstmöglichkeiten, Gewinnchancen oder Rentabilitätserwartungen.[729] Folglich kann die mit einer Steuer oder Abgabe einhergehende schlechtere Verdienstmöglichkeit oder Absatzeinbuße der Unternehmen auch nicht unter diesem Aspekt Art. 14 GG verletzen. Die Eigentumsfreiheit ist gewahrt.

3. Allgemeiner Gleichheitsgrundsatz

Eine Steuer oder Abgabe auf Plastiktüten und -einweggeschirr einschließlich des Coffee-to-go-Bechers verletzt nicht den allgemeinen Gleichheitssatz nach Art. 3 Abs. 1 GG. Dieser verbietet es, gleiche Sachverhalte ungleich oder ungleiche Sachverhalte gleich zu behandeln, sofern dies nicht aus besonderen Gründen gerechtfertigt ist.[730] Zur Rechtfertigung sind nach der neuen „Stufenlos-Formel“[731] des BVerfG „Sachgründe, die dem Differenzierungsziel und dem Ausmaß der Ungleichbehandlung angemessen sind“, erforderlich und es „gilt ein stufenloser, am Grundsatz der Verhältnismäßigkeit orientierter verfassungsrechtlicher Prüfungsmaßstab“.[732] Im Steuerrecht folgt aus Art. 3 Abs. 1 GG insbesondere der Grundsatz der „Belastungsgleichheit“ oder „Besteuerungsgleichheit“,[733] wobei bei indirekten Steuern auch die Endverbraucher berücksichtigt werden müssen, die die Steuerlast letztlich tragen.[734] Der Gesetzgeber hat indes nach zutreffender Ansicht einen weiten Spielraum bei der Auswahl der mit einer Steuer belegten Gegenstände, der Steuerhöhe und des Maßstabs, sie muss aber sachgerecht sein.[735] Dies überzeugt, denn Entscheidungen über die Erhebung einer Steuer oder Abgabe sind im Wesentlichen politischer Natur und damit der Legislative vorbehalten.[736] Wenn der Gesetzgeber einen sachlichen Grund für die Auswahl des Steuergegenstandes hat, es keine „sachwidrige[n], willkürli-

---

[729] BVerfGE 102, 197 (211); 105, 252 (278); 110, 274 (290); *Jarass*, in: Jarass/Pieroth, GG, 15. Aufl. 2018, Art. 14 Rn. 21; vgl. *Kingreen/Poscher,* StaatsR II, Rn. 1040.

[730] Statt vieler BVerfGE 145, 20 (Rn. 171).

[731] Mit diesem Begriff *Kischel*, in: Epping/Hillgruber, GG, Art. 3 GG Rn. 28.

[732] BVerfGE 129, 49 (68 f.); 138, 136 (Rn. 121); 145, 20 (Rn. 171). Die Einzelheiten werden kontrovers diskutiert, statt vieler ausf. *Wollenschläger*, in: v. Mangoldt/Klein/Starck, GG, Bd. I, Art. 3 GG Rn. 103 ff.

[733] BVerfGE 117, 1 (30 f.); 138, 136 (Rn. 123); 126, 400 (417).

[734] BVerfGE 110, 274 (292); 137, 350 (Rn. 43 f.); vgl. zur bereichsspezifischen Konkretisierung des Gleichheitssatzes allg. *Kirchhof,* in: Maunz/Dürig, GG, Art. 3 Abs. 1 GG (Stand: 9/2015) Rn. 323.

[735] St. Rspr., etwa BVerfGE 65, 325 (354); 93, 319 (348); 120, 1 (29); 137, 350 (Rn. 41 f., 52); zust. und spezifisch für örtliche Verbrauchsteuern *Christ*, in: *Christ/Oebbecke*, HdB Kommunalabgabenrecht, C. II. Rn. 282; *Hufen*, StaatsR II, § 39 Rn. 25; *Jarass*, in: Jarass/Pieroth, GG, 15. Aufl. 2018, Art. 3 Rn. 53.

[736] BVerfGE 137, 350 (Rn. 41).

che[n] Erwägungen“ sind und auch die übrigen Regelungen des Grundgesetzes eingehalten sind, ist der Gleichheitssatz gewahrt.[737] Hält der Gesetzgeber ein Verhalten für ökologisch nicht vertretbar und ist diese Einschätzung nicht zu beanstanden, so ist es sachgerecht, mit einem höheren Abgabensatz einen größeren Anreiz für die Vermeidung zu setzen.[738] Das Ziel des Umweltschutzes (vgl. Art. 20a GG) ist ein legitimer Sachgrund für Einschränkungen des Gleichheitssatzes.[739] Plastiktüten, -einweggeschirr und Coffee-to-go-Becher tragen zu erheblichen Müllaufkommen und Umweltschädigungen bei und eine auf die zahlreichen Studien gestützte gesetzgeberische Entscheidung für eine Lenkungsteuer oder Abgabe ist nicht zu beanstanden. Selbst wenn man hier argumentiert, andere Produzenten, Vertreiber oder Verkäufer von müllverursachenden Produkten, beispielsweise Papiertütenhersteller, würden bei einer plastikproduktspezifischen Steuer oder Abgabe nicht mit einer solchen belegt, so verletzt dies nicht Art. 3 Abs. 1 GG. Zwar verbraucht auch die Papierprodukteherstellung erhebliche Ressourcen und könnte aus Umweltschutzgründen mit einer Steuer bzw. Abgabe belegt werden. Im Gegensatz zu Plastik ist Papier indes biologisch abbaubar und verrottet, sodass die Vergleichbarkeit bezweifelt werden kann. Ungeachtet dessen, handelt es sich aber hierbei um einen „nachvollziehbaren Sachgrund“[740], sodass eine solche Ungleichbehandlung nicht willkürlich wäre. Denn erforderlich ist ein „sachlich vertretbarer Unterscheidungsgesichtspunkt von hinreichendem Gewicht“, der die verschiedenen Handlungsweisen rechtfertigt.[741] Ein solcher ist die langlebige und nicht biologisch abbaubare Materialeigenschaft Plastik in diesen Einwegprodukten und das bei den untersuchten Produkten erhöhte Abfallaufkommen. Sowohl die Hersteller und Vertreiber als auch die Endverbraucher setzen hierzu einen Beitrag. Denn insbesondere Plastiktüten stellen im Vergleich zu Papiertüten und auch Plastikeinweggeschirr im Vergleich zu Papp- und Papieralternativen einen wesentlichen Teil des bei Strandzählungen am Meer gefundenen Mülls dar, sodass eine unterschiedliche Behandlung – sofern sich der Gesetzgeber dafür entscheidet – sachlich vertretbar ist und die Gründe auch hinreichend gewichtig sind. Im Hinblick auf Plastiktüten ist auch der Umstand, dass diese von der unionsrechtlichen Plastiktüten-RL adressiert werden und Deutschland diese erfüllen muss, als Unterscheidungsgrund anzu-

---

[737] BVerfGE 120, 1 (29); 137, 350 (Rn. 41); vgl. *Kirchhof*, in: Isensee/Kirchhof, HStR V, § 118 Rn. 182; *ders.* in: Maunz/Dürig, GG, Art. 3 Abs. 1 GG (Stand: 9/2015) Rn. 383 ff., insbes. 385.

[738] Vgl. BVerfGE 93, 319 (349 f.); vgl. allgemein auch BVerfGE 110, 274 (293); 137, 350 (Rn. 55).

[739] Siehe etwa BVerfGE 137, 350 (Rn. 41) für den Umwelt- und Klimaschutz.

[740] Siehe für die Luftverkehrsteuer BVerfGE 137, 350 (Rn. 51).

[741] BVerfGE 124, 199 (220); 129, 49 (68 f.); 133, 1 (Rn. 44).

führen. Der Gesetzgeber muss insbesondere auch nicht die „gerechteste" oder „optimale Lösung" finden.[742] Zudem wäre eine Steuer oder Abgabe auf Plastiktüten und -einweggeschirr auch verhältnismäßig, wobei auf die ausführlichen obigen Ausführungen[743] verwiesen wird, die entsprechend gelten. Die Ungleichbehandlungen sind gerechtfertigt und mit Art. 3 Abs. 1 GG vereinbar.

Eine Ungleichbehandlung kommt weiterhin im Vergleich zu anderen nur einmal verwendeten Plastikprodukten wie Verpackungen beispielsweise von Obst und Gemüse in Betracht. Hier ist erneut der weite Einschätzungsspielraum des Gesetzgebers zu betonen. Entscheidet sich dieser dafür, solche allgemeinen Verpackungen nicht mit einer Abgabe zu belegen, so sind das hohe Ausmaß von Plastiktüten und -einweggeschirr am in der Umwelt gefundenen Abfall sowie die leichte Vermeidbarkeit dieser Produkte sachgerechte Differenzierungsgesichtspunkte und dies wäre verhältnismäßig. Der allgemeine Gleichheitssatz wäre nicht verletzt.

V. Zwischenergebnis

Die Länder und Kommunen könnten eine örtliche Verbrauchsteuer nach Art. 105 Abs. 2a S. 1 GG auf Plastikeinweggeschirr für Getränke und Speisen zum Verzehr an Ort und Stelle erlassen, die nicht im Widerspruch zum bundesrechtlichen Abfallrecht stünde. Bei einer Steuer auf Plastiktüten, den Coffee-to-go-Becher und andere to-go-Verpackungen handelt es sich um eine überörtliche, *allgemeine Verbrauchsteuer*, die der Bund und die Länder nach Art. 105 Abs. 2 S. 2 GG einführen könnten. Möglich wäre auch die Einführung einer *Sonderabgabe* auf Plastiktüten und -einweggeschirr einschließlich des Coffee-to-go-Bechers durch den Bundes-, Landes- und ggf. Kommunalgesetzgeber, deren Aufkommen lenkungszweckbezogen verwendet werden müsste. Insbesondere wären die EU-Grundfreiheiten und die nationalen Grundrechte, namentlich die Berufs- und Eigentumsfreiheit sowie der allgemeine Gleichheitssatz gewahrt.

C. Zusammenfassung

Die Kompetenz zur Einführung von Steuern oder nicht-steuerlichen Abgaben, insbesondere auf Plastiktüten und -einweggeschirr einschließlich des Coffee-to-go-Bechers, haben mit wenigen Ausnahmen grundsätzlich die Mitgliedstaaten. Dennoch wäre auch der *Unionsgesetzgeber* nach der eigenständigen Rechts-

742 BVerfGE 65, 325 (354); 137, 350 (Rn. 67).
743 Oben S. 118ff. sowie 203ff.

grundlage für umweltbezogene steuerliche Vorschriften aus Art. 192 Abs. 2 AEUV handlungsbefugt. Eine unionsrechtliche Steuerharmonisierung nach Art. 113 AEUV scheidet aus, da es für Plastikeinweggeschirr an bestehenden, zu harmonisierenden mitgliedstaatlichen Regelungen fehlt. Auf Plastiktüten erheben zwar einige Mitgliedstaaten eine Steuer, indes wäre hier nicht der Binnenmarkt, sondern der Umweltschutz das schwerpunktmäßige Ziel der Maßnahme, sodass Art. 192 Abs. 2 AEUV die richtige Rechtsgrundlage wäre. Das Tätigwerden des Unionsgesetzgebers ist insbesondere durch das Subsidiaritätsprinzip begrenzt, welches hier gewahrt wäre. Die Beeinträchtigungen der Warenverkehrsfreiheit, der unternehmerischen Freiheit sowie der Eigentumsfreiheit würden dem Verhältnismäßigkeitsgrundsatz genügen und wären insgesamt gerechtfertigt. Sie wären erforderlich, weil es keine milderen, gleich geeigneten Mittel gibt. Beispielsweise wären verschärfte Anforderungen an das Recycling und eine Erhöhung des Recyclings nicht gleichermaßen dazu geeignet, den Abfall durch die hier untersuchten Plastikprodukte zu reduzieren. Steuern wären zudem angemessen, weil der Abfallvermeidung und dem Umweltschutz ein hoher Stellenwert beizumessen ist, zumal hier die Verursacher herangezogen würden. Jedoch müsste die Entscheidung über die Einführung einer solchen steuerlichen Regelung einstimmig durch die Mitgliedstaaten getroffen werden, was in anderen Zusammenhängen regelmäßig ein Hindernis darstellte. Wenn darüber hinaus der Union auch die Erträge aus einer solchen Steuer zustehen sollen, müssten zusätzlich die strengen Voraussetzungen nach Art. 311 UAbs. 3 AEUV (einstimmiger Ratsbeschluss, Anhörung des Europäischen Parlaments, Ratifizierung durch die Mitgliedstaaten) erfüllt werden.

Auf Basis der aktuellen Rechtslage könnte *Deutschland* als Mitgliedstaat der EU durch den jeweiligen Gesetzgeber im Mehrebenensystem selbst eine Steuer oder nicht-steuerliche Abgabe auf sämtliche Plastiktüten und -einweggeschirr einschließlich des Coffee-to-go-Bechers einführen. Durch die Verbots-RL wird die Möglichkeit für eine Steuer oder Sonderabgabe in Bezug auf das Inverkehrbringen von Plastiktellern, -besteck und Bechern aus expandiertem Polysterol (EPS) ab dem 3.7.2021 eingeschränkt, weil diese dann zu verbieten sind. Eine Besteuerung der Herstellung wäre aber (weiterhin) möglich. Es wäre zudem möglich, Steuern oder Sonderabgaben auf Plastiktüten und den Coffee-to-go-Becher, welche vom geplanten Verbot nicht umfasst sind, einzuführen. Hinsichtlich Coffee-to-go-Bechern gibt die Verbots-RL sogar das Ziel einer Verbrauchsminderung vor, für dessen Erreichung die hier betrachtete Steuer oder Sonderabgabe in Betracht kommt.

Eine Steuer auf Plastiktüten, -einweggeschirr und Coffee-to-go-Becher wäre als Verbrauchsteuer einzuordnen. Die den Bundesländern ausschließlich zustehende Gesetzgebungskompetenz für örtliche Verbrauchsteuern (Art. 105 Abs. 2a

S. 1 GG) könnte jedoch nur für Plastikeinweggeschirr genutzt werden, das, zum Beispiel typischerweise auf Märkten, „zum Verzehr an Ort und Stelle" verwendet wird und so im Steuertatbestand umschrieben wird. Eine derart ausgestaltete Steuer könnten nicht nur die Gemeinden erlassen, soweit sie dazu von den Ländern ermächtigt wurden, sondern nach hier vertretener Auffassung wäre auch eine einheitliche und landesweite Erhebung möglich.

Die oft gegen eine Lenkungsteuer geäußerten Bedenken, die sich auf das kritikwürdige Urteil des BVerfG zur kommunalen Verpackungsteuer stützen, greifen auf Basis einer ausführlichen Analyse der aktuellen Rechtslage nicht (mehr) durch. Es besteht kein Widerspruch von Lenkungsteuern zur aktuellen Gesamtkonzeption des Abfallrechts, einschließlich des seit 1.1.2019 geltenden VerpackG. Sowohl das KrWG als auch das VerpackG verfolgen ein aus kooperativen und ordnungsrechtlichen Instrumenten bestehendes Gesamtkonzept, das offen für Lenkungsmittel ist. Dies zeigt sich unter anderem an § 33 Abs. 3 Nr. 2 KrWG i. V. m. Nr. 3 lit. a Anlage 4 zum KrWG, der explizit Aufpreise auf Produkte als Maßnahme nennt. Auch das Abfallvermeidungsprogramm des Bundes unter Beteiligung der Länder steht dem nicht entgegen. Darüber hinaus wäre eine Lenkungsteuer auch nicht widersprüchlich zum Konzept der Produktverantwortung. Beide zielen zwar auf die Abfallvermeidung, aber die Herstellerverantwortung setzt auf einer anderen Ebene an, namentlich einer ressourcenschonenden und abfallarmen Produktgestaltung, wohingegen die Steuer auf die Vermeidung des wenn auch optimierten Produktes an sich zielt. Beide Ziele sind grundsätzlich komplementär.

Plastiktüten, der Coffee-to-go-Becher und anderes to-go-Plastikeinweggeschirr können hingegen nicht mit einer örtlichen Verbrauchsteuer adressiert werden, weil es an der notwendigen örtlichen Begrenzung der Wirkungen fehlt. An dieser verfassungsrechtlichen Grenze ist auch festzuhalten. Wie gezeigt, hilft daher eine Fortentwicklung des traditionell in Steuertatbeständen verwendeten Merkmals „zum Verzehr an Ort und Stelle" nicht weiter und ist zum Schutz des finanzverfassungsrechtlichen Kompetenzgefüges und angesichts der bestehenden Möglichkeiten auch nicht geboten. Für eine Steuer auf Plastiktüten und den Coffee-to-go-Becher ist die konkurrierende Gesetzgebungsbefugnis für allgemeine Verbrauchsteuern (Art. 105 Abs. 2 S. 2 GG) einschlägig. Diese können nicht nur der Bund, sondern nach hier vertretener Ansicht auch die Länder ausüben, wenngleich die Ertragshoheit beim Bund verbleibt. Ob die Länder hiervon Gebrauch machen, beispielsweise um eine umweltpolitische Signalwirkung zur Reduzierung von Plastiktüten und -einweggeschirr einschließlich des Coffee-to-go-Bechers zu erreichen, ist eine hiervon zu trennende, politische Frage.

Ferner ist aus den dargestellten Erwägungen eine Sonderabgabe auf diese Plastikprodukte durch den Bund und alternativ die Länder bzw. die Kommunen möglich. Sie könnte auf die konkurrierende Gesetzgebungskompetenz zur Abfallwirtschaft (Art. 74 Abs. 1 Nr. 24 GG) gestützt werden. Eine solche wäre als sogenannte Lenkungssonderabgabe einzustufen. Der Umstand, dass zumindest am Anfang ein erhebliches Aufkommen zu erwarten ist, verdichtet sich nicht zu einem vorherrschenden Finanzierungszweck. Zwar wird das Merkmal der gruppennützigen Verwendung des Abgabeaufkommens bei dieser Sonderabgabe nicht erfüllt, aber es wurde gezeigt, dass dieses Kriterium für Lenkungssonderabgaben nicht nur weit auszulegen ist, sondern durch das einer lenkungszweckbezogenen Verwendung ersetzt werden muss, welches hier erfüllt wäre. Landesrechtliche Sonderabgaben wären wie herausgearbeitet auch nicht durch das geltende Abfallrecht (KrWG, VerpackG) gesperrt.

Darüber hinaus wären sowohl eine Lenkungsteuer als auch eine Lenkungssonderabgabe auf Plastiktüten und -einweggeschirr einschließlich des Coffee-to-go-Bechers mit dem vorrangigem EU-Sekundärrecht und den EU-Grundfreiheiten, insbesondere der Freiheit des Warenverkehrs vereinbar. Ferner wären auch die nationalen Grundrechte, namentlich die Berufs- und Eigentumsfreiheit und der Allgemeine Gleichheitssatz, gewahrt.

§ 6 Implementierung von Verboten

Im Folgenden werden Verbotsregelungen durch die EU (A.) und Deutschland (B.) untersucht. Es gibt eine Vielzahl von Gestaltungsmöglichkeiten eines Verbots. So kann beispielsweise die verbotene Handlung (Herstellen, Inverkehrbringen, Benutzen), der Verbotsgegenstand oder die Produkteigenschaft (Plastikanteil, biologische Abbaubarkeit, Recyclinganteil etc.) modifiziert werden. Vorliegend wird die Rechtmäßigkeit eines umfassenden Verbots der Herstellung und des Inverkehrbringens von Plastiktüten und -einweggeschirr einschließlich des Coffee-to-go-Bechers betrachtet, unabhängig davon, ob sie (anteilig) aus recyceltem Kunststoff oder biologisch abbaubarem Plastik bestehen.

A. Handlungsmöglichkeiten des Unionsgesetzgebers

Die im Folgenden untersuchten Möglichkeiten für eine Verbotsregelung durch die EU gehen über die Verbots-RL[1] hinaus, weil zusätzlich andere Produkte – namentlich Plastiktüten und -becher – und ein Herstellungsverbot (I.–III.) analysiert werden. Die Verbots-RL wird ferner rechtlich[2] gewürdigt (IV.). Zudem sehen die derzeit bestehenden Regelungen der Plastiktüten-RL Verbote für leichte Plastiktüten nur als ein mögliches Mittel vor, das die Mitgliedstaaten nutzen können.[3] Eine an die Mitgliedstaaten gerichtete Pflicht zu einer Verbotsregelung ist in der Plastiktüten-RL dagegen nicht enthalten.

I. Kompetenzrechtliche Möglichkeiten

Im Einklang mit dem Prinzip der begrenzten Einzelermächtigung (vgl. Art. 5 Abs. 1 S. 1, Abs. 2 EUV)[4] kommt für eine unionsweite plastikproduktspezifische Verbotsregelung die genuine Umweltschutzkompetenz[5] des Art. 192 Abs. 1–3

---

1 Dazu oben S. 36 f.

2 Zur Bewertung und zu Reformvorschlägen siehe unten S. 258 ff.

3 Vgl. Art. 4 Abs. 1a UAbs. 2 VerpRL; zur Plastiktüten-RL siehe oben S. 37 f.

4 Dazu siehe bereits oben S. 91.

5 EuGH, Urt. v. 24.11.1993 – Rs. C-405/92, Slg. 1993, I-6133, Rn. 26 – Mondiet; Urt. v.

AEUV oder eine Harmonisierung der mitgliedstaatlichen Regelungen nach Art. 114 AEUV in Betracht.

1. Art. 192 AEUV

a) Art. 192 Abs. 1 AEUV

Ein unionsweites Verbot von Plastiktüten und -einweggeschirr kann auf die Rechtsgrundlage des Art. 192 Abs. 1 AEUV gestützt werden, denn es dient zur Erreichung mehrerer der in Art. 191 Abs. 1 AEUV genannten Ziele (vgl. Art. 192 Abs. 1 AEUV). Namentlich bezweckt es den Schutz der Umwelt durch die Abfallreduzierung und die Verhinderung von Plastikverschmutzung an Land, in Gewässern und im Meer sowie den dadurch bewirkten Folgen für die Tiere als Teil der natürlichen Umwelt[6] (Art. 191 Abs. 1, 1. Gedankenstrich AEUV). Gleichzeitig zielt es auf den Ressourcenschutz durch Vermeidung dieser kurzzeitig und nur einmalig verwendeten Produkte und führt zumindest zu einer graduellen Einschränkung der Nutzung von Erdöl und damit zu einer zeitlich verlängerten Sicherung der Verfügbarkeit dieses nicht erneuerbaren Rohstoffes (Art. 191 Abs. 1, 3. Gedankenstrich AEUV).

Unter Berücksichtigung des Vorsorgeprinzips (Art. 191 Abs. 2 UAbs. 1 Satz 2 AEUV) dient eine Verbotsregelung auch zum Schutz der menschlichen Gesundheit (vgl. Art. 191 Abs. 1, 2. Gedankenstrich AEUV). Zwar ist derzeit nicht wissenschaftlich gesichert, welche Auswirkungen Plastikpartikel auf die menschliche Gesundheit haben,[7] es besteht aber ein Besorgnispotenzial, sodass vorbeugende Maßnahmen trotz dieser Unsicherheiten möglich sind.[8] Denn im menschlichen Körper wurden Mikro- und Nanoplastikpartikel gefunden und in Labortests mit menschlichen Zellkulturen wurden sogenannte oxidative Stressreaktionen festgestellt.[9] Durch die stattfindenden Zerfallsprozesse tragen auch Plastiktüten und -einweggeschirr zum Entstehen von Mikroplastik bei.[10]

25.2.1999 – verb. Rs. C-164/97 und C-165/97, Slg. 1999, I-1139, Rn. 15 – Parlament/Rat; *Kahl*, in: Streinz, EUV/AEUV, 3. Aufl. 2018, Art. 192 AEUV Rn. 10, 90.

[6] Dazu allg. *Epiney*, in: Landmann/Rohmer, UmweltR, Art. 191 AEUV (Stand: 2/2012) Rn. 11.

[7] *Bertling u. a.*, Kunststoffe, Konsortialstudie Fraunhofer Institut (Hrsg.), 6/2018, S. 31; siehe oben S. 20.

[8] Dazu und zum Maßstab siehe bereits oben S. 20 einschl. der dortigen Nachw.

[9] Näher dazu etwa *Bethge*, Der Spiegel v. 19.1.2019, S. 20 (20 f.).

[10] Vgl. etwa Europäische Kommission, SWD(2018) 254 final, Part 1/3, S. 7.

b) Abgrenzung zu Art. 192 Abs. 2 AEUV

Neben Art. 192 Abs. 1 AEUV handelt es sich auch bei Art. 192 Abs. 2 AEUV um eine selbstständige Rechtsgrundlage.[11] Deren Anwendungsbereich ist indes nicht eröffnet. Denn selbst wenn man den Aspekt der mittelbaren Verbesserung der Wasserqualität (Meere, Ozeane etc.) durch die Verbotsregelung berücksichtigt, so fällt dies nicht unter Art. 192 Abs. 2 lit. b, 2. Spiegelstrich AEUV. Denn diese Rechtsgrundlage ermöglicht keine Maßnahmen zur Verbesserung der Wasserqualität.[12]

c) Abgrenzung zu Art. 114 Abs. 1 AEUV

Auf die Kompetenzgrundlage des Art. 114 Abs. 1 S. 2 AEUV[13] kann eine plastikproduktspezifische Verbotsregelung nicht gestützt werden. Erforderlich dafür wäre nicht nur, dass Rechts- oder Verwaltungsvorschriften der Mitgliedstaaten angeglichen werden, sondern auch, dass die Maßnahme der Errichtung und dem Funktionieren des Binnenmarktes dient (vgl. Art. 114 Abs. 1 S. 2 AEUV). Dies ist hier nicht der Fall.

Art. 114 AEUV beinhaltet im Sinne des Prinzips der begrenzten Einzelermächtigung nicht eine „allgemeine Kompetenz zur Regelung des Binnenmarktes" für den Unionsgesetzgeber.[14] Wichtig ist daher, dass die Maßnahme „tatsächlich" das Ziel haben muss, „die Voraussetzungen für die Errichtung und das Funktionieren des Binnenmarktes zu verbessern".[15] Darauf muss sie sowohl

---

[11] Ausf. zur Diskussion darüber siehe oben S. 98 f. und die dortigen Nachweise.

[12] Hierzu oben S. 101 einschl. der dortigen Nachweise.

[13] Die in Art. 114 Abs. 1 S. 1 AEUV enthaltene Subsidiarität gilt nur gegenüber Vorschriften, die sich ebenfalls auf das Binnenmarktziel richten, z. B. Art. 46, 48, 53 AEUV, welche für ein plastikproduktspezifisches Verbot nicht einschlägig sind. Insbesondere besteht zwischen Art. 192 AEUV und Art. 114 AEUV kein derartiges Spezialitäts- oder Subsidiaritätsverhältnis. Vgl. zum Ganzen *Kahl*, in: Streinz, EUV/AEUV, 3. Aufl. 2018, Art. 192 AEUV Rn. 91; *Korte*, in: Calliess/Ruffert, EUV/AEUV, 5. Aufl. 2016, Art. 114 AEUV Rn. 11 f.

[14] EuGH, Urt. v. 5.10.2000 – C-376/98, Slg. 2000, I-8419 Rn. 83 – Deutschland/Parlament und Rat („Tabakwerbung I"); krit. zur folgenden Rspr., die teils genau diesen Eindruck erweckt, *Nettesheim,* EuZW 2016, 578 (580); das Problem eher im weiten Wortlaut des Art. 114 AEUV sehend *Weatherill,* German LJ 2011, 827 (850, 862 f.).

[15] EuGH, Urt. v. 5.10.2000 – C-376/98, Slg. 2000, I-8419 Rn. 84 – Deutschland/Parlament und Rat („Tabakwerbung I"); bestätigend EuGH, Urt. v. 10.12.2002 – C-491/01, Slg. Slg. 2002, I-11453 Rn. 60 – British American Tobacco; Urt. v. 2.5.2006 – C-217/04, Slg. 2006, I-3771 Rn. 42 – Vereinigtes Königreich/Parlament und Rat; wie hier etwa *Haltern,* EuR, Bd. I, § 4 Rn. 812; *Knauff*, JuS 2009, 440 (444 f.); *Korte*, in: Calliess/Ruffert, EUV/AEUV, 5. Aufl. 2016, Art. 114 AEUV Rn. 46 ff.; Fallgruppen bildend *Ludwigs,* Rechtsangleichung, 2004, S. 209 ff.; *Schroeder/Müller*, in: Wagner/Wedl, Bilanz und Perspektiven, 87 (101); mit Beispielen *Selmayr u. a.,* EWS 2003, 49 (51 ff.); *Streinz,* Europarecht, § 11 Rn. 995; vgl. auch *Hatje,* in: Bogdandy/Bast, EU VerfR, 801 (839).

objektiv als auch subjektiv gerichtet sein.[16] Unabhängig davon, ob der Unionsgesetzgeber nach seinen Vorstellungen mit einem vollständigen Verbot von Plastiktüten und -einweggeschirr – ihres Inverkehrbringens und ihrer Herstellung – eine Verbesserung des Binnenmarktes bezweckt, so dient eine solche Regelung objektiv gerade nicht dem Binnenmarktziel, weil es diesen nicht verbessert. Denn wenn ein Produkt komplett verboten wird („Totalverbot"), wird der Binnenmarkt nicht verbessert oder gefördert, sondern vielmehr insoweit beseitigt, da dieses Produkt nicht mehr gehandelt werden kann.[17] Ein Verbot dient allein dazu, die damit einhergehende Tätigkeit des Inverkehrbringens und Herstellens vollständig zu unterbinden und beseitigt keine Hemmnisse des Handels mit diesen Produkten.[18] Der Auffassung, die darauf abstellt, ob der Binnenmarkt trotz der „Einzelverbote" „*insgesamt* verbessert" wird, weil ein „einheitliches" Gesamtsystem entsteht,[19] ist nicht zuzustimmen. Voranzustellen ist, dass es sich bei einem kompletten Verbot von Plastiktüten und -einweggeschirr schon nicht um Einzelverbote handelt, die ein solches „einheitliches" Gesamtsystem schaffen. Selbst wenn man aber überlegte, ob dies der Fall wäre, wenn man nur bestimmte einzelne Sorten dieser Plastikprodukte verbieten würde, beispielsweise nur nicht biologisch abbaubare Plastiktüten – unabhängig von der ökologischen Sinnhaftigkeit –[20], so überzeugt dieser Ansatz nicht. Denn die Einschätzung ist maßgeblich von der Bestimmung und Größe der Vergleichsgruppe abhängig, weil eine Verbesserung des Binnenmarktes insgesamt bei zunehmender Größe der Gruppe umso schneller auch bei Verboten von einzelnen Produkten aus der Gruppe angenommen werden kann.[21] Damit wären aber kaum Fälle denkbar, in denen keine

---

[16] Eingehend *Bock*, Rechtsangleichung, 2005, S. 75 ff.; *Kahl,* in: FS Spellenberg, 2010, 697 (710).

[17] So auch *Brenncke*, EuZW 2009, 247 (248 f.); *Kahl,* in: FS Spellenberg, 2010, 697 (709); *Knauff*, JuS 2009, 440 (444); *Wägenbaur,* EuZW 2000, 549 (549); diff. *Möstl*, EuR 2002, 318 (334 f.); anders und stark differenzierend *Tietje*, in: Grabitz/Hilf/Nettesheim, Das Recht der EU, Art. 114 AEUV (Stand: 7/2016) Rn. 99; a. A. etwa EuGH, Urt. v. 4.5.2016 – C-358/14, ECLI:EU:C:2016:323, Rn. 63 f., 81 – Polen/Parlament und Rat; Urt. v. 4.2016 – C-547/14, ECLI:EU:C:2016:325, Rn. 64, 124 – Philip Moris Brands u. a.

[18] Vgl. GA *Fenelly*, Schlussanträge v. 15.6.2000 – C-376/98, Slg. 2000, I-8423 Rn. 113 – Deutschland/Parlament und Rat („Tabakwerbung I"); ähnlich wie hier und krit. auch *Nettesheim,* EuZW 2016, 578 (579 f.); a. A. EuGH, Urt. v. 4.5.2016 – C-358/14, ECLI:EU:C:2016:323, Rn. 81 – Polen/Parlament und Rat; differenziert hingegen *Selmayr u. a.,* EWS 2003, 49 (53 ff.).

[19] *Selmayr u. a.,* EWS 2003, 49 (53 ff.) [Hervorhebung im Original], die bei einem solchen einheitlichen System eine derartige insgesamte Verbesserung trotz Einzelverbote bejahen, unter Verweis auf EuGH, Urt. 9.8.1994 – C-359/92, Slg. 1994, I-3681 Rn. 34 – Deutschland/Rat.

[20] Denn auch biologisch abbaubare Tüten können nicht einfach in der Natur abgebaut werden, wie der Name nahelegt, sondern erfordern spezielle Kompostieranlagen, siehe die Nachw. oben S. 19.

[21] Dies erkennen selbst die Vertreter dieser Auffassung, siehe *Selmayr u. a.,* EWS 2003, 49 (53 f.).

Verbesserung für *irgendeine übergeordnete* Gruppe möglich wären. Dies erscheint sinnwidrig.

Bei einem unionsweiten Verbot von Plastiktüten und -einweggeschirr trägt lediglich die *koordinierte Vorgehensweise* in der EU dazu bei, dass nicht durch unterschiedliche mitgliedstaatliche Regelungen Wettbewerbsnachteile und -verzerrungen und Beeinträchtigungen des Binnenmarktes entstehen.[22] Dies genügt aber nicht für die Heranziehung des Art. 114 AEUV als Rechtsgrundlage.[23]

Folglich scheidet hier Art. 114 AEUV als Kompetenzgrundlage für ein Verbot aus.

2. Kompetenzausübungsschranken

a) Subsidiaritätsprinzip

Ein unionsrechtliches Verbot von Plastiktüten und -einweggeschirr wahrt den Subsidiaritätsgrundsatz im Sinne des Art. 5 Abs. 3 S. 1 EUV.[24] Die mit dem Verbot bezweckte Abfallvermeidung und das damit adressierte Problem der Umweltverschmutzung, insbesondere der Meere, ist ein grenzüberschreitendes Problem. Die obigen Erwägungen zur Subsidiarität bei einer EU-Steuer sind entsprechend übertragbar.[25] Ein einzelner Mitgliedstaat kann zwar zur Lösung der auch regionalen Abfallprobleme beitragen, aber diese nicht umfassend angehen. Denn die natürlichen Umweltbedingungen wie Verwehungen und die natürlichen Bewegungen der Gewässer transportieren den Abfall ungeachtet von nationalen Grenzen.[26] Eine einheitliche unionsweite Verbotsregelung ist effizienter und wirksamer als einzelne staatliche Bestrebungen, da diese zudem konterkariert werden, wenn andere Mitgliedstaaten nicht oder gar gegenteilig handeln.[27] Ferner droht das „Risiko einer Marktfragmentierung“, soweit die Mitgliedstaaten unterschiedliche und nicht miteinander abgestimmte Regelungen erlassen, die Wettbewerbsverzerrungen nach sich ziehen könnten.[28] Dies könnte wiederum die Erreichung des Ziels der Reduzierung der Meeresabfälle insgesamt beein-

---

[22] Vgl. allg. EuGH, Urt. v. 4.5.2016 – C-358/14, ECLI:EU:C:2016:323, Rn. 61, 64 – Polen/Parlament und Rat; Urt. v. 4.2016 – C-547/14, ECLI:EU:C:2016:325, Rn. 121, 125 – Philip Moris Brands u. a.; darauf abstellend auch Erwägungsgrund Nr. 6 Verbots-RL sowie der Kommissionsentwurf zur Verbots-RL, COM(2018) 340 final, S. 7.

[23] In diese Richtung auch *Nettesheim,* EuZW 2016, 578 (579 f.).

[24] Zum Maßstab siehe bereits oben S. 105 f.

[25] Siehe oben S. 105 f.

[26] So auch der Kommissionsentwurf zur Verbots-RL, COM(2018) 340 final, S. 7, der von der Verteilung des Abfalls durch „Wind, Strömungen und Gezeiten“ spricht.

[27] Ähnlich COM(2018) 340 final, S. 7 f., der jedoch nur auf „das Ausbleiben von Maßnahmen“ abstellt.

[28] Ebenso COM(2018) 340 final, S. 8.

trächtigen[29] und auch den Binnenmarkt behindern. Die vorstehenden Erwägungen gelten für alle hier untersuchten Plastikprodukte, insbesondere auch Plastiktüten. Zwar hat die Union mit der Plastiktüten-RL bereits leichte Plastiktüten reguliert, allerdings räumt die Plastiktüten-RL den Mitgliedstaaten einen weiten Spielraum ein,[30] mit welchen Instrumenten sie die dort vorgesehenen Ziele (Reduktion oder keine kostenlose Abgabe) erreichen können. Eine vollständige Verhinderung der Nutzung wie bei einem Verbot ist davon auf Unionsebene nicht erfasst, sodass eine unionsweite Regelung wirksamer und effizienter ist und Wettbewerbsverzerrungen verhindert.

b) Verhältnismäßigkeitsgrundsatz

Ein unionsweites Verbot von Plastiktüten und -einweggeschirr wäre auch mit dem „kompetenzbezogene[n]"[31] Verhältnismäßigkeitsgrundsatz (vgl. Art. 5 Abs. 4 EUV) vereinbar, weil es formal und inhaltlich das erforderliche Maß wahrt. Unionsweite einheitliche Regelungen in einer Verbots-Verordnung oder eine derartige Verpflichtung an die Mitgliedstaaten, ein Verbot zu erlassen, sind zur effektiven Erreichung des Abfallvermeidungs- und Umweltschutzziels geeignet und mangels milderer, aber gleich geeigneter Mittel auf Unionsebene auch erforderlich. Insbesondere würde eine EU-Steuer auf diese Produkte die „mitgliedstaatliche[ ] Autonomie"[32] nicht vergleichsweise stärker schonen. Ein Verbot wäre somit im kompetenzrechtlichen Sinne angemessen und verhältnismäßig.

II. Freier Warenverkehr

Unionsrechtliche Regelungen, die Plastiktüten oder -einweggeschirr unmittelbar verbieten oder die die Mitgliedstaaten verpflichten, ein solches Verbot zu erlassen,[33] müssen auch mit den primärrechtlichen Grundfreiheiten vereinbar sein.[34] Besondere Relevanz entfaltet Art. 34 AEUV.

---

[29] So auch COM(2018) 340 final, S. 8.

[30] *Epiney/Hehemann*, EurUP 2015, 256 (258 f.).

[31] *Bast*, in: Grabitz/Hilf/Nettesheim, Das Recht der EU, Art. 5 EUV (Stand: 8/2018) Rn. 66 f. Zur „allgemeinen" Verhältnismäßigkeit bzgl. Beeinträchtigungen der Warenverkehrsfreiheit siehe S. 219 ff., bzgl. der unternehmerischen Freiheit S. 223 ff., bzgl. der Eigentumsfreiheit siehe S. 225 f.

[32] GA *Maduro,* Schlussanträge v. 1.10.2009 – C-58/08, Slg. 2010, I-4999 Rn. 44 – Vodafone; *Bast*, in: Grabitz/Hilf/Nettesheim, Das Recht der EU, Art. 5 EUV (Stand: 8/2018) Rn. 66.

[33] So für das Inverkehrbringen von Plastiktellern und -besteck Art. 5 Verbots-RL.

[34] Siehe oben, einschl. der zahlreichen Nachweise, S. 113.

1. Beeinträchtigung des Schutzbereiches

Wird das *Inverkehrbringen* von Plastiktüten und -einweggeschirr durch den Unionsgesetzgeber verboten, so ist der Schutzbereich von Art. 34 AEUV aufgrund des grenzüberschreitenden Bezugs in räumlicher Hinsicht und im Übrigen entsprechend der obigen, übertragbaren Ausführungen[35] auch in sachlicher und persönlicher Hinsicht eröffnet. Durch ein Inverkehrbringensverbot wird der innergemeinschaftliche Handel mit diesen Waren behindert und beschränkt.[36] Denn ein solches Verbot betrifft nicht eine einer Handelsbeeinträchtigung „vorgelagerte" Frage.[37] Gerade durch ein solches plastikproduktspezifisches Vertriebsverbot ist ein Handel nicht mehr möglich. Das Inverkehrbringen und den Handel derart voneinander zu trennen, wirkt hingegen künstlich. Somit liegt hier eine Maßnahme gleicher Wirkung im Sinne des Art. 34 AEUV vor. Im Gegensatz dazu stellt ein unionsweites *Herstellungsverbot* keine Beeinträchtigung der Warenverkehrsfreiheit dar,[38] weil dies in der Tat die dem Handel vorgelagerte, trennbare Ebene adressiert.[39] Hierfür spricht auch, dass im Sinne des Art. 28 Abs. 2 AEUV Voraussetzung für die Warenverkehrsfreiheit bereits existente Waren sind.[40]

2. Rechtfertigung

Ein plastikproduktspezifisches Verbot des Inverkehrbringens wäre eine gerechtfertigte Beeinträchtigung. Denn es liegt ein Rechtfertigungsgrund vor und der Grundsatz der Verhältnismäßigkeit wird gewahrt.

Als geschriebener Rechtfertigungsgrund kommt hier nach Art. 36 S. 1 AEUV der Schutz der Gesundheit und des Lebens von Menschen, Tieren und Pflanzen und derzeit vor allem der Schutz der Gesundheit von Tieren in Betracht, die durch Plastikteilchen in der Natur lebensbedrohlich gefährdet werden.[41] Ferner kann sich der Unionsgesetzgeber auf den in ständiger Rechtsprechung anerkannten Rechtfertigungsgrund des Umweltschutzes als zwingendes Erfordernis des Allgemeinwohls im Sinne der Cassis-de-Dijon-Entscheidung[42] berufen, weil

---

[35] Dazu oben S. 114 f.

[36] A.A. *Leible,* EuZW 2007, 732 (734); anders wohl auch *Schroeder*, in: Streinz, EUV/AEUV, 3. Aufl. 2018, Art. 34 AEUV Rn. 29, der bei einheitlichen Maßnahmen keinen Verstoß annimmt.

[37] So aber *Leible,* EuZW 2007, 732 (734).

[38] Ähnlich *Classen,* EuZW 2015, 854 (858). Zur Beeinträchtigung der EU-Grundrechte unten S. 223 ff.

[39] Dies verkennt *Leible,* EuZW 2007, 732 (734).

[40] Vgl. *Kainer/Herzog,* EuR 2018, 405 (426 f.).

[41] Siehe oben S. 2 ff., zu Art. 36 AEUV siehe oben S. 116 f. einschl. der dortigen Nachweise.

[42] Siehe insbesondere die zahlreichen Nachweise oben in § 5 Fn. 178.

Produktverbote ähnlich wie Steuern auf eine Verringerung des Produktverbrauchs und damit auf die Abfallvermeidung zielen, welche ein Ziel des Umweltschutzes ist.[43] Darüber hinaus sollen mittelbar[44] Ressourcen geschont und die Verschmutzung und Vermüllung der Umweltmedien, insbesondere der Weltmeere (zukünftig) verhindert werden.[45]

Ein Inverkehrbringens-Verbot von Plastiktüten und -einweggeschirr wäre verhältnismäßig,[46] wobei auf den Primärzweck der Maßnahme, die Abfallvermeidung, abzustellen ist.[47]

aa) Geeignetheit

Ein derartiges Verbot ist geeignet, das angestrebte Ziel der Abfallvermeidung und mithin des Umweltschutzes zu erreichen, weil es diese Ziele befördert und zur Zielerreichung beiträgt. Wird das Inverkehrbringen von Plastiktüten und -einweggeschirr einschließlich des Coffee-to-go-Bechers vollständig verboten, so ist ein rechtmäßiges Verkaufen oder sonstiges Ausgeben (unentgeltlich oder entgeltlich) nicht mehr möglich. Folglich reduziert sich die Nutzung und der Verbrauch dieser Produkte, sodass das Abfallaufkommen aus diesen Produkten innerhalb des Geltungsbereiches, also der EU, verringert wird. Der Verbrauch von und Abfälle aus Altbeständen ist zwar weiterhin möglich – es sei denn es wird auch ein Benutzungsverbot statuiert – dieses „Aufbrauchen“ wird aber naturgemäß nur einen begrenzten Zeitraum und Umfang einnehmen.

bb) Erforderlichkeit

Ein plastikproduktspezifisches Verbot des Inverkehrbringens wäre auch erforderlich, weil es keine gleich geeigneten, aber weniger beeinträchtigenden Mittel gibt. Zur Begründung kann im Wesentlichen auf die oben erläuterten milderen Mittel und entsprechend übertragbaren Ausführungen im Rahmen einer EU-Steuer[48] verwiesen werden: Die Plastiktüten-RL scheidet hinsichtlich Plastiktüten als gleich geeignetes Mittel aus, weil sie nicht sämtliche Plastiktüten erfasst und ein Verbot nur eine Handlungsmöglichkeit unter vielen ist, aber nicht alle Mit-

[43] Ausführlich mit Nachweisen siehe oben S. 118.

[44] Dazu oben S. 118.

[45] Siehe oben S. 117 f.

[46] Vgl. allg. zum Maßstab nur EuGH, Urt. v. 20.9.1988 – C-302/86, Slg. 1988, 4607 Rn. 6, 11 – Kommission/Dänemark (Dänische Pfandflaschen); Urt. v. 14.12.2004 – C-309/02, Slg. 2004, I-11763 Rn. 75 – Radlberger.

[47] Ebenso *Epiney/Hehemann*, URP 2015, 436 (448) für die Prüfung von Verboten von Einweg-Plastiktüten nach schweizerischem Recht. Ebenso deutlich für die aktuelle Plastiktüten-RL *Epiney/Hehemann*, EurUP 2015, 256 (263).

[48] Siehe eingehend S. 120 ff. einschl. der dortigen Nachweise.

gliedstaaten ein solches erlassen müssen. Unionsweite Pfandregelungen, Produkt-Mindestanforderungen oder verschärfte Recyclingvorgaben können zwar milder sein, sind aber nicht im gleichem Maße zur Abfallvermeidung geeignet. Gleiches gilt für freiwillige Maßnahmen oder Empfehlungen, Aufklärungs- und Informationskampagnen oder Reinigungsinitiativen der Meere.

Es bedarf an dieser Stelle lediglich der Ergänzung, dass plastikproduktspezifische Steuern zwar im Vergleich zu einem Verbot dieser Plastikeinwegprodukte mildere Mittel wären, aber nicht gleich geeignet sind. Steuern setzen einen finanziellen Anreiz zur Reduzierung der Produkte und fördern damit die Abfallvermeidung. Allerdings wirkt ein Verbot hierfür ungleich effektiver, weil bei einer Steuer noch die Entscheidung verbleibt, ob Plastiktüten oder -einweggeschirr einschließlich des Coffee-to-go-Bechers genutzt werden.[49] Aus diesem Grund ist auch ein bloßes Verbot der unentgeltlichen Abgabe, wie es auch die Plastiktüten-RL als eine Handlungsalternative vorsieht (vgl. Art. 4 Abs. 1a UAbs. 4 VerpRL), nicht gleich geeignet wie ein vollständiges Produktverbot.[50] Zur Verbrauchsvermeidung und zur Reduzierung der Nutzung von Plastiktüten und -einweggeschirr und mithin zur Abfallvermeidung ist ein plastikproduktspezifisches Verbot das wirksamste Instrument[51] und somit erforderlich.

cc) Angemessenheit

In der Abwägung zu berücksichtigen sind einerseits die überragende Bedeutung der Abfallvermeidung, des Umweltschutzes und des Ressourcenschutzes sowie der Umstand, dass es sich beim Plastikmüllproblem um ein massives Umweltproblem handelt. Diesbezüglich kann auf die obigen umfangreichen, entsprechend übertragbaren Ausführungen[52] verwiesen werden. Ferner steht ein Verbot im Sinne der Umweltrechtsprinzipien, insbesondere des Verursacher-,[53] Nachhaltigkeits-,[54] Ursprungs-[55] und Vorbeugeprinzips[56]. Gerade nur einmal und bloß kurzzeitig verwendete Produkte wie die hier untersuchten Plastiktüten und -einweggeschirrartikel einschließlich des Coffee-to-go-Bechers sind vermeidbar

---

[49] I.E. für Plastiktüten ähnlich *Epiney/Hehemann*, URP 2015, 436 (450); *Frenz*, GewArch 2013, 329 (333).

[50] Ähnlich *Epiney/Hehemann*, URP 2015, 436 (449 f.).

[51] Für Plastiktüten i. E. ebenso BIOIS, Report 2011, S. 94; i. E. wie hier bzgl. der Wirksamkeit eines Verbots von Plastiktüten *Epiney/Hehemann*, URP 2015, 436 (450); *Frenz*, GewArch 2013, 329 (333).

[52] Ausführlich oben S. 2, 123 ff.

[53] Vgl. Art. 191 Abs. 2 UAbs. 1 S. 2 AEUV. Dazu S. 13 ff.

[54] Vgl. Art. 3 Abs. 3 S. 2, Abs. 5 S. 2 EUV, 11 AEUV, 37 GRCh. Dazu S. 16 ff.

[55] Vgl. Art. 191 Abs. 2 UAbs. 1 S. 2 AEUV. Dazu S. 21 f.

[56] Vgl. Art. 191 Abs. 2 UAbs. 1 S. 2 AEUV. Dazu S. 19 f.

(etwa durch die Nutzung von Mehrwegalternativen) und bieten „großes Potenzial" für eine Reduzierung von unnötigem Plastikmüll und Ressourcenverbrauch.[57]

Andererseits ist ein Verbot dieser Produkte eine erhebliche Behinderung für den Binnenmarkt und eine massive und für alle Betroffenen erhebliche Einschränkung. Auch wenn der freie Warenverkehr einen elementaren Baustein des Binnenmarkts darstellt (Art. 26 Abs. 2 AEUV), so folgt aber aus den EU-Verträgen[58], dass es sich um einen „ökologisch qualifizierten Binnenmarkt" handelt.[59] Dies ist mithin kein uneingeschränkt „liberaler Markt des *laisser-faire*".[60] Jedoch werden bei einem Verbot des Inverkehrbringens die Handlungsmöglichkeiten von Zwischenhändlern und Verkaufsstätten erheblich beschnitten. Allerdings können Zwischenhändler und Verkaufsstätten im Regelfall auf andere Einweg- und Mehrwegprodukte ausweichen, dies ist insbesondere auch hinsichtlich Plastikeinweggeschirr in der Gastronomie möglich.[61] Der damit einhergehende Aufwand und der Umstand, dass teilweise etwa laufende Vertragsbeziehungen zur Belieferung bestehen werden,[62] sollte mit einer Übergangsfrist berücksichtigt werden.

Im Rahmen der Beurteilung der Angemessenheit eines Verbots ist auch ein besonderes Augenmerk auf erforderliche medizinische Verwendungen von den hier untersuchten Plastikeinwegprodukten, namentlich der Plastikbecher zu legen. Die übrigen hier betrachteten Plastikprodukte wie -tüten, -teller und -besteck weisen, soweit ersichtlich, im medizinischen Kontext keine Besonderheiten auf. Plastikbecher werden hingegen für hygienisch anspruchsvolle Bereiche, wie beispielsweise Urinproben und zahnärztliche oder kieferchirurgische Behandlungen, genutzt. Gerade im zahnärztlichen und kieferchirurgischen Bereich entstehen auch – im Unterschied zum gastronomischen Betrieb – häufig, wenn auch geringfügige, Verletzungen, die eine besondere Mundhygiene erfordern. Mehrwegprodukte können diesen Verwendungen aus hygienischer und medizinischer Sicht nicht oder nur mit einem erheblichen Mehraufwand durch umfangreiche Reinigungs-, Desinfektions- und Sterilisationsprozesse gerecht werden, was wiederum aus Perspektive des Ressourcenschutzes und unter Berücksichtigung des Integrationsprinzips in

---

[57] Ebenso *Epiney/Hehemann*, URP 2015, 436 (438) für ein Plastiktüten-Verbot in der Schweiz.

[58] Vgl. Art. 3 Abs. 3 UAbs. 1 S. 2 EUV, 11 AEUV, 114 Abs. 3 AEUV, 194 Abs. 1 AEUV, 37 GRCh.

[59] *Kahl*, Umweltprinzip, 1993, S. 267; *Pernice*, NVwZ 1990, 201 (203 f., 206 f.); konkrete Beispiele betrachtend *ders.*, NVwZ 1990, 414 (414 ff.); *Kahl/Gärditz*, Umweltrecht, § 2 Rn. 61; ähnlich auch *Epiney*, NuR 1995, 497 (503).

[60] *Pernice*, NVwZ 1990, 201 (203, 207).

[61] Zu den Einschränkungen bei Herstellern siehe unten S. 224 f.

[62] Zu einer solchen Erwägung bzgl. öffentlicher Einrichtungen siehe European Parliament, P8_TA-PROV(2018)0411, Amendment 79.

seiner internen Ausrichtung[63] nicht zwangsläufig umweltschonender und vorzugswürdig ist. Insofern ist zu beachten, dass der Schutz der Gesundheit ein ebenfalls überragend wichtiges Gut ist und ein hoher Gesundheitsschutz auch bei der Unionspolitik bezweckt ist (vgl. Art. 3 Abs. 1 GRCh, Art. 35 GRCh). Somit sind Ausnahmen für Plastikbecher erforderlich, wobei es sich bei der Gestaltung anbietet, beispielsweise nach einer Übergangsfrist nur solche Produkte für medizinische Verwendungen zuzulassen, die einen hohen Anteil an recyceltem Kunststoff aufweisen oder zumindest biologisch abbaubar sind. Solche Plastikprodukte sind zwar insgesamt im Vergleich zu einem Verbot kein gleich geeignetes Mittel, können aber dennoch einen Beitrag zum Umweltschutz leisten.

Aus den dargelegten Erwägungen folgt, dass ein umfassendes Verbot von Plastiktüten und -einweggeschirr mit erheblichen Einschränkungen und Belastungen einhergeht, diese aber mithilfe einer Übergangsfrist, die auch Ausnahmeregelungen für medizinische Verwendungszwecke beinhaltet, in einem angemessenen Verhältnis zum verfolgten Ziel der Abfallvermeidung und des Umweltschutzes stehen.

III. Grundrechte

Plastikproduktspezifische Verbote durch den Unionsgesetzgeber müssen auch die Grundrechte der Charta der Grundrechte der EU wahren (Art. 51 Abs. 1 S. 1 GRCh).

1. Berufs- und unternehmerische Freiheit

Ein Verbot des Inverkehrbringens und der Herstellung von Plastiktüten und -einweggeschirr einschließlich des Coffee-to-go-Bechers stellt einen gerechtfertigten Eingriff in die unternehmerische Freiheit nach Art. 16 GRCh dar.

Wie bereits oben erläutert, ist Art. 16 GRCh für selbstständige Tätigkeiten im Vergleich zur Berufsfreiheit nach Art. 15 GRCh lex specialis.[64] Die selbstständige Tätigkeit der Unternehmer der plastikproduzierenden oder -verarbeitenden Industrie oder die Tätigkeiten derjenigen Unternehmen, die die Plastiktüten und das -einweggeschirr (weiter-)verkaufen, ist vom Schutzbereich der unternehmerischen Freiheit erfasst.[65] Die eintretenden Absatzeinbußen durch ein Verbot dieser Produkte sind hingegen nicht von Art. 15 oder 16 GRCh geschützt.[66] In-

---

63 Dazu S. 22 f.

64 Siehe oben S. 126 f.; a. A. EuGH, Urt. v. 30.6.2016 – C-134/15, ECLI:EU:C:2016:498 Rn. 26 ff. – Lidl.

65 Siehe oben S. 127.

66 Siehe die Nachweise oben S. 127.

dem ein Verbot des Inverkehrbringens und der Herstellung die unternehmerische Entscheidung über das „Ob“ der Produktion und des Inverkehrbringens gänzlich entzieht, wird in die unternehmerische Freiheit eingegriffen.[67]

Dieser Eingriff ist entsprechend den Anforderungen des Art. 52 Abs. 1 S. 1 und 2 GRCh gerechtfertigt. Der Gesetzvorbehalt kann durch eine Richtlinie oder Verordnung gewahrt werden.[68] Der Wesensgehalt dieses Grundrechtes[69] wird durch eine Verbotsregelung von Plastiktüten und -einweggeschirr nicht tangiert, weil nur bestimmte Plastikeinwegprodukte[70] und nicht beispielsweise sämtliche Plastikartikel oder Substitute dieser Produkte verboten werden. Zudem dient sowohl ein Verbot des Inverkehrbringens als auch ein Herstellungsverbot einem legitimen Zweck (Verbrauchs- und damit Abfallvermeidung, Umweltschutz) und ist zur Zielerreichung geeignet und als effektivstes Mittel auch erforderlich. Ferner ist es auch angemessen. Hier kann im Wesentlichen auf die obigen Ausführungen[71] verwiesen werden, die entsprechend gelten. Hinsichtlich eines Herstellungsverbots bedarf es jedoch der folgenden Ergänzungen:

Im Vergleich zu Zwischenhändlern und Verkäufern in Verkaufsstätten sind gerade Hersteller und Produzenten in ihren Ausweichmöglichkeiten eingeschränkter und daher besonders betroffen, weil eine Produktionsumstellung zumindest einer gewissen Vorlauf- und Planungszeit bedarf,[72] gegebenenfalls sogar den Erwerb von neuen Geräten und damit zusätzliche Investitionen und strategische Entscheidungen sowie Veränderungen des jeweiligen Unternehmens erfordert. Zudem werden bei einem Herstellungsverbot auch die Möglichkeiten der Unternehmen, diese Produkte zu exportieren, eingeschränkt.

Andererseits ist die überragende Bedeutung des Umweltschutzes zu beachten. Eine Fortführung des Exports führt dazu, dass diese Plastikprodukte weiterhin zu Abfall werden und zudem gegebenenfalls in anderen Ländern – gerade in solchen ohne ein fortschrittliches Abfallmanagement – unsachgemäß entsorgt werden könnten und mithin die Umwelt verschmutzen. Ein Herstellungsverbot setzt an der Quelle an und ist im Sinne des Ursprungsprinzips. Zudem entspricht es auch dem Nachhaltigkeits-, Verursacher- und Vorbeugeprinzip.[73] Wägt man dies mit den Eingriffsfolgen ab, erscheint ein Herstellungsverbot angemessen, um die unionsrechtlichen Bestrebungen zur Plastikmüllvermeidung nicht zu un-

---

[67] Vgl. *Epiney/Hehemann*, URP 2015, 436 (444) für ein Verbot von Plastiktüten in der Schweiz.

[68] Detaillierter und mit Nachweisen oben S. 128.

[69] Zu den Maßstäben bereits oben S. 129.

[70] Mit einem ähnlichen Argument zum Glühbirnen-„Verbot“ *Knauff*, JuS 2009, 440 (446).

[71] Siehe oben S. 221 ff.

[72] Ähnlich für Plastiktüten *Epiney/Hehemann*, URP 2015, 436 (452).

[73] Zu diesen Prinzipien oben S. 13–22.

terlaufen.[74] Um aber den damit einhergehenden erforderlichen Belastungen und Umstrukturierungen Rechnung zu tragen, bedarf es einer angemessenen Übergangsfrist. Zudem ist aufgrund der Wichtigkeit des Gesundheitsschutzes und der herausgearbeiteten erforderlichen Ausnahmen für medizinische Verwendungen für Plastikbecher dies konsequenterweise auch bei einem Herstellungsverbot auszunehmen.

2. *Eigentumsfreiheit*

Die Beeinträchtigung der Eigentumsfreiheit durch die mit einem plastikproduktspezifischen Verbot einhergehende Nutzungsbeschränkung (Art. 17 Abs. 1 Satz 1 GRCh) dieser Plastikprodukte und der zur Produktion erforderlichen Anlagen ist gerechtfertigt.

Die Hersteller, Zwischenhändler und Verkäufer werden in ihrer Eigentumsfreiheit hinsichtlich der Nutzung des Eigentums der verbotenen Plastikprodukte beeinträchtigt, indem sie nicht mehr frei darüber verfügen können.[75] Der damit einhergehende Gewinnverlust oder diesbezügliche Absatzerwartungen werden von Art. 17 GRCh nicht geschützt.[76] Im Hinblick auf die Nutzungsmöglichkeit der Produktionsanlagen und -stätten der Herstellerunternehmen wird bezüglich einer Eigentumsbeeinträchtigung zutreffend danach unterschieden, ob die Anlagennutzung unmittelbar betroffen ist (z. B. Quoten) oder ob die Nutzung an sich nicht geregelt wird, sondern nur die Vermarktung der hergestellten Produkte (z. B. Mindestpreisregeln).[77] Ein plastikproduktspezifisches Inverkehrbringensverbot betrifft nicht die eigentumsrechtlich geschützte Nutzungsmöglichkeit an den Bestandsanlagen, weil es sich auf die Vermarktungsebene bezieht. Ein Herstellungsverbot tangiert hingegen unmittelbar die Benutzung der Anlagen, sodass dadurch eine Beeinträchtigung der Eigentumsfreiheit in Form einer Nutzungsbeschränkung der Produktionsanlagen und -stätten vorliegt. Gleichwohl handelt es sich bei einem plastikproduktspezifischen Herstellungs- und Vertriebsverbot nicht um einen (förmlichen) Entzug des jeweils geschützten Eigentums, weil es an einer finalen Enteignung mit dauerhaftem Eigentumsverlust

---

[74] Vgl. zu einer ähnlicher Erwägung bzgl. eines Herstellungsverbots von Glühbirnen *Knauff*, JuS 2009, 440 (446), der einen weiterhin möglichen Export als die Klimaschutzbemühungen konterkarierend ansieht.

[75] Vgl. Art. 17 Abs. 1 S. 1 GRCh.

[76] EuGH, Urt. v. 22.1.2013 – C-283/11, ECLI:EU:C:2013:28 Rn. 34 – Sky Österreich; *Calliess*, in: Calliess/Ruffert, EUV/AEUV, 5. Aufl. 2016, Art. 17 GRCh Rn. 9; *Vosgerau*, in: Stern/Sachs, GRCh, 2016, Art. 17 Rn. 46; *Müller-Michaels,* Eigentumsschutz, 1997, S. 39.

[77] Siehe, ebenso mit diesen Beispielen, *Calliess*, in: Ehlers, EuGR, § 20 Rn. 21; *ders.*, in: Calliess/Ruffert, EUV/AEUV, 5. Aufl. 2016, Art. 17 GRCh Rn. 9; *Vosgerau*, in: Stern/Sachs, GRCh, 2016, Art. 17 Rn. 47; vgl. auch *Günter,* Eigentum, 1998, S. 39.

fehlt.[78] Selbst wenn man eine „faktische“ Enteignung genügen ließe,[79] so liegt eine solche hier aufgrund fortbestehender anderer Nutzungsmöglichkeiten[80] nicht vor. Insbesondere können die Anlagen noch für andere Zwecke (z. B. Produktion anderer Produkte, ggf. Umrüstung und Umbau) sinnvoll weiter verwendet[81] werden. Gleiches gilt hinsichtlich des Inverkehrbringensverbots, da die Produkte (selbst nach Ablauf der Übergangsfrist) beispielsweise durch Recycling zu anderen Plastikprodukten weiterverarbeitet werden könnten – die eintretenden Vermögenseinbußen sind wie erläutert nicht geschützt. Ob das Recht am eingerichteten und ausgeübten Gewerbebetrieb von Art. 17 GRCh geschützt ist,[82] ist bisher nicht abschließend geklärt.[83] Dies kann hier aber dahinstehen, da es „nicht weiter reichen kann“ als der Schutz des Eigentums seiner „Grundlagen“[84] und folglich vorliegend nicht verletzt ist.

Die mit einem Verbot der Herstellung und des Inverkehrbringens gegebenen Nutzungsbeschränkungen sind aus Gründen des Wohls der Allgemeinheit (vgl. Art. 17 Abs. 1 S. 2 GRCh), wozu auch der Umweltschutz zählt,[85] gerechtfertigt. Sie sind insbesondere aufgrund von Übergangsfristen verhältnismäßig, weil so eine Produktionsumstellung und ein „Abverkaufen“ von Restbeständen der verbotenen Produkte ermöglicht wird. Hier kann nichts anderes gelten als im Rahmen der Berufsfreiheit, sodass auf die diesbezüglichen Ausführungen[86], die übertragbar sind, verwiesen wird.

---

[78] Vgl. zu diesem formalen Verständnis *Depenheuer*, in: Tettinger/Stern, GRCh, Art. 17 GRCh Rn. 62; *Müller-Michaels*, Eigentumsschutz, 1997, S. 45 f.; *Vosgerau*, in: Stern/Sachs, GRCh, 2016, Art. 17 Rn. 36.

[79] Dies ist strittig, siehe oben S. 132.

[80] Vgl. nur *Depenheuer*, in: Tettinger/Stern, GRCh, Art. 17 GRCh Rn. 63, wonach bloße Substanzeinbußen nicht genügen, sondern keine alternative Nutzungsmöglichkeit mehr verbleiben darf; siehe S. 132.

[81] Zu diesem Maßstab oben S. 132 einschl. der dortigen Nachweise.

[82] Dafür etwa *Jarass*, GRCh, 3. Aufl. 2016, Art. 17 GRCh Rn. 19; *Thiel*, JuS 1991, 274 (279); *Wolffgang*, in: Lenz/Borchardt, EU-Verträge, Art. 17 GRCh Rn. 4.

[83] *Calliess*, in: Calliess/Ruffert, EUV/AEUV, 5. Aufl. 2016, Art. 17 GRCh Rn. 10; *ders.*, in: Ehlers, EuGR, § 20 Rn. 22; *Heselhaus*, in: ders./Nowak, Hdb GR, § 32 Rn. 45.

[84] Ebenso *Calliess*, in: Calliess/Ruffert, EUV/AEUV, 5. Aufl. 2016, Art. 17 GRCh Rn. 10; *ders.*, in: Ehlers, EuGR, § 20 Rn. 22; *Heselhaus*, in: ders./Nowak, Hdb GR, § 32 Rn. 45; *Müller-Michaels*, Eigentumsschutz, 1997, S. 40, der zu Recht feststellt, dass das Unternehmen nur Substanzschutz genießt.

[85] Dazu EuGH, Urt. v. 15.1.2013 – C-416/10, ECLI:EU:C:2013:8 Rn. 114 – Križan u. a.

[86] Siehe oben S. 223 ff.

IV. Rechtmäßigkeit der Verbots-Richtlinie

Die bisherigen Ausführungen (I.–III.) betrafen ein fiktives unionsweites Verbot. Im Folgenden soll die Verbots-RL gewürdigt werden, die weniger umfangreich als das betrachtete fiktive Verbot ist, weil sie kein Herstellungsverbot und auch nicht alle hier untersuchten Plastikprodukte umfasst. Die in der Verbots-RL an die Mitgliedstaaten gerichtete Verpflichtung, Plastikteller, -besteck und Becher aus expandiertem Polysterol zu verbieten, hält einer rechtlichen Überprüfung[87] stand. Dies ergibt sich aufgrund der hier festgestellten Unionsrechtskonformität eines umfassenden Verbots im Wesentlichen bereits ohne weiteres (argumentum a maiore ad minus).[88] Darüber hinaus sind indes folgende Aspekte erwähnenswert: Im Hinblick auf die gerechtfertigten Beeinträchtigungen der Grundfreiheiten und -rechte ist aus rechtlicher Sicht nicht zu beanstanden, dass Ausnahmen aus Gründen des Gesundheitsschutzes[89] fehlen, da nicht sämtliche Plastikeinwegbecher vom Anwendungsbereich des Verbots erfasst sind. Für die Verbots-RL einschließlich der Verbotsregelung wurde ferner die richtige Rechtsgrundlage des Art. 192 Abs. 1 AEUV gewählt, weil die Maßnahme den Umweltschutz und keine Verbesserung des Binnenmarkts bezweckt, sodass Art. 114 AEUV hier[90] zu Recht außer Betracht blieb.[91] Richtigerweise wurde auch nicht Art. 192 Abs. 2 AEUV als Kompetenzgrundlage herangezogen,[92] da dieser keine Maßnahmen zur Verbesserung der Wasserqualität gestattet.[93] Dass der Richtlinienvorschlag als „Hauptziel" darauf verweist, „die Auswirkungen bestimmter Kunststoffprodukte auf die Umwelt, insbesondere das Meeresmilieu, zu verhindern und zu verringern", ist ungeachtet dessen, dass er Art. 191 Abs. 1, 1. Gedankenstrich AEUV nicht nennt,[94] nicht zu beanstanden. Denn diese Formulierung indiziert, dass mit der Verbots-RL mit Recht maßgeblich das dort normierte Umweltschutzziel erreicht werden soll. Darüber hinaus dient eine Verbotsregelung aber auch dem Ressourcenschutz (Art. 191 Abs. 1, 3. Gedankenstrich AEUV). Dass die Verbots-RL in den Erwägungsgründen und Art. 1 Verbots-RL auch den

---

87 Zu dennoch bestehendem Änderungspotenzial und Reformvorschlägen siehe ausf. unten S. 258 ff.

88 Siehe eingehend oben S. 218 ff., insbes. S. 221 ff., S. 223 ff.

89 Dazu oben S. 222 f.

90 Bei einigen Richtlinien wie der VerpRL und Plastiktüten-RL wurde trotz des eigentlich primären Umweltschutzzieles Art. 114 AEUV als Kompetenzgrundlage gewählt, krit. dazu *Classen*, EuZW 2015, 854 (855 ff.); bzgl. der Plastiktüten-RL auch *Krämer*, EU Environmental Law, Rn. 6–20.

91 Vgl. COM(2018) 340 final, S. 7.

92 Vgl. COM(2018) 340 final, S. 7.

93 Dazu oben S. 215.

94 COM(2018) 340 final, S. 7.

Schutz der menschlichen Gesundheit (Art. 191 Abs. 1, 2. Gedankenstrich AEUV) aufgreift,[95] ist unter Berücksichtigung des Vorsorgeprinzips ebenso zulässig.

Zwar hätte der Unionsgesetzgeber aufgrund des weit auszulegenden Begriffs des Tätigwerdens in Art. 192 Abs. 1 AEUV auch eine Verbots-Verordnung erlassen können,[96] die sich wegen der angestrebten einheitlichen Regelung angeboten hätte. Dass er das Instrument einer Richtlinie gewählt hat, ist jedoch rechtlich nicht zu beanstanden.

Der Unionsgesetzgeber handelte auch kohärent (Art. 7 AEUV). Dass nur einige Plastikprodukte, namentlich einige der zehn häufigsten bei Strandzählungen gefundenen Produkte, vom Verbot umfasst sind, ist unter Kohärenzgesichtspunkten unschädlich, weil dem Gesetzgeber hierbei ein weiter Spielraum zusteht.[97] Dies gilt auch, soweit nicht sämtliche Plastikbecher, sondern nur Becher aus expandiertem Polysterol verboten werden.[98]

V. Zwischenergebnis

Die Verbots-RL hält einer rechtlichen Überprüfung stand. Darüber hinaus wäre sogar ein umfassendes unionsrechtliches Verbot der Herstellung und des Inverkehrbringens sämtlicher hier untersuchter Plastikprodukte, insbesondere sämtlicher Plastiktüten und -becher, rechtlich zulässig und bei Einhaltung einer Übergangsfrist und Ausnahmen für Plastikbecher für medizinische Verwendungen verhältnismäßig.

B. Handlungsmöglichkeiten des Bundes-, Landes- und Kommunalgesetzgebers

Nationale plastikproduktspezifische Verbote wurden zuletzt insbesondere medial intensiv aufgrund der Verbots-RL[99] diskutiert. Im Folgenden werden die rechtlichen Grenzen und Möglichkeiten dafür herausgearbeitet und überdies für die hier zusätzlich untersuchten Produkte, die nicht vom Verbot der Verbots-RL erfasst sind, die Handlungsmöglichkeiten für ein Verbot im Mehrebenensystem untersucht.

---

[95] Siehe insbes. Erwägungsgründe Nr. 29, 36 und Art. 1 Verbots-RL.

[96] Statt aller *Nettesheim*, in: Grabitz/Hilf/Nettesheim, Das Recht der EU, Art. 192 AEUV (Stand: 5/2011) Rn. 9 f.

[97] Siehe oben S. 111 f.

[98] Vgl. Art. 5 i. V. m. Anhang, Teil B, Nr. 9 Verbots-RL.

[99] Siehe oben S. 36 f.

I. Verbleibender Gestaltungsspielraum Deutschlands

1. Regelungsspielraum bezüglich Plastiktüten

Ein nationales Verbot von sämtlichen Plastiktüten ist möglich, obwohl diese nicht vom Anwendungsbereich des Verbots nach Art. 5 i. V. m. Anhang, Teil B Verbots-RL erfasst sind. Darüber hinaus steht die nach der Verbots-RL auch für leichte Plastiktüten geltende Kostentragungspflicht im Rahmen der erweiterten Herstellerverantwortung[100] einem Produktverbot nicht entgegen.

Die die VerpRL ändernde Plastiktüten-RL erlaubt explizit die Einführung von Marktbeschränkungen wie Verbote unter Abweichung von Art. 18 VerpRL als Mittel zur Reduzierung des Verbrauchs von leichten Plastiktüten,[101] solange dies verhältnismäßig und diskriminierungsfrei ist. Folglich ist ein solches nationales Verbot eine Möglichkeit zur Umsetzung der Richtlinienvorgaben. Eines Rückgriffs auf die engen Voraussetzungen unterliegenden Schutzergänzungsmöglichkeiten nach Art. 114 Abs. 4 und 5 AEUV[102] bedarf es daher auf Basis der aktuellen Rechtslage nicht.

Zweifel könnten indes im Hinblick auf *sehr* leichte Plastiktüten aufkommen, da Art. 4 Abs. 1b VerpRL zwar klarstellt, dass die Mitgliedstaaten Maßnahmen für sämtliche Plastiktüten erlassen können, allerdings keine Marktbeschränkungen als mögliches Instrument nennt. Dagegen könnte auch Art. 4 Abs. 1a UAbs. 2 VerpRL angeführt werden, der von „*diesen* Maßnahmen" spricht und sich damit auf den UAbs. 1, der eine Verbrauchsreduktion der leichten Tüten vorgibt, bezieht. Dies überzeugt jedoch nicht. Vielmehr können auch die sehr leichten Plastiktüten unter Abweichung von Art. 18 VerpRL verboten werden. Denn zum einen ist die Aufzählung potenzieller Mittel für sämtliche Tüten in Art. 4 Abs. 1b VerpRL nur beispielhaft („wie").[103] Zum anderen bezieht sich Art. 4 Abs. 1a UAbs. 2 VerpRL zwar auf leichte Plastiktüten. Richtig verstanden schließt das aber *sehr* leichte Plastiktüten mit ein, weil diese von den leichten Tüten mitumfasst sind. Dies ergibt sich aus dem Wortlaut der Legaldefinition, wonach damit alle Plastiktüten mit einer Wandstärke unter 50 Mikron gemeint sind,[104] mithin

---

[100] Art. 8 Abs. 1, 2 i. V. m. Anhang, Teil E, I, Nr. 5 Verbots-RL.

[101] Art. 4 Abs. 1a UAbs. 2 VerpRL sowie Erwägungsgrund Nr. 11 der Plastiktüten-RL.

[102] Verstärkte Schutzmaßnahmen wären nur nach Art. 114 Abs. 4 und Abs. 5 AEUV möglich, da die Plastiktüten-RL auf die Rechtsgrundlage des Art. 114 Abs. 1 AEUV gestützt wurde. Schutzergänzungen nach Art. 193 AEUV scheiden somit aus. Kritisch zur Abstützung der Plastiktüten-RL auf Art. 114 Abs. 1 AEUV *Classen,* EuZW 2015, 854 (855 ff.); *Krämer,* EU Environmental Law, Rn. 6–20.

[103] Vgl. auch Erwägungsgrund Nr. 11 der Plastiktüten-RL, der allgemein von Plastiktüten spricht.

[104] Art. 3 Nr. 1c VerpRL.

also auch die sehr leichten, die unter 15 Mikron dick sind – und damit auch unter 50 Mikron. Art. 3 Nr. 1c VerpRL definiert leichte Tüten gerade nicht als solche, die eine Wandstärke von 50 Mikron bis zu 15 Mikron aufweisen. Dies wäre aber für eine gegenteilige Lesart erforderlich. Eine solche gegenteilige Lesart ergäbe auch aus systematischen Gründen keinen Sinn. Schließlich stellen Art. 4 Abs. 1a UAbs. 4 lit. a bzw. lit. b S. 2 VerpRL jeweils klar, dass sehr leichte Plastiktüten von den Regelungen für leichte Tüten ausgenommen werden können. Würden die sehr leichten Plastiktüten ohnehin nicht zu diesen zählen, wäre eine gesonderte Klarstellung überflüssig. Also können (auch) sehr leichte Plastiktüten ohne Rückgriff auf die Schutzergänzungsklausel (Art. 114 Abs. 5 AEUV) verboten werden.

2. Regelungsspielraum bezüglich Plastikeinweggeschirr

Da Plastikeinwegbesteck, -teller und Becher aus expandiertem Polysterol zum Katalog der zu verbietenden Gegenstände der Verbots-RL gehören,[105] würde ein nationales Verbot mithin die Richtlinie umsetzen. Zu beachten ist jedoch, dass dieses erst ab dem 3.7.2021 gelten darf.[106]

Sonstige Plastikbecher einschließlich des Coffee-to-go-Bechers sind nicht vom Katalog der zu verbietenden Gegenstände nach der Verbots-RL erfasst, sollen aber vermindert werden.[107] Art. 4 Verbots-RL stellt ausdrücklich klar, dass die Mitgliedstaaten auch Vermarktungsbeschränkungen in Abweichung von Art. 18 VerpRL für die zu vermindernden Produkte einführen dürfen,[108] und diese dürften bereits vor dem 3.7.2021 gelten.[109] Damit würde ein nationales Inverkehrbringensverbot der Plastikbecher die Verbots-RL umsetzen, sofern es nicht-diskriminierend und verhältnismäßig[110] ist. Ohne diese Klarstellung wäre dies nur als Schutzergänzung nach Art. 193 AEUV möglich gewesen. Zwar waren im Vorschlag der Kommission und den Änderungen des Parlaments lediglich

---

[105] Siehe Art. 5 i.V.m. Anhang, Teil B, Nr. 2, 3 und 9 Verbots-RL.

[106] Art. 17 Abs. 1 UAbs. 2, 1. Spiegelstrich Verbots-RL. Siehe auch *Wendenburg*, AbfallR 2019, 170 (172); *Wüstenberg*, EuZW 2019, 633 (633).

[107] Vgl. Art. 4 Abs. 1 i.V.m. Anhang, Teil A, Nr. 1 Verbots-RL.

[108] Art. 4 Abs. 1 UAbs. 3 S. 2 Verbots-RL. Vor Inkrafttreten der Verbots-RL war ein Inverkehrbringensverbot aufgrund der abschließenden Harmonisierung durch die Marktzugangsklausel des Art. 18 VerpRL nur unter den strengen Voraussetzungen für eine Schutzergänzung nach Art. 114 Abs. 5 AEUV möglich, siehe ebenso für Plastiktüten vor Inkrafttreten der Plastiktüten-RL BIOIS, Report 2011, S. 65; *Stöfen-O'Brien,* Marine Litter, 2015, S. 303 ff.; Ecologic, Studie 2005, S. 74. Zu den intensiv diskutierten hohen Hürden des Art. 114 Abs. 5 AEUV siehe insbes. *Appel*, in: Koch/Hofmann/Reese, Hdb UmweltR, § 2 Rn. 71; *Kahl*, ZUR 2006, 86 (87 f.); *ders.*, JZ 2008, 74 (76); *Ohler*, ZLR 2005, 732 (737).

[109] Vgl. Art. 17 Abs. 1 Verbots-RL (argumentum e contrario).

[110] Vgl. Art. 4 Abs. 1 UAbs. 4 S. 1 Verbots-RL; dazu ausf. siehe unten S. 239 ff.

Verbrauchsminderungsziele und wirtschaftliche Instrumente als mögliche Maßnahmen genannt.[111] Auch ein Ändern dieses Instrumentariums stellte aber einen Fall des Art. 193 AEUV dar.[112] Ergänzt sei, dass der Hinweis auf Art. 18 VerpRL nur deklaratorischer Natur ist, da die Verbots-RL spezieller gegenüber der VerpRL ist und Art. 18 VerpRL aufgrund der allgemeinen Kollisionsregeln (lex specialis derogat legi generali, lex posterior derogat legi priori) verdrängt.[113] Ein nationales Herstellungsverbot ist somit auch zukünftig autonom möglich, da die Verbots-RL ein solches nicht enthält und die dort geregelte Inverkehrbringensebene von der Herstellungsebene zu trennen ist.[114]

II. Kompetenzrechtliche Möglichkeiten des nationalen Gesetzgebers

1. Konkurrierende Gesetzgebungskompetenz

Da es bislang keinen umfassenden Kompetenztitel „Recht des Umweltschutzes" im Katalog der Art. 70 ff. GG gibt,[115] kann ein Verbot von Plastiktüten und -einweggeschirr auf die konkurrierende Gesetzgebungskompetenz für die *Abfallwirtschaft* (Art. 74 Abs. 1 Nr. 24 GG) gestützt werden,[116] der auch die Vermeidung von Abfall einschließt.[117] Obwohl bei einem plastikproduktspezifischen Verbot auch die wirtschaftliche Betätigung berührt wird, ist eine solche Regelung nicht dem konkurrierenden Kompetenzbereich des Rechts der Wirtschaft

---

[111] Vgl. Art. 4 Nr. 1 UAbs. 1 und 2 Verbots-RL, COM(2018) 340 final; European Parliament, P8_TA-PROV(2018)0411, Amendment 118, 54, 119.

[112] Ohne Plastikbezug allg. dazu, dass qualitative Abweichungen erfasst werden, siehe *Calliess*, in: Calliess/Ruffert, EUV/AEUV, 5. Aufl. 2016, Art. 193 AEUV Rn. 8 f.; *Epiney*, in: Landmann/Rohmer, UmweltR, Art. 193 AEUV (Stand: 2/2012) Rn. 18; *Kahl*, Umweltprinzip, 1993, S. 43; *ders.*, in: Streinz, EUV/AEUV, 3. Aufl. 2018, Art. 193 AEUV Rn. 19. A. A., die nur quantitative Abweichungen darunter fasst, etwa *Breier*, in: Lenz/Borchardt, EU-Verträge, Art. 193 AEUV Rn. 3; *Jarass*, NuR 1998, 397 (398); *Middeke*, Nationaler Umweltschutz, 1994, S. 344; *Schröer*, Kompetenzverteilung, 1992, S. 223.

[113] Vgl. Art. 2 Abs. 2, Erwägungsgrund Nr. 10 Verbots-RL. Diese Klarstellung zur Spezialität wurde im Gesetzgebungsverfahren eingefügt, siehe Erwägungsgrund Nr. 9 und Art. 2 Nr. 2 Council of the European Union, 18.1.2019, 5483/19, S. 9, 28 sowie Erwägungsgrund Nr. 10 und Art. 2 Abs. 2 Europäisches Parlament/Rat, 8.5.2019, PE-CONS 11/19. Aufgrund der allgemeinen Regeln hätte es ihrer nicht bedurft, aus Rechtssicherheitsgründen ist dies aber zu begrüßen.

[114] Vgl. EuGH, Urt. v. 23.1.1975 – C-31/74, Slg. 1975, 47 Rn. 32/34 – Galli; eingehend zu den Kriterien einer abschließenden Harmonisierung *Epiney*, in: Landmann/Rohmer, UmweltR, Art. 193 AEUV (Stand: 2/2012) Rn. 8; zum nicht enthaltenen Herstellungsverbot siehe S. 265.

[115] Siehe oben S. 176 einschl. der dortigen Nachweise zu den Befürwortern eines solchen Titels.

[116] So nun auch zutreffend der PlastiktütenverbotsG-E, siehe BR-Drs. 578/19, S. 5.

[117] Dazu näher oben S. 176 einschl. der dortigen Nachweise.

(Art. 74 Abs. 1 Nr. 11 GG) zuzuordnen. Der für die Zuordnung entscheidende Hauptzweck[118] und Schwerpunkt[119] der Verbotsregelung ist die Abfallvermeidung und der Umweltschutz. Deshalb ist der Kompetenztitel der Abfallwirtschaft als *lex specialis* hier vorrangig vor der als Auffangtatbestand verstandenen Materie des Rechts der Wirtschaft.[120] Sollten in einem zukünftigen Gesetz weitere Aspekte geregelt werden, welche unterschiedlichen Kompetenzbereichen zufallen, kann es zu einem „Kompetenzmix“[121] hinsichtlich der verschiedenen Teile des Gesetzes kommen,[122] was hier aber nicht vertieft werden soll. Mithin sind der Bund und, solange und soweit dieser nicht eine abschließende Regelung trifft (vgl. Art. 72 Abs. 1 GG), auch die Länder gesetzgebungsbefugt.

2. Sperrwirkung für landesrechtliche Verbote?

Die herrschende Meinung geht von einer bestehenden Sperrwirkung für landesrechtliche Produktverbote aus.[123] Dies vermag jedoch nicht zu überzeugen. Bisher hat der Bund kein plastikproduktspezifisches Verbot erlassen und insbesondere auch noch nicht mit Gesetz der Verbots-RL vorgegriffen, was eine Sperrwirkung entfalten könnte. Der PlastiktütenverbotsG-E[124] entfaltet vor Abschluss des Gesetzgebungsverfahrens (Verkündung, Art. 82 Abs. 1 S. 1 GG) keine Sperrwirkung.[125] Wird er in der Entwurfsfassung verkündet, ist hingegen ein landesrechtliches Verbot des Inverkehrbringens- und Herstellens von sehr leichten und leichten Plastiktüten gesperrt. Denn das Inverkehrbringen leichter Tüten durch Letztvertreiber wird ausdrücklich verboten und für sehr leichte Tüten eine Ausnahme normiert.[126] Ein darüber hinausgehendes Herstellungsverbot wäre ge-

---

118 BVerfGE 8, 104 (116f.); 13, 367 (371f.); 121, 30 (47); *Rozek*, in: v. Mangoldt/Klein/Starck, GG, Bd. II, Art. 70 GG Rn. 55.

119 BVerfGE 97, 332 (341f.); 121, 30 (47); 138, 261 (Rn. 30); zu Kriterien für die kompetenzielle Zuordnung *Degenhart*, in: Sachs, GG, 8. Aufl. 2018, Art. 70 GG Rn. 60ff.

120 *Oeter*, in: v. Mangoldt/Klein/Starck, GG, Bd. II, Art. 73 GG Rn. 96; *Rengeling/Szczekalla*, in: Kahl/Waldhoff/Walter, Bonner Kommentar zum GG, Art. 74 Abs. 1 Nr. 11 GG (Stand: 9/2007) Rn. 60.

121 *Peine,* NuR 1992, 353 (360).

122 Zur „Kompetenzkombination“ mit Beispielen *Herbst,* Gesetzgebungskompetenzen, 2014, S. 170ff.

123 Siehe nur BVerwGE 104, 331 (331f., 334f.); aus der Literatur statt vieler nur *Dieckmann/Reese,* in: Koch/Hofmann/Reese, Hdb UmweltR, § 6 Rn. 169; *Diederichsen,* Vermeidungsgebot, 1998, S. 201; *Hendler,* Sonderabfallabgabe, 1996, S. 60.

124 BR-Drs. 578/19; siehe dazu bereits oben S. 48, zur kritischen Bewertung siehe unten S. 267ff.

125 BT-Drs. 12/6633, S. 8; statt vieler *Uhle*, in: Maunz/Dürig, GG, Art. 72 GG (Stand: 12/2015) Rn. 36, 109.

126 Art. 1 Nr. 1 lit. c in BR-Drs. 578/19.

sperrt, weil sich aus der Begründung des Entwurfs ausdrücklich der gesetzgeberische Wille ergibt, darauf zu verzichten.[127] Plastikeinweggeschirr wäre jedoch nicht erfasst; es ergäbe sich keine Sperrwirkung.

Mithin ist das derzeit geltende Abfallrecht für die Beurteilung maßgeblich. Dieses führt aber richtigerweise nicht zu einer Sperrwirkung für landesrechtliche Verbotsregelungen, weil keine abschließende und erschöpfende Regelung[128] vorliegt.[129] Das ergibt sich aus den folgenden Erwägungen.

a) Keine Sperrwirkung durch die Ermächtigung in § 24 KrWG

Ein Anknüpfungspunkt für eine Sperrwirkung wird überwiegend in der Verordnungsermächtigung nach § 24 KrWG gesehen.[130] Dem ist nicht zu folgen. So wird argumentiert, dass aus der bloßen Verordnungsermächtigung in § 24 KrWG (bzw. dessen Vorgängernormen) – ungeachtet davon, ob von ihr Gebrauch gemacht wird – eine Sperrwirkung resultiert, weil der Bundesgesetzgeber damit abschließend von seiner Kompetenz Gebrauch gemacht habe und der Verordnungsgeber nunmehr allein zuständig sei.[131] Die zugrundeliegende allgemeine Frage, ob vorhandene Verordnungsermächtigungen an die Bundesregierung *per se* zur Sperrwirkung von Landesgesetzen führen, wird bereits seit Langem intensiv diskutiert.[132] Dieser Auffassung, die eine Sperrwirkung auch bei ungenutzten Verordnungsermächtigungen stets annimmt, ist indes nicht zuzustimmen. An-

---

[127] BR-Drs. 578/19, Begründung, S. 12 f. Vgl. BVerfGE 98, 265 (300); 113, 348 (371 f.); allg. zum „absichtsvollen Regelungsverzicht" *Degenhart*, in: Sachs, GG, 8. Aufl. 2018, Art. 72 GG Rn. 25, 27.

[128] Zu diesem Maßstab BVerfGE 113, 348 (371 f.); 109, 190 (229 f.); 102, 99 (114 f.); 138, 261 (Rn. 43).

[129] I.E. ähnlich *Faßbender*, in: Faßbender/Köck, Auf dem Weg in die Recyclinggesellschaft?, 2011, 29 (40 f.); *Lau*, in: Kopp-Assenmacher, KrWG, 2015, § 33 Rn. 18, wenngleich sie sich ausdrücklich nur auf Abfallvermeidungs*gebote* und Abfallabgaben beziehen. Dazu näher S. 238.

[130] Für § 24 KrWG *Beckmann*, in: Landmann/Rohmer, UmweltR, § 24 KrWG (Stand: 8/2015) Rn. 14; zur früheren Rechtslage siehe BVerwGE 104, 331 (334 f.); BayVerfGH, DVBl. 1990, 692 (694); *Hoppe*, DVBl. 1990, 609 (612); *Mann*, DVBl. 1990, 697 (698); *Lindemann/Breiholdt/Wiebe*, in: Lübbe-Wolff, Kommunales Satzungsrecht, 1993, Rn. 249; *Lottermoser*, Fortentwicklung des Abfallbeseitigungsrechts, 1991, S. 240 f.; *Ossenbühl*, DVBl. 1996, 19 (20); *Tiedemann*, DÖV 1990, 1 (2); vgl. auch *Knemeyer/Deubert*, DÖV 1992, 572 (574), die es i. E. offen lassen; *Unruh/Strohmeyer*, BayVBl. 1999, 609 (612, 615) für eine zeitlich befristete Sperrwirkung; allg. in diesem Sinne *Degenhart*, in: Sachs, GG, 8. Aufl. 2018, Art. 72 GG Rn. 26.

[131] So BayVerfGH, DVBl. 1990, 692 (694); allg. *Dolde/Vetter*, NVwZ 1995, 943 (944); *Ossenbühl*, DVBl. 1996, 19 (20).

[132] Systematisierend *Diederichsen*, Vermeidungsgebot, 1998, S. 190 ff.; ein guter Überblick über die verschiedenen Auffassungen findet sich bei *Jarass*, NVwZ 1996, 1041 (1045 ff.) und *Uhle*, in: Maunz/Dürig, GG, Art. 72 GG (Stand: 12/2015) Rn. 96 ff.

dernfalls könnte der Bund verschiedene Materien auf unbestimmte Zeit[133] – und ohne selbst tatsächlich materielle Regelungsgehalte zu schaffen – für landesrechtliche Regelungen sperren und blockieren.[134] Dies liefe aber dem Grundsatz und der Vermutung der Länderzuständigkeit (Art. 30 Abs. 1, 70 GG) zuwider.[135] Zudem wären die Länder dann zu einer Untätigkeit gezwungen, auch wenn der Bund nicht handeln würde.[136] Denn eine Pflicht zum Verordnungserlass folgt aus der Ermächtigung nicht.[137] Obwohl Kern des föderalen Systems auch das Ausprobieren von unterschiedlichen Lösungswegen und -strategien ist,[138] bestünde so die Gefahr, dass der Bund sich gewissermaßen auf Vorrat Gesetzesmaterien der konkurrierenden Gesetzgebung sichert[139] und so die grundlegende Entscheidung des Verfassunggebers in Art. 30 Abs. 1, 70 GG untergräbt.

Überzeugender ist es daher, mit der Gegenansicht für eine Sperrwirkung zu fordern, dass von der Verordnungsermächtigung Gebrauch gemacht wurde, allerdings mit der Einschränkung, dass die erlassene Verordnung dann ihrerseits eine erschöpfende und abschließende Regelung darstellt.[140] Dem wird teilweise ent-

---

133 Teilweise wird daher vorgeschlagen, eine Sperrwirkung einer Verordnungsermächtigung nur für einen begrenzten Zeitraum anzunehmen, sofern nicht davon in absehbarer Zeit Gebrauch gemacht wird, siehe *Hendler,* Sonderabfallabgabe, 1996, S. 54; *Unruh/Strohmeyer,* BayVBl. 1999, 609 (612 ff.), die dies aus dem Grundsatz der Bundestreue herleiten. Eine solche Ausnahme erwägen auch *Klages,* Verwertungsgebote, 1991, S. 33 f.; *Ossenbühl,* DVBl. 1996, 19 (21). Eine befristete Sperrwirkung überzeugt aber nicht, weil zum einen die Bestimmung des potenziellen Zeitraums zu Unsicherheiten führt und zum anderen eine Nachbesserungsbefugnis der Länder für kompetenzgemäße Bundes-Entscheidungen das Kompetenzgefüge verwischen würde, mit Recht VGH München, NVwZ 1992, 1004 (1007) sowie *Diederichsen,* Vermeidungsgebot, 1998, S. 197 f.

134 Ähnlich BayVerfGH, Abweichende Meinung, DVBl. 1990, 692 (697); *Fonk,* DÖV 1958, 20 (24); *Stohlmeier,* Sperrwirkung, 1989, S. 58; *Unruh/Strohmeyer,* BayVBl. 1999, 609 (612, 614 f.); *Zippelius,* NJW 1958, 445 (448).

135 Ebenso die abweichende Meinung in BayVerfGH, DVBl. 1990, 692 (697); *Böhm,* DÖV 1998, 234 (237); *Fonk,* DÖV 1958, 20 (23); *Hendler,* NuR 1996, 165 (169 f.); *Zippelius,* NJW 1958, 445 (448).

136 *Bothe,* NVwZ 1987, 938 (945) und *Böhm,* DÖV 1998, 234 (238) wonach die Länder sonst „zur Untätigkeit (…) verdamm[t]" sind.

137 Mit Recht BVerwG, NJW 1988, 1161 (1161); *Klages,* Verwertungsgebote, 1991, S. 33.

138 Allg. dazu und zum Aspekt der dadurch bedingten höheren Problemlösungskapazität *Grzeszick*, in: Maunz/Dürig, GG, Art. 20 GG (Stand: 3/2006) Rn. 28; speziell zum Abfallrecht *Diederichsen*, Vermeidungsgebot, 1998, S. 195, der den „experimentellen Charakter des Abfallvermeidungsrechts" hervorhebt und mit Recht darauf hinweist, dass dies dagegen spreche, die Länder von vorneherein aus dem „föderativen Wettbewerb" auszunehmen; ähnlich bereits *Hendler*, NuR 1996, 165 (169).

139 Vgl. *Böhm,* DÖV 1998, 234 (238), wonach eine „Reservierung" des Inhalts nicht möglich ist.

140 Vgl. die abweichende Meinung in BayVerfGH, DVBl. 1990, 692 (697); *Böhm,* DÖV 1998, 234 (234 ff., 238); *Brust,* Sperrung des Landesgesetzgebers, 1973, S. 17 ff., 70 f.; *Fonk,*

gegengehalten, dies sei zu pauschal und werde der Vielgestaltigkeit der Fallgestaltungen in der Rechtspraxis nicht gerecht.[141] Dieser Vorbehalt kann jedoch entkräftet werden, da durch die Würdigung der erlassenen Regelung gerade undifferenzierte Befunde vermieden werden. Von den Kritikern wird hingegen eine einzelfallspezifische Betrachtung vorgeschlagen, wonach eine Sperrwirkung dann greift, wenn die Verordnungsermächtigung stark konkretisiert und detailliert ist, wohingegen die Länderbefugnis fortbesteht, je abstrakter die Ermächtigung gehalten ist und je mehr Gestaltungsspielraum verbleibt.[142] Die Ansicht weist insofern zu befürwortende Ähnlichkeiten zur hier vertretenen Auffassung auf, als dass sie die materielle Regelung im Einzelfall würdigt; sie unterscheidet sich aber grundlegend dadurch, als dass sie bereits die *Ermächtigung*, und nicht erst wie hier die erlassene Regelung im Einzelfall würdigt. Diesem Vorschlag ist jedoch im Ergebnis inhaltlich nicht beizupflichten. Zwar trifft es zu, dass es eine Vielzahl von Ausgestaltungen an Verordnungsermächtigungen gibt, die (verfassungskonform) unterschiedliche Abstraktionsgrade aufweisen (können),[143] und insofern ist die Einzelfallwürdigung zu begrüßen. Aber auch diese Sichtweise führt bei einer sehr detaillierten Ermächtigung zu einer Sperrwirkung der Ermächtigung a priori, auch wenn von ihr kein Gebrauch gemacht wird. Die soeben dargelegten Probleme der drohenden „Untätigkeitsverdammnis"[144] der Länder und der „Bevorratung" durch den Bund bestünden fort. Durch die Forderung eines übermäßigen, verfassungsrechtlich nicht gebotenen (Art. 80 Abs. 1 S. 2 GG) Konkretisierungsgrades könnte der Gesetzgeber zudem unverhältnismäßig in seiner Entscheidungsfreiheit eingeschränkt werden.[145]

Ebensowenig überzeugt eine differenzierende Auffassung, die eine Sperrwirkung einer Verordnungsermächtigung nur in dem Umfang ihres materiellen Gehalts anerkennt – und insofern gewisse Ähnlichkeiten zur soeben abgelehnten

DÖV 1958, 20 (23 f.); ausdrücklich einschränkend wie hier *Jarass*, NVwZ 1996, 1041 (1047); *Stohlmeier*, Sperrwirkung, 1989, S. 48 ff., 60 f.; *Zippelius*, NJW 1958, 445 (448).

141 So *Uhle*, in: Maunz/Dürig, GG, Art. 72 GG (Stand: 12/2015) Rn. 96, 98; ähnlich *Oeter*, in: v. Mangoldt/Klein/Starck, GG, Bd. II, Art. 72 GG Rn. 79, der die Gegenansicht als zu „rigide" einstuft.

142 *Uhle*, in: Maunz/Dürig, GG, Art. 72 GG (Stand: 12/2015) Rn. 98; ähnlich auch *Degenhart*, in: Sachs, GG, 8. Aufl. 2018, Art. 72 GG Rn. 26.

143 Siehe *Uhle*, in: Maunz/Dürig, GG, Art. 72 GG (Stand: 12/2015) Rn. 98 ff., der herausarbeitet, dass bei einer solchen einzelfallspezifischen Betrachtung „zwei äußerste Pole der denkbaren Fallgestaltungen" entstehen, namentlich sehr konkrete und sehr abstrakte Verordnungsermächtigungen, wobei er zutreffend klarstellt, das dies dennoch hinreichend bestimmt im Sinne des Art. 80 Abs. 1 S. 2 GG sein kann.

144 Vgl. *Bothe*, NVwZ 1987, 938 (945) und *Böhm*, DÖV 1998, 234 (238) „zur Untätigkeit (…) verdamm[t]".

145 Ähnlich *Diederichsen*, Vermeidungsgebot, 1998, S. 195, der diese Gefahr dann sieht, wenn eine Sperrwirkung nur bei einer „ausdrücklichen und eindeutigen Regelung" bejaht wird.

Ansicht aufweist – aber bezüglich des früheren § 24 KrW-/AbfG (jetzt § 24 KrWG) im Ergebnis eine Sperrwirkung bejaht.[146] Sie ist zu weitgehend, da sie eine Sperrwirkung bereits deshalb bejaht, weil in § 24 KrW-/AbfG (jetzt § 24 Nr. 2 KrWG) Produktverbote angesprochen werden – ohne Differenzierung danach, ob aufgrund dessen eine Regelung erlassen wurde und diese ihrerseits erschöpfend ist. Dies ist schon deshalb nicht zu befürworten, weil § 24 KrWG lediglich einen abstrakten „Rahmen“[147] enthält, der erhebliche Spielräume für den Verordnungsgeber belässt. Das Argument, das Entschließungs- und Auswahlermessen des Ermächtigungsadressaten würde andernfalls eingeschränkt, wenn man den Ländern eine fortbestehende Regelungsbefugnis zugesteht,[148] vermag angesichts des Grundsatzes in Art. 31 GG nicht zu überzeugen. Etwas anderes ergibt sich auch nicht aus dem bei einem Tätigwerden der Länder im Bereich der Verordnungsermächtigung zu beachtenden Grundsatz des bundesfreundlichen Verhaltens (Bundestreue), dem nur widersprochen wäre, wenn die Ziele mit einer zukünftigen Bundesrechtsverordnung nicht mehr erreichbar wären,[149] was hier zu verneinen sein dürfte. Dass § 24 KrWG keinen ausdrücklichen Ländervorbehalt[150] enthält, steht diesem Befund entgegen einiger Stimmen[151] nicht entgegen, da eine Annahme einer Länderkompetenz nur aufgrund expliziter bundesgesetzlicher Ermächtigung dem Grundsatz des Art. 30 und 70 GG zuwiderläuft.[152]

Festzuhalten bleibt damit, dass aufgrund der bloßen Verordnungsermächtigung in § 24 KrWG *keine Sperrwirkung* greift.

b) Keine Sperrwirkung durch das bundesrechtliche Abfallrecht

Eine Sperrwirkung resultiert weder aus dem VerpackG noch aus dem KrWG, weil diese keine abschließende und erschöpfende Regelung der Abfallvermeidung und möglicher Produktverbote als darauf gerichtete Instrumente enthalten.[153] Dies folgt aus mehreren Erwägungen:

---

[146] *Czybulka*, LKV 1995, 377 (379 f.); *Diederichsen,* Vermeidungsgebot, 1998, S. 198.

[147] Für §§ 23 ff. KrWG *Beckmann*, in: Landmann/Rohmer, UmweltR, § 24 KrWG (Stand: 8/2015) Rn. 9.

[148] *Diederichsen,* Vermeidungsgebot, 1998, S. 197.

[149] Dazu *Böhm,* DÖV 1998, 234 (238); *Jarass*, NVwZ 1996, 1041 (1046).

[150] Wie zum Beispiel § 15 Abs. 7 BNatSchG.

[151] Vgl. zur früheren Rechtslage BVerwGE 104, 331 (335); BayVerfGH, DVBl. 1990, 692 (694); ähnlich zum BImSchG *Bothe,* NVwZ 1987, 938 (945), der das Fehlen von solchen Vorbehalten so versteht, dass der Bundesgesetzgeber von einer grundsätzlichen Sperrwirkung von Verordnungsermächtigungen ausgeht.

[152] Ähnlich *Diederichsen,* Vermeidungsgebot, 1998, S. 194, auch wenn er i. E. eine Sperrwirkung bejaht.

[153] I.E. ähnlich *Faßbender*, in: Faßbender/Köck, Auf dem Weg in die Recyclinggesellschaft?,

Erstens zeigt bereits das Vorhandensein der Ermächtigung in § 24 Nr. 2 KrWG, dass der Bundesgesetzgeber davon ausgeht, dass das Abfallrecht derartige Regelungen – unabhängig von der Zuständigkeit – gestattet und belegt, dass insoweit keine erschöpfende Regelung vorliegt.[154]

Zweitens ist auch in § 5 VerpackG keine abschließende und erschöpfende Regelung zu Produktverboten zu sehen. Maßgeblich ist die subjektive Komponente, ob eine Sperrwirkung durch den Gesetzgeber bezweckt war, *und* ein objektives Moment, ob dies erreicht wurde.[155] Subjektiv soll § 5 VerpackG nicht generell Stoffbeschränkungen oder Produktverbote regeln, denn er dient laut der Gesetzesbegründung nur der Umsetzung von Art. 11 VerpRL.[156] Auch objektiv gesehen liegt keine erschöpfende Regelung vor. Entscheidend ist eine Gesamtwürdigung des Abfallvermeidungsbereiches und mithin ein Vergleich zwischen den getroffenen und den denkbaren Regelungen.[157] Insofern besteht aber noch Raum für Produktverbote, vor allem weil es sich bei § 5 VerpackG um eine Stoffbeschränkung handelt. Zwar normiert der Wortlaut, dass das Inverkehrbringen von bestimmten Verpackungen verboten ist, was zunächst in die entgegengesetzte Richtung deuten könnte. Richtig verstanden beschränkt § 5 VerpackG aber lediglich zur Umsetzung von Art. 11 VerpRL das Inverkehrbringen von Verpackungen, die eine Konzentration von bestimmten Schwermetallen enthalten.[158] Dass es sich materiell um eine bloße Stoffbeschränkung handelt, wird auch durch die gleichnamige Überschrift der Norm („Stoffbeschränkungen") indiziert. Hierfür spricht auch die Entstehungsgeschichte. Denn inhaltlich war dies bereits in § 13 VerpackV geregelt, der nicht von Verboten sprach, und nur zur „besseren Verständlichkeit" neugefasst wurde.[159] Zwar könnte argumentiert werden, eine Stoffbeschränkung und ein allgemeines Inverkehrbringensverbot seien faktisch das Gleiche. Dies überzeugt aber aus rechtlicher Sicht nicht, denn auch § 24 Nr. 1 und Nr. 2 KrWG differenziert zwischen Inverkehrbringensbeschränkungen wegen Beschaffenheitsanforderungen (§ 24 Nr. 1 KrWG), also Stoffbeschränkungen, und Verboten des Inverkehrbringens (§ 24 Nr. 2 KrWG).[160]

2011, 29 (40f.); *Lau*, in: Kopp-Assenmacher, KrWG, 2015, § 33 Rn. 18, wenngleich sie sich ausdrücklich nur auf Abfallvermeidungs*gebote* und Abfallabgaben beziehen. Dazu näher S. 238.

[154] Vgl. allg. BVerfGE 18, 407 (417f.). § 24 KrWG ist Ausdruck des ordnungsrechtlichen Abfallvermeidungsansatzes, siehe *Franßen,* in: Rehbinder/Schink, Grundzüge des Umweltrechts, Abschn. 13 Rn. 82.

[155] Zutreffend, ohne Bezug zum VerpackG, *Diederichsen,* Vermeidungsgebot, 1998, S. 186, 201.

[156] Vgl. BT-Drs. 18/11274, S. 86.

[157] Vgl. BVerfGE 102, 99 (114f.); so für den Bereich Abfallbeseitigung *Ossenbühl*, DVBl. 1996, 19 (20).

[158] Vgl. BT-Drs. 18/11274, S. 86.

[159] Vgl. BT-Drs. 18/11274, S. 86.

[160] Siehe allg. zu dieser Differenzierung *Beckmann*, in: Landmann/Rohmer, UmweltR, § 24

Drittens wurde bereits herausgearbeitet,[161] dass das KrWG und das VerpackG offen für Lenkungsinstrumente sind, worauf hier verwiesen wird. Zu ergänzen ist, dass die Offenheit des bundesrechtlichen Abfallrechts nicht nur für die oben betrachteten Steuern und nicht-steuerlichen Abgaben als indirekte Lenkungsinstrumente gilt, sondern auch für Verbote und Gebote, obwohl diese sich von ersteren durch ihre *direkte* Wirkungsweise unterscheiden. Es leuchtet nicht ein, warum eine indirekte Steuerung zulässig sein soll, eine direkte Lenkung über Verbote dagegen nicht. Schließlich verfolgen beide Mittel dasselbe Ziel. Der Umstand, dass Beschränkungen des Inverkehrbringens und damit Verbote im Gegensatz zu wirtschaftlichen Maßnahmen in § 24 KrWG erwähnt werden, kann dem nicht entgegengehalten werden, weil dies sonst trotz Verneinung einer formalen Sperrwirkung auf die Annahme einer faktischen Sperrwirkung hinausliefe. Ein anderes Ergebnis folgt auch nicht daraus, dass § 33 Abs. 3 Nr. 2 KrWG i. V. m. Anlage 4 wirtschaftliche Instrumente nennt,[162] Verbote hingegen nicht. Denn nach § 33 Abs. 3 Nr. 2 und Nr. 3 KrWG sind ausdrücklich auch andere Maßnahmen zur Abfallvermeidung als die in der Anlage 4 des KrWG normierten möglich.[163] Ausschlaggebend für die Beurteilung einer Sperrwirkung muss daher sein, dass eine *Lenkung* in Richtung Abfallvermeidung durch die Länder mangels erschöpfender Regelung möglich ist, und zwar konsequenterweise eine Lenkung *gleich welcher Art*. Eine kompetenzielle Unterscheidung zwischen Verboten und Geboten ist dabei nicht angezeigt.[164] Denn Verbote sind letztlich Gebote, etwas nicht zu tun.[165]

Einem landesrechtlichen Verbot kann auch nicht überzeugend entgegengehalten werden, es läge dann ein Widerspruch zur bundesabfallrechtlichen Gesamtkonzeption im Sinne der Rechtsprechung des BVerfG vor.[166] Denn das bundes-

---

KrWG (Stand: 8/2015) Rn. 21 ff., 25 ff.; *Tünnesen-Harmes*, in: Jarass/Petersen, KrWG, § 24 KrWG Rn. 27 ff., 33 ff.; eine solche „Stufung" für § 23 Nr. 1, 2 KrW-/AbfG a. F. bejaht *Hoffmann*, DVBl. 1996, 347 (352).

[161] Siehe S. 165 ff.

[162] Dazu sowie zum Aspekt, dass dies nicht nur Maßnahmen innerhalb der Programme sind, S. 167 ff.

[163] Siehe dazu auch *Lau*, in: Kopp-Assenmacher, KrWG, 2015, § 33 Rn. 19 unter Verweis auf den ebensolautenden Anhang IV der AbfRRL; *Schomerus*, in: Versteyl/Mann/Schomerus, KrWG, § 33 Rn. 34.

[164] In diese Richtung könnten indes *Faßbender*, in: Faßbender/Köck, Auf dem Weg in die Recyclinggesellschaft?, 2011, 29 (41); *Lau*, in: Kopp-Assenmacher, KrWG, 2015, § 33 Rn. 18 verstanden werden, die nur von „Abfallvermeidungsgeboten" und Abfallabgaben sprechen.

[165] Mit ebendieser begrifflichen Klarstellung etwa *Von Arnim*, in: Hansmeyer, Staatsfinanzierung im Wandel, 1983, 725 (727).

[166] Ausf. und krit. zum vom BVerfG entwickelten Grundsatz der Widerspruchfreiheit der Rechtsordnung S. 162 ff.

rechtliche Abfallrecht enthält selbst ordnungsrechtliche Elemente[167] und auch das Vorhandensein von § 24 Nr. 2 KrWG und § 5 VerpackG indiziert, dass derartige Maßnahmen möglich sind.

Der etwaige Einwand, bei einem landesrechtlichen Tätigwerden würde eine Zersplitterung des Abfallrechts vorangetrieben,[168] trägt an dieser Stelle nicht. Dem mag aus wirtschaftspolitischer Sicht zuzustimmen sein. Ob aber ein Verbot durch ein einzelnes Land oder verschiedene Länder rechtspolitisch sinnvoll erscheint, ist eine von der verfassungsrechtlichen Zulässigkeit zu trennende, dogmatisch unerhebliche Frage.[169]

Folglich besteht nach hier vertretener Ansicht *keine Sperrwirkung* für landesrechtliche Verbotsregelungen. Solche wären gestützt auf die konkurrierende Gesetzgebungskompetenz nach Art. 74 Abs. 1 Nr. 24 GG möglich, soweit der Bund nicht selbst ein plastikproduktspezifisches Verbot in Umsetzung der Plastiktüten-RL oder Verbots-RL erlässt.

Der Vollständigkeit halber sei erwähnt, dass § 2 Abs. 5 VerpackG Bund, Ländern und Gemeinden zwar die Möglichkeit gibt, ein räumlich oder temporär begrenztes plastikproduktspezifisches Verbot in ihren öffentlichen Einrichtungen, auf Grundstücken oder bei Sondernutzungen zu erlassen, aber kein umfassendes wie das hier untersuchte.

III. Grundfreiheiten

Ein nationales Verbot von Plastiktüten und -einweggeschirr muss vorrangig mit den einschlägigen Sekundärrechtsakten vereinbar sein und insbesondere im Falle einer Mindestharmonisierung, die den Mitgliedstaaten Gestaltungsspielräume für darüber hinausgehende Regelungen belässt, zudem die europäischen Grundfreiheiten beachten.[170]

Wie herausgearbeitet, harmonisiert die Plastiktüten-RL den Bereich für *Plastiktüten* nicht abschließend[171] und gestattet in Art. 4 Abs. 1a UAbs. 2 VerpRL Verbote als Umsetzungsmaßnahme.[172] Diese müssen verhältnismäßig und nichtdiskriminierend sein, mithin die Grundfreiheiten wahren.[173] Dies gilt auch nach

---

[167] Eingehend dazu oben S. 165 ff.

[168] Dazu *Diederichsen,* Vermeidungsgebot, 1998, S. 193.

[169] In diese Richtung auch *Diederichsen,* Vermeidungsgebot, 1998, S. 193; *Hendler,* Sonderabfallabgabe, 1996, S. 58 ff.

[170] Ausführlich zu diesem Maßstab oben S. 195 f.

[171] Siehe oben S. 196 f.

[172] Dazu oben S. 229 f.

[173] Vgl. Art. 4 Abs. 1a UAbs. 2 VerpRL, siehe bereits oben S. 196 f.

der Verbots-RL, weil das dort normierte Verbot und die Reduktionspflicht Plastiktüten nicht erfasst und sie diese auch im Übrigen nicht abschließend reguliert.

Im Hinblick auf *Plastikeinweggeschirr* ist in dem *Inverkehrbringensverbot* des Art. 5 Verbots-RL für Plastikteller, -besteck und Becher aus expandiertem Polysterol eine abschließende Harmonisierung zu sehen, weil den Mitgliedstaaten für diese Produkte kein Gestaltungsspielraum verbleibt. Ein nationales Verbot wäre eine Umsetzung von Art. 5 Verbots-RL und daran zu messen.[174] Ein *Herstellungsverbot* von Plastik*tellern*, *-besteck* und *Bechern aus expandiertem Polysterol* ist in Art. 5 Verbots-RL nicht geregelt, die Grundfreiheiten wären zu beachten. Ein Inverkehrbringens- und Herstellungsverbot von *sonstigen* Plastikbechern, die von der Reduktionspflicht in Art. 4 i. V. m. Anhang, Teil A, Nr. 1 Verbots-RL erfasst sind, müsste die Grundfreiheiten wahren. Denn Art. 4 Verbots-RL ist eine Mindestharmonisierung, weil nur Mindestziele[175] gesetzt werden und den Mitgliedstaaten ein weiter Spielraum zur Umsetzung verbleibt.[176] So gestattet Art. 4 Abs. 1 UAbs. 3 S. 2 Verbots-RL die Umsetzung durch ein Verbot, „um das achtlose Wegwerfen dieser Produkte zu verhindern und so sicherzustellen, dass sie durch Alternativen ersetzt werden, die wiederverwendbar sind oder keinen Kunststoff enthalten“. Dies wäre gewahrt. Durch die Klausel in Art. 4 Abs. 1 UAbs. 4 S. 1 Verbots-RL, dass die Maßnahmen verhältnismäßig und nichtdiskriminierend sein müssen, enthält die Regelung auch einen Verweis auf die Grundfreiheiten.

Im Folgenden wird somit die Grundfreiheitskonformität eines nationalen *Inverkehrbringensverbots von Plastiktüten und sonstigen -bechern und eines Herstellungsverbots von Plastiktüten und -einweggeschirr* geprüft, wobei vereinfachend von einem Inverkehrbringens- und Herstellungsverbot von Plastiktüten und -einweggeschirr gesprochen wird.

1. Freier Warenverkehr

Die Warenverkehrsfreiheit ist bei einem nationalen Inverkehrbringens- und Herstellungsverbot von Plastiktüten und -einweggeschirr lediglich mit Blick auf das Inverkehrbringen beeinträchtigt. Denn ein Inverkehrbringensverbot stellt eine Maßnahme gleicher Wirkung wie eine mengenmäßige Einfuhrbeschränkung im Sinne des Art. 34 AEUV dar.[177] Es behindert den Marktzugang von in anderen

---

[174] Vgl. zum Maßstab oben S. 196. Die Verbots-RL selbst muss u. a. mit den Grundfreiheiten vereinbar sein, siehe nur *Haratsch/Koenig/Pechstein*, Europarecht, Rn. 842, was wie gezeigt der Fall ist, oben S. 227.

[175] Krit. zur Ausgestaltung dieser Reduktionspflicht und den -zielen unten S. 260 ff.

[176] Ausf. zu Maßstäben für eine Mindestharmonisierung *Epiney,* Umweltrecht der EU, Kap. 5 Rn. 65 f.

[177] Zur Wareneigenschaft und Schutzbereichseröffnung siehe oben S. 114 f.

Mitgliedstaaten rechtmäßig hergestellten Plastiktüten und -einweggeschirr, weil die deutschen Zwischenhändler und Verkaufsstättenbetreiber diese Produkte nicht mehr erwerben würden, da ein Inverkehrbringen untersagt wäre.[178]

Wird (auch) die Herstellung dieser Plastikprodukte verboten, so beeinträchtigt dies nicht den freien Warenverkehr. Zusätzlich zu der bereits angeführten Begründung[179] muss für ein autonomes nationales Produktionsverbot ergänzt werden, dass dies insbesondere nicht die Warenverkehrsfreiheit in ihrer Ausprägung als Marktausgangsfreiheit (Art. 35 AEUV) beeinträchtigt.[180] Dies ergibt sich aus mehreren Erwägungen, wobei die Einzelheiten intensiv diskutiert werden, was hier nur angedeutet werden kann. Legt man ein sehr enges Verständnis im Sinne der sogenannten Groenveld-Formel des EuGH[181] zugrunde, scheidet eine Beeinträchtigung aus, weil hier keine „spezifische Beschränkung der Ausfuhrströme" bezweckt wird, „keine unterschiedlichen Bedingungen für den Binnenhandel (...) oder (...) Außenhandel" geschaffen werden und der deutsche Binnenmarkt oder die deutsche Produktion dadurch keinen „besonderen Vorteil" gegenüber anderen Mitgliedstaaten hat, weil die Herstellung unterschiedslos verboten würde.[182] Auch wenn man in Anlehnung an Tendenzen in der neueren Rechtsprechung genügen lässt, dass die Ausfuhren anderer Mitgliedstaaten „tatsächlich (...) stärker" als der Warenabsatz im Inland betroffen sind,[183] so ist danach weiterhin eine (wenn auch tatsächliche) Ungleichbehandlung erforderlich,[184] die jedoch bei einem unterschiedslos geltenden nationalen Herstellungsverbot fehlt. Selbst unter Berücksichtigung neuerer Ansätze in der Literatur, die Art. 35 AEUV

---

[178] Vgl. EuGH, Urt. v. 10.2.2009 – C-110/05, Slg. 2009, I-519 Rn. 37, 56ff. – Kommission/Italien (Kradanhänger); vgl. zum Markzugangskriterium *Epiney*, in: Bieber u.a., Die EU, § 11 Rn. 46f.; zur Drei-Stufenprüfung auch *Cremer/Bothe*, EuZW 2015, 413 (413ff.); krit. *Kröger*, EuR 2012, 468 (477f.).

[179] Siehe oben S. 219.

[180] Vgl. *Heermann*, in: Heermann/Schlingloff, MüKO Lauterkeitsrecht, Bd. 1, 2. Aufl. 2014, Art. 35 AEUV Rn. 5.

[181] EuGH, Urt. v. 8.11.1979 – C-15/79, Slg. 1979, 3409 Rn. 7 – Groenveld; ausf. dazu und zur Rezeption in der Literatur *Füller*, Warenverkehrsfreiheiten, 2000, S. 240ff.; krit. *Kainer/Herzog*, EuR 2018, 405 (426); von „Fremdkörper" sprechend etwa *Brigola*, EuZW, 2009, 479 (483); *ders*., EuZW 2017, 5 (5ff.).

[182] Vgl. EuGH, Urt. v. 8.11.1979 – C-15/79, Slg. 1979, 3409 Rn. 7 – Groenveld; Urt. v. 20.5.2003 – C-469/00, Slg. 2003, I-5053 Rn. 40 – Ravil; Urt. v. 2.10.2003 – C-12/02, Slg. 2003, I-11585 Rn. 41 – Marco Grilli; vgl. auch *Heermann*, in: Heermann/Schlingloff, MüKO Lauterkeitsrecht, 2. Aufl. 2014, Art. 35 AEUV Rn. 5.

[183] EuGH, Urt. v. 16.12.2008 – C-205/07, Slg. 2008, I-9947 Rn. 43 – Gysbrechts; Urt. v. 21.6.2016 – C-15/15, ECLI:EU:C:2016:464 Rn. 36 – New Valmar; siehe zur Bedeutung Gysbrechts als historische Zäsur *Reyes y Ráfales*, Warenausfuhrfreiheit, 2017, S. 103ff.

[184] Mit Recht *Kainer/Herzog*, EuR 2018, 405 (410) *Brigola*, EuZW 2017, 1 (7f.); vgl. auch *Gundel*, JA 2009, 558 (560); *Reyes y Ráfales*, Warenausfuhrfreiheit, 2017, S. 110, 116.

weit auslegen,[185] indem sie etwa „faktisch prohibitive Marktausgangs*behinderungen*" dazu zählen,[186] beschränkt ein Produktionsverbot die Warenverkehrsfreiheit nicht, weil eine umfängliche wirtschaftliche Handlungsfreiheit in Form einer „Produktionsfreiheit" nicht vom freien Binnenmarkt (Art. 26 Abs. 2 AEUV) garantiert wird.[187] Ein Herstellungsverbot beeinträchtigt nicht den freien Warenverkehr.

Die vorliegende Beeinträchtigung durch ein Verbot des Inverkehrbringens wäre aus Gründen des Umweltschutzes als zwingendes Erfordernis des Allgemeinwohls gerechtfertigt. Insofern kann auf die obigen Ausführungen[188] verwiesen werden, die entsprechend gelten.

2. Niederlassungsfreiheit

Eine Beeinträchtigung der Niederlassungsfreiheit (Art. 49 AEUV) liegt bei einem Herstellungsverbot von Plastiktüten und -einweggeschirr nicht vor, weil an deren Wareneigenschaft angeknüpft wird. Es ist auch kein mittelbarer Eingriff gegeben mit dem Argument, ein Verbot sei geeignet, den Zugang zum deutschen Markt für Unternehmen aus anderen Mitgliedstaaten „weniger attraktiv"[189] zu machen, weil sie dort nicht produzieren dürften. Denn hierbei handelt es sich lediglich um unterschiedliche Standortbedingungen und ein Standortwettbewerb ist auch im freien Binnenmarkt möglich.[190] Schließlich gewährleistet die Niederlassungsfreiheit zwar, sich in anderen Mitgliedstaaten niederzulassen, verlangt aber zugleich auch, die dortige Rechtsordnung zu beachten.[191]

3. Dienstleistungsfreiheit

Da ein Verbot an die Wareneigenschaft der Plastikprodukte anknüpft, ist die Dienstleistungsfreiheit nach Art. 56 AEUV nicht betroffen. Selbst wenn man den

---

[185] Siehe etwa *Brigola*, EuZW 2017, 5 (10), der eine an die Keck-Fromel angelehnte 3-Stufen-Theorie vorschlägt; ähnlich *Brigola*, in: Dauses/Ludwigs, Hdb EU-WirtschaftsR, C. I. (Stand: 1/2019) Rn. 225 ff., 228 ff.; *Kainer/Herzog*, EuR 2018, 405 (425 f.); krit. dazu *Classen*, EuZW 2015, 854 (857 f.).

[186] *Kainer/Herzog*, EuR 2018, 405 (425 f.) [Hervorhebung d. d. Verf.].

[187] Mit Recht *Kainer/Herzog*, EuR 2018, 405 (426); vgl. auch *Steindorff*, ZHR 158 (1994), 149 (160), der einen „unvollkommenen Binnenmarkt" annimmt.

[188] Dazu ausf. S. 219 ff.

[189] EuGH, Urt. v. 21.12.2016 – C-201/15, ECLI:EU:C:2016:972, Rn. 56 – AGET Iraklis.

[190] Vgl. *Forsthoff*, in: Grabitz/Hilf/Nettesheim, Das Recht der EU, Art. 45 AEUV (Stand: 9/2010) Rn. 210; *Kainer/Herzog*, EuR 2018, 405 (426); *Korte*, in: Calliess/Ruffert, EUV/AEUV, 5. Aufl. 2016, Art. 49 AEUV Rn. 1 f.; *Nettesheim*, NVwZ 1996, 342 (343 f.).

[191] *Kainer/Herzog*, EuR 2018, 405 (426); *Müller-Graff*, in: Streinz, EUV/AEUV, 3. Aufl. 2018, Art. 49 AEUV Rn. 5.

Fokus auf den Vertriebsvorgang setzte, so ist sie subsidiär (Art. 57 Abs. 1 AEUV), weil die Maßnahme schwerpunktmäßig den freien Warenverkehr betrifft. Bezüglich des Produktionsverbots ist die Dienstleistungsfreiheit nicht einschlägig, weil auch hier die Subsidiarität greift und zudem die Herstellung dieser Plastikprodukte in Abgrenzung zur Niederlassungsfreiheit eine nicht nur vorübergehende, sondern dauerhafte[192] Tätigkeit ist.

IV. Grundrechte

1. Prüfungsmaßstab

Auf Basis der aktuellen Rechtslage ist ein nationales Inverkehrbringens- und Produktionsverbot von Plastiktüten und sonstigen Plastikeinwegbechern nach hier vertretener Auffassung[193] an den nationalen Grundrechten zu messen, da zwar eine Richtlinienumsetzung (Plastiktüten- bzw. Verbots-RL) erfolgt, diese aber jeweils erhebliche Spielräume belassen, sodass keine „Durchführung des Unionsrechts" (Art. 51 Abs. 1 S. 1 GRCh) vorliegt. Bei einem nationalen Verbot von Plastiktellern, -besteck und Bechern aus expandiertem Polysterol ist mangels Umsetzungsspielraums der Verbots-RL eine Durchführung des Unionsrechts (Art. 51 Abs. 1 S. 1 GRCh) zu bejahen, sodass allein die EU-Grundrechte den Maßstab für ein Verbot bilden. Unter Verweis auf die obigen Ausführungen[194] sind die Beschränkungen der Art. 16, 17 GRCh gerechtfertigt. Soweit die nationalen Grundrechte einschlägig sind, bedarf es der folgenden Ergänzungen.

2. Berufsfreiheit

Ein plastikproduktspezifisches Herstellungs- und Inverkehrbringens-Verbot durch Deutschland stellt einen gerechtfertigten Eingriff in die Berufsfreiheit (Art. 12 Abs. 1 GG) dar. Die Beeinträchtigung der Berufsausübung („Wie", 1. Stufe)[195] ist gerechtfertigt, wenn eine Übergangsfrist und Ausnahmen für medizinische Verwendungen vorgesehen sind. Zur Begründung kann auf die obigen[196] Erwägungen verwiesen werden, die entsprechend übertragbar sind. Es erscheint jedoch nicht überzeugend, einen Eingriff in die Berufswahlfreiheit („Ob") anzunehmen. Denn es werden nur bestimmte Plastikeinwegprodukte – und nicht etwa

---

[192] Vgl. grundlegend EuGH, Urt. v. 30.11.1995 – C-55/94, Slg. 1995, I-4165 Rn. 22 ff. – Gebhard; detailliert zur Abgrenzung *Müller-Graff*, in: Streinz, EUV/AEUV, 3. Aufl. 2018, Art. 56 AEUV Rn. 27.

[193] Dazu ausf. oben S. 199 f. einschl. der dortigen Nachweise.

[194] Siehe S. 223 ff.

[195] Vgl. dazu oben S. 202 f.

[196] Vgl. S. 223, 240 ff.

sämtliche Plastikprodukte – verboten und der Beruf des Kunststoffproduzenten oder -verarbeiters wäre immer noch möglich, nur dessen *Ausübung* wird – in gerechtfertigter Weise – geregelt.

3. Eigentumsfreiheit

Insoweit ein nationales Vertriebs- und Produktionsverbot im Sinne des Art. 14 GG das Erworbene (die Plastikprodukte und Produktionsanlagen), nicht den Erwerb[197] betrifft, liegt nach deutscher Verfassungsdogmatik aufgrund der abstrakt-generellen Regelung eine Inhalts- und Schrankenbestimmung (Art. 14 Abs. 1 S. 2 GG) vor und mangels finalem, konkret-individuellem Eigentumsentzug keine Enteignung (Art. 14 Abs. 3 GG).[198] Dies ist unter Verweis auf die obigen, übertragbaren Erwägungen gerechtfertigt.[199]

4. Allgemeiner Gleichheitsgrundsatz

Ein plastikproduktspezifisches Verbot verletzt auch nicht den allgemeinen Gleichheitssatz nach Art. 3 Abs. 1 GG. Der Umweltschutz (Art. 20a GG) stellt einen legitimen Sachgrund für eine unterschiedliche Behandlung von Plastiktüten und -einweggeschirr beispielsweise im Vergleich zu den entsprechenden Papierprodukten dar, da diese sich voneinander durch die Materialeigenschaft Plastik und deren Abbaubarkeit unterscheiden. Bezüglich anderer Plastikeinwegprodukte zählen sie zu den zehn bei Strandzählungen am häufigsten gefundenen Produkten und es gibt für sie verfügbare Mehrwegalternativen. Zum Teil wäre ein Sachgrund auch in der Richtlinienreduktionsvorgabe zu sehen, zudem hat der Gesetzgeber einen weiten Einschätzungsspielraum. Hier kann auf die obigen Ausführungen zu Art. 3 Abs. 1 GG[200] verwiesen werden, die entsprechend gelten. Ferner gilt nach der neuen „Stufenlos-Formel“[201] des BVerfG der Verhältnismäßigkeitsgrundsatz,[202] der hier gewahrt wäre; die obigen Ausführungen[203] sind übertragbar.

---

[197] Statt aller siehe nur BVerfGE 126, 112 (135 f.); *Axer*, in: Epping/Hillgruber, GG, Art. 14 GG Rn. 27.

[198] Vgl. zu diesem Maßstab etwa BVerfGE 100, 226 (239 f.); 110, 1 (24 f.); 143, 246 (Rn. 243 ff.); aus der Literatur statt vieler nur *Papier/Shirvani*, in: Maunz/Dürig, GG, Art. 14 GG (Stand: 4/2018) Rn. 417, 455 ff.

[199] Siehe S. 225 f.

[200] Siehe dazu oben S. 207 ff.

[201] Mit diesem Begriff *Kischel*, in: Epping/Hillgruber, GG, Art. 3 GG Rn. 28.

[202] Siehe nur BVerfGE 129, 49 (68 f.) sowie oben S. 207.

[203] S. 219 ff., 224 f.

V. Zwischenergebnis

Ein nationales Verbot der Herstellung und des Inverkehrbringens von Plastiktüten und -einweggeschirr einschließlich des Coffee-to-go-Bechers wäre rechtmäßig.

C. Zusammenfassung

Die in der *Verbots-RL* enthaltene Verpflichtung an die Mitgliedstaaten, das Inverkehrbringen bestimmter Plastikeinwegprodukte (Plastikteller, -besteck und Becher aus expandiertem Polysterol) zu verbieten, hält einer rechtlichen Überprüfung stand. Insbesondere wurde die richtige Rechtsgrundlage des Art. 192 Abs. 1 AEUV gewählt, weil mehrere Ziele des Art. 191 Abs. 1 AEUV erreicht werden. Obwohl der Unionsgesetzgeber nur einige Plastikprodukte in der Verbots-RL verbietet, handelt er kohärent (Art. 7 AEUV). Denn unter Kohärenzgesichtspunkten ist aufgrund des weiten Spielraums des Gesetzgebers auch ein partielles Vorgehen zum Umweltschutz zulässig. Ferner sind die mit einem Inverkehrbringensverbot einhergehenden Beeinträchtigungen der Warenverkehrsfreiheit, der unternehmerischen Freiheit und der Eigentumsfreiheit gerechtfertigt, insbesondere verhältnismäßig.

Darüber hinaus könnte der *Unionsgesetzgeber* ein umfassendes *Herstellungs- und Inverkehrbringens-Verbot* von Plastiktüten und -einweggeschirr einschließlich des Coffee-to-go-Bechers erlassen. Ein solches Verbot ginge über die Verbots-RL hinaus, weil zusätzlich ein *Herstellungsverbot* und *weitere* Produkte – namentlich Plastiktüten und sämtliche Plastikbecher einschließlich des Coffee-to-go-Bechers[204] – umfasst wären.

Ein derart umfassendes Herstellungs- und Inverkehrbringensverbot durch den Unionsgesetzgeber könnte auf Art. 192 Abs. 1 AEUV gestützt werden, weil mehrere Ziele des Art. 191 Abs. 1 AEUV erreicht werden. Hingegen scheidet Art. 114 Abs. 1 AEUV hierfür aus, weil dieser eine Verbesserung des Binnenmarktes voraussetzt, die bei einem kompletten Verbot fehlt. Vielmehr würde der Binnenmarkt insoweit eliminiert.

Die mit einem solchen unionsrechtlichen Verbot einhergehenden Beeinträchtigungen der Warenverkehrsfreiheit, der unternehmerischen Freiheit und Eigentumsfreiheit wären gerechtfertigt, insbesondere verhältnismäßig. Das Verbot würde mit dem Ziel der Abfallvermeidung und des Umweltschutzes einen legitimen Zweck verfolgen, wäre zur Zielerreichung geeignet und mangels milderer,

---

[204] Nicht nur Plastikbecher aus expandiertem Polysterol, zum Umfang der Verbots-RL oben S. 36 f.

aber gleich geeigneter Mittel auch erforderlich. Insbesondere wären Steuern und Abgaben oder bloße Mindestanforderungen an den Recyclinganteil in diesen Plastikprodukten keine gleich geeigneten Mittel. Es wäre auch wegen der überragenden Bedeutung des Umweltschutzes angemessen – zumal die Verursacher herangezogen werden. Ein plastikproduktspezifisches Verbot der Herstellung *und* des Inverkehrbringens von Plastiktüten, -einweggeschirr und sämtlichen -bechern müsste aber Übergangsfristen und Ausnahmen für Plastikeinwegbecher für medizinische Zwecke berücksichtigen.

Ein *nationales plastikproduktspezifisches Verbot* ist ebenfalls zulässig. Ein Inverkehrbringensverbot von Plastiktellern, -besteck und Bechern aus expandiertem Polysterol wäre eine Richtlinienumsetzung und auch für sonstige Plastikbecher explizit gestattet. Ein Verbot von Plastiktüten entspräche einer Umsetzung der Plastiktüten-RL.

Ein nationales Verbot könnte auf die konkurrierende Gesetzgebungskompetenz des Art. 74 Abs. 1 Nr. 24 GG gestützt werden. Da der Bund bisher kein plastikproduktspezifisches Verbot erlassen hat und auch der PlastiktütenverbotsG-E nur im Entwurf vorliegt, wären nach hier vertretener Auffassung auch landesrechtliche Verbote möglich. Das bundesrechtliche Abfallrecht entfaltet hierfür *keine Sperrwirkung*, weil es (bislang) an einer abschließenden und erschöpfenden Regelung fehlt. Denn die Verordnungsermächtigung in § 24 KrWG entfaltet per se keine Sperrwirkung. Entscheidend ist vielmehr, ob hiervon in abschließender Weise Gebrauch gemacht wurde. Das VerpackG beinhaltet jedoch keine erschöpfenden Regelungen. § 5 VerpackG steht einem landesrechtlichen Verbot nicht entgegen. Zudem ist das bundesrechtliche Abfallrecht (KrWG, VerpackG) nicht nur für indirekte Instrumente (Steuern und Abgaben) offen, sondern auch für direkt wirkende Verbote, weil ausschlaggebend ist, dass eine Lenkung, gleich welcher Art, gestattet wird. Insofern läge auch kein Widerspruch zur bundesabfallrechtlichen Gesamtkonzeption im Sinne der Rechtsprechung des BVerfG vor. Ob ein Verbot durch einzelne Länder rechtspolitisch sinnvoll ist, ist eine andere Frage, aber für die rechtliche Beurteilung unerheblich. Dem Bund stünde es jedoch frei, ein Tätigwerden der Länder durch Gebrauchmachen von seiner Gesetzgebungskompetenz zu unterbinden. Die mit einem nationalen Verbot einhergehenden Beeinträchtigungen der Grundfreiheiten und Grundrechte, insbesondere der Warenverkehrs-, Berufs- und Eigentumsfreiheit, wären gerechtfertigt.

§ 7 Wertende Gesamtbetrachtung der möglichen zukünftigen Instrumente zur besseren Reduktion von Plastikmüll

A. Würdigung der untersuchten Steuerungsinstrumente

Die bisherige Untersuchung hat die rechtlichen Grenzen, aber auch Möglichkeiten für plastikspezifische Steuern und Sonderabgaben sowie Verbote aufgezeigt. Die allgemeinen Vor- und Nachteile von direkten und indirekten Instrumenten, insbesondere auch gegenüber freiwilligen Maßnahmen, werden seit Langem in der Rechtswissenschaft diskutiert. Eine sinnvolle Bewertung der Instrumente kann aber nicht allgemein erfolgen, sondern nur im konkreten Einzelfall.[1] Aufbauend auf diesen Grundlagen sollen daher hier plastikspezifische Vor- und Nachteile und Besonderheiten der untersuchten Instrumente (freiwillige Maßnahmen, Steuern und nicht-steuerliche Abgaben, Verbote) unter besonderer Berücksichtigung eines Kriterienkatalogs herausgearbeitet werden, namentlich der bestmögliche Umweltschutz mit Blick auf das Abfallvermeidungsziel, die Effektivität, die rechtliche Durchsetzbarkeit, die politische Umsetzbarkeit, die Flexibilität und der Verwaltungsaufwand.[2]

Die *effektivste* Methode, um den konkreten Abfall aus Plastiktüten und -einweggeschirr zu verhindern, ist die Herstellung und das Inverkehrbringen von sämtlichen Plastiktüten und -einweggeschirr zu *verbieten*.[3] Wenn nur das Inverkehrbringen dieser Plastikprodukte verboten wird, bleibt eine Herstellung und ein Inverkehrbringen andernorts (Export) weiterhin möglich. Angesichts des damit einhergehenden Ressourcenverbrauchs und des Umstands, das Abfall per se dem Umweltschutz widerstrebt[4] und möglicherweise nicht fachgerecht entsorgt wird, widerspricht ein isoliertes Inverkehrbringensverbot einem global angelegten Umweltschutz. Im Hinblick auf die *rechtliche Durchsetzbarkeit* hätte ein gesetzliches Vertriebs- und/oder Produktionsverbot gegenüber einem freiwil-

---

[1] Zutreffend *Lübbe-Wolff*, NVwZ 2001, 481 (481, 483).

[2] Detailliert zu diesen Bewertungsmaßstäben oben S. 69 ff.

[3] Ähnlich *Epiney/Hehemann*, EurUP 2015, 256 (265) für Plastiktüten.

[4] Vgl. oben S. 15 und S. 118 einschl. der dortigen Nachweise.

lig erklärten Verzicht von Unternehmen, diese Produkte nicht mehr zu verkaufen,[5] den Vorteil, rechtlich verbindlich und damit durchsetzbar zu sein. Gleiches gilt für eine Steuer oder nicht-steuerliche Abgabe. Jedoch führt die Verbindlichkeit zu einem höheren *Verwaltungsaufwand* (Zeit, Personal), beispielsweise für die erforderlichen Kontrollen im Einzelhandel, in der Gastronomie und in Produktionsunternehmen zur Einhaltung des Verbots oder für die Steuererhebungspraxis.[6]

Verbote belassen im Gegensatz zu freiwilligen Maßnahmen oder indirekten Instrumenten keinen Spielraum für *flexible* Lösungen.[7] Gerade kooperative Lösungen wie Absprachen können besser an neue Entwicklungen angeglichen werden.[8] Mit dieser Flexibilität geht bei freiwilligen Maßnahmen jedoch einher, dass sie mangels Verbindlichkeit und Durchsetzbarkeit ein großes Unsicherheitsmoment hinsichtlich der Zielerreichung und damit des Umweltschutzes in sich tragen. Ihr Erfolg hängt maßgeblich von der Kooperation und Partizipation ab, wie etwa die betrachteten Pfand- und Rabattsysteme beim Coffee-to-go-Becher zeigen.[9] Zudem wird bei freiwilligen Maßnahmen zwar häufig eine hohe Akzeptanz als Vorteil angeführt.[10] Diese gründet sich jedoch zum einen auf einem inhaltlichen Kompromiss, der mit einer Abschwächung der Ziele verbunden sein kann, und zum anderen in der „Durchsetzungsschwäche".[11] Eine solche Herabsenkung wird auch am Beispiel der HDE-Vereinbarung deutlich, die sehr leichte Plastiktüten „ausklammert" und einen jeweiligen Beitritt der Unternehmen erfordert. Einen Mittelweg eröffnen somit Steuern und Abgaben: Sie belassen dem Konsumenten wie bei freiwilligen Initiativen die Wahl und Freiheit, Plastiktüten und -einweggeschirr zu benutzen.[12] Dennoch schaffen sie mittels finanziellem Hebel einen Anreiz zur Vermeidung gemäß dem Vorsorgeprinzip

---

[5] Wie beispielsweise durch einige Supermarktketten, siehe dazu oben S. 67.

[6]6 Anschaulich zum Verwaltungsaufwand bei Einführung, Erhebung und Überwachung einer Verpackungsteuer *Hedderich,* WiVerw 1996, 114 (119 ff.).

[7] Vgl. bzgl. der indirekten und direkten Instrumente *Kloepfer*, Umweltrecht, 2016, § 5 Rn. 170 f.

[8] *Müggenborg,* NVwZ 1990, 909 (915).

[9] Siehe dazu oben S. 62 ff., 83 ff.

[10] Vgl. *Frenz*, GewArch 2013, 329 (333); *Knebel/Wicke/Michael,* Selbstverpflichtungen, 1999, S. 313 f.

[11] Zutreffend *Lübbe-Wolff,* NVwZ 2001, 481 (491 f.); *Rehbinder,* in: Rengeling, Kreislaufwirtschafts- und Abfallrecht, 1994, 109 (121); vgl. auch *Müggenborg,* NVwZ 1990, 909 (915), wonach dieser zu zahlende „Preis" durch den Staat Ausfluss des Tauschcharakters ist; zum Tauschprinzip oben S. 61.

[12] Das hiergegen mögliche Gegenargument, dies führe zu einer unzulässigen Ungleichbehandlung nach der Zahlungsfähigkeit (vgl. allg. *Kirchhof,* in: DStJG 15 (1993), 3(7)), überzeugt nicht, weil dies einem Wirtschaftssystem immanent ist, mit Recht und ausführlicher *Sacksofsky*, NJW 2000, 2619 (2622, 2624).

und falls diese nicht möglich ist, belasten sie zumindest im Sinne des Verursacherprinzips die Nutzer anteilig mit den Kosten der Umweltbelastung und internalisieren diese.[13]

Im Vergleich zu plastikproduktspezifischen Verboten sind *Abgaben* weniger *effektiv*, also treffsicher, weil mangels direktem Verhaltensbefehl anders als bei Verboten nicht sicher prognostiziert werden kann, ob eine Plastikproduktvermeidung erfolgt.[14] Zudem tritt diese Wirkung, wenn überhaupt, möglicherweise erst zeitversetzt und nur bei einigen Konsumenten ein.[15] Jedoch darf nicht übersehen werden, dass auch plastikspezifische Verbote aufgrund der erforderlichen Übergangsfristen[16] nicht sofort wirksam sind. Studien und Erfahrungen aus anderen Staaten zeigen, dass eine plastikproduktspezifische Steuer oder Abgabe durchaus zu einem erheblichen Verbrauchsrückgang führt. In Irland beispielsweise ist die Plastiktüten-Nutzung nach Einführung der Abgabe um 90 Prozent zurückgegangen.[17] Dies kann wiederum positiv im Sinne der Treffsicherheit, also Effektivität bewertet werden, wenn diese auch geringer ist als bei Verboten.[18] Ob Verbote auch ökologisch treffsicherer sind, hängt von der Definition der Zielsetzung ab.[19] Liegt diese „nur" in der Plastikprodukt- und damit einhergehenden Abfallvermeidung, so entspricht die ökologische Zielsetzung der mit der angeordneten Verhaltensmodifikation erzielten Umweltschonung und die Verbote von Plastiktüten und -einweggeschirr sind auch ökologisch treffsicherer.[20] Wird die Zielsetzung weiter gefasst und ein ganzheitlicher Umwelt- und Ressourcenschutz miteinbezogen, so kommt es entscheidend auf das Substitu-

---

[13] Vgl. COM(2015) 614 final, S. 7; *Monien,* Prinzipien, 2014, S. 394; *Sacksofsky*, Umweltschutz durch nicht-steuerliche Abgaben, 2000, S. 13 ff., 29 f.; *Kahl/Gärditz*, Umweltrecht, § 4 Rn. 125; krit. *Ramsauer*, in: Koch/Hofmann/Reese, Hdb UmweltR, § 3 Rn. 126 f.; zum Verursacher- und Vorsorgeprinzip näher oben S. 13 ff., 19 f.

[14] Vgl. allgemein *Gosch,* StuW 1990, 201 (215); *Kloepfer*, Umweltrecht, 2016, § 5 Rn. 775, 837; *Lübbe-Wolff,* NVwZ 2001, 481 (483); anschaulich zur Fehleranfälligkeit *Sacksofsky,* in: Hoffmann-Riem/Schmidt-Aßmann/Voßkuhle, Grundlagen VwR, Bd. II, § 40 Rn. 68, 105.

[15] *Von Arnim*, in: Hansmeyer, Staatsfinanzierung im Wandel, 1983, 725 (731).

[16] Dazu oben S. 221 ff., 239 ff.

[17] *Convey/McDonnell/Ferreira*, Environ Resource Econ 2007, Vol. 38, No. 1, 1 (7 ff.); allg. *Diederichsen,* Vermeidungsgebot, 1998, S. 209; siehe hierzu auch oben S. 119 einschl. der dortigen Nachweise.

[18] Allg. zur geringeren Effektivität von ökonomischen Instrumenten gegenüber Verboten, *Kloepfer*, Umweltrecht, 2016, § 5 Rn. 835.

[19] So mit Recht *Lübbe-Wolff,* NVwZ 2001, 481 (483 in Fn. 17); diff. *Feess/Seeliger,* Umweltökonomie, S. 69 ff., 76 f.; diff. *Sacksofsky*, NJW 2000, 2619 (2623); anders *Kloepfer*, Umweltrecht, 2016, § 5 Rn. 835, der ökonomischen Instrumenten per se eine geringere ökologische Treffsicherheit attestiert.

[20] In diesem Sinne allg. *Lübbe-Wolff,* NVwZ 2001, 481 (483 in Fn. 17).

tionsverhalten an.[21] Zumindest sind Abgabenlösungen insofern ökonomisch treffsicherer, weil sie einen Preis für die Umweltnutzung festsetzen.[22]

Betrachtet man die Antriebsfunktion für (Umwelt-)Innovationen[23], so spricht dies nicht eindeutig für eine der Maßnahmen. Je nach rechtspolitischer Überzeugung und eingenommenem Blickwinkel können plastikproduktspezifische kooperative Maßnahmen wegen ihres Freiraums,[24] Steuern oder Abgaben wegen des finanziellen Einsparanreizes[25] oder Verbote dieser Plastikprodukte[26] wegen der schlichten Notwendigkeit von Alternativen als Beschleunigungsinstrument für technische Innovationen und die Entwicklung von Alternativprodukten angesehen werden. Aus Effektivitätsgesichtspunkten ist ferner zu berücksichtigen, dass flächendeckende Maßnahmen aufgrund ihrer Breitenwirkung am besten zur Zielerreichung sowie zu einem bestmöglichen Umweltschutz beitragen. Überträgt man dies auf die betrachteten[27] Steuern, Abgaben und Verbote, so spricht das für unionsweite Regelungen, falls diese nicht politisch umsetzbar sein sollten, für bundesweite und erst danach für landesweite bzw. innerhalb der engen rechtlichen Möglichkeiten für kommunale Lösungen. Welches Steuerungsinstrument gewählt wird, unterliegt letztlich dem politischen Entscheidungsprozess.[28] Freiwillige Maßnahmen werden zwar mit Recht als die am einfachsten politisch umsetzbare Lösung angesehen, gerade wenn Mehrheiten für verbindliche Regelungen fehlen.[29] Aufgrund der größeren Effektivität wegen der höheren Wirksamkeit bleiben verbindliche Instrumente aber vorzugswürdig. Im Vergleich zwischen einerseits Verboten und andererseits Steuern und Abgaben ist

---

[21] Dies wird hier jedoch im Rahmen des Kriteriums des bestmöglichen Umweltschutzes gewürdigt, siehe zum hier zugrundegelegten Verständnis bzgl. der Bewertungsmaßstäbe oben S. 70.

[22] Vgl. *Lübbe-Wolff,* NVwZ 2001, 481 (486) für Abgaben im Vergleich zu Lizenzlösungen.

[23] Zum Begriff und Nutzen *Karstens*, in: Eifert/Hoffmann-Riem, Innovation, 2002, 50 (65 ff.); ausf. zu Innovationswirkungen umweltpolitischer Instrumente *Michaelis,* Ökonomische Instrumente, 1996, S. 48 ff.

[24] In diese Richtung *Frenz*, GewArch 2013, 329 (334); vgl. allg. *Knebel/Wicke/Michael,* Selbstverpflichtungen, 1999, S. 308; *Rennings u. a.,* Nachhaltigkeit, Ordnungspolitik und freiwillige Selbstverpflichtung, 1997, Teil 2, S. 200, 204; SRU, Umweltgutachten 1998, BT-Drs. 13/10195, S. 26 f., Tz. 27.

[25] Vgl. allg. *Kloepfer*, Umweltrecht, 2016, § 5 Rn. 829, wonach die „wirtschaftliche Anreizwirkung (…) dem betriebswirtschaftlichen Denken der Wirtschaftssubjekte entspricht"; *Michaelis,* Ökonomische Instrumente, 1996, S. 58; *Sacksofsky*, NJW 2000, 2619 (2624 f.).

[26] Plastikspezifisch BIOIS, Report 2011, S. 96; *Ulrich,* SZ v. 20.12.2018, S. 4. Vgl. allg. dazu *Lübbe-Wolff,* in: GfU, 24. Tagungsband, 2001, 29 (45 ff.).

[27] S. 91 ff., 133 ff., 213 ff., 228 ff.

[28] Siehe nur *Sparwasser/Engel/Voßkuhle,* Umweltrecht, § 2 Rn. 209.

[29] *Kloepfer*, Umweltrecht, 2016, § 5 Rn. 1645; *Michael*, in: Hoffmann-Riem/Schmidt-Aßmann/Voßkuhle, Grundlagen VwR, Bd. II, § 41 Rn. 75.

indes anzumerken, dass erstere zwar effektiver, also treffsicherer sind, letztere jedoch zu einer höheren Akzeptanz[30] und vor allem zu einem bewussteren Umdenken hinsichtlich des Einwegkonsums als solchem führen können. Im Hinblick auf den *bestmöglichen Umweltschutz* besteht bei einem Verbot von Plastiktüten und -einweggeschirr die Gefahr, dass auf (Einweg-)Alternativen ausgewichen wird, die vergleichsweise ebenso umweltschädlich sind[31] und diese nicht sparsam oder bewusst genutzt werden, da die Verbraucher fälschlicherweise annehmen, die Alternative sei umweltschützend.[32] Dies verkennt aber die ganzheitliche Perspektive, die im Sinne des Nachhaltigkeits-, Vorsorge- und Integrationsprinzips[33] notwendig ist. So hat die Papiertüte aus Frischfasern aufgrund der ressourcenintensiven Herstellung eine schlechtere Ökobilanz, es sei denn, sie wird mehr als dreimal verwendet.[34] Dies kann jedoch praktisch schwierig werden (Regen, Zerreißen etc.).[35] Laut DUH werden auch Papiertüten überwiegend nur einmal genutzt.[36] Einziger Vorteil ist ihre Abbaubarkeit in der Natur, auch wenn sie dorthin ebensowenig entsorgt werden sollten.[37] Auch vermeintlich umweltschonende Varianten wie biologisch-abbaubare Produkte oder solche aus Bio-Plastik lösen das Problem nicht.[38] Denn „biologisch-abbaubar" meint nicht, dass die Produkte in der Natur verrotten, sondern erfordert zwingend Kompostieranlagen und spezielle Bedingungen.[39] Auch die Bezeichnung „Bio-Plastik" ist irreführend, weil es sich letztlich immer noch um Plastikprodukte mit

---

30 Denn die Verbraucher können sich selbst für umweltfreundliches Verhalten entscheiden, so mit Recht *Kloepfer*, Umweltrecht, 2016, § 5 Rn. 772.

31 In diese Richtung auch *Frenz*, GewArch 2013, 329 (333, 338), der aber i. E. freiwillige Maßnahmen empfiehlt; vgl. auch BIOIS, Report 2011, S. 95 f.

32 In diese Richtung auch Thomas Fischer (DUH) in *Heckendorf*, DIE ZEIT v. 4.1.2018, S. 29 bzgl. des Plastiktüten-Verbots in Italien, bei dem die herkömmlichen Tüten schlicht durch Bioplastik ersetzt wurden.

33 Dazu siehe oben S. 16 ff., 19 f., 22 f.

34 *Drösser*, Die Zeit Nr. 44/2014 v. 23.10.2014 (https://www.zeit.de/2014/44/plastiktuete-papiertuete-umweltschutz-stimmts, abgerufen: 14.11.2019); *Löhr*, FAZ v. 13.8.2019, S. 15; *Schröder/dpa*, Badische Zeitung v. 11.11.2018 (http://www.badische-zeitung.de/deutschland-1/plastik-oder-papiertuete-was-ist-weniger-schaedlich-fuer-die-umwelt--159202746.html, abgerufen: 14.11.2019).

35 Vgl. *Weber*, SZ v. 8./9.9.2018, S. 34.

36 Siehe https://www.duh.de/themen/recycling/plastik/plastiktueten/ (abgerufen: 14.11.2019), wonach sie eine Nutzungsdauer von 25 Minuten haben.

37 Ebenso https://www.duh.de/themen/recycling/plastik/plastiktueten/ (abgerufen: 14.11.2019).

38 Statt vieler etwa *Dubois*, FAZ v. 11.1.2018 (https://www.faz.net/aktuell/wirtschaft/der-kampf-gegen-das-plastik-hat-gerade-erst-begonnen-15388121.html, abgerufen: 14.11.2019); Wiss. Dienst BT, Biologisch abbaubare Kunststoffe, 3/2015, S. 11.

39 *Chatalova*, Forschungsfelder, 11/2018, S. 34; UBA, Biologisch abbaubare Kunststoffe, 2009, S. 9.

den üblichen Nachteilen handelt.[40] Plastikeinwegprodukte mit einem hohem Recyclinganteil haben zumindest den Vorteil, dass Altplastik wiederverwertet wird und somit wenigstens in gewissem Umfang Ressourcen geschont werden. Im Übrigen stellen aber auch diese, wenn sie in die Umwelt gelangen, ein Problem dar.[41] Hier kann eine Steuer oder Abgabe mehr als ein Verbot mithilfe des finanziellen Anreizes einen wichtigen Antrieb zu einem bewussten Ressourcenumgang setzen.[42] Denn eine bloße Problemverlagerung ist im Sinne eines bestmöglichen Umweltschutzes und zur Lösung des Plastikmüllproblems nicht zielführend. Insgesamt erscheinen somit plastikspezifische Steuern oder Abgaben vorzugswürdig.[43]

B. Würdigung aktueller Bestrebungen und weiterer zukünftiger Instrumente

I. Internationales Plastik-Abkommen

1. Notwendigkeit eines internationalen Abkommens

Angesichts des zunehmenden Ausmaßes des Plastikmüllproblems wird mittlerweile vermehrt ein internationales Plastik-Abkommen gefordert.[44] Dem ist zuzustimmen. Der mögliche Einwand gegen ein solches Übereinkommen, bereits im SRÜ wäre geregelt, dass keine Verschmutzung erfolgen soll,[45] vermag nicht in Gänze zu überzeugen. Zutreffend ist zwar, wie oben herausgearbeitet wurde,[46]

---

[40] Gemeint ist bio-basiertes Plastik, DUH, Bioplastik, 2/2018, S. 2 ff.; *Ratzesberger*, SZ v. 16.1.2019, S. 29; UBA, Umweltwirkungen, 2012, S. 103.

[41] *Schröder/dpa*, Badische Zeitung v. 11.11.2018 (http://www.badische-zeitung.de/deutschland-1/plastik-oder-papiertuete-was-ist-weniger-schaedlich-fuer-die-umwelt--159202746.html, abgerufen: 14.11.2019).

[42] Vgl. European Parliament, P8_TA-PROV(2018)0411, Amendment 29; *Lang,* in: DStJG 15 (1993), 115 (159), der eine Belastung des „Massenkonsum[s]“ zugunsten umweltfreundlichen Konsums befürwortet.

[43] Zu konkreten Vorschlägen und einem Maßnahmenkatalog, siehe unten S. 271 ff.

[44] Etwa *Borrelle u. a.,* PNAS 114 (2017), 9994 (9994 ff.); *Kirk/Popattanachai,* RECIEL 2018, 222 (229 ff.); *Raubenheimer/McIlgorm,* Marine Policy 81 (2017), 322 (322 ff.); *Raubenheimer/McIlgorm/Oral,* RECIEL 2018, S. 210 (216 ff.); *Simon*, GCIY 2017, 60 (60); *Simon/Schulte,* Plastic Pollution, S. 10; *dies.* Plastic Governance, S. 4, 6; WBGU, Jahresgutachten 2001, S. 85; WWF, Solving Plastic Pollution, 3/2019, S. 6, 33, 35; vgl. *Bruhns,* Der Spiegel v. 26.1.2019, S. 29; vgl. auch *Cremean/Techera,* in: Alam u. a., Routledge Handbook Int. Env. Law, 277 (293), die ein einziges Abkommen zu allen Aspekten der Meeresverschmutzung anregen.

[45] Vgl. *Behrens/Heidtmann,* SZ v. 10.6.2017 (https://www.sueddeutsche.de/wissen/ozeane-eu-verspricht-millionen-fuer-meeresschutzgebiete-1.3540030, abgerufen: 14.11.2019).

[46] Siehe dazu oben S. 27 ff.

dass einige international verbindliche Abkommen die jeweiligen Vertragsstaaten verpflichten, eine Meeresverschmutzung zu vermeiden und in einigen verbindlichen Abkommen Plastik miterfasst ist. Jedoch liegt deren Fokus auf der Meeresverschmutzung und seeseitigen Einträgen,[47] obwohl auch die übrige Natur verschmutzt wird, schließlich stammt ein Großteil des Plastikmülls von landseitigen Quellen.[48] Soweit das Plastikmüllproblem und auch dessen landseitige Ursachen ausdrücklich adressiert werden, erfolgt dies insbesondere auf völkerrechtlicher Ebene weitestgehend durch unverbindliche (Absichts-)Erklärungen, freiwillige Programme und Initiativen,[49] denen es an Durchsetzbarkeit fehlt. Außerdem stehen wie gezeigt häufig das Recycling und nicht auch die Vermeidung von unnötigen Plastikprodukten und -müll im Mittelpunkt. Durch die zahlreichen freiwilligen Initiativen ist zwar das Problembewusstsein für Plastikmüll gestiegen. Der weltweite Anstieg an Plastikmüll widerlegt jedoch, dass die bisherigen Maßnahmen ausreichend sind.[50] Freilich kann ein internationales Abkommen allein das Problem nicht lösen,[51] weil letztlich vor allem Handlungen jedes einzelnen Staates erforderlich sind. Um aber dem transnationalen Charakter der Plastikmüllproblematik Rechnung zu tragen, bedarf es auch eines internationalen Vertrags.[52] Ein solcher sollte daher Teil eines Maßnahmenverbundes sein.[53] Ein Plastik-Abkommen könnte zudem als „Motor" für weitere Prozesse und für den Erlass nationaler Rechtsakte dienen.[54] Auch wenn die vielen unverbindlichen Initiativen ein wichtiges Signal senden, so kann doch eine verbindliche plastikspezifische Konvention darüber hinausgehen, wenngleich dies letztlich maßgeblich von ihrem Inhalt abhängen wird.

Teilweise wird überlegt, statt ein spezifisches Plastik-Abkommen zu beschließen, bestehende Übereinkommen zu ergänzen.[55] Dies wurde insbesondere mit

---

47 Vgl. UNEA, UNEP/EA.3/INF/5, S. 148 f.

48 *Jambeck u. a.*, Science 347 (6223), 768 (768 ff.); *Simon/Schulte*, Plastic Pollution, S. 10; *dies.*, Plastic Governance, S. 4.

49 Ebenso *Simon/Schulte*, Plastic Governance, S. 4; siehe hierzu ausf. oben S. 31 ff.

50 *Raubenheimer/McIlgorm*, Marine Policy 81 (2017), 322 (322).

51 So auch etwa *Borrelle* u. a., PNAS 114 (2017), 9994 (9996); *Simon*, GCIY 2017, 60 (61); *Simon/Schulte*, Plastic Governance, S. 6; *Vince/Stoett*, Marine Policy 96 (2018), 200 (202).

52 Wie hier *Raubenheimer/McIlgorm*, Marine Policy 81 (2017), 322 (322, 328) und die Nachw. S. 252.

53 I.E. so auch etwa *Borrelle u. a.*, PNAS 114 (2017), 9994 (9996); *Simon*, GCIY 2017, 60 (61); *Simon/Schulte*, Plastic Governance, S. 6.

54 Vgl. *Wolf*, ZUR 2017, 3 (4), der völkerrechtlich verbindliche Naturschutzregelungen als „Motor der Entwicklung nationalen Rechts" sieht, gerade in dem Bereich, wo es an einem zufriedenstellenden nationalen Rechtsrahmen fehlt.

55 Vgl. BMU, 5-Punkte-Plan, 11/2018, S. 10; UNEA, UNEP/EA.3/INF/5, S. 121 ff.; siehe bzgl. des Montrealer Protokolls *Raubenheimer/McIlgorm*, Marine Policy 81 (2017), 322 (323 f.).

Blick auf das Basler Übereinkommen diskutiert.[56] Aufgrund der jüngst beschlossenen Änderungen des Basler Übereinkommens könnte argumentiert werden, dass nunmehr eine Plastik-Konvention obsolet sei. Dies überzeugt jedoch nicht, weil sich beides nicht ausschließt. Die Änderungen zum Basler Übereinkommen zielen auf eine strengere Exportkontrolle von Plastikabfällen und regeln teilweise Exportverbote zur Vermeidung von Plastikmüll in den Meeren.[57] Diese ab 1.1.2021 geltenden Regelungen[58] sind aus Gründen des Umweltschutzes zu begrüßen,[59] obgleich damit nur Regelungen für den Umgang mit *vorhandenem* Abfall und dessen grenzüberschreitende *Verbringung* getroffen werden. Weitere notwendige Pflichten, etwa zur Verbrauchsminderung, sind darin nicht enthalten.[60] Eine andere Möglichkeit wäre das SRÜ um die ausdrückliche Klarstellung zu ergänzen, dass auch Plastikmüll erfasst ist.[61] Die isolierte Änderung bestehender völkerrechtlicher Verträge – wie nun des Basler Übereinkommens – erscheint jedoch nur als zweitbeste Lösung. Vorzugswürdig ist ein eigener plastikspezifischer völkerrechtlicher Vertrag. Dem Erfordernis eines eigenen Plastik-Abkommens kann nicht entgegengehalten werden, ein Anknüpfen an Bestehendes wäre schneller und damit die bessere Option. Wird lediglich eine Klarstellung, beispielsweise im SRÜ, aufgenommen, dass Plastik erfasst ist, wird dies wohl schneller zu einem politischen Konsens führen und insofern ist zuzugeben, dass eine Lösung zügiger erreicht wäre. Dies zeigt sich exemplarisch auch an der jüngsten Einigung zum Basler Übereinkommen. Allerdings genügt allein diese Ergänzung oder eine Klarstellung im SRÜ nicht. Es bedarf vielmehr weiterer konkreter Verpflichtungen (dazu sogleich). Diese auszuhandeln, würde auch im Rahmen eines bestehenden Abkommens zeitaufwendig sein. Eine Erweiterung etwa als Anhang oder Protokoll bedürfte zudem wie ein neues Abkommen des Beitritts der Staaten oder der Ratifikation. Ein eigenes Abkommen könnte nicht nur die besonderen plastikspezifischen Probleme gezielter adressieren, sondern hätte darüber hinaus durch seine Spezifität eine höhere Signal- und Antriebswirkung.

---

[56] Siehe dazu *Raubenheimer/McIlgorm,* Marine Policy 96 (2018), 295 (285 ff.); *Simon/Schulte,* Plastic Pollution, S. 26 ff.; zum Basler Übereinkommen oben S. 29.

[57] BMU, Pressemitteilung v. 11.5.2019, Nr. 067/19; vgl. Beschluss BC-14/12.

[58] BMU, Pressemitteilung v. 11.5.2019, Nr. 067/19; vgl. Beschluss BC-14/12.

[59] So auch BMU, Pressemitteilung v. 11.5.2019, Nr. 067/19; DUH, Pressemitteilung v. 13.5.2019 (https://www.duh.de/presse/pressemitteilungen/pressemitteilung/basler-uebereinkommen-zu-plastikmuell-verschaerfte-exportregeln-allein-reichen-nicht-abfall-in-verurs/, abgerufen: 14.11.2019) und *Timmler*, SZ v. 13.5.2019, S. 17.

[60] Dies ebenso fordernd DUH, Pressemitteilung v. 13.5.2019 (https://www.duh.de/presse/pressemitteilungen/pressemitteilung/basler-uebereinkommen-zu-plastikmuell-verschaerfte-exportregeln-allein-reichen-nicht-abfall-in-verurs/, abgerufen: 14.11.2019) und *Timmler*, SZ v. 13.5.2019, S. 17.

[61] Zum SRÜ siehe oben S. 27 f.

2. Mögliche Inhalte und Empfehlungen für eine internationale Plastik-Konvention

Welchen konkreten Inhalt ein Plastik-Abkommen haben sollte, ist bisher nicht abschließend geklärt. Zwar unterliegt der Inhalt letztlich dem politischen Abstimmungsprozess, dennoch sind einige zentrale plastikspezifische Bausteine empfehlenswert.

Wichtig erscheint, dass ein verbindliches Plastik-Abkommen die konkrete Verpflichtung enthält, Plastikmüll nicht in die Meere und auch nicht in die sonstige Umwelt zu entsorgen.[62] Angesichts des Umstands, dass ein Großteil des Meeresmülls aus landseitigen Quellen stammt,[63] genügt die bloße Verpflichtung, den Müll nicht in die Meere zu werfen,[64] nicht, auch wenn dies teilweise als politisch leichter durchzusetzen angesehen wird.[65] Denn Plastikmüll stellt auch in der übrigen Natur (Flüsse, Wälder, Parks etc.) ein massives Umweltproblem dar und gefährdet insbesondere Tiere.[66] Mit einer nicht nur auf die Meere begrenzten Verpflichtung würde ferner dem Umstand Rechnung getragen, dass im Rahmen defizitärer Abfallmanagementsysteme Plastikmülleinträge in die Umwelt entstehen.[67]

Da die Plastikmüllreduktion eine Verbrauchminderung erfordert,[68] erscheint als ein Kernelement, dies in einer Konvention zu normieren. Neben einer abstrakten Formulierung dieses Gedankens könnte ein solches Abkommen eine Art *Abfallhierarchie* enthalten. Diese sollte an erster Stelle die Abfallvermeidung vorsehen.[69] Als Vorbild könnte zum Beispiel die fünfstufige unionsrechtliche Abfallhierarchie der AbfRRL dienen.[70]

Freilich könnte auch ein weltweites Verbot bestimmter Plastikprodukte, dass dann durch die Staaten umzusetzen wäre, vereinbart werden.[71] Fehlt hier der politische Wille, bietet es sich an, eine konkrete und messbare *Reduktionsver-*

---

[62] Ähnlich *Simon/Schulte,* Plastic Governance, S. 4.

[63] Statt vieler nur *Jambeck u. a.,* Science 347 (6223), 768 (768 ff.).

[64] In diese Richtung wohl *Simon/Schulte,* Plastic Pollution, S. 33, wenngleich ihnen zuzustimmen ist, dass auch dies eine zentrale Verpflichtung ist („*centrepiece of any global plastics convention*").

[65] *Simon/Schulte,* Plastic Governance, S. 4.

[66] Siehe oben S. 2, 4.

[67] Vgl. *Schmidt/Krauth/Wagner,* Environ. Sci. Technol. 2017, 12246 (12246 ff.); *Simon/Schulte,* Plastic Governance, S. 4.

[68] Siehe dazu oben S. 4.

[69] Anders *Borrelle u. a.,* PNAS 114 (2017), 9994 (9996), die zwar dafür plädieren, dass ein internationales Abkommen eine Kreislaufwirtschaft anstreben sollte, bei einer Abfallhierarchie an erster Stelle aber die Wiederverwendung verorten.

[70] Vgl. UNEP, UNEP/EA.3/INF/5, S. 124.

[71] Dazu *Beisel*, SZ v. 20.12.2018, S. 1; ein Verbot von öl-basierten Plastikprodukten als Kernelement eines internationalen Abkommens fordernd *Kirk/Popattanachai,* RECIEL 2018, 222 (230 ff., insbes. 232).

pflichtung von Plastik*müll* im Allgemeinen, aber insbesondere von Einweg-Plastikprodukten aufzunehmen.[72] Ferner könnten die Staaten verpflichtet werden, zusätzlich nationale Verringerungsziele zu erlassen.[73]

Eine absolute Verbrauchsminderungszahl erscheint aufgrund der großen länderspezifischen Unterschiede aus Umweltschutzgründen nicht empfehlenswert. Vielmehr ist eine prozentuale Reduktionspflicht verbunden mit einer zeitlichen Staffelung mit steigendem prozentualen Anteil sinnvoll. Bedeutsam ist jedoch, dass es eines konkreten Bezugspunktes für eine prozentuale Reduktionspflicht bedarf. Aus Umweltschutzgründen, aber auch um die unterschiedlichen Gegebenheiten und Verbrauchszahlen in den verschiedenen Ländern zu berücksichtigen, wäre es am besten, wenn dies eine länderbezogene Bezugsgröße, wie zum Beispiel der landesweite Vorjahresverbrauch (bzw. das Beitrittsjahr zum Abkommen als Bezugsjahr), wäre.

Neben der Verbrauchsverringerungspflicht könnte eine Pflicht aufgenommen werden, die *Produktion* von Einwegplastik aus *neuem* – also nicht recycelten Materialien – zu reduzieren[74] und mithin den Anteil an recycelten Produkten zu steigern, sofern diese nicht vermeidbar sind.

Zusätzlich könnte eine Verpflichtung zu *nationalen Aktionsplänen* aufgenommen werden.[75] Diese würden sich nicht nur wie die Aktionspläne im Rahmen des OSPAR- oder HELSINKI-Abkommens auf die jeweilige Meeresregion beziehen, sondern konkrete nationale Maßnahmen für landseitige Ursachen adressieren. Da der Meeresmüll überwiegend landseitige Ursachen hat und zudem Müll auch in der sonstigen Umwelt schädlich ist, erscheint dies ratsam. Zudem würden so auch die Staaten erfasst, die bisher nicht Teil einer von einem Aktionsplan erfassten Meeresregion oder Binnenstaaten sind. Es bietet sich an, im Abkommen einen exemplarischen Maßnahmenkatalog aufzunehmen, der als Anregung für nationale Instrumente dient.[76] Hier könnten beispielsweise Verbote oder Steuern auf Plastikeinwegprodukte und Vermeidungsziele aufgenommen werden.[77] Um eine Einheitlichkeit und einen gewissen Qualitätsstandard zu gewährleisten, wäre in Anlehnung an die Beschlüsse der COP24 in Kattowitz zu nationalen Klimaschutzplänen eine gemeinsame und detaillierte Vorgabe für den Auf-

[72] Vgl. *Borrelle u. a.*, PNAS 114 (2017), 9994 (9996).

[73] Vgl. UNEP, UNEP/EA.3/INF/5, S. 128.

[74] *Raubenheimer/McIlgorm*, Marine Policy 81 (2017), 322 (325); *Simon/Schulte*, Plastic Governance, S. 4 f.; allg. für geringere Produktionsraten *Dubois*, FAZ v. 11.1.2018 (https://www.faz.net/aktuell/wirtschaft/der-kampf-gegen-das-plastik-hat-gerade-erst-begonnen-15388121.html, abgerufen: 14.11.2019).

[75] Ebenso *Simon/Schulte*, Plastic Governance, S. 4; *Simon/Schulte*, Plastic Pollution, S. 34 ff.

[76] Ähnlich *Simon/Schulte*, Plastic Governance, S. 5.

[77] Vgl. CBD, Marine Debris, S. 60 ff.; *Simon/Schulte*, Plastic Pollution, S. 35.

bau dieser Pläne und eine Berichtspflicht über das Erstellen des Plans sinnvoll.[78] Wird dies nicht eingehalten, könnte vergleichbar den Neuerungen bei den nationalen Klimaschutzplänen eine Kommission geschaffen werden, die über deren Abgabe und Einhaltung wacht und gegebenenfalls Mahnungen ausspricht.[79] Damit eine solche Pflicht zum Erlass eines Aktionsplans effektiv wäre, bedürfte es konkreter zeitlicher Verpflichtungen zur Planerstellung sowie zu dessen regelmäßiger Überprüfung und Fortschreibung, beispielsweise im Fünf-Jahres-Takt.

Da bisherige internationale Abkommen häufig Mängel in der Durchsetzung und Umsetzung aufweisen,[80] ist es essentiell, dass in eine Plastik-Konvention ein *Compliance* und Monitoring-Mechanismus aufgenommen wird und sie einen Review-Prozess vorsieht.[81] Es bietet sich an, nach dem Vorbild der Kattowitz-Beschlüsse zum Klimaschutz eine Bestandsaufnahme[82] zu den nationalen Plastik-Bestrebungen und deren Erfolgen vorzusehen.

Teilweise wird vorgeschlagen, zudem eine Art Wissensaustausch-Programm festzulegen.[83] Dem ist nicht zuzustimmen. Zwar ist zuzugeben, dass es bereits zahlreiche Foren zum Austausch gibt[84] und sich hiervon bisher keines als das zentrale Forum etabliert hat, sodass die Gefahr der Unübersichtlichkeit besteht. Allerdings sollte hier den Akteuren die Freiheit belassen werden, bei Bedarf selbst das für sie geeignete Forum orientiert an ihren Bedürfnissen zu wählen und so die bereits vorhandenen und etablierten Strukturen zu nutzen. Eine Neuschaffung erscheint nicht zwingend. Aus rechtspolitischer Sicht sollte sich daher angesichts der mit einem Abstimmungsprozess ohnehin einhergehenden Schwierigkeiten auf andere Inhalte konzentriert werden.

Um dem Umstand Rechnung zu tragen, dass auch effektive Abfallmanagementsysteme nötig sind und gerade wirtschaftlich gesehen ärmeren Ländern die notwendigen Ressourcen hierfür fehlen könnten, bietet es sich zudem an, in dem Abkommen einen *Finanzierungsmechanismus* festzuschreiben.[85] Hier könnte

---

78 Vgl. zu den Neuerungen bzgl. der nationalen Klimaschutzpläne durch das „Kattowitz-Paket" *Bauchmüller,* SZ v. 17.12.2018, S. 2.

79 Vgl. dazu *Bauchmüller,* SZ v. 17.12.2018, S. 2, der dies bei den nationalen Klimaschutzplänen kritisch nur als „freundliche Erinnerung" bezeichnet.

80 *Stöfen-O'Brien,* ZUR 2017, 594 (597, 601); UNEP, Combating marine plastic litter, 2017, S. 17ff.

81 I.E. wie hier *Simon/Schulte,* Plastic Governance, S. 4f.; ähnlich auch *Raubenheimer/McIlgorm/Oral,* RECIEL 2018, S. 210 (216); vgl. allg. zu Compliance-Verfahren *Buck/Verheyen*, in: Koch/Hofmann/Reese, Hdb UmweltR, § 1 Rn. 91ff.

82 Siehe zu den Kattowitz-Beschlüssen *Bauchmüller,* SZ v. 17.12.2018, S. 2.

83 *Simon/Schulte,* Plastic Governance, S. 4; *Simon/Schulte,* Plastic Pollution, S. 33, die von „knowledge exchange framework" sprechen; vgl. dazu auch UNEA, UNEP/EA.3/INF/5, S. 152.

84 Siehe oben S. 55ff.; vgl. auch S. 31ff.

85 Ähnlich *Borrelle u.a.,* PNAS 114 (2017), 9994 (9996); *Simon*, GCIY 2017, 60 (61); *Simon/Schulte,* Plastic Governance, S. 4f.; *dies.,* Plastic Pollution, S. 10, 36f.

sich am Vorbild des Grünen Klimafonds der UN-Klimarahmenkonvention orientiert werden.[86]

Darüber hinaus sollte angesichts der bereits bestehenden riesigen Mengen von Plastikmüll insbesondere in den Meeren eine *Verpflichtung* zu Beiträgen zu *Säuberungsmaßnahmen*[87] und diesbezüglichen Forschungsprojekten festgelegt werden.

II. Verbots-RL: Bewertung und Reformüberlegungen

Die Verbots-RL[88] weist Stärken und Schwächen auf. Sie stellt einen weiteren Schritt in die richtige Richtung dar,[89] weil konkrete Plastikeinwegprodukte adressiert werden und so zur Eindämmung des Plastikmüllproblems beigetragen wird. Dies ist positiv zu werten, da insoweit die Plastiktüten-RL bislang eine Ausnahme war. Dennoch ist die Verbots-RL ungenügend und offenbart gerade im Hinblick auf die Abfallvermeidung verschiedene Defizite, die im Folgenden näher betrachtet werden.

1. Wahl der Rechtsform

Zunächst wäre an sich der Weg über eine Verordnung, die unmittelbare Wirkung entfaltet hätte (Art. 288 UAbs. 2 AEUV), eine effektivere und schnellere Lösung für ein Verbot gewesen. Weitet man den Blick jedoch und berücksichtigt, dass die anderen in der Richtlinie vorgesehenen Mittel den Mitgliedstaaten erhebliche Spielräume belassen, erscheint es durchaus sinnvoll, dass eine Richtlinie als Handlungsform gewählt wurde. Denn durch die Kombination sämtlicher Instrumente in einem Rechtsakt wurde Zeit und Aufwand im Gesetzgebungsverfahren gespart.

2. Auswahl der zu verbietenden Plastikeinwegprodukte

Wesentlicher Kritikpunkt an der Verbots-RL ist die Auswahl der verbotenen Plastikprodukte. Es ist zwar überzeugend, die zehn bei europäischen Strandzählungen am häufigsten gefundenen Plastikeinwegprodukte zu adressieren.[90]

---

[86] Ebenso *Borrelle u. a.,* PNAS 114 (2017), 9994 (9996); zum Klimafonds *Ranke,* Klima, 2019, S. 105.

[87] In diese Richtung auch *Kirk/Popattanachai,* RECIEL 2018, 222 (233), die einen „clean-up fund“ vorschlagen. Dies kann ein wichtiger Schritt sein, essentiell sind aber *verpflichtende* Beteiligungen.

[88] Zur rechtlichen Würdigung siehe oben S. 227 f., vgl. auch die Bestandsaufnahme S. 36 f.

[89] Ebenso die überwiegende Bewertung, z. B. von Svenja Schulze (Bundesumweltministerin) und Greenpeace, siehe etwa *Beisel,* SZ v. 20.12.2018, S. 1; vom NABU in *Bauchmüller,* SZ v. 20.12.2018, S. 25.

[90] Vgl. Erwägungsgrund Nr. 7 Verbots-RL.

Nicht nachvollziehbar ist aber, warum dann nur einige dieser Produkte verboten werden und beispielsweise bei Plastikbechern, wozu auch der Coffee-to-go-Becher gehört, und Take-away-Behältnissen nur eine Verminderungspflicht gewählt wurde. Dies gilt umso mehr, als Becher (und Take-away-Behältnisse) aus expandiertem Polysterol, also geschäumten Plastik, verboten werden sollen.[91] Zur Begründung wird angeführt, entscheidendes Kriterium für den Katalog der zu verbietenden Gegenstände sei die Verfügbarkeit von geeigneten und nachhaltigen Alternativen.[92] Allerdings wurde hier scheinbar vorwiegend auf die Verfügbarkeit von Einwegalternativen abgestellt.[93] So würden beispielsweise bei Bechern aus expandiertem Polysterol vermutlich[94] die „normalen" Plastikbecher einschließlich des Coffee-to-go-Bechers als mögliches Ersatzprodukt angesehen werden. Dies vermag jedoch nicht zu überzeugen. Denn Maßstab bei den verfügbaren Alternativen sollten im Sinne der Ressourcenschonung (Vorsorge-, Nachhaltigkeitsprinzip[95]) verfügbare Mehrwegalternativen sein. Solche Alternativen sind aber insbesondere beim Coffee-to-go-Becher vorhanden.[96]

Ferner ist zu bemängeln, dass sehr leichte Plastiktüten entgegen des Berichts des Ausschusses für Umweltfragen, öffentliche Gesundheit, Lebensmittelsicherheit (ENVI)[97] nicht in die Liste der verbotenen Produkte aufgenommen wurden. Nach dem ENVI-Bericht sollten sehr leichte Plastiktüten vom Verbot erfasst werden, es sei denn sie sind ausnahmsweise aus hygienischen Gründen oder für feuchte Lebensmittel notwendig.[98] Zwar überzeugt diese vorgeschlagene Ausnahmeregelung nicht in Gänze, weil unklar bleibt, wie hoch der Feuchtigkeitsanteil eines Lebensmittels sein muss, um zu den „feuchten" Lebensmitteln zu zählen. Dennoch wäre die Aufnahme von sehr leichten Plastiktüten ein wichtiger Schritt gewesen, weil auch sie zum Plastikmüllaufkommen beitragen[99] und nun weiterhin[100] nicht verbindlich adressiert werden. Dies ist umso problematischer, als es auch für diese Produkte bereits verfügbare Mehrwegalternativen gibt.[101]

---

91 Siehe Art. 5 i.V.m. Anhang, Teil B, Nr. 7, 9 Verbots-RL.

92 Vgl. Erwägungsgrund Nr. 13–15 Verbots-RL.

93 In diese Richtung deutete auch bereits der Kommissionsvorschlag, COM(2018) 340 final, S. 2, 19 („alternative Einwegprodukte" bzw. „alternative Einwegkunststoffartikel").

94 In den Erwägungsgründen heißt es nur ohne Konkretisierung, es gäbe Alternativen, siehe Erwägungsgrund Nr. 15, vgl. auch Erwägungsgründe Nr. 13, 14 Verbots-RL.

95 Dazu siehe oben S. 16 ff.

96 Siehe zu den lokalen Bemühungen für Mehrwegbecherförderung oben S. 62 ff.

97 ENVI, Report, PE623.714v02-00, A8-0317/2018 v. 11.10.2018.

98 ENVI, Report, PE623.714v02-00, A8-0317/2018 v. 11.10.2018, S. 20 f., 60, 66, 102, 139, 161.

99 Ebenso ENVI, Report, PE623.714v02-00, A8-0317/2018 v. 11.10.2018, S. 20 f., 139.

100 Sie sind bereits nicht von der Plastiktüten-RL umfasst, siehe oben S. 37 f.

101 Beispielsweise das durch die Unternehmensgruppe REWE eingeführte Mehrweg-Fri-

3. Ausgestaltung der Reduktionspflicht für bestimmte Plastikeinwegprodukte

Plastikeinwegbecher und to-go-Verpackungen sind nach der Verbots-RL von der Verminderungspflicht umfasst.[102] Aus Effektivitätsgesichtspunkten zu kritisieren ist aber, dass das diesbezügliche Reduktionsziel zu gering und in seiner Ausgestaltung ungenügend ist.

Vorgesehen ist nur eine „ehrgeizige und dauerhafte" sowie eine „messbare quantitative Verminderung" im Verbrauch bis 2026 im Vergleich zu 2022.[103] Dagegen fehlt ein konkretes quantitatives Ziel. Ein solches ist aber erforderlich.[104] Zwar ist die „messbare quantitative" Reduktion immerhin konkreter, als die ursprünglich geplante „spürbare" Verminderung.[105] Allerdings eröffnet auch die Messbarkeit Umgehungsmöglichkeiten und der Wortlaut ist nicht eindeutig. Schließlich wären auch nur sehr geringfügige Verbrauchsrückgänge messbar. Insofern hilft es nur bedingt weiter, dass eine „ehrgeizige" Reduktion erreicht werden soll, „die zu einer deutlichen Trendumkehr beim steigenden Verbrauch führt",[106] weil auch dieser Wortlaut offen lässt, was darunter zu verstehen ist. Daher sollte zumindest eine Bagatellgrenze aufgenommen werden. Aus diesem Grund ist der ursprüngliche Änderungsvorschlag des Europäischen Parlaments zu begrüßen, der neben einer „ehrgeizigen und nachhaltigen" Reduktion zumindest ein messbares und quantitatives Ziel mit einer zeitlich früheren Vorgabe, namentlich eine 25-prozentige Verbrauchsreduktion bis 2025, forderte.[107] Auch wenn eine 25-prozentige Verbrauchsreduktion bis zum Jahr 2025 verglichen mit einer 100-prozentigen Verringerung bei einem Verbot kein hohes Ziel ist, so kann dies dennoch einen substantiellen Beitrag zur Abfallreduzierung leisten und ist als konkrete Zielmaßgabe positiv zu bewerten. Das quantitativ unbestimmte Reduktionsziel der Verbots-RL ist dagegen nicht überzeugend.

Es ist auch in seiner konkreten Ausgestaltung zu kritisieren. Denn der Wortlaut der Verpflichtung einschließlich des Reduktionsziels ist ungenau. So ist lediglich

---

schenetz, siehe https://www.oekotest.de/essen-trinken/Rewe-Mehrwegfrischenetz-statt-Plastikbeutel-_600692_1.html (abgerufen: 14.11.2019).

[102] Art. 4 i. V. m. Anhang, Teil A Verbots-RL.

[103] Art. 4 Abs. 1 UAbs. 1 S. 1 und S. 2 Verbots-RL.

[104] Kritisch zum fehlenden konkreten Reduktionsziel auch Greenpeace laut *Beisel*, SZ v. 20.12.2018, S. 1.

[105] So der ursprüngliche Vorschlag der Kommission, Art. 4 in COM(2018) 340 final („*a significant reduction*"). Krit. dazu auch *Liebrich*, SZ v. 29.5.2018, S. 15, die von einer „vagen Vorgabe" spricht.

[106] Art. 4 Abs. 1 UAbs. 1 S. 1 Verbots-RL.

[107] Und damit ein Jahr früher als der Kompromisstext, der auf 2026 abstellt, siehe European Parliament, P8_TA-PROV(2018)0411, Amendments 118, 54, 119; allg. dazu, dass das Europäische Parlament üblicherweise „eher als Motor von Umweltbelangen" handelt, *Kahl*, ThürVBl. 1994, 225 (227).

von einer „Verminderung des Verbrauchs der in Teil A des Anhangs aufgeführten Einwegkunststoffartikel“ die Rede.[108] Es bleibt aber unklar, worauf sich das Verringerungsziel[109] bezieht. Auf den gesamten Verbrauch eines konkretes Produktes (z. B. Plastikbecher) in einem Mitgliedstaat oder auf den mitgliedstaatlichen Verbrauch aller Produkte, die in dem Anhang genannt werden und die Gegenstand des Reduktionsziels sind, also Becher und Take-Away-Verpackungen, zusammen? Insofern hätte auch der – letztlich nicht aufgegriffene – Vorschlag des Parlaments für eine Ergänzung des Art. 4 Verbots-RL[110] nicht weiter geholfen, wonach die Mitgliedstaaten nationale quantitative Reduktionsziele zur Erreichung dieses Ziels erlassen sollen, weil die Zielvorgabe mehrere, sehr unterschiedliche Auslegungsvarianten bietet. Die endgültige Fassung ist insoweit zu begrüßen, als sie klarstellt, dass sich der Verbrauch in dem Mitgliedstaat verringern muss („*im Hoheitsgebiet des jeweiligen Mitgliedstaates*“), und nicht nur insgesamt in der EU.[111] Dieser räumlichen Eingrenzung ist zuzustimmen, wenngleich sie in der französischen und spanischen Sprachfassung fehlt[112] und ergänzt werden sollte. Ungeachtet dessen bleibt weiterhin unklar, ob sich das Erreichen des Reduktionsziels auf den Verbrauch des jeweiligen Produktes bezieht oder ob eine Verringerung auch nur einiger der in Teil A des Anhangs genannten Plastikeinwegprodukte genügt. Der Wortlaut („product*s*“)[113] könnte durch die Verwendung des Plurals dafür sprechen, dass sich das Reduktionsziel auf den mitgliedstaatlichen Verbrauch aller Produkte bezieht. Hingegen spricht systematisch der produktspezifische Ansatz der Verbots-RL für eine auf das jeweilige Produkt bezogene Reduktionspflicht. Hierfür streitet auch der Sinn und Zweck der Verbots-RL (Umweltschutz, Plastikmüllreduktion aus Einwegprodukten). Auch wenn aus systematischen und teleologischen Gründen die Auslegung, die die Zielvorgabe auf das jeweilige Produkt bezieht, vorzugswürdig erscheint, so besteht aus rechtlicher Sicht gleichwohl Klarstellungs- und Nachbesserungsbedarf.

---

[108] Art. 4 Abs. 1 UAbs. 1 S. 1 und S. 2 Verbots-RL; so auch bereits der Kommissionsvorschlag in Art. 4 Nr. 1 COM(2018) 340 final; vgl. auch European Parliament, P8_TA-PROV (2018)0411, Amendments 118, 54, 119 („*reduction of at least 25 % by 2025 in the consumption of the single-use plastic products*“).

[109] Bzw. im Parlamentsvorschlag die Verringerungsprozentzahl.

[110] Siehe European Parliament, P8_TA-PROV(2018)0411, Amendments 118, 54, 119.

[111] Vgl. Art. 4 Abs. 1 UAbs. 1 S. 2 Verbots-RL; so auch die engl. amtliche Fassung („on the territory of *the* member state“, Hervorhebung d.d.Verf.].

[112] So stellt die span. amtliche Fassung weiterhin missverständlich auf das Gebiet der Mitgliedstaaten ab („*en el territorio de los Estados miembros*“); ebenso die frz. Fassung („*sur le territoire des États membres*“).

[113] Auch die frz. („*produits*“) und span. Fassung („*productos*“) verwenden wie die deutsche und engl. den Plural, siehe jeweils Art. 4 Verbots-RL.

Vor diesem Hintergrund sollte eine konkrete quantitative Quote aufgenommen und durch eine eindeutige Bezugsgröße konturiert werden. Als Bezugsgröße würde sich der mitgliedstaatliche Verbrauch des jeweiligen konkreten Produktes anbieten. Gleichzeitig sollte die vom Parlament vorgeschlagene Quote (25 %) erhöht werden. Wird das bisherige Ziel beibehalten, so ist zu kritisieren, dass derzeit nur ein Ziel bis 2026 vorgegeben ist. Dies ist ungenügend. Es sollte zumindest eine gestaffelte Erhöhung aufgenommen werden, die bereits für mindestens zwei weitere Zeitabschnitte (z.B. 2030, 2035) konkrete und messbare Reduktionsziele vorsieht. Im Sinne eines ambitionierten Umweltschutzes ist es wichtig, möglichst kurze Zeitabschnitte festzulegen, beispielsweise Fünf-Jahres-Abschnitte. Nach der Verbots-RL erlässt die Kommission bis zum 3.1.2021 einen Durchführungsrechtsakt zur Festlegung der Methode für die Berechnung und Überprüfung der Verbrauchsminderung.[114] Besser wäre es aber, dies unmittelbar in der Richtlinie zu regeln, anstatt dies zeitlich hinauszuzögern und durch neue Abstimmungsprozesse zu gefährden.

4. Begriff der Plastikeinwegprodukte

Einwegkunststoffartikel sind nach der Legaldefinition der Verbots-RL ganz oder teilweise aus Kunststoff bestehende Artikel, die nicht konzipiert, entwickelt und in Verkehr gebracht werden, um während ihrer Lebensdauer mehrere Produktkreisläufe zu durchlaufen, indem sie zur Wiederbefüllung oder Wiederverwendung zum ursprünglichen Verwendungszweck an einen Hersteller zurückgegeben werden.[115] Damit enthält die Begriffsbestimmung zwei Elemente: den Plastikanteil am Produkt und die Wiederverwendungseigenschaft, wobei die Wiederverwendung als Oberbegriff zur Wiederbefüllung zu verstehen ist.

a) Plastikanteil am Produkt

Positiv zu bewerten ist, dass nicht nur vollständig, sondern auch teilweise aus Plastik bestehende Produkte erfasst werden. So wird mit Recht dem Umstand Rechnung getragen, dass bestimmte Produkte, wie beispielsweise der Coffee-to-go-Becher, zwar nicht komplett aus Plastik sind, aber durch die Plastikbeschichtung der Pappe

---

114 Art. 4 Abs. 2 S. 1 Verbots-RL. Anders noch der Kommissionsvorschlag, der nur einen fakultativen („kann") Erlass vorsah und dementsprechend auch keine Frist, siehe Art. 4 Nr. 2 Verbots-RL in COM(2018) 340 final. Im Gesetzgebungsverfahren wurde zunächst eine „Soll"-Pflicht aufgenommen (vgl. European Parliament, P8_TA-PROV(2018)0411, Amendment 118, 54, 119) mit einer 12-monatigen (statt jetzt 18-monatigen) Frist (vgl. Art. 4 Nr. 2 in Council of the EU, 18.1.2019, 5483/19) und sich nunmehr für einen verpflichtenden Erlass des Durchführungsrechtsaktes entschieden, was zu begrüßen ist.

115 Vgl. Art. 3 Nr. 2 Verbots-RL, zur Herstellerdefinition siehe Art. 3 Nr. 11 Verbots-RL.

dennoch ein großes Umweltproblem darstellen. Aufgrund des offenen und neutralen Wortlauts, der nur von „teilweise" spricht, kann auch nicht überzeugend argumentiert werden, dass ein bestimmter, prozentualer *Mindestplastikanteil* Voraussetzung wäre. Richtigerweise wurde keine Bagatellgrenze für einen Plastikanteil aufgenommen, da sonst gerade die Produkte, die etwa „nur" eine Plastikbeschichtung enthalten, ausgespart werden könnten. Gerade diese Beschichtung erschwert aber den Recyclingvorgang und verhindert ein Verrotten in der Natur.[116] Eine solche Bagatellgrenze liefe dem Sinn der Verbots-RL, den Umweltschutz zu stärken, zuwider. Dies müssen auch die Mitgliedstaaten bei der Umsetzung beachten.

b) Wiederverwendungseigenschaft

Zu kritisieren ist der zweite Teil der Begriffsbestimmung, da hier eine Umgehungsgefahr besteht.[117] Denn Hersteller könnten ihre Produkte als wiederverwendbar kennzeichnen und müssten so die Verbots- und Reduktionsvorgaben nicht beachten.[118] Hintergrund ist, dass die Wiederverwendungseigenschaft nicht nur bei einer solchen Konzeption oder Entwicklung, sondern *alternativ* auch bei einer derartigen *Vermarktung* angenommen werden kann. Dass die Verbots-RL im Gegensatz zum Kommissionsvorschlag von Inverkehrbringen und nicht mehr explizit von Vermarktung[119] spricht, steht dem nicht entgegen. Beide Begriffe sind synonym zu verstehen und es dürfte sich hierbei nur um eine redaktionelle Änderung handeln, um den Sprachgebrauch in der Verbots-RL zu vereinheitlichen. Bedenken könnten bestehen, ob für die Wiederverwendungseigenschaft tatsächlich alternativ die Konzeption, Entwicklung oder Vermarktung maßgeblich ist, da der Wortlaut der deutschen Fassung („*und*") in die entgegengesetzte Richtung deutet. Auch wenn die am *deutschen* Wortlaut orientierte Auslegung zu begrüßen wäre, weil kumulative Voraussetzungen die Umgehungsmöglichkeiten vermindern würden, so sprechen mehrere andere amtliche Sprachfassungen für die gegenteilige Lesart.[120] Um eine einheitliche Anwendung und

---

[116] Siehe *Gerhard/Schughart,* Greenwashing to go?, ZEIT Online, 3.9.2017 (https://www.zeit.de/wissen/umwelt/2017-08/kaffeebecher-pfand-nachhaltigkeit-umweltschutz, abgerufen: 14.11.2019).

[117] Vgl. die Kritik von Greenpeace, https://www.thueringer-allgemeine.de/web/zgt/politik/detail/-/specific/EU-stimmt-fuer-Plastik-Verbot-diese-Produkte-koennten-bald-verboten-sein-1368426761 (abgerufen: 14.11.2019).

[118] Ähnlich etwa Greenpeace, siehe https://www.thueringer-allgemeine.de/web/zgt/politik/detail/-/specific/EU-stimmt-fuer-Plastik-Verbot-diese-Produkte-koennten-bald-verboten-sein-1368426761 (abgerufen: 14.11.2019).

[119] So der Kommissionsvorschlag, COM(2018) 340 final in Art. 3 Abs. 2 („*vermarktet*").

[120] So sprechen mehrere amtliche Sprachfassungen von „oder", namentlich die engl. („*or*"), frz. („*ou*"), ital. („*o*") und span. Fassung („*o*"), siehe jeweils Art. 3 Verbots-RL.

Auslegung des Unionsrechts zu gewährleisten, müssen sie berücksichtigt werden.[121] Es ist mithin von einer Alternativität der Voraussetzungen auszugehen.

Zwar könnte der Annahme einer Umgehungsmöglichkeit durch bloße Vermarktung entgegengehalten werden, dass nach dem Sinn der Norm dennoch eine Wiederverwendung objektiv möglich sein muss. Allerdings stößt die Annahme eines derartigen *ungeschriebenen Merkmals* an ihre Grenzen, weil Plastikprodukte sehr langlebig sind – dies ist gerade Ursprung des Problems –, sodass rein objektiv gesehen eine nochmalige Verwendung regelmäßig möglich sein wird, auch wenn hiergegen eventuell hygienische Gesichtspunkte sprechen. Einer derartigen Umgehung kann nur abgeholfen werden, wenn man bei der Auslegung den Fokus auf den letzten Teil der Begriffsbestimmung legt, nämlich das mehrere Produktkreisläufe durchlaufen werden sollen, *indem* die Produkte zur Wiederbefüllung oder Wiederverwendung zum ursprünglichen Verwendungszweck an einen Hersteller zurückgegeben werden. Selbst wenn also ein klassischer Plastikeinwegbecher als wiederverwendbar vermarktet würde, so muss doch festgestellt werden, dass er in der Praxis nicht an den oder einen Hersteller zurückgegeben und nicht wiederverwendet wird. Dieses Rückgabeelement muss bei der Abgrenzung zwischen Einweg- und Mehrwegprodukten maßgeblich sein.[122] Mithin würde ein Plastikeinwegbecher auch bei anderslautender Vermarktung der Richtlinienvorgabe unterfallen, es sei denn, es bestehen tatsächlich Rückgabemöglichkeiten an Hersteller. Die Änderung im Gesetzgebungsverfahren, die eine Rückgabe an einen Hersteller,[123] nicht mehr nur an „den" Hersteller vorsieht,[124] verringert die Umgehungsgefahr nicht. Aufgrund des unklaren Wortlauts und den divergierenden Sprachfassungen bietet sich eine Klarstellung durch den Unionsgesetzgeber an, damit nicht im Zuge der Umsetzung durch die Mitgliedstaaten Möglichkeiten zur Vermeidung geschaffen werden. Bereits die nach Art. 12 UAbs. 2 Verbots-RL bis 3.7.2020 zu veröffentlichenden Leitlinien zu Einwegplastikartikeln, die als Auslegungshilfe dienen sollen,[125] könnten eine solche Präzisierung vornehmen.

---

[121] St. Rspr., vgl. etwa EuGH, Urt. v. 12.11.1969 – C-29/69, Slg. 1969, 419 Rn. 3 – Stauder; Urt. v. 19.4.2007 – C-63/06, Slg. 2007, I-3239 Rn. 13 – Profisa; Urt. v. 4.10.2007 – C-457/05, Slg. 2007, I-8075 Rn. 17 – Schutzverband der Spirituosen Industrie.

[122] Ähnlich auch *Wendenburg*, AbfallR 2019, 170 (172). Bei Lebensmittelverpackungen soll es nach Art. 12 UAbs. 1 Verbots-RL zur Einordnung als Einwegprodukt zusätzlich noch darauf ankommen, ob diese „tendenziell achtlos weggeworfen" werden, mit Recht krit. *Wendenburg*, AbfallR 2019, 170 (171 f.).

[123] So seit dem Kompromissvorschlag, Art. 3 Abs. 2 in Council of the EU, 18.1.2019, 5483/19 („*a producer*"); ebenso Art. 3 Nr. 2 Europäisches Parlament/Rat, 8.5.2019, PE-CONS 11/19; Art. 3 Nr. 2 Verbots-RL.

[124] So der ursprüngliche Vorschlag der Kommission, Art. 3 Abs. 2 COM(2018) 340 final.

[125] Vgl. Erwägungsgrund Nr. 12 und Art. 12 UAbs. 2 Verbots-RL; *Wüstenberg*, EuZW 2019, 633 (635).

5. *Verbot des Inverkehrbringens*

Aus der Perspektive eines bestmöglichen Umweltschutzes durch größtmögliche Abfallvermeidung ist zu kritisieren, dass lediglich das *Inverkehrbringen* der ausgewählten Produkte durch die Mitgliedstaaten verboten werden soll. So bleibt aber die *Herstellung* dieser Produkte in der EU und damit deren *Export* weiterhin möglich[126] und folglich das Entstehen von Plastikmüll aus diesen Einwegprodukten in anderen Staaten und in den Meeren. Dies gilt auch bei Umsetzung der jüngst beschlossenen Ergänzungen zum Basler Übereinkommen, da diese nur den Export von Plastik*müll*, nicht aber der Produkte als solcher betreffen. Zwar betont die Verbots-RL zumindest die Wichtigkeit, dass Exporte nicht zum Plastikmüllaufkommen beitragen sollen.[127] Es erscheint aber sinnwidrig, warum dann nicht konsequenterweise auch die Herstellung und damit der Export dieser besonders kurzlebigen Plastikeinwegprodukte, die schließlich schnell zu Plastik*müll* werden, geregelt wird. Dies gilt umso mehr, wenn ordnungsrechtliche Instrumente mit dem Argument der höheren Effektivität und Treffsicherheit gewählt werden.

Dem kann auch nicht entgegengehalten werden, die Herstellung sei von einem Inverkehrbringensverbot mitumfasst. Dies sind schon nach dem Wortsinn zwei zu unterscheidende Ebenen. Für eine derart weite Auslegung, die beides zusammenfasst, kann auch nicht überzeugend mit der Begriffsbestimmung in der Verbots-RL argumentiert werden.[128] Das „Inverkehrbringen" ist dort als erstmalige Bereitstellung eines Produkts auf dem Markt eines Mitgliedstaates legaldefiniert (Art. 3 Nr. 6 Verbots-RL). Die „Bereitstellung auf dem Markt" ist jede entgeltliche oder unentgeltliche Abgabe eines Produkts zum Vertrieb, zum Verbrauch oder zur Verwendung auf dem Markt des Mitgliedstaates im Rahmen einer Geschäftstätigkeit.[129] Die Eingrenzung in beiden Begriffsbestimmungen auf den Markt des Mitgliedstaates indiziert, dass Exporte weiterhin möglich sind und mithin als unabdingbare Voraussetzung auch die Herstellung der zu exportierenden Produkte. Zwar wird bei der Legaldefinition der „Bereitstellung auf dem Markt" auch „die Abgabe eines Produkts zum Vertrieb" erfasst,[130] was zu der Annahme führen könnte, das eine Herstellung zwar nicht unmittelbar, aber mangels Vertriebsmöglichkeit faktisch verboten würde. Das überzeugt aber nicht. Denn aus dem Wortlaut der Definition zur Bereitstellung auf dem Markt folgt, dass dies nur greift, wenn ein Vertrieb oder die als übergeordnete Auffangkatego-

---

126 A.A. nun *Wendenburg*, AbfallR 2019, 170 (172).

127 Erwägungsgrund Nr. 3 a.E. Verbots-RL.

128 So aber *Wendenburg*, AbfallR 2019, 170 (172).

129 Art. 3 Nr. 7 Verbots-RL.

130 Siehe Art. 3 Nr. 7 Verbots-RL.

rie einzuordnende Verwendung auf dem Markt des Mitgliedstaates bezweckt ist („oder zur Verwendung“, vgl. Art. 3 Nr. 7 Verbots-RL). Werden die Produkte also in der Union bzw. in dem Mitgliedstaat hergestellt und sollen außerhalb der EU vertrieben werden, ist dies nicht zwingend durch die Mitgliedstaaten zu verbieten.[131] Freilich können die Mitgliedstaaten über das Schutzniveau der Verbots-RL hinausgehen, jedoch ist die fehlende unionsweite Verpflichtung dazu aus der Perspektive eines bestmöglichen Umweltschutzes und der Effektivität der Plastikvermeidung zu kritisieren.

6. Kennzeichnungs- und Informationspflicht

Aus Umweltschutzgründen positiv zu bewerten sind die in der Verbots-RL enthaltenen Kennzeichnungs- und Informationspflichten über negative Umweltauswirkungen bei unsachgemäßer Entsorgung und über Entsorgungsempfehlungen,[132] die einer „informierte[n] Entscheidung“[133] der Verbraucher dienen. Denn häufig herrscht Unkenntnis, in wie vielen Produkten (zum Beispiel Feuchttücher, Coffee-to-go-Becher) Plastik enthalten ist,[134] sodass dies zur Sensibilisierung beitragen kann. Zu begrüßen sind die Änderungen im Gesetzgebungsverfahren, wonach auf das Vorhandensein von Plastik, die negativen Folgen *und* die Entsorgungsmöglichkeiten hinzuweisen ist[135] – im Kommissionsvorschlag waren die Hinweise alternativ möglich.[136] Dieser kumulativen Informationspflicht ist zuzustimmen, da so Umgehungsmöglichkeiten im Sinne eines bestmöglichen Umweltschutzes vermieden werden.

Zu bemängeln ist jedoch, dass sich die Informationspflicht nur auf die Produkte, die im Anhang Teil D aufgelistet sind, bezieht, also Hygieneartikel, Feuchttücher, Tabakprodukte mit Filtern und Getränkebecher.[137] Positiv ist zwar, dass Plastikbecher umfasst sind, allerdings sollten auch andere Einwegplastikprodukte wie to-go-Verpackungen eingeschlossen werden. Dies wäre aus Umweltschutzgründen sinnvoll, weil sie ebenso negative Folgen in der Natur verursachen und

---

[131] So sprach der Kommissionsvorschlag ausdrücklich auch von „auf dem Markt der Union“, siehe Art. 3 Abs. 5 in COM(2018) 340 final, was verdeutlicht, dass Exporte außerhalb der EU möglich bleiben.

[132] Vgl. Art. 7 Abs. 1 Verbots-RL.

[133] *Wüstenberg*, EuZW 2019, 633 (637). Vgl. Erwägungsgründe Nr. 20, 28 Verbots-RL.

[134] Vgl. *Beisel*, SZ v. 20.12.2018, S. 1.

[135] Vgl. Art. 7 Abs. 1 Verbots-RL. Deutlicher als die deutsche Fassung ist der Wortlaut der engl. („*and*“), frz. („*et*“) und span. („*y*“) Fassung in Art. 7 Abs. 1 lit. a Verbots-RL. Diese kumulative Pflicht geht auf die Änderungen des Parlaments zurück, European Parliament, P8_TA-PROV(2018)0411, Amendment 59, 140.

[136] Vgl. Art. 7 Nr. 1 in COM(2018) 340 final („*one or more of the following*“).

[137] Art. 7 Abs. 1 i. V. m. Anhang, Teil D, Nr. 1–4 Verbots-RL.

Gegenstand der Verminderungspflicht sind. Ferner wäre es unter dem Blickwinkel einer angestrebten Abfallvermeidung als solcher empfehlenswert, mit der Kennzeichnungspflicht nicht nur die Entsorgungs-, sondern auch die vorgelagerte und prioritäre Abfallvermeidungsebene zu adressieren. So sollten die Verbraucherhinweise auch Informationen über die bei der Produktherstellung verbrauchten Ressourcen enthalten, um bewusste und nachhaltige Konsumentscheidungen zu ermöglichen.[138]

7. Sonstiges

Die in dem Vorschlag des Parlaments enthaltene – letztlich nicht aufgegriffene – Änderung, gemeinsame Bestrebungen für Reinigungsmaßnahmen der Ozeane durch die EU mittels eines unionsweiten Programms zu initiieren,[139] ist positiv zu bewerten. Dies wäre ein wichtiger Baustein, um bereits *vorhandenen* Plastikmüll zu bekämpfen. Im Übrigen sind die Ausweitung der erweiterten Herstellerverantwortung und die Recyclingvorgaben nach der Verbots-RL richtig, wenngleich diese auf einer anderen Ebene als die Vermeidung des Verbrauchs der Produkte als solcher ansetzen.[140]

III. PlastiktütenverbotsG-E: nationales Plastiktütenverbot

Der PlastiktütenverbotsG-E[141] weist verschiedene Vor- und Nachteile auf.

Zu begrüßen ist, dass damit in Deutschland erstmals eine plastikproduktspezifische national verbindliche und rechtlich durchsetzbare Regelung vorläge und dadurch eine Abkehr vom bisher vorherrschenden freiwilligen Ansatz eingeleitet würde.[142] Dadurch würde auch die Plastiktüten-RL, namentlich das Verringerungsziel nach Art. 4 Abs. 1a UAbs. 4 lit. a S. 1 VerpRL, ordnungsgemäß umge-

---

138 Siehe allg. zu Kennzeichnungspflichten als Instrumente für Markttransparenz und Wahlfreiheit bei der Kaufentscheidung *Lübbe-Wolff,* NVwZ 2001, 481 (488 f.). Zur Transparenz als Voraussetzung der Wahlfreiheit *Leible,* ZLR 1993, 555 (557 ff.) bzgl. der Lebensmittelkennzeichnung. Vgl. auch die jüngste Petition Nr. 99915 an den Petitionsausschuss des Dt. Bundestags für eine CO_2-Kennzeichung auf Lebensmitteln.

139 Vgl. Art. 15 Nr. 2a European Parliament, P8_TA-PROV(2018)0411, Amendment 74, 105.

140 Vgl. zur entsprechenden Unterscheidung oben S. 166 f.

141 BR-Drs. 578/19.

142 I.E. auch DUH, Pressemitteilung v. 6.11.2019 (https://www.duh.de/presse/pressemitteilungen/pressemitteilung/gute-nachrichten-fuer-die-umwelt-deutsche-umwelthilfe-begruesst-das-verbot-von-plastiktueten-als-richti/, abgerufen: 14.11.2019); NABU, Stellungnahme Ergänzung VerpG, 30.9.2019, S. 1; a. A. BDI, Stellungnahme, 2.10.2019, S. 2 ff.; HDE, Stellungnahme, 26.9.2019, S. 2.

setzt,[143] woran es, wie hier gezeigt wurde,[144] bisher fehlt. Interessant ist aus rechtswissenschaftlicher Sicht, dass der PlastiktütenverbotsG-E zwar erwähnt, dass das Verbot der Umsetzung der Plastiktüten-RL dienen soll, aber offen lässt, ob und wieso die HDE-Vereinbarung rechtlich (nicht) ausreichte.[145] Stattdessen heißt es in der Stellungnahme des Nationalen Normenkontrollrats gemäß § 6 Abs. 1 NKRG[146], dass die geplante Maßnahme zwar den „Optionen der Plastiktüten-RL" entspreche, aber keine Notwendigkeit bestünde, die Ziele „noch stärker durchzusetzen", da sie in Deutschland bereits erreicht seien.[147] Wenngleich dieser faktischen Zielerreichung zuzustimmen ist, fehlt es wie dargelegt an einer rechtlich durchsetzbaren Umsetzungsvereinbarung.[148] Das geplante Verbot für leichte Plastiktüten und die Ausnahme für sehr leichte Plastiktüten sind nach der Plastiktüten-RL zulässig.[149] Ein Verbot wäre, wie hier gezeigt, grundsätzlich auch rechtmäßig.[150] Der PlastiktütenverbotsG-E sieht eine sechsmonatige Übergangsfrist vor, die den Abverkauf der Restbestände ermöglichen soll.[151] Ob dies dafür ausreicht,[152] sollte gestützt auf aktuelles Zahlenmaterial im Gesetzgebungsverfahren nochmals überprüft werden. Schließlich ist die ungenutzte Entsorgung dieser Plastiktüten aufgrund des mit der Herstellung bereits erfolgten Ressourcenverbrauchs nicht im Sinne des Nachhaltigkeitsprinzips,[153] insbesondere wenn stattdessen Papier-Einwegtüten verwendet werden. Festzuhalten ist jedoch, dass angesichts des weiten Einschätzungsspielraums des Gesetzgebers diese Instrumentenwahl aus rechtlicher Sicht nicht zu beanstanden ist, zumal ein Verbot – soweit es reicht – das effektivste Mittel zur konkreten Produktvermeidung darstellt,[154] auch wenn nach hier vertretener Ansicht aufgrund des bei einem Verbot

---

[143] I.E. ebenso BR-Drs. 578/19, S. 2 sowie ebd., Begründung, S. 4.

[144] Siehe ausf. oben S. 74 ff.

[145] Vgl. BR-Drs. 578/19, S. 1 f. sowie ebd., Begründung, S. 3 f., 14. Es wird nur darauf eingegangen, dass aufgrund der HDE-Vereinbarung letztlich keine komplette Vermeidung erfolgte.

[146] Gesetz zur Einsetzung eines Nationalen Normenkontrollrates v. 14.8.2006 (BGBl. I, 1866), zul. geändert durch Art. 1 des Gesetzes v. 16.3.2011 (BGBl. I, 420).

[147] So ausdrücklich BR-Drs. 578/19, Anlage, S. 1, 4.

[148] Oben S. 74 ff.

[149] Vgl. Art. 4 Abs. 1a UAbs. 2, 4 lit. a, b S. 2 VerpRL, dazu oben S. 229 f., 231 ff., 239 ff., 243 ff.

[150] Ausf. dazu oben S. 228 ff. Zutreffend BR-Drs. 578/19, Begründung, S. 5 f., 13 f.

[151] BR-Drs. 578/19, Begründung, S. 5, 14, 15. Eine zwölfmonatige Frist fordernd HDE, Stellungnahme, 26.9.2019, S. 2.

[152] Der HDE bezweifelt dies, weil er ausgehend von Schätzungen der GMV einen Vorrat von 200 Mio. leichten Plastiktüten annimmt, HDE, Stellungnahme, 26.9.2019, S. 2.

[153] In diese Richtung auch HDE, Stellungnahme, 26.9.2019, S. 2.

[154] Zutreffend BR-Drs. 578/19, S. 2 sowie ebd., Begründung, S. 5; diff. NABU, Stellungnahme Ergänzung VerpG, 30.9.2019, S. 3.

möglichen umweltschädlicheren Ausweichverhaltens, etwa auf nur vermeintlich ökologisch vorteilhafte Papiereinwegtüten,[155] Steuern oder Sonderabgaben vorzugswürdig sind.[156] Hinsichtlich des bestmöglichen Umweltschutzes mit Blick auf die Abfallvermeidung ist es ferner sinnvoll, dass auch bio-basierte und biologisch abbaubare Tüten erfasst werden sollen,[157] da diese das Problem nicht lösen[158] und so eine Substitution mit diesen vermieden wird.[159] Gleichwohl bestehen im Hinblick auf die Effektivität und den bestmöglichen Umweltschutz verschiedene Kritikpunkte. Erstens wird nur Letztvertreibern, also nur denjenigen Vertreibern, die Verpackungen an den Endverbraucher abgeben (§ 3 Abs. 13 VerpackG), ein Inverkehrbringen verboten.[160] Nur insoweit wird also eine vollständige Vermeidung erreicht (und angestrebt). Ein gewerbsmäßiges Inverkehrbringen leichter Plastiktüten auf anderen Handelsstufen bleibt erlaubt.[161] Zweitens wird die Herstellungsebene nicht adressiert, sodass ein Export dieser Produkte durch Hersteller, und gleichermaßen durch gewerbsmäßige Inverkehrbringer, weiterhin möglich ist,[162] welcher zu Umweltschäden andernorts führen kann. Drittens sind nur bestimmte Plastiktüten, namentlich die leichten Plastiktüten im Sinne der Plastiktüten-RL, vom Verbot betroffen.[163] Zwar erscheint es aufgrund der mit einem Verbot einhergehenden Substitutionseffekte nach hier vertretener Ansicht sinnvoll, sehr leichte Plastiktüten nicht zu verbieten.[164] Allerdings sind nach dem PlastiktütenverbotsG-E für diese Produkte auch (weiterhin) keine (anderen) Maßnahmen (z. B. Steuer, Sonderabgabe, Mehrwegförderkampagnen) geplant, obwohl der Verbrauch dieser seit mehreren Jahren „in etwa konstant"[165] ist bzw.

---

[155] Aufgrund des Ausweichverhaltens ähnlich krit. zu einem Verbot, *Bernau*, FAZ v. 16.8. 2019, S. 15; *Löhr*, FAZ v. 13.8.2019, S. 15; NABU, Stellungnahme Ergänzung VerpG, 30.9. 2019, S. 1 f., 5.

[156] I.E. wie hier NABU, Stellungnahme Ergänzung VerpG, 30.9.2019, S. 1 f.; anders und weiter als hier, das Verbot insgesamt befürwortend, DUH, Pressemitteilung v. 6.11.2019 (https://www.duh.de/presse/pressemitteilungen/pressemitteilung/gute-nachrichten-fuer-die-umwelt-deutsche-umwelthilfe-begruesst-das-verbot-von-plastiktueten-als-richti/, abgerufen: 14.11.2019).

[157] BR-Drs. 578/19, Begründung, S. 13.

[158] Siehe zu bio-basierten und biologisch abbaubaren Plastik oben S. 251.

[159] Vgl. DUH, Pressemitteilung v. 6.11.2019 (https://www.duh.de/presse/pressemitteilungen/pressemitteilung/gute-nachrichten-fuer-die-umwelt-deutsche-umwelthilfe-begruesst-das-verbot-von-plastiktueten-als-richti/, abgerufen: 14.11.2019).

[160] Siehe Art. 1 Nr. 1 lit. c BR-Drs. 578/19 sowie ebd., Begründung, S. 12 f.

[161] Vgl. Art. 1 Nr. 1 lit. c BR-Drs. 578/19. Wie hier explizit ebd., Begründung, S. 12 f.

[162] Dies ausdrücklich hervorhebend BR-Drs. 578/19, Begründung, S. 12 f.

[163] Siehe Art. 1 Nr. 1 lit. c BR-Drs. 578/19 sowie S. 2; ebd., Begründung, S. 13 f.

[164] Ähnlich und wie hier für eine Abgabe NABU, Stellungnahme Ergänzung VerpG, 30.9. 2019, S. 2, 6.

[165] So die Einschätzung der Bundesregierung in einer Antwort auf eine Anfrage der

sogar minimal steigt[166]. Angemerkt sei ferner, dass sich die Begriffsbestimmung für sehr leichte Plastiktüten lediglich an der Legaldefinition der Plastiktüten-RL orientiert,[167] hingegen eine begriffliche Ergänzung, die wie hier gezeigt aus Klarstellungsgründen sinnvoll wäre,[168] nicht eigeninitiativ aufgenommen wurde. Darüber hinaus ist das gesetzessystematische Vorgehen insgesamt zweckmäßig und entspricht methodisch dem hier vorgeschlagenen Weg für eine Umsetzung der Verbots-RL.[169] Umgesetzt werden soll das Verbot durch eine Änderung von § 5 VerpackG, namentlich eine Hinzufügung eines neuen Absatzes 2 und eine Verlagerung des bisherigen § 5 VerpackG in einen neuen Absatz 1.[170] Kritikwürdig ist lediglich, dass die bisherige Überschrift „Stoffbeschränkungen" in „Beschränkungen des Inverkehrbringens" geändert werden soll.[171] Dies vermag nicht in Gänze zu überzeugen. Denn dies wäre eine unzutreffende Zusammenfassung. Sie würde die erforderliche Unterscheidung zwischen einem Inverkehrbringensverbot und einer Stoffbeschränkung, die der bisherige § 5 VerpackG – und sodann ein neuer Absatz 1 in § 5 VerpackG – regelt, unterlaufen. Dieser materielle Regelungsgehalt von § 5 VerpackG ergibt sich, wie hier gezeigt, aus dem Wortlaut der bisherigen Überschrift, dem telos und der Entstehungsgeschichte der Norm.[172] Treffender wäre mithin eine neue Überschrift, die „*Stoffbeschränkungen und Beschränkungen des Inverkehrbringens*" lautet.

Im Ergebnis ist es folglich positiv, dass durch den PlastiktütenverbotsG-E leichte Plastiktüten in Deutschland erstmalig mit einer verbindlichen Regelung adressiert werden sollen und die überfällige Umsetzung der Plastiktüten-RL erfolgen würde. Da aber nur das Inverkehrbringen durch Letztvertreiber betroffen wäre und weiterhin sehr leichte Plastiktüten nicht adressiert würden, bedürfte es bei Inkrafttreten eines solchen Verbots aus rechtspolitischer Sicht (weiterer) verbindlicher Maßnahmen.

FDP-Bundestagsfraktion, BT-Drs. 19/8071, S. 3. Siehe zu den konkreten Verbrauchszahlen bereits oben S. 81.

[166] *Diemand*, FAZ v. 5.6.2019, S. 22; *DPA*, SZ v. 5.6.2019, S. 6.

[167] Vgl. Art. 1 Nr. 1 lit. c BR-Drs. 578/19; ebd., Begründung, S. 13 f.

[168] Ausf. dazu oben S. 72 f.; dies verkennend BR-Drs. 578/19, Begründung, S. 13 f.

[169] Dazu S. 275.

[170] Vgl. Art. 1 Nr. 1 lit. b, c, Nr. 2 BR-Drs. 578/19.

[171] Art. 1 Nr. 1 lit. a, b, Nr. 2 BR-Drs. 578/19.

[172] Siehe oben S. 237.

C. Eigener Vorschlag

I. Instrumentenverbund

Plastik in den Meeren und in der sonstigen Umwelt sind komplexe Probleme, die nicht durch eine einzige Maßnahme gelöst werden können. Erforderlich ist vielmehr ein Instrumentenverbund[173], der alle Ebenen des Mehrebenensystems umfasst. Hierbei ist, wie auch beim Klimaschutz, bedeutsam, dass ein „arbeitsteiliger Instrumentenverbund“ geschaffen wird, „bei dem auf der für das jeweilige Regelungsziel am besten geeigneten Ebene das Optimum für eine [ ] in der Summe und im Zusammenwirken hinreichende [ ]“[174] Bekämpfung des Plastikmüllproblems erreicht wird. Es ist essentiell, dass dabei ein besonderer Fokus auf die Vermeidung von Plastikmüll und somit auch die Vermeidung von bestimmten Plastikeinwegprodukten als eine Hauptquelle gesetzt wird.[175] Zusätzlich müssen Maßnahmen auf den verschiedenen anderen Stufen der Abfallhierarchie erfolgen, wie Instrumente für verbesserte Entsorgungs- und funktionierende Abfallmanagementsysteme, ein hohes Recycling und die Wiederverwendung von Materialien. Diese Maßnahmen können im Mehrebenensystem ebenfalls an verschiedenen Stellen ansetzen.[176] Gerade die Abfallvermeidung bietet insofern großes Potenzial. Da die Auswahl der konkreten Lösungen letztlich den politischen Entscheidungsträgern obliegt,[177] werden hier verschiedene Szenarien zugrunde gelegt und ein differenzierter, gestufter *Maßnahmenkatalog* vorgeschlagen, der alle Ebenen des Mehrebenensystems und die bisherigen Erkenntnisse dieser Untersuchung berücksichtigt.

II. Gestufter Maßnahmenkatalog

1. Völkerrechtliche Ebene

Zunächst sollte ein international verbindlicher Rahmen in Form eines spezifischen völkerrechtlichen Plastik-Abkommens geschaffen werden. Eine Ergänzung bestehender völkerrechtlicher Abkommen ist nur die zweitbeste Lösung.[178]

---

[173] *Rodi*, ZG 2000, 231 (231 ff.); *Weber-Grellet*, NJW 2001, 3657 (3662); zum Begriff „Mix“ und weiteren *Michael*, in: Hoffmann-Riem/Schmidt-Aßmann/Voßkuhle, Grundlagen VwR, Bd. II, § 41 Rn. 19.

[174] Treffend für den Klimaschutz *Kahl*, ZUR 2010, 395 (395); ähnlich *Rodi*, JZ 2000, 827 (830).

[175] Siehe bereits oben S. 3 ff.

[176] Beispielsweise durch die Verbots-RL, transnationalen Wissens- und Erfahrungsaustausch (durch das BMZ siehe oben S. 51 f.) oder internationale Programme, dazu oben S. 55 ff.

[177] Siehe nur *Sparwasser/Engel/Voßkuhle*, Umweltrecht, § 2 Rn. 209.

[178] Ausf. dazu oben S. 252 ff.

Inhaltlich sollte eine Plastik-Konvention neben der konkreten Verpflichtung, keinen Plastikmüll in das Meer *und* die Umwelt zu entsorgen, die Verbrauchsvermeidung von Einweg-Plastikprodukten und damit die Abfallvermeidung als prioritäres Ziel festschreiben. Eine globale Abfallhierarchie wäre wünschenswert. Zudem sollten Verpflichtungen zu weniger Verbrauch von neuem Plastik und erhöhtem Recycling aufgenommen werden. Der verpflichtende Erlass von nationalen Aktionsplänen, die auch die Abfallvermeidungsebene berücksichtigen und sich an einem internationalen exemplarischen Maßnahmenkatalog orientieren, aber zugleich nach einheitlichen Vorgaben aufzustellen sind, gepaart mit einem Finanzierungsfonds, kann eine wichtige Impulswirkung haben und von transnationalen Synergieeffekten profitieren.[179]

Aufgrund des Umstands, dass Plastikmüll – einmal in der Umwelt – keine nationalen Grenzen kennt, und wegen der Signal- und Antriebswirkung für nationale Maßnahmen bei diesem transnationalen Problem, sollten sich *Deutschland* und die *EU* für eine plastikspezifische Konvention einsetzen. Gerade weil ein solches Übereinkommen aber einen zeitaufwendigen Aushandlungs- und Abstimmungsprozess erfordert, die Staaten dem Vertrag dann noch beitreten bzw. diesen ratifizieren müssen[180] und bis zum Inkrafttreten des Vertrags voraussichtlich mindestens 4 Jahre vergehen werden,[181] bedarf es angesichts des zunehmenden Plastikmüllproblems zwingend auch der Maßnahmen auf unionaler und nationaler Ebene.

2. Europarechtliche Ebene

Eine besondere Rolle sollte die EU einnehmen, weil sie verbindliche Regelungen erlassen kann und damit eine wichtige Anstoßfunktion für viele Länder gleichzeitig hat. Mit der unverbindlichen Plastik-Strategie, der Plastiktüten-RL und der Verbots-RL hat sie bereits einen wichtigen Beitrag geleistet, allerdings genügt dieser nicht.[182] Um dem selbst gesetzten Ziel, eine Vorreiterrolle in der Nachhaltigkeitspolitik einzunehmen,[183] gerecht zu werden, bedarf es weiterer Handlungen.

Hinsichtlich Plastiktüten sollten verbindliche Regelungen zur Verbrauchsreduktion von sehr leichten Plastiktüten erlassen und die Verringerungsziele für den Verbrauch der leichten Plastiktüten verschärft werden.[184] Es bietet sich auf-

---

[179] Näher zu den Inhalten eines Plastik-Abkommen siehe oben S. 255 ff.

[180] Vgl. Art. 11 ff. Wiener Übereinkommen über das Recht der Verträge (BGBl. 1985 II, 927).

[181] Vgl. die Überlegungen für Zeitpläne in UNEP, UNEP/EA.3/INF/5, S. 144.

[182] Vgl. *Ulrich,* SZ v. 20.12.2018, S. 4, der bzgl. der Verbots-RL von einem kleinen Schritt spricht, der aber besser als Stillstand sei.

[183] Siehe dazu oben S. 44 einschl. der dortigen Nachweise.

[184] Zur Kritik an der bisherigen Alternativität und Höhe der Ziele siehe oben S. 73.

grund der flächendeckenden Breitenwirkung und der beobachteten Reduktionseffekte an, hierfür eine unionsweite Steuer einzusetzen. Um zusätzlich unionsweite umweltschützende Maßnahmen zu initiieren, wäre es umweltpolitisch sinnvoll, wenn der EU zudem die Ertragskompetenz zustünde, die Einnahmen also in den EU-Haushalt flössen. Auch wenn zuzugeben ist, dass aufgrund der hohen Verfahrensanfordernisse (insbesondere Einstimmigkeit im Rat) für die steuerliche Rechtsetzungs- und mehr noch die Ertragskompetenz,[185] diese Lösung schwierig zu erreichen sein wird, wäre dies umweltpolitisch dennoch eine gute Lösung. Denn dies wäre ein unionsweit einheitlicher Ansatz, was sowohl für den Umweltschutz als auch den Binnenmarkt positiv wäre. Die finanziellen Mittel könnten für flächendeckende plastikspezifische Informationskampagnen, Reinigungsmaßnahmen sowie Innovationsförderung und Forschung im Sinne des Umweltschutzes verwendet werden. Entsprechend eines abgestuften Maßnahmenkatalogs nachrangig, aber aufgrund der unionsweiten Wirkung dennoch empfehlenswert, wäre es – beispielsweise bei fehlendem politischen Konsens für eine EU-Steuer – die Plastiktüten-RL bzw. die VerpRL zu ändern und erhöhte Reduktionsziele sowie obligatorische Maßnahmen für sehr leichte Plastiktüten aufzunehmen. Zudem sollten die bisher alternativen Ziele der Plastiktüten-RL durch zwei kumulativ zu erfüllende Ziele ersetzt und der unklare Wortlaut der Legaldefinition für sehr leichte Plastiktüten angepasst werden.[186]

Aus diesen Gründen bietet sich auch eine EU-weite Steuer für Plastikeinweggeschirr einschließlich Coffee-to-go-Becher und to-go-Artikel an, die mit einem Verbrauchsreduktionsziel gepaart wird, welches mit einem Monitoring überwacht wird. Sollten diese Verbrauchsreduktionsziele innerhalb eines bestimmten Zeitraums nicht erreicht werden, sollten ordnungsrechtliche Mittel ergriffen werden. Diese Lösung ist gegenüber einem sofortigen Verbot – wie in der Verbots-RL – vorzugswürdig, weil den Bürgern so zumindest ein gewisser Freiheitsraum belassen wird und gleichzeitig eine höhere Bewusstseinsbildung für einen sparsamen Verbrauch von Einwegprodukten erfolgen kann.[187]

Die Verbots-RL muss zumindest nachgebessert werden; insoweit wird auf die obigen[188] Ausführungen verwiesen. Zudem empfiehlt sich für die bisher in der Verbots-RL nur von einer Verbrauchsreduktionspflicht erfassten Produkte die Einführung einer EU-Steuer.

---

[185] Siehe näher oben S. 92 ff., 98 ff., 103 ff.

[186] Siehe hierzu oben S. 71 ff.

[187] Dazu bereits oben S. 251 f.

[188] Ausf. dazu oben S. 258 ff.

3. Nationale Ebene: Bund, Länder und Kommunen

a) Empfehlungen und Vorschläge zur Umsetzung der Verbots-RL

Auf der nationalen Ebene empfiehlt sich eine bundeseinheitliche Verbotsregelung. Wichtig ist, dass dieses in Gesetzesform erfolgt und nicht etwa eine freiwillige Vereinbarung mit den Inverkehrbringern gewählt wird, da es einer verbindlichen Regelung bedarf.

Zur Umsetzung der Verbots-RL gibt es im Wesentlichen die Möglichkeit, bestehende Gesetze, etwa das VerpackG, zu ändern, ein neues Gesetz zu schaffen oder eine Kombination beider Varianten. Zu beachten ist indes, dass eine Ergänzung des VerpackG rechtssystematisch sinnvoll nur für die von der Verbots-RL erfassten Gegenstände in Betracht kommt, die auch Verpackungen im Sinne der VerpRL und des VerpackG sind (Plastikteller, -becher). Plastikeinwegbestecke und die hier nicht untersuchten Strohhalme, Wattestäbchen etc.[189] könnten in einem separaten Gesetz verboten werden. Die Richtlinienumsetzung ließe sich in einem Artikelgesetz durchführen. Kompetenzgrundlage wäre Art. 74 Abs. 1 Nr. 24 GG (Abfallwirtschaft).[190]

Obwohl die Verbots-RL derzeit kein Herstellungsverbot vorsieht,[191] sollte Deutschland ein solches umfassendes Verbot erlassen. Dieses sollte mit ordnungsrechtlichen Sanktionen verbunden werden, um es nicht praktisch leerlaufen zu lassen.[192]

Gegen eine explizite Normierung eines Herstellungsverbots kann nicht überzeugend argumentiert werden, dies sei überflüssig, weil es bereits von einem Inverkehrbringensverbot miterfasst sei. Richtig ist zwar, dass die Herstellerdefinition in § 3 Abs. 14 S. 1 VerpackG nicht an die Produktion, sondern an das *erstmalige* Inverkehrbringen anknüpft, weshalb dieser Schluss naheliegen könnte. Denn auch eine Herstellung erfordert im Nachgang einen Vertriebsvorgang und könnte daher faktisch ausgeschlossen sein.[193] Eine solche Auslegung überzeugt aber nicht, weil das Inverkehrbringen wiederum in § 3 Abs. 9 S. 1 VerpackG in dem Sinne legaldefiniert ist, dass die Abgabe an Dritte nur auf den *Geltungsbereich des VerpackG* bezogen ist. Daher wäre bei einem bloßen Inverkehrbrin-

---

[189] Zu verbieten nach Art. 5 i.V.m. Anhang, Teil B Nr. 1, 4 Verbots-RL, es sei denn, sie fallen in den Geltungsbereich der Richtlinien 90/385/EWG oder 93/42/EWG.

[190] Dazu siehe oben S. 231 f.

[191] Siehe dazu ausf. oben S. 265 f.

[192] Vgl. Art. 14 und Erwägungsgrund Nr. 31 Verbots-RL. Siehe allg. zur wichtigen Rolle von Umweltstraf- und Umweltordnungswidrigkeitenrecht für die Funktionsfähigkeit des Ordnungsrechts, *Lübbe-Wolff,* Modernisierung des Umweltordnungsrechts, 1996, S. 183 ff., speziell zur „unmittelbar vollzugsunterstützende[n] Funktion" (ebd., S. 185); vgl. auch *dies.*, NVwZ 2001, 481 (481).

[193] Vgl. die ähnliche Erwägung bzgl. der Verbots-RL, oben S. 265 f.

gensverbot die Herstellung in Deutschland und das Inverkehrbringen außerhalb der EU nach dem VerpackG möglich. Diese Begrenzung wird auch durch § 3 Abs. 14 S. 2 VerpackG indiziert, der ebenso auf den Geltungsbereich des VerpackG abstellt. Um den Sinn und Zweck eines Herstellungsverbots – die Unterbindung der fortbestehenden Exportmöglichkeit bei Produktion in der EU – sicher zu wahren, ist ein solches folglich explizit und separat anzuordnen. Hierfür bedarf es einer Änderung der Legaldefinition der Hersteller in § 3 Abs. 14 S. 1 VerpackG derart, dass ausdrücklich der Produktionsvorgang erfasst wird. Dies entspricht auch der Verbots-RL,[194] die insofern (auch ohne ein Herstellungsverbot zu normieren) eine begrüßenswerte Klarstellung im Einklang mit dem allgemeinen Wortsinn enthält.

Zur Verbotsumsetzung würde es sich konkret anbieten, § 5 VerpackG zu erweitern und neu zu strukturieren. Zweckmäßig erscheint es, statt der bisherigen zwei Sätze zwei *Absätze* zu schaffen und den bisherigen § 5 VerpackG in einen Absatz 1 zu verorten und im neuen Absatz 2 ein Verbot von Plastiktellern und -bechern aus aufgeschäumten Polysterol zu normieren.[195] Dies könnte wie folgt lauten:

(2) Die Herstellung und das Inverkehrbringen von Einwegtellern, die ganz oder teilweise aus Kunststoff bestehen, sowie von Einwegbechern und -tassen aus expandiertem Polysterol sind verboten.

Es empfiehlt sich, die Überschrift von § 5 VerpackG in „*Stoffbeschränkungen und Beschränkungen des Inverkehrbringens*" zu ändern, um ebendiese Unterscheidung der sodann in den Absätzen enthaltenen Regelungen zu verdeutlichen.[196] Tritt der noch nicht verabschiedete PlastiktütenverbotsG-E in Kraft, der ein Plastiktütenverbot entsprechend der hier vorgeschlagenen Neustrukturierung in einem neuen Absatz 2 des § 5 VerpackG verortet,[197] bietet es sich an, das hier vorgeschlagene Verbot zur Umsetzung der Verbots-RL in einem neuen Absatz 3 zu normieren. Die Ergänzung um einen neuen Absatz – statt eines gemeinsamen Absatzes mit mehreren Sätzen – wäre systematisch sinnvoll, weil Letzteres (bei Nutzung des obigen Vorschlags) erheblich umfangreicher wäre als das angedachte Plastiktütenverbot, dass nur Letztvertreiber, die Inverkehrbringensebene und bestimmte Plastiktüten betrifft. Ein Zusammenfassen dieser sehr unterschiedlichen Regelungsgehalte (Produkte, Umfang) in einem Absatz wäre hingegen regelungstechnisch unbefriedigend. Der hier unterbreitete Vorschlag würde zur Rechtsklarheit beitragen.

---

[194] Siehe Art. 3 Nr. 11 lit. a Verbots-RL.

[195] So für ein Verbot von Plastiktüten nun auch Art. 1 Nr. 1 lit. b, c in BR-Drs. 578/19.

[196] Zur erforderlichen Differenzierung oben S. 237, 270; anders der PlastiktütenverbotsG-E, dazu S. 270.

[197] Vgl. Art. 1 Nr. 1 lit. c in BR-Drs. 578/19.

Zur Umsetzung der Verbots-RL in der hier herausgearbeiteten Form sollte zudem in § 34 VerpackG entsprechend der bisherigen Gesetzessystematik eine *Ordnungswidrigkeit* bei Zuwiderhandlung aufgenommen werden. Am sinnvollsten ist dies in § 34 Abs. 1 Nr. 1 VerpackG,[198] da hier schon der Verstoß gegen den bisherigen § 5 VerpackG normiert ist.

Zudem sollte der *Anhang* des VerpackG geändert und klargestellt werden, dass nicht nur Einwegtassen, sondern, wie hier gezeigt,[199] auch -becher im Einklang mit den übrigen Sprachfassungen der VerpRL zu den Verpackungen zählen.

Um die Vorgabe der Verbots-RL einer Verbrauchsreduktion von sonstigen Plastikbechern einschließlich des Coffee-to-go-Bechers zu erfüllen, sollte keine freiwillige Absprache nach dem Vorbild der HDE-Vereinbarung[200] genutzt werden. Zwar sind Vereinbarungen zur Umsetzung zulässig, wenn sie bestimmte Voraussetzungen erfüllen.[201] Die normierten Voraussetzungen entsprechen jedoch denen des Art. 22 VerpRL, dessen Anforderungen durch die HDE-Vereinbarung, wie gezeigt,[202] nicht erfüllt werden, sodass eine der HDE-Vereinbarung vergleichbare Absprache mangels Verbindlichkeit und Durchsetzbarkeit auch nicht zur Umsetzung der Verbots-RL genügen würde. Aus umweltpolitischer Sicht empfiehlt sich vielmehr die Einführung einer *bundesweiten Verbrauchsteuer*[203] oder *Sonderabgabe*[204] *auf Plastikbecher*.[205] Wünschenswert wäre es, die hiermit erzielten Einnahmen für plastikspezifische umweltschützende Maßnahmen zu nutzen, um so gewissermaßen „doppelt“[206] den Umweltschutz zu berücksichtigen. Diese Verwendung wäre bei einer Sonderabgabe ohnehin Voraussetzung für ihre Erhebung.[207] Eine Zweckbindung des Aufkommens wird aber auch bei sogenannten Zwecksteuern verfassungsrechtlich anerkannt, soweit dies

---

198 So für Plastiktüten nun auch der PlastiktütenverbotsG-E, BR-Drs. 578/19, Begründung, S. 15.

199 Dazu ausf. oben S. 39 f.

200 Zu deren Bewertung siehe oben S. 74 ff., 79 ff.

201 Siehe Art. 4 Abs. 1 UAbs. 3 i. V. m. 17 Abs. 3 sowie Erwägungsgrund Nr. 34 Verbots-RL.

202 Ausf. dazu oben S. 77 ff.

203 Dazu eingehend oben S. 136 ff., 159 ff.

204 Ausf. siehe S. 175 ff., insbes. zur Fortentwicklung des Kriteriums der Gruppennützigkeit oben S. 187 ff.

205 Vgl. auch Erwägungsgrund Nr. 26 der Verbots-RL, wonach ökonomische Anreize ein effektives Umsetzungsmittel sein können; für eine Sonderabgabe DUH, Plastikstrategie für Deutschland, 11/2018, S. 5; für eine Lenkungsabgabe Fraktionsbeschluss Bundestagsfraktion Bündnis 90/DIE GRÜNEN v. 25.9.2018, Grüner Aktionsplan gegen Plastikmüll, S. 2 (https://www.gruene-bundestag.de/files/beschluesse/180925-Fraktionsbeschluss_Plastikmu__ll.pdf, abgerufen: 14.11.2019).

206 Zur sog. „doppelten Dividende“ etwa *Wernsmann,* Verhaltenslenkung, 2005, S. 424 f.; krit. *Waldhoff,* StuW 2002, 285 (287).

207 Dazu ausf. oben S. 187 ff.

durch Gesetz vorgeschrieben oder im Haushaltsplan zugelassen ist (vgl. § 7 S. 2 HGrG, § 8 S. 2 BHO).[208] Dagegen werden insbesondere wegen des Grundsatzes der Gesamtdeckung (Non-Affektion, vgl. § 7 S. 1 HGrG, § 8 S. 1 BHO) verfassungsrechtliche Bedenken[209] vorgebracht. Dies soll hier nicht vertieft werden, es sei aber festgehalten, dass solche Zweckbindungen bei Steuern jedenfalls wegen der bewirkten „Einengung der Dispositionsfreiheit des Haushaltsgesetzgebers"[210] aus rechtlicher Sicht die Ausnahme bleiben müssen.[211]

b) Weitere Maßnahmen

Zudem sollte auf *sämtliche* Plastiktüten eine Verbrauchsteuer oder Sonderabgabe erhoben werden.[212] Damit geht der Vorschlag auch über den Gesetzentwurf des BMU für ein Verbot bestimmter Plastiktüten hinaus. Bezüglich leichter Plastiktüten bietet sich dies auch an, um die Plastiktüten-RL ordnungsgemäß umzusetzen, woran es bisher fehlt.[213] Das Argument, Plastiktüten wären bereits häufig kostenpflichtig, überzeugt nicht, weil dies nicht bezüglich aller Tüten und flächendeckend gilt. Soweit dies stattfindet, handelt es sich ohnehin nur um ein privat erhobenes Entgelt, dessen Aufkommen durch die Unternehmen frei verwendet werden kann. Mangels Regelungen zur Mittelverwendung (insbesondere in der HDE-Vereinbarung) wird eine Möglichkeit, weitere umweltschützende Maßnahmen zu veranlassen, nicht ausgeschöpft.[214] Fehlt es am (bundes-)politischen Willen, so könnten die Länder als Vorreiter (derzeit) eine allgemeine Verbrauchsteuer nach Art. 105 Abs. 2 S. 2 GG auf Plastiktüten und to-go-Plastikeinwegverpackungen einführen, auch wenn ihnen nicht die Ertragskompetenz zu-

---

[208] Jüngst bestätigt durch BVerfG, NJW 2018, 3223 (3224); zuvor bereits BVerfGE 49, 343 (353); 93, 319 (348); 110, 274 (294 f.).

[209] Dazu *Kube*, in: Maunz/Dürig, GG, Art. 110 GG (Stand: 12/2013) Rn. 145; *Seer*, in: Tipke/Lang, Steuerrecht, § 2 Rn. 16; *Waldhoff*, StuW 2002, 285 (285 ff., 297 ff.); *ders.*, in: Isensee/Kirchhof, HStR V, § 116 Rn. 141; *Wernsmann*, Verhaltenslenkung, 2005, S. 428 f., 443 ff., 448 ff., der hervorhebt, dass eine „rein politische Verknüpfung" rechtlich unbedenklich ist (ebd., S. 443 f.).

[210] BVerfGE 93, 319 (348).

[211] BVerfGE 93, 319 (348); 110, 274 (294 f.); mit Recht *Kube*, in: Epping/Hillgruber, GG, Art. 105 GG Rn. 5; *ders.*, ZG 2010, 105 (125); einen Rechtfertigungsgrund fordern *Birk/Desens/Tappe*, Steuerrecht, Rn. 114; *Kube*, in: Maunz/Dürig, GG, Art. 110 GG (Stand: 12/2013) Rn. 145; *Seiler*, Maunz/Dürig, GG, Art. 105 GG (Stand: 5/2005) Rn. 56; *Waldhoff*, StuW 2002, 285 (2297 ff., 307 f.).

[212] Ähnlich DUH, Plastikstrategie für Deutschland, 11/2018, S. 5; Fraktionsbeschluss Bundestagsfraktion Bündnis 90/DIE GRÜNEN v. 25.9.2018, Grüner Aktionsplan gegen Plastikmüll, S. 2 (https://www.gruene-bundestag.de/files/beschluesse/180925-Fraktionsbeschluss_Plastikmu__ll.pdf, abgerufen: 14.11.2019); NABU in *Löhr*, FAZ v. 13.8.2019, S. 15.

[213] Ausf. dazu oben S. 74 ff.

[214] Detailliert zu diesem Aspekt bereits oben S. 82.

steht.[215] Eine örtliche Verbrauchsteuer gemäß Art. 105 Abs. 2a S. 1 GG auf Plastiktüten ist durch das Mitnahmeelement weder für die Kommunen (noch die Länder[216]) möglich. Um der im Vergleich zu Verboten geringeren Treffsicherheit[217] und der damit verbleibenden Prognoseunsicherheit über die Wirksamkeit einer Abgabe sowie dem insofern bestehenden, hier kritisierten[218] Defizit der Plastiktüten-RL zu begegnen, ist es sinnvoll, die Einführung einer Steuer oder Sonderabgabe mit einem konkreten quantitativen Reduktionsziel der abgabenbelasteten Produkte bis zu einem bestimmten Zeitpunkt zu kombinieren und dies mit einem Monitoring zu begleiten. Wird das Ziel nicht erreicht, sollten ordnungsrechtliche Mittel zur Verbrauchsreduktion herangezogen werden.

Allerdings dürfen die vorgeschlagenen Maßnahmen nicht die einzigen bleiben, sondern müssen Teil eines umfassenden Konzeptes sein. Wichtig ist, dass gleichzeitig Mehrwegalternativen und -initiativen wie die betrachteten Pfand-, Rabatt- und Mischsysteme für Coffee-to-go-Becher oder anderes Einweggeschirr gefördert werden, beispielsweise durch Anschubfinanzierungen und Informationskampagnen. Ohnehin sind Aufklärungs- und Sensibilisierungsmaßnahmen essentiell, sie entsprechen auch der Verbots-RL.[219] Andernfalls wird nur ein Ausweichen auf andere Einwegprodukte bewirkt und es besteht die Gefahr, dass dabei ein ebenso verschwenderischer Umgang mit Ressourcen erfolgt. Dies wäre aus umweltpolitischer Sicht problematisch, da zum Beispiel Papierprodukte zwar zumindest – anders als Plastikprodukte – in der Umwelt verrotten, aber einen hohen Ressourcenverbrauch in der Herstellung haben[220] und so eine bloße Verlagerung der Umweltbelastung stattfände. Im Lichte des Nachhaltigkeits-, Vorsorge- und Integrationsprinzips ist dies zu kritisieren. Zudem ist der für die Papierproduktion beanspruchte Wald selbst erheblichen Belastungen und Gefährdungen ausgesetzt, etwa durch Klimawandel, Luftverunreinigung und intensive Forstwirtschaft.[221] Die Problembewältigung kann also nicht über die Ersetzung der bisherigen Plastikeinwegprodukte durch Pappprodukte erfolgen, weil im Sinne des Nachhaltigkeitsprinzips ein bewusster und verminderter Verbrauch von Plastikeinwegprodukten sowie ihren Substituten, wie beispielsweise Papp-Einwegprodukte, angezeigt ist. Aus der Perspektive eines nachhaltigen Umgangs

---

215 Dazu näher oben S. 159 ff.

216 Zwar wären die Länder nach hier vertretener Ansicht grundsätzlich zur Einführung einer landesweiten örtlichen Verbrauchsteuer befugt. Allerdings würde es aufgrund des Mitnahmeelements auch hier an einer örtlichen Steuer fehlen. Ausf. dazu oben S. 143 ff.

217 Siehe dazu oben S. 249.

218 Oben S. 73.

219 Vgl. Art. 10 i. V. m. Anhang, Teil G der Verbots-RL.

220 Siehe dazu oben S. 251 einschl. der dortigen Nachw.

221 *Grefe/Habekuss,* DIE ZEIT v. 6.12.2018, S. 37 (37 ff.); UBA, Wald, 2016, S. 4 ff.

mit Ressourcen empfiehlt sich daher ein ganzheitlicher Ansatz zur Vermeidung von Einwegprodukten, und zwar sowohl der Plastikeinwegprodukte als auch ihrer Alternativen.[222] Auch deshalb bietet sich eine Steuer oder Sonderabgabe an. Denn bei diesen wird mittels finanzieller Anreize eine bewusste Konsumentscheidung gesteuert. Ob dies erreicht wird oder ob es zu umweltbelastendem Ausweichverhalten kommt,[223] sollte mit einem Monitoring beobachtet werden. Es darf aber nicht übersehen werden, dass auch die Entsorgungsebene, insbesondere in Form des „leichtsinnigen Wegwerfens" in die Natur, adressiert werden muss. Um einen Bewusstseinswandel bei jedem Einzelnen einzuleiten, wonach Abfälle – gleich welcher Art – nicht in die Umwelt gehören und folglich nach dem Konsum nicht dorthin entsorgt werden dürfen,[224] sind Aufklärungs- und Sensibilisierungsmaßnahmen nötig.

Der Bund sollte daher ein umfassendes Plastik-Konzept erarbeiten, das über den 5-Punkte-Plan des BMU[225] hinausgeht. Letzterer ist aus umweltpolitischer Sicht verbesserungs- und ergänzungsbedürftig. So fehlt zum Beispiel ein konkretes Abfallvermeidungsziel, das aber erforderlich wäre.[226] Unter dem plastikproduktspezifischen Blickwinkel ist zwar positiv, dass die Verbots-RL unterstützt wird. Hingegen fehlen konkrete Aussagen zur nationalen Umsetzung[227] oder Verbesserungsvorschläge.[228] Nach dem 5-Punkte-Plan sollen mögliche Maßnahmen zur Verbrauchsreduktion der Coffee-to-go-Becher nach Abschluss eines Forschungsprojektes entwickelt werden,[229] was im Ansatz grundsätzlich zu begrüßen ist. Wichtig ist aber, dass nicht nur die vorhandenen[230] lokalen (freiwilligen) Coffee-to-go-Becher-Initiativen unterstützt werden,[231] sondern steuernde

---

[222] Vgl. *Liebrich,* SZ v. 29.5.2018, S. 15, die die „schädliche Kultur des Wegwerfens" von Einweg kritisiert.

[223] Allg. zur möglichen „umgekehrten Wirkung" einer Steuer *Franke,* StuW 1990, 217 (221).

[224] Vgl. für Zigarettenstummel *Bauchmüller,* SZ v. 19.12.2018, S. 4; ähnlich wie hier bzgl. der Verbots-RL der Europaabgeordnete Karl-Heinz Florenz (CDU) in *Bauchmüller,* SZ v. 20.12.2018, S. 25.

[225] Dazu siehe oben S. 50.

[226] Ähnlich DUH, Pressemitteilung v. 26.11.2018 (https://www.duh.de/presse/pressemitteilungen/pressemitteilung/fuenf-punkte-plan-gegen-plastikmuell-von-umweltministerin-schulze-ist-ein-kniefall-vor-dem-handel-und/, abgerufen: 14.11.2019); siehe auch DUH, Plastikstrategie für Deutschland, 11/2018, S. 3.

[227] Zu hier vorgeschlagenen Umsetzungsempfehlungen siehe S. 274 ff.

[228] Vgl. BMU, 5-Punkte-Plan, 11/2018, S. 4 f. Siehe zu Kritik und hier angestellten Reformüberlegungen, S. 258 ff.

[229] Siehe BMU, 5-Punkte-Plan, 11/2018, S. 5.

[230] Zur hier vorgenommenen Systematisierung der Initiativen mit Beispielen siehe oben S. 62 ff.

[231] In diese Richtung deutet BMU, 5-Punkte-Plan, 11/2018, S. 5: „Derartige Initiativen unterstützen wir.".

Instrumente wie eine Sonderabgabe oder Verbrauchsteuer eingeführt werden.[232] Das gilt umso mehr, weil eine verbindliche Umsetzung der Verbots-RL nötig ist. Auf Plastiktüten, insbesondere auf die hier festgestellte[233] fehlende richtlinienkonforme Umsetzung der Plastiktüten-RL, und weitere diesbezügliche Maßnahmen, beispielsweise zur Reduktion der Hemdchenbeutel, wird im 5-Punkte-Plan des BMU nicht eingegangen; stattdessen wird die HDE-Vereinbarung als Vorbild für weitere Handlungen genannt.[234] Da es insofern also noch weiterer Maßnahmen bedarf, sollte eine umfassende Plastik-Strategie beschlossen werden, wobei nach hier vertretener Auffassung steuernde Instrumente wie eine Verbrauchsteuer oder Sonderabgabe vorzugswürdig sind.[235] Zudem sollte Teil eines Plastik-Konzeptes die Unterstützung eines internationalen Plastik-Abkommens sein; eine bloße, wie jüngst erfolgte, Änderung des Basler Übereinkommens, für die sich der 5-Punkte-Plan ausspricht,[236] ist unzureichend.[237] In das Plastik-Konzept mit produktspezifischen Maßnahmen sollten auch die Alternativen für Plastikeinwegprodukte einbezogen werden.[238] Gepaart mit konkreten Reduktionszielen, Aufklärungsmaßnahmen und Mehrwegförderung bietet dies großes Potenzial für die Abfallvermeidung mit Blick auf die hier untersuchten Plastiktüten und -einweggeschirrartikel einschließlich des Coffee-to-go-Bechers und andere Plastikeinwegprodukte (z. B. Take-Away-Verpackungen) sowie deren Substitute. Die vielen vorhandenen aktuellen internationalen, regionalen und nationalen Bestrebungen[239] weisen in die richtige Richtung, wenn auch aus rechtspolitischer Sicht weitere, vor allem verbindliche plastikproduktspezifische Handlungen erforderlich sind.[240] Sie sollten Auftakt zu einer umfassenden Debatte zur nachhaltigen Müllvermeidung sein.[241]

---

232 Für eine Lenkungsabgabe etwa auch DUH, Plastikstrategie für Deutschland, 11/2018, S. 5; Fraktionsbeschluss Bundestagsfraktion Bündnis 90/DIE GRÜNEN v. 25.9.2018, Grüner Aktionsplan gegen Plastikmüll, S. 2 (https://www.gruene-bundestag.de/files/beschluesse/180925-Fraktionsbeschluss_Plastikmu__ll.pdf, abgerufen: 14.11.2019).

233 Dazu oben S. 74 ff.

234 Vgl. BMU, 5-Punkte-Plan, 11/2018, S. 3 f.

235 Siehe oben S. 247 ff., 277.

236 Vgl. BMU, 5-Punkte-Plan, 11/2018, S. 10.

237 Zur Notwendigkeit eines eigenen Plastik-Abkommens trotz der Änderungen des Basler Übereinkommens siehe S. 252 ff., zu möglichen und hier vorgeschlagenen Inhalten, S. 255 ff., 271 f.

238 Einen begrüßenswerten Ansatz in diese Richtung enthält der BMU, 5-Punkte-Plan, 11/2018, S. 4, der darauf abstellt, dass Einwegteller aus Aluminium eine schlechtere Ökobilanz haben. Dies ist aber auch für die weiteren Produkte erforderlich, in diese Richtung, ohne Bezug zum BMU 5-Punkte-Plan, auch DUH, Plastikstrategie für Deutschland, 11/2018, S. 5.

239 Ausf. dazu Teil 1 dieser Untersuchung, S. 27 ff., 55 ff.

240 Dazu eingehend S. 69 ff., 247 ff.

241 Vgl. *Kläsgen/Timmler*, SZ v. 8.6.2018, S. 17, wonach der NABU ebenfalls „bedauert“,

D. Zusammenfassung

Das Plastikmüllproblem kann nicht durch eine einzige Maßnahme gelöst werden, sondern erfordert einen effektiven, kohärenten Instrumentenverbund aus internationalen, europäischen, nationalen und regionalen Handlungen. Hierfür empfiehlt sich ein differenzierter und gestufter Maßnahmenkatalog, der verschiedene Szenarien und alle Ebenen des Mehrebenensystems berücksichtigt.

Völkerrechtlich sollte ein plastikspezifisches Abkommen verabschiedet werden. Obwohl die Änderungen zum Basler Übereinkommen aus Umweltschutzgründen zu begrüßen sind, genügen sie nicht, weil sie nur den Umgang mit vorhandenem Abfall und dessen grenzüberschreitende Verbringung regeln. Es bedarf aber weiterer Maßnahmen. Bestehende völkerrechtliche Verträge wie das SRÜ oder die Basler Konvention (isoliert) zu ergänzen ist daher nur die zweitbeste Lösung. Die Ergänzung bestehender Abkommen und die Verabschiedung eines selbstständigen Plastik-Abkommens schließen sich jedoch nicht aus. Für eine Plastik-Konvention wurden hier zentrale Bestandteile herausgearbeitet. So sollte eine konkrete Pflicht, Plastikmüll nicht in die Umwelt und das Meer zu entsorgen, aufgenommen werden. Bedeutsam ist ferner, dass eine Plastik-Konvention auch die Abfallvermeidungsebene adressiert und nicht nur die Entsorgungsebene. Möglich wäre dies durch konkrete und quantitative Verbrauchs- und Produktionsverminderungspflichten, die sich (auch) auf Plastiktüten und -einweggeschirr beziehen. Sinnvoll erscheint zudem, die Vertragsstaaten zu plastikspezifischen Aktionsplänen und Säuberungsmaßnahmen zu verpflichten und einen Überprüfungs- und Finanzierungsmechanismus aufzunehmen.

Auf *europäischer* Ebene sind weitere Maßnahmen erforderlich, wenngleich positiv zu bewerten ist, dass die EU mit der Plastiktüten-RL[242] und der Verbots-RL einen plastikproduktspezifischen Ansatz verfolgt. Die Verbots-RL bietet aus rechtlicher und rechtspolitischer Sicht Verbesserungspotenzial. Vorliegend wurden konkrete Reformvorschläge empfohlen, die auch bei der Umsetzung zu beachten sind. Auf die von dem Verbot der Verbots-RL bisher nicht erfassten Plastikprodukte (Plastiktüten, -becher, to-go-Artikel) sollte eine unionsweite Steuer eingeführt werden.

National sollten verbindliche Maßnahmen zu allen hier untersuchten Plastikprodukten erlassen werden. Nachrangig zu einer unionsweiten Steuer sollten als zweitbeste Lösung die von dem Verbot der Verbots-RL nicht erfassten Plastik-

---

dass eine solche bisher aufgrund der „Plastiktüten-Debatte" nicht ausgelöst wurde. Vgl. auch BMU, 5-Punkte-Plan, 11/2018, S. 1 f., der das Ziel „Raus aus der Wegwerfgesellschaft" hat und insofern eine solche einleiten könnte. Es bleibt abzuwarten, ob dies zu einer umfassenden Müllvermeidungsdebatte führt.

242 Zur Bewertung der Plastiktüten-RL siehe oben S. 71 ff.

tüten und -becher mit einer bundesweiten Verbrauchsteuer oder Sonderabgabe adressiert werden. Dies sollte mit einem Verminderungsziel, der Förderung von Mehrwegalternativen und Aufklärungsmaßnahmen kombiniert werden. Eine Steuer oder Sonderabgabe ist gegenüber einem sofortigen Verbot vorzugswürdig, weil Freiräume für die Betroffenen[243] bestehen bleiben und zugleich eine Bewusstseinsänderung zugunsten eines nachhaltigen und sparsamen Verbrauchs von sämtlichen Einwegprodukten bewirkt werden kann. Denn eine bloße Verlagerung der Umweltbeeinträchtigungen ist nicht im Sinne eines bestmöglichen Umweltschutzes. Bleibt der Bund untätig, sollten die Länder und Kommunen die aufgezeigten Handlungsspielräume nutzen. Zudem ist ein ganzheitliches Konzept erforderlich, das über den 5-Punkte-Plan des BMU hinausgeht.

[243] *Sacksofsky*, NJW 2000, 2619 (2624).

Resümee und Ausblick

A. Resümee

Teil 1

§ 1

1. Das Nachhaltigkeits- und Vorbeugeprinzip legen eine sparsame Nutzung von kurzlebigen und abfallintensiven Plastikeinwegprodukten wie Plastiktüten und -einweggeschirr nahe, die überwiegend aus der nicht erneuerbaren Ressource Erdöl hergestellt werden. Aus dem Zusammenspiel von Vorbeuge- und Verursacherprinzip folgt, Plastikmüll vorrangig zu vermeiden. Falls dies nicht möglich ist, spricht das Verursacherprinzip für die Inanspruchnahme von Herstellern, Vertreibern und Konsumenten als Verursacher.

2. Regelungen zu den Produkten und deren Nutzung – statt nur zu deren Entsorgung – sind auch im Sinne des Ursprungsprinzips. Nach dem Integrationsprinzip sind umweltschädliche Verlagerungswirkungen zu beachten. Das Kooperationsprinzip verlangt nicht zwingend freiwillige Maßnahmen, streitet aber für eine frühzeitige Beteiligung aller Akteure.

§ 2

3. Ein plastikspezifisches völkerrechtliches Abkommen fehlt bisher. Im SRÜ wird Plastikmüll nicht ausdrücklich erwähnt; die dortige Verpflichtung, die Meeresumwelt zu schützen und Maßnahmen zur Verhütung und Verringerung der Meeresverschmutzung zu ergreifen, erfasst aber auch den Schutz vor Plastikmüll. Das Basler Übereinkommen enthält ab 1.1.2021 strengere Exportregeln für Plastikmüll, bislang ist dieser nicht als gefährlicher Abfall eingestuft.[1] Die zahlreichen plastikspezifischen, wenn auch rechtlich unverbindlichen Soft Law-Akte sehen dringenden Handlungsbedarf.[2]

---

[1] Näher zum völkervertragsrechtlichen Rahmen oben S. 27 ff.; siehe zu den Änderungen auch S. 292 f.

[2] Ausf. zum Soft Law oben S. 31 ff.

4. Auf Unionsebene bestehen mehrere für das vorliegende Thema unmittelbar relevante plastikproduktspezifische und meeresbezogene Rechtsakte.[3] Die Plastiktüten-RL gibt die Reduktion von Plastiktüten vor. Die Abfallvermeidung ist auf Rang eins der Abfallhierarchie gemäß der AbfRRL. Die VerpRL, die auch Plastikbecher erfasst,[4] gibt kein konkretes Vermeidungsziel vor. Plastikeinweggeschirr wird von der Verbots-RL adressiert, die dieses teilweise verbietet, teils eine Verbrauchsreduktion regelt. Die vielen europäischen Soft Law-Akte betonen die Ausmaße des Problems und Handlungsbedarf, insbesondere die EU-Plastik-Strategie.

5. In Deutschland fehlt bislang ein Gesetz zur plastikproduktspezifischen Verbrauchsminderung.[5] Das KrWG und das die bisherige VerpackV seit 1.1.2019 ersetzende VerpackG sehen vorrangig die Abfallvermeidung vor.

§ 3

6. Von den vorhandenen zahlreichen kooperativen umweltpolitischen Maßnahmen wurden hier die wichtigsten identifiziert und in allgemein auf Plastikmüll bezogene[6] und plastikproduktspezifische Initiativen unterteilt. Zu den plastikproduktspezifischen Instrumenten gehört auch die Plastiktüten-Vereinbarung des Handelsverbands Deutschland e.V. (HDE) mit dem Bundesumweltministerium (HDE-Vereinbarung). Hierbei handelt es sich nicht um eine Selbstverpflichtung, sondern eine zweiseitige Absprache.[7] Die wichtigsten lokalen Coffee-to-go-Becher-Initiativen lassen sich in Pfand-, Rabatt- und Mischsysteme kategorisieren, was auf andere Projekte entsprechend übertragbar ist.

§ 4

7. Die vorhandenen plastikproduktspezifischen Instrumente sind im Wesentlichen freiwilliger Natur, mit Ausnahme der Plastiktüten-RL und nunmehr der Verbots-RL.[8] Der Plastiktüten-RL kommt wegen ihres verbindlichen plastikproduktspezifischen Ansatzes eine Vorreiterrolle zu. Kritikwürdig ist, dass sie nur bestimmte Plastiktüten adressiert und die vorgegebenen Verringerungsziele zu niedrig sind.

---

[3] Zur Unterscheidung oben S. 36, zu den meeresbezogenen Rechtsakten oben S. 41 ff.

[4] Detailliert dazu oben S. 39 f.

[5] Zum PlastiktütenverbotsG-E siehe oben insbes. S. 267 ff.

[6] Dazu ausf. oben S. 55 ff.

[7] Siehe dazu oben S. 61.

[8] Zur Würdigung der Verbots-RL siehe S. 258 ff., zur Plastiktüten-RL siehe S. 71 ff.

8. Die Umsetzung der Plastiktüten-RL durch Deutschland mit der normvermeidenden bzw. normabwendenden[9] HDE-Vereinbarung ist bisher nicht richtlinienkonform. Die eingetretene Verbrauchsreduktion von Plastiktüten und damit faktische Zielerreichung macht verbindliche Umsetzungsmaßnahmen wegen des effet utile des Unionsrechts nicht entbehrlich.[10] Etwas anderes folgt auch nicht aus Art. 22 Abs. 3a VerpRL, weil dessen kumulative Voraussetzungen nicht erfüllt sind.[11] Die HDE-Vereinbarung ist weder rechtlich verbindlich noch durchsetzbar. Ungeachtet dessen ist aus umweltpolitischer Sicht zu kritisieren, dass die HDE-Vereinbarung (wenn auch im Einklang mit der Richtlinie) die sehr leichten Plastiktüten nicht erfasst und dass der Verbrauch der übrigen leichten Plastiktüten immer noch hoch ist.

9. Die Coffee-to-go-Initiativen in Deutschland weisen verschiedene Vorteile auf, sind aber nicht verbindlich und meist nur lokal begrenzt. Sie führen somit nicht zu einem bestmöglichen Umweltschutz.

10. Da das rechtliche Instrumentenarsenal zur Verminderung des Plastikmüllaufkommens somit bisher defizitär ist, bedarf es dringend verbindlicher internationaler, europäischer, nationaler und regionaler Handlungen, insbesondere zur Verbrauchsreduktion von sämtlichen Plastiktüten und -einweggeschirr einschließlich des Coffee-to-go-Bechers.

Teil 2

§ 5

11. Der Unionsgesetzgeber könnte eine unionsweite Steuer auf Plastiktüten und -einweggeschirr einführen oder die Mitgliedstaaten hierzu verpflichten. Rechtsgrundlage wäre aufgrund des Regelungsschwerpunkts Art. 192 Abs. 2 UAbs. 1 lit. a AEUV,[12] der eine eigenständige[13] Kompetenzgrundlage für umweltbezogene steuerliche Vorschriften darstellt. Der EU stünden auch die Steuererträge zu, wenn die strengen verfahrensrechtlichen Voraussetzungen des Art. 311 UAbs. 3 AEUV (einstimmiger Ratsbeschluss, Anhörung des EU-Parlaments und Ratifikation durch die Mitgliedstaaten) erfüllt werden.[14] Das Subsidiaritätsprinzip wäre gewahrt, weil eine unionsweite Regelung einen größeren Wirkungskreis entfalten und das Problem effizienter und besser angehen könnte.[15] Entschließt

---

[9] Zu dieser Einordnung siehe oben S. 74.

[10] Näher dazu oben S. 75 ff.

[11] Dazu ausf. oben S. 77 ff.

[12] Zu Art. 113 AEUV detailliert oben S. 92 ff.; zur Abgrenzung ausf. oben S. 101 ff.

[13] Dazu oben S. 98 f.

[14] Siehe ausf. S. 103 ff.

[15] Zu den Kompetenzausübungsschranken siehe oben S. 105 ff.

sich der Unionsgesetzgeber nur für eine Steuer auf Plastiktüten oder nur auf -einweggeschirr etc., wäre das mit dem Kohärenzprinzip (Art. 7 AEUV) vereinbar, weil danach auch ein partielles Vorgehen zulässig ist.[16]

12. Eine unionsweite eigenständige Steuer oder die Verpflichtung an die Mitgliedstaaten, eine solche auf Plastiktüten und -einweggeschirr zu erheben, wäre aus Umweltschutzgründen mit den EU-Grundfreiheiten und den EU-Grundrechten vereinbar, insbesondere der Warenverkehrsfreiheit, der unternehmerischen Freiheit und Eigentumsfreiheit. Eine Steuer wäre zur Verbrauchsreduktion und mithin Abfallvermeidung (Umweltschutz) geeignet und würde mittelbar auch zukünftigen Abfall in den Meeren vermeiden, ungeachtet dessen, ob eine unionsweite Steuer global gesehen einen ausreichenden und prozentual großen Beitrag leistet.[17] Sie wäre erforderlich, weil es keine milderen, aber gleich geeigneten Mittel gibt. Insbesondere sind verschärfte Anforderungen an Recycling kein gleich geeignetes Mittel, weil sie auf einer anderen, sekundären Ebene ansetzen. Denn abfallhierarchisch ist zwischen der vorrangigen Abfallvermeidung und dem nachrangigen Recycling zu unterscheiden. Steuerliche Regelungen wären auch angemessen und stünden im Einklang mit dem Verursacher-, dem Nachhaltigkeits-, dem Vorsorge- und dem Ursprungsprinzip.

13. Deutschland kann auf Basis der aktuellen Rechtslage eine Verbrauchsteuer[18] oder Sonderabgabe auf sämtliche Plastiktüten und -einweggeschirr, einschließlich des Coffee-to-go-Bechers, europarechts- und verfassungskonform einführen. Durch die Verbots-RL wird die Möglichkeit für eine Steuer oder Sonderabgabe in Bezug auf das Inverkehrbringen von Plastiktellern, -besteck und Bechern aus expandiertem Polysterol (EPS) ab dem 3.7.2021 eingeschränkt, weil diese dann zu verbieten sind. Eine Besteuerung der Herstellung wäre aber (weiterhin) möglich. Eine nationale Steuer auf Plastiktüten und sonstige -becher einschließlich des Coffee-to-go-Bechers wäre ebenfalls zulässig.[19] Im Hinblick auf den Coffee-to-go-Becher gibt Art. 4 der Verbots-RL sogar eine Verbrauchsminderung vor, sodass eine Steuer oder Sonderabgabe ein Mittel zur Richtlinienumsetzung wäre.

14. Eine örtliche Verbrauchsteuer (Art. 105 Abs. 2a S. 1 GG) auf Plastikeinweggeschirr „zum Verzehr an Ort und Stelle“ kann durch die Gemeinden, soweit die Bundesländer sie hierzu ermächtigen, und auch einheitlich und landesweit durch die Länder[20] selbst erlassen werden. Steuergegenstand kann jedoch nur Plastikeinweggeschirr „zum Verzehr an Ort und Stelle“ sein, wie dies zum Bei-

---

[16] Dazu oben S. 111 f.

[17] Dazu ausf. oben S. 118 f.

[18] Zur finanzverfassungsrechtlichen Einordnung siehe ausf. oben S. 137 ff.

[19] Ausf. zu den Auswirkungen durch die Verbots-RL siehe oben S. 134 ff.

[20] Dazu ausf. oben S. 143 ff.

spiel typischerweise auf Märkten verwendet wird. Plastiktüten, der Coffee-to-go-Becher und auch andere to-go-Verpackungen genügen aufgrund ihrer Transporteigenschaft nicht den Anforderungen der Örtlichkeit, weil die Wirkungen durch die Mitnahmefähigkeit nicht örtlich begrenzt sind.[21] An dem verfassungsrechtlichen Kriterium der Örtlichkeit ist auch festzuhalten. Eine Fortentwicklung[22] des traditionell in Steuertatbeständen verwendeten Merkmals „zum Verzehr an Ort und Stelle“ hilft nicht weiter, weil tatbestandliche Ergänzungen zur Erfassung der to-go-Kultur nicht zufriedenstellend bestimmbar sind. Eine Änderung der finanzverfassungsrechtlichen Prämissen ist zum Schutz des finanzverfassungsrechtlichen Kompetenzgefüges und angesichts der bestehenden Gesetzgebungsmöglichkeiten nicht geboten.

15. Das kritikwürdige Urteil des BVerfG zur kommunalen Verpackungsteuer der Stadt Kassel aus dem Jahr 1998[23] kann einer Lenkungsteuer nicht (mehr) entgegengehalten werden. Eine ausführliche Analyse der aktuellen Rechtslage hat gezeigt, dass kein Widerspruch von Lenkungsteuern zum aktuellen bundesrechtlichen Abfallrecht, einschließlich des seit 1.1.2019 geltenden VerpackG (mehr) besteht. Das KrWG und das VerpackG verfolgen ein aus kooperativen und ordnungsrechtlichen Instrumenten bestehendes Gesamtkonzept, das offen für Lenkungsmittel ist. So nennt § 33 Abs. 3 Nr. 2 KrWG i. V. m. Nr. 3 lit. a Anlage 4 zum KrWG ausdrücklich Aufpreise auf Produkte.[24] Das bestehende Abfallvermeidungsprogramm des Bundes unter Beteiligung der Länder steht dem ebenfalls nicht entgegen.[25] Zum Konzept der Produktverantwortung wäre eine Steuer kein Widerspruch, sondern eine Ergänzung. Denn beide zielen zwar auf die Abfallvermeidung, setzen aber auf einer anderen Ebene an. Die Produktverantwortung adressiert eine ressourcenschonende und abfallarme Produktgestaltung, während eine Steuer die Vermeidung des wenn auch optimierten Produktes bezweckt.[26] Auch die Kooperation und Eigenverantwortung, die das Duale System auszeichnet, steht dem nicht entgegen, weil dadurch vor allem das Recycling und die Wiederverwendung erhöht werden sollen, wie auch die Lizenzentgelte verdeutlichen.[27]

16. Der Bund und die Länder[28] können gestützt auf die konkurrierende Gesetzgebungsbefugnis für allgemeine Verbrauchsteuern (Art. 105 Abs. 2 S. 2 GG) eine

---

21 Eingehend dazu oben S. 145 ff., insbes. S. 149 ff.

22 Dazu oben S. 155 ff.

23 Siehe oben S. 162 ff.

24 Dazu oben S. 167 ff.

25 Näher dazu S. 169 f.

26 Hierzu oben S. 166 f.

27 Dazu oben S. 173 f.; ausf. zum Ganzen und zu weiteren Argumenten, oben S. 165 ff.

28 Ausf. dazu oben S. 159 ff.

plastikspezifische Verbrauchsteuer auf sämtliche Plastiktüten und -einweggeschirr einschließlich des Coffee-to-go-Bechers (und anderer to-go-Artikel) einführen. Die Ertragshoheit verbleibt jedoch in beiden Fällen beim Bund.

17. Gestützt auf die konkurrierende Gesetzgebungskompetenz zur Abfallwirtschaft (Art. 74 Abs. 1 Nr. 24 GG) könnten der Bund und alternativ die Länder bzw. die Kommunen eine Sonderabgabe auf Plastiktüten und -einweggeschirr einschließlich des Coffee-to-go-Bechers einführen. Dies wäre eine sogenannte Lenkungssonderabgabe, weil sich der Umstand, dass zumindest am Anfang ein erhebliches Aufkommen zu erwarten ist, nicht zu einem vorherrschenden Finanzierungszweck verdichtet.[29]

18. Es besteht derzeit keine Sperrwirkung für eine landesrechtliche plastikspezifische Sonderabgabe. Das aktuelle Abfallrecht, insbesondere das KrWG und das VerpackG sind nicht abschließend und lassen derartige Lenkungssonderabgaben zu. Dies folgt erstens daraus, dass § 33 Abs. 3 Nr. 2 und 3 KrWG i. V. m. Nr. 3 lit. a Anlage 4 zum KrWG explizit die Möglichkeit vorsehen, wirtschaftliche Maßnahmen einzuführen. Zweitens beschränkt sich dies nicht auf Abfallvermeidungsprogramme der Länder, weil die bloße Erwähnung dieser Maßnahmen zeigt, dass der Gesetzgeber insofern von einer nicht abschließend im Abfallrecht geregelten Materie ausging. Drittens entfaltet das Abfallvermeidungsprogramm des Bundes unter Beteiligung aller Länder keine Sperrwirkung. Viertens steht dem auch nicht das VerpackG entgegen, insbesondere die Produktverantwortung. Dies folgt auch daraus, dass § 23 KrWG die Produktverantwortung regelt – welche durch das VerpackG konkretisiert wird –, gleichzeitig aber in § 33 Abs. 3 Nr. 2 und 3 KrWG i. V. m. Nr. 3 lit. a Anlage 4 wirtschaftliche Lenkungsinstrumente vorgesehen sind.[30]

19. Die Zulässigkeitsanforderungen für eine Lenkungssonderabgabe wären unter Fortentwicklung der Rechtsprechung des BVerfG gewahrt. Zwar wäre das Kriterium der gruppennützigen Verwendung des Abgabeaufkommens bei einer plastikspezifischen Sonderabgabe nicht erfüllt.[31] Dieses Merkmal ist aber bei Lenkungssonderabgaben durch das einer lenkungszweckbezogenen Verwendung zu ersetzen, welches vorläge.[32] Eine bloß weite Auslegung und Modifikation des bisherigen Merkmals der Gruppennützigkeit genügt nicht. Stattdessen bedarf es zur Herstellung von Rechtsklarheit und Rechtssicherheit sowie einer konsequenten Dogmatik eines neuen Kriteriums und einer begrifflichen Unterscheidung der Zulässigkeitsanforderungen von Finanzierungs- und Lenkungssonder-

[29] Dazu oben S. 178 ff.

¹30 Ausf. zum Ganzen und zu weiteren Argumenten, oben S. 176 ff.

[31] Dazu ausf. oben S. 188 f.

[32] Näher dazu oben S. 189 ff.

abgaben.[33] Insofern ist eine Fortentwicklung der in langjähriger Rechtsprechung gefestigten Zulässigkeitskriterien geboten.

20. Eine plastikproduktspezifische Lenkungsteuer oder Lenkungssonderabgabe wären mit dem EU-Sekundärrecht,[34] den EU-Grundfreiheiten,[35] insbesondere der Freiheit des Warenverkehrs, und den nationalen Grundrechten,[36] namentlich der Berufs- und Eigentumsfreiheit und dem allgemeinen Gleichheitssatz, vereinbar.

§ 6

21. Die hier untersuchten Möglichkeiten für ein unionsweites Verbot gehen über die Verbots-RL hinaus, welche nur ein Inverkehrbringensverbot für einige der hier untersuchten Produkte (Plastikteller, -besteck und Becher aus expandiertem Polysterol) enthält. Vorliegend werden zusätzlich andere Produkte (Plastiktüten und sonstige -becher einschließlich des Coffee-to-go-Bechers) und andere Instrumente (Herstellungsverbot) betrachtet.

22. Ein umfassendes (fiktives) EU-Plastik-Verbot wäre gestützt auf Art. 192 Abs. 1 AEUV zulässig. Soweit Übergangsfristen und Ausnahmen für medizinische Verwendungen von Plastikbechern vorgesehen werden,[37] wäre es mit den EU-Grundfreiheiten und EU-Grundrechten vereinbar und wegen der überragenden Bedeutung des Umweltschutzes verhältnismäßig. Es wäre insbesondere mangels milderer, gleich geeigneter Mittel, erforderlich und angemessen.

23. Die insofern engere Verbots-RL mit einem Inverkehrbringensverbot von Plastiktellern, -besteck und Bechern aus expandiertem Polysterol hält einer rechtlichen[38] Überprüfung stand.[39]

24. Ein nationales Inverkehrbringens- und Herstellungsverbot von Plastiktüten und -einweggeschirr einschließlich des Coffee-to-go-Bechers wäre rechtmäßig, insbesondere verhältnismäßig, soweit es angemessene Übergangsfristen und Ausnahmen für medizinische Verwendungen von Plastikbechern vorsieht.

25. Auf Basis der aktuellen Rechtslage in der EU setzt ein nationales Verbot des Inverkehrbringens von Plastiktellern, -besteck und Bechern aus expandiertem Polysterol, welches ab dem 3.7.2021 gelten darf, die Verbots-RL um. Auch für sonstige Plastikbecher wird ein Verbot durch die Verbots-RL ausdrücklich

[33] Siehe oben S. 191 ff., zum Ganzen S. 187 ff.
[34] S. 195 ff.
[35] S. 198 f.
[36] S. 199 ff.
[37] Ausf. dazu oben S. 222 f., 225.
[38] Zu Kritik, Bewertung und Reformvorschlägen siehe oben S. 258 ff.
[39] Dazu oben S. 227 f., zum fehlenden Herstellungsverbot oben S. 265 f.

gestattet.[40] Ein Herstellungsverbot wäre autonom möglich. Plastiktüten könnten ebenfalls autonom[41] verboten werden.

26. Verfassungsrechtlich wäre ein Verbot gestützt auf die konkurrierende Gesetzgebungskompetenz des Art. 74 Abs. 1 Nr. 24 GG durch den Bund und die Länder zurzeit noch möglich. Da der Bund bisher kein plastikproduktspezifisches Verbot erlassen hat, wären landesrechtliche Verbotsregelungen derzeit nicht gesperrt.[42] Eine solche Sperrwirkung resultiert auch nicht aus der Verordnungsermächtigung in § 24 KrWG als solcher und von dieser wurde auch nicht in abschließender und erschöpfender Weise Gebrauch gemacht. Das VerpackG regelt die Materie der Abfallvermeidung nicht abschließend, auch nicht durch § 5 VerpackG. Das Vorhandensein der Ermächtigung in § 24 Nr. 2 KrWG zeigt, dass der Bundesgesetzgeber davon ausgeht, dass das Abfallrecht des Bundes ordnungsrechtliche Regelungen gestattet und insoweit nicht erschöpfend geregelt hat. Zudem ist das bundesrechtliche Abfallrecht (KrWG, VerpackG) für eine Lenkung offen, und zwar gleich welcher Art, unabhängig von der direkten oder indirekten Wirkungsweise. Ein landesrechtliches Verbot stünde daher auch nicht im Widerspruch zur bundesabfallrechtlichen Gesamtkonzeption im Sinne der Rechtsprechung des BVerfG, zumal das Bundesabfallrecht selbst auch ordnungsrechtliche Elemente enthält (z.B. § 24 KrWG; § 5 VerpackG; §§ 24 ff. VerpackG[43]). Eine von der verfassungsrechtlichen Zuständigkeit zu trennende Frage ist, ob ein plastikspezifisches Verbot durch einzelne Länder rechtspolitisch sinnvoll ist.[44]

§ 7

27. Ein spezifisches völkerrechtliches Plastik-Abkommen ist notwendig.[45] Hierfür wurden vorliegend zentrale plastikspezifische Bausteine aufgezeigt. Essentiell ist, den Fokus nicht nur auf das Recycling, sondern auf die Abfallvermeidung zu richten, beispielsweise mit einer quantitativen Reduktionsverpflichtung für Verbrauch (insbesondere für Plastikeinwegprodukte wie Plastiktüten und -geschirr) und Produktion. Zudem sollte das Abkommen eine Verpflichtung zum Erlass von nationalen plastikspezifischen Aktionsplänen, einen effektiven Compliance- und Monitoring-Mechanismus und die Schaffung eines Finanzierungsfonds beinhalten. Wegen der bereits vorhandenen großen Mengen Plastikmüll in

40 Siehe dazu oben S. 230.
41 Teilweise in Umsetzung der Plastiktüten-RL, dazu siehe S. 229 f
42 Zu den Auswirkungen des PlastiktütenverbotsG-E oben S. 232 f.
43 Zur Zentralen Stelle oben S. 174.
44 Ausf. zum Ganzen oben S. 232 ff.
45 S. 252 f., siehe auch S. 271.

der Umwelt, insbesondere in den Meeren, sollte ferner die Verpflichtung zur Beteiligung an Säuberungsmaßnahmen aufgenommen werden.[46]

28. Die Verbots-RL weist hinsichtlich verschiedener Aspekte Verbesserungspotenzial auf. Für eine solche Reform wurden vorliegend zahlreiche Vorschläge unterbreitet.[47] Beispielsweise ist die Reduktionsverpflichtung für Plastikbecher einschließlich des Coffee-to-go-Bechers und andere to-go-Produkte zu unbestimmt und nicht messbar. Es bedarf einer quantitativen Quote, die mit einer eindeutigen Bezugsgröße konturiert werden sollte.[48] Zudem bietet sich eine klarstellende Ergänzung der Begriffsbestimmung zu den verbotenen Plastikprodukten bezogen auf die Wiederverwendungseigenschaft an, um Umgehungsmöglichkeiten zu begrenzen.[49] Die Kennzeichnungs- und Informationspflichten sollten ausgedehnt werden und beispielsweise to-go-Verpackungen sowie nicht nur die Entsorgungsebene, sondern auch ressourcenverbrauchsrelevante Informationen erfassen.[50]

29. Tritt der PlastiktütenverbotsG-E in Kraft, so läge eine plastikproduktspezifische national verbindliche Regelung und dadurch eine Abkehr vom bisher in Deutschland vorherrschenden freiwilligen Ansatz vor. Dieser würde auch die Plastiktüten-RL ordnungsgemäß umsetzen, woran es bisher fehlt. Kritikwürdig ist gleichwohl, dass nur das Inverkehrbringen leichter Plastiktüten durch Letztvertreiber adressiert würde; die Herstellungsebene sowie das gewerbsmäßige Inverkehrbringen und sehr leichte Plastiktüten werden nicht reguliert. Das methodische Vorgehen, dies in einem neuen Absatz in § 5 VerpackG zu verorten, ist zu begrüßen,[51] wenngleich die bisher geplante neue Überschrift problematisch und änderungsbedürftig ist.[52]

30. Die Lösung des Plastikmüllproblems erfordert einen Instrumentenverbund, der alle Ebenen des Mehrebenensystems einbezieht und insbesondere die Plastikmüllvermeidung adressiert. Hierfür wurde ein differenzierter und gestufter Maßnahmenkatalog vorgeschlagen, der berücksichtigt, dass die Auswahl der jeweiligen Lösungen letztlich den politischen Entscheidungsträgern obliegt, weshalb verschiedene Szenarien in Rechnung zu stellen waren.

31. Elemente des hier unterbreiteten umfassenden Reformvorschlags sind neben einer globalen Plastik-Konvention unter anderem dringend erforderliche

---

[46] Eingehend zu den zentralen Elementen oben S. 255 ff., zum Vorschlag siehe S. 271 f.
[47] S. 258 ff.
[48] Dazu ausf. S. 262.
[49] Näher dazu S. 263 f.
[50] Siehe S. 266 f.
[51] Siehe zum methodisch entsprechenden Vorschlag für die Umsetzung der Verbots-RL oben S. 275.
[52] Näher oben S. 267 ff.

Handlungen durch die EU und Deutschland. Die Verbots-RL sollte ausgehend von den hier angestellten Reformüberlegungen nachgebessert werden; Deutschland sollte diese Verbesserungsvorschläge bei der Umsetzung beachten. Ein nationales Verbot könnte in § 5 VerpackG aufgenommen werden, der neu zu strukturieren wäre.[53] Die vom Verbot der Verbots-RL nicht erfassten Plastikprodukte (sonstige Plastikbecher einschließlich des Coffee-to-go-Bechers) und Plastiktüten – für die eine verbindliche Richtlinienumsetzungsmaßnahme nötig ist – sollten unionsweit mit einer Steuer adressiert werden. Als zweitbeste Lösung kommt eine nationale Verbrauchsteuer oder Sonderabgabe in Betracht. Letzteres bietet sich auch an, um die in der Verbots-RL vorgesehene Verbrauchsminderung von Coffee-to-go-Bechern zu erreichen.

32. Eine Steuer ist gegenüber freiwilligen Maßnahmen aufgrund der Verbindlichkeit empfehlenswert. Gegenüber einem sofortigen Verbot ist eine Steuer vorzugswürdig, weil so zumindest ein gewisser Freiraum belassen wird und insbesondere eine höhere Bewusstseinsbildung für einen bewussten und sparsamen Verbrauch von Einwegprodukten erfolgen kann. Denn bloße Ausweichhandlungen und verschwenderische Verwendungen anderer Einwegprodukte, durch die die Umweltbeeinträchtigungen nur verlagert werden, sind nicht im Sinne eines bestmöglichen Umweltschutzes.[54]

33. National betrachtet ist eine bundeseinheitliche Regelung zweckmäßig, hingegen sollten die Länder und Kommunen ihre rechtlichen Möglichkeiten nutzen, falls der Bund untätig bleiben sollte. Gleichzeitig sollten Mehrwegalternativen gefördert und Aufklärungs- und Sensibilisierungsmaßnahmen initiiert werden, um eine allgemeine Bewusstseinsänderung der Verbraucher für einen sparsamen Ressourcenverbrauch bei Einwegprodukten zu erreichen. Zudem bedarf es eines über den 5-Punkte-Plan des BMU vom 26.11.2018 hinausgehenden Plastik-Konzepts, welcher aus umweltpolitischer Sicht verbesserungs- und ergänzungsbedürftig ist.[55]

B. Ausblick

Die jüngst beschlossenen Änderungen des Basler Übereinkommens, die anstehende nationale Umsetzung der jüngst verabschiedeten Verbots-RL sowie die Pläne für ein nationales Plastiktütenverbot rücken das Plastikmüllthema weiter in den Fokus. Dadurch kann ein Momentum eröffnet werden, weitere erforderli-

---

[53] Dazu näher S. 275.

[54] Ausf. dazu oben S. 247 ff.

[55] Dazu näher S. 279 f.

che Maßnahmen anzustoßen. Mit dem Basler Übereinkommen und den zur Umsetzung erforderlichen Änderungen der EU-Abfallverbringungsverordnung[56] werden jedoch nur Regelungen zum Export des Plastik*abfalls* getroffen, eine Verbrauchsvermeidung bestimmter Plastikeinwegprodukte wird damit nicht unmittelbar geregelt. Insofern wird sich zeigen, ob, wie vielfach gefordert und hier empfohlen, eine darüber hinausgehende internationale selbstständige Plastik-Konvention auf den Weg gebracht wird. Soweit das Plastikproblem *nur* auf ein Plastikmüll*export*problem reduziert wird, könnten die jüngst beschlossenen Änderungen des Basler Übereinkommens – so sie als ausreichend befunden werden – bewirken, dass weitere notwendige Handlungen, etwa zur Abfallvermeidung von Plastiktüten, -einweggeschirr und sonstigen -einwegprodukten, gehemmt werden. Dies würde aber die ganzheitliche Perspektive, insbesondere unter Berücksichtigung des Vorsorge- und Nachhaltigkeitsprinzips, verkennen. Ob sich diese Befürchtung aufgrund der durchaus begrüßenswerten Änderungen des Basler Übereinkommens bewahrheitet, bleibt abzuwarten.

Auf Unionsebene ist die am 2.7.2019 in Kraft getretene[57] Verbots-RL bis zum 3.7.2021 umzusetzen.[58] Jedoch greift für die Art. 5 bis 8 Verbots-RL eine zeitliche Sonderregelung, wonach etwa das Verbot nach Art. 5 Verbots-RL auch erst ab dem 3.7.2021 angewendet werden darf.[59] Bis zum 3.7.2020 will die Europäische Kommission Leitlinien erlassen, was als Einwegplastikartikel nach der Verbots-RL zu betrachten ist,[60] und bis zum 3.1.2021 einen Durchführungsrechtsakt zur Festlegung der Methode für die Berechnung und Überprüfung der Verbrauchsverminderung nach Art. 4 Verbots-RL.[61] Aus rechtlicher und umweltpolitischer Sicht besteht bezüglich der Verbots-RL, wie hier herausgearbeitet,[62] Verbesserungspotenzial. Es wird sich zeigen, ob eine Reform eingeleitet wird oder dies zumindest bei der Umsetzung durch die Mitgliedstaaten berücksichtigt wird. Wie und wann Deutschland die Verbots-RL umsetzen wird, bleibt abzuwarten. In einer jüngsten Entschließung vom 8.11.2019 forderte der Bundesrat die Bundesregierung auf, die Verbots-RL „schnellstmöglich in nationales

---

[56] Zuvor sind noch Änderungen des einschlägigen OECD-Beschlusses nötig, siehe BT-Drs. 19/12900, S. 2; ähnlich BMU, Pressemitteilung v. 11.5.2019, Nr. 067/19. Eine Änderung der EU-Abfallverbringungsverordnung entfaltet in den EU-Mitgliedstaaten dann unmittelbare Wirkung (Art. 288 UAbs. 2 AEUV).

[57] Nach Art. 18 Verbots-RL tritt sie am 20. Tag nach ihrer Veröffentlichung im Amtsblatt der EU in Kraft, welche am 12.6.2019 erfolgte, siehe ABl. L 155, 1.

[58] Art. 17 Abs. 1 UAbs. 1 S. 1 Verbots-RL.

[59] Vgl. Art. 17 Abs. 1 UAbs. 2 1. Spiegelstrich Verbots-RL.

[60] Art. 12 UAbs. 2 Verbots-RL.

[61] Siehe Art. 4 Abs. 2 S. 1 Verbots-RL.

[62] Zu Kritik und Reformüberlegungen siehe oben S. 258 ff.

Recht umzusetzen".[63] Teilweise ist eine Umsetzung für Nichtverpackungen durch eine Erweiterung der Verordnungsermächtigungen nach §§ 24, 25 KrWG bereits im Rahmen der jüngst angestoßenen KrWG-Novelle, im Übrigen durch eine noch nicht näher konkretisierte Änderung des VerpackG geplant.[64] Den bisherigen Referentenentwurf zur Änderung des KrWG will das BMU bis Februar 2020 überarbeiten.[65] Zur Umsetzung von Art. 4 und 5 Verbots-RL vorzugswürdig wäre eine Regelung, die ein Inverkehrbringens- und Herstellungsverbot im VerpackG vorsieht und eine bundesweite Verbrauchsteuer oder Sonderabgabe auf *Coffee-to-go-Becher* zur Verbrauchsminderung einführt – und nicht nur freiwillige Maßnahmen nach dem Vorbild der HDE-Vereinbarung. Tübingen will im Januar 2020 (erneut) über die Einführung einer kommunalen Verpackungsteuer, die nach den derzeitigen Plänen Plastikeinweggeschirr und auch den Coffee-to-go-Becher erfassen soll,[66] entscheiden.[67] Aufgrund rechtlicher Zweifel wurde die für Oktober 2019 anvisierte Entscheidung vertagt und es soll nun ein Rechtsgutachten eingeholt werden.[68] Tübingen würde mit der Einführung einer derartigen örtlichen Verbrauchsteuer eine bundesweite Vorreiterrolle einnehmen. Zwar steht dem die Entscheidung des BVerfG zur kommunalen Verpackungsteuer nicht (mehr) entgegen,[69] allerdings bestehen Bedenken, ob die kommunale Zuständigkeit für eine örtliche Verbrauchsteuer auch bei to-go-Artikeln greift.[70] Die Fraktion Bündnis 90/Die Grünen hat bereits angekündigt, dies auch in Freiburg zu diskutieren, falls Tübingen eine solche kommunale Steuer erfolgreich

---

[63] Entschließung des Bundesrates: Reduzierung unnötiger Kunststoffabfälle, BR-Drs. 343/19, Nr. 3. Bei den Art. 5, 6, 7 und 8 Verbots-RL wäre die zeitliche Sonderregelung (Art. 17 Verbots-RL) zu beachten.

[64] Vgl. Referentenentwurf eines Gesetzes zur Umsetzung der AbfRRL der EU, Stand: 5.8.2019, S. 1, 3, 32 f., 65–69; Hintergrundpapier zur Novellierung, WR II 2, 25.6.2019, S. 1 (jeweils abrufbar unter https://www.bmu.de/gesetz/referentenentwurf-eines-gesetzes-zur-umsetzung-der-abfallrahmenrichtlinie-der-europaeischen-union/, abgerufen: 14.11.2019).

[65] So das BMU, siehe https://www.bmu.de/gesetz/referentenentwurf-eines-gesetzes-zur-umsetzung-der-abfallrahmenrichtlinie-der-europaeischen-union/ (abgerufen: 14.11.2019).

[66] Beschlussvorlage Nr. 241/2019 v. 20.9.2019, S. 4 sowie § 1 der Anlage 1 (https://www.tuebingen.de/gemeinderat/to0040.php?__ksinr=5914, abgerufen: 14.11.2019); Beschlussvorlage Nr. 383/2018 v. 29.11.2018, S. 1 ff., Beschluss v. 20.12.2018 (https://www.tuebingen.de/gemeinderat/to0040.php?smcred=1&__ksinr=5376, abgerufen: 14.11.2019); dazu etwa *Löhr,* FAZ v. 8.1.2019, S. 15.

[67] *Keck,* Stuttgarter Zeitung v. 11.10.2019, S. 7.

[68] Beschlussvorlage Nr. 241e/2019 v. 10.10.2019, Beschluss v. 10.10.2019 (https://www.tuebingen.de/gemeinderat/to0040.php?__ksinr=5914, abgerufen: 14.11.2019); vgl. auch Mitteilungsvorlage Nr. 241d/2019 v. 10.10.2019; dazu *Keck,* Stuttgarter Zeitung v. 11.10.2019, S. 7.

[69] Siehe ausführlich oben S. 162 ff.

[70] Detailliert dazu oben S. 145 ff., insbes. 149 ff.; ablehnend wie hier jüngst *Kahl,* EurUP 2019, 321 (326).

umsetzt.[71] Auch andernorts werden die Entwicklungen in Tübingen aufmerksam beobachtet.[72]

In Bezug auf *Plastiktüten* nutzt Deutschland bisher die rechtlich unverbindliche HDE-Vereinbarung, wenngleich die Bundesregierung im November 2019 auf Vorschlag des BMU ein PlastiktütenverbotsG-E vorlegte.[73] Im Mai 2019 hatte Bundesumweltministerin *Svenja Schulze* noch ein von Bundesentwicklungsminister *Gerd Müller* gefordertes, nationales Plastiktütenverbot,[74] abgelehnt.[75] Diese Kehrtwende ist nur mit der bisher mangelnden richtlinienkonformen Umsetzung der Plastiktüten-RL[76] zu erklären, auch wenn dieser Beweggrund bisher im PlastiktütenverbotsG-E keine Erwähnung findet. Es bleibt abzuwarten, ob das bloße Inverkehrbringensverbot im anstehenden Gesetzgebungsverfahren noch um ein Herstellungsverbot ergänzt wird.[77] Bisher soll der Export, anders als von *Gerd Müller* angeregt,[78] ausdrücklich möglich bleiben. Der Vorstoß zur Einführung eines Plastiktüten*gesetzes* ist zu begrüßen,[79] weil er eine Abkehr vom bisher vor allem freiwilligen Ansatz Deutschlands, insbesondere bezüglich Plastiktüten, einleiten könnte und, wie hier empfohlen, auf rechtlich verbindliche Maßnahmen drängt. Auch wenn die riesigen Mengen Plastikmüll, die exportiert werden, nicht allein auf Plastiktüten zurückzuführen sind,[80] so erscheint es dennoch problematisch, dass der bisherige PlastiktütenverbotsG-E

---

[71] Siehe Stadt Freiburg im Breisgau, Amtsblatt v. 21.12.2019, Nr. 734, Verpackungsmüll reduzieren, S. 2.

[72] Z.B. in Heidelberg, so die Stadtsprecherin https://www.rnz.de/nachrichten/heidelberg_artikel,-heidelberg-vorerst-keine-verpackungssteuer-nach-tuebinger-vorbild-_arid,409882.html (abgerufen: 14.11.2019).

[73] BR-Drs. 578/19; der zugrundeliegende BMU-Referentenentwurf wurde im September 2019 vorgestellt.

[74] Siehe statt vieler *Timmler*, SZ v. 11./12.5.2019, S. 6.

[75] Siehe *Kormbaki/RND,* Ministerin Schulze gegen Plastiktüten-Verbot, Hannoversche Allgemeine, 17.5.2019 (https://www.haz.de/Nachrichten/Politik/Deutschland-Welt/Ministerin-Schulze-gegen-Plastiktueten-Verbot, abgerufen: 14.11.2019).

[76] Eingehend dazu oben S. 74 ff.

[77] Zunächst kann der Bundesrat bis zum 20.12.2019 zum nicht zustimmungsbedürftigen PlastiktütenverbotsG-E Stellung nehmen, vgl. Art. 76 Abs. 2 GG sowie BR-Drs. 578/19, S. 1, 5. Bisher scheint der Bundesrat ein Inverkehrbringensverbot zu favorisieren, vgl. BR-Drs. 343/19, Nr. 4.

[78] So *Gerd Müller*, siehe etwa *Timmler*, SZ v. 11./12.5.2019, S. 6.

[79] I.E. so auch DUH, Pressemitteilung v. 6.11.2019 (https://www.duh.de/presse/pressemitteilungen/pressemitteilung/gute-nachrichten-fuer-die-umwelt-deutsche-umwelthilfe-begruesst-das-verbot-von-plastiktueten-als-richti/, abgerufen: 14.11.2019); NABU, Stellungnahme Ergänzung VerpG, 30.9.2019, S. 1; a.A. etwa BDI, Stellungnahme, 2.10.2019, S. 2 ff.; HDE, Stellungnahme, 26.9.2019, S. 2.

[80] *Timmler*, SZ v. 11./12.5.2019, S. 6.

weiterhin die Herstellung und den Export von Plastiktüten gestattet.[81] Es besteht zudem die Gefahr, dass verbotene Plastiktüten schlicht durch Papiertüten ersetzt werden, die jedoch nur bei mehrfacher Nutzung eine bessere Ökobilanz haben.[82]

Das öffentliche Interesse am Thema Plastikmüll und dessen Vermeidung hat in den letzten Jahren stark zugenommen.[83] So wurde am 8.5.2019 auch im Ausschuss für Umwelt, Naturschutz und nukleare Sicherheit des Deutschen Bundestages intensiv diskutiert, wie das globale Problem mit Plastikmüll gelöst werden kann.[84] Neun Sachverständige nahmen im Rahmen der öffentlichen Anhörung zu insgesamt fünf Anträgen der Fraktionen der Oppositionsparteien (FDP, AFD, Bündnis 90/Die Grünen)[85] Stellung.[86] Strittig war insbesondere, ob und inwieweit in Deutschland regulatorischer Handlungsbedarf besteht.[87] Erfreulich sind insofern die Handlungsbedarf erkennende, jüngste Entschließung des Bundesrats[88] sowie die Äußerungen der Bundesumweltministerin *Svenja Schulze* vom 17.5.2019. Danach sei ihr Ziel, den „Plastikverbrauch insgesamt auf ein sinnvolles Maß zu reduzieren".[89] *Svenja Schulze* kündigte ferner an, aufgrund der Wirksamkeit der HDE-Vereinbarung[90] eine weitere freiwillige Vereinbarung mit dem Handel zu treffen, welche im Einzelhandel und bei Obst und Gemüse zu weniger Verpackungen führen solle.[91] Bisher erfolgte noch keine konkrete Einigung, auch nicht beim im Oktober 2019 stattgefundenen zweiten Runden Tisch zur Reduzierung von Verpackungen.[92] Dies ist somit weiteren

---

[81] So ausdrücklich BR-Drs. 578/19, Begründung, S. 12 f. (wie zuvor auch der BMU-Referentenentwurf).

[82] Ebenso *Timmler*, SZ v. 11./12.5.2019, S. 6; siehe zu diesen Substitutionseffekten ausf. oben S. 251 f.

[83] Vgl. zur zunehmenden Berichterstattung der letzten Jahre die exemplarische Übersicht in *Bertling u. a.*, Kunststoffe, Konsortialstudie Fraunhofer Institut (Hrsg.), 6/2018, S. 8, die die Häufigkeit von Artikeln über Plastikmüll in Relation zu anderen aktuellen Themen wie dem Klimawandel und der Feinstaubdebatte setzen.

[84] Newsletter Deutscher Bundestag (hib), Lösungen im Umgang mit Plastikmüll v. 8.5.2019 (522/2019).

[85] BT-Drs. 19/9237; BT-Drs. 19/3172; BT-Drs. 19/7695; BT-Drs. 19/5230; BT-Drs. 19/6129.

[86] Newsletter Deutscher Bundestag (hib), Lösungen im Umgang mit Plastikmüll v. 8.5.2019 (522/2019).

[87] Newsletter Deutscher Bundestag (hib), Lösungen im Umgang mit Plastikmüll v. 8.5.2019 (522/2019).

[88] Siehe BR-Drs. 343/19, S. 1 ff.

[89] *Svenja Schulze* in *DPA*, SZ v. 18./19.5.2019, S. 29.

[90] Krit. hierzu siehe oben S. 79 ff.

[91] BMU, Pressemitteilung v. 16.10.2019, Nr. 180/19; *DPA*, SZ v. 18./19.5.2019, S. 29.

[92] https://www.handelsblatt.com/politik/deutschland/verpackungsmuell-runder-tisch-zur-plastikvermeidung-endet-ohne-konkrete-einigung/25118624.html?ticket=ST-11953900-hlFMNsKKkUa0SFARKAeT-ap5 (abgerufen: 14.11.2019); vgl. auch BMU, Pressemitteilung v. 16.10.2019, Nr. 180/19.

Verhandlungen vorbehalten. Ob eine solche Vereinbarung auch die bisher weder von der HDE-Vereinbarung noch vom PlastiktütenverbotsG-E erfassten sehr leichten Plastiktüten einschließt, blieb offen,[93] wäre aber ratsam. Wünschenswert wäre jedoch nach hier vertretener Ansicht eine Abkehr von dem bisher freiwilligen Ansatz hin zu einer Verbrauchsteuer oder Sonderabgabe insbesondere auf Plastiktüten und Coffee-to-go-Becher und nur als ultima ratio die Einführung von Verboten.

Insgesamt ist festzuhalten, dass die Diskussion zum Thema Plastikmüll an Intensität gewinnt. Es wäre zu wünschen, dass sich dies auch in (weiteren) rechtlich verbindlichen plastikspezifischen Maßnahmen niederschlägt und zu einer gesellschaftlichen Debatte über Abfallvermeidung hin zu einer nachhaltigen Ressourcennutzung führt.

93 Vgl. BMU, Pressemitteilung v. 16.10.2019, Nr. 180/19.

Literaturverzeichnis

Altenschmidt, Stefan, Das deutsche Maßnahmenprogramm für die Nord- und Ostsee, NuR 2017, 12–18.

Appel, Ivo, Europas Sorge um die Vorsorge – Zur Mitteilung der Europäischen Kommission über die Anwendbarkeit des Vorsorgeprinzips, NVwZ 2001, 395–398.

Ders., Staatliche Zukunfts- und Entwicklungsvorsorge – Zum Wandel der Dogmatik des Öffentlichen Rechts am Beispiel des Konzepts der nachhaltigen Entwicklung im Umweltrecht, Mohr Siebeck Verlag, Tübingen, 2005.

Ders., Europäisches und nationales Umweltverfassungsrecht, in: Koch, Hans-Joachim/Hofmann, Ekkehard/Reese, Moritz (Hrsg.), Handbuch Umweltrecht, Verlag C.H. Beck, München, 5. Aufl. 2018, S. 43–114 (zit. als: *Appel*, in: Koch/Hofmann/Reese, Hdb UmweltR, § 2).

Arndt, Birger, Das Vorsorgeprinzip im EU-Recht, Mohr Siebeck Verlag, Tübingen, 2009 (zit. als: *Arndt,* Vorsorgeprinzip, 2009).

Arnim, Hans Herbert von, Alternativen wirtschaftspolitischer Steuerung: Anreize oder Gebote, in: Hansmeyer, Karl-Heinrich (Hrsg.), Staatsfinanzierung im Wandel, Verlag Duncker & Humblot, Berlin, 1983, S. 725–744 (zit. als: *von Arnim*, in: Hansmeyer, Staatsfinanzierung im Wandel, 1983).

Asendorf, Dirk/Habekuss, Fritz/Middelhoff, Paul/Pausch, Robert/Peer, Mathias/Pinzler, Petra, Für immer Dein, DIE ZEIT v. 19.4.2018, S. 4–7.

Athanasiadou, Natasa, Der Verwaltungsvertrag im EU-Recht, Mohr Siebeck Verlag, Tübingen, 2017 (zit. als: *Athanasiadou,* Verwaltungsvertrag, 2017).

Bader, Johann/Ronellenfitsch, Michael (Hrsg.), VwVfG mit VwVG und VwZG, Beck'scher Online-Kommentar, Verlag C.H. Beck, München, Stand: 45. Edition (1.7.2019) (zit. als: *Bearbeiter,* in: Bader/Ronellenfitsch, VwVfG).

Bauchmüller, Michael, Betrug beim gelben Sack? Im Dualen System fehlen 50 Millionen Euro, SZ v. 5.10.2017 (https://www.sueddeutsche.de/wirtschaft/verpackungsmuell-betrug-beim-gelben-sack-im-dualen-system-fehlen-millionen-euro-1.3693792, abgerufen: 14.11.2019).

Ders., Alles geregelt, SZ v. 17.12.2018, S. 2.

Ders., Schall und Rauch, SZ v. 19.12.2018, S. 4.

Ders., Der letzte Strohhalm, SZ v. 20.12.2018, S. 25.

Ders., Kommt nicht in die Tüte, SZ v. 11./12.5.2019, S. 4.

Bauchmüller, Michael/Slavik, Angelika, Vermüllt, SZ v. 30.4.2018, S. 19.

Bauer, Hartmut, Informelles Verwaltungshandeln im öffentlichen Wirtschaftsrecht, VerwArch 78 (1987), 241–268.

Bauer, Hartmut/Kahl, Wolfgang, Europäische Unionsbürger als Träger von Deutschen-Grundrechten?, JZ 1995, 1077–1085.

Bauernfeind, Stefan, Rücknahme- und Rückgabepflichten im Umweltrecht, Verlag Duncker & Humblot, Berlin, 1999 (zit. als: *Bauernfeind,* Rückgabepflichten, 1999).

BDI, Stellungnahme, Referentenentwurf des Bundesministeriums für Umwelt, Naturschutz und nukleare Sicherheit für ein erstes Gesetz zur Änderung des Verpackungsgesetzes (Verbot leichter Kunststofftragetaschen), 2.10.2019 (https://bdi.eu/media/themenfelder/umwelt/publikationen/20191002_Stellungnahme_BDI_Verbot_leichter_Kunststofftragetaschen.pdf, abgerufen: 14.11.2019) (zit. als: BDI, Stellungnahme, 2.10.2019).

Beaucamp, Guy, Das Konzept der zukunftsfähigen Entwicklung im Recht – Untersuchungen zur völkerrechtlichen, europarechtlichen, verfassungsrechtlichen und verwaltungsrechtlichen Relevanz eines neuen politischen Leitbildes, Mohr Siebeck Verlag, Tübingen, 2002 (zit. als: *Beaucamp*, Konzept, 2002).

Becker, Jürgen, Informales Verwaltungshandeln zur Steuerung wirtschaftlicher Prozesse im Zeichen der Deregulierung – Eine Herausforderung an Verwaltung und Verwaltungsrecht, DÖV 1985, 1003–1011.

Becker, Jürgen/Hatje, Arnim/Schoo, Johann/Schwarze, Jürgen (Hrsg.), Schwarze – EU-Kommentar, Nomos Verlag, Baden-Baden, 4. Aufl. 2019 (zit. als: *Bearbeiter*, in: Schwarze, EU-Kommentar).

Beckmann, Martin/Durner, Wolfgang/Mann, Thomas/Röckinghausen, Marc (Hrsg.), Landmann/Rohmer, Umweltrecht, Kommentar, Loseblattsammlung, Band I–IV, Verlag C.H. Beck, München, Stand: 90. Erg.-Lief. (Juni 2019) (zit. als: *Bearbeiter*, in: Landmann/Rohmer, UmweltR).

Beenen, Janis/Kirchner, Thomas, Europa will den Plastikmüll bekämpfen, SZ v. 17.1.2018, S. 19.

Beenen, Janis/Liebrich, Silvia, Leicht verpackt, SZ v. 23.1.2018, S. 22.

Behrens, Christoph/Heidtmann, Jan, EU verspricht Millionen für Meeresschutzgebiete, SZ v. 10.6.2017 (https://www.sueddeutsche.de/wissen/ozeane-eu-verspricht-millionen-fuer-meeresschutzgebiete-1.3540030, abgerufen: 14.11.2019).

Beisel, Karoline Meta, EU verbietet Wegwerfartikel auf Plastik, SZ v. 20.12.2018, S. 1.

Beker, Manfred, Tatsächliche und rechtliche Grenzen der Besteuerung, DStZ 2004, 32–38.

Benkmann, Hartmut/Gaulke, Thomas, Kommunale Getränkeverpackungssteuer genehmigungsfähig, ZKF 1990, 98–103.

Berg, Wilfried, Außersteuerliche Abgaben im Wirtschaftsverwaltungs- und Umweltrecht – eine Zwischenbilanz, in: Bauer, Hartmut/Czybulka, Detlef/Kahl, Wolfgang/Voßkuhle, Andreas (Hrsg.), Wirtschaft im offenen Verfassungsstaat – Festschrift für Reiner Schmidt zum 70. Geburtstag, Verlag C.H. Beck, München, 2006, S. 661–676.

Ders., Sonderabgaben – Möglichkeiten und Grenzen im Wirtschaftsverwaltungs- und Umweltrecht, GewArch 2006, 441–446.

Ders., Nachhaltigkeit und Umweltstaat, in: Kahl, Wolfgang (Hrsg.), Nachhaltigkeit als Verbundbegriff, Mohr Siebeck Verlag, Tübingen, 2008, S. 425–442 (zit. als: *Berg*, in: Kahl, Nachhaltigkeit als Verbundbegriff, 2008).

Bergmann, Jan (Hrsg.), Handlexikon der Europäischen Union, Nomos Verlag, Baden-Baden, 5. Aufl. 2015 (zit. als: *Bearbeiter*, in: Bergmann, Handlexikon EU, Stichwort, S.).

Berendes, Konrad/Frenz, Walter/Müggenborg, Hans-Jürgen (Hrsg.), WHG, Wasserhaushaltsgesetz Kommentar, Erich Schmidt Verlag, Berlin, 2. Aufl. 2017 (zit. als: *Bearbeiter*, in: Berendes/Frenz/Müggenborg, WHG).

Bernau, Patrick, Verschlimmbechert, FAZ v. 23.5.2017 (https://www.faz.net/aktuell/wirtschaft/wirtschaftspolitik/coffee-to-go-umweltanalysen-von-mehrwegbechern-und-einweg-15029225.html, abgerufen: 14.11.2019).

Ders., Der Verbots-Wahnsinn, FAZ v. 16.8.2019, S. 15.

Bertling, Jürgen/Bertling, Ralf/Hamann, Leandra, Kunststoffe in der Umwelt: Mikro- und Makroplastik. Ursachen, Mengen, Umweltschicksale, Wirkungen, Lösungsansätze, Empfehlungen, Konsortialstudie, Kurzfassung, Fraunhofer-Institut für Umwelt-, Sicherheits- und Energietechnik UMSICHT (Hrsg.), Oberhausen, Juni 2018 (https://www.umsicht.fraunhofer.de/de/presse-medien/pressemitteilungen/2018/konsortialstudie-mikroplastik.html, abgerufen: 14.11.2019) (zit. als: *Bertling u. a.*, Kunststoffe, Konsortialstudie Fraunhofer Institut (Hrsg.), 6/2018).

Bethge, Philip, Interview mit der Toxikologin Rosemary Waring, Partikel im Gehirn, Der Spiegel v. 19.1.2019, S. 20–21.

Bethge, Philip/Bruhns, Annette/Klawitter, Nils/Salden, Simone, Der dreckige Rest, Der Spiegel v. 19.1.2019, S. 11–19 (zit. als: *Bethge u. a.*, Der Spiegel v. 19.1.2019).

Beyerlin, Ulrich, Umweltvölkerrecht, Verlag C.H. Beck, München, 2000.

Beyerlin, Ulrich/ Marauhn, Thilo, International Environmental Law, Verlag C.H. Beck, München, 2011.

Bick, Anne, Europäische Umweltvereinbarungen im Lichte des Gemeinschaftsrechts, Nomos Verlag, Baden-Baden, 2003 (zit. als: *Bick,* Umweltvereinbarungen, 2003).

Bieber, Roland/Epiney, Astrid/Haag, Marcel/Kotzur, Markus, Die Europäische Union – Europarecht und Politik, Nomos Verlag, Baden-Baden, 13. Aufl. 2019 (zit. als: *Bearbeiter* in: Bieber u. a., Die EU).

BIO Intelligence Service, Assessment of impacts of options to reduce the use of single-use plastic carrier bags, Final Report prepared for the European Commission – DG Environment, 12. September 2011 (zit. als: BIOIS, Report 2011).

Birk, Dieter (Hrsg.), Handbuch des europäischen Steuer- und Abgabenrechts, Verlag Neue Wirtschafts-Briefe, Herne, Berlin, 1995 (zit. als: *Bearbeiter*, in: Birk, Hdb des europäischen Steuer- und Abgabenrechts, 1995).

Birk, Dieter/Desens, Marc/Tappe, Henning, Steuerrecht, C.F. Müller Verlag, Heidelberg, 21. Aufl. 2018.

Birnie, Patricia/Boyle, Alan/Redgwell, Catherine, International law and the environment, Oxford University Press, New York, 3. Aufl. 2009 (zit. als: *Birnie u. a.*, International law and the environment).

Blendermann, Christoph, Steuern mit örtlich bedingtem Wirkungskreis, Wilhelm Stollfuß Verlag, Bonn, 1957.

Bock, Yves, Rechtsangleichung und Regulierung im Binnenmarkt – Zum Umfang der allgemeinen Binnenmarktkompetenz, Nomos Verlag, Baden-Baden, 2005 (zit. als: *Bock*, Rechtsangleichung, 2005).

Bohne, Eberhard, Der informale Rechtsstaat – Eine empirische und rechtliche Untersuchung zum Gesetzesvollzug unter besonderer Berücksichtigung des Immissionsschutzes, Verlag Duncker & Humblot, Berlin, 1981.

Ders., Informales Verwaltungs- und Regierungshandeln als Instrument des Umweltschutzes – Alternativen zu Rechtsnorm, Vertrag, Verwaltungsakt und anderen rechtlich nicht geregelten Handlungsformen, VerwArch 75 (1984), 343–373.

Ders., „Informales" Staatshandeln als Instrument des Umweltschutzes – Alternativen zu Rechtsnorm, Vertrag, Verwaltungsakt und anderen rechtlich geregelten Handlungsformen?, in: Gesellschaft für Umweltrecht (GfU) (Hrsg.), Dokumentation zur 7. wissenschaftlichen Fachtagung der GfU am 4. und 5.11.1983, Erich Schmidt Verlag, Berlin, 1984, S. 97–155 (zit. als: *Bohne,* in: GfU, 7. Tagungsband, 1984).

Ders., Instrumente, in: Böhret, Carl/Hill, Hermann (Hrsg.), Ökologisierung des Rechts- und Verwaltungssystems, Nomos Verlag, Baden-Baden, 1994, S. 128–147 (zit. als: *Bohne*, in: Böhret/Hill, Ökologisierung, 1994).

Borrelle, Stephanie B./Rochman, Chelsea M./ Liboiron, Max/Bond, Alexander L./Lusher, Amy/ Bradshaw, Hillary/Provencher, Jennifer F., Why we need an international agreement on marine plastic pollution, PNAS, 114 (2017), No. 38, S. 9994–9997.

Bothe, Michael, Rechtliche Spielräume für die Abfallpolitik der Länder nach Inkrafttreten des Bundesgesetzes über die Vermeidung und Entsorgung von Abfällen vom 27.8.1986, NVwZ 1987, 938–947.

Ders., Zulässigkeit landesrechtlicher Abfallabgaben, NJW 1998, 2333–2335.

Bourguignon, Didier, Plastics in a circular economy: Opportunities and challenges, Briefing, European Parliamentary Research Service, European Parliament, Mai 2017 (http://www.europarl.europa.eu/RegData/etudes/BRIE/2017/603940/EPRS_BRI(2017)603940_EN.pdf, abgerufen: 14.11.2019) (zit. als: *Bourguignon*, Plastics, EPRS, 5/2017).

Böhm, Monika, Kapitel 5, 3. Abschnitt: Kommunale Umweltsteuern, in: Lübbe-Wolff, Gertrude (Hrsg.), Umweltschutz durch kommunales Satzungsrecht – Bauleitplanung, Abfall, Abwasser, Abgaben, Baumschutz, Erich Schmidt Verlag, Berlin, 1993, S. 255–275 (zit. als: *Böhm*, in: Lübbe-Wolff, Kommunales Satzungsrecht, 1993).

Dies., Sperrwirkung von Verordnungsermächtigungen, DÖV 1998, 234–239.

Dies., Kommunale Satzungskompetenzen zum Schutz von Umwelt und Gesundheit – Zugleich ein Beitrag zur (Neu-)Bewertung der Entscheidung des Bundesverfassungsgerichts zur Kasseler Verpackungsteuer, EurUP 2019, 312–321.

Bökelmann, Dieter, Die örtlichen Steuern und das Gleichartigkeitsverbot in Artikel 105 Abs. 2a Grundgesetz, Deutsches Institut für Urbanistik, Berlin, 1974 (zit. als: *Bökelmann,* Die örtlichen Steuern, 1974).

Brandt, André, Das neue VerpackG und das Duale System – Ein kritischer Ausblick, NuR 2017, 305–310.

Braun Binder, Nadja, Rechtsangleichung in der EU im Bereich der direkten Steuern – Analyse der Handlungsformen unter besonderer Berücksichtigung des Soft Law, Mohr Siebeck Verlag, Tübingen, 2017 (zit. als: *Braun Binder*, Rechtsangleichung, 2017).

Breier, Siegfried, Umweltschutz in der Europäischen Gemeinschaft – Eine Bestandsaufnahme nach Maastricht, NuR 1993, 457–467.

Brenncke, Martin, Die Zulässigkeit des europarechtlichen Verbots der Glühlampe nach Art. 95 EG, EuZW 2009, 247–250.

Breuer, Rüdiger, Staatliche Berufsregelung und Wirtschaftslenkung, in: Isensee, Josef/Kirchhof, Paul (Hrsg.), Handbuch des Staatsrechts der Bundesrepublik Deutschland, Band VIII – Grundrechte: Wirtschaft, Verfahren, Gleichheit, C.F. Müller Verlag, Heidelberg, 3. Aufl. 2010, S. 171–261 (zit. als: *Breuer*, in: Isensee/Kirchhof, HStR VIII, § 171).

Brigola, Alexander, Die Figur der Marktaustrittsbeschränkungen als Korrelat der Figur der Marktzugangsbeschränkungen – Zur Kohärenz der EG-Grundfreiheiten anlässlich des Urteils des EuGH vom 16.12.2008 – C-205/07 – Gysbrechts u. a., EuZW 2009, 479–484.

Ders., Art. 35 AEUV von Groenveld bis New Valmar – Abschied eines Fremdkörpers im Gebäude des freien Warenverkehrs, EuZW 2017, 5–10.

Brohm, Markus U., Die „Mitteilungen" der Kommission im Europäischen Verwaltungs- und Wirtschaftsraum: Typologie, Rechtsnatur und Bindungswirkung für die Behörden der Mitgliedstaaten, Nomos Verlag, Baden-Baden, 2012 (zit. als: *Brohm,* Mitteilungen, 2012).

Brohm, Winfried, Rechtsgrundsätze für normersetzende Absprachen – Zur Substitution von Rechtsverordnungen, Satzungen und Gesetzen durch kooperatives Verwaltungshandeln, DÖV 1992, 1025–1035.

Bruhns, Annette, Deutschland soll gegen Plastikmüll vorgehen, Der Spiegel v. 26.1.2019, S. 29.

Brust, Arno, Sperrung des Landesgesetzgebers durch bundesgesetzliche Ermächtigungen im Bereich der konkurrierenden Gesetzgebung?, München 1973 (zit. als: *Brust,* Sperrung des Landesgesetzgebers, 1973).

Brüning, Christoph, Widerspruchsfreiheit der Rechtsordnung – Ein Topos mit verfassungsrechtlichen Konsequenzen?, NVwZ 2002, 33–37.

Buck, Matthias/Verheyen, Roda, Umweltvölkerrecht, in: Koch, Hans-Joachim/Hofmann, Ekkehard/Reese, Moritz (Hrsg.), Handbuch Umweltrecht, Verlag C.H. Beck, München, 5. Aufl. 2018, S. 1–42 (zit. als: *Buck/Verheyen*, in: Koch/Hofmann/Reese, Hdb UmweltR, § 1 Rn.).

Bullinger, Martin, Rechtsfragen des Verursacherprinzips beim Umweltschutz, in: ders./Rincke, Günther/Oberhauser, Alois/Schmidt, Ralf-Bodo, Das Verursacherprinzip und seine Instrumente – Eine interdisziplinäre Untersuchung, Erich Schmidt Verlag, Berlin, 1974, S. 69–108 (zit. als: *Bullinger,* in: ders./u. a., Das Verursacherprinzip, 1974).

Bundesministerium für wirtschaftliche Zusammenarbeit und Entwicklung (BMZ), Meeresschutz und nachhaltige Fischerei, 10-Punkte-Aktionsplan, Stand: November 2016 (https://www.bmz.de/de/mediathek/publikationen/reihen/infobroschueren_flyer/infobroschueren/Materialie280_meeresschutz.pdf, abgerufen: 14.11.2019) (zit. als: BMZ, Meeresschutz und nachhaltige Fischerei, 10-Punkte-Aktionsplan, 2016).

Bundesministerium für Umwelt, Naturschutz und Reaktorsicherheit (Hrsg.), Abfallvermeidungsprogramm des Bundes unter Beteiligung der Länder, Juli 2013 (https://www.bmu.de/fileadmin/Daten_BMU/Pools/Broschueren/abfallvermeidungsprogramm_bf.pdf, abgerufen: 14.11.2019) (zit. als: BMU, Abfallvermeidungsprogramm des Bundes unter Beteiligung der Länder, 7/2013).

Bundesregierung (Hrsg.), Deutsche Nachhaltigkeitsstrategie, Neuauflage 2016, Stand: 1. Oktober 2016, Kabinettsbeschluss vom 11. Januar 2017 (zit. als: Die Bundesregierung, Deutsche Nachhaltigkeitsstrategie, 2016).

Dies., Nationales Programm für nachhaltigen Konsum – Gesellschaftlicher Wandel durch einen nachhaltigen Lebensstil, Stand: 2016 (zit. als: Die Bundesregierung, Nationales Programm für nachhaltigen Konsum, 2016).

Burgi, Martin, Das Schutz- und Ursprungsprinzip im europäischen Umweltrecht, NuR 1995, 11–15.

Ders., Kommunalrecht, Verlag C.H. Beck, München, 6. Aufl. 2019.

Calliess, Christian, Die neue Querschnittsklausel des Art. 6 ex 3x EGV als Instrument zur Umsetzung des Grundsatzes der nachhaltigen Entwicklung, DVBl. 1998, 559–568.

Ders., Europarechtliche Vorgaben für ein Umweltgesetzbuch – Ein Beitrag zur Maßstabswirkung der Systementscheidungen des europäischen Umweltrechts für das nationale Recht, NuR 2006, 601–614.

Ders., EU-Umweltrecht, in: Rehbinder, Eckard/Alexander, Schink (Hrsg.), Grundzüge des Umweltrechts, Erich Schmidt Verlag, Berlin, 5. Aufl. 2018, Abschnitt 2, S. 65–144 (zit. als: *Calliess,* in: Rehbinder/Schink, Grundzüge des Umweltrechts, Abschn. 2).

Calliess, Christian/Ruffert, Matthias (Hrsg.), EUV/AEUV – Das Verfassungsrecht der Europäischen Union mit Europäischer Grundrechtecharta – Kommentar, Verlag C.H. Beck, München, 5. Aufl. 2016 (zit. als: *Bearbeiter*, in: Calliess/Ruffert, EUV/AEUV, 5. Aufl. 2016).

Cansier, Dieter, Erscheinungsformen und ökonomische Aspekte von Selbstverpflichtungen, in: Kloepfer, Michael (Hrsg.), Selbst-Beherrschung im technischen und ökologischen Bereich – Selbststeuerung und Selbstregulierung in der Technikentwicklung und im Umweltschutz, Verlag Duncker & Humblot, Berlin, 1998, S. 105–118 (zit. als: *Cansier,* in: Kloepfer, Selbst-Beherrschung im technischen und ökologischen Bereich, 1998).

Carlini, Giulia/Kleine, Konstantin, Advancing the international regulation of plastic pollution beyond the United Nations Environment Assembly resolution on marine litter and microplastics, RECIEL 2018, Vol. 27, 234–244.

Caterbow/Speranskaya, Durchbruch mit drei Buchstaben, in: Heinrich-Böll-Stiftung/Bund für Umwelt und Naturschutz Deutschland (BUND) (Hrsg.), Plastikatlas – Daten und Fakten über eine Welt voller Kunststoff, 3. Aufl. 2019, S. 10–11 (zit. als: *Caterbow/Speranskaya*, in: HBS/BUND, Plastikatlas, 2019).

CBD, siehe *Secretariat of the Convention on Biological Diversity.*

Chatalova, Lioudmila, Gehört Bioplastik die Zukunft?, Forschungsfelder, Ausgabe 3 – November 2018, S. 34 (zit. als: *Chatalova,* Forschungsfelder, 11/2018).

Chen, Chung-Ling, in: Bergmann, Melanie/Gutow, Lars/Klages, Michael (Hrsg.), Marine Anthropogenic Litter, Springer Verlag, Heidelberg, New York, Dordrecht, London, 2015, S. 395–428 (zit. als: *Chen*, in: Bergmann u. a., Marine Anthropogenic Litter).

Christ, Josef, Kommunalsteuern – Örtliche Verbrauch- und Aufwandsteuern, in: Christ, Josef// Oebbecke, Janbernd, Handbuch Kommunalabgabenrecht – Steuern, Gebühren, Beiträge, Verlag C.H. Beck, 2016, C. II. Rn. 232–452.

Christidis, Giorgos, Griechische Strafsteuer – Weg mit der Tüte, SPIEGEL Online, 5.1.2018 (http://www.spiegel.de/wirtschaft/soziales/griechenlands-steuer-auf-plastiktueten-weg-mit-der-tuete-a-1186200.html, abgerufen: 14.11.2019).

Classen, Claus Dieter, Verbote im Binnenmarktrecht, EuZW 2015, 854–859.

Convey, Frank/McDonnell, Simon/Ferreira, Susan, The most popular tax in Europe? Lessons from the Irish plastic bags levy, Environ Resource Econ 2007, Vol. 38, No. 1, S. 1–11.

Corell, Ida-Marie, Alltagsobjekt Plastiktüte, Springer-Verlag, Wien, 2011.

Cremean, Damien/Techera, Erika J., Marine Pollution law, in: Alam, Shawkat/Bhuiyan, Jahid Hossain/Chowdhury, Tareq M.R./Techera, Erika J. (Hrsg.), Routledge Handbook of International Environmental Law, Routledge Taylor & Francis Group, London and New York, 2013, S. 277–293 (zit. als: *Cremean/Techera,* in: Alam u. a., Routledge Handbook Int. Env. Law).

Cremer, Wolfram/Bothe, Alexander, Die Dreistufenprüfung als neuer Baustein der warenverkehrsrechtlichen Dogmatik, EuZW 2015, 413–418.

Czybulka, Detlef, Abfallvermeidung durch kommunale Satzungen – Möglichkeiten und Grenzen, LKV 1995, 377–384.

Dauses, Manfred A./Ludwigs, Markus (Hrsg.), Handbuch des EU-Wirtschaftsrechts, Loseblattsammlung, Verlag C.H. Beck, München, Stand: 48. Erg.-Lief. (Juli 2019) (zit. als: *Bearbeiter*, in: Dauses/Ludwigs, Hdb. EU-WirtschaftsR).

Deutscher Bundestag, Unterabteilung Europa, Fachbereich Europa, Überwachung und Umsetzung von EU-Richtlinien, Ausarbeitung PE 6-3000-78/15, Stand: 1.7.2015 (zit. als: BT, Überwachung und Umsetzung von EU-Richtlinien, PE 6-3000-78/15).

Deutsche Umwelthilfe e.V. (Hrsg.), Coffee to go-Becher – Umweltauswirkungen und Alternativen, Hintergrundpapier, Stand: 23.10.2015 (https://www.duh.de/fileadmin/user_upload/download/Projektinformation/Kreislaufwirtschaft/Coffee_to_go/Coffee-to-go_Hintergrund.pdf, abgerufen 14.11.2019) (zit. als: DUH, Coffee to go-Becher, Hintergrundpapier, 10/2015).

Dies., Bioplastik – Mythen und Fakten, Infopapier, Stand: 20.2.2018 (https://www.duh.de/fileadmin/user_upload/download/Projektinformation/Kreislaufwirtschaft/Verpackungen/180220_DUH_Infopapier_Bioplastik_de_eng.pdf, abgerufen: 14.11.2019) (zit. als: DUH, Bioplastik, 2/2018).

Dies., „Plastikstrategie für Deutschland" – Forderungen an die Bundesregierung, Positionspapier Plastikstrategie, Stand:26.11.2018 (https://www.duh.de/fileadmin/user_upload/download/Projektinformation/Kreislaufwirtschaft/181126_DUH_Plastikstrategie_für_

Deutschland_Stand_September.pdf, abgerufen: 14.11.2019) (zit. als: DUH, Plastikstrategie für Deutschland, 11/2018).

Dieckmann, Martin/Reese, Moritz, Kreislaufwirtschafts- und Abfallrecht, in: Koch, Hans-Joachim/Hofmann, Ekkehard/Reese, Moritz (Hrsg.), Handbuch Umweltrecht, Verlag C.H. Beck, München, 5. Aufl. 2018, S. 377–432 (zit. als: *Dieckmann/Reese,* in: Koch/Hofmann/ Reese, Hdb UmweltR, § 6).

Diederichsen, Lars, Das Vermeidungsgebot im Abfallrecht – Zugleich eine Untersuchung zur Maßstabswirkung von Rahmenrichtlinien der Europäischen Gemeinschaft für das nationale Recht, C.F. Müller Verlag, Heidelberg, 1998 (zit. als: *Diederichsen,* Vermeidungsgebot, 1998).

Diemand, Stefanie, Drei Milliarden Plastikbeutel für Obst und Gemüse, FAZ v. 5.6.2019, S. 22.

Dietlein, Johannes, Die Eigentumsfreiheit und das Erbrecht, in: Stern, Klaus/Sachs, Michael/ Dietlein, Johannes, Das Staatsrecht der Bundesrepublik Deutschland, Band IV/1: Die einzelnen Grundrechte – Der Schutz und die freiheitliche Entfaltung des Individuums, Verlag C.H. Beck, München, 2006, S. 2114–2344 (zit. als: *Dietlein,* in: Stern, StaatsR, Bd. IV/1).

Di Fabio, Udo, Integratives Umweltrecht, Bestand, Ziele, Möglichkeiten, NVwZ 1998, 329–337.

Ders., Das Kooperationsprinzip – ein allgemeiner Rechtsgrundsatz des Umweltrechts, NVwZ 1999, 1153–1158.

Dolde, Klaus-Peter/Vetter, Andrea, Überwachung immissionsschutzrechtlich genehmigungsbedürftiger Anlagen – Möglichkeiten der Länder bei Gesetzgebung und Vollzug im Hinblick auf die Umwelt-Audit-Verordnung, NVwZ 1995, 943–949.

DPA, Weniger Plastiktüten verbraucht, SZ v. 18./19.5.2019, S. 29.

DPA, Drei Milliarden Plastikbeutel, SZ v. 5.6.2019, S. 6.

Dreier, Horst (Hrsg.), Grundgesetz Kommentar, Band I (Präambel, Art. 1–19), Mohr Siebeck Verlag, Tübingen, 3. Aufl. 2013.

Ders. (Hrsg.), Grundgesetz Kommentar, Band III (Art. 83–146), Mohr Siebeck Verlag, Tübingen, 3. Aufl. 2018.

Driehaus, Hans-Joachim (Hrsg.), Kommunalabgabenrecht – Kommentar – dargestellt auf der Grundlage des KAG NRW unter Berücksichtigung der Besonderheiten in den übrigen KAG, Loseblattsammlung, NWB Verlag, Herne, Stand: 61. Erg.-Lief. (September 2019).

Drösser, Christoph, Sind Papiertragetaschen besser für die Umwelt als Plastiktüten? – Eine Kolumne, Die Zeit Nr. 44/2014 v. 23.10.2014 (https://www.zeit.de/2014/44/plastiktuete-papiertuete-umweltschutz-stimmts, abgerufen: 14.11.2019).

Dubois, Laura, Was wird aus unserem Müll? – Der Kampf gegen Plastik hat gerade erst begonnen, FAZ v. 11.1.2018 (https://www.faz.net/aktuell/wirtschaft/der-kampf-gegen-das-plastik-hat-gerade-erst-begonnen-15388121.html, abgerufen: 14.11.2019).

Dupont, Claire/Kramm, Lars, The legal framework for the protection of the marine environment of the Black Sea region and its implementation, in: Czybulka, Detlef (Hrsg.), Marine Nature Conservation and Management at the borders of the European Union, Nomos Verlag, Baden-Baden, 2012, S. 77–90 (zit. als: *Dupont/Kramm,* in: Czybulka, Marine Nature).

Dürrschmidt, Daniel, „Europäisches Steuerrecht“ nach Lissabon, NJW 2010, 2086–2090.

Ders., Besteuerung von grenzüberschreitenden Unternehmensumstrukturierungen und Europäische Grundfreiheiten, Verlag des wissenschaftlichen Instituts der Steuerberater, Berlin, 2008 (zit. als: *Dürrschmidt,* Besteuerung, 2008).

Eckert, Ralf, Zur Verfassungsmäßigkeit einer kommunalen Getränkeverpackungsteuer, DÖV 1990, 1006–1011.

Ecologic Institut/Kopytziok, Norbert, Abfallvermeidung und -verwertung durch das Prinzip der Produzentenverantwortung, Forschungsvorhaben für das Österreichische Bundesministerium für Land- und Forstwirtschaft, Umwelt und Wasserwirtschaft (GZ BMLFUW – UW.2.1. 8/0011-VI/32004), April 2004–Februar 2005, Endbericht, (https://www.ecologic.eu/sites/files/project/2015/documents/kraemer_04_abfallvermeidung_und_verwertung_studie.pdf, abgerufen: 14.11.2019) (zit. als: Ecologic, Studie 2005).

Ehlers, Dirk (Hrsg.), Europäische Grundrechte und Grundfreiheiten, Walter de Gruyter Verlag, Berlin/Boston, 4. Aufl. 2014 (zit. als: *Bearbeiter*, in: Ehlers, EuGR).

Ehlers, Peter, The Helsinki Convention, 1992 – Improving the Baltic Sea Environment, The International Journal of Marine and Coastal Law 8 (1993), 191–243.

Ders., Das revidierte Helsinki-Übereinkommen, in: Koch, Hans-Joachim/Lagoni, Rainer (Hrsg.), Meeresumweltschutz für Nord- und Ostsee – Das Zusammenspiel von Völkerrecht und nationalem Umweltrecht, Nomos Verlag, Baden-Baden, 1996, S. 103–128 (zit. als: *P. Ehlers*, in: Koch/Lagoni, Meeresumweltschutz, 1996).

Eiling, Astrid, Verfassungs- und europarechtliche Vorgaben an die Einführung neuer Verbrauchsteuern – Verprobt am Beispiel der Kernbrennstoffsteuer, Herbert Utz Verlag, München, 2014 (zit. als: *Eiling*, Verbrauchsteuern, 2014).

Ekardt, Felix, Das Prinzip Nachhaltigkeit – Generationengerechtigkeit und globale Gerechtigkeit, Verlag C.H. Beck, München, 2. Aufl. 2010 (zit. als: *Ekardt,* Nachhaltigkeit, 2. Aufl. 2010).

Ellen MacArthur Foundation, The New Plastics Economy – Catalysing action, In collaboration with the Ellen MacArthur Foundation, 21.1.2017 (https://www.ellenmacarthurfoundation.org/assets/downloads/New-Plastics-Economy_Catalysing-Action_13-1-17.pdf, abgerufen: 14.11.2019) (zit. als: *Ellen MacArthur Foundation,* The New Plastics Economy – Catalysing action, 1/2017).

Dies., The New Plastics Economy: Rethinking the Future of Plastics and Catalysing Action, 13.12.2017 (https://www.ellenmacarthurfoundation.org/assets/downloads/publications/NPEC-Hybrid_English_22-11-17_Digital.pdf, abgerufen: 14.11.2019) (zit. als: *Ellen MacArthur Foundation,* The New Plastics Economy: Rethinking the Future of Plastics and Catalysing Action, 12/2017).

Epiney, Astrid, Umweltrechtliche Querschnittsklausel und freier Warenverkehr: die Einbeziehung umweltpolitischer Belange über die Beschränkung der Grundfreiheit, NuR 1995, 497–504.

Dies., Föderalismusreform und Europäisches Umweltrecht, NuR 2006, 403–412.

Dies., Umweltrecht der Europäischen Union, Nomos Verlag, Baden-Baden, 4. Aufl. 2019 (zit. als: *Epiney,* Umweltrecht der EU).

Epiney, Astrid/Hehemann, Lene, Die „Plastiktütenrichtlinie" – Rechtliche Tragweite und Vereinbarkeit mit der Warenverkehrsfreiheit, EurUP 2015, 256–267.

Epiney, Astrid/Hehemann, Lene, Ein Verbot von Wegwerfplastiksäcken: verfassungskonform?, URP 2015, 436–455.

Epiney, Astrid/Scheyli, Martin, Strukturprinzipien des Umweltvölkerrechts, Nomos Verlag, Baden-Baden, 1998 (zit. als: *Epiney/Scheyli,* Strukturprinzipien, 1998).

Epping, Volker/Hillgruber, Christian (Hrsg.), BeckOK Grundgesetz, Verlag C.H. Beck, München, Stand: 41. Edition (15.5.2019) (zit. als: *Bearbeiter*, in: Epping/Hillgruber, GG).

Erben, Cosima, Das Vorsorgegebot im Völkerrecht, Verlag Duncker & Humblot, Berlin, 2005.

Erbguth, Wilfried, Konsequenzen der neueren Rechtsentwicklung im Zeichen nachhaltiger Raumentwicklung, DVBl. 1999, 1082–1091.

Erbs, Georg/Kohlhaas, Max, Strafrechtliche Nebengesetze, Loseblattsammlung, Verlag C.H. Beck, München, Stand: 224. Erg.-Lief. (März 2019) (zit. als: *Bearbeiter*, in: Erbs/Kohlhaas).

Eschenbach, Jürgen, Die Verpackungssteuer – fehlgeschlagener Versuch oder überlegenswertes Modell zur Abfallbeseitigung? – Zum Urteil des Verwaltungsgerichts Minden vom 28. November 1990, ZKF 1992, 51–56.

Ders., Der Unterschied zwischen Absicht und Erfolg – Über die Örtlichkeit der kommunalen Verpackungsteuer, KStZ 1994, 5–9.

European Environmental Agency, European waters, Assessment of status and pressures 2018, EEA Report No. 7/2018, Copenhagen, 2018 (zit. als: EEA, European waters, Report 7/2018).

Europäische Kommission, Der freie Warenverkehr – Leitfaden zur Anwendung der Vertragsbestimmungen über den freien Warenverkehr, 2010, DOI 10.2769/24628 (https://publications.europa.eu/de/publication-detail/-/publication/a5396a42-cbc8-4cd9-8b12-b769140091cd/language-de, abgerufen: 14.11.2019) (zit. als: Europäische Kommission, Der freie Warenverkehr – Leitfaden, 2010).

Europäisches Parlament, Rechtsausschuss, Arbeitsdokument zu institutionellen und rechtlichen Auswirkungen der Anwendung der Instrumente des „Soft law" v. 22.7.2007, Berichterstatter: Manuel Medina Ortega, PE 384.581v02-00 (DT\653346DE.doc).

Faber, Angela, Gesellschaftliche Selbstregulierungssysteme im Umweltrecht – unter besonderer Berücksichtigung der Selbstverpflichtungen, Verlag Kohlhammer, Köln, 2001 (zit. als: *Faber,* Selbstregulierungssysteme, 2001).

Falke, Josef, Neue Entwicklungen im Europäischen Umweltrecht, ZUR 2013, 182–190.

Ders., Neue Entwicklungen im Europäischen Umweltrecht, ZUR 2013, 310–316.

Ders., Neue Entwicklungen im Europäischen Umweltrecht, ZUR 2018, 634–639.

Faßbender, Kurt, Abfallhierarchie, Vermeidungsprogramme, Recyclingquoten – Wirksame Instrumente für Vermeidung und Ressourcenschutz?, AbfallR 2011, 165–172.

Faßbender, Kurt/Köck, Wolfgang (Hrsg.), Auf dem Weg in die Recyclinggesellschaft? – Aktuelle Entwicklungen im Kreislaufwirtschaftsrecht, Nomos Verlag, Baden-Baden, 2011.

Feess, Eberhard/Seeliger, Andreas, Umweltökonomie und Umweltpolitik, Vahlen Verlag, München, 4. Aufl. 2013 (zit. als: *Feess/Seeliger,* Umweltökonomie).

Feit, Steven/Muffett, Carroll, Plastik heizt das Klima an, in: Heinrich-Böll-Stiftung/Bund für Umwelt und Naturschutz Deutschland (BUND) (Hrsg.), Plastikatlas– Daten und Fakten über eine Welt voller Kunststoff, 3. Aufl. 2019, S. 26–27 (zit. als: *Feit/Muffett*, in: HBS/BUND, Plastikatlas, 2019).

*Finska, Linda/Howden, Julia Gjø*rtz, Troubled waters – Where is the bridge? Confronting marine plastic pollution from international watercourses, RECIEL 2018, Vol. 27, 245–253.

Fischer, Kristian, Strategien im Kreislaufwirtschafts- und Abfallrecht – Unter besonderer Berücksichtigung der Produktverantwortung der Wirtschaft, Dargestellt an den Rechtsordnungen der Bundesrepublik Deutschland, der Europäischen Gemeinschaft und des Auslandes, C.F. Müller Verlag, Heidelberg, 2001 (zit. als: *Fischer,* Strategien, 2001).

Flanderka, Fritz, Struktur und Ausgestaltung des dualen Systems in der Bundesrepublik Deutschland, BB 1996, 649–652.

Fonk, Hans-Joachim, Zuständigkeit der Länder für den Erlass von Rechtsvorschriften auf dem Gebiet des Strahlenschutzes, DÖV 1958, 20–27.

Fontaine, Anna, Die Anwendbarkeit und Durchsetzbarkeit der Unionsgrundrechte bei militärischen Operationen der Europäischen Union – Eine Untersuchung am Beispiel des EU-NAVFOR Somalia Einsatzes der EU (ATALANTA), Nomos Verlag, Baden-Baden, 2018 (zit. als: *Fontaine,* Anwendbarkeit, 2018).

Förster, Jutta, Die Verbrauchsteuern – Geschichte, Systematik, finanzverfassungsrechtliche Vorgaben, C.F. Müller Verlag, Heidelberg, 1989 (zit. als: *Förster*, Verbrauchsteuern, 1989).

Franke, Siegfried, Ökonomische und politische Beurteilung von Öko-Steuern, StuW 1990, 217–228.

Franßen, Gregor, in: Rehbinder, Eckard/Alexander, Schink (Hrsg.), Grundzüge des Umweltrechts, Erich Schmidt Verlag, Berlin, 5. Aufl. 2018, Abschnitt 13, S. 1015–11144 (zit. als: *Franßen,* in: Rehbinder/Schink, Grundzüge des Umweltrechts, Abschn. 13).

Frenz, Walter, Das Duale System zwischen öffentlichem und privatem Recht, GewArch 1994, 145–157.

Ders., Die Verwirklichung des Verursacherprinzips im Abfallrecht, Verlag Duncker & Humblot, Berlin, 1996 (zit. als: *Frenz,* Verursacherprinzip im Abfallrecht, 1996).

Ders., Das Verursacherprinzip im Öffentlichen Recht, Verlag Duncker & Humblot, Berlin, 1997 (zit. als: *Frenz,* Verursacherprinzip im Öffentlichen Recht, 1997).

Ders., Das Prinzip widerspruchsfreier Normgebung und seine Folgen, DÖV 1999, 41–50.

Ders., Selbstverpflichtungen der Wirtschaft, Mohr Siebeck Verlag, Tübingen, 2001 (zit. als: *Frenz*, Selbstverpflichtungen, 2001).

Ders., Handbuch Europarecht, Bd. 1 – Europäische Grundfreiheiten, Springer-Verlag, Berlin, Heidelberg, 2. Aufl. 2012 (zit. als: *Frenz,* Hdb EuR, Bd. 1).

Ders., Handbuch Europarecht, Bd. 4 – Europäische Grundrechte, Springer-Verlag, Berlin, Heidelberg, 2009 (zit. als: *Frenz,* Hdb EuR, Bd. 4).

Ders., Handbuch Europarecht, Bd. 6 – Institutionen und Politiken, Springer-Verlag, Berlin, Heidelberg, 2010 (zit. als: *Frenz,* Hdb EuR, Bd. 6).

Ders., Limitierung von Plastiktüten und Unionsrecht, GewArch 2013, 329–338.

Ders., Reduktion von Einwegtüten – europarechtlich unzulässig, AbfallR 2013, 207–212.

Frenzel, Eike Michael, Nachhaltigkeit als Prinzip der Rechtsentwicklung? – Beitrag zu einer praktischen Gesetzgebungslehre, Nomos Verlag, Baden-Baden, 2005 (zit. als: *Frenzel,* Nachhaltigkeit, 2005).

Freytag, Bernd, Konzerne sagen Plastikmüll den Kampf an, FAZ v. 18.1.2017, S. 22.

Freytag, Georg, Europarechtliche Anforderungen an Umweltabgaben – Dargestellt am Beispiel von Abgaben zur Reduzierung der Umweltbelastung durch den Straßenverkehr, Nomos Verlag, Baden-Baden, 2001 (zit. als: *Freytag*, Umweltabgaben, 2001).

Freytas-Tamura, Kimiko de, Public Shaming and Even Prison for Plastic Bag Use in Rwanda, The New York Times, 28.10.2017 (https://www.nytimes.com/2017/10/28/world/africa/rwanda-plastic-bags-banned.html, abgerufen: 14.11.2019).

Friauf, Karl Heinrich, Öffentliche Sonderlasten und Gleichheit der Steuerbürger, in: Institut für Völkerrecht und ausländisches öffentliches Recht der Universität zu Köln (Hrsg.), Festschrift für Herrmann Jahrreiß zum 80. Geburtstag – 19. August 1974, Carl Heymanns Verlag, Köln u.a., 1974, S. 45–66 (zit. als: *Friauf,* in: FS Jahrreiß, 1974).

Ders., Zur Zulässigkeit von außersteuerlichen Sonderabgaben, in: Schmölders, Günter/Wöhe, Günther/Buchholz, Edwin H. (Hrsg.), Der Bürger als Objekt der staatlichen Finanzpolitik – Festschrift für Willy Haubrichs zum 65. Geburtstag, Holzmann Verlag, Bad Wörishofen, 2. Aufl. 1977, S. 103–125 (zit. als: *Friauf,* in: FS Haubrichs, 1977).

Ders., Kommunale Steuern auf Einwegverpackungen – Ein finanzverfassungsrechtlicher Irrweg –, GewArch 1996, 265–272.

Friauf, Karl Heinrich/Höfling, Wolfram (Hrsg.), Berliner Kommentar zum Grundgesetz, Erich Schmidt Verlag, Berlin, Stand: Erg-Lief. 2/18 Mai 2018.

Friebe, Richard/Meier, Albrecht/Neuhaus, Carla, Plastik-Verbot soll Müll in Europa reduzieren, Der Tagesspiegel, 24.10.2018 (https://www.tagesspiegel.de/politik/eu-parlament-stimmt-ueber-richtlinie-ab-plastik-verbot-soll-muell-in-europa-reduzieren/23221208.html, abgerufen: 14.11.2019).

Fulterer, Ruth, Wohin mit unserem Müll, Die Zeit v. 18.1.2018, S. 26.

Füller, Jens Thomas, Grundlagen und inhaltliche Reichweite der Warenverkehrsfreiheiten nach dem EG-Vertrag, Nomos Verlag, Baden-Baden, 2000 (zit. als: *Füller,* Warenverkehrsfreiheiten, 2000).

Furrer, Andreas, Die Sperrwirkung des sekundären Gemeinschaftsrechts auf die nationalen Rechtsordnungen – Die Grenzen des nationalen Gestaltungsspielraums durch sekundärrechtliche Vorgaben unter besonderer Berücksichtigung des „nationalen Alleingangs", Nomos Verlag, Baden-Baden, 1994 (zit. als: *Furrer*, Sperrwirkung, 1994).

Galloway, Tamara S., Micro- and Nano-plastics and Human Health, in: Bergmann, Melanie/Gutow, Lars/Klages, Michael (Hrsg.), Marine Anthropogenic Litter, Springer Verlag, Heidelberg, New York, Dordrecht, London, 2015, S. 343–366 (zit. als: *Galloway*, in: Bergmann u. a., Marine Anthropogenic Litter).

Gärditz, Klaus Ferdinand, Finanzverfassung und Abfallverbringungsabgabe – BVerfG, Urteil vom 6.7.2005 – 2 BvR 2335/95 und 2391/95, AbfallR 2006, 34–38.

Ders., Nachhaltigkeit und Völkerrecht, in: Kahl, Wolfgang (Hrsg.), Nachhaltigkeit als Verbundbegriff, Mohr Siebeck Verlag, Tübingen, 2008, S. 137–179.

Ders., Ökologischer Gewässerschutz zwischen Wasserrecht und Naturschutzrecht, NuR 2013, 605–613.

Gassner, Erich, Art. 20a GG im Lichte des Art. 115 GG, NVwZ 2018, 1112–1116.

Gatawis, Siegbert, Legislative Kompetenzen der Europäischen Gemeinschaft im Bereich der Raumordnung, DÖV 2002, 858–864.

Gawel, Erik, Steuerinterventionismus und Fiskalzweck der Besteuerung – Lenkung und Finanzierung als Problem lenkender (Umwelt-)Steuern, StuW 2001, 26–41.

Gehne, Katja, Nachhaltige Entwicklung als Rechtsprinzip: normativer Aussagegehalt, rechtstheoretische Einordnung, Funktionen im Recht, Mohr Siebeck Verlag, Tübingen, 2011 (zit. als: *Gehne,* Nachhaltige Entwicklung, 2011).

Geiger, Rudolf/Khan, Daniel-Erasmus/Kotzur, Markus (Hrsg.), EUV/AEUV – Kommentar, Verlag C.H. Beck, 6. Aufl. 2017.

Geis, Max-Emanuel, Kommunalrecht – Ein Studienbuch, Verlag C.H. Beck, München, 4. Aufl. 2016.

Gellermann, Martin/Stoll, Peter-Tobias/Czybulka, Detlef, Handbuch des Meeresnaturschutzrechts in der Nord- und Ostsee – Nationales Recht unter Einbezug internationaler und europäischer Vorgaben, Springer Verlag, Berlin, Heidelberg, 2012 (zit. als: *Gellermann/Stoll/Czybulka*, Hdb Meeresnaturschutzrecht).

Gerhard, Saskia/Schughart, Anna, Greenwashing to go?, ZEIT Online, 3.9.2017 (https://www.zeit.de/wissen/umwelt/2017-08/kaffeebecher-pfand-nachhaltigkeit-umweltschutz, abgerufen: 14.11.2019).

Germelmann, Claas Friedrich, Präzisierungen in der Sonderabgaben-Rechtsprechung des Bundesverfassungsgerichts, GewArch 2009, 476–481.

Ders., Moderne Rechtssetzungsformen im Umweltvölkerrecht – Entwicklung und Perspektiven sekundärrechtlicher Regelungsmechanismen, AvR 52 (2014), 325–374.

Germelmann, Claas Friedrich/Gundel, Jörg, Die Entwicklung der EuGH-Rechtsprechung zum europäischen Verfassungs- und Verwaltungsrecht im Jahr 2016, BayVBl. 2017, 649–659.

Gern, Alfons/Brüning, Christoph, Deutsches Kommunalrecht, Nomos Verlagsgesellschaft, Baden-Baden, 4. Aufl. 2019 (zit. als: *Gern/Brüning*, Kommunalrecht).

Grewlich, Klaus W., Umweltschutz durch „Umweltvereinbarungen“ nach nationalem Recht und Europarecht, DÖV 1998, 54–62.
Glaser, Andreas, Nachhaltige Entwicklung und Demokratie – Ein Verfassungsrechtsvergleich der politischen Systeme Deutschlands und der Schweiz, Mohr Siebeck Verlag, Tübingen, 2006 (zit. als: *Glaser,* Nachhaltige Entwicklung, 2006).
GMV Gesellschaft für Verpackungsmarktforschung mbH, Verbrauch und Verwertung von Tragetaschen und Hemdchenbeuteln für Bedienungsware in Deutschland, Januar 2014 (https://docplayer.org/24720335-Verbrauch-und-verwertung-von-tragetaschen-und-hemdchen beuteln-fuer-bedienungsware-in-deutschland.html, abgerufen: 14.11.2019) (zit. als: GMV, Verbrauch Hemdchenbeutel, 1/2014).
Dies., Verbrauch von Tragetaschen in Deutschland 2016, Studie im Auftrag des Handelsverbandes Deutschland – HDE e.V. – Der Einzelhandel, Kurzfassung, Juli 2017 (http://kunst stofftragetasche.info/wordpress/wp-content/uploads/2019/05/TT-Monitoring_BJ2016_Webseite.pdf , abgerufen: 14.11.2019) (zit. als: GMV, Verbrauch von Tragetaschen, Studie 2017).
Dies., Verbrauch von Tragetaschen in Deutschland 2017, Studie im Auftrag des Handelsverbandes Deutschland – HDE e.V. – Der Einzelhandel, Kurzfassung, Mai 2018 (http://kunst stofftragetasche.info/files/TT-Monitoring_BJ2017_Web.pdf, abgerufen: 14.11.2019) (zit. als: GMV, Verbrauch von Tragetaschen, Studie 2018).
Dies., Abfallaufkommen durch Einweggeschirr und andere Verpackungen für den Sofortverzehr, Studie im Auftrag des NABU Naturschutzbundes, Juni 2018 (https://www.nabu.de/imperia/md/content/nabude/abfallpolitik/2018-gvm-studie_einweggeschirr_sofortverzehr.pdf, abgerufen: 14.11.2019) (zit. als: GMV, Abfallaufkommen durch Einweggeschirr, 6/2018).
Dies., Verbrauch von Tragetaschen in Deutschland 2018, Studie im Auftrag des Handelsverbandes Deutschland – HDE e.V. – Der Einzelhandel, Kurzfassung, April 2019 (http://kunst stofftragetasche.info/wordpress/wp-content/uploads/2019/05/TT-Monitoring_BJ-2018_Webseite.pdf, abgerufen: 14.11.2019) (zit. als: GMV, Verbrauch von Tragetaschen, Studie 2019).
Gosch, Dietmar, Juristische Beurteilung von Öko-Steuern, StuW 1990, 201–216.
Grabenwarter, Christoph, Wirtschaftliche Grundrecht, in: ders. (Hrsg.), Enzyklopädie Europarecht [EnzEuR], Band 2 – Europäischer Grundrechteschutz, Nomos Verlag, Baden-Baden, 1. Aufl. 2014, S. 507–526 (zit. als: *Grabenwarter,* in: ders., EnzEuR, Bd. 2, § 13).
Grabitz, Eberhard/Hilf, Meinhard/Nettesheim, Martin (Hrsg.), Das Recht der Europäischen Union, Loseblattsammlung, Stand: 67. Erg.-Lief. (Juni2019), Verlag C.H. Beck, München.
Graf Vitzthum, Wolfgang, Begriff, Geschichte und Rechtsquellen des Seerechts, in: ders., Handbuch des Seerecht, Verlag C.H. Beck, München, 2006, S. 1–61 (zit. als: *Graf Vitzthum,* in: ders., Hdb Seerecht).
Grefe, Christiane/Habekuss, Fritz, Oh Tannenbaum, hilf!, DIE ZEIT v. 6.12.2018, S. 37–39.
Grimm, Katharina, Warum die Getränkedose ein Comeback erlebt, STERN ONLINE, 14.4.2016 (https://www.stern.de/wirtschaft/dosen--getraenkedosen-feiern-comeback---trotz-pfand-6789092.html, abgerufen: 14.11.2019).
Groeben, Hans von der /Schwarze, Jürgen/Hatje, Armin (Hrsg.), Europäisches Unionsrecht, Nomos Verlag, Baden-Baden, 7. Aufl. 2015.
Gruchalla-Wesierski, Tadeusz, A Framework for Understanding „Soft Law“, McGill LJ 1984, 37–88.
Grunow, Moritz, EU verabschiedet Kunststoffprodukte-Richtlinie, jurisPR-UmwR 7/2019 Anm. 1.

Grüter, Manfred, Umweltrecht und Kooperationsprinzip in der Bundesrepublik Deutschland, Werner Verlag, Düsseldorf, 1990 (zit. als: *Grüter,* Kooperationsprinzip, 1990, S.).

Gusy, Christoph, Kooperation als staatlicher Steuerungsmodus, ZUR 2001, 1–7.

Gundel, Jörg, Anwendung der Keck-Formel auf Beschränkungen der Warenausfuhr gem. Art. 29 EGV, JA 2009, 558–560.

Günter, Johannes, Berufsfreiheit und Eigentum in der Europäischen Union – Eine rechtsvergleichende Studie, C.F. Müller Verlag, Heidelberg, 1998 (zit. als: *Günter,* Eigentum, 1998).

Hagen, Alexander, Die Harmonisierung der indirekten Steuern in Europa – Grenzen und Umfang unter besonderer Berücksichtigung von Art. 33 der 6. MWSt-RL und Art. 3 der System-RL, Peter Lang Verlag, Frankfurt am Main, 2000 (zit. als: *Hagen,* Harmonisierung der indirekten Steuern, 2000).

Haltern, Ulrich, Europarecht – Dogmatik im Kontext, Bd. I: Entwicklung, Institutionen, Prozesse, Mohr Siebeck Verlag, Tübingen, 3. Aufl. 2017 (zit. als: *Haltern,* EuR, Bd. I).

Haratsch, Andreas/Koenig, Christian/Pechstein, Matthias, Europarecht, Mohr Siebeck Verlag, 11. Aufl. 2018.

Hassan, Daud, Land-based sources of marine pollution – The global framework for control, Australian International Law Journal (2003), 61–94.

Hatje, Armin, Wirtschaftsverfassung im Binnenmarkt, in: Bogdandy, v. Armin/Bast, Jürgen, Europäisches Verfassungsrecht – Theoretische und dogmatische Grundzüge, Springer Verlag, Berlin, 2. Aufl. 2009, S. 801–853 (zit. als: *Hatje,* in: Bogdandy/Bast, EU VerfR).

HDE, Stellungnahme, Entwurf eines Ersten Gesetzes zur Änderung des Verpackungsgesetzes, 26.9.2019 (https://www.handelsverband-nrw.de/wp-content/uploads/sites/3/2019/09/09262019_HDE-Stellungnahme-Plastiktüten.pdf, abgerufen: 14.11.2019) (zit. als: HDE, Stellungnahme, 26.9.2019).

Heckendorf, Katharina, Hilft der Handel der Umwelt?, DIE ZEIT v. 4.1.2018, S. 29.

Hedderich, Rolf, Verpackungsteuer – neueste Entwicklungen, WiVerw 1996, 114–127.

Heermann, Peter W./Schlingloff, Jochen (Hrsg.), Münchener Kommentar zum Lauterkeitsrecht, Band 1, Verlag C.H. Beck, München, 2. Aufl. 2014 (zit. als: *Bearbeiter*, in: Heermann/Schlingloff, MüKO Lauterkeitsrecht, Bd. 1, 2. Aufl. 2014).

Heintschel v. Heinegg, Wolff, The Development of Environmental Standards for the North-East Atlantic, including the North Sea, in: Ehlers, Peter/Mann-Borgese, Elisabeth/Wolfrum, Rüdiger (Hrsg.), Marine issues – From a scientific, political and legal perspective, Verlag Kluwer Law International, The Hague/London/New York, 2002, S. 135–153 (zit. als: *Heintschel v. Heinegg,* in: Ehlers u. a., Marine issues).

Heisel, Jan, Zulässigkeit und Ausgestaltung kommunaler Umweltlenkungsabgaben, Ergon Verlag, Würzburg, 2006 (zit. als: *Heisel*, Umweltlenkungsabgaben, 2006).

Helberg, Andreas, Normabwendende Selbstverpflichtungen als Instrumente des Umweltrechts – Verfassungs- und verwaltungsrechtliche Voraussetzungen und Grenzen, Pro-Universitate-Verlag, Sinzheim, 1999 (zit. als: *Helberg*, Normabwendende Selbstverpflichtungen, 1999).

Hendler, Reinhard, Die Sonderabfallabgabe – Zur verfassungsrechtlichen Zulässigkeit eines umweltpolitischen Instruments unter besonderer Berücksichtigung der Rechtslage in Hessen, Richard Boorberg Verlag, Stuttgart u. a., 1996 (zit. als: *Hendler,* Sonderabfallabgabe, 1996).

Ders., Die Gesetzgebungskompetenz der Länder zur Erhebung von Sonderabfallabgaben, NuR 1996, 165–171.

Henneke, Hans-Günter, Die Kommunen in der Finanzverfassung des Bundes und der Länder, Darstellung, Kommunal- und Schul-Verlag, Wiesbaden, 5. Aufl. 2012 (zit. als: *Henneke,* Die Kommunen in der Finanzverfassung).

Henseler, Paul, Begriffsmerkmale und Legitimation von Sonderabgaben, Nomos Verlagsgesellschaft, Baden-Baden, 1984 (zit. als: *Henseler*, Sonderabgaben, 1984).

Herbst, Tobias, Gesetzgebungskompetenzen im Bundesstaat – Eine Rekonstruktion der Rechtsprechung des Bundesverfassungsgerichts, Mohr Siebeck Verlag, Tübingen, 2014 (zit. als: *Herbst,* Gesetzgebungskompetenzen, 2014).

Herdegen, Matthias, Europarecht, Verlag C.H. Beck, München, 21. Aufl. 2019.

Heselhaus, F. Sebastian M., Abgabenhoheit der Europäischen Gemeinschaft in der Umweltpolitik – Eine Untersuchung unter besonderer Berücksichtigung der Möglichkeiten und Grenzen einer Ertragshoheit der Europäischen Gemeinschaft, Verlag Duncker & Humblot, Berlin, 2001 (zit. als: *Heselhaus,* Abgabenhoheit, 2001).

Ders., Anmerkung zu EuGH, Urteil vom 30.1.2001 – Rs. C-36/98 – Kompetenz des Rates zum Abschluss des Donauschutzübereinkommens, EuZW 2001, 213–215.

Heselhaus, F. Sebastian M./Nowak, Carsten (Hrsg.), Handbuch der Europäischen Grundrechte, Verlag C.H. Beck, München, 2006 (zit. als: *Bearbeiter*, in: Heselhaus/Nowak, Hdb GR).

Hesselle, Vera de, Ökologisch motivierte Normen im geltenden Steuerrecht – Bestandsaufnahme und Bewertung, Richard Boorberg Verlag, Stuttgart u. a., 2004 (zit. als: *Hesselle,* Ökologisch motivierte Normen, 2004).

Heun, Werner, Die Sonderabgaben als verfassungsrechtlicher Abgabentypus – Zur Sonderabgabenrechtsprechung des BVerfG, DVBl. 1990, 666–676.

Heusel, Wolfgang, „Weiches" Völkerrecht – Eine vergleichende Untersuchung typischer Erscheinungsformen, Nomos Verlag, Baden-Baden, 1991 (zit. als: *Heusel,* Weiches Völkerrecht, 1991).

Hilf, Juliane, The Convention for the Protection of the Marine Environment of the North-East-Atlantic – New Approaches to an Old Problem?, ZaöRV 55 (1995), 580–603.

Hillgruber, Christian, Grundrechtsschranken, in: Isensee, Josef/Kirchhof, Paul (Hrsg.), Handbuch des Staatsrechts der Bundesrepublik Deutschland, Band IX – Allgemeine Grundrechtslehren, C.F. Müller Verlag, Heidelberg, 3. Aufl. 2011, S. 1033–1075 (zit. als: *Hillgruber*, in: Isensee/Kirchhof, HStR IX, § 201).

Hoffmann, Jan, „Living well, within the limits of our planet" – Das Siebte Europäische Umweltaktionsprogramm (2013–2020), NVwZ 2013, 534–538.

Hoffmann, Michael, Verfassungsrechtliche Anforderungen an Rechtsverordnungen zur Produktverantwortung nach dem Kreislaufwirtschafts- und Abfallgesetz, DVBl. 1996, 347–354.

Hoffmann-Riem, Wolfgang, Innovation und Recht – Recht und Innovation, Recht im Ensemble seiner Kontexte, Mohr Siebeck Verlag, Tübingen, 2016.

Höhl, Simone, Warum nutzen noch zu wenige Freiburger den Freiburg-Cup?, Badische Zeitung, 19.7.2018 (http://www.badische-zeitung.de/freiburg/warum-nutzen-noch-zu-wenige-freiburger-den-freiburg-cup--154823376.html, abgerufen: 14.11.2019).

Höhler, Sebastian/Lafuente, Veronika, Neues zum Rechtsgrundlagenstreit im Umwelteuroparecht – Doppelabstützungen mit artikelweiser Zuordnung als Lösung?, ZUR 2007, 71–77.

Holoch, Kai, Esslingen nimmt Pfand für Coffee to go, Stuttgarter Nachrichten, 24.4.2018 (https://www.stuttgarter-nachrichten.de/inhalt.kampf-dem-plastikmuell-esslingen-nimmt-pfand-fuer-coffee-to-go.a4c41b97-9619-470e-b377-84bdfa17d862.html, abgerufen: 14.11.2019).

Holowiecki, Caroline, Kampfansage an die Wegwerf-Kultur, Südwest Presse – Schwäbische Donau Zeitung, 8.5.2018 (https://www.swp.de/suedwesten/staedte/stuttgart/kampfansage-an-die-wegwerf-kultur-_-25453988.html, abgerufen: 14.11.2019).

Holzkämper, Volker, Kommunale Umweltlenkungsabgaben, Peter Lang Verlag, Frankfurt a. M. u. a., 1993.

Hoppe, Werner, Umweltschutz in den Gemeinden, DVBl. 1990, 609–619.

Hucklenbruch, Gabriele, Umweltrelevante Selbstverpflichtungen – ein Instrument progressiven Umweltschutzes?, Verlag Duncker & Humblot, Berlin, 2000.

Hufen, Friedhelm, Staatsrecht II, Grundrechte, Verlag C.H. Beck, München, 7. Aufl. 2018.

Hummel, Lars, Das Merkmal der Finanzierungsverantwortung in der Sonderabgaben-Rechtsprechung des Bundesverfassungsgerichts, DVBl. 2009, 874–883.

Hübschmann, Walter/Hepp, Ernst/Spitaler, Armin, Abgabenordnung/Finanzgerichtsordnung, Kommentar, Loseblattsammlung, Otto Schmidt Verlag, Köln, Stand: 254. Erg.-Lief. (September 2019) (zit. als: *Bearbeiter*, in: Hübschmann/Hepp/Spitaler, AO/FGO).

Hurnik, Wolfgang, § 26a Berlin, in: Mann, Thomas/Püttner, Günter (Hrsg.), Handbuch der kommunalen Wissenschaft und Praxis, Band 1 – Grundlagen und Kommunalverfassung, Springer Verlag, Berlin, Heidelberg, 3. Aufl. 2007, S. 717–742 (zit. als: *Hurnik*, in: Mann/Püttner, Hdb der kommunalen Wissenschaft und Praxis, Bd. I, § 26a).

Jachmann, Monika, Steuergesetzgebung zwischen Gleichheit und wirtschaftlicher Freiheit – Verfassungsrechtliche Grundlagen und Perspektiven in der Unternehmensbesteuerung, Richard Boorberg Verlag, Stuttgart u. a., 2000 (zit. als: *Jachmann,* Steuergesetzgebung, 2000).

Dies., Die Rechtfertigung der ökologisch motivierten Steuer, in: Osterloh, Lerke/Schmidt, Karsten/Weber, Hermann (Hrsg.), Staat – Wirtschaft – Finanzverfassung, Festschrift für Peter Selmer zum 70. Geburtstag, Verlag Duncker & Humblot, Berlin, 2004, S. 707–724.

Jahn, Ralf, Zulässigkeit und Auswirkungen kommunaler Umweltabgaben mit Lenkungszweck am Beispiel der Verpackungssteuer, GewArch 1995, 312–316.

Jakob, Wolfgang, Die Steuerhoheit der Gemeinden unter staatlicher Gesetzgebung, BayVBl. 1972, 141–146.

Jambeck, Jenna R./Geyer, Roland/Wilcox, Chris/Siegler, Theodore R./Perryman, Miriam/Andrady, Anthony/Narayan, Ramani/Law, Kara Lavender, Plastic waste inputs from land into the ocean, Science 347 (6223), 2015, 768–771.

Jarass, Hans D., Verfassungsrechtliche Grenzen für die Erhebung nichtsteuerlicher Abgaben, DÖV 1989, 1013–1022.

Ders., Regelungsspielräume des Landesgesetzgebers im Bereich der konkurrierenden Gesetzgebung und in anderen Bereichen, NVwZ 1996, 1041–1047.

Ders., Beschränkungen der Abfallausfuhr und EG-Recht, NuR 1998, 397–405.

Ders., Nichtsteuerliche Abgaben und lenkende Steuern unter dem Grundgesetz, Otto Schmidt Verlag, 1999 (zit. als: *Jarass,* Nichtsteuerliche Abgaben, 1999).

Ders., Verstärkter Umweltschutz der Mitgliedstaaten nach Art. 176 EG, NVwZ 2000, 529–531.

Ders., Die Widerspruchsfreiheit der Rechtsordnung als verfassungsrechtliche Vorgabe – Zugleich ein Beitrag zum Verhältnis von Sachgesetzgeber und Abgabengesetzgeber, AöR 126 (2001), 588–607.

Ders., Der grundrechtliche Eigentumsschutz im EU-Recht, NVwZ 2006, 1089–1095.

Ders., Die Bindung der Mitgliedstaaten an die EU-Grundrechte, NVwZ 2012, 457–461.

Ders., Charta der Grundrechte der Europäischen Union – Kommentar, Verlag C.H. Beck, München, 3. Aufl. 2016 (zit. als: *Jarass*, GRCh, 3. Aufl. 2016).

Jarass, Hans D./Petersen, Frank, (Hrsg.) Kreislaufwirtschaftsgesetz, Kommentar, Verlag C.H. Beck, München, 2014 (zit. als: *Bearbeiter*, in: Jarass/Petersen, KrWG).

Jarass, Hans D./Pieroth, Bodo, Grundgesetz für die Bundesrepublik Deutschland, Kommentar, Verlag C.H. Beck, München, 15. Aufl. 2018 (zit. als: *Bearbeiter*, in: Jarass/Pieroth, GG, 15. Aufl. 2018).

Jatzke, Harald, Europäisches Verbrauchssteuerrecht, Verlag C.H. Beck, München, 2016.

Jäkel, Marcel, Sonderabgaben im System der grundgesetzlichen Finanzverfassung und der Rechtsprechung des BVerfG, JURA 2017, 630–640.

Jochum, Heike, Neustrukturierung der Sonderabgabendogmatik, StuW 2006, 134–146.

Kahl, Wolfgang, Umweltprinzip und Gemeinschaftsrecht: Eine Untersuchung zur Rechtsidee des „bestmöglichen Umweltschutzes" im EWG-Vertrag, C.F. Müller Verlag, Heidelberg, 1993 (zit. als: *Kahl*, Umweltprinzip, 1993).

Ders., Der EuGH als „Motor des europäischen Umweltschutzes", ThürVBl. 1994, 225–231 (Teil 1) und 256–261 (Teil 2).

Ders., Staatsziel Nachhaltigkeit und Generationengerechtigkeit, DÖV 1999, 2–13.

Ders., Der Nachhaltigkeitsgrundsatz im System der Prinzipien des Umweltrechts, in: Bauer, Hartmut/Czybulka, Detlef/Kahl, Wolfgang/Voßkuhle, Andreas (Hrsg.), Umwelt, Wirtschaft und Recht – Wissenschaftliches Symposium aus Anlaß des 65. Geburtstages von Reiner Schmidt, 16./17. November 2001, Mohr Siebeck Verlag, Tübingen, 2002, S. 111–148.

Ders., Anmerkung zu EuG, Urt. v. 5.10.2005 (verb. Rs. T-366/03 und T-235/96) – Nationale Schutzergänzung als Gefahr für den Binnenmarkt?, ZUR 2006, 86–89.

Ders., Einleitung: Nachhaltigkeit als Verbundbegriff, in: ders., Nachhaltigkeit als Verbundbegriff, Mohr Siebeck Verlag, Tübingen, 2008, S. 1–35.

Ders., Neuere höchstrichterliche Rechtsprechung zum Umweltrecht – Teil 1, JZ 2008, 74–81.

Ders., Klimaschutz durch die Kommunen – Möglichkeiten und Grenzen, ZUR 2010, 395–403.

Ders., Kooperative Rechtsangleichung, in: Bernreuther, Jörg/Freitag, Robert/Leible, Stefan/Sippel, Harald/Wanitzek, Ulrike (Hrsg.), Festschrift für Ulrich Spellenberg zum 70. Geburtstag, sellier.european law publishers, München, 2010, S. 697–715.

Ders., Nachhaltigkeit durch kommunale Abgaben – Am Beispiel des Kampfes gegen Plastikmüll, EurUP 2019, 321–326.

Kahl, Wolfgang/Gärditz, Klaus Ferdinand, Umweltrecht, Verlag C.H. Beck, München, 11. Aufl. 2019.

Kahl, Wolfgang/Glaser, Andreas, Die Nachhaltigkeitsfähigkeit der parlamentarischen Demokratie, in: Lange, Klaus (Hrsg.), Nachhaltigkeit im Recht – Eine Annäherung, Nomos Verlag, Baden-Baden, 2003, S. 9–38.

Kahl, Wolfgang/Waldhoff, Christian/Walter, Christian (Hrsg.), Bonner Kommentar zum Grundgesetz, Loseblattsammlung, C.F. Müller Verlag, Heidelberg, Stand: 200. Erg.-Lief. (September 2019).

Kainer, Friedemann/Herzog, Lucina, Der Marktausgang im Konzept der Grundfreiheiten, EuR 2018, 405–429.

Kaiser, Joseph, H. Industrielle Absprachen im öffentlichen Interesse, NJW 1971, 585–588.

Kalscheuer, Fiete/Harding, Nicolas, Zur Zulässigkeit einer kommunalen Verpackungssteuer, NordÖR 2017, 113–116.

Kane, Anne-Miriam, Die Gesetzgebungskompetenzen des Bundes im Umweltschutz, Nomos Verlag, Baden-Baden, 2013 (zit. als: *Kane*, Gesetzgebungskompetenzen, 2013).

Karstens, Jan, Rechtliche Steuerung von Umweltinnovationen durch Leitbilder: Leitbilder als materieller Kern von regulierter Selbstregulierung, in: Eifert, Martin/Hoffmann-Riem, Wolfgang (Hrsg.), Innovation und rechtliche Regulierung – Schlüsselbegriffe und Anwendungsbeispiele rechtswissenschaftlicher Innovationsforschung, Nomos Verlag, Baden-Baden, 2002, S. 50–87 (zit. als: *Karstens*, in: Eifert/Hoffmann-Riem, Innovation, 2002).

Kautz, Steffen, Absprachen im Verwaltungsrecht – Zulässigkeit, Grenzen und Folgen, Verlag Duncker & Humblot, Berlin, 2002 (zit. als: *Kautz,* Absprachen, 2002).

Kaza, Silpa/Yao, Lisa/Bhada-Tata, Perinaz/ Woerden, Frank van, What a Waste 2.0: A Global Snapshot of Solid Waste Management to 2050, Urban Development Series, The World Bank, Washington, DC, 2018 (https://openknowledge.worldbank.org/handle/10986/30317, abgerufen: 14.11.2019) (zit. als: *Kaza u. a.,* What a Waste 2.0, World Bank, 2018).

Keck, Christine, Die Steuer auf Verpackungen wird vertagt, Stuttgarter Zeitung v. 11.10.2019, S. 7.

Kentin, Esther/Kaarto, Heidi, An EU ban on microplastics in cosmetic products and the right to regulate, RECIEL 2018, Vol. 27, 254–266.

Ketteler, Gerd, Der Begriff der Nachhaltigkeit im Umwelt- und Planungsrecht, NuR 2002, 513–522.

Kingreen, Thorsten, Grundfreiheiten, in: Bogdandy, v. Armin/Bast, Jürgen, Europäisches Verfassungsrecht – Theoretische und dogmatische Grundzüge, Springer Verlag, Berlin, 2. Aufl. 2009, S. 705–748 (zit. als: *Kingreen,* in: Bogdandy/Bast, EU VerfR).

Kingreen, Thorsten/Poscher, Ralf, Grundrechte, Staatsrecht II, C.F. Müller Verlag, 35. Aufl. 2019.

Kirchgässner, Gebhard, Das Verursacherprinzip. Leerformel oder regulative Idee?, JZ 1990, 1042–1046.

Kirchhof, Paul, Verfassungsrecht und öffentliches Einnahmesystem, in: Hansmeyer, Karl-Heinrich (Hrsg.), Staatsfinanzierung im Wandel, Verlag Duncker & Humblot, Berlin, 1983, S. 33–50.

Ders., Verfassungsrechtliche Grenzen von Umweltabgaben, in: ders. (Hrsg.), Umweltschutz im Abgaben- und Steuerrecht, DStJG 15 (1993), Dr. Otto Schmidt Verlag, Köln, 1993, S. 3–31 (zit. als: *Kirchhof,* in: DStJG 15 (1993)).

Ders., Verfassungsrechtlich Gebotenes, demokratisch Erwünschtes und politisch Erreichbares in der Steuerpolitik, in: Institut „Finanzen und Steuern" (Hrsg.), IFSt-Schrift Nr. 362 – Vorträge gehalten anlässlich der Mitgliederversammlung des Instituts „Finanzen und Steuern" am 18. Juni 1998, Bonn, 1998, S. 14–30 (zit. als: *Kirchhof,* in: IFSt-Schrift Nr. 362, 1998).

Ders., Die Steuern, in: Isensee, Josef/Kirchhof, Paul (Hrsg.), Handbuch des Staatsrechts der Bundesrepublik Deutschland, Band V – Rechtsquellen, Organisation, Finanzen, C.F. Müller Verlag, Heidelberg, 3. Aufl. 2007, S. 959–1099 (zit. als: *Kirchhof,* in: Isensee/Kirchhof, HStR V, § 118).

Ders., Nichtsteuerliche Abgaben, in: Isensee, Josef/Kirchhof, Paul (Hrsg.), Handbuch des Staatsrechts der Bundesrepublik Deutschland, Band V – Rechtsquellen, Organisation, Finanzen, C.F. Müller Verlag, Heidelberg, 3. Aufl. 2007, S. 1101–1173 (zit. als: *Kirchhof,* in: Isensee/Kirchhof, HStR V, § 119).

Kirk, Elizabeth A./Popattanachai, Naporn, Marine plastics: Fragmentation, effectiveness and legitimacy in international lawmaking, RECIEL 2018, Vol. 27, 222–233.

Kiss, Alexandre/Shelton, Dinah, International Environmental Law, Verlag Transnational Publishers, Ardsley, 3. Aufl. 2004.

Klages, Christoph, Vermeidungs- und Verwertungsgebote als Prinzipien des Abfallrechts – Zur Fortentwicklung des Abfallbeseitigungsrechts zu einem Recht der Abfallwirtschaft, Werner-Verlag, Düsseldorf, 1991 (zit. als: *Klages,* Verwertungsgebote, 1991).

Kläsgen, Michael/Timmler, Vivien, Kommt doch in die Tüte, SZ v. 8.6.2018, S. 17.

Klinger, Remo, Rechtsgutachterliche Stellungnahme zur Zulässigkeit landesrechtlicher Regelungen zur Erhebung einer Sonderabgabe oder einer Verpackungssteuer auf die Abgabe von PET-Einkaufstragetaschen oder Einweggeschirr (wie Coffee-To-Go-Bechern), erstellt im Auftrag der Deutschen Umwelthilfe, 2.4.2014 (http://www.duh.de/uploads/media/DUH_Rechtsgutachten_Lenkungsabgabe_2015.pdf, abgerufen: 14.11.2019) (zit. als: *Klinger*, DUH Rechtsgutachten, 4/2014).

Ders., Landesrechtliche Kompetenzen für eine City-Maut zur Verminderung der Luftbelastung, ZUR 2016, 591–598.

Klinger, Remo/Krebs, David, Kommunale Verpackungssteuer – Nicht nur neu verpackt, sondern jetzt zulässig!, ZUR 2015, 664–670.

Klippel, Diethelm/Otto, Martin, Nachhaltigkeit und Begriffsgeschichte, in: Kahl, Wolfgang (Hrsg.), Nachhaltigkeit als Verbundbegriff, Mohr Siebeck Verlag, Tübingen, 2008, S. 39–59.

Kloepfer, Michael, Umwelt-, Naturschutz- und Jagdrecht – Eine kompetenzrechtliche Betrachtung im Lichte der Föderalismusdebatte, NuR 2006, 1–7.

Ders., Verfassungsrecht, Band I – Grundlagen, Staatsorganisationsrecht, Bezüge zum Völker- und Europarecht, Verlag C.H. Beck, München, 2011 (zit. als: *Kloepfer*, VerfR I).

Ders., Verfassungsrecht, Band II – Grundrechte, Verlag C.H. Beck, München, 2010 (zit. als: *Kloepfer*, VerfR II).

Ders., Finanzverfassungsrecht, Verlag C.H. Beck, München, 2014.

Ders., Umweltrecht, Verlag C.H. Beck, München, 4. Aufl. 2016.

Kloepfer, Michael/Bröcker, Klaus T., Das Gebot der widerspruchsfreien Normgebung als Schranke der Ausübung einer Steuergesetzgebungskompetenz nach Art. 105 GG, DÖV 2001, 1–12.

Kluth, Winfried, Die Grundrechtserheblichkeit kommunaler Abfallvermeidung durch Verpackungssteuern, DVBl. 1992, 1261–1272.

Knauff, Matthias, Referendarexamensklausur – Öffentliches Recht: Die EU-Glühbirnenverbotsverordnung, JuS 2009, 440–446.

Ders., Der Regelungsverbund: Recht und Soft Law im Mehrebenensystem, Mohr Siebeck Verlag, Tübingen, 2010 (zit. als.: *Knauff,* Regelungsverbund, 2010).

Knebel, Jürgen/Wicke, Lutz/Michael, Gerhard, Selbstverpflichtungen und normersetzende Umweltverträge als Instrumente des Umweltschutzes – UBA Forschungsbericht 98 – 123 im Auftrag des UBA, Erich Schmidt Verlag, Berlin, 1999 (zit. als: *Knebel/Wicke/Michael,* Selbstverpflichtungen, 1999).

Knemeyer, Franz-Ludwig/Deubert, Michael, Rechtliche Schranken kommunaler Abfallpolitik im Bereich Gewerbeabfälle, DÖV 1992, 572–576.

Koch, Hans-Joachim, Die neue Verpackungsverordnung, NVwZ 1998, 1155–1158.

Ders., Das Kooperationsprinzip im Umweltrecht – ein Missverständnis?, NuR 2001, 541–551.

Kormbaki, Marina/RND, Ministerin Schulze gegen Plastiktüten-Verbot, Hannoversche Allgemeine, 17.5.2019 (https://www.haz.de/Nachrichten/Politik/Deutschland-Welt/Ministerin-Schulze-gegen-Plastiktueten-Verbot, abgerufen: 14.11.2019).

Konrad, Karlheinz, Verfassungsfragen kommunaler Verpackungssteuersatzungen, BB 1995, 1109–1119.

Ders., Umweltlenkungsabgaben und abfallrechtliches Kooperationsprinzip, DÖV 1999, 12–20.

Kopp-Assenmacher, Stefan (Hrsg.), Kreislaufwirtschaftsgesetz – Kommentar, Erich Schmidt Verlag, Berlin, 2015.

Korn, Juhani M. V., Unionsrechtlich induzierte Rechtssetzung im Abgabenrecht – Am Beispiel einer europäischen Emissionsreduzierungsabgabe für die Hochseeschifffahrt, Verlag Duncker & Humblot, Berlin, 2015 (zit. als: *Korn,* Abgabenrecht, 2015).

Korte, Anja, Die konkurrierende Steuergesetzgebung des Bundes im Bereich der Finanzverfassung – Steuerautonomie der Länder ohne Reform?, Verlag Duncker & Humblot, Berlin, 2008 (zit. als: *Korte,* Konkurrierende Steuergesetzgebung, 2008).

Kotulla, Michael, Wasserhaushaltsgesetz, Kommentar, Verlag W. Kohlhammer, Stuttgart, 2. Aufl. 2011.

Köck, Wolfgang, Anmerkung zu Hess. VGH, Beschluss vom 15. Dezember 1992 – 5 N 1202/92 –, ZUR 1993, 127–129.

Ders., Nachhaltigkeit im Verwaltungsrecht, Die Verwaltung 40 (2007), 419–439.

Köck, Wolfgang/Schwanenflügel, Matthias v., Abfallvermeidung durch kommunale Verpackungsabgaben – Rechtliche Möglichkeiten und Grenzen, Eberhard Blottner Verlag, Taunusstein, 1990.

Köhler, Regina, Kaffeetrinken mit gutem Gewissen, Berliner Morgenpost, 15.7.2017 (https://www.morgenpost.de/berlin/article211252989/Kaffeetrinken-mit-gutem-Gewissen.html, abgerufen: 14.11.2019).

Köpp, Tobias, Normvermeidende Absprachen zwischen Staat und Wirtschaft, Verlag Duncker & Humblot, Berlin, 2001 (zit. als: *Köpp,* Normvermeidende Absprachen, 2001).

Kramm, Lars, The new strategic action plan for the environmental protection and rehabilitation of the Black Sea, in: Czybulka, Detlef (Hrsg.), Marine Nature Conservation and Management at the borders of the European Union, Nomos Verlag, Baden-Baden, 2012, S. 91–101 (zit. als: *Kramm*, in: Czybulka, Marine Nature).

Krämer, Ludwig, Direkte und indirekte Verhaltenssteuerung, in: Rengeling, Hans-Werner (Hrsg.), Handbuch zum europäischen und deutschen Umweltrecht – Eine systematische Darstellung des europäischen Umweltrechts mit seinen Auswirkungen auf das deutsche Recht und mit rechtspolitischen Perspektiven, Band I: Allgemeines Umweltrecht, Carl Heymanns Verlag, Köln u. a., 2. Aufl. 2003, S. 459–477 (zit. als: *Krämer*, in: Rengeling, EUDUR I, § 15).

Ders., EU Environmental Law, Verlag Sweet & Maxwell, London, 8. Edition 2016.

Krämer, Ludwig/Winter, Gerd, § 26 Umweltrecht, in: Schulze, Reiner/Zuleeg, Manfred/Kadelbach, Stefan, Europarecht – Handbuch für die deutsche Rechtspraxis, Nomos Verlag, Baden-Baden, 3. Aufl. 2015, S. 1548–1639 (zit. als: *Krämer/Winter,* in: Schulze/Zuleeg/Kadelbach, Europarecht, § 26).

Krauß, Susanne, Land ohne Plastik, ZEIT Online v. 28.5.2018 (https://www.zeit.de/wissen/umwelt/2018-05/umweltschutz-ruanda-plastik-verbot-gesetz/komplettansicht, abgerufen: 14.11.2019).

Kreibohm, Philipp, Der Begriff der Steuer im Europäischen Gemeinschaftsrecht, Carl Heymann Verlag, Köln, Berlin, München, 2004 (zit. als.: *Kreibohm*, Begriff der Steuer, 2004).

Kröger, James, Nutzungsmodalitäten im Recht der Warenverkehrsfreiheit, EuR 2012, 468–479.

Kruse, Heinrich Wilhelm, Lehrbuch des Steuerrechts, Band I, Allgemeiner Teil, C.H. Beck'sche Verlagsbuchhandlung, München, 1991.

Kube, Hanno, Finanzgewalt in der Kompetenzordnung, Mohr Siebeck Verlag, Tübingen, 2004.

Ders., Lenkungszwecke kommunaler Abgaben, in: Henneke, Hans-Günter/Pünder, Hermann/Waldhoff, Christian (Hrsg.), Recht der Kommunalfinanzen – Abgaben, Haushalt, Finanzausgleich, Verlag C.H. Beck, München, 2006, § 21, S. 408–418 (zit. als: *Kube,* in: Henneke/Pünder/Waldhoff, Recht der Kommunalfinanzen, § 21).

Ders., Schattenhaushalte im Verfassungsstaat – Unverändert aktuelle Mahnungen und neue Herausforderungen, ZG 2010, 105–127.

Kubitza, Marc Philip, Die Vorwirkung von Richtlinien – die richtlinienbezogene Auslegung und ihre Grenzen, EuZW 2016, 691–696.

Kunig, Philip, Der Schutz der Meere durch das innerstaatliche Abfallrecht, in: Koch, Hans-Joachim/Lagoni, Rainer (Hrsg.), Meeresumweltschutz für Nord- und Ostsee – Das Zusammenspiel von Völkerrecht und nationalem Umweltrecht, Nomos Verlag, Baden-Baden, 1996, S. 259–272 (zit. als: *Kunig*, in: Koch/Lagoni, Meeresumweltschutz, 1996).

Kühn, Rolf/Wedelstädt, Alexander v. (Hrsg.), Abgabenordnung und Finanzgerichtsordnung, Kommentar, Schäffer-Poeschel Verlag, Stuttgart, 22. Aufl. 2018 (zit. als: *Bearbeiter*, in: Kühn/Wedelstädt, AO/FGO).

Kühling, Jürgen, Grundrechte, in: Bogdandy, v. Armin/Bast, Jürgen, Europäisches Verfassungsrecht – Theoretische und dogmatische Grundzüge, Springer Verlag, Berlin, 2. Aufl. 2009, S. 657–704 (zit. als: *Kühling,* in: Bogdandy/Bast, EU VerfR).

Kühn, Susanne/Bravo Rebolledo, Elisa L./Franeker, Jan A. van, Deleterious Effects of Litter on Marine Life, in: Bergmann, Melanie/Gutow, Lars/Klages, Michael (Hrsg.), Marine Anthropogenic Litter, Springer Verlag, Heidelberg, New York, Dordrecht, London, 2015, S. 75–116 (zit. als: Kühn u. a., in: Bergmann u. a., Marine Anthropogenic Litter, 75).

Küssner, Martin, Die Abgrenzung der Kompetenzen des Bundes und der Länder im Bereich der Steuergesetzgebung sowie der Begriff der Gleichartigkeit von Steuern, Verlag Duncker & Humblot, Berlin, 1992 (zit. als: *Küssner*, Kompetenzen, 1992).

Lagoni, Rainer, Monitoring Compliance and Enforcement of Compliance through the OSPAR Commission, in: Ehlers, Peter/Mann-Borgese, Elisabeth/Wolfrum, Rüdiger (Hrsg.), Marine issues – From a scientific, political and legal perspective, Verlag Kluwer Law International, The Hague/London/New York, 2002, S. 155–163 (zit. als: *Lagoni,* in: Ehlers u. a., Marine issues).

Landmann/Rohmer, GewO, siehe *Marcks, Peter/Neumann, Dirk/Bleutge, Peter u. a.*

Landmann/Rohmer, UmweltR, siehe *Beckmann, Martin/Durner, Wolfgang/Mann, Thomas/Röckinghausen, Marc.*

Lang, Joachim, Verwirklichung von Umweltschutzzwecken im Steuerrecht, in: Kirchhof, Paul (Hrsg.), Umweltschutz im Abgaben- und Steuerrecht, DStJG 15 (1993), Dr. Otto Schmidt Verlag, Köln, 1993, S. 115–160 (zit. als: *Lang,* in: DStJG 15 (1993)).

Lange, Kai, Die Coffee-to-go-Ökonomie, Teil 1–2, Manager Magazin, 16.5.2018 (http://www.manager-magazin.de/unternehmen/handel/kaffeebecher-wegwerfen-oder-gegen-pfand-die-coffee-to-go-oekonomie-a-1208044.html, abgerufen: 14.11.2019).

Lange, Klaus, Kommunaler Umweltschutz durch Verpackungssteuern, in: ders. (Hrsg.), Gesamtverantwortung statt Verantwortungsparzellierung im Umweltrecht, Gießener Abhandlungen zum Umweltrecht, Bd. 1, Baden-Baden 1997, S. 305–320 (zit. als: *Lange,* in: ders., Gesamtverantwortung, 1997).

Ders., Kommunalrecht, Mohr Siebeck Verlag, Tübingen, 2. Aufl. 2019.

Langenscheidt Collins, Großes Schul- und Studienwörterbuch, Englisch – Deutsch, HarperCollins Publishers, 2011 (zit. als: Langenscheidt Collins, Studienwörterbuch, Englisch–Deutsch).

Lebreton, Laurent u. a., Evidence that the Great Pacific Garbage Patch is rapidly accumulating plastic, Scientific Reports 8 (2018), Nr. 4666, DOI:10.1038/s41598-018-22939-w, S. 1–15 (zit. als: *Lebreton u. a.,* Scientific Reports 8 (2018)).

Leible, Stefan, Noch einmal: Kennzeichnung gentechnisch hergestellter Lebensmittel, ZLR 1993, 555–560.

Ders., Anmerkung zu EuGH: Keine Beeinträchtigung des Verbraucherschutzes durch 0,07 1-Liter-Flaschen, EuZW 2007, 732–734.

Lenz, Carl Otto/Borchardt, Klaus-Dieter (Hrsg.), EU-Verträge Kommentar, EUV – AEUV – GRCh, Bundesanzeiger Verlag, Köln, 6. Aufl. 2013.

*Lersner, Heinrich Freiherr v./Wendenburg, Helge/Kropp, Olaf/Rüdiger, Jürgen (*Hrsg.), Recht der Abfall- und Kreislaufwirtschaft, Erich Schmidt Verlag, Berlin, 2. Aufl. 2015, Loseblattsammlung (Stand: Erg.-Lief. 9/18, Dezember 2018).

Liebrich, Silvia, Mehr Kontrolle bei Kosmetika und Nahrung, SZ v. 23.1.2018, S. 22.

Dies., Plastikmüll – Das Ende der Wattestäbchen, SZ v. 29.5.2018, S. 15.

Lindemann, Hans-Heinrich/Breiholdt, K.-P./Wiebe, Andreas, Kapitel 2: Abfallsatzung, in: Lübbe-Wolff, Gertrude (Hrsg.), Umweltschutz durch kommunales Satzungsrecht – Bauleitplanung,

Abfall, Abwasser, Abgaben, Baumschutz, Erich Schmidt Verlag, Berlin, 1993, S. 104–137 (zit. als: *Lindemann/Breiholdt/Wiebe*, in: Lübbe-Wolff, Kommunales Satzungsrecht, 1993).

Liu, Ru-Huei, Europäisierung des deutschen Umweltrechts, Peter Lang Verlag, Frankfurt a. M. u. a., 2008.

Lottermoser, Suanne, Die Fortentwicklung des Abfallbeseitigungsrechts zu einem Recht der Abfallwirtschaft, Verlag W. Kohlhammer, Köln, 1991 (zit. als: *Lottermoser*, Fortentwicklung des Abfallbeseitigungsrechts, 1991).

Löhr, Julia, Städte sagen Coffee-to-go-Bechern den Kampf an, FAZ v. 8.1.2019, S. 15.

Dies., Der Kampf gegen Plastik wird härter, FAZ v. 13.8.2019, S. 15.

Ludwigs, Martin, Rechtsangleichung nach Art. 94, 95 EG-Vertrag – Eine kompetenzrechtliche Untersuchung unter besonderer Berücksichtigung des Europäischen Privatrechts, Nomos Verlag, Baden-Baden, 2004 (zit. als: *Ludwigs,* Rechtsangleichung, 2004).

Lübbe-Wolff, Gertrude, Modernisierung des Umweltordnungsrechts, Vollziehbarkeit – Deregulierung – Effizienz, Economica Verlag, Bonn, 1996

Dies., IVU-Richtlinie und Europäisches Vorsorgeprinzip, NVwZ 1998, 777–785.

Dies., Instrumente des Umweltrechts – Leistungsfähigkeit und Leistungsgrenzen, NVwZ 2001, 481–493.

Dies., Instrumente des Umweltrechts – Leistungsfähigkeit und Leistungsgrenzen, in: Gesellschaft für Umweltrecht (GfU) (Hrsg.), Selbstverpflichtungen der Industrie, Dokumentation zur 24. Wissenschaftlichen Fachtagung der GfU, Erich Schmidt Verlag, Berlin, 2001, S. 29–92 (zit. als: Lübbe-Wolff, in: GfU, 24. Tagungsband, 2001).

Mangoldt, Herrmann v./Klein, Friedrich/Starck, Christian, Kommentar zum Grundgesetz, Bd. I–III, C.H. Beck, München, 7. Aufl. 2018.

Mann, Thomas, Anmerkung zu BayVerfGH, Entscheidung vom 27.3.1990 – Vf. 123-IX–89, DVBl. 1990, 697–699.

Mann, Thomas/Elvers, Torsten, § 10 Die Rechtsquellen des Kommunalrechts, in: Mann, Thomas/Püttner, Günter (Hrsg.), Handbuch der kommunalen Wissenschaft und Praxis, Band 1 – Grundlagen und Kommunalverfassung, Springer Verlag, Berlin, Heidelberg, 3. Aufl. 2007, S. 169–186 (zit. als: *Mann/Elvers*, in: Mann/Püttner, Hdb der kommunalen Wissenschaft und Praxis, Bd. I, § 10).

Marcks, Peter/Neumann, Dirk/Bleutge, Peter u. a., Landmann/Rohmer, Gewerbeordnung und ergänzende Vorschriften, Kommentar, Band I–II, Loseblattsammlung, Verlag C.H. Beck, München, Stand: 81. Erg.-Lief. März 2019 (zit. als: *Bearbeiter*, in: Landmann/Rohmer, GewO).

Markus, Till/Schlacke, Sabine, Die Meeresstrategie-Rahmenrichtlinie der Europäischen Gemeinschaft, ZUR 2009, 464–471.

Martinho, Graça/Balaia, Natacha/Pires, Ana, The Portuguese plastic carrier bag tax: The effects on consumers' behavior, Waste Management 61 (2017), S. 3–12.

Martini, Mario, Integrierte Regelungsansätze im Immissionsschutzrecht – Eine Untersuchung zu dem integrierten Ansatz der UVP-RL, der IVU-RL und der Öko-Audit-Verordnung sowie ihrer deutschen Umsetzungsgesetze, Carl Heymanns Verlag, Köln u. a., 2000 (zit. als: *Martini,* Integrierte Regelungsansätze, 2000).

Masing, Johannes, Kritik des integrierten Umweltschutzes, DVBl. 1998, 549–559.

Mathis, Klaus, Nachhaltige Entwicklung und Generationengerechtigkeit – Eine interdisziplinäre Studie aus rechtlicher, ökonomischer und philosophischer Sicht, Mohr Siebeck Verlag, Tübingen, 2017 (zit. als: *Mathis*, Nachhaltige Entwicklung, 2017).

Matz, Nele, The interaction between the Convention on Biological Diversity and the UN Convention on the Law of the Sea, in: Ehlers, Peter/Mann-Borgese, Elisabeth/Wolfrum, Rüdiger (Hrsg.), Marine issues – From a scientific, political and legal perspective, Verlag Kluwer

Law International, The Hague/London/New York, 2002, S. 203–220 (zit. als: *Matz,* in: Ehlers u. a., Marine issues).

Matz-Lück, Nele /Fuchs, Johannes, Die Ausweisung mariner Schutzgebiete in hoheitsfreien Räumen am Beispiel des OSPAR-Abkommens, ZUR 2012, 532–542.

Maunz, Theodor/Dürig, Günter, Grundgesetz-Kommentar, Loseblattsammlung, Verlag C.H. Beck, München, Stand: 87. Erg.-Lief. (März 2019) (zit. als: *Bearbeiter*, in: Maunz/Dürig, GG).

Mayer, Franz C./Heidfeld, Christian, Europarechtliche Aspekte einer Finanztransaktionsteuer, EuZW 2011, 373–378.

Meßerschmidt, Klaus, Umweltabgaben als Rechtsproblem, Verlag Duncker & Humblot, Berlin, 1986 (zit. als: *Meßerschmidt,* Umweltabgaben, 1986).

Ders., Europäisches Umweltrecht, Verlag C.H. Beck, München, 2011.

Meyer, Cordula, Müllabfuhr für alle, Leitartikel, Der Spiegel v. 27.10.2018, S. 8.

Meyer, Hans, Das Finanzreformgesetz – Probleme einer Verfassungsänderung, DÖV 1969, 261–269.

Meyer, Jürgen (Hrsg.), Charta der Grundrechte der Europäischen Union, Nomos Verlag, Baden-Baden, 4. Aufl. 2014 (Altauflage).

Ders./Hölscheidt, Sven (Hrsg.), Charta der Grundrechte der Europäischen Union, Nomos Verlag, Baden-Baden, 5. Aufl. 2019.

Michael, *Lothar*, Rechtsetzende Gewalt im kooperierenden Verfassungsstaat – Normprägende und normersetzende Absprachen zwischen Staat und Wirtschaft, Verlag Duncker & Humblot, Berlin, 2002 (zit. als: *Michael,* Rechtsetzende Gewalt, 2002).

Michael, Lothar, Formen- und Instrumentenmix, in: Hoffmann-Riem, Wolfgang/Schmidt-Aßmann, Eberhard/Voßkuhle, Andreas (Hrsg.), Grundlagen des Verwaltungsrechts, Band II, Verlag C.H. Beck, 2. Aufl. 2012, S. 1639–1688 (zit. als: *Michael*, in: Hoffmann-Riem/Schmidt-Aßmann/Voßkuhle, Grundlagen VwR, Bd. II, § 41).

Michaelis, Peter, Ökonomische Aspekte der Abfallgesetzgebung, J.C.B. Mohr Verlag, Tübingen, 1993.

Ders., Ökonomische Instrumente in der Umweltpolitik – Eine anwendungsorientierte Einführung, Physica-Verlag, Heidelberg, 1996 (zit. als: *Michaelis,* Ökonomische Instrumente, 1996).

Mick, Marcus, Die Steuerkonzeption der Europäischen Union – Zielvorgaben, Umsetzung und Grenzen zulässiger Steuerharmonisierung, Waxmann Verlag, Münster, New York, 1995 (zit. als: *Mick*, Steuerkonzeption der EU, 1995).

Middeke, Andreas, Nationaler Umweltschutz im Binnenmarkt, Carl Heymanns Verlag, Köln u. a., 1994 (zit. als: *Middeke,* Nationaler Umweltschutz, 1994).

Ministry of the Environment, Energy and the Sea, International coalition to reduce plastic bags pollution – Briefing note, Stand: 6.2.2017, (https://www.ecologique-solidaire.gouv.fr/sites/default/files/2-International%20coalition%20to%20reduce%20plastic%20bags%20pollution-briefing%20note_EN.pdf, abgerufen: 14.11.2019).

Mißling, Sven/Unger, Sebastian, Schutz und nachhaltige Nutzung der marinen Biodiversität in Gebieten jenseits nationaler Hoheitsgewalt – Der Verhandlungsprozess für ein neues SRÜ-Durchführungsübereinkommen, ZUR 2017, 383–345.

Mohl, Helmut, Rechtliche und praktische Anforderungen an eine kommunale Verpackungssteuer – die gerichtsfeste Verpackungsmüll-Satzung –, WiVerw 1996, 102–113.

Monien, Johanna, Prinzipien als Wegbereiter eines globalen Umweltrechts? – Das Nachhaltigkeits-, Vorsorge- und Verursacherprinzip im Mehrebenensystem, Nomos Verlag, Baden-Baden, 2014 (zit. als: *Monien,* Prinzipien, 2014).

Mörsdorf, Oliver, Ungleichbehandlung als Norm – Eine dogmatische Analyse des unional determinierten Antidiskriminierungsrechts in Deutschland, Mohr Siebeck Verlag, Tübingen, 2018 (zit. als: *Mörsdorf,* Ungleichbehandlung, 2018).

Möstl, Markus, Grenzen der Rechtsangleichung im europäischen Binnenmarkt – Kompetenzielle, grundfreiheitliche und grundrechtliche Schranken des Gemeinschaftsgesetzgebers, EuR 2002, 318–350.

Murswiek, Dietrich, Das sogenannte Kooperationsprinzip – ein Prinzip des Umweltschutzes?, ZUR 2001, 7–13.

Ders., Schadensvermeidung – Risikobewältigung – Ressourcenbewirtschaftung, Zum Verhältnis des Schutz-, des Vorsorge- und des Nachhaltigkeitsprinzips als Prinzipien des Umweltrechts, in: Osterloh, Lerke/Schmidt, Karsten/Weber, Hermann (Hrsg.), Staat – Wirtschaft – Finanzverfassung, Festschrift für Peter Selmer zum 70. Geburtstag, Verlag Duncker & Humblot, Berlin, 2004, S. 417–442.

Musil, Andreas/Kirchner, Sören, Das Recht der Berliner Verwaltung – Unter Berücksichtigung kommunalrechtlicher Bezüge, Springer Verlag Deutschland, Berlin, 4. Aufl. 2017.

Mußgnug, Reinhard, Die zweckgebundene öffentliche Abgabe, in: Schnur, Roman (Hrsg.), Festschrift für Ernst Forsthoff zum 70. Geburtstag, C.H. Beck'sche Verlagsbuchhandlung, München, 2. Aufl. 1974, S. 259–301.

Müggenborg, Hans-Jürgen, Formen des Kooperationsprinzips im Umweltrecht der Bundesrepublik Deutschland, NVwZ 1990, 909–917.

Müller, Benedikt, Ein Cent pro Tüte, SZ v. 11.6.2019, S. 17.

Müller, Christian, Möglichkeiten und Grenzen der indirekten Verhaltenssteuerung durch Abgaben im Umweltrecht, Carl Heymanns Verlag, Köln u. a., 1994 (zit. als: *Müller,* Abgaben im Umweltrecht, 1994).

Müller, Dirk, Struktur, Entwicklung und Begriff der Verbrauchsteuern, Verlag Duncker & Humblot, Berlin, 1997 (zit. als: *Müller,* Verbrauchsteuern, 1997).

Müller-Dehn, Christian, Anmerkung zu BVerwG, Beschluss vom 19.08.1994 – 8 N 1/93, JZ 1995, 200–202.

Müller-Franken, Sebastian, Forum: Verfassungs- und europarechtliche Fragen zur Einführung nationaler Öko-Steuern, JuS 1997, 872–880.

Ders., Sportwettenkonzessionsabgabe und Grundgesetz, VerwArch 103 (2012), 315–336.

Müller-Graff, Peter-Christian, Das „Soft Law" der europäischen Organisationen, EuR 2012, 18–34.

Müller-Michaels, Olaf, Grundrechtlicher Eigentumsschutz in der Europäischen Union – Das Eigentumsgrundrecht in der Rechtsordnung der EU, in der EMRK und in den Verfassungen Deutschlands, Italiens und Irlands, Verlag Duncker & Humblot, Berlin, 1997 (zit. als: *Müller-Michaels,* Eigentumsschutz, 1997).

Münch, Ingo v./Kunig, Philip (Hrsg.), Grundgesetz-Kommentar, Bd. 1–2, Verlag C.H. Beck, München, 6. Aufl. 2012.

Münch, Ingo v./Mager, Ute, Staatsrecht I, Staatsorganisationsrecht unter Berücksichtigung der europarechtlichen Bezüge, Verlag W. Kohlhammer, Stuttgart, 8. Aufl. 2016.

Münch, Ingo v./Mager, Ute, Staatsrecht II, Grundrechte, Verlag W. Kohlhammer, Stuttgart, 7. Aufl. 2018.

NABU, Stellungnahme Ergänzung VerpG, 30.9.2019 (https://www.nabu.de/imperia/md/content/nabude/abfallpolitik/190930_nabu_verbot_tuete_stellungnahme.pdf, abgerufen: 14.11.2019) (zit. als: NABU, Stellungnahme Ergänzung VerpG, 30.9.2019).

Nettesheim, Martin, Die europarechtlichen Grundrechte auf wirtschaftliche Mobilität (Art. 48, 52 EGV), NVwZ 1996, 342–345.

Ders., Die Tabak-Urteile des EuGH: Lifestyle-Regulierung im Binnenmarkt, EuZW 2016, 578–581.

Niaounakis, Michael, Management of Marine Plastic Debris – Prevention, Recycling, and Waste Management, Elsevier Verlag, Oxford, 2017 (zit. als: *Niaounakis,* Marine Plastic Debris, 2017).

Nowak, Carsten, Vertragsverletzungsverfahren, in: Leible, Stefan/Terhechte, Philipp (Hrsg.), Enzyklopädie Europarecht [EnzEuR], Band 3 – Europäisches Rechtsschutz- und Verfahrensrecht, Nomos Verlag, Baden-Baden, 2014, S. 289–357 (zit. als: *Nowak,* in: Leible/Terhechte, EnzEuR, Bd. 3, § 10).

Nusser, Julian, Die Bindung der Mitgliedstaaten an die Unionsgrundrechte – Vorgaben für die Auslegung von Art. 51 Abs. 1 S. 1 EuGrCh, Mohr Siebeck Verlag, Tübingen, 2011 (zit. als: *Nusser,* Bindung, 2011).

Ocean Conservancy (Hrsg.), International Coastal Cleanup Report 2018 (https://oceanconservancy.org/wp-content/uploads/2018/07/Building-A-Clean-Swell.pdf, abgerufen: 14.11.2019) (zit. als: Ocean Conservancy, International Coastal Cleanup Report 2018).

Oebbecke, Janbernd, Die staatliche Mitwirkung an gesetzesabwendenden Vereinbarungen, DVBl. 1986, 793–799.

Ohlendorf, Lutz, Grundrechte als Maßstab des Steuerrechts in der Europäischen Union, Mohr Siebeck Verlag, Tübingen, 2015 (zit. als: *Ohlendorf,* Grundrechte, 2015).

Ohler, Christoph, Die fiskalische Integration in der Europäischen Gemeinschaft, Nomos Verlag, Baden-Baden, 1997 (zit. als: *Ohler,* Die fiskalische Integration, 1997).

Ders., Anmerkung zu EuG – „Gentechnikfreie Zone“, ZLR 2005, 732–737.

Ders., Grundrechtliche Bindungen der Mitgliedstaaten nach Art. 51 GRCh, NVwZ 2013, 1433–1438.

Oppermann, Thomas/Classen, Claus Dieter/Nettesheim, Martin, Europarecht, Verlag C.H. Beck, München, 8. Aufl. 2018.

Ospar Commission (Hrsg.), EcoQO Handbook – Handbook for the application of Ecological Quality Objectives in the North Sea, Publikation: 307/2009, 2. Aufl. 2009 (zit. als: *Ospar Commission,* EcoQO Handbook).

Ossenbühl, Fritz, Zur Kompetenz der Länder für ergänzende abfallrechtliche Regelungen, DVBl. 1996, 19–24.

Ders., Zur Rechtfertigung von Sonderabgaben mit Finanzierungszweck, DVBl. 2005, 667–675.

Oster, Jan, Das informell-kooperative Verwaltungshandeln im Umweltrecht – Begriffliche Abgrenzung, Erscheinungsformen und rechtliche Bewertung, NuR 2008, 845–850.

Pechstein, Matthias/Nowak, Carsten/Häde, Ulrich (Hrsg.), Frankfurter Kommentar zu EUV, GRC und AEUV, Band I – IV, Mohr Siebeck Verlag, Tübingen, 2017.

Peine, Franz-Joseph, Die Gesetzgebungskompetenz des Bundes für den Bodenschutz, NuR 1992, 353–360.

Pernice, Ingolf, Auswirkungen des europäischen Binnenmarktes auf das Umweltrecht – Gemeinschafts(verfassungs-)rechtliche Grundlagen, NVwZ 1990, 201–211.

Ders., Gestaltung und Vollzug des Umweltrechts im europäischen Binnenmarkt Europäische Impulse und Zwänge für das deutsche Umweltrecht, NVwZ 1990, 414–426.

Petersen, Frank/Doumet, Jean/Stöhr, Günter, Das neue Kreislaufwirtschaftsgesetz, NVwZ 2012, 521–530.

Pieroth, Bodo, Rechtsgrundlagen der kommunalen Steuer auf Verpackungsmüll, WiVerw 1996, 65–82.

Pigou, Arthur Cecil, Divergenzen zwischen dem Nettogrenzprodukt und dem privaten Nettogrenzprodukt, in: Siebert, Horst (Hrsg.), Umwelt und wirtschaftliche Entwicklung, Wissenschaftliche Buchgesellschaft, Darmstadt, 1979, S. 23–38.

Pirker, Benedikt, Grundrechtsschutz im Unionsrecht zwischen Subsidiarität und Integration – Zur Anwendung der Unionsgrundrechte auf die Mitgliedstaaten, Nomos Verlag, Baden-Baden, 2018 (zit. als: *Pirker,* Grundrechtsschutz, 2018).

Plastics Europe (Association of Plastic Manufacturers), Plastics – The Facts 2018, An analysis of European plastics production, demand and waste data, Belgien 2018 (https://www.plasticseurope.org/de/resources/publications/670-plastics-facts-2018, abgerufen: 14.11.2019) (zit. als: Plastics Europe, Plastics, 2018).

Pons, Großwörterbuch Französisch, Französisch – Deutsch, Deutsch – Französisch, Pons, Stuttgart 2014 (zit. als: Pons, Großwörterbuch Französisch).

Pons, Großwörterbuch Spanisch, Spanisch – Deutsch, Deutsch – Spanisch, Ernst Klett Sprachen, Stuttgart, 2008 (zit. als: Pons, Großwörterbuch Spanisch).

Proelß, Alexander, Meeresschutz im Völker- und Europarecht – Das Beispiel des Nordostatlantiks, Verlag Duncker & Humblot, Berlin, 2004 (zit. als: *Proelß,* Meeresschutz, 2004).

Ders., Naturschutz im Meeresvölkerrecht, AvR 54 (2016), 468–492.

Ders. (Hrsg.), Internationales Umweltrecht, De Gruyter Verlag, Berlin, Boston, 2017 (zit. als: *Bearbeiter*, in: Proelß, Internationales UmwR, 2017).

Ramsauer, Ulrich, Allgemeines Umweltverwaltungsrecht, in: Koch, Hans-Joachim/Hofmann, Ekkehard/Reese, Moritz (Hrsg.), Handbuch Umweltrecht, Verlag C.H. Beck, München, 5. Aufl. 2018, S. 115–208 (zit. als: *Ramsauer*, in: Koch/Hofmann/Reese, Hdb UmweltR, § 3).

Ranke, Ulrich, Klima und Umweltpolitik, Springer Verlag, Berlin, 2019 (zit. als: *Ranke,* Klima, 2019).

Dies., Mehr Kontrollen, mehr Eimer, SZ v. 16.1.2019, S. 29.

Raubenheimer, Karen/McIlgorm, Alistair, Is the Montreal Protocol a model that can help solve the global marine plastic debris problem?, Marine Policy 81 (2017), 322–329,.

Dies., Can the Basel and Stockholm Conventions provide a global framework to reduce the impact of marine plastic litter?, Marine Policy 96 (2018), 295–290.

Raubenheimer, Karen/McIlgorm, Alistair/Oral, Nilüfer, Towards an improved international framework to govern the life cycle of plastics, RECIEL 2018, Vol. 27, S. 210–221.

Reese, Moritz, Das Kooperationsprinzip im Abfallrecht, ZUR 2001, 14–19.

Ders., Die Wasserrahmenrichtlinie in der Umsetzungskrise – Fortbestehende Umsetzungsdefizite und rechtlicher Handlungsbedarf zur ökologischen Gewässerentwicklung, NVwZ 2018, 1592–1599.

Rehbinder, Eckard, Politische und rechtliche Probleme des Verursacherprinzips, Erich Schmidt Verlag, Berlin, 1973 (zit. als: *Rehbinder,* Verursacherprinzip, 1973).

Ders., Flexible Instrumente des Abfallrechts, in: Rengeling, Hans-Werner (Hrsg.), Kreislaufwirtschafts- und Abfallrecht – Neue Entwicklungen in der Bundesrepublik Deutschland und in der Europäischen Gemeinschaft, Zweite Osnabrücker Gespräche zum deutschen und europäischen Umweltrecht, Carl Heymanns Verlag, Köln u. a., 1994, S. 109–137 (zit. als: *Rehbinder,* in: Rengeling, Kreislaufwirtschafts- und Abfallrecht, 1994).

Ders., Nachhaltigkeit als Prinzip des Umweltrechts: konzeptionelle Fragen, in: Dolde, Klaus-Peter (Hrsg.), Umweltrecht im Wandel, Bilanz und Perspektive aus Anlass des 25-jährigen Bestehens der Gesellschaft für Umweltrecht (GfU), Erich Schmidt Verlag, Berlin, 2001, S. 721–743.

Ders., Das Deutsche Umweltrecht auf dem Weg zur Nachhaltigkeit, NVwZ 2002, 657–666.

Ders., Das Deutsche Umweltrecht auf dem Weg zur Nachhaltigkeit, in: Gesellschaft für Umweltrecht (GfU), Umweltrecht im Wandel, Bilanz und Perspektive, Dokumentation zur 25. Wissenschaftlichen Fachtagung der GfU in Berlin 2001, Erich Schmidt Verlag, Berlin, 2002, S. 52–86 (zit. als: *Rehbinder,* in: GfU, 25. Tagungsband, 2002).

Ders., Ziele, Grundsätze, Strategien und Instrumente, in: Rehbinder, Eckard/Alexander, Schink (Hrsg.), Grundzüge des Umweltrechts, Erich Schmidt Verlag, Berlin, 5. Aufl. 2018, Abschnitt 3, S. 145–308 (zit. als: *Rehbinder*, in: Rehbinder/Schink, Grundzüge des Umweltrechts, Abschn. 3).

Reindorf, Tonia Verena, Kommunale Steuern und Abgaben vor dem Unionsrecht, Nomos Verlag, Baden-Baden, 2018 (zit. als: *Reindorf,* Kommunale Steuern, 2018).

Reinhardt, Michael, Inventur der Wasserrahmenrichtlinie – Die rechtliche Fortentwicklung der europäischen Gewässerschutzpolitik im Streit um Fristen, Ziele und Deutungshoheiten, NuR 2013, 765–773.

Remien, Oliver, § 14 Rechtsangleichung im Binnenmarkt, in: Schulze, Reiner/Zuleeg, Manfred/Kadelbach, Stefan, Europarecht – Handbuch für die deutsche Rechtspraxis, Nomos Verlag, Baden-Baden, 3. Aufl. 2015, S. 593–624 (zit. als: *Remien,* in: Schulze/Zuleeg/Kadelbach, Europarecht).

Rengeling, Hans-Werner, Das Kooperationsprinzip im Umweltrecht, Carl Heymanns Verlag, Köln u. a., 1988 (zit. als: *Rengeling,* Kooperationsprinzip, 1988).

Ders., Bedeutung und Anwendbarkeit des Vorsorgeprinzips im europäischen Umweltrecht, DVBl. 2000, 1473–1483.

Ders., Die wirtschaftsbezogenen Grundrechte in der Europäischen Grundrechtecharta, DVBl. 2004, 453–464.

Ders., Gesetzgebungszuständigkeit, in: Isensee, Josef/Kirchhof, Paul (Hrsg.), Handbuch des Staatsrechts der Bundesrepublik Deutschland, Band VI – Bundesstaat, C.F. Müller Verlag, Heidelberg, 3. Aufl. 2008, S. 567–742 (zit. als: *Rengeling*, in: Isensee/Kirchhof, HStR VI, § 135).

Rennings, Klaus/Brockmann, Karl Ludwig/Koschel, Henrike/Bergmann, Heidi/Kühn, Isabel, Nachhaltigkeit, Ordnungspolitik und freiwillige Selbstverpflichtung – Ordnungspolitische Grundregeln für eine Politik der Nachhaltigkeit und das Instrument der freiwilligen Selbstverpflichtung im Umweltschutz, Physica-Verlag, Heidelberg, 1997 (zit. als: *Rennings u. a.,* Nachhaltigkeit, Ordnungspolitik und freiwillige Selbstverpflichtung, 1997).

Reuter, Benjamin, Hier kommt der Pappbecher ohne schlechtes Gewissen, WiWo, 4.9.2014 (https://www.wiwo.de/technologie/green/getraenke-to-go-hier-kommt-der-pappbecher-ohne-schlechtes-gewissen/13550080.html, abgerufen: 14.11.2019).

Reyes y Ráfales, F. Joel, Die Warenausfuhrfreiheit: Ein Beschränkungsverbot, Eine Synthese unionsverfassungsrechtlicher, rechtsökonomischer und rechtsprechungsbasierter Auslegung zu einem „Wettbewerbsgleichheit-Rechtswahlmechanismus", Mohr Siebeck Verlag, Tübingen, 2017 (zit. als: *Reyes y Ráfales*, Warenausfuhrfreiheit, 2017).

Richter, Christiane, „Nationale Alleingänge" – Förderung hoher Regelungsstandards oder Behinderung eines einheitlichen Binnenmarktes?, Verlag Duncker & Humblot, Berlin, 2007 (zit. als: *Richter*, Nationale Alleingänge, 2007).

Rodi, Michael, Bundesstaatliche Kompetenzausübungsschranken für Lenkungssteuern, StuW 1999, 105–119.

Ders., Instrumentenvielfalt und Instrumentenverbund im Umweltrecht, ZG 2000, 231–247.

Ders., Ökonomische, ökologische und andere öffentliche Zwecke im Abgabenrecht, JZ 2000, 827–835.

Ders., Der Rechtsrahmen für den Einsatz ökonomischer Instrumente in der Ressourcenschutzpolitik, ZUR 2016, 531–541.

Ders., Bepreisung von Ressourcen – rechtliche Möglichkeiten und Grenzen, in: Reimer, Franz (Hrsg.), Ressourceneffizienz – Leitbild für das Umweltrecht, Nomos Verlag, Baden-Baden, 2016, S. 189–212 (zit. als: *Rodi*, in: Reimer, Ressourceneffizienz, 2016).

Roden, Valentin, Urbane Biodiversität als städtebaurechtliches Nachhaltigkeitskonzept – Analyse, Umsetzung und Perspektiven, Mohr Siebeck Verlag, Tübingen, 2017 (zit. als: *Roden,* Urbane Biodiversität, 2017).

Sachs, Michael (Hrsg.), Grundgesetz Kommentar, Verlag C.H. Beck, München, 8. Aufl. 2018.

Sacksofsky, Ute, Verfolgung ökologischer und anderer öffentlicher Zwecke durch Instrumente des Abgabenrechts, NJW 2000, 2619–2626.

Dies., Umweltschutz durch nicht-steuerliche Abgaben – Zugleich ein Beitrag zur Geltung des Steuerstaatsprinzips, Mohr Siebeck Verlag, Tübingen, 2000.

Dies., Halbteilungsgrundsatz ade – Scheiden tut nicht weh, NVwZ 2006, 661–662.

Dies., Anreize, in: Hoffmann-Riem, Wolfgang/Schmidt-Aßmann, Eberhard/Voßkuhle, Andreas (Hrsg.), Grundlagen des Verwaltungsrechts, Band II, Verlag C.H. Beck, 2. Aufl. 2012, S. 1577–11637 (zit. als: *Sacksofsky,* in: Hoffmann-Riem/Schmidt-Aßmann/Voßkuhle, Grundlagen VwR, Bd. II).

Sachverständigenrat für Umweltfragen, Stellungnahme: Der Umweltschutz in der Föderalismusreform, Februar 2006, ISSN: 1612-2968 (zit. als: *SRU*, Stellungnahme: Der Umweltschutz in der Föderalismusreform, 2006).

Sands, Philippe/Peel, Jacqueline/Fabram Adriana/MacKenzie, Ruth, Principles of International Environmental Law, Cambridge University Press, Cambridge, 4. Aufl. 2018 (zit. als: *Sands u.a,* International Environmental Law).

Schaumburg, Harald (Hrsg.), Internationales Steuerrecht, Verlag Dr. Otto Schmidt, Köln, 4. Aufl. 2017.

Schefold, Dian/Göcke, Stefanie, Anmerkung zu BVerwG: Verpackungsteuer, ZUR 1994, 316–317.

Scherer, Joachim, Rechtsprobleme normersetzender „Absprachen“ zwischen Staat und Wirtschaft am Beispiel des Umweltrechts, DÖV 1991, 1–7.

Schink, Alexander/Versteyl, Andrea (Hrsg.), Kommentar zum Kreislaufwirtschaftsgesetz, Lexxikon Verlagsgesellschaft, Berlin, 2. Aufl. 2016.

Schlacke, Sabine, Das Übereinkommen über biologische Vielfalt: Steuerungskraft und Perspektiven, AvR 54 (2016), 524–542.

Dies. Umweltrecht, Nomos Verlag, Baden-Baden, 7. Aufl. 2019.

Schmehl, Arndt/Klement, Jan Henrik (Hrsg.), Gemeinschaftskommentar zum Kreislaufwirtschaftsgesetz, Carl Heymanns Verlag, Köln, 2. Aufl. 2019 (zit. als: *Bearbeiter*, in: Schmehl/Klement, GK-KrWG).

Schmidt, Christian/Krauth, Tobias/Wagner, Stephan, Export of Plastic Debris by Rivers into the Sea, Environ. Sci. Technol., Vol. 51, Nr. 21, 2017, 12246–12253.

Dies., Correction to Export of Plastic Debris by Rivers into the Sea, Environ. Sci. Technol., Vol. 52, Nr. 2, 2018, 927–927.

Schmidt-Aßmann, Eberhard, Das allgemeine Verwaltungsrecht als Ordnungsidee – Grundlagen und Aufgaben der verwaltungsrechtlichen Systembildung, Springer Verlag, Berlin, Heidelberg, 2. Aufl. 2004.

Schmidt-Bleibtreu, Bruno/Hofmann, Hans/Henneke, Hans-Günter (Hrsg.), Grundgesetz – Kommentar, Carl Heymanns Verlag, Köln, 14. Aufl. 2018.

Schmidt, Reiner/Kahl, Wolfgang/Gärditz, Klaus Ferdinand, Umweltrecht, Verlag C.H. Beck, München, 10. Aufl. 2017 (Altauflage).

Schmidt, Reiner/Diederichsen, Lars, Anmerkung (zu BVerfG, Urt. v. 7.5.1998 – 2 BvR 1991/95 und 2004/95), JZ 1999, 37–41.

Schmidt, Thorsten Ingo, Das Steuerfindungsrecht der Hoheitsträger, StuW 2015, 171–190.

Schmitz, Stefan, Die Europäische Union als Umweltunion – Entwicklung, Stand und Grenzen der Umweltschutzkompetenzen der EU; Rhombos-Verlag, Berlin, 1996 (zit. als: *Schmitz*, Umweltunion, 1996).

Schneider, Hans-Peter, § 113 Berufsfreiheit, in: Merten, Detlef/Papier, Hans-Jürgen (Hrsg.), Handbuch der Grundrechte in Deutschland und Europa, Band V, Grundrechte in Deutschland – Einzelgrundrechte II, C.F. Müller Verlag, Heidelberg, 2013 (zit. als: *Schneider*, in: Merten/Papier, HGR V, § 113).

Schoch, Friedrich, Verfassungsrechtliche Anforderungen an die Erhebung von Sonderabgaben, JURA 2010, 197–202.

Scholz, Rupert/Aulehner, Josef, Grundfragen zum Dualen System – Verfassungsprobleme und Erneuerung, BB 1993, 2250–2265.

Schomerus, Thomas, Abfallvermeidungsprogramme: Herausforderung an Bund und Länder, in: Kloepfer, Michael (Hrsg.), Das neue Recht der Kreislaufwirtschaft, Verlag Duncker & Humblot, Berlin, 2013, S. 75–97.

Schrader, Christian, Das Kooperationsprinzip – ein Rechtsprinzip? Vorschlag für eine neue Fundierung, DÖV 1990, 326–333.

Ders., Gebot der Widerspruchsfreiheit, Kooperationsprinzip und die Folgen – Anmerkung zu den Urteilen des BVerfG v. 7.5.1998 zur kommunalen Verpackungsteuer und Landesabfallabgabengesetzen, ZUR 1998, 152–155.

Schreiber, Vera, International Standards – Neues Recht für die Weltmärkte?, Haupt Verlag, Bern u. a., 2005 (zit. als: *Schreiber,* International Standards, 2005).

Schröder, Meinhard, Europarecht und integriertes Umweltrecht, NuR 2000, 481–486.

Ders., Umweltschutz als Gemeinschaftsziel und Grundsätze des Umweltschutzes, in: Rengeling, Hans-Werner, Handbuch zum europäischen und deutschen Umweltrecht – Eine systematische Darstellung des europäischen Umweltrechts mit seinen Auswirkungen auf das deutsche Recht und mit rechtspolitischen Perspektiven, Band I: Allgemeines Umweltrecht, Carl Heymanns Verlag, Köln u. a., 2. Aufl. 2003, S. 199–238 (zit. als: *Schröder*, in: Rengeling, EUDUR I, § 9).

Ders., Verbesserung des Klimaschutzes durch Einführung einer City-Maut, NVwZ 2012, 1438–1443.

Schröder, Tomma/dpa, Plastik- oder Papiertüte: Was ist weniger schädlich für die Umwelt?, Badische Zeitung v. 11.11.2018 (http://www.badische-zeitung.de/deutschland-1/plastik-oder-papiertuete-was-ist-weniger-schaedlich-fuer-die-umwelt--159202746.html, abgerufen: 14.11.2019).

Schroeder, Werner/Müller, Andreas Th., Das Recht des Binnenmarktes – Entwicklungslinien, Herausforderungen und Perspektiven, in: Wagner, Alice/Wedl, Valentin (Hrsg.), Bilanz und Perspektiven zum europäischen Recht – Eine Nachdenkschrift anlässlich 50 Jahre Römische Verträge, ÖGB Verlag, Wien, 2007, S. 87–111 (zit. als: *Schroeder/Müller*, in: Wagner/Wedl, Bilanz und Perspektiven).

Schröer, Thomas, Die Kompetenzverteilung zwischen der Europäischen Wirtschaftsgemeinschaft und ihren Mitgliedstaaten auf dem Gebiet des Umweltschutzes, Verlag Duncker & Humblot, Berlin, 1992 (zit. als: *Schröer,* Kompetenzverteilung, 1992).

Schubert, Mathias, Nachhaltigkeit und Steuerungstheorie, in: Kahl, Wolfgang (Hrsg.), Nachhaltigkeit durch Organisation und Verfahren, Mohr Siebeck Verlag, Tübingen, 2016, S. 63–81.

Schulze-Fielitz, Helmuth, Umweltschutz im Föderalismus – Europa, Bund und Länder; NVwZ 2007, 249–259.

Ders., Grundmodi der Aufgabenwahrnehmung, in: Hoffmann-Riem, Wolfgang/Schmidt-Aßmann, Eberhard/Voßkuhle, Andreas (Hrsg.), Grundlagen des Verwaltungsrechts, Band I – Methoden, Maßstäbe, Aufgaben, Organisation, Verlag C.H Beck, München, 2. Aufl. 2012, S. 823–902 (zit. als: *Schulze-Fielitz*, in: Hoffmann-Riem/Schmidt-Aßmann/Voßkuhle, VwR, Bd. I, 2. Aufl. 2012, § 12).

Schwartz, Christina, Die Wahl der Rechtsgrundlage im Recht der Europäischen Union, Nomos Verlag, Baden-Baden, 2013 (zit. als: *Schwartz*, Wahl der Rechtsgrundlage, 2013).

Schwarze – EU-Kommentar, siehe *Becker, Jürgen/Hatje, Arnim/Schoo, Johann/Schwarze, Jürgen.*

Schwarze, Jürgen, Europarecht – Strukturen, Dimensionen und Wandlungen des Rechts der Europäischen Union, Nomos Verlag, Baden-Baden, 2012 (zit. als: *Schwarze*, Europarecht, 2012).

Ders., Soft Law im Recht der Europäischen Union, EuR 2011, 3–18.

Schwemer, Rolf-Oliver, Die Bindung des Gemeinschaftsgesetzgebers an die Grundfreiheiten, Peter Lang Verlag, Frankfurt a.M. u.a., 1995 (zit. als: *Schwemer*, Bindung des Gemeinschaftsgesetzgebers, 1995).

Schwier, Henning, Der Schutz der „Unternehmerischen Freiheit" nach Artikel 16 der Charta der Grundrechte der Europäischen Union – Eine Darstellung der tatsächlichen Reichweite und Intensität der grundrechtlichen Gewährleistung aus rechtsvergleichender Perspektive, Peter Lang Verlag, Frankfurt a.M. u.a., 2008 (zit. als: *Schwier*, Schutz der Unternehmerischen Freiheit, 2008).

Sebille, Erik van, The oceans' accumulating plastic garbage, Physics Today Vol. 68, Issue 2, 2015, 60–61.

Secretariat of the Convention on Biological Diversity (CBD), Marine Debris: Understanding, Preventing and Mitigating the Significant Adverse Impacts on Marine and Coastal Biodiversity, CBD Technical Series No. 83, Montreal, 2016 (https://www.cbd.int/doc/publications/cbd-ts-83-en.pdf, abgerufen: 14.11.2019) (zit. als: CBD, Marine Debris).

Seer, Roman, Das Betriebsvermögen im Erbschaftssteuerrecht, in: Birk, Dieter (Hrsg.), Steuern auf Erbschaft und Vermögen, DStJG 22 (1999), Dr. Otto Schmidt Verlag, Köln, S. 191–216.

Seiler, Christian, Kompetenz- und verfahrensrechtliche Maßstäbe europäischer Umweltabgaben, EuR 2010, 67–89.

Selmayr, Martin/Kamann, Hans-Georg/Ahlers, Sabine, Die Binnenmarktkompetenz der Europäischen Gemeinschaft – Lehren aus den Tabakurteilen des EuGH für die künftige Kompetenzordnung der EU-Verfassung, EWS 2003, 49–61.

Selmer, Peter, Steuerinterventionismus und Verfassungsrecht, Athenäum Verlag, Frankfurt a.M., 1972 (zit. als: *Selmer,* Steuerinterventionismus, 1972).

Ders., Sonderabfallabgaben und Verfassungsrecht – Ein Beitrag zum Umweltschutz durch Sonderabgaben und Steuern, Verlag Duncker & Humblot, Berlin, 1996 (zit. als: *Selmer,* Sonderabfallabgaben, 1996).

Ders., Die sogenannte Gruppennützigkeit der Sonderabgabe – eine Zulässigkeitsvoraussetzung im Wandel, in: Grupp, Klaus/Hufeld, Ulrich (Hrsg.), Recht – Kultur – Finanzen, Festschrift für Reinhard Mußgnug zum 70. Geburtstag am 26. Oktober 2005, C.F. Müller Verlag, Heidelberg, S. 217–236.

Senden, Linda, Soft Law in European Community Law, Hart Publishing, Oxford and Portland Oregon, 2004 (zit. als: *Senden,* Soft Law, 2004).

Sendler, Horst, Die jüngste Rechtsprechung auf dem Gebiet der kommunalen Abfallsteuern, WiVerw 1996, 83–101.

Ders., Grundrecht auf Widerspruchsfreiheit der Rechtsordnung? – Eine Reise nach Absurdistan?, NJW 1998, 2875–2877.

Sieben, Peter, Was bedeutet Nachhaltigkeit als Rechtsbegriff?, NVwZ 2003, 1173–1176.

Sieder, Frank/Zeitler, Herbert/Dahme, Heinz/Knopp, Günther-Michael (SZDK), Wasserhaushaltsgesetz, Abwasserabgabengesetz, Verlag C.H. Beck, München, Stand: 52. Erg.-Lief. (Juni 2018) (zit. als: *Bearbeiter*, in: SZDK, WHG/AbwG).

Simon, Nils, We need a Global Plastics Convention, in: The Global Compact, Sustainability in Troubled Times, Global Compact International Yearbook 2017, Macondo Publishing, Münster, 2017, S. 60–61 (zit. als: *Simon*, GCIY 2017).

Simon, Nils/Schulte, Maro Luisa, Strengthening Plastic Governance: Towards New Global Convention, Dezember 2017, Adelphi, Berlin (zit. als: *Simon/Schulte,* Plastic Governance).

Dies., Stopping Global Plastic Pollution: The Case for an International Convention, Publication Series Ecology (Volume 43), Heinrich-Böll-Stiftung/Adelphi, Berlin, 2017 (zit. als: *Simon/Schulte,* Plastic Pollution).

Snyder, Francis, Soft Law and Institutional Practice in the European Community, in: Martin, Stephen (Hrsg.), The Construction of Europe – Essays in Honour of Emile Noël, Kluwer Academic Publishers, Dordrecht/Boston, 1994, S. 197–225 (zit. als: *Snyder,* in: Martin, The Construction of Europe, 1994).

Sonnevend, Pál, Wirtschaftliche Grundrecht, in: Grabenwarter, Christoph, (Hrsg.), Enzyklopädie Europarecht [EnzEuR], Band 2 – Europäischer Grundrechteschutz, Nomos Verlag, Baden-Baden, 1. Aufl. 2014, S. 527–550 (zit. als: *Sonnevend,* in: Grabenwarter, EnzEuR, Bd. 2, § 14).

Spannowsky, Willy, Grenzen des Verwaltungshandelns durch Verträge und Absprachen, Verlag Duncker & Humblot, Berlin, 1994 (zit. als: *Spannowsky,* Grenzen des Verwaltungshandelns, 1994).

Sparwasser, Reinhard/Engel, Rüdiger/Voßkuhle, Andreas, Umweltrecht – Grundzüge des öffentlichen Umweltschutzrechts, C.F. Müller Verlag, Heidelberg, 5. Aufl. 2003.

Stein, Johanna, Aha gewinnt Preis für Hannocino – GreenTec Award geht an den nachhaltigen Mehrwegbecher, HAZ v. 26.4.2018, S. 22.

Steindorff, Ernst, Unvollkommener Binnenmarkt, ZHR 158 (1994), 149–169.

Stern, Klaus, Das Staatsrecht der Bundesrepublik Deutschland, Band II: Staatsorgane, Staatsfunktionen, Finanz- und Haushaltsverfassung, Notstandsverfassung, C.H. Beck'sche Verlagsbuchhandlung, München, 1980 (zit. als: *Stern*, StaatsR, Bd. II).

Stern, Klaus/Becker, Florian (Hrsg.), Grundrechte-Kommentar, Die Grundrechte des Grundgesetzes mit ihren europäischen Bezügen, Carl Heymanns Verlag, Köln, 3. Aufl. 2019.

Stern, Klaus/Sachs, Michael (Hrsg.), Europäische Grundrechte-Charta, GRCh Kommentar, Verlag C.H. Beck, München, 2016, (zit. als: *Bearbeiter*, in: Stern/Sachs, GRCh, 2016).

Stohlmeier, Thomas, Die inhaltliche und zeitliche Reichweite der Sperrwirkung nach Art. 72 Abs. 1 GG, Essen 1989 (zit. als: *Stohlmeier,* Sperrwirkung, 1989).

Stöfen, Aleke, The role of the Marine Strategy Framework Directive in the protection of the marine environment at the EU's borders (and beyond?), in: Czybulka, Detlef (Hrsg.), Marine Nature Conservation and Management at the borders of the European Union, Nomos Verlag, Baden-Baden, 2012, S. 151–158 (zit. als: *Stöfen,* in: Czybulka, Marine Nature).

Stöfen-O'Brien, Aleke, The International and European Legal Regime Regulating Marine Litter in the EU, Nomos Verlag, Baden-Baden 2015 (zit. als: *Stöfen-O'Brien,* Marine Litter, 2015).

Dies., Müllhalde Meer – Rechtliche Lösungsstrategien für die Plastikflut in unseren Meeren, ZUR 2017, 594–602.

Strauß, Franziska, Soft Law als Steuerungsinstrument in der Bankenaufsicht: eine Untersuchung im Völkerrecht, europäischen Unionsrecht und deutschen Verfassungsrecht am Beispiel der Basler Akkorde, Nomos Verlag, Baden-Baden, 2016 (zit. als: *Strauß*, Soft Law, 2016).

Streinz, Rudolf, Auswirkungen des Rechts auf „Sustainable Development" – Stütze oder Hemmschuh, Ansätze und Perspektiven im nationalen, europäischen und Weltwirtschaftsrecht, Die Verwaltung 31 (1998), 449–480.

Ders., Europarecht, C.F. Müller Verlag, Heidelberg, 11. Aufl. 2019.

Ders. (Hrsg.), EUV/AEUV – Kommentar, Verlag C.H. Beck, München, 3. Aufl. 2018.

Stremmel, Jan, Böser Becher, SZ v. 2./3.6.2018, S. 45.

SZDK, siehe *Sieder, Frank/Zeitler, Herbert/Dahme, Heinz/Knopp, Günther-Michael.*

Tashobya, Athan, Rwanda ponders ban on single-use plastics, The New Times, 30.5.2018 (http://www.newtimes.co.rw/news/rwanda-ponders-ban-single-use-plastics, abgerufen: 14.11. 2019).

Täufer, Kathrin, Legal framework of the Baltic Sea with regard to fisheries and land-based pollution, in: Czybulka, Detlef (Hrsg.), Marine Nature Conservation and Management at the borders of the European Union, Nomos Verlag, Baden-Baden, 2012, S. 29–36 (zit. als: Täufer, in: Czybulka, Marine Nature).

Tettinger, Peter J./Stern, Klaus (Hrsg.), Kölner Gemeinschaftskommentar zur Europäischen Grundrechte-Charta, Verlag C.H. Beck, München, 2006
(zit. als: in: Tettinger/Stern, GRCh).

Thiel, Jürgen Michael, Europa 1992: Grundrechtlicher Eigentumsschutz im EG-Recht, JuS 1991, 274–281.

Thiemann, Christian, Die Dogmatik der Sonderabgabe im Umbruch – Zur Legitimationsstruktur kollektiv begründeter Abgabepflichten, AöR 138 (2013), 60–107.

Thomé-Kozmiensky, Sophie, Die Verpackungsverordnung – Rechtmäßigkeit, ‚Duales System', Europarecht, Verlag Duncker & Humblot, Berlin, 1994.

Tiedemann, Paul, Die Verpackungsabgabe als Instrument kommunaler Abfallvermeidungspolitik, DÖV 1990, 1–8.

Timmler, Vivien, Plastiktüten-Verbrauch in Deutschland hat sich halbiert, SZ v. 2.6.2018 (https://www.sueddeutsche.de/wirtschaft/plastiktueten-deutschland-1.4005705, abgerufen: 14.11.2019).

Dies., Müller will Verbot von Plastiktüten, SZ v. 11./12.5.2019, S. 6.

Dies., Plastikmüll-Export wird verschärft, SZ v. 13.5.2019, S. 17.

Tipke, Klaus, Die Steuerrechtsordnung, Band III – Steuerrechtswissenschaft, Steuergesetzgebung, Steuervollzug, Steuerrechtsschutz, Steuerreformbestrebungen, Otto Schmidt Verlag, Köln, 2. Aufl. 2012 (zit. als: *Tipke,* Steuerrechtsordnung, Bd. III).

Tipke, Klaus/Lang, Joachim, Steuerrecht, Verlag Dr. Otto Schmidt, Köln, 23. Aufl. 2018.

Uhte, Dorothea Henrike, Haftung für Schäden aus der Verschmutzung der Meere vom Land aus im Völkerrecht, Universitäts- und Landesbibliothek Münster, 2015 (https://repositorium.uni-muenster.de/document/miami/3f3f1489-313c-4677-b835-090cc404e601/diss_uhte.pdf, abgerufen: 14.11.2019) (zit. als: *Uhte,* Haftung, 2015).

Ulrich, Stefan, Plastisches Beispiel, SZ v. 20.12.2018, S. 4.

Umweltbundesamt (UBA) (Hrsg.), Aufkommen und Verwertung von Verpackungsabfällen in Deutschland im Jahr 2016, Texte 58/2018, Stand: März 2018 (zit. als: UBA, Aufkommen Verpackungsabfälle, 3/2018).

Dass. (Hrsg.), Biologisch abbaubare Kunststoffe, Hintergrundpapier, Stand: August 2009 (zit. als: UBA, Biologisch abbaubare Kunststoffe, 2009).

Dass. (Hrsg.), Untersuchung der Umweltwirkungen von Verpackungen aus biologisch abbaubaren Kunststoffen, UBA-FB 001643, Oktober 2012 (https://www.umweltbundesamt.de/sites/default/files/medien/461/publikationen/3986.pdf, abgerufen: 14.11.2019) (zit. als: UBA, Umweltwirkungen, 2012).

Dass. (Hrsg.), Umweltschutz, Wald und nachhaltige Holznutzung in Deutschland, Hintergrund, Stand: April 2016 (zit. als: UBA, Wald, 2016).

Dass. (Hrsg.), Untersuchung der ökologischen Bedeutung von Einweggetränkebechern im Außer-Haus-Verzehr und mögliche Maßnahmen zur Verringerung des Verbrauchs, Abschlussbericht, Texte 29/2019, UBA- FB 000044, 5/2019 (zit. als: UBA, Einweggetränkebecher, 2019).

Dass. (Hrsg.), Kunststoffe in der Umwelt, 6/2019 (zit. als: UBA, Kunststoffe, 2019).

UNEP, Marine litter: An analytical overview, Nairobi: UNEP, 2005.

United Nations Environment Programm (UNEP) (Hrsg.), Marine Litter: A Global Challenge, April 2009, Nairobi: UNEP (http://wedocs.unep.org/bitstream/handle/20.500.11822/7787/-Marine%20Litter_%20A%20Global%20Challenge%20%282009%29-2009845.pdf?sequence=3&isAllowed=y, abgerufen: 14.11.2019) (zit. als: UNEP, Marine Litter: A Global Challenge, April 2009).

Dies., Marine Litter Legislation: A Toolkit for Policymakers, UNEP 2016, (https://europa.eu/capacity4dev/unep/document/marine-litter-legislation-toolkit-policymakers, abgerufen: 14.11.2019) (zit. als: UNEP, Marine Litter Legislation, 2016).

Dies., Towards a Pollution-Free Planet Background Report, UNEP, Nairobi 2017.

Dies., Combating marine plastic litter and microplastics: An assessment of the effectiveness of relevant international, regional and subregional governance strategies and approaches – Summary for policy makers, UNEP, Nairobi 2017 (zit. als: UNEP, Combating marine plastic litter and microplastics, 2017).

Dies., Single-Use Plastics – A Roadmap for Sustainability, Stand: 2018 (https://wedocs.unep.org/bitstream/handle/20.500.11822/25496/singleUsePlastic_sustainability.pdf?sequence=1&isAllowed=y, abgerufen: 14.11.2019) (zit. als: UNEP, Single-Use Plastics, 2018).

UNEP/NOAA, The Honolulu Strategy, A Global Framework for Prevention and Management of Marine Debris, Honolulu (USA), 2011, (https://wedocs.unep.org/bitstream/handle/20.500.11822/10670/Honolulu%20strategy.pdf?sequence=1&isAllowed=y, abgerufen: 14.11.2019) (zit. als: UNEP/NOAA, Honolulu Strategy).

UNEP/MAP, Scoping Analysis of potential new Regional Programme of Measures, UNEP-(DEPI)/MED WG.426/Inf.4, Oktober 2016.

Unruh, Peter/Strohmeyer, Jochen, Verfassungsrechtliche Probleme unausgefüllter Verordnungsermächtigungen – zugleich ein Beitrag zur Dogmatik des Art. 72 Abs. 1 GG, BayVBl. 1999, 609–615.

Vedder, Christoph/Heintschel von Heinegg, Wolff (Hrsg.), Europäisches Unionsrecht – EUV, AEUV, GRCh, EAGV, Handkommentar, 2. Aufl. 2018 (zit. als: *Bearbeiter,* in: Vedder/Heintschel v. Heinegg, Europ. Unionsrecht).

Verband kommunaler Unternehmen e.V. (VKU) (Hrsg.),Wahrnehmung von Sauberkeit und Ursachen von Littering, Eine Langzeitstudie 2005–2017, durchgeführt durch die Humboldt-Universität zu Berlin, Stand: April 2018, VKU Verlag (https://www.staaken.info/wordpress/wp-content/uploads/2019/09/VKU_Broschuere_Littering_Studie_Humboldt_Uni.pdf, abgerufen: 14.11.2019) (zit. als: Verband kommunaler Unternehmen, Littering, Studie 4/2018).

Versteyl, Ludger-Anselm/Mann, Thomas/Schomerus, Thomas, KrWG – Kreislaufwirtschaftsgesetz, Verlag C.H. Beck, München, 4. Aufl. 2019.

Vince, Joanna/Stoett, Peter, From problem to crisis to interdisciplinary solutions: Plastic marine debris, Marine Policy 96 (2018), 200–203.

Vogel, Klaus, Neue Diskussion über die Gesetzgebungszuständigkeit für Lenkungsteuern, in: Brenner, Michael/Huber, Peter M./Möstl, Markus, Der Staat des Grundgesetzes – Kontinuität und Wandel, Festschrift für Peter Badura zum 70. Geburtstag, Mohr Siebeck Verlag, Tübingen, 2004, S. 589–604.

Vorwerk, Axel, Die umweltpolitischen Kompetenzen der Europäischen Gemeinschaft und ihrer Mitgliedstaaten nach Inkrafttreten der EEA, Verlag VVF, München, 1990 (zit. als: *Vorwerk,* Kompetenzen, 1990).

Voßkuhle, Andreas, Das Kooperationsprinzip im Immissionsschutzrecht, ZUR 2001, 23–28.

Wacht, Frank, Mariner Umweltschutz durch Meeresschutzgebiete im jurisdiktionsfreien Raum der Hohen See, Nomos Verlag, Baden-Baden, 2018 (zit. als: *Wacht*, Mariner Umweltschutz, 2018).

Wahlhäuser, Jens, Wird die „heimliche Steuer unheimlich"? – Ein Zwischenbericht über die Umsetzung des Gebots zur haushaltsrechtlichen Dokumentation von Sonderabgaben im Haushaltsgesetz 2005, NVwZ 2005, 1389–1391.

Waldhoff, Christian, Die Zwecksteuer – Verfassungsrechtliche Grenzen der rechtlichen Bindung des Aufkommens von Abgaben, StuW 2002, 285–313.

Ders., Örtliche Verbrauch- und Aufwandsteuern, in: Henneke, Hans-Günter/Pünder, Hermann/ Waldhoff, Christian (Hrsg.), Recht der Kommunalfinanzen – Abgaben, Haushalt, Finanzausgleich, Verlag C.H. Beck, München, 2006, § 13, S. 212–229 (zit. als: *Waldhoff* in: Henneke/ Pünder/Waldhoff, Recht der Kommunalfinanzen, § 13).

Ders., Grundzüge des Finanzrechts des Grundgesetzes, in: Isensee, Josef/Kirchhof, Paul (Hrsg.), Handbuch des Staatsrechts der Bundesrepublik Deutschland, Band V – Rechtsquellen, Organisation, Finanzen, C.F. Müller Verlag, Heidelberg, 3. Aufl. 2007, S. 813–933 (zit. als: *Waldhoff*, in: Isensee/Kirchhof, HStR V, § 116).

Ders., Anmerkung zu BVerfG, Urteil vom 28.1.2014, JZ 2014, 407–411.

Ders., Steuern, in: Wegener, Bernhard (Hrsg.), Enzyklopädie Europarecht [EnzEuR], Band 8 – Europäische Querschnittpolitiken, Baden-Baden 1. Aufl. 2014, S. 619–724 (zit. als: *Waldhoff*, in: Wegener, EnzEuR, Bd. 8, § 10).

Wägenbaur, Bertrand, Binnenmarkt und Gesundheitsschutz – eine schwierige Kohabitation, EuZW 2000, 549–551.

Wasmeier, Martin, Umweltabgaben und Europarecht: Schranken des staatlichen Handlungsspielraumes bei der Erhebung öffentlicher Abgaben im Interesse des Umweltschutzes, Verlag C.H. Beck, München, 1995 (zit. als: *Wasmeier,* Umweltabgaben, 1995).

Weatherill, Stephen, The Limits of Legislative Harmonization Ten Years after Tobacco Advertising: How the Court's Case Law has become a „Drafting Guide", German LJ 2011, 827–864.

Weber, Christian, Kommt nicht in die Tüte, SZ v. 8./9.9.2018, S. 34.

Weber-Grellet, Heinrich, Lenkungssteuern im Rechtssystem, NJW 2001, 3657–3664.

Weiß, Andrea, Meeresstrategie-Rahmenrichtlinie: Auf dem Weg zu einem guten Umweltzustand der Meeresgewässer in Europa?, ZUR 2017, 331–338.

Welscher, Antje, Umweltvereinbarungen: Ein neues Instrument zur Umsetzung europäischer Richtlinien, Verlag V&R unipress, 2003 (zit. als: *Welscher,* Umweltvereinbarungen, 2003).

Wendenburg, Helge, Einwegplastik verbieten! – Was können und was müssen wir tun?, AbfallR 2019, 170–177.

Wendt, Rudolf, Finanzhoheit und Finanzausgleich, in: Isensee, Josef/Kirchhof, Paul (Hrsg.), Handbuch des Staatsrechts der Bundesrepublik Deutschland, Band VI – Bundesstaat, C.F. Müller Verlag, Heidelberg, 3. Aufl. 2008, S. 875–963 (zit. als: *Wendt*, in: Isensee/Kirchhof, HStR VI, § 139).

Wernsmann, Rainer, Verhaltenslenkung in einem rationalen Steuersystem, Mohr Siebeck Verlag, Tübingen, 2005.

Ders., Die Steuer als Eigentumsbeeinträchtigung, NJW 2006, 1169–1174.

Ders., Übernachtungsteuern als örtliche Aufwandsteuern, NVwZ 2013, 124–128.

Wernsmann, Rainer/Zirkl, Cornelia, Die Regelungskompetenz der EU für eine Finanztransaktionssteuer, EuZW 2014, 167–172.

Wilke, Kay-Michael/Weber, Jörg-Andreas, Lehrbuch Internationales Steuerrecht, NWB Verlag, Herne, 14. Aufl. 2018.

Wille, Joachim, Mit vollem Magen verhungert, Frankfurter Rundschau v. 25.1.2018 (http://www.fr.de/wirtschaft/plastikmuell-mit-vollem-magen-verhungert-a-1433520, abgerufen: 14.11.2019).

Ders., Initiative will Plastik-Kontinent abtragen, Frankfurter Rundschau v. 10.2.2018 (http://www.fr.de/wirtschaft/the-ocean-cleanup-initiative-will-plastik-kontinent-abtragen-a-1444159, abgerufen: 14.11.2019).

Winter, Gerd, Die Sperrwirkung von Gemeinschaftssekundärrecht für einzelstaatliche Regelungen des Binnenmarkts mit besonderer Berücksichtigung von Art. 130t EGV, DÖV 1998, 377–381.

Wissenschaftliche Dienste des Deutschen Bundestags, Biologisch abbaubare Kunststoffe, Ausarbeitung, Az. WD 8-028-15, Stand: März 2015.

Ders., Mikroplastik in Kosmetika – Rechtliche Rahmenbedingungen, Sachstand, Az. WD 7 – 3000 – 115/16, Stand: August 2016.

Ders., Neuregelungen durch das Verpackungsgesetz gegenüber der Verpackungsverordnung, Sachstand, Az. WD 8 – 3000 – 051/17, 8.1.2018.

Wissenschaftlicher Beirat der Bundesregierung Globale Umweltveränderungen (WBGU), Welt im Wandel: Strukturen globaler Umweltpolitik, Jahresgutachten, Springer Verlag, Berlin, Heidelberg, 2001 (zit. als: WBGU, Jahresgutachten 2001).

Wissenschaftlicher Parlamentsdienst des Abgeordnetenhauses von Berlin, Gutachten über die Möglichkeit einer Besteuerung von PET-Einkaufstragetaschen und Einweggeschirr auf Landesebene, 30.10.2015 (https://www.parlament-berlin.de/C1257B55002B290D/vwContentByKey/W2AV9GU7898WEBSDE/$File/20151030-Besteuerung_von_PET-Flaschen.pdf, abgerufen: 14.11.2019) (zit. als: Wissenschaftlicher Parlamentsdienst des Abgeordnetenhauses von Berlin, Gutachten über die Möglichkeit einer Besteuerung von PET-Einkaufstragetaschen und Einweggeschirr auf Landesebene, 30.10.2015).

Wolf, Rainer, Von der Müllabfuhr zum Ressourcenschutz – Entwicklungslinien des Abfallrechts, ZUR 2017, 579–594.

Ders., Völkerrechtliche Grundlagen des deutschen Naturschutzrechts, ZUR 2017, 3–16.

Wollenschläger, Ferdinand, Die unternehmerische Freiheit (Art. 16 GRCh) als grundrechtlicher Pfeiler der EU-Wirtschaftsverfassung – Konturen in der Charta-Rechtsprechung des EuGH, EuZW 2015, 285–288.

World Economic Forum, The New Plastics Economy – Catalysing action, In collaboration with the Ellen MacArthur Foundation, January 2017 (http://www3.weforum.org/docs/WEF_NEW PLASTICSECONOMY_2017.pdf, abgerufen: 14.11.2019) (zit. als: World Economic Forum, The New Plastics Economy, 1/2017).

Wunderlich, Nina, Das Grundrecht der Berufsfreiheit im Europäischen Gemeinschaftsrecht – Der Schutz der Wirtschaftsteilnehmer gegenüber Eingriffen der Gemeinschaft in ihre berufliche Freiheit, Nomos Verlag, Baden-Baden, 2000 (zit. als: *Wunderlich*, Berufsfreiheit, 2000).

Würfel, Wolfgang, Informelle Absprachen in der Abfallwirtschaft – Ausdruck rechtlicher Regelungsschwäche oder ein im Abfallrecht verankertes Instrument der Exekutive, Freiburg im Breisgau, 1994 (zit. als: *Würfel,* Informelle Absprachen, 1994).

Wüstenberg, Dirk, Ansprüche „gegen Plastik" – Die Initiative der Eu!, NJ 2019, 97–103.

Ders., Neue Unternehmerpflichten nach der Einwegplastik-Richtlinie, EuZW 2019, 633–638.

WWF (Hrsg.), Solving Plastic Pollution Through Accountability, Report, Stand: 5.3.2019 (https://www.worldwildlife.org/publications/solving-plastic-pollution-through-accountability, abgerufen: 14.11.2019) (zit. als: WWF, Solving Plastic Pollution, 3/2019).

Zazoff, Julien, Der Unionsgesetzgeber als Adressat der Grundfreiheiten, Nomos Verlag, Baden-Baden, 2011 (zit. als: *Zazoff*, Unionsgesetzgeber, 2011).

Ziegenhorn, Gero, Kontrolle von mitgliedstaatlichen Gesetzen „im Anwendungsbereich des Unionsrechts" am Maßstab der Unionsgrundrechte, NVwZ 2010, 803–808.

Zils, Hans-Peter, Die Wertigkeit des Umweltschutzes in Beziehung zu anderen Aufgaben der Europäischen Gemeinschaft – Untersuchungen zur Anwendung der Querschnittsklausel Art. 130r Abs. 2 Satz 2 EWGV im Gemeinschaftsrecht, R.v. Decker's Verlag, Heidelberg, 1994 (zit. als: *Zils,* Wertigkeit des Umweltschutzes, 1994).

Zippelius, Reinhold, Verordnungen der Landesregierungen auf Grund bundesgesetzlicher Ermächtigung, NJW 1958, 445–448.

Zuleeg, Manfred, Vorbehaltene Kompetenzen der Mitgliedstaaten der Europäischen Gemeinschaft auf dem Gebiete des Umweltschutzes, NVwZ 1987, 280–286.

Sachregister

Recht der Nachhaltigen Entwicklung

Herausgegeben von Wolfgang Kahl

Die Schriftenreihe *Recht der Nachhaltigen Entwicklung* (RNE) widmet sich einem neuen Leitprinzip des Rechts. Die Ausformung des Konzepts der Nachhaltigen Entwicklung (sustainable development) durch und infolge der UN-Umweltschutzkonferenz von Rio de Janeiro (1992) steht für eine tiefgreifende, weit in die Zukunft weisende Wende in der globalen Politik. Das traditionsreiche Konzept der Nachhaltigkeit erlebt seitdem eine Renaissance. Mittlerweile verkörpert es eines der zentralen Leitprinzipien des internationalen, europäischen und nationalen Rechts mit Ausstrahlungen in ganz unterschiedliche Bereiche, wie die Stichworte „Klimaschutz", „Staatsverschuldung" und „Finanzkrise" beispielhaft belegen. Das Nachhaltigkeitsprinzip steht damit heute in seiner Bedeutung bereits auf einer Stufe mit klassischen Prinzipien wie Rechtsstaat, Sozialstaat und Demokratie. Die Schriftenreihe rückt dieses Leitprinzip in das Zentrum der juristischen Forschung, um es in seinen theoretisch-begrifflichen Grundlagen zu schärfen sowie bereichs- und problemspezifisch zu konkretisieren. Sie behandelt hierzu Fragen der Schonung begrenzter ökologischer, ökonomischer und sozialer Ressourcen, des Ausgleichs zwischen den „drei Säulen" sowie der Generationengerechtigkeit und deren organisationsrechtlichen, auf das politische System bezogenen Voraussetzungen. Die Antworten auf diese Fragen werden auf unterschiedlichen Ebenen (Völkerrecht, Europarecht, Verfassungsrecht, Verwaltungsrecht) und mit unterschiedlichem Zugriff (Rechtsdogmatik, Rechtstheorie) gesucht. Sie beruhen auf einem offenen Verfassungsverständnis unter Einbeziehung insbesondere der Internationalisierung und Europäisierung, der Grundlagen des Rechts (Geschichte, Philosophie, Politik, Ökonomie) sowie der Rechtsvergleichung.

ISSN: 1862-0426
Zitiervorschlag: RNE

Alle lieferbaren Bände finden Sie unter *www.mohrsiebeck.com/rne*

Mohr Siebeck
www.mohrsiebeck.com